사티어 경험주의 가족치료 : 이론과 실제
Satir Transformational Systemic Therapy : Theory and Practice

개정 3판

사티어 경험주의 가족치료 : 이론과 실제
Satir Transformational Systemic Therapy : Theory and Practice

copyright ⓒ 2012 김영애가족치료연구소

초판 1쇄 인쇄 2015년 12월 30일
초판 3쇄 발행 2020년 6월 30일

지 은 이   김영애
펴 낸 이   김영애

펴 낸 곳   김영애가족치료연구소
등   록   제2010-28호
주   소   서울특별시 용산구 서빙고로 67 용산파크파워 103동 502호
전   화   02-793-6150 / 팩스 02-793-6151
홈페이지   www.familycounseling.co.kr

ISBN : 978-89-91567-32-0 (03180)

본 저작물은 저작권법에 따라 저작권 등록이 되어 있으며, 저작권법 및 베른협약 등 국제협약에 따라 보호를 받는다. 이 책 내용의 전체 혹은 일부, 그림, 도표 등을 저작권자의 사전 허락 없이 변조, 변형, 복제, 배포, 전송하는 일체의 행위를 금지한다. 또 한국사티어연구소 외의 개인 혹은 타 기관에서 본 저작물을 저자의 사전 허락 없이 훈련과정 매뉴얼 등으로 사용할 경우 저작권법에 따라 법적 제재를 받는다.

저작권 번호 C-2011-004241

사티어 경험주의 가족치료 : 이론과 실제
Satir Transformational Systemic Therapy : Theory and Practice

김영애 지음

김영애가족치료연구소

저자 서문

『사티어 경험주의 가족치료 : 이론과 실제』 개정 3판을 내면서

젊음의 시절, 저자는 인간의 존재의미에 대하여 고민하다가 종교학과에 편입하였다. 그러다 개인적 경험을 통해 신앙을 갖게 되었고, 명망 높은 미국의 신학대학원 목회상담학과에 입학하게 되었다. 저자는 당시 이 분야의 최고 위치에 있었고 가족치료 관점에 대해서도 잘 알고 있던 두 분의 지도교수님 밑에서 세 개의 학위를 마쳤다. 그러나 저자 개인의 부족함도 있었겠지만, 그러한 훈련과정을 통해서도 신학적 관점과 심리학적 관점을 통합하는데 인간의 심리와 영성을 함께 다루는 치료방법을 찾을 수 없었다. 그러다 우연히 영성과 개인심리, 그리고 가족체계를 통합적으로 다루는 사티어 모델을 만나게 되었다.

사티어는 인간에 대하여 무한한 신뢰를 지니고 있었으며, 아름다운 생명체인 사람들이 행복한 삶을 살기를 진심으로 바랐다. 사티어는 신경학 분야가 발전하기도 전에 이미 인간의 심리와 뇌신경의 연관성을 지적하였고, 개인, 가족, 사회적 환경, 생태적 환경, 우주적 영역까지 포함한 총체적 관점을 인간에 대한 치료 영역에 포함하였다. 이 모델은 특히 경험적이고 가족 중심적인 우리 사회에서 개인치료, 부부치료, 가족치료, 영성치료에 이르기까지 적용할 수 있는 범위가 방대하고 효과 또한 깊다. 사티어의 마지막 저서 『사티어 모델 : 가족치료의 지평을 넘어서』라는 제목은 사티어의 경험주의 가족치료가 이미 그 영역을 뛰어넘어 모든 치료에 효과적이라는 의미를 내포하고 있다.

저자의 초청으로 지난 13여 년 동안 한국에 다녀간 사티어의 제자 밴멘 박사는 사티어의 가족치료 모델을 개인과 부부에게 적용할 수 있도록 강화하여 **사티어 변형체계치료**라고 이름하였다. 이 책은 그 시기에 밴멘 박사와 함께한 워크숍 사례뿐만 아니라 사티어의 초기 저서들과 사티어의 글, 명상록, 인터뷰, 저널 등의 자료들, 그리고 사티어의 마지막 저서와 사티어의 치료방법론을 지지할 만한 근래의 연구 자료들을 담고 있다.

이 책은 『사티어 모델 : 가족치료의 지평을 넘어서』(번역판)의 후속으로, 한국판 사티어 모델 책이라고 할 수 있다. 『통합적 사티어 모델 : 이론과 실제』는 현재 2판까지 출간되어 있으나, 이번 개정에서는 내용을 더 보완하여 『사티어 경험주의 가족치료 : 이론과 실제』 3판을 출간하게 되었다. 본 개정판에서는 특히 근래에 활발하게 진행되고 있는 실험연구인 뇌신경학 이론과 사티어 모델에서 파생되었거나 비슷한 이론, 그리고 사티어와 유사한 이론들을 부분적으로 소개하여 사티어 모델을 이해하는 데 좀 더 도움이 되고자 하였다.

책 개정 작업을 하면서 저자는 '내가 정말로 사티어 모델을 알고 있었는가?', '내가 정말로 사티어 방식대로 살고 치료를 했었는가?'라고 자문하게 되었다. 모델을 제대로 알고 치료한다는 것이 얼마나 어려운지 새삼 깨닫게 되었다. 사티어의 치료과정은 마치 마술과 같이 쉽고 간단해 보이지만 탄탄한 이론적 배경과 치료과정을 잘 알지 못하면 오히려 내담자에게 큰 피해를 줄 수 있다. 부디 이 책이 후학들의 훈련과정에 조금이라도 길잡이가 되기를 바라는 마음뿐이다. 면학의 즐거움을 함께 느끼게 해준 동료들, 내가 만난 모든 내담자에게 감사의 말을 꼭 전하고 싶다. 그대들로 인하여 나의 인생길이 조금은 가볍고 의미가 있었다고.

2020년 6월

사티어 자존감 선언문

나는 나다

I AM Me

이 세상 어디에도 나와 똑같은 사람은 없다.
나에게서 나오는 모든 것은 당연히 나 자신의 것이다.
내가 바로 그 모든 것을 선택했기 때문이다.
나의 몸, 나의 감정, 내가 하는 말, 나의 목소리
이 모든 것의 주인은 바로 나이기 때문이다.

다른 사람에게 하는 행동과 나 자신에게 하는 행동,
이 모든 행동의 주인도 나 자신이다.
나의 환상, 꿈, 희망, 두려움의 주인도 나 자신이다.

나의 성공과 성취, 실패와 실수 또한 모두 나의 것이다.
모든 나 됨의 주인이 나이기 때문에,
나는 나의 모든 부분과 잘 지낼 수 있다.

나는 내 안에 나 자신도 불분명하게 느끼는 부분이나
잘 모르겠다는 부분이 있다는 것을 알고 있다.

그렇지만 내가 나에게 친절하게 대하며 나 자신을 사랑해준다면,
나 자신에게 잘할 수 있는 용기를 갖게 된다.

이렇게 나에 대해 가지고 있던 의문점들이 해결되면,
나에 대해 좀 더 많은 것을 발견할 수 있다.

내가 세상을 바라보고 또 세상의 소리를 듣고,
어떤 특정한 순간에 내가 하는 말과 행동, 내 생각과 감정은 모두
고유한 나의 것이다.

나중에 내가 보았거나 말했거나 생각했거나 혹은 느꼈거나 한 것 중
어떤 부분이 적절하지 않은 것으로 드러나면,

나는 그 부적절한 것을 버리고 나머지 적절한 부분을 내 것으로 간직하고,
내가 버린 그 부분을 대신할 만한 새로운 방법을 찾아내면 된다.

나는 생존방식을 알고 있어서
다른 사람들과 친밀한 관계를 맺을 수 있으며,
생산 활동을 할 수 있고,
모든 사람과 세상과도 적절한 관계를 맺을 수 있다.

나의 주인은 나 자신이다.
그러므로 나는 나 자신을 잘 돌보고 조절할 수 있다.

저서

1972	Peoplemaking. CA. Science and Behavior.
1976	Making contact. Berkeley, Calif: Celestial Arts.
1976	Changing with families. CA: Science and Behavior Books.
1978	Your many faces. Berkeley, Calif: Celestial Arts.
1994	Helping Families to Change. N.J: Jason Aronson.
1983	Conjoint family therapy(세계 최초의 가족치료 저서). CA: Science and Behavior Books.
1983	Satir step by step: a guide to creating change in families. CA: Science & Behavior.
1988	The new peoplemaking. Palo Alto, CA: Science and Behavior Books.
1990	[1972 개정판]. New Peoplemaking. Souvenir Press Ltd.

사후 발간 저서

1991	The Satir model: Family Therapy and Beyond. CA: Science and Behavior Books.
1991	Say It Straight: From Compulsions to Choices, CA: Science and Behavior Books.
1996	Couple and the Tao of Congruence, Brothers.
2001	Self Esteem. Berkeley, Calif: Celestial Arts. External audio.

경력

1958	Mental Research Institute 초대 소장 취임
1959	미국국립정신건강협회 NIMH로 초대된 후 치료사 훈련기관 설립
1964	일리노이 주립정신병원의 가족치료사 훈련센터 설립
1962	멘로파크 정신건강연구소 정부 지원 가족치료사 양성 프로그램 설립
1966	에즐렌 연구소 인간성장 잠재력개발 훈련프로그램 설립
1970	IHLRN The International Human Learning Resources Network를 결성
1976	시카고 대학교의 Outstanding and Consistent Service to Mankind 금메달 수상
1977	The Avanta Network 결성, 2008년 The Virginia Satir Global Network로 확장
1978	Wisconsin University at Madison에서 사회학 분야의 명예박사학위 수여
1982	서독 정부에서 수여한 '현대 사회에서 가장 중요한 영향력을 끼친 12人' 상 수여
1984	PAIRS 재단에서 명예 설립자 상 수여
1985	미국 National Academy of Practice에서 가장 중요한 인물로 추대 및 수상
1986	세계 평화를 위한 노벨상 수여자들의 모임의 초빙회원으로 추대
1987	체코슬로바키아 의료 사회에서 명예회원으로 임명
1988	국제가족치료학회 발기위원으로 초빙
2000	사티어 사후 정신과 의사, 심리치료사, 사회복지사, 부부 및 가족치료사를 대상으로 실시한 투표에서 가장 영향력 있는 인물로 선출

차례

1부

1장 사티어 경험주의 가족치료의 개관

1. 사티어 경험주의 가족치료의 배경 · 17
   1) 가족치료의 역사 · 17
   2) 사티어 경험주의 가족치료의 역사 · 18

2. 사티어의 삶 · 21
   1) 원가족 배경 · 21
   2) 성장 배경 · 22
   3) 교육 배경 · 23
   4) 결혼생활 · 24
   5) 후반기 삶 · 25

3. 사티어 경험주의 가족치료의 한국사회 적용 · 29
   1) 서구사회의 개인주의 · 29
   2) 한국사회와 가족 집단주의 · 31
   3) 한국사회와 사티어 경험주의 가족치료 · 35

4. 사티어 경험주의 가족치료의 세계관 · 37
   1) 사회에 대한 관점 · 38
   2) 관계에 대한 관점 · 38
   3) 인간에 대한 관점 · 39
   4) 상황에 대한 관점 · 40
   5) 대처방식에 대한 관점 · 41
   6) 가족에 대한 관점 · 42
   7) 변화에 대한 관점 · 43
   8) 긍정성에 대한 관점 · 45

2장 사티어 경험주의 가족치료의 이론적 배경

1. 사티어 경험주의 가족치료와 타 학문과의 연계성 · 47
   1) 정신분석학 · 47
   2) 심층분석심리학 · 48

3) 인본주의 · 49
4) 현상학 · 50
5) 긍정심리학 · 51
6) 실존주의 · 52
7) 집단상담 · 53
8) 게슈탈트 심리치료 · 53
9) 유아기에 관한 이론 · 54
10) 심리치료 교육 · 55
11) 영성 · 55

2. 사티어 경험주의 가족치료의 주요개념 · 56
1) 체계론 · 56
2) 상·하위체계 · 57
3) 가족항상성 · 58
4) 개방(열린)체계 폐쇄(닫힌)체계 · 59
5) 가족규칙 · 60
6) 역할 이론 · 61
7) 과정 l 내용 · 63
8) 원가족 · 63
9) 삼인군 · 64
10) 가족구조 l 경계선 · 67
11) 자존감 · 69

3. 사티어 경험주의 가족치료의 특징 · 70
1) 체계적 관점의 치료 모델 · 70
2) 통합적 변화를 추구하는 치료 모델 · 71
3) 현재 경험을 통해 변화를 추구하는 치료 모델 · 71
4) 긍정적 방향의 성장을 추구하는 치료 모델 · 71
5) 치료사의 일치성을 요구하는 치료 모델 · 72

4. 사티어 경험주의 가족치료의 성장목표 · 74
1) 개인 내담자의 4대 메타목표 · 74
2) 가족체계의 성장목표 · 76

| **3장** | 사티어 경험주의 가족치료의 기본개념 : 빙산, 자존감, 생존방식

   1. 인간 이해를 위한 빙산 메타포 · 77
      1) 빙산의 오감을 포함한 신체와 감각 · 79
      2) 행동 · 81
      3) 감정과 감정에 대한 감정 · 82
      4) 지각과 지각에 대한 지각 · 85
      5) 기대 · 86
      6) 열망 · 87
      7) 자기와 영성 · 88

   2. 자존감에 대한 이해 · 96
      1) 자존감과 생애 초기 양육자와의 경험 · 96
      2) 생애 초기 경험과 뇌의 관계 · 99
      3) 생애 초기 경험과 후성학 · 101
      4) 부모 양육과 자존감 · 103

   3. 생존방식에 대한 이해 · 106
      1) 사티어의 일치적 의사소통의 특징 · 108

   4. 의사소통에 대한 이해 · 109
      1) 비일치적 대처방식 · 109
      2) 비일치적 대처방식의 종류 · 110
      3) 대처방식의 활용 · 125
      4) 대처방식과 심리적 성숙도 · 125

| **4장** | 사티어 경험주의 가족치료의 변화과정

   1. 사티어 모델의 가족체계 변화과정 · 129
      1) 변화과정의 단계 · 129

   2. 치료과정에 대한 이해 · 137
      1) 치료수준에 대한 이해 · 137
      2) 치료과정의 전체 단계 · 137

   3. 내담자의 변화를 위한 치료사의 일치성 · 148
      1) 치료사의 일치성 · 148
      2) 인류 공동체로서의 일치성 · 151

2부

5장 | 빙산 : 과정 질문을 통한 심리 내면 탐색과 변화

1. 빙산 탐색 치료기법 · 155
   1) 개인의 변화를 위한 빙산 탐색 기법 · 156
   2) 빙산 탐색 과정 · 156

2. 빙산 탐색 치료 사례 · 159
   1) L 씨 부부갈등에 대한 빙산 탐색 사례 · 159
   2) 부부갈등과 자녀의 삼인군 작업 사례 · 173
   3) 치료사의 원가족 경험이 치료과정에 투사되는 문제 다루기 사례 · 196
   4) 치료사 자신의 부모와의 갈등 해결하기 사례 · 199
   5) 동성애 내담자에 대한 치료사의 어려움 호소 사례 · 207

6장 | 가족지도 : 원가족 체계의 탐색과 진단

1. 현재 가족지도와 원가족 가족지도 작성하기 · 218
   1) 가족지도 작성하기 · 218

2. 가족지도와 삼인군 작업 · 223
   1) 부모와의 적절한 분리를 위한 삼인군 작업 · 223

3. 가족지도 사례 · 226
   1) 가족지도 작성, 진단, 가설 세우기 · 226
   2) 사례 가족의 배경 · 226
   3) 사례 가족구성원의 역동 탐색 사례 · 228

7장 | 영향력의 수레바퀴 : 외부 영향의 변화

1. 가족연대기와 충격적 사건 탐색하기 · 234
   1) 가족연대기와 충격적 사건 탐색 작업 · 234

2. 영향력의 수레바퀴 · 235
   1) 영향력의 수레바퀴 작업 · 236
   2) 영향력의 수레바퀴 적용 사례 · 239

| 8장 |　가족조각 : 가족 역동의 변화

　　　1. 가족조각 : 가족 역동의 외현화 · 251

　　　　　1) 가족조각의 특징 · 251

　　　　　2) 가족조각의 치료과정 · 252

　　　　　3) 가상 가족 가족조각 작업 후 가족치료 작업 사례 · 254

| 9장 |　가족재구성 : 원가족 영향의 변화

　　　1. 가족재구성 적용하기 · 261

　　　　　1) 가족재구성 작업 · 262

　　　　　2) 가족재구성 작업과정 · 263

　　　　　3) 단기 가족재구성 · 264

　　　　　4) 과거의 경험 재구성 작업 사례 · 265

| 10장 |　내적시각화 : 과거의 충격적 사건의 변화

　　　1. 내적시각화의 이론적 배경 · 282

　　　　　1) 내적시각화 기법 · 283

　　　　　2) 유아 성폭력 혹은 성추행 피해자 내적시각화 작업 · 286

　　　　　3) 어린 시절의 부모와의 관계를 회복하기 위한 내적시각화 사례 · 291

| 11장 |　가족조각 : 가족규칙의 자각과 변화

　　　1. 지각체계의 가족규칙 · 302

　　　　　1) 지각체계의 가족규칙 작업하기 · 302

　　　　　2) 감정에 관한 가족규칙 작업하기 사례 · 303

| 12장 |　가족치료 : 가족체계의 변화

　　　1. 가족치료 · 317

　　　　　1) 가족구성원의 성장목표 · 317

　　　　　2) 가족치료 진행과정 · 317

　　　　　3) 가족지도, 가족조각 후 실시한 가족치료 사례 · 320

3부

| 13장 | 상호작용의 요인들 : 일치적 의사소통을 위한 변화
    1. 상호작용의 요인들 · 329
       1) 상호작용 요인들의 단계 · 330
       2) 상호작용의 요인들 기법 작업과정 · 331
       3) 상호작용 요인들 기법 집단에 응용하기 · 332

| 14장 | 부분들의 잔치 : 개인 심리 내면의 통합
    1. 고전적 부분들의 잔치 기법 진행과정 · 338
       1) 고전적 부분들의 잔치 · 338

    2. 부분들의 잔치 적용 · 347
       1) 가족치료를 적용한 부분들의 잔치 · 347
       2) 개인상담에 부분들의 잔치 적용하기 · 347
       3) 부부상담에 부분들의 잔치 적용하기 · 348
       4) 가족조각을 적용한 부분들의 잔치 · 349

| 15장 | 자기만달라 : 균형과 통합의 삶으로의 변화
    1. 자기만달라 · 355
       1) 자기만달라 · 355
       2) 자기만달라 기법 활용하기 · 358
       3) 자기만달라 조각 집단작업 · 362
       4) 자기만달라를 적용한 개인치료 사례 · 363

| 16장 | 그 외의 변화 기법 :
       명상, 은유, 내면 온도 읽기, 자존감 유지 도구함
    1. 명상 · 373
    2. 은유 · 376
    3. 내면 온도 읽기 · 377
    4. 자존감 유지 도구함 사용하기 · 377

| 17장 | 사티어 경험주의 집단상담 모델
    1. 사티어 모델 집단상담 · 381
       1) 사티어 집단상담 요인들 · 381
       2) 사티어 집단상담 치료과정 · 383

부록 | 사티어 빙산 탐색 과정 질문 모음 · 395
    참고문헌 · 418
    색인 · 431

1부

| 1장 |
사티어 경험주의 가족치료의 개관

| 2장 |
사티어 경험주의 가족치료의 이론적 배경

| 3장 |
사티어 경험주의 가족치료의 기본개념 :
빙산, 자존감, 생존방식

| 4장 |
사티어 경험주의 가족치료의 변화과정

1장
사티어 경험주의 가족치료의 개관
Overview of the Satir Transformational Systemic Therapy

1. 사티어 경험주의 가족치료의 배경

1) 가족치료의 역사

고대 사회에는 신체적·심리적·영적 고통을 신의 존재에 의존하여 해결하고자 하였다. 19세기에 들어서면서 인간의 심리가 과학적으로 연구되기 시작하였다. 이러한 시대적 조류에 따라 프로이트 Sigmund Freud는 인간 심리에 대한 분석적 방법론을 제시하여 현대 심리치료의 초석을 마련했다. 그러나 임상적 자료들을 살펴보면 프로이트는 정신병리의 원인이 가족관계에서 비롯된 경우에도 가족이 미치는 영향력에 관심을 보이지 않았다. 오히려 그는 내담자에게 끼칠 부정적 영향을 우려하여 치료과정에서 가족을 배제하였다.

양육 환경의 중요성을 이야기한 로저스 Carl Rogers 역시 치료과정에 내담자 가족은 포함하지 않았다.[1] 부모-자녀의 관계 경험을 기반으로 하는 대상관계 이론, 자기심리학, 애착 이론에서도 실제 치료과정에 부모나 가족을 포함하지 않았다. 1950년대에 이르러서야 개인의 증상을 치료하기 위해서는 내담자를 포함한 가족 전체를 보아야 한다는 주장이 제기되기 시작했다. 이즈음 미국 캘리포니아 팔로알토의 정신건강연구소 Mental Research Institute, MRI에서 베이슨 Gregory Bateson과 헤일리 Jay Haly,

---

[1] Rogers, C. (1980). *A Way of Being*. NY: Mariner Books. 로저스는 실존주의, 현상학, 인본주의적 관점에서 내담자 중심의 방법론을 세웠다. 그는 감정과 공감을 강조하면서도 치료결과에 대한 평가는 과학적 방법론을 적용하여 연구하였다. 로저스는 내담자가 자신의 참된 감정과 만나기 위해서는 치료사와의 충분히 좋은 관계 unconditional positive regard를 확실하게 맺는 것이 중요하다고 보았다.

잭슨Don Jackson, 위클랜드John Weakland가 조현병 환자의 의사소통 방식을 연구하면서 가족치료 이론을 정립하기 시작하였다.

한편 사티어Virginia Satir는 1951년부터 중부 시카고 지역에서 많은 가족들을 치료하였고, 1955년에 일리노이주립정신병원에 가족치료 훈련과정을 개설했다. 사티어가 많은 가족에 대해 가족치료를 실행하고 있다는 사실을 알고 있던 잭슨이 1958년에 사티어를 정신건강연구소MRI의 초대 소장으로 초빙하면서 사티어는 서부의 가족치료 운동 세력의 중심에 서게 되었다. 1966년에 사티어는 정신건강연구소 소장직을 사임하고, 캘리포니아 빅서에 있는 에즐렌연구소Esalen Institute의 소장으로 부임하게 되었다. 이 지역 이외에도 여러 지역에서 가족치료가 시작되었다. 벨John Bell은 클라크대학교Clark University에서, 보웬Murray Bowen은 메닝거병원Menninger Clinic에서, 애커먼Nathan Ackerman은 뉴욕에서 가족들을 치료하기 시작하였다. 이들 외에도 사티어의 제자였던 보스조르메니-나지Boszomeny-Nagy는 가족구성원 사이의 충성심, 신뢰, 관계 윤리를 강조하였다. 그는 이후 세대 간에 전달되는 가족구성원 사이의 윤리와 충성심에 대한 독자적인 이론으로 관계 맥락적 가족치료 학파를 형성하였다.[2]

1970년대에 들어 초기 선구자들의 노력을 바탕으로 여러 가족치료 학파가 형성되었고, 1980년대를 지나면서 많은 가족치료 이론과 치료방법을 확고하게 수립해나갔다.[3] 그러나 사티어를 제외한 고전적 가족치료 방법론은 개인 구성원을 무시한다는 비판을 받기도 하고, 여성주의 가족치료 학파로부터는 남성 중심의 가족체계의 불평등 문제를 무시한다는 비판을 받기도 했다.[4] 이러한 비판에도 불구하고 가족치료는 강력한 치료적 효과를 보이고 있으며 절충과 통합을 거치면서 발전하고 있다.

2) 사티어 경험주의 가족치료의 역사

사티어는 가족치료 학파 창시자 중 유일한 여성이며, 정신과 의사가 아닌 사회복지사이다. 그녀는 사회복지사로서 사회에서 소외된 사람들을 치료하면서 그녀 나름의 독창적인 치료방법론을 확립하였다. 사티어는 조현병 여성 환자를 상담하던 중 환자 어머니의 절규하는 듯한 목소리를 들으면서 가족을 함께 만나야겠다는 생각을 하게 되었다.[5] 또 복지관에서 알코올 중독자와 노숙자들을 만나

---

[2] Nichols, M. & Schwartz, R. (2014). (6th) *The Essentials of Family Therapy*. Pearson Education, Inc. p. 153.
[3] Banmen, J. (2008b). *A Partial Portrait of a Family Therapist in Process* (Ed). p. 106-108에서 사티어와 초기 가족치료 선구자들과의 관계를 설명하고 있다.
[4] Nichols, p. 192-195.
[5] Banmen, J. (2008b). ed. p. 109.

면서 언어치료에 국한하지 않는 체험을 통한 치료의 효과가 훨씬 크다는 것을 깨닫게 되었다.[6] 가족치료 분야에서 탁월한 능력을 인정받은 사티어는 의사소통 방법론을 제시하면서 의사소통 가족치료 학파의 선구자로 불리게 되었다. 그 후 사티어 치료방법론은 통합적이고 경험적인 특성으로 인해 경험주의 학파로 분류되고 있다.

1964년에 처음으로 발간한 사티어의 저서 『공동가족치료Conjoint Family Therapy』는 가족치료를 일반 사람들에게 널리 알리는 계기가 되었다. 그 외에도 사티어는 많은 저서, 명상문, 논문을 저술했으며, 『사티어 모델: 가족치료를 넘어서The Satir Model: Beyond The Family Therapy』를 유고작으로 남겼다. 그녀의 수제자 밴멘John Banmen은 사티어 가족치료 모델을 개인치료, 부부치료, 집단치료로 확대하여 사티어 변형체계치료라는 이름으로 전 세계에 소개하고 있다. 또 학술지 「사티어 저널: 변형체계치료The Satir Journal: Transformational Systemic Therapy」를 발간하고, 사티어에 관한 자료들을 정리하여 출판하고자 노력하고 있다. 그 외에 수많은 사티어의 명상을 체계화한 『버지니아 사티어의 명상록Meditations of Virginia Satir: Peace Within, Peace Between, Peace Among』, 사티어 생전의 자필 원고 등을 모아놓은 『버지니아 사티어: 그녀가 남긴 메시지In Her Own Words: Virginia Satir』를 출간하였다.

사티어의 방법론은 수많은 학파에 영향을 끼쳤다. 밴들러Richard Bandler와 그린더John Grinder는 사티어의 방법론을 기반으로 NLPNeuro-Linguistic Programming를 세웠다. 그러나 NLP는 인간을 따뜻한 가슴과 영성 없이 기계적인 관점에서 보았기 때문에 사티어는 이들과 거리를 두었다.[7] 사티어는 고든Heyman Gordon의 PAIRSPractical Application of Intimate Relaionship Skills에도 깊은 영향을 주었으며, 나중에는 페어스재단PAIRS Foundation의 명예회장을 지냈다. 사티어의 영향을 받은 그린버그Greenberg 부부도 감정을 강조한 사티어 방법론에 애착 이론을 접목하여 부부들의 상호작용과 애착 관계에 초점을 맞춘 정서중심부부치료 모델을 제시하였다.[8] 특히 슈워츠Richard Schwartz의 내면가족치료는 사티어의 주요 치료기법 중 하나인 부분들의 잔치 기법을 간략하게 체계화하였으며,[9] 헬링거Bert Hellinger는

---

[6] 사티어는 치료사로 활동을 시작하던 초기에 치료비를 감당할 수 있는 내담자들은 정신과 의사들이 독차지했기 때문에 생활고를 면하고자 이런 사람들을 다룰 수밖에 없었다고 고백하기도 했다. Jeffrey K. Zeig, Ph.D. (1987). The Evolution of Psychotherapy: The 1st Conference (Dec. 11–15, 1985). (Ed.) V. Satir, M.A., A.C.S.W. Going Behind the Obvious: *The Psychotherapeutic Journey*. NY: Brunner/Mazel, Inc.
[7] Suhd, M. M. et al., (2000). *Virginia Satir: Her Life and Circle of Influence*. Science and Behavior Books. p. 68.
[8] Greenberg & Johnson. (1988). *Emotionally Focused Therapy for Couples*. NY: The Guilford Press. p. 54.
[9] Schwartz, R. C. (1997). *Internal Family Systems Therapy*. NY: The Guilford Press. IFS는 자기self를 중심자기central self라고 칭하며 세 유형의 하위인격체를 설정하여 매니저, 유배자, 소방관으로 나누어 설명하고 있다.

자신의 가족 세우기가 사이코드라마, 특히 사티어의 가족조각의 영향을 직접 받았다고 말하였다.[10] 최근에는 절충적·통합적 방법론이 거론되면서 가족치료 학파 간 경계가 많이 무너졌다. 하지만 사티어 경험주의 가족치료는 가족, 사회, 세계를 체계적 관점에서 이해할 뿐만 아니라 인간을 신체·뇌·정서·지각·기대·열망·영성까지 포함한 통합적 모델로 이해하였다. 사티어는 모델의 핵심적인 신념과 방법론을 지키면서 "치료사들이 치료에 적절하다고 여겨지는 것은 어떠한 것이든 자유롭게 사용하기를 바란다. 이렇게 할 때 우리는 계속 성장하는 존재가 될 것"이라며 개방적인 태도를 보여 주었다.[11]

골든버그Irene Goldenberg는 그의 가족치료 개론서에서 "가족치료 분야에서 강력한 카리스마를 지닌 선구자"로 사티어를 소개하고 있다. 슈워츠Richard Schwartz 역시 그의 가족치료 개론서에서 사티어를 "가족치료 운동이 시작될 때 가장 큰 영향을 끼친" 가족치료 창시자라고 소개하였다. 1970년 정신의학발전집단Group for the Advancement of Psychiatry의 가족치료사 회원을 대상으로 한 자신에게 가장 큰 영향을 끼친 인물을 묻는 조사에서 사티어Virginia Satir가 1위를 차지하였고 애커먼Nathan Ackerman, 잭슨Don Jackson, 헤일리Jay Haley, 보웬Murray Bowen이 그녀의 뒤를 이었다. 1982년에 가족치료를 포함한 상담 분야의 치료사들에게 같은 조사를 실시한 결과에서도 사티어가 1위를 차지하였으며 그녀의 뒤를 이어 프로이트Sigmund Freud, 로저스Carl Rogers, 엘리스Albert Ellis, 설리번Harry Stack Sullivan, 보웬Murray Bowen, 펄스Fritz Perls, 미누친Salvador Minuchin, 헤일리Jay Haley, 번Eric Berne 등의 순으로 결과가 나왔다.[12] 이러한 조사들은 사티어가 치료사들에게 효과적인 치료방법론을 제공하였을 뿐 아니라 치료사들 자신들의 삶에 깊은 영향을 끼쳤음을 잘 보여주고 있다.

---

10 사티어 밑에서 가족치료를 배웠던 헬링거Hellinger 의 가족 세우기는 사티어의 가족조각과 상당 부분 차이를 보인다. 남아프리카 선교사이었던 헬링거의 가족 세우기는 조상 대대로 내려오는 집단 무의식과 접촉하여 심리적 갈등을 해결하고자 한다. *Psychotherapy Networker 2018*, May June, p. 44.
11 Satir, V. (1983). *Conjoint Family Therapy*. 3rd ed. Palo Alto, CA: Science and Behavior Books. p. ix; Banmen J. (2009a). (Ed). *Satir Transformational Systemic Therapy*. CA: Science & Behavior Books. p. 54.
12 Loeschen, S. (1997). *Systematic Training in the Skills of Virginia Satir*. CA: Brooks/Cole Publishing Co. p. 2.

2. 사티어의 삶

1) 원가족 배경[13]

사티어의 외가와 친가는 모두 독일 이민자 가족이었다. 외가는 귀족 가문이었지만 독일에서 불명예스러운 일로 쫓겨나 미국에 이민 온 것 같다고 사티어는 추측하였다. 친가는 서민 계층이었다. 따라서 사티어의 외가나 친가 모두 조국 독일에 대해 부정적인 태도를 지녔고, 이로 인해 사티어 또한 자연스레 독일에 대해 그리 좋지 않은 감정을 지니게 되었다. 사티어는 세계 평화에 이바지하기 위해 다양한 국가들을 다니면서 자신의 모델을 소개하였음에도 1975년에 이르러서야 비로소 독일을 방문하였고, 그때 처음으로 독일이 고향처럼 느껴졌다고 고백하였다.[14]

사티어의 아버지는 가난한 집안의 13형제 중 막내로 태어나 정상적인 교육을 제대로 받지 못하고 농사일만 하면서 성장하였다. 그는 이러한 자신의 처지를 원망하면서도 제대로 표현하지 못하였다. 이런 그를 사티어의 어머니와 외할머니는 능력이 없다고 무시했다. 그러나 사티어는 아버지가 비록 낮은 자존감을 지녔지만, 내면이 강직하고 정직한 사람이라는 것을 믿으면서 모든 사람에게는 분명 그 사람만의 잠재된 힘과 좋은 특성이 있다는 신념을 갖게 되었다.[15] 사티어의 어머니는 7형제의 맏딸로 대가족에서 성장하였다. 외할머니와 어머니는 주관이 매우 뚜렷해서 서로 비난하고 싸웠다. 이러한 소위 엉킴enmeshment 관계는 사티어의 어머니와 사티어 사이에서도 반복되었다.[16] 어머니의 강한 성격 때문에 아버지와의 지배-복종, 비난-회유의 관계를 형성하였다. 그녀의 어머니는 돌아가시기 직전까지 남편을 비난하였는데, "집에 가서 당신이랑 사느니 병원에서 죽겠다"고 말하곤 했다. 어렸을 때는 사티어도 아버지가 문제라고 여겨 '만일 아버지가 달랐으면…' 하는 마음을 가졌었다고 회고하였다. 그러면서도 어머니가 아버지를 비난하는 말을 듣는 순간 그런 말을 듣는 아버지의 괴로움을 그대로 느낄 수 있었다고 고백하였다.

---

13 Suhd, M. M. et al., (2000), p. 12.
14 Loeschen, S. (1997), p. 5의 David Russell과의 대담
15 Suhd, M. M. et al., (2000), p. 8.
16 사티어의 인간관계 작업은 엉킨 것enmeshment을 푸는de-enmeshment 작업이다. 엉킴enmeshment의 의미는 두 사람 혹은 그 이상의 사람들 사이의 경계선이 지나치게 산만하고 불분명하여 분리가 안 된 상태를 말한다. 이런 관계에 놓인 두 사람은 삶의 모든 차원에서 서로 영향을 주고받는다. 특히 정서적 차원에서 어머니가 우울하면 자녀도 우울해지고, 자녀가 우울하고 불안하면 어머니도 같이 불안하고 우울해지는 경우를 말한다. 부모가 자녀의 삶에 지나치게 개입하면 자녀가 정서적으로 독립하지 못해 정체성 형성에 문제가 발생한다.

사티어의 아버지는 늘 자신을 비난하는 아내와 장모의 비위를 맞추며 살았다. 평생 앓아왔던 피부병과 관절염이 아내의 장례식을 치른 후 씻은 듯이 나았다는 사실에서 부부갈등으로 인한 아버지의 심리적 고통이 얼마나 심각하였는지 짐작할 수 있다. 사티어의 어머니는 경제공황이라는 시대적 상황을 고려하지 않은 채 남편이 게을러서 돈을 벌지 못한다고 억울함을 토해내곤 하였다. 그러나 사티어는 비록 어린 나이였음에도 불구하고 아버지가 매일 술을 마시는 이유는 가족을 충분히 먹여 살릴 만큼의 돈을 벌지 못하는 무력감 때문이라고 이해하였다. 이러한 경험은 사람과 사람의 문제를 분리하여 치료해야 한다는 신념을 갖게 했다.

사티어가 5살 정도 되었을 무렵 맹장염이 심각해졌을 때 어머니는 병원에 데리고 가지 않고 기도로 사티어의 병을 고쳐야 한다고 고집을 부렸다. 반면 아버지는 딸의 상태가 나빠지는 것을 보다 못해 성경을 내던지고 딸을 병원에 입원시켰다. 사티어는 결국 맹장이 터져 몇 달씩이나 병원에 입원해있어야만 했다. 이러한 어머니의 근본주의적 기독 신앙에서 비롯된 부정적 경험으로 인해 사티어는 제도적 종교보다 인간의 보편적 영성을 강조하게 되었다. 또한 유아가 갑자기 부모와 분리되면 심각한 분리불안을 경험하고 그 경험이 계속 부정적 영향을 끼친다는 것을 깨달았다. 조용한 아버지와 달리 어머니는 식구들의 잘못을 지적하고 고치려는 성향이 강했고, 이 때문에 사티어는 어머니를 좋아하지 않았다. 그러나 자신이 사회로부터 거부당한 사람들을 고쳐주려 애쓰게 된 것은 어머니의 영향이라고 회고하였다.

한편 사티어의 친할아버지는 조현병을 앓고 있었는데, 어느 날 칼을 들고 할머니를 죽이겠다고 위협하는 행동을 보였다. 그때 어머니는 사티어가 다칠까 봐 그녀를 확 잡아당기게 되었다. 이 사건으로 인해 사티어는 누군가가 자기를 죽이려는 악몽에 시달리게 되었고, 어머니의 거친 행동은 그녀로 하여금 신체적 접촉을 거부하게 하였다. 이런 증상은 정신분석으로도 해결되지 않아 결국 사티어는 스스로 자기 가족의 가족지도 작업 및 가족재구성을 한 다음에야 이 문제를 해결할 수 있었다.[17]

2) 성장 배경

사티어는 1916년 6월 26일에 위스콘신주 네일스빌 농장에서 태어났다. 18개월 뒤 쌍둥이 동생이 태어났으며, 이후 두 명의 동생이 더 태어났다. 가난한 집안의 맏딸로서 사티어는 어린 나이에 어머

---

17 Suhd, M. M. et al., (2000). p. 10.

니를 도와 가사와 동생 육아를 위해 새벽부터 밤늦게까지 하녀같이 일하곤 했다. 그녀의 가족은 의젓한 사티어가 몰락한 집안을 일으켜주길 기대하였다. 사티어는 가족을 만족시키기 위해서는 신데렐라가 되는 것뿐이었다고 회고하며[18] 가끔 신데렐라가 되는 환상을 꿈꾸기도 했지만, 현실은 "마치 자식들을 돌볼 줄 몰라 쩔쩔매는 나이 든 여자"처럼 느꼈다고 고백했다. 이러한 경험은 어린 시절의 경험, 충족되지 않은 다양한 기대와 현실을 극복하기 위한 상상력의 힘, 우뇌를 사용하는 은유 등 그녀의 주요 기법들을 발전시키는 밑거름이 되었다.

사티어는 어려서 중이염을 앓게 되었고, 그 결과 한쪽 귀의 청력을 상실하였다. 10살 때는 이미 성인과 비슷한 체격으로 성장하였는데, 또래들과 다른 체격은 그녀에게 열등감을 불러일으켰다. 그러나 열등감을 느끼게 했던 단점이 오히려 장점이 된다는 사실을 깨닫게 되었다. 특히 청력 상실은 사람들의 말을 정확하게 듣기 위해 입술이나 표정 등에 주목하게 하여 비언어적 표현의 중요성을 깨닫게 해주었다. 이 경험은 그녀의 의사소통 이론 형성에 많은 도움을 주었다. 사티어의 가족 경험은 고통스러웠지만 사티어의 천재적인 지적 능력에 인내심과 공감 능력 등을 더하여 인간을 통합적으로 이해하고 긍정적으로 변화시키는 치료방법론 형성에 지대한 영향을 끼쳤다. 비록 그녀의 부모는 완벽하지는 않았어도 좋은 품성과 가치관을 물려주었으며, 그들의 사랑과 지지 속에서 성장하였다.

3) 교육 배경

사티어는 어려서부터 영리하고 호기심이 많았다. 이미 3살 때 스스로 글을 깨우쳤으며, 9살 무렵에는 학교 도서관에 비치된 900여 권의 장서를 모두 읽었다. 또 자신의 불우했던 가정환경을 계기로 자녀를 괴롭히는 부모를 수사하는 수사관이 되겠다는 꿈을 갖게 되었다. 그녀의 꿈은 세상의 수많은 가족 문제를 해결하기 위해 평생 자신의 삶을 바치는 원동력이 되었다.

사티어의 어머니는 자식에 대한 교육열이 대단히 높았고, 그 때문에 사티어의 가족은 도시로 이사했다. 그 시기의 미국은 경제공황을 겪고 있던 때라 사티어의 가정형편도 좋지 않았다. 그래서 그녀는 매일 새벽에 일어나 일을 해야 했고, 대학교도 빨리 졸업하기 위해 학기당 많은 학점을 이수하고자 노력했다.[19] 이런 노력으로 고등학교를 16살에 졸업하고, 위스콘신대학교 Wisconsin University 교

---

[18] Loeschen, S. (1997). p. 2, David Russell과의 대담
[19] Russell, D. (1986). *A Conversation with Virginia Satir, Virginia Satir Collection*. Santa Barbara, CA: Science & Behavior Books. p. 10.

육학과에 입학하였다. 복지사로 보육원, 흑인들을 위한 커뮤니티센터 등에서 일하면서 영유아기의 경험, 흑인들에 대한 인종 차별과 편견 등에 눈을 뜨기 시작했다.

사티어는 대학 졸업 후 비교적 어린 나이에 공립학교 선생님이 되었다. 사티어는 "나쁜 학생은 마치 날개를 다친 새와 같아서 잘 도와주어야 한다"는 듀이John Dewey의 교육 철학을 바탕으로 그의 신념을 실천에 옮겨갔다.[20] 사티어가 재직한 학교는 전통적으로 권위적인 학교였다. 그러나 사티어는 이러한 권위적인 교육자의 역할을 거부하였다. 아이들의 가정환경에 깊은 관심을 가지고 직접 가정방문을 시작하면서, 가족을 치료하는 일이 곧 세상을 치료하는 일이라 믿게 되었다. 이렇게 교사, 교장, 순회교사 일을 하면서 학생들의 문제 대부분이 가족으로부터 비롯되었음을 더 확신하게 되었다. 이런 고민을 하던 중 누군가로부터 복지사가 될 것을 권유받고 사회복지학을 전공해야겠다는 결심을 하게 되었다. 처음에는 시카고 외곽의 노스웨스턴대학원Northwestern University의 수업을 청강하다가 시카고대학교University of Chicago 사회복지학과 대학원과정에 입학하게 되었다. 여성이 박사학위를 취득하는 것을 쉽게 허용하지 않았던 그 당시 학교 분위기 때문에 박사과정을 끝낸 후 5년이 지나서 비로소 사회복지학 박사학위를 받게 되었다. 그러나 1975년, 시카고대학교는 인류를 위해 훌륭한 업적을 남긴 동창에게 주는 골드메달을 그녀에게 수여하였다.

4) 결혼생활

1941년에 결혼한 사티어는 몇 달 후 남편 로저스를 전쟁터로 떠나보내야 했다. 그 당시 그녀는 자궁외 임신을 했고, 그 후유증으로 평생 아이를 가질 수 없게 되었다. 남편이 전장에서 돌아온 후 두 사람의 사이는 멀어지게 되었고, 결국 1949년에 헤어지게 되었다. 그 후 노만 사티어와 1951년에 재혼하여 1957년까지 결혼생활을 하였으나, 이 결혼 또한 이혼으로 끝맺게 되었다. 사티어는 다른 가족들의 문제를 해결해왔던 반면 자신의 결혼생활에서는 그리 성공적이지 못했다. 그 이유에 대해 그녀는 "나는 그 당시 결혼생활에 걸림돌들이 그렇게 많이 있다는 사실을 잘 몰랐다. 그 걸림돌들은 박사 논문 자료로서 매우 좋은 소재들이었지만 실제 삶에서는 그리 좋은 것이 못 되었다"고 회고했다.[21] 특히 결혼생활과 일을 병행하면서 일에 치중하다 보니 가족에게 충분한 시간과 에너지를 할애할 수 없었던 것이 가장 큰 어려움이었다. 사회적으로 활발하게 일함과 동시에 안정적인 가정

---

[20] Ibid., p. 15.
[21] Suhd, M. Dodson, L. and Gomori, M. eds. *Virginia Satir: Her Life and Circle of Influence*, Science and Behavior, 2000.

생활을 유지한다는 것은 당시 미국 사회에서도 그리 쉬운 일이 아니었다.

5) 후반기 삶

1951년 사티어는 대학원을 졸업하고 본격적으로 가족들을 만나 치료하기 시작했다. 1955년에는 일리노이 주립정신병원에서 지로스Calmest Gyros 박사와 일하면서 환자뿐만 아니라 환자의 가족을 함께 치료해야 한다고 생각하게 되었으며, 1955년 즈음에는 이미 400여 가족을 치료하였다. 그 경험 덕분에 정신건강연구소MRI의 소장으로 재직하게 되어 자유롭게 가족을 치료할 수 있었으며, 치료결과와 관련한 방대한 자료를 바탕으로 의사소통에 대한 이론을 세웠다.[22]

1959년에 12명의 제자를 데리고 미국국립정신건강협회NIMH로 옮겨가 연구보다 치료사 훈련에 집중했다. 1962년에는 국가건강연구소National Health Research Institute로부터 지원금을 받아 멘로파크의 정신건강연구소Mental Health Research Institute에서 가족치료사 양성을 위한 공식적 훈련 프로그램을 세워 제자들을 훈련하였다. 1964년에 일리노이주립정신병원의 레지던트 훈련 프로그램 강의 내용을 근거로 『공동가족치료Conjoint Family Therapy』라는 최초의 가족치료에 대한 저서를 출간하였다. 1966년에는 캘리가니아 빅서에 있는 에즐렌연구소Esalen Institute에 훈련소장으로 취임하여 인간 성장 잠재력개발 훈련프로그램을 포함한 다양한 치료방법들을 제안하였다.[23]

사티어의 저서로는, 1964년에 『공동가족치료Conjoint Family Therapy』, 1972년에 『사람 만들기The Peoplemaking』[24]가 출간된 바 있고, 1991년에 출간된 『사티어 모델The Satir Model: Beyond the Family Therapy』은 사티어의 마지막 저서로서 6장까지밖에 저술하지 못해 아쉬움을 남겼다. 사티어의 저서들은 일반인들에게도 많은 영향을 끼쳤다. 사티어 방법론은 이론적 틀을 세우기 위한 노력의 결과라기보다 천부적인 치료사의 자질을 가진 사티어가 자신의 경험을 체계화한 것이라고 할 수 있다. 당시 구조주의 학파가 주도했던 가족치료학회에서는 사랑, 열망, 영성을 치료의 근본으로 삼고 있는 사티

---

[22] 정신건강연구소MRI는 가족치료 분야에 획기적인 영향을 끼친 연구소이다. 이 연구소는 인간행동을 과학적으로 연구하고자 1958년에 잭슨Donald Jackson이 설립한 비영리 사립 연구소였다. 이 단체의 목표는 개인치료뿐만 아니라, 가족, 그리고 사회체계에 대한 효과적 치료방법을 찾아 인류 공동체에 도움을 주는 것이었다. 잭슨은 이미 가족치료와 의사소통으로 중부 시카고 지역에서 유명세를 타고 있던 버지니아 사티어를 간곡하게 설득하여 연구소의 초대 소장으로 초빙하였다. 이 당시 MRI는 새로운 치료방법에 목말라하던 유명한 치료사들, 특히 바츨라빅Watazlawick, 피슈Fisch, 리스킨Riskin, 미누친Minucbin, 랭R. D. Laing, 얄롬Yalom, 마다네스Cloe Madanes 뿐만 아니라 뭔가 새로운 것을 찾고자 했던 치료사들의 메카같던 곳으로, 정신분석 방법 같은 장기치료가 아닌 단기치료 방법을 찾고자 하던 수많은 전문가의 훈련센터가 되었다.
[23] Ibid., p. 94.
[24] 1988년에 개정 증보하면서 *The New Peoplemaking*으로 출간되었다. Palo Alto, CA: Science and Behavior Books.

어의 치료방법론을 평가 절하하는 분위기였다. 사티어는 이러한 학계 태도에 환멸을 느껴 학회와 결별하고 자신의 방법론을 전 세계에 전파하였다. 구조주의 학파의 창시자인 미누친Salvador Minuchin 은 초창기 그녀의 진가를 알아보지 못했지만, 말년에 미국부부가족치료학회 연차대회에서 "사티어는 가장 위대한 치료사였다"고 말하면서 과거 사티어에 대한 부정적인 평가에 대해 미안함을 표현하였다.

말년에 들어 사티어는 가족치료를 넘어 세계 평화 증진에도 힘을 쏟았다. 사티어는 세계를 국가라는 구성원들이 모인 한 가족공동체, 즉 국가공동체라고 믿게 되었다. 그러한 신념을 바탕으로 자신의 모델이 가족체계의 변화를 위한 것이지만, 한편으로는 사회체계의 변화에도 적용될 수 있다고 믿었다. 사티어는 이러한 신념을 바탕으로 자신의 방법론을 중동, 동아시아, 서구 유럽, 동구 유럽, 중앙아시아, 라틴 아메리카, 러시아 등의 국가에 전파하고자 노력하였다. 이후 사티어는 세계의 평화를 이루기 위해 1970년 IHLRNInternational Human Learning Resources Network을 결성하였으며, 1977년에는 The Avanta Network를 결성하였다. 이후 사티어의 방법론이 전 세계적으로 확대됨에 따라 국가 간 네트워크의 필요성이 제기되었고, 이에 따라 2008년에는 버지니아 사티어 글로벌 네트워크The Virginia Satir Global Network로 확장 개칭하게 되었다.

> 가족과 사회는 단지 크기의 차이만 있을 뿐이다. 두 체계 모두 사람들로 이루어졌고, 구성원들끼리 운명적으로 연결되어 서로 영향을 끼치고 있다. 또 구성원들의 관계, 누군가가 리더십을 가져야 하는 것과 권위를 가지고 결정하는 과정이 필요하며, 또 가족에게 하나의 목표가 있듯이 사회도 구성원들이 함께 공유하는 목표를 가지고 있다는 점에서 두 체계는 닮았다. … 이 시점에서 나는 치료 방향을 분명하게 알고 있다. 나는 인간에게는 잠재적 능력이 존재한다고 믿기 때문에 그 존재에 대한 자각을 깨닫는 방향으로 치료하고 있다. 가족과 똑같은 요인들을 가진 좀 더 큰 가족들—공동체, 국가 그리고 정치세력—도 똑같은 방향으로 변화시키려고 노력하고 있다.[25]

또한 사티어는 1988년 그녀의 저서 『새 사람 만들기The New Peoplemaking』에서 측근인 크레이머Kramer와의 담화에서도 이와 같은 비전을 설파하였다.[26]

---

25 Satir, V. (1988). p. 360.
26 Kramer, C. (2000). Revealing our selves. In M. Baldwin (Ed.), *The Use of Self in Therapy*. 2nd ed. (p. 61–96). New York: Haworth Press.

세계의 평화를 이루는 것은 가족의 평화를 이루는 것과 많이 닮아있다. 나는 우리가 가족을 치료하는 방법을 알고 있고 이 방법으로 세계 평화를 이룰 수 있다고 믿는다. 지금의 세계는 마치 역기능적 가족의 삶과 같이 잘못 돌아가고 있다. 많은 국가에서 어떤 특정한 사람이나 역할에 힘이 치우쳐있다. 사람들은 자신의 정체성을 스스로 형성하기보다 외부의 세력에 순종하고 복종하려 하고, 자율성 역시 스스로 성취하기보다 외부의 승인을 받음으로써 얻으려 한다. 즉, 사회에 복종하고 순응하며, 다른 사람의 인정에 자신을 내맡기기 때문에 자신의 고유한 정체성은 사라지게 된다. 국가 안에서, 또 국가와 국가 사이에서도 비난, 위협, 힘, 회피로 대처함으로써 갈등을 해결하려고 하지만 신뢰는 배신당하고 서로를 의심하게 된다. 치료적 개입이 들어가지 않는 한, 우리가 조롱, 비난, 위협, 힘, 회피로 키웠던 아이들은 어른이 된 후에도 똑같은 방식을 사용하게 된다. 아이들에게 가하는 위협은 겨우 회초리를 휘두르거나 신체적 벌을 주는 것일 수 있다. 하지만 그 아이가 어른이 된 후에는 총이나 폭탄을 사용하게 될지도 모른다. 둘 다 똑같은 과정이다. 어린 시절에 야단맞고, 위협당하고, 조종당하면서 자란 아이는 외부의 개입이 없는 상태에서는 어른이 되어도 똑같은 방식으로 행동한다. 부모가 어린아이에게 가한 주먹질과 매질이 총과 폭탄이 되어 다시 돌아오게 되는 것이다.

나는 어느 날 밤 갑자기, 우리가 일치적 삶의 핵심요소들을 배운다면 어떻게 될지 상상해보았다. 우리가 의사소통을 분명하게 하고, 경쟁보다는 서로 협조하며, 복종하게 만들기보다는 서로의 힘을 키워주고, 사람들을 나누기보다는 각자의 독창성을 키워주며, 권위로 누르기보다 잘 지도해주고, 성취하도록 도와준다면 어떻게 될까? 서로를 가치 있는 존재로 충분히 존중하고, 사랑하며, 사적으로나 사회적으로 책임을 지고, 문제를 창조적으로 해결할 수 있는 방법을 찾을 수 있다면 어떻게 될까?[27]

1986년 사티어는 세계 평화를 위한 노벨상 수여자들의 모임에 회원으로 초청받았고, 1988년에는 국제가족치료학회를 형성하기 위한 위원회의 위원으로 초빙되었으며, 국제자존감증진협회의 자문위원으로 추대되었다. 그녀는 사회복지 단체들의 협회로부터 최고 권위자에게 주는 표창장Diploma을 받았고, 미국결혼가족치료협회American Association for Marriage and Family Therapy로부터 최고의 명예상을 부여받았다. 또 1973년에는 위스콘신대학교로부터 명예 박사학위도 받았다.

사티어는 1980년대부터 아시아에서 워크숍을 실시하였다. 1986년에는 자신의 세 제자 존 밴멘John Banmen, 제인 거버Jane Gerber, 마리아 고모리Maria Gomori를 홍콩으로 파견하였으며, 이들을 통해 아시아에 사티어 모델을 소개하기 시작하였다. 사티어는 암이 발병하기 6개월 전까지도 자신의 치료 모델이 개인, 가족, 세계를 치료할 수 있다는 신념을 갖고 엘살바도르, 체코슬로바키아(당시 국가명), 소련 등 공산국가까지 포함한 여러 나라를 다니며 자신의 치료 모델을 전파하는 등 활발히 활동했다.

---

[27] Ibid., p. 369-370.

1988년 5월 사티어는 췌장암 진단을 받았다. 그리고 암과 싸우기 위해서는 엄청난 에너지를 쏟아부어야 한다는 사실을 깨닫게 되면서, 많은 나라를 다니며 왕성하게 활동하던 것을 포기해야만 했다. 이후 자신이 하던 훈련 프로그램을 유지하기 위해 협회를 조직하였고, 대체요법으로 병을 치료하던 중 자연스럽게 죽음을 받아들이는 결정을 하였다. 후학들이 지켜보는 가운데 1988년 9월 10일 오후 5시 10분, 평화로운 죽음을 맞이한 사티어는 생전에 자신의 방법론으로 제자들을 훈련하였던 콜로라도 크레스트마운틴에 몸을 뉘었다.

다음은 사티어가 친구들에게 남긴 마지막 편지 내용이다.

> 친구와 동료와 가족에게 저의 사랑을 보냅니다.
> 제가 새로운 생명의 세계로 떠나는 것을 지지해주시기 바랍니다.
> 여러분 모두가 제가 사랑의 존재로 성장하는 데 도움을 주셨기에 고마울 뿐입니다.
> 여러분 덕분에 저는 좀 더 풍성하고 보람된 삶을 살 수 있었습니다.
> 이제 저는 깊은 감사의 마음을 지니고 저의 길을 떠날 수 있게 되었습니다.
> 이런 말로만 여러분에 대한 고마움을 표현할 수 없는 것이 몹시 아쉽습니다.

사티어는 인간이 일생을 사는 동안 여러 단계의 탄생을 맞이한다고 말했다. 첫 번째 탄생은 난자와 정자가 만나 태아가 형성되는 것이고, 두 번째 탄생은 태아가 이 세상으로 나오는 것이며, 세 번째 탄생은 자기의 정체성을 형성하여 자율적인 존재로 성장하는 것을 의미한다. 네 번째 탄생은 개체적 자기가 우주적 자기로 확장되는 순간을 말하며, 마지막 다섯 번째 탄생은 이 세상에서의 생을 마감하고 다른 세상으로 건너가 새로운 삶을 시작하는 것이라고 보았다. 사티어는 다섯 번째 탄생을 맞이하기까지 이 모든 과정을 한순간도 허비하지 않고 최선을 다해 살아오면서, 그녀가 즐겨 말하던 "참으로 아름다운 삶을 산 아름다운 인간"의 삶을 실현하였다. 버지니아 사티어는 치료사로서, 교육자로서, 동료로서, 친구로서, 치료사 모델로서 엄청나게 많은 사람에게 깊은 영향을 끼쳤다.[28]

1989년, 「패밀리 네트워커 저널 Family Networker Journal」에는 그녀의 죽음을 추모하며 다음과 같은 글들이 실렸다.[29]

---

28 Loeschen, S. (1997). p. 2-3.
29 The Family Networker, January/February, (1989). The Legacy of Virginia Satir, Virginia Satir 추모 특별호, *The Family Networker*, 7703 13th St., N.W., Washington D.C. 20012.

많은 사람이 버지니아 사티어는 가족치료 분야의 가장 위대한 선구자이며, 카리스마가 넘치는 능력 있는 치료사라고 믿는다. 사티어는, 사람은 언제나 성장할 수 있다는 긍정적인 태도로 가족치료를 시작하였다. 사티어를 통해 사람들이 스스로 자신들의 삶을 변화시켰다. 그러한 변화의 과정을 보여주었던 그녀의 책이나, 워크숍 그리고 수많은 치료 실연demonstration 장면들은 당시 우울하게 사람들의 심리를 파헤치기만 하던 기존의 수많은 심리치료사에게 깊은 인상을 남겼다.

다른 사람에게 들킬까 봐 사티어의 워크숍이나 사티어가 가족들을 인터뷰하는 곳에 몰래 참석한 치료사들마저 모두 방어를 풀고 과거로 돌아가 자신들의 문제를 살펴보지 않을 수 없었다. 사티어가 참여자의 눈을 깊이 들여다보며 다정하지만 확신에 찬 목소리로 그들에게 다가갈 때, 사람들은 숨겨진 자신의 힘을 확인하게 되면서 진정으로 기뻐하였고, 그 순간 그곳의 모든 참여자는 하나가 되곤 하였다.

1988년에 사티어 선생께서 췌장암으로 돌아가셨다는 소식을 접했을 때 나는 단순히 심리치료 분야에서의 유명인사 중 한 분, 특히 가족치료 학파를 형성하는 데 큰 공헌을 했던 어떤 유명한 분이 사망했다는 소식을 접하는 것과는 사뭇 다른 감정을 느꼈다. 그분의 죽음은 단순한 죽음만은 아니었다. 매우 중요한 분이 나와 함께 이 세상에 존재하지 않는다는 느낌, 마치 우리에게는 너무 자연스럽게 여겨졌던 이 세상의 어떤 자연적인 힘이 갑자기 사라진 것과도 같았다.

3. 사티어 경험주의 가족치료의 한국사회 적용

사람은 개인이기도 하지만 공동체의 일원으로 공동체의 세계관, 민족정신, 정서, 사회가치관, 윤리의식, 자기 이미지, 즉 에토스ethos를 공유한다.[30] 따라서 사티어 경험주의 가족치료를 한국사회에 적용하기 위해서는 사티어 모델의 배경인 서구사회와 한국사회의 세계관과 에토스의 유사점과 차이점을 비교 확인할 필요가 있다.[31]

1) 서구사회의 개인주의[32]

(1) 세계관

서구사회 세계관의 중심에는 기독교적 세계관이 있다. 서구사회는 종교개혁을 거치면서 교회 중심의 신앙에서 개인의 신앙으로, 봉건제도가 무너지면서 점차 개인중심의 사회체계로 변화하게 되었다.[33] 이런 변화는 점차 신과 인간, 인간과 자연, 선과 악, 이성과 감성, 본질과 부분의 이분법적 세

---

[30] Geertz, C. (1973). *The Interpretation of Cultures*. NY: Basic. p. 93; p. 127.
[31] 여기서 서구사회는 미국과 유럽, 그리고 캐나다, 영국, 호주 등 유럽계 백인 중심 사회를 일컫는다. Markus H. R. & Kitayama S. (1994). The Cultural Construction of Self and Emotion: Implications for Social Behavior. p. 226.
[32] Bellah, R. N. et al., (2007). *Habits of the Heart: Individualism and Commitment in American Life*. University of California Press. CA: Berkeley and Los Angeles.

계관으로 발달하게 되었다. 이러한 세계관의 변화는 과학의 발전을 가져왔고, 인간도 과학의 연구대상이 되었다. 더 나아가 인간을 신체와 심리로 분리하여 과학적 접근 방식으로 심리를 분석하기 시작하였으며 논리적·이성적 사고가 발달하였다.[34] 이제 세상을 지배하는 것은 신이 아니고 과학이 되었으며, 인간은 영적 존재라기보다 과학적 방법으로 연구해야 할 대상이 되었다. 이러한 세계관의 방향 전환은 과학과 의학의 발전을 촉진하는 대신에 영성은 점차 주변으로 물러나는 결과를 초래하였다.

(2) 인간관

개인주의 사회에서는 개인의 인권, 자유, 그리고 책임이 가장 중요한 가치이다. 각 개인은 독립된 존재로서 자신의 개체성, 자율성, 독립성을 지켜야 하고 동시에 다른 사람도 똑같이 존중해야 한다. 서로의 권리를 존중하기 위해 법이 발달하고, 모든 구성원은 법 앞에서 평등하다는 민주주의와 법치주의가 발달하게 된다. 개인주의 사회는 가족구성원으로서의 '나'보다 개인으로서의 '나'가 더 중요하다. 이러한 사회에서는 혈연으로 연결된 가족에 대한 충성보다 보편적 가치와 휴머니즘이 중요한 핵심 가치가 된다. 사회질서를 유지하는 경찰의 공권력과 법적 재판 과정은 매우 엄격하고, 권력자의 작은 위법 행위도 무섭게 처벌받는다.

(3) 인간관계와 의사소통

개인주의 사회에서는 자기를 표현하는 것이 매우 중요하다. 따라서 개인의 생각이나 감정이 존중되고, 표현할 권리가 강조된다. 자기를 표현하지 않으면 오히려 부족한 사람으로 평가받는다. 서구사회에서 한국계 유학생이 수업 시간에 침묵을 지키면 그 학과의 교수나 학생들은 그 학생이 수업 내용을 모른다고 판단하기 쉽다. 또 갈등이 발생하면 인간관계를 고려하거나 정情 때문에 양보하기보다는 법적으로 판결을 내리려 한다. 이처럼 가족관계, 특히 부부관계도 서로의 권리를 훨씬 중요하게 여기고 각자의 감정과 생각을 존중한다.

---

[33] Engles, F. (1972). *The Origins of the Family, Private Property, and the State*, NY: International Publ. 엥겔은 사유재산의 축적이 가능해지고 경제구조가 변함에 따라 여성의 영역, 남성의 영역도 나뉘게 되었으며, 이로 인해 계급주의와 성별의 차이가 생겨났다고 주장하였다.

[34] Nisbett, Peng, Choi & Norenzayan. (2001). Culture and systems of thought : Holistic vs. analytic cognition. *Psychological Review*, 108, 291-310.

2) 한국사회와 가족 집단주의

서구사회와 한국사회는 세계관에서 많은 차이가 있다. 이런 상황에서 사티어 모델이 한국사회에 적용 가능성이 있는지 살펴보는 것이 매우 중요하다. 이러한 관점에서 한국사회의 세계관을 이해하는 것이 필요하다.

(1) 원시 무속적 세계관

한국인의 세계관은 원시原始 무속 세계관에서 비롯되었고,[35] 이 무속적 세계관은 매우 현세적이고 가족 중심적이다. 고대 원시사회에서는 종교와 정치가 분리되지 않았기 때문에 종교적 지도자는 곧 정치적 지도자였다. 점차 종교와 정치가 분리되었고, 종교적 지도자는 무속의 제사장, 즉 무당이 되었다. 이들은 가족관계를 형성하며, 인간의 삶에 적극적으로 참여함으로써 가능했다. 이들의 신神은 흔히 '조상신' 혹은 '할머니, 할아버지, 동자신' 등으로 불리었다. 이들은 인간의 복락을 가져다주는 가족같이 친근한 신神이다. 즉, 한국인의 원시 무속 세계관에서 신은 가족구성원의 일원이다.[36] 이러한 한국인의 원시 무속적 세계관에서는 마치 가족구성원들끼리 서로 의존하듯이 신에 의존한다. 신도 인간의 삶에 적극적으로 개입하여 도움을 주고자 한다. 이러한 경향성 때문에 외래 종교가 들어와도 한국화한다.

원시 무속적 세계관에서는 인간, 자연, 우주는 균형을 이루는 하나의 거대한 유기체이고, 이 체계의 중심은 인간이며, 인간은 하늘, 땅, 자연을 잘 다스릴 의무가 있다는 믿음이 들어있다. 이런 유기체적 관점에서는 양陽의 남자와 음陰의 여자가 하나가 되어 새로운 생명을 탄생시키는 것이 우주의 원리를 지키는 인간의 의무가 된다. 이 과정에 참여하는 남녀의 가치에는 차이가 없다. 양과 음은 에너지의 흐름일 뿐이다.[37] 새 생명을 탄생시키는 엄숙한 과제는 지켜져야 하기 때문에 결혼은 반드시 해야 한다. 그렇지 못하면 인간의 도리를 다하지 못하는 것이 되므로 결혼하지 못하고 이승으로 간 처녀 총각의 영혼 결혼식까지 올려주려 한다.

생명 창조의 의무로 말미암아 결혼과 자녀 생산이 신성한 의무가 되었기 때문에 결혼과 가족을

---

[35] Ibid., p. 139-141.
[36] Young Ae Kim. Claremont Theological Seminary, Ph. D. dissertation, (1991). *HAN: From brokenness to wholeness – A Theoretical Analysis of Korean Women's Han and a Contextualized Healing Methodology*, p. 199.
[37] Ibid., p. 209-228. 동양의 '기氣' 개념. 3장 설명 참조

형성하는 것이 세계관의 중심이 되었다. 따라서 가족이 매우 중요하고, 가족에 소속되는 것이 중요하다.

그러나 가족체계는 우주의 질서를 유지하고 보존하는 원시 무속적 세계관에서 벗어나 점차 지배-복종 사회체계가 되었다. 이러한 체계는 부모-자식 관계, 부부관계, 더 나아가 사회체계 모든 영역에 지배-복종의 체계를 뿌리내리게 하였다. 그러나 가족 중심의 한국사회에서는 여전히 개인의 문제와 가족체계가 긴밀히 연결되어 있다.

개인이 기능적인 사람이 되기 위해서는 가족이 기능적인 가족체계가 되어야 하고, 사회 또한 기능적 사회체계가 되어야 한다. 사티어 모델은 지배-복종의 사회, 가족, 개인의 변화를 추구하므로 한국사회와 가족, 그리고 개인의 역기능적 체계를 기능적인 체계로 변화시키는 데 많은 도움이 되는 치료 모델이다.

(2) 인간관과 사회체계

동양의 세계관은 한국인의 세계관에도 영향을 미쳤다. 유교 세계관은 점차 한국인의 세계관에 합류하게 되었다. 특히 효孝 사상과 조상숭배 사상은 남녀 역할, 의무, 규범을 강조하면서 가부장적 사회체계를 뿌리내리게 했다.[38] 가부장적 사회는 차츰 남성 혈연가족 중심의 집단주의 사회를 형성하게 했다. 이런 사회에서는 가문을 이어 갈 장손이 가장 중요하게 여겨졌다. 또한 개인보다 가족이 우선이기 때문에 가족의 정체성과 이익이 나의 정체성과 이익보다 더 중요시되고, 가족의 목표가 개인의 목표보다 더 우선시되었다. 더불어 가족의 구성원으로 인정받기 위해서는 가족이 요구하는 규칙을 따라야 했으며, 자신의 삶에 충실하기보다 가족을 위해 충성하고 자기를 희생하는 것을 당연하게 여기게 되었다. 결혼을 하여 새로 가정을 꾸미더라도 이는 독립된 가족체계로 보기가 어려웠고, 특히 여성은 남편의 가족에 소속되어 윗사람에게 충성을 다해야 했다. 가족 중심의 인간관은 사회적 인간관계로 확대되어 타인과도 가족과 같은 관계를 유지하게 한다. 그래서 처음 만나는 사람들끼리도 직장, 학교, 동향, 지인과의 연결고리를 찾아 친족과 같은 가족체계 관계망을 형성하려 한다. 이러한 경향으로 인해 독립된 자기self의 정체성 형성이 힘들고 자기표현의 의사소통 방법을 잘 모른다.

---

[38] (Ibid. p. 60) Young Ae Kim, (1991), p. 37-53. 한국사회의 가부장제 형성과정에 대한 설명 참조

이처럼 가족중심의 집단주의 사회체계에서는 독립된 정체성을 형성할 기회가 적어진다. 따라서 집단에 소속되지 못하고 인정받지 못하면 자존감이 낮아지고, 소속감이 낮아지며 결국은 집단에서 소외된다. 개인의 책임을 강조하는 서구사회에서는 자신의 행동에 따른 책임감과 죄책감이 주 감정이라면, 가족중심의 집단주의 사회의 구성원은 집단의 기대에 부응하지 못하였을 때 수치심을 더 많이 느낀다. 죄책감은 행동과 연관되어 있지만 수치심은 존재에 대한 가치평가로 작용하기 때문에 자존감과 더 긴밀하게 연결되어 있다.[39]

(3) 위계질서와 인간관계

한국사회는 관계 지향적이라는 특징을 가지고 있다. 이 관계는 상하 관계로 윗사람은 아랫사람을 돌보며, 아랫사람은 윗사람에게 의지하는 일종의 지배-복종 관계를 나타낸다. 외국인들이 의아하게 여기는 한국인의 모습 중 하나는, 만나자마자 상대방의 나이와 결혼 여부를 묻는 것이다. 이러한 행동은 소속되고자 하는 욕구, 그리고 소속한 후에 자기 위치를 정하고자 하는 문화적 성향에서 비롯된 것이다. 이러한 특징은 결혼해야 어른이 된다는 사회적 편견과 함께 위계질서를 설정하고자 하는 관습이기도 하다. 가부장적 사회에서는 나이, 친족 간의 서열, 선후배 등의 관계에 따라 위계질서가 분명하게 정해지고, 이 위계질서는 추후 두 사람의 관계를 규정짓는다. 이러한 위계질서에서 윗사람은 아랫사람의 영역에 쉽게 들어갈 수 있지만 아랫사람이 윗사람의 영역에 들어가기 위해서는 허락을 얻어야 한다. 이런 위계질서를 확고하게 설정하기 위해 가족체계는 경직되고, 가족규칙, 가족비밀, 가족신화가 더 많이 발달하는 특징을 보이기도 한다.

(4) 동질성

가족 중심의 집단주의 사회에서는 가족체계 유지가 가장 중요하다. 구성원의 성공이나 성취도 개인이 아니라 가족의 경사이다. 자기를 내세우면 자기중심적이고 경솔한 사람이 된다. 이런 체계에서는 개체성보다는 동질성, 평준화를 추구한다. 평준화는 타인의 능력을 인정하지 않는다. 나보다 나은 사람을 인정하지 않게 만든다. 잘난 사람은 그저 운이 따라주었거나, 가족 배경이 좋았기 때문이라고 여길 뿐이다. 따라서 개인의 책임의식은 낮아지고, 집단에 소속되어 개인의 책임을 회피한다. 집단주의 사회에서는 타인과의 관계가 중요하기 때문에 끊임없이 관계 맺기를 추구하고, 관계를 유지

---

[39] Wright, K. & Gudjonson, G. H. (2007). The development of a scale for meaning offence-related feelings of shame and guilt. *The Journal of Forensic Psychiatry & Psychology*, 18(3), p. 307–316.

하기 위해 갈등을 회피하며 배려와 친절을 강조한다. 결과적으로 눈치 문화, 체면 문화가 발달한다. 따라서 사건이나 상황에 대한 객관적·논리적 판단보다 내 편, 네 편의 편가름과 감정이 판단의 기준이 된다.

(5) 한국인의 정情과 한恨

한국인 정서의 두 축은 관계추구로 인한 정情, 관계 단절로 인한 한恨이다.[40] 관계가 지속되면 정이 생기고, 관계가 단절되면 한이 된다. 정에는 미운 정, 고운 정이 모두 포함된다. 관계가 단절되면 두려움, 분노, 실망감, 불안, 슬픔, 신체적 고통을 느낀다. 이런 감정 덩어리를 일컬어 한恨이라고 한다. 한은 실존적 불안이자 삶의 의미에 대한 상실이며, 분리불안이고, 무력감이며 좌절감이기도 하다. 한은 외부 세계와의 단절된 관계에서뿐만 아니라, 내적 자기와의 단절 또는 나를 상실할 때 느끼는 감정이기도 하다. 한은 생명 에너지의 흐름을 방해한다. 에너지의 흐름이 차단되면 자신과 타인의 인간 본성이 파괴되고, 성장이 막히면서 죽음의 상태에 이른다. 이것은 지배-복종의 사회에서 억압된 사람들이 느끼는 감정이다. 특히 한국사회에서는 여성들이 자신의 삶에서 오는 무력감을 느낄 때 생기기도 한다. 그러나 막힌 것이 풀리기만 하면 한은 생명의 에너지이기 때문에 긍정적 방향으로 흐른다.

(6) 의사소통 방식

한국인은 단절이나 갈등을 회피하기 때문에 타협을 통해 해결하는 방법에 미숙하다. 정情을 베풀고 관계를 고려하여 갈등을 해결하려 한다. 이와 반대로 선악의 날카로운 잣대인 법에 의존해서 문제를 해결하려 하면 인간답지 못한 사람으로 낙인이 찍히기도 한다. 결국, 한국사회에서는 의사표현이나 토론, 타협기술을 배우고 훈련할 기회가 제한된다. 또한 부정적 감정표현을 자제함은 물론, 긍정적 감정표현마저 절제할 수 있을 때 겸손한 사람이 된다. 이런 특징 때문에 표정이 무뚝뚝하고 자기의 주장을 내세우지 않는 사람이 오히려 점잖고 신뢰할 만한 사람으로 여겨진다. 결국, 이러한 의사소통은 서로에 대해 깊이 알기보다는 타인 중심의 형식적인 대화를 하는 수준에 머무르게 하거나, 가족 같은 관계를 형성하여 말하지 않아도 서로를 알 수 있는 관계를 선호하게 한다. 그러나 근래에는 의사소통으로 해결하지 못하면 무조건 소송을 거는 경향이 지나치게 많아지고 있다. 실

---

40 Young Ae Kim. (1991). p. 10-24. 한恨에 대한 자세한 설명 참조

제 통계를 내지는 않았지만 이런 소송의 내용이 대부분 감정으로 해결하지 못해서 시작되는 경우가 많다고 여겨진다. 따라서 한국사회에서는 감정을 해결하고 객관적으로 상황을 해결하기 위해서도 의사소통을 잘해야 한다.

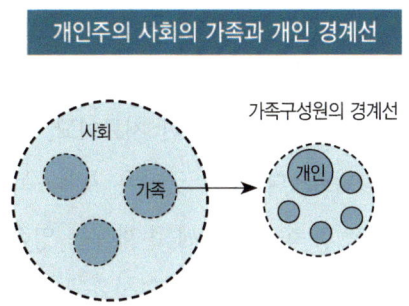
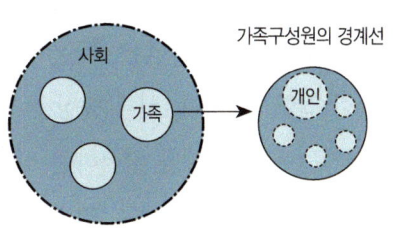

- 가족의 경계선이 개인과 개인의 경계선보다 느슨하다.
- 개인의 자유가 가족구성원으로서의 의무보다 중요하다.
- 개인의 권리는 법에 의해 지켜진다.
- 사회질서, 인간관계는 법法에 의해 유지된다.

- 가족의 경계선이 개인과 개인의 경계선보다 뚜렷하다.
- 가족구성원으로서의 의무와 충성이 중요하다.
- 개인의 권리보다 가족체계 유지가 중요하다.
- 사회질서, 인간관계는 혈연, 정情으로 유지된다.

3) 한국사회와 사티어 경험주의 가족치료

(1) 사티어 경험주의 가족치료와 한국의 전통적 치료방법

사티어 경험주의 가족치료의 가치관, 신념, 인간관, 세계관은 앞에서 언급한 한국인의 무의식에 흐르고 있는 원시 무속적 세계관과 잘 어울린다.[41] 이러한 세계관은 치료 모델에도 영향을 끼친다. 예를 들자면, 개인주의 사회의 부부치료 모델은 부부관계에만 초점을 맞추고 각자의 감정과 욕구를 다루는 데 초점을 두는 반면, 사티어 부부치료는 체계적 입장에서 개인체계, 원가족 체계, 가족체계, 사회체계 등 부부를 감싸고 있는 모든 체계의 영향을 다룬다. 특히 사티어 경험주의 가족치료는 감정과 경험을 매우 중요하게 여긴다. 관계 중심인 한국인은 정情과 한恨의 민족이다. 비록 감정

---

[41] Kojecki, J. Ph. D. (2006). *The Satir Model Universality and Cross-Cultural Applicability*: 이 논문에서는 사티어 경험주의 가족치료 모델이 문화의 차이를 넘어서 적용될 가능성에 대해 논하고 있다. Beach, S. (2003). The effectiveness of MFT: Affective Disorder. *Journal of Marital and Family Therapy, 29*, 247–262; Johnson, S. M, (2003). The revolution in couple therapy: A practitioner-scientist perspective. *Journal of Marital and Family Therapy, 29*, 365–384; O'Farrell, T. J. & Fals-Stewart, W. (2003). The effectiveness of MFT: Alcohol abuse. *Journal of Marital and Family Therapy, 29*, 121–146. 개인주의 사회인 미국에서도 치료 효과에 있어서 가족치료가 개인치료와 비슷하거나 더 효과적이라는 연구보고가 있다.

을 표현하는 데는 미숙하지만 깊은 감정을 느끼고 공유하려는 욕구가 강하다.[42] 특히 역사적·사회적·개인적 한恨으로 인해 에너지의 흐름이 원활하지 못할 때, 기氣가 막혔다고 표현하고, 억압한 감정이 신체적 질병으로 전환된 것을 화병이라고 부른다. 한풀이 굿은 한을 해결하고 치료하는 주된 방법이었다.[43] 사티어 경험주의 치료는 신체적 경험을 매우 중요하게 다루기 때문에 한을 푸는 데 매우 유용한 기법이다.

굿의 한풀이, 특히 죽은 자를 떠나보내는 진오귀굿은 죽은 자를 천도해주는 무속 의례방식이며 한국사회의 고유한 애도 작업이다.[44] 굿은 가족치료이자 신체적 경험을 통한 치료이고, 연극적 요소가 매우 강한 집단작업이며, 신체 증상을 치료하는 심리치료였다. 또한 굿판은 지배-복종의 계급제도가 깨어지는 평등 관계를 경험하는 장場이었으며, 성聖과 속俗이 함께 존재하는 영적 상태에서 이루어지는 치료현장이기도 했다. 이렇게 굿은 개인과 공동체의 에너지를 활성화해서 하나의 공동체로 회복하는 치료방법이다.[45] 굿은 춤, 노래 등을 아우르는 경험적 작업이며, 개인의 한을 풀어주는 개인치료이며, 가족구성원의 한을 풀어주는 가족치료이다. 신체적 경험, 감정 풀이, 영적 화해 등을 추구하는 한국인의 전통적 치료방법은 사티어 경험주의 가족치료와 맥을 같이하고 있다.

(2) 한국의 가족 중심 사회와 사티어 경험주의 가족치료

가족 중심의 집단주의 한국사회는 정情이 많고, 남을 배려하고, 겸손하며, 관계를 중요시하는 긍정적인 특징이 있는 반면에 개체성, 자율성, 독립심, 적절한 경계선 등은 상대적으로 약하다. 개인이 변화해야 가족체계가 변화할 수 있고, 가족체계가 변화해야 구성원이 변화할 수 있다. 사티어 경험주의 가족치료는 가족치료 모델이자 개인치료 모델이기 때문에 한국사회에 적절한 치료적 모델이라고 할 수 있다. 특히 집단주의 사회에서는 가족은 물론, 다른 사람들과의 관계가 가족같이 친밀한 관계로 형성되는 것을 추구한다. 개인의 의견을 표현하는 것이 어렵기 때문에 한국사회의 취약점 중 하나로 토론 문화가 꼽히기도 한다. 그러나 급격하게 변화하는 요즘 시대에는 다양한 개인의 의견을 표현하고 조절할 수 있어야 한다. 사티어 경험주의 가족치료는 의사소통 모델이며 개인의 성

---

[42] 서광선. (1988). 한의 이야기, 서울: 보리 출판사.
[43] Kwang-il Kim. (1988). *Kut and the Treatment of Mental Disorder*. Shamanism: The Spirit World of Korea, Eds., Chai-Sin Yu and Richard Guisso, Berkely CA: Asian Humanities Press.
[44] Young Ae Kim. (1991). p. 209-221.
[45] 김인회. (1987). 풍물굿과 신명, 민족과 굿, 민족과 굿 사회, 서울: 학민사.; 한국무속의 연구. (1988). 서울: 집문당.; 한국무속에 관한 연구. (1982). 서울: 고려대학교 출판사.

장 모델이다. 이러한 모델의 특징이 한국사회의 구성원이 성장해야 할 가장 중요한 부분을 가리키기 때문에 한국사회에 매우 적합하고 필요한 치료 모델이라고 할 수 있다.

사티어 경험주의 가족치료는 영성 모델이다. 인간의 궁극적 질문은 실존에 관한 것이다. 인간은 모두 죽음에 대한 두려움을 느낀다. 죽음에 대한 두려움이 커지면 삶 자체가 죽음의 지배를 받게 된다. 사티어는 자신이 만난 사람들의 심리적 기저에 죽음에 대한 공포에서 자유로운 사람은 없었다고 말하였다. 죽음에 대한 공포에 눌려 오늘을 살면 결국에는 죽음의 지배에서 벗어나지 못한 삶을 살게 된다. 따라서 삶을 살기 위해서는 현재에 몰입해서 순간순간을 살아야 한다. 그럴 때 죽음의 공포에서 벗어나 생명의 살아있음을 자각하고 감사할 수 있다.

한국인의 집단무의식적 영성과 사티어의 영성은 인간을 죽음의 공포에서 삶으로 이행할 수 있게 해준다. 본래 한국인의 집단무의식적 세계관은 인간이 세상의 중심에서 땅의 에너지와 하늘의 에너지를 받아 세상을 다스리는 것이었지만, 점차 인간의 책임은 회피하고 신神의 영역에 의존하게 되었다. 땅은 부富의 축적 방법으로, 신에게는 복을 구하면서 현재를 살기보다 현재를 회피하고 절대자에 대한 의존성을 키우게 하였다. 그러나 사티어 경험주의 가족치료는 죽음의 공포에서 벗어나기 위해 삶을 회피하는 것이 답이 아니라고 말한다. 오히려 오늘의 삶을 직시하고, 받아들이고, 몰두해서 사는 것이 진실된 삶이라고 역설한다. 즉, 인간은 죽음을 완전히 극복할 수는 없지만 삶을 직면하고 성장하는 것이 죽음의 공포를 극복하는 길이라는 것이다. 사티어는 죽음을 마주하고 그의 죽음을 슬퍼하는 제자들에게 죽음은 또 다른 삶으로의 통과의례라고 의연하게 말하고 생을 마감하였다.

4. 사티어 경험주의 가족치료의 세계관[46]

사람은 세상을 지각하고 해석하고 의미를 부여하고 세상에 대한 관점을 형성한다. 이러한 관점의 모임이 세계관이고, 세계관에 따라 인생을 살아간다. 예를 들면 세상은 좋은 것으로 가득찼다는 관점을 지닌 사람과 세상은 나쁜 것으로 가득찼다는 관점을 형성한 사람의 삶의 방식은 매우 다를 것이

---

[46] 사티어는 자신의 모델을 어떤 특정한 모델로 제한하는 것을 원하지 않았다. 그럼에도 불구하고 학계에서는 사티어의 방법론을 의사소통 모델로 분류하였다. 그 후 사티어 모델이 경험적이라는 특징 때문에 경험주의 가족치료로 분류되었다. 그녀의 생애 후기에는 자신의 모델이 개인, 부부, 가족, 영성, 세계 평화까지 포함한다고 믿으면서 마지막 저서에서 자신의 치료 모델을 사티어 모델이라고 명명하였다. 그녀의 제자 밴멘은 변화와 체계적 관점을 강조하기 위해 사티어 변형체계치료Satir Transformational Systemic Therapy라는 이름을 사용하였다. Satir, V. et al., (1991). p. 14-15.

다. 모든 심리치료 방법의 기저에는 창시자의 세계관이 있고, 그 세계관을 기반으로 치료방법이 만들어진다.[47] 따라서 치료사는 자신이 적용하는 치료 모델의 세계관, 치료사 자신의 세계관, 그리고 내담자의 세계관을 파악확인하면서 치료과정을 진행해야 한다.[48]

1) 사회에 대한 관점

사티어는 "인간은 사회적 존재로서 사회체계가 우리의 삶에 직접 영향을 끼친다"고 믿었다. 사회체계가 역기능이면 가족체계도 역기능이 되고 개인도 역기능으로 될 수밖에 없다고 믿었기 때문에 삶 후반기에는 전 세계를 자유주의, 평화주의, 인간 존엄의 사회로 변화시키고자 노력하였다.

동서양을 막론하고 인류의 역사는 지배-복종의 계급사회가 지배적이었으며, 오랜 투쟁 끝에 이룬 것이 개인의 자유를 보호하는 민주주의 사회체계이다. 그러나 사티어는 민주주의를 표방하는 사회조차도 우리가 알고 있는 모습과는 다르다는 것을 깨닫게 되었다. 그녀는 민주주의가 인간 가치의 동등성을 인정하고, 그 가치가 사회와 국가 차원에서도 실현될 수 있는 제도라고 믿었지만, 이 기대는 곧 환상이라는 것을 깨닫게 되었다. 민주주의 사회에서도 국가적, 정치적, 경제적, 인종적, 문화적, 성적 차별은 사라지지 않았기 때문이었다. 결국, 사티어는 자신의 신념에 어울리는 세상을 만들기 위해서는 개인, 가족, 사회가 다 함께 변화해야 한다는 믿음에서 자신의 모델을 개인, 가족, 국가, 더 나아가 세계의 변화를 위해 적용하고자 부단히 노력하였다.

2) 관계에 대한 관점

계급사회에서는 타고난 특성, 사회적 위치, 역할, 부, 권력, 명예에 의해 힘이 소수 사람에게 편중되고, 이들에 의해 인간 가치가 결정지어진다. 치료적 관계에서도 치료사가 내담자를 사회의 기준에 따라 판단한다면 전적으로 치료사의 가치관에 의해 내담자에 대한 진단과 평가가 내려지게 된다. 사티어는 이런 치료적 관계를 반대하면서 치료사는 사회가 규정한 기준에 따라 내담자를 판단하는 사람이 아니라, 내담자와 동등한 위치에서 내담자가 자신의 가치를 회복하고 자신의 삶을 스스로 선택하도록 돕는 사람일 뿐이라고 강조하였다. 이러한 사티어의 치료적 태도는 포스트모더니즘과

---

47 김영애 저 (2016). 자기 성장을 위한 성격심리학: 성격심리학자들의 삶과 이론. 시그마프레스.
48 Schwab, J. Baldwin, M. Gerber, J. Aomori, M. & Astir, V. 1989, *The Astir Approach to Communication: A Workshop Manual*. Palo Alto, CA: Science and Behavior Books, p. 23.

맥을 같이하고 있다. 비유적으로 표현하면, 치료과정이란 치료목표를 향해 인생의 한 지점에서 치료사와 내담자가 한 팀이 되어 뒤에서 앞에서 옆에서 인생길을 같이 여행하는 것과 같다.

(1) 계급사회의 관계에 대한 관점
① 사람의 위계질서는 우월성과 복종의 관계를 의미한다.
② 사람의 가치는 동등하지 않기 때문에 지배-복종의 관계는 불가피하다.
③ 사람의 역할을 근거로 사람의 가치와 우월함을 판단한다.
④ 사람의 역할이나 지위가 정체성 형성을 결정짓는다.
⑤ 사람은 서로 지배하기 때문에 고립감, 공포, 분노, 불쾌함, 소외감과 불신을 느낀다.

(2) 사티어 모델의 관계에 대한 관점
① 사회적 질서는 구성원의 동등한 가치를 기반으로 형성된다.
② 사람의 가치는 역할과 지위에 영향을 받지 않는다. 단지 역할은 특정한 시간과 상황에서의 기능만을 의미한다.
③ 사람들의 가치는 동등하기 때문에 서로의 차이점이 받아들여진다.
④ 사람들은 자신의 삶에 대한 주인의식, 타인에 대한 존중, 표현의 자유를 믿는다.

3) 인간에 대한 관점

사티어의 인간관은 누구나 적절한 환경만 제공되면 생명체 본연의 모습을 자연스럽게 드러낼 수 있다는 인본주의적 관점에 기반한다. 따라서 한 인간에게 가장 큰 영향을 끼치는 어린 시절 부모와의 부정적 경험을 자각하고, 표현하고, 수용하여 본래의 힘을 회복시키는 데 집중하였다.

> 우리는 모두 부모와 생존 관계에 놓이게 됩니다. 우리 자신은 아무것도 할 수 없습니다. 만약 아무도 아기의 울음소리를 듣지 못하고 돌봐주지 않는다면 아기는 죽게 됩니다. 설사 부모가 자녀의 요구를 충족시켜준다고 하더라도 필요한 때 즉시 반응해주지 않고 마지못해 필요를 채워준다면, 우리는 바로 그러한 경험을 중심으로 우리 자신을 만들어갈 수밖에 없습니다.[49]

---

[49] Satir, V. & Banmen, J. (1982). p. 67.

어린아이는 생존을 위해 부모에게 의존할 수밖에 없다. 부모가 자녀의 필요를 민감하게 알아채고 채워주면 세상이 편안하고 내가 주인으로 살아갈 수 있다는 믿음이 생긴다. 그렇지 못하면 세상은 두렵고 안전하지 않다는 불안이 뿌리내린다. 어린아이는 외부 상황이 부적절하다고 느껴도 외부를 변화시킬 힘이 없기 때문에 오히려 자신에게 문제가 있다고 믿게 된다. 그런 믿음 때문에 어린아이는 외부의 인정을 받기 위해 노력하게 되면서 점차 자신을 상실하고 그 과정에서 신체적·심리적 병을 얻게 된다.

(1) 계급사회의 인간에 대한 관점
① 사람은 신체적·정신적 생존을 위해 권위에 동조하고 복종할 필요가 있다.
② 사람은 악해질 수 있는 잠재성을 지니고 있다.
③ 사람은 외적 규범에 맞추어 살아야 한다.
④ 사람은 모두 같아서 감정이나 의견이 다르지 않다.

(2) 사티어 모델의 인간에 대한 관점
① 사람은 동등한 가치를 지닌 선한 존재이다.
② 사람은 동등한 위치에서 타인과 관계를 맺는다.
③ 존엄성을 회복하기 위해서는 생명 에너지를 회복해야 한다.
④ 사람은 독특성 때문에 자기만이 자기를 정의할 수 있다.
⑤ 사람은 동질성 때문에 서로 연결될 수 있고, 차이점을 바탕으로 성장할 수 있다.
⑥ 사람은 유사점과 차이점을 상호 보완하거나 존중하면서, 협동과 관찰, 나눔 속에서 자신과 타인을 발견하는 기쁨을 누릴 수 있다.
⑦ 사람들은 각자의 감정을 분명히 표현하고 차이점을 받아들인다.
⑧ 내가 느끼는 감정은 나의 것이기 때문에, 감정을 해결해야 하는 책임도 나에게 있다.
⑨ 문화적 배경으로 인해 삶의 모습은 다르게 보여도 인간의 보편성 때문에 삶의 과정은 유사하다. 따라서 치료는 삶의 내용이 아니라 과정을 다루어야 한다.

4) 상황에 대한 관점
두 사람 사이에 어떤 일이 벌어졌을 때 그 일을 정확하게 파악하고자 한다면 두 사람 사이의 상호작용에 주목해야 한다. 만일 A와 B가 싸웠다고 했을 때, 내가 두 사람을 잘 안다고 해도 두 사람 사이의 상호작용이 어떻게 진행되었는지를 알아야 제대로 파악할 수 있다. 여기에 C라는 사람이 추가된다면 상호작용은 더욱더 복잡해질 것이다. 이렇게 변인들이 여럿일 경우에 벌어지는 상황은 단순히 A, B, C, D, E가 원인이라기보다 변인 A, B, C, D, E 사이의 복잡한 상호작용의 결과에서 비롯된다고 할 수 있다. 따라서 어떤 상황이나 사건이 발생했을 때 단순히 A 때문에 혹은 B 때문에 싸움이 났다고 단정 지어서는 안 된다. 과거에는 어떤 증상에 대해 단 하나의 원인이 있다고 보았지만, 실제로 어떤 사건을 이해하기 위해서는 사건과 연관된 맥락, 상황, 상호작용 등 여러 변인을 체계적 관점에서 이해해야 한다.

(1) 계급사회의 상황에 대한 관점
① A와 B는 원인과 결과의 관계로 맺어져 있다.
② 올바른 방법은 단 한 가지뿐이며, 지배하는 사람이 그 방법을 결정한다.
③ 권위자의 목소리를 받아들이기 위해 자신의 경험을 부인한다.
④ 흑백논리와 왜곡된 편견으로 인해 독창성을 잃어버리고 새로운 것을 발견하지 못한다.

(2) 사티어 모델의 상황에 대한 관점
① 사건은 많은 변인과 다양한 사건들의 결과이다. A = B + C + D + E ⋯ 등
② 문제를 해결하는 방법은 다양해서 자신의 기준, 규범에 맞는 방법을 선택할 수 있다.
③ 상황의 배경에는 많은 요인이 얽혀있어서 드러난 사건의 이면을 봐야 한다.
④ 상황에 대한 견해의 타당성, 사건의 이면, 왜곡되지 않은 정보, 합리적인 순서, 각 사건의 관계성을 파악하게 한다.

5) 대처방식에 대한 관점

사티어는 자기의 가치에 대해 스스로 내리는 판단, 신념, 느낌, 이미지 등이 의사소통 방식에서 드러난다고 말하였다. 사람이 서로 주고받는 대화는 자신에 대해 어떻게 느끼는가, 다른 사람에 대해서 어떻게 느끼는가를 드러내며, 자존감은 우리가 하는 행동을 자각하고 우리의 행동을 선택할 수 있게 해준다고 주장하였다. 의사소통 방식이 내면의 자존감 수준을 드러낸다. 자존감이 높으면 일치적 의사소통을 할 수 있고, 자존감이 낮으면 자기를 방어하기 위해 회유형, 비난형, 초이성형, 부적

절형(산만·회피·철회형)의 대처방식을 사용한다.[50]

(1) 사티어의 대처방식에 대한 신념

① 사람은 스트레스를 받으면 자신들이 성장할 때 경험했던 역기능적 방식을 반복한다.
② 자존감이 낮을수록 스트레스 상황에서 비일치적 대처방식을 사용한다.
③ 비일치적 대처방식이라 하더라도 그 시점에는 최선의 방식이라 판단한 것이다.
④ 비일치적 대처방식일지라도 부족한 부분을 보완하면 기능적 대처방식이 될 수 있다.
⑤ 사람은 누구나 삶을 성공적으로 살아낼 수 있는 성장에 필요한 내적 자원을 지니고 있다.
⑥ 누구든지 새로운 방식을 배울 수 있다.

6) 가족에 대한 관점

사람은 누구나 잉태되는 순간부터 스트레스를 받는다. 태내 환경, 유전적·신체적·정신적 질병, 가족체계, 사회체계로부터 스트레스를 받는다. 또 가족은 확대가족, 이웃, 직장, 다양한 집단, 문화, 정치, 경제, 지구의 생태 환경으로부터 수직적인 스트레스를 받는다. 세계화가 되면서 한 지역의 질병이 온 세계로 퍼지게 되었다. 이렇게 환경으로부터 수직적인 스트레스를 받을 뿐만 아니라, 성장, 교육과정, 사회적응, 결혼, 확대가족, 은퇴, 노화, 사망 등의 자연적인 발달과정으로부터 수평적인 스트레스도 받는다. 이외에도 갑작스러운 죽음, 질병, 사고, 경제적 능력 상실로 인한 압박, 전쟁, 경제 불황, 자연재해 등의 외부적 환경으로부터 충격을 받기도 한다. 이러한 외부의 충격과 변화에 대해 가족 회복 탄력성이 약한 가족체계는 역기능적으로 된다.

(1) 기능적 가족체계 구성원의 특징

① 가족체계를 건강하게 만들어야 하는 책임감을 느낀다.
② 실패나 위기에 부닥치면 결속력을 발휘한다. 오히려 어려움을 성장의 발판으로 삼는다.
③ 가족의 결속력을 강화하는 전통과 예식을 중요하게 여긴다.
④ 신뢰, 정직, 개방성을 바탕으로 친밀한 가족 분위기를 형성하려 한다.
⑤ 새로운 상황 앞에서 도전을 주저하지 않는다. 실수를 성공의 기회로 삼는다.

---

50 *Satir Model*, ch. 3 참조

⑥ 개인의 가치, 권리, 차이점이 존중된다.
⑦ 구성원 각자의 특성이 가족을 풍성하게 만드는 자원이 된다.
⑧ 구성원 각자의 부정적 경험까지도 존중받고 서로 지지한다.
⑨ 각자의 개체성을 유지하면서도 체계의 구성원으로 건강하게 살아간다.
⑩ 대화를 통해 갈등을 해결할 능력이 있다.
⑪ 활기 있고, 솔직하며, 사랑을 느끼고, 애정 표현이 자유롭다.
⑫ 생명 에너지가 충만하다.

(2) 역기능적 가족체계 구성원의 특징
① 다양성을 인정하지 못한다.
② 부정적인 사고에 파묻혀있다.
③ 힘든 사건들이 자주 발생한다.
④ 규칙을 지킬 것을 강력하게 요구한다.
⑤ 작은 충격에 흔들리고, 상황을 부정적으로 확대한다.
⑥ 융통성, 자율성, 개방성이 낮고, 자신의 방식을 과도하게 고수하려 한다.
⑦ 이분법적 사고로 자신과 세상을 흑백논리로 판단하면서 외부 영향을 거부한다.
⑧ 자기표현이 안전하지 않다고 느낀다.
⑨ 서로 지지하기보다 비난하면서 시시비비를 가리려고 한다.
⑩ 서로의 차이점을 조율하지 못한다.
⑪ 갈등이 발생했을 때 회피하거나, 단절하거나, 억압한다.
⑫ 긍정적 감정조차 어색하거나 두려워서 표현을 잘못한다.
⑬ 서로 의심하고, 상대방의 숨은 의도가 무엇인지 캐내려 한다.
⑭ 대화가 없고, 늘 화가 나 있으며, 우울하고, 에너지가 없거나, 충동적으로 각자의 욕구를 채우려 한다.

7) 변화에 대한 관점

변화란 지금까지 해오던 익숙한 방식을 버리고, 새로운 방식을 선택하는 것이다. 새로운 것은 경험해보지 않았기 때문에 불안을 수반한다. 역기능적 가족체계는 원래 불안이 높아서 변화를 선택하기보다 익숙한 방식을 선택하려 한다.

어떤 문제에 부딪혔을 때, 문제가 우리로서는 어찌할 수 없는 외부로부터 온 것이라면, 그 문제를 없애거나, 원하는 방향으로 해결하는 것이 어려울 것이다. 하지만 아무리 그 문제가 어려운 것이라도 우리는 힘든 문제를 해결하는 과정을 통해서 좀 더 성숙한 인간으로 성장할 수 있다.[51]

모든 인간은 생존하려 할 뿐만 아니라 생산적이고, 창조적인 존재가 되고 싶어 하며 또 의미를 부여하고, 질서를 만들려 하며, 다른 사람과 가까이 있고 싶어 한다. … 나는 살아있는 사람은 누구나 성장할 수 있다고 믿는다. … 나는 누구나 변화의 잠재력을 가지고 있다고 믿는다. (따라서 우리는 언제나 새로운 의사소통 방법을 배울 수 있다.)[52]

(1) 역기능적 체계의 변화에 대한 관점

① 체계의 유지를 위해 현 상태를 유지하려 한다.
② 변화는 바람직하지 않거나 비정상적이라고 판단한다.
③ 고통스러운 대가를 치뤄도 새로운 것을 선택하기보다 익숙한 것을 선택한다.
④ 잘 알지 못하는 것에 대해 두려움을 느낀다.
⑤ 변화를 옳고 그름의 문제로 판단한다.
⑥ 변화에 직면하면 두려움과 불안을 느낀다.

(2) 기능적 체계의 변화에 대한 관점

① 사람들은 외부의 환경을 변화시킬 수 없다 하더라도 자신의 내면은 변화시킬 수 있다.
② 자존감의 상승은 변화와 성장의 과정에서 얻어지는 자신감에서 생긴다.
③ 불편함과 고통은 변화를 위한 신호이다.
④ 두려움과 위험을 감수하고 기회를 잡으려 한다.
⑤ 과거를 변화시키려 하지 않고 영향만을 바꾸려 한다.
⑥ 과거를 인정하고, 수용하고, 감사할 때 미래를 위한 힘을 키울 수 있다.
⑦ 부모도 부족한 인간이라는 사실을 인정하고 수용한다.
⑧ 사건의 내용을 변화시키려 하기보다 사건의 과정을 변화시킨다.
⑨ 변화는 필수적이고, 필연적이기 때문에 변화를 환영하고 기대한다.
⑩ 새로운 선택과 내적 자원을 발견하는 것을 즐긴다.

---

51 Banmen ed. STST, p. 17.
52 Schwab, p. 79.

⑪ 건강함과 잠재적 능력을 유지, 성장시키는 데 초점을 맞춘다.
⑫ 변화는 누구나 가능하므로 긍정적 방향의 치료목표를 세운다.
⑬ 치료사 자신이 먼저 내담자의 변화에 대한 믿음을 가진다.
⑭ 치료사는 변화과정의 도구이기 때문에 항상 성장과정에 있다.

8) 긍정성에 대한 관점

사티어는 내담자가 자기 긍정의 경험을 할 수 있도록 전 치료과정이 마치 보물찾기 놀이를 하듯 내담자의 자원을 찾는 과정이 되어야 한다고 주장하였다.

(1) 치료사의 긍정적 관점

① 치료사는 병리적인 것보다 인간의 잠재력과 긍정적 힘에 초점을 맞추어야 한다.
② 치료사는 내담자의 생명력에 초점을 맞추고 그 생명력을 드러낼 수 있도록 도와야 한다.
③ 내담자의 문제를 문제라고 보기보다는 내담자가 최선의 삶을 살려고 애쓴 내담자의 노고를 인정해야 한다.
④ 내담자의 생명의 가치를 인정하고, 내면의 힘과 자원에 대해 긍정적 태도를 갖도록 도와준다.
⑤ 치료사는 내담자의 어떤 특정한 행동에 대해 평가하는 것을 지양하고 모든 살아있는 생명체에 대한 긍정을 하도록 노력한다.

2장
사티어 경험주의 가족치료의 이론적 배경
Theoretical Background of the Satir Transformational Systemic Therapy

1. 사티어 경험주의 가족치료와 타(他) 학문과의 연계성

1) 정신분석학

사티어가 경험주의 가족치료 모델을 개발할 당시 심리치료 분야에서는 프로이트Sigmund Freud의 고전적 정신분석학이 지배적이었다. 사티어도 6년간이나 정신분석을 받았으나 문제가 해결되기보다 더 우울해지는 것을 경험하면서 정신분석이 모든 사람에게 효과적이지 않을 수 있다는 사실을 깨닫게 되었다.[1] 특히 그녀는 기존의 치료방법이 인간에게 가장 중요한 사랑, 창조성, 의미, 영성 등을 중요하게 생각하지 않는 점을 불만스럽게 여겼다. 또한 '내담자를 치료할 때 왜 가족을 참여시키지 않는가?', '정신분석은 사람의 문제를 파헤쳐 무엇이 잘못된 것인지 찾아내려 하면서 왜 자신의 방법론 자체가 한계를 가질 수 있다는 의문은 품지 않는가?', '오이디푸스 콤플렉스 시기 이전에는 인간의 삶에 영향을 미치는 의미 있고 중요한 것이 하나도 없다는 것인가?' 등의 질문을 끊임없이 던졌다. 특히 치료사와 내담자 간의 전이, 역전이를 줄이기 위해 두 사람 사이에 일정한 심리적·신체적 거리를 유지할 것을 요구한 점에 대해서도 의문을 제기하였다. 사티어는 "목욕물을 버리려 하다가 아기까지 버린다"는 서양 속담과 같이 치료과정에서 치료사의 영향을 없애기보다 오히려 긍정적 영향을 확대하는 것이 치료에 더 효과적이라 판단하고, 치료사 자신을 치료적 도구로 쓰기를 권장하였다.

---

[1] Suhd, M. M. et al., (2000). p. 48-49.

이처럼 사티어는 정신분석 방법론에 비판적이었으나 그 영향을 완전히 배제할 수는 없었다.

나는 정신분석이 사람들의 문제를 다루는 데 한계가 있어서 싫어한다. 정신분석은 사람들에 대한 희망이 없다. 프로이트는 새로운 것에 앞장선 사람이었다. 정신분석이 프로이트 이론을 기본으로 하지만 프로이트가 진취적인 사람이었던 것과는 달리 정신분석 치료방법은 제자리에서 변하지 않고 있다. 나는 1940년대에 들어 심각한 병을 앓게 되었는데, 의사로부터 심리적 문제가 원인이라는 말을 듣고 정신분석을 받기 시작했다. 치료를 통해 신체적 병은 나았지만, 그 병의 원인인 심리적 문제는 다루지 못했다. 다른 방법의 치료를 원하였으나 새로운 치료방법이 없었던 탓에 나 스스로 치료하기 시작했다. 물론 내가 정신분석의 영향을 전혀 받지 않았다고는 할 수 없지만 적어도 내담자에게 정신분석이 맞지 않는데도 불구하고 반드시 그 방법으로 치료하려고 고집하지는 않았다.[2]

2) 심층분석심리학

융Carl Jung은 그만의 독특한 개념과 치료과정을 제시하였으며, 사티어에게 깊은 영향을 끼쳤다. 융은 집단 무의식collective unconscious, 원형archetype, 그림자shadow, 아니마anima, 아니무스animus, 자기self, 동시성syncrocity, 전체성wholeness과 균형balance, 개성화 과정individuation process 등의 새로운 개념들을 제시하였다. 융은 집단 무의식에 잠재된 콤플렉스complex는 상징이나 꿈, 그림, 적극적 상상 등으로 의식화될 때 그 문제가 사라진다고 주장하였다. 사티어도 메타포, 상징, 이미지, 비유 등을 많이 사용하여 무의식적 내용을 자기self와 통합시키는 작업을 하였다. 그러나 융은 심층분석을 통해 무의식을 의식에 통합하려 하였지만 사티어는 빙산탐색, 가족조각, 가족지도, 내적시각화, 신체적 경험을 기반으로 하는 다양한 기법들을 고안하여 내담자를 효과적으로 치료하였다.

융의 개성화 과정individuation process과 사티어의 일치성 과정congruence process도 매우 유사하다. 동양사상의 영향을 받아 융은 내면의 지혜, 음양, 그리고 정신 에너지의 전체성과 균형을 강조하였다. 사티어도 인간의 지혜, 에너지의 전체성wholeness과 균형balance을 강조하였다. 융이 전체성을 이루는 상징으로서 만달라mandala를 사용한 것과 같이 사티어는 심리적 균형과 전체성을 이루는 기법으로 자기만달라self mandala 기법을 개발하였으며, 지혜의 도구함 같은 기법도 개발하였다.

융은 자기분석 작업을 하던 과정에 인간은 자신의 내면 깊숙이 있는 본래의 가능성을 드러내어

---

2 Ibid., p. 104.

실현하는 것이 중요하며, 그 핵심이 모든 종교의 중심에 자리하고 있는 신성, 영성이라고 하였다. 개성화 과정은 변형의 과정transformational process으로, 이 과정의 궁극적 목표는 모든 종교의 중심에 있는 신성, 영성spirituality과의 연결이라고 주장하였다. 따라서 인간의 삶의 중심에는 물질적 목표가 아니라 영적 목적이 내재해있다고 주장하였다. 사티어 역시 치료의 궁극적 목표는 인간의 중심인 개체적 자기self보다 더 심층적인 영성적 자기와 만날 때 생명의 근원인 우주적 생명력과 연결되기 때문에 이것이 치료의 궁극적 목표라고 설파하였다. 이외에도 융의 많은 개념과 사티어의 방법론이 연관된 것을 발견할 수 있다.

3) 인본주의

사티어는 시골농장에서 성장하였으며, 이 시기의 경험은 생명체의 성장과정과 생명에 대한 깊은 경외심을 갖게 하였다.

> 나는 아주 어려서부터 생명체가 스스로 성장하면서 자기를 드러내는 것이 영성의 존재가 드러나는 것이라고 이해하였다. 아주 작은 병아리가 알을 깨고 이 세상에 나왔을 때, 어린 송아지가 어미 소의 자궁 밖으로 나왔을 때, 내 동생이 태어났을 때 나는 경이로움을 느꼈다.[3]

사티어의 이런 깨달음은 인본주의와 일맥상통한다. 인본주의 치료방법론을 소개한 로저스Carl Rogers는 모든 생명체는 환경을 통해서 경험하고, 지각하고, 반응하고, 그리고 이 경험을 조직하고 체계화하면서 자기에 대한 관점을 형성한다고 주장하였다. 특히 중요한 사람들과의 관계경험을 통해 세계관, 인간관, 삶의 목적 등을 형성하면서 자기self를 조직한다고 하였다. 이때 가장 중요한 역할을 하는 것은 부모가 제공하는 환경이다. 부모가 긍정적인 정서적 지지를 해주면 자기의 가치를 높게 평가하고, 그렇지 못하면 자기의 가치를 낮게 평가하게 된다. 특히 생애 초기경험은 자기self를 형성하는 데 기초가 되기 때문에 부모의 긍정적이고 지지적인 환경이 매우 중요한 역할을 하게 된다. 즉, 로저스는 한 인간의 자기self 형성에 영향을 끼치는 부모 역할의 중요성을 강조하였다. 비록 로저스는 가족체계 혹은 가족치료에 대해 언급은 하지 않았지만 그의 인간 중심, 내담자 중심, 정서 중심, 생명체의 성장 잠재력에 대한 관점은 동시대에 살았던 사티어의 관점과 많이 일치한다. 그

---

3 Satir, V. *New people Making*, (1988). p. 334.

러나 두 사람은 치료방법에서 많은 차이를 보였다. 로저스는 내담자가 자기 통찰을 통해 변화를 유도해야 한다고 믿었기 때문에 치료사가 내담자에게 질문하지 않는 것을 치료의 원칙으로 삼았다. 반면, 사티어는 이 과정을 촉진하기 위해 치료사가 이미 알고 있는 것을 적절한 질문과 접촉을 통해 깨닫게 하고 특히 다양한 기법을 개발하여 빠른 치료적 효과를 이루고자 하였다.

다른 인본주의 심리학자로 매슬로Abraham Maslow를 꼽을 수 있다. 매슬로는 정서를 강조한 로저스와는 달리 인간의 욕구를 생리적 욕구, 안전의 욕구, 소속과 사랑의 욕구, 사회적 욕구 혹은 자존감, 자기실현의 욕구로 나누어 위계적 단계로 설명하고 있다. 매슬로 역시 자존감에 관해 설명하고 있다. 인간은 사회로부터 긍정적 평가를 받을 때 자존감이 높아지지만 그렇지 못하면 열등콤플렉스를 형성하게 된다. 높은 자존감을 형성하기 위해서는 자기존중이 필요하다고 설명하면서 인간은 사회로부터 긍정적 평가를 받고 싶은 욕구가 있으며, 높은 자존감은 자신의 잠재력을 알고, 자기의 욕구에 초점을 맞추고 집중해서 성취할 때 이룰 수 있다고 주장하였다. 이때 독립성, 자유, 자기자신감, 능력, 힘 등이 함께 상호작용하면 높은 자존감을 형성할 수 있다고 주장하였다.

매슬로와 사티어는 인간 본래의 성장 욕구에 대해서는 같은 입장에 있다. 인간의 성장 욕구와 구체적인 내용을 설명한 점에서는 비슷하지만, 욕구에 대한 이해에는 차이가 있다. 매슬로는 욕구의 위계를 피라미드 단계로 설명하였고 욕구들은 서로 연결되어 있다고 설명하고 있다. 반면에 사티어는 이러한 욕구들을 단계로 분류하기보다 이런 욕구들은 체계적으로 연결되었다고 설명하고, 이러한 욕구들을 충족시키는 과정에 대해 구체적이고 명확한 방법을 제시하였다는 점에서 차이가 있다.

4) 현상학

훗설Edmond Husserl은 수학자이며, 심리학자이며, 철학자로서 수학의 기초를 단단하게 세우려 하였다. 그는 수학적 이론을 체계적으로 세우기 위해서 심리과정을 연구하였다. 실재reality 사물은 객관적으로 존재하면 몰라도 언어 등의 상징을 사용하게 되면 이미 주관적 의도가 개입되어 실재와 '근접한' 내용이 되어버리고 객관적 실재가 아니게 된다. 따라서 모든 존재는 실재 현상과 정신적 행동으로 나눌 수 있다. 따라서 인간이 사물을 받아들일 때는 이미 주관적 판단이 들어가기 때문에 의도적이 된다. 결국 대상에 대한 해석은 이미 의도적 해석이 되어버린다. 따라서 모든 지식은 그 존재에 대한 다양한 가정假定이 이미 내재해있다고 볼 수 있다. 다시 말해 훗설은 인간은 누구나 자연스럽게 자신의 견해, 즉 주관적 의도나 해석에 따라 사물을 판단하기 때문에 해석하는 사람에 따라 대상은 달라진다고 하였다. 따라서 현상학적 입장에서는 대상에 대한 이해는 주관적 해석이지 객관적인 해석은 아니라는 것이다. 따라서 내담자가 '지금 여기'에서 경험하는 것만이 내담자의 실재reality라는 것이다. 결국 내담자의 경험과 해석은 실재에 대한 부분일 뿐이다. 사티어 역시 치료사는 내담자가 경험하는 것이 내담자에게는 실재reality이기 때문에 내담자의 경험을 존중해야 한다고 주장하였다. 그러나 내담자의 경험에 대한 해석이나 판단은 바뀔 수 있기 때문에 내담자의 부정적 경험을 새로운 주관적 해석이나 판단을 할 수 있게 도와줄 때 내담자가 변화할 수 있다고 믿었다.

5) 긍정심리학

긍정심리학은 1998년 셀리그만Martin Seligman이 회장이었던 미국심리학회의 연차대회 토론 주제로 설정하면서 시작하게 되었다. 이 학파는 정신분석과 행동주의에 반발해서 심리치료가 정신병리에 초점을 맞추기보다 행복, 건강, 긍정적 측면에 기반을 두어야 한다고 주장하였다. 셀리그만과 칙센트미하이는 인간을 병리적 측면보다 긍정적 측면에 초점을 맞추어 인간의 기능을 증진시키고자 노력하였다. 긍정심리학은 좋은 사람, 긍정적 삶에 대한 정의를 내리기보다 행복한 삶을 살 수 있게 하는 실제적인 요인들에 관해 연구하였다. 이들은 진지하고 의미 있는 삶을 살기 위해서 자신의 가장 중요한 에너지를 행복, 그리고 감사의 삶을 사는 데 써야 한다고 말하고 있다. 이처럼 긍정심리학은 기존의 심리학을 무시하거나 대체하려는 것이 아니라 긍정적 자존감, 긍정적 자기 이미지를 풍성하게 하는 데 초점을 맞추고 있다. 즉, 이 학파는 인간의 병리적인 측면에 초점을 맞추는 심리치료 분야에 균형을 맞추고자 노력하였다.

이 학파의 기본 전제는 인간은 과거보다 미래에 의해 이끌리기 때문에 미래의 행복에 대해서 더 많은 에너지를 투자하는 것이 행복한 삶을 살 수 있게 하는 데 효과적이라는 것이다. 즉, 미래에 대해 긍정적이고 행복한 생각을 많이 하다 보면 긍정적 변화가 빨리 일어날 수 있다는 것이다. 이러한 관점은 삶의 모든 측면에 적용할 수 있다고 셀리그만은 믿었다. 따라서 내담자를 긍정적 경험, 개인의 좋은 기질, 삶의 긍정적 사건들에 초점을 맞추어 치료하다 보면 내담자가 과거를 수용할 용기를 가지고 미래를 긍정적이고, 재미있고, 낙관적인 관점으로 바라보게 된다고 주장하였다. 이들 학파의 관심은 행복, 건강, 삶의 질, 만족, 의미 있는 삶에 초점을 맞춘다. 따라서 긍정심리학 혹은 긍정적 심리치료에서는 즐거운 삶, 좋은 삶, 의미 있는 삶을 살 수 있으려면 긍정적 정서, 개인의 긍정적 기질, 긍정적 정서를 강조하고, 내담자가 자신의 과거에 만족하고, 현재 행복하고 미래에 대한 행복을 꿈꾸게 도와주어야 한다고 설파한다. 그러나 이 학파에서는 치료적 차원에서 구체적인 치료방법은 제시하지 않고 있다.

사티어의 치료적 신념과 긍정적 심리학의 신념과는 거의 일치한다. 두 학파 모두 인간 존재에 대한 긍정적 태도, 미래에 대한 긍정적 관점을 가지고 있었다.[4] 두 학파 모두 인간은 나이와 상관없이 적절한 환경만 제공된다면 계속 성장할 수 있다고 믿었다. 사티어는 "우리가 너무 오랫동안 이러한 사실을 잊은 채 병리적인 것에만 초점을 맞추었다"고 말한 바 있다.[5] 그러나 사티어의 인간에 대한 긍정적 태도는 단순히 인간의 잠재능력에 대한 긍정이 아니라 생명에 대한 긍정이기 때문에 그 어떤 긍정주의보다 더 깊은 차원에서의 긍정을 보여주고 있다.[6]

6) 실존주의

실존주의에서는 인간을 행동하는 존재로서 독특하고 진정한 개체라고 이해하였다. 이 학파는 인간을 사변적인 존재이기보다 느끼고, 살아있고, 경험하는 주체자로 이해한다. 이 철학적 학파의 핵심은 개인의 '자유'와 '진정성'이다. 이러한 개념은 인간의 실존적 고뇌, 방황, 혼돈, 두려움, 무의미성, 부조리함, 혼돈에 뿌리를 두고 있다. 또한 실존주의에서는 '본질essence보다 존재existence'를 중요하게 여긴다. 인간은 타인에 의해 정의 내려지는 것이 아니라 독립적인 개체적 존재로서, 자신을 책임지는 존재이며, 의식적conscious인 존재이다. 따라서 인간은 자신의 의식 수준에서 자신의 가치를 형성하고, 자신의 삶에 대한 의미를 찾는다.

실존주의는 휴머니즘이다. 인간은 태어나면서 존재하고, 자기와 만나고, 세상의 파도에 휩싸이고, 그런 다음에 자기를 규정짓는다. 인간은 살면서 자신을 자기가 만들어간다. 따라서 치료적 관점에서 인간은 자신의 행동을 다른 방법으로 선택할 수 있고, 나쁜 사람이 되기보다 좋은 사람이 되기를 선택할 수 있는 자유가 있다는 전제를 세울 수 있다. 정신분석이 인간을 본능에 매여 죽음으로 향하는 비관적인 존재로 보았다면, 실존주의는 인간을 전인적 목표를 향해 나아가는 존재로 보았다.[7] 실존

---

[4] Banmen, J. (2008a). (Ed). p. 23; p. 121.
[5] Banmen, J. (2008b). (Ed). p. 17.
[6] Ibid., p. 21. 'The Positive Psychology of Virginia Satir' by Lewis, L. and Banmen.
[7] Banmen, J. (2008a). (Ed). p. 29, 63, Banmen, J. (2008). (Ed) 버지니아 사티어의 명상록. p. 54.

주의 입장에서 부조리함은 인간이 행동과 선택의 자유를 무시하는 것을 말한다. 이렇게 되는 원인은 세상이 불공평하기 때문이라고 주장하였다. 사티어도 인간의 자유와 책임을 중요하게 여겼기 때문에, 전체주의적 사회체계에 대해 강력하게 대항하면서 그녀의 생의 후반기에는 공산주의 체계를 변화시키려 많은 노력을 하였다. 실존주의 철학자, 신학자들도 전체주의 사회에 대해 강력하게 저항하였다는 관점에서 사티어의 철학은 실존주의와 깊은 연관이 있다고 할 수 있다.

사티어의 인간관, 특히 자기self와 만나 성장하고 자신의 삶에 책임져야 한다는 인간관은 실존주의와 맥을 같이한다. 사티어는 내담자가 자기self와 만날 뿐만 아니라, 가족구성원과 자기self 차원에서 만나고, 좀 더 확대해서 모든 사람과도 실존적 차원에서 만나는 것을 중요하게 여겼다. 치료사와 내담자의 만남도 단지 치료사와 내담자와의 관계를 넘어서 나와 너 존재의 만남이라고 믿었다.[8]

7) 집단상담

가족을 하나의 체계로 보는 가족치료는 집단치료와 공유하는 부분이 많다. 사티어의 방법론도 예외는 아니다. 기본적으로 사티어 집단상담은 가족치료의 확대된 형태라고 이해할 수 있다. 집단은 부분들의 합보다 크다는 레빈Kurt Lewin의 이론, 집단구성원들 사이에서 편을 가르는 역동이 발생한다는 비온Wilfred Bion의 이론, 구성원들이 집단을 유지하기 위해 개체성을 형성하기보다 고정된 역할에 매이게 된다는 역할 이론들이 사티어의 방법론과 공통점을 갖고 있다. 이외에도 한 구성원이 과대기능을 하면 다른 구성원은 상대적으로 과소기능을 하게 된다는 상호보완론, 집단원의 심리적 갈등을 연극과 같이 묘사하는 과정을 통해 정서적 갈등을 해결하려 하는 모레노Jacob Moreno의 심리극과도 일맥상통하는 부분이 있다.

8) 게슈탈트 심리치료

사티어가 MRI의 소장으로 재직하였을 무렵, 부소장으로 재직하였던 펄스Fritz Perls는 실존주의 철학과 게슈탈트심리학의 영향을 받아 1952년 뉴욕에서 게슈탈트 치료센터Gestalt Therapy Institute를 세우고 『쓰레기통의 속과 겉In and Out Garbage』을 집필하면서 게슈탈트 치료방법론을 구축하였다.

사람은 상황에 대해 전경과 배경으로 형태Gestalt를 형성하는데, 채워지지 않은 기대나 미해결된

---

[8] Banmen, J. (2008a), (Ed). STST의 제4장 'Congruence in Satir's Model: Its Spiritual and Religious Significance'에서는 사티어 모델과 실존주의 신학자 틸리히Paul Tillich의 영성과의 관계성을 설명하고 있다. p. 62.

욕구들이 전경이 된다. 게슈탈트 심리치료에서는 사람들이 지금 현재 무엇을 배경에 두고 무엇을 전경에 두려 하는지에 대한 구분이 과거의 채워지지 못한 경험과 연관되어 있다고 말하고 있다. 즉, 내가 채우지 못한 기대가 있으면 그 기대가 계속 전경으로 나오게 되면서 현재 경험하는 과정에 영향을 끼치게 되고, 그로 인해 현재를 충분히 경험하지 못하기 때문에 온전한 삶을 살 수 없게 된다.

이 모델은 내담자로 하여금 내면의 갈등을 직면하고 자각하게 하여 자신과 자신의 문제를 해결하는 책임감을 지게 한다. 게슈탈트 심리치료는 주로 집단상담 형식으로 실시되는데, 다른 집단상담 이론들이 구성원들 간의 상호작용을 중요한 치료과정으로 여기는 데 반해, 게슈탈트 심리치료는 치료사와 내담자의 상호작용을 중요하게 여기기 때문에 집단 내 다른 구성원들의 개입을 자제시킨다. 이런 점에서 사티어 모델과 게슈탈트 심리치료의 직면과 경험을 중요하게 여기는 치료기법을 사용한다는 점에서 비슷하며, 집단상담 방식 역시 비슷하다.

9) 유아기에 관한 이론

사티어는 자신의 어린 시절의 경험뿐만 아니라 보육원에서 인턴으로 일할 때 어린아이들을 관찰하면서 사람들의 심리적 문제가 생애 초기의 영유아 시기의 경험에서 비롯된다는 사실을 깨닫게 되었다.[9] 이런 경험을 통해서 사티어는 현재 가족 역동의 변화는 물론 부모와 자녀와의 관계 회복, 특히 어린 시절의 부정적 경험을 해결하려 노력하였다. 언어습득 이전의 경험은 주로 이미지의 형태로 뇌에 남아있거나 신체의 어느 부위(부분)에 저장되기 때문에 경험적 방법으로 치료하는 기법을 개발하였다. 유아기의 경험이 성인 심리에 끼치는 영향은 뇌신경학, 애착 이론, 자기심리학, 대상관계, 내면 아이 등의 이론들도 지지하고 있지만, 치료방법에서는 차이가 있다. 사티어는 유아기의 부적절한 경험은 무의식적 기억에 저장되기 때문에 빙산 탐색과 내적시각화를 통해 탄생 전후의 경험을 치료한다.[10]

---

[9] 사티어는 보육원 영유아들이 겪는 부정적 경험이 후기 성격 형성에 지대한 영향을 끼친다는 것을 발견하였다.
[10] 애착 이론은 아동치료 이론이지만 근래에 성인치료에까지 확대되고 있다. 유아기 경험이 성인이 되어도 영향을 끼친다는 가설은 많은 치료사의 지지를 받고 있지만 둘 사이의 상관관계에 대한 연구는 아직 진행 중이다.

10) 심리치료 교육

사티어는 "교육이 심리치료이고, 심리치료가 곧 교육"이라고 믿었다.[11] 또한 사람은 죽을 때까지 새로운 것을 배울 수 있는 능력이 있다고 믿었다. 그녀의 교육방법은 지시적이지 않고 스스로 답을 찾게 하였다. 그리고 치료사는 내담자에게 질문을 통해 어떤 상황에서든 다양하고 대체적인 삶을 선택할 수 있도록 도움을 주어야 한다고 믿었다. 사티어는 새로운 대처방식을 배우는 것이 변화이며, 새로운 것을 배우면 자연히 과거의 방식을 사용하지 않게 된다고 교육의 중요성을 강조하였다.

11) 영성

사티어 생존 당시에는 심리치료 분야에서 영성을 다루려 하지 않았지만, 사티어는 영성이 치료과정의 본질적 요소이며, 치료는 내담자의 영성이 행동으로 드러나게 도와주는 과정이라고 설명하였다.[12] 1980년대에 들어서 가드너 Howard Gardner가 다중지능 이론을 제시하였다. 그는 인간의 지능을 언어지능, 논리수학지능, 신체운동지능, 음악지능, 공간지능, 자연지능, 자기성장지능, 인간친화지능의 8가지 지능으로 나누고, 9번째 지능으로 삶의 의미를 추구하고 공동체에 관심을 두는 영성과 실존지능을 추가하였다.[13] 가드너가 그의 이론에 영성과 실존지능을 추가한 것은 매우 중요한 이론적 진보라고 할 수 있다.

사티어는 처음부터 인간 존재의 가장 중요한 부분은 영성이라고 믿었다. 그녀는 각 사람이 자신의 영성과 만날 때 다른 사람의 영성과도 만날 수 있고, 더 큰 우주적 영성과도 만날 수 있다고 믿었다.[14] 근래에 심리치료 분야에서도 영성에 대한 중요성이 점점 높아지고 있으며, 명상 등 동양의 정신, 심신 수양 방법을 적용한 심리치료 방법들도 소개되고 있다. 그러나 영성을 포함한 통합적 치료 모델을 제시한 것은 사티어 모델이다. 영성에 대해서는 빙산의 부분을 설명할 때 자세히 설명하고자 한다.

---

11 Suhd, M. M. et al., p. 84.
12 Banmen, J. (2008a). (Ed) ch. 3. Max Inns. p. 54.
13 Gardner, H. (1985). *Frames of Mind: Theory of Multiple Intelligences*. NY: Basic Books.
14 Bentheim, S. (2008). Couple Congruence and Spirituality In the Satir Model: Part Ⅹ. *The Satir Journal: Transformational Systemic Therapy Volume 2*, No. 1. p. 7.

2. 사티어 경험주의 가족치료의 주요개념[15]

사티어는 가족치료의 선구자로서 가족치료의 기본개념을 체계화하는 데 큰 공헌을 하였다.[16] 현재 미국부부가족치료학회AAMFT에서는 가족치료사들이 적어도 체계론, 항상성, 열린·닫힌 체계, 상·하위체계, 경계선, 원가족, 삼인군, 희생양, 부모화된 자녀, 힘, 정서적 단절, 가족신화, 동맹, 연합, 융해, 엉킴 등의 개념에 대해 알고 있기를 요구하고 있다. 이러한 개념들은 사티어의 초기 논문이나 저서에서 찾아볼 수 있다. 아래의 가족치료 개념들은 사티어가 그녀의 논문, 저서, 워크숍을 통해 전달한 내용을 정리한 것이다.

1) 체계론 systems theory[17]

체계론적 관점에서는 생물이든 무생물이든, 어떤 개체를 그 개체의 부분들의 특성으로만 설명할 수 없다. 이는 부분들이 합쳐져 하나의 통합된 개체가 되면서 그 개체만의 특성이 드러나기 때문이다. 마치 시계 부속품들 각각은 시간을 알려주는 기능을 하지 못하지만, 부속품들이 모여 시계로 조립이 되면 시간을 알려주는 기능을 하게 되는 것과 같다.

> 유아침대 위에 매달린 모빌 장난감을 보라. 모빌 장난감에는 다양한 모양과 크기의 모빌들이 매달려있다. 모양과 크기가 서로 달라도 줄의 길이를 조정하거나 무게를 변화시키면 자연스럽게 균형을 이룬다. 가족도 이와 같다. (외부로부터 자극을 받으면 가족구성원들 모두 영향을 받아 움직이다가 점차 다른 모습의 안정적 상태가 된다) 가족구성원들은 모두 개체성이 다르고, 성장 수준도 다르다. 그러나 모빌과 같이, 가족구성원 한 사람이 변화하면 가족체계 전체가 변화하기 때문에 (치료사는)다른 가족구성원의 변화까지 생각하지 않을 수 없다.[18]
>
> 부분은 다른 부분들과 연결되어 있어서, 한 부분의 변화는 다른 부분의 변화를 이끌어낸다. 가족구성원 한 사람의 변화, 또 어떤 하나의 사건도 구성원 모두에게 영향을 끼친다. 따라서 가족을 진단하기 위해서는 그 시점의 가족체계에 끼치는 다양한 자극과 영향에 대해 이해하는 것이 필요하다.[19]

---

15 Satir, V. 1988. *The New Peoplemaking*. Science and Behavior Books. Mountain View. CA. 가족치료를 널리 알린 『공동가족치료 Conjoint Family Therapy』와 함께 이 책은 가족치료 개념을 형성하는 데 많은 공헌을 하였다. 두 저서에서 설명하고 있는 가족치료 개념들에는 현재 미국부부가족치료학회에서 가족치료사들이 반드시 이해하고 치료에 적용해야 하는 가족치료 개념들이 포함되어 있다.
16 Lee, R. E. & Everett, C. A. 2004. *The Integrative Family Therapy Supervisor*. NY: Routledge. p. 26.
17 1940년대 초기 가족치료 이론을 구축하고자 노력했던 학자들은 가족의 특징을 설명하기 위해 당시의 수학, 물리학, 공학의 체계이론system theory을 도입하였다. 그 후 베르탈란피Ludwig von Bertalanffy의 유기체론을 적용하여 가족치료에서는 일반체계 이론General Systems Theory을 적용하여 가족체계를 설명하였다.
18 Satir, V. 1988. p. 137.
19 Satir, V. & Baldwin, M. 1983. p. 191.

구성원의 문제는 가족체계의 문제이고, 가족체계의 문제는 구성원의 문제이다. 가족체계가 구성원의 증상을 발발시킬 수 있고, 구성원의 증상이 가족체계에 영향을 끼칠 수 있다. 구성원이 변하면 가족체계가 변하고, 가족체계가 변하면 구성원이 변한다. 따라서 구성원에게 증상이 나타나면 체계의 문제가 있는지 탐색해봐야 한다. 만일 딸이 심각한 우울증을 앓고 있다면 이를 딸의 문제로만 보기보다 체계적 관점에서 이해해야 한다. 부모가 항상 싸우고, 어머니는 시어머니를 닮았다고 딸을 구박하고, 딸은 어머니와 싸우고, 아버지는 모녀간의 갈등을 회피하는 이런 상호작용이 계속되다가 딸은 우울증에서 벗어나지 못한다. 이때 증상을 지닌 구성원만 치료한다면 A가 B의 결과를 이끈다는 단선론적 관점에서 벗어날 수 없다.

가족체계의 변화 없이 내담자만 치료할 경우 다른 구성원이 치료를 방해하거나, 내담자가 퇴원 후 집으로 돌아가면 증상이 더 나빠지거나, 혹은 다른 구성원이 증상을 드러내면서 새로운 희생자가 되기도 한다.[20]

가족구성원은 각각의
독립적인 개체이다.

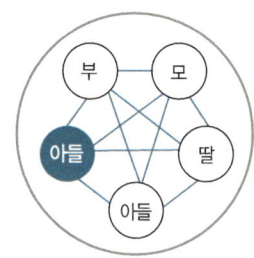

가족체계는 다른 구성원과
서로 긴밀하게 연결되어 있다.

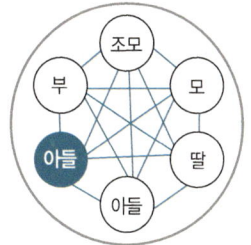

구성원이 한 사람만 증가하여도
가족체계의 상호작용은 매우 복잡해진다.

2) 상·하위체계 subsystem

체계론적 관점에서 보면 모든 개체는 하위체계이면서 동시에 상위체계이다.[21] 가족체계는 가족체계가 속한 사회, 국가, 지구생태계, 우주의 순서대로 상위체계의 영향을 받고, 동시에 하위체계의 영향을 받는다. 가족체계도 상위체계이면서 동시에 하위체계이다. 가족체계에는 조부모 하위체계, 부부 하위체계, 부모 하위체계, 자녀 하위체계, 모녀 하위체계, 부자 하위체계, 형제 하위체계, 조부

---

20 Satir, V. 1967. p. 3.
21 Banmen, J. 2008a. p. 23; Banmen, J. 2008b. p. 35.

모와 손자·손녀 하위체계 등 수많은 하위체계가 있다. 가족체계는 상위체계의 변화에 따라, 또 하위체계의 변화에 따라 유연하게 대처해야 한다.

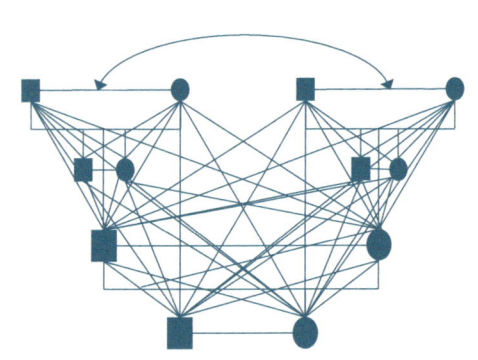

개인은 복잡한 가족관계망 내에 존재한다.
개인은 모든 상·하위 체계로부터 영향을 받는다.

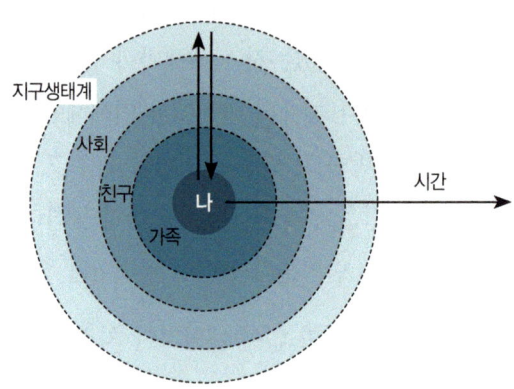

시간이 흐르면서 상호작용은 달라질 수 있지만 하위체계와 상위체계는 끊임없이 상호작용을 하면서 서로에게 영향을 끼친다.

3) 가족항상성 family homeostasis

잭슨Don Jackson은 1954년에 가족이 마치 한 단위처럼 행동하는 것을 보고, 사이버네틱스 물리학 이론을 도입하여 가족항상성 개념을 처음으로 소개하였다.[22] 사티어 역시 "가족은 하나의 체계이며, 항상성을 이루고자 한다. 항상성이 부적절한 역할들, 경직된 규칙들, 비현실적인 기대들로 인해 유지될 때 구성원들의 기대는 채워지지 않고 역기능이 발생한다"고 설명하였다.[23]

체계에는 새로운 상태로 변화하려는 morphogenetic 형태발생적 힘과 현 상태를 유지하려는 morphostatic 형태안정적 힘이 동시에 존재한다. 형태발생적 힘이 지나치면 체계가 파괴되고, 형태안정적 힘이 지나치면 경직되고 정체된다. 따라서 가족체계는 항상성이 깨지면서 변화하고, 그 변화한 상태가 유지되면서 항상성을 이루며, 또다시 항상성이 깨지는 순환과정을 거친다. 체계의 개방성과 폐쇄성이 적절하게 균형을 이루어야 체계가 안정적인 상태를 유지하는 가운데 성장할 수 있다. 두 사람의 결혼, 자녀탄생, 부부의 원가족과의 관계, 부모와 자녀의 발달과정 등과 사회문화의 변화, 사회를 위협하는 경제위기, 전쟁 등은 가족항상성을 위협하는 요인이 된다. 이런 요인들로 인해 체

---

22 Nichols, M. P., p. 51–53.
23 Satir, V. et al., 2004. 김영애(역), 사티어 모델, 김영애가족치료연구소.

계 유지 위협이 지나치게 커지면 가족항상성은 깨진다.

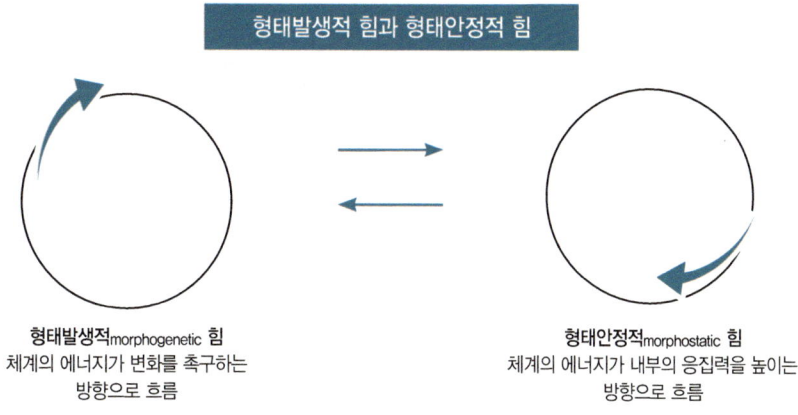

가족체계는 체계의 변화와 안정을 반복하면서 적절한 상태의 체계를 유지하려 한다.

4) 개방(열린)체계open system 폐쇄(닫힌)체계closed systmem

항상성과 연관된 개념이 개방성과 폐쇄성이다. 가족이 지나치게 항상성을 유지하기 위해 외부의 영향이나 구성원의 발달과정에서 오는 변화를 거부하게 되면 가족은 폐쇄체계가 되고, 반면에 외부 영향을 많이 받아들이면 개방체계가 되어 가족응집력이 낮아진다. 따라서 가족체계는 외부 세계와 적절한 경계선을 형성하여 적절한 개방과 응집력을 형성해야 한다. 적절한 응집력은 구성원들이 고유한 개체성을 형성할 수 있는 자유를 허용한다. 그러나 응집력이 지나치게 강력하면 구성원들의 개체성 형성에 손상을 주게 되고, 응집력이 지나치게 약하면 가족체계를 묶어주는 힘이 약해져서 모래알 가족이 되어버린다.

> 폐쇄(닫힌) 가족은 경직된 규칙, 특히 의사소통 규칙이 많다. 이 체계에서 정직한 자기표현은 불가능하다. 만일 누군가가 정직하게 표현하면 그 구성원이 잘못되었거나, 미친 사람 또는 병든 사람으로 취급받을 수 있다. 다르다는 것은 위험한 것처럼 여겨지기 때문에 결과적으로 가족구성원 중 한 사람 혹은 그 이상의 가족구성원은 그 가족내에서 생존하기 위해서 마치 죽어있는 것과 같은 모습으로 존재해야 한다. 따라서 이러한 가족내에서는 개인의 성장이나 건강이 제한될 수밖에 없다. 일반적으로 정서 혹은 행동에 문제가 있는 사람들이 이러한 폐쇄 가족의 구성원이라는 것을 발견하게 된다. 반면 개방(열린) 가족에서는 정직한 자기표현이 허용되고, 이러한 가족에서는 구성원 간의 차이점이 자연스럽게 받아들여진다. 또 협상, 차이점에 동의하기, 진행방식을 의논하기 등을 통하여 차이점을 해결한다. 개방체계에서

는 자기가 생각하고 느끼는 것을 말할 수 있어서 구성원들은 현실적으로 가능한 것을 타협할 수 있고, 가족 내의 다른 사람이나 자기 자신을 파괴하지 않으면서 성장할 수 있다.[24]

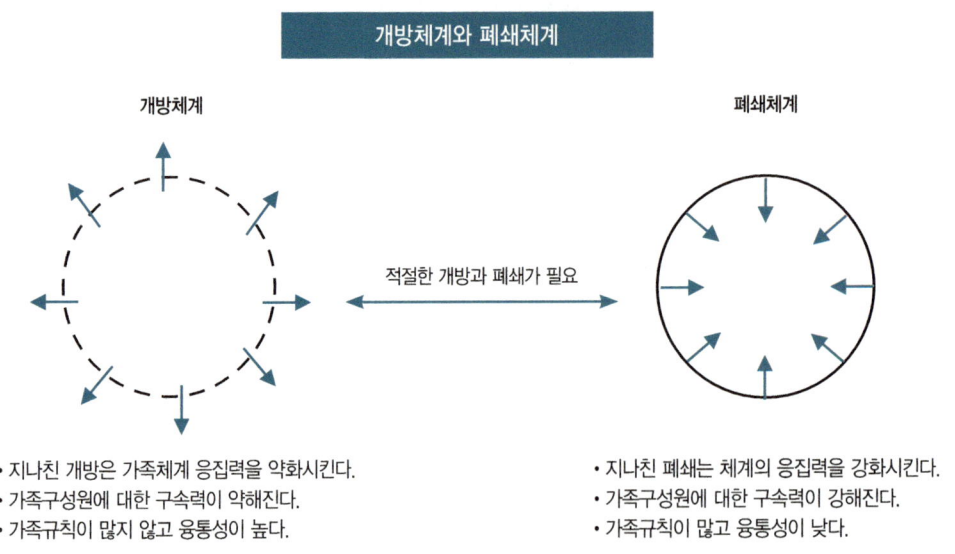

- 지나친 개방은 가족체계 응집력을 약화시킨다.
- 가족구성원에 대한 구속력이 약해진다.
- 가족규칙이 많지 않고 융통성이 높다.

- 지나친 폐쇄는 체계의 응집력을 강화시킨다.
- 가족구성원에 대한 구속력이 강해진다.
- 가족규칙이 많고 융통성이 낮다.

5) 가족규칙 family rule

가족규칙은 가족체계를 조절하고 유지하는 역할을 한다. 가족규칙의 순기능은 부모가 자녀에게 삶의 방식을 제공하여 가족체계를 유지하고, 또 사회의 구성원으로 살아가는 데 도움을 주는 것이다. 그러나 가족치료에서 언급되는 가족규칙은 규칙의 허용범위가 너무 제한되어 체계와 구성원 모두에게 부정적 영향을 끼치는 기능을 할 때 붙이는 명칭이다.[25] 따라서 규칙은 가족체계를 유지하면서도 구성원이 개체성을 형성하도록 융통성 있게 적용되어야 한다. 사티어는 규칙을 틀렸다고 지적하기보다는 규칙을 각자에게 맞는 방식으로 유연하게 적용할 때 긍정적 기능을 할 수 있다고 보았다. 가족규칙 중에서 특히 의사소통 규칙은 가족구성원의 상호작용을 방해하고 구성원의 자존감을 낮추고 가족체계를 역기능으로 만드는 데 일조한다. 사티어는 이러한 의사소통 규칙을 변화시키고자 많은 기법을 개발하였다.

---

24 Satir, V. 1983. p. 237-238.
25 Satir, V. & Baldwin, M. 1984. p. 202.

역기능 가족체계일수록 가족규칙을 강력하게 적용한다. 역기능 가족체계의 부모들은 대부분 불안이 높아 변화를 두려워하기 때문에 체계를 유지하기 위해 엄격하게 규칙을 적용하려 한다. 예를 들어 가부장적 위계질서가 분명한 가족에서는 '아버지의 말씀이 법이다', '가족은 서로 다른 의견을 가져서는 안 된다', '누가 잘못했는지 반드시 알아내야 한다', '변화가 있어서는 안 된다' 등의 가족규칙이 있다. 이러한 가족 안에서 가장 강력한 규칙은 '듣지도, 느끼지도, 원하지도 말고, 물어보지도 말라'는 것이다. 자녀들은 가족의 인정과 사랑을 받기 위해, 혹은 거부당하거나 버림받지 않기 위해 이러한 가족규칙을 지키려 노력한다. 그러나 성장은 각자에게 맞는 방식을 선택할 때 이루어지는 것이지, 정해진 규칙에 대한 무조건적 복종을 통해 이루어지는 것은 아니다.

부모 혹은 가족으로부터 전달된 규칙뿐만 아니라 가족구성원의 역동을 관찰하면서 각자가 규칙을 만들기도 하고, 또는 규칙에 반발하여 정반대의 규칙을 만들기도 한다. 예를 들면, 어떤 가족 안에서는 분노를 표현하는 것을 매우 위험하다고 보거나, 표현하더라도 어떤 상황에서는 괜찮아도 또 다른 상황에서는 안 된다고 하는 것이다. 또 어떤 구성원에게는 분노표현이 허락되어 감정을 조절하지 못해도 처벌이 없고, 어떤 구성원은 감정을 억압해야 하는 상황이 발생하기도 한다. 또 어떤 가족은 열망 차원에서 관계를 맺고자 해도 화를 내거나 싸우는 등의 왜곡된 방식으로 표현하기도 한다.[26] 가족규칙보다 더 강력하게 지켜져야 하는 가족규칙을 가족신화family myth라고 하는데, 가족신화는 구성원들이 왜 이러한 규칙이 만들어지고 지켜져야 하는지에 대한 어떠한 질문도 허용되지 않으면서 지켜야 하는 규칙을 말한다.

6) 역할 이론role theory

어떤 가족체계든 체계가 안정적이고 효율적으로 유지되기 위해서는 가족구성원의 능력에 맞는 적절한 역할이 분배되고 수행되어야 한다. 그리고 각자가 맡아야 할 역할과 책임이 무엇이며, 그 역할을 왜 해야 하는지, 누가 무슨 일을 언제 어떻게 수행해야 하는지에 대한 규칙도 알고 있어야 한다. 만일 한 가족구성원이 맡은 역할을 감당할 수 없게 되면 다른 가족구성원이 그 역할을 대행할 수 있어야 한다.

가족체계가 효율적으로 운영되기 위해서는 가족구성원이 역할을 나누어 담당하는 것이 필요하다. 아버지는 무슨 역할을 하고, 어머니는 무슨 역할을 할지에 대해 예측할 수 있어야 한다. 그렇지

---

[26] Ibid., p. 205.

않으면 가족의 일상은 혼란에 빠질 것이다. 내일 아침 식사를 누가 준비해야 할지 아무도 모른다면 어떤 일이 일어날지 상상해보라. 그러나 한 사람이 지나치게 한 역할만 하게 되면 그 역할에 매여 자신의 고유성은 상실하고, 그 역할을 하지 못하는 상황이 오면 오히려 역기능 가족체계를 이끌게 된다. 이러한 역기능 가족에서 아이가 태어나면 아이는 그 가족의 문제아로 살아가거나, 가족의 문제를 나누어 역기능 가족체계를 떠맡고 있거나, 돌아가면서 문제아의 역할을 감당한다. 반항하던 큰아들이 집을 나가면 작은아들이 반항을 시작한다. 또는 성별에 따라 문제를 감당하거나, 자녀들이 발달단계에 고착되어 문제 증상을 보이기도 한다. 어떤 경우에는 문제아의 역할을 둘 혹은 그 이상의 자녀가 동시에 짊어지기도 한다. 또는 자녀가 부부갈등의 어느 한 부분에 대해 반응을 보이고, 또 다른 자녀는 부부갈등의 또 다른 부분에 대한 반응을 보이기도 한다.[27] 이렇게 역기능 가족을 유지하다가 문제아가 되는 이들을 지적된 사람identified Person 혹은 지적된 환자identified Patient라고 명명한다. 그러나 사티어는 내담자를 병리적으로 판단하는 것에 반대하면서 스타로 명명하였다.

사티어는 역기능 가족에서 성장한 자녀들은 부모 문제를 해결하려 하는 구원자, 불안을 낮추기 위한 어릿광대, 잘못된 것을 고치려는 비판자, 상처 입은 식구들을 달래는 회유자 등의 고정된 역할을 담당하게 된다고 설명하였다.[28] 이 개념은 후에 내면 아이라는 개념형성에 영향을 끼쳤다. 사티어는 또한 각기 역할들을 담당하고 있는 부분들로 분리된 '나'를 통합하기 위해 부분들의 잔치 기법을 개발하였다. 슈워츠Richard Schwartz는 부분들의 잔치 기법을 섭식장애 내담자에게 적용하여 내면가족체계치료Internal Family System Therapy로 발전시켰다.

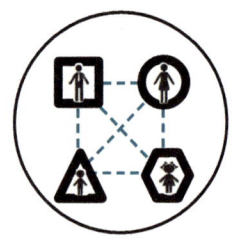

경직된 체계의 가족구성원

- 경직된 가족체계의 구성원은 고정 역할에 매여있다.
- 구성원끼리 연결되지 못한다.

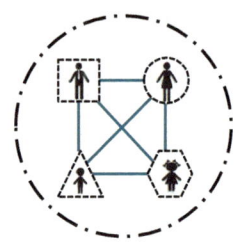

유연한 체계의 가족구성원

- 유연한 가족체계의 구성원은 상황에 따라 적절한 역할을 맡는다.
- 구성원끼리 연결되어 있다.

---

27 Ibid., p. 37–45.
28 Satir, V. (1983). p. 37–45.

7) 과정process | 내용content

사티어는 삶은 과정이며 치료는 과정의 변화라고 보았다. 치료는 사건의 내용에 초점을 맞추기보다 그 사건이 발생하는 과정을 바꾸어야 한다. 내용 중심의 치료는 구체적이고 사실적인 상황에 초점을 맞추는데, 과정을 다루지 않으면 내용은 달라져도 사건 발생을 멈추기 힘들다. 과정 중심의 치료는 사건의 발생과 진행 과정을 바꾸는 것이다. 예를 들면, 부부가 이혼하고자 상담을 신청했을 때 두 사람의 호소 내용은 상대방의 무엇이 자기를 힘들게 했다는 이야기에 집중되어 있다. 내용 중심의 부부상담은 이들의 갈등상황(비록 그 내용이 비슷하여도)에 집중할 것이다. 그러나 과정 중심의 치료는 부부의 상호작용 과정의 패턴을 찾아 상호작용 자체를 바꾸게 하여 두 사람의 관계를 변화시킴으로써 싸움을 그치게 할 것이다. 과정 중심의 상담이란 상황의 내용에 초점을 맞추기보다 과정, 즉 상호작용에 초점을 맞추는 것을 말한다. 갈등의 내용은 조금씩 다르다 하더라도 과정은 비슷해서 상호작용의 순환 고리를 찾아 변화시켜야 한다. 내용은 구체적인 변화를 위한 자료일 뿐이다. 즉 '무엇'보다는 '어떻게'가 치료의 중요한 요인이다.[29]

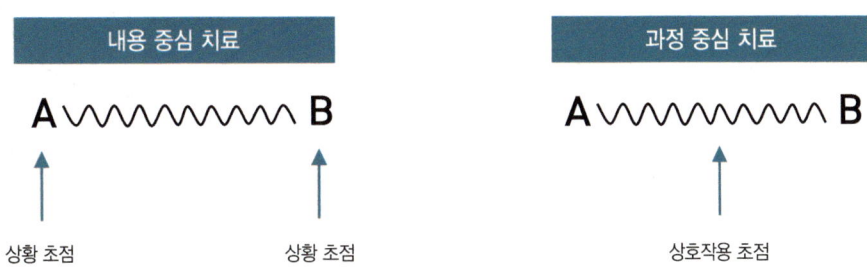

8) 원가족family of origin

사티어는 내담자를 만나면 그의 내면에는 그의 부모와 어린 시절의 내담자가 그대로 있다고 상상하였다. 부모에게 배운 삶의 방식을 의식적으로든 무의식적으로든 현재 가족에게 적용하며 현재 가족체계를 만든다.[30] 이렇게 가족의 축이 되는 부모는 각자의 가족으로부터 배운 방식을 현재의 부부관계, 자녀 양육에 그대로 전달한다. 따라서 현재 가족체계의 문제를 해결하기 위해서는 현재 가

---

29 Satir V. (1983). p. 229.
30 Ibid., p. 8.

족구성원의 상호작용, 부모의 원가족이 현재 가족체계에 영향을 끼친다면 그들의 영향, 그리고 부모의 내면에 존재하는 어린 시절의 원가족 경험까지 포함하여 변화를 시도해야 한다. 사티어는 아래와 같이 가족의 기능을 설명하였다.

> 사람은 가족을 통해 세상을 만난다. 가족으로부터 삶의 양식을 배우고 … 가족은 자녀의 사회적응을 돕고 그들의 미래 자녀들을 양육하고, 보호하고, 교육하는 역할을 감당할 수 있도록 준비시킨다. 가족은 자녀에게 인생을 가르치는 선생이다. 그렇다고 해서 자녀가 가족의 소유인 것은 아니다.[31]

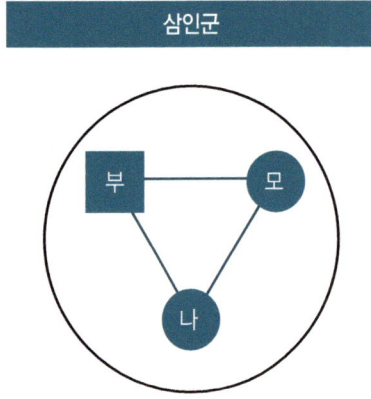

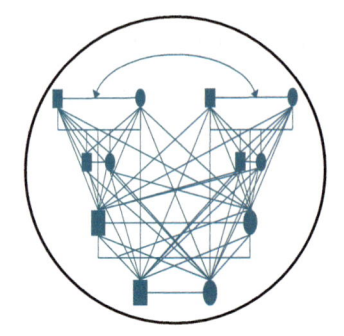

- 인간관계는 2인 관계만 가능하다.
- 아버지와 어머니, 아버지와 나, 어머니와 나의 관계가 존재한다.
- 제 3인은 두 사람 관계를 인정하여야 한다.
- 제 3인이 2인 관계에 끼어들면 문제가 발생한다.

- 역기능 가족체계에는 수많은 삼인군이 들어있다.
- 각각의 구성원이 적절한 관계를 맺어야 한다.

9) 삼인군 triad

프로이트는 자녀가 부모의 사랑을 쟁취하고자 하는 과정에서 문제가 발생한다고 보았으나, 사티어는 부모가 자녀의 사랑을 쟁취하는 과정에서 문제가 발생한다고 주장하였다. 사티어는 자녀에게 문제가 발생하면 모든 자녀는 부모와 나, 세 사람의 관계를 형성하기 때문에 부모와 자녀와의 관계, 즉 삼인군의 맥락에서 문제를 이해해야 한다고 강조하였다. 삼인군 패턴의 모습은 부모와 자녀 사이의 상호작용 강도, 순서, 자녀 개인의 특성, 형제 서열, 각 자녀에 대한 부모의 태도, 특히 부모가

---

31 Swab, p. 5.

특정 자녀에게 차별적으로 반응하는 태도에 따라 결정된다.

인간은 삼인군 관계에서 삶을 시작한다.[32] 사티어는 자녀가 부부관계에 끼이게 되면 부모를 지나치게 내면화하여 자기를 상실하게 되지만, 엄밀한 의미에서 부모와 자녀 사이에는 삼인군 관계가 아니라 이인二人 관계만 있다고 그녀의 저서『공동가족치료Conjoint Family Therapy』에서 언급한 바 있다. 사람은 다른 두 사람과 동시에 관계를 맺을 수 없기 때문이다. 예를 들어 A라는 사람이 B와 관계를 맺을 때는 B와의 관계에 초점을 맞추고, C와 관계를 맺을 때는 C와의 관계에 초점을 맞추어야 한다. 그러나 A가 B, C와 동시에 관계를 맺으려 하면 한 번에 두 사람 모두에게 초점을 맞출 수 없고, 역으로 B와 C가 동시에 A와 관계를 맺고자 할 때 A는 갈등을 겪게 된다. 역기능 가족에서 아내는 남편이 자기에게 관심을 가지지 않을까 봐, 남편은 아내가 자기에게 관심을 가지지 않을까 봐, 자녀는 부모의 관심을 잃을까 봐 항상 두려워한다.

기능적 가족은 아내는 남편에게 자녀의 아버지로서의 관계를 허락하고, 남편은 아내에게 자녀의 어머니로서의 관계를 허락한다. 부부는 자녀에게 두 사람이 부부관계라는 것을 분명하게 인식시켜야 하는 동시에 아버지와 어머니는 각각 자녀를 사랑한다는 확신을 자녀에게 심어주어야 한다. 그러나 부모가 자녀의 사랑을 잃을까 두려워하면, 자녀는 부모의 갈등을 해결하기 위해 적극적으로 부모 사이에 개입하거나, 또는 부모 사이에 끼여 이러지도 저러지도 못하거나, 부모 중 한 사람과 결탁하고 다른 한 부모를 거부하게 된다. 어떤 경우에는 부모가 자녀를 적극적으로 끌어들여 갈등을 해결하려고 한다. 자녀가 이런 상황에 놓이면 부모의 상태에 지나치게 예민하게 반응하면서 정체성을 상실하거나 모호한 역할 속에서 무력감을 경험하게된다.

부부갈등의 해결사 역할을 떠안게 된 자녀는 부모에게 집중하게 되고, 부모는 자녀에게 의존하게 된다. 자녀는 자신이 어린아이임에도 불구하고 마치 자기가 부모의 문제를 해결해야 하고 또 해결할 수 있어야 한다는 환상을 갖게 된다. 자녀가 부모를 통제할 수 있는 순간에는 자신이 부모보다 우위에 있다는 통제감을 느끼고, 그렇지 못할 때는 무력감을 느끼게 된다. 마침내 자녀는 외부 세계에 집중하면서 자기self를 상실한다.[33]

---

[32] Satir V. (1983). p. 69.
[33] Satir, V. (1983). p. 57.

부부 및 가족 체계 유형

- 배우자와 건강하게 연결된 부부체계
- 자기 차원에 연결된 부부

- 원가족까지 포함한 건강한 부부체계

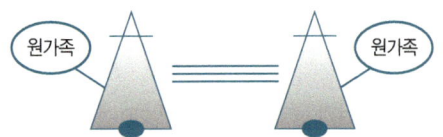
- 원가족의 영향이 크고 밀착된 부부체계
- 부부가 상호의존적일 가능성이 높음
- 자기 차원에서 연결이 안 된 부부

- 한 사람은 원가족과 밀착관계, 다른 한 사람은 원가족과 갈등관계이거나 소원한 관계이거나 단절한 관계
- 부부는 소원하거나 갈등관계

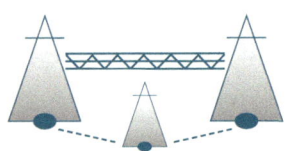
- 부부는 갈등관계 혹은 밀착관계에 있으며, 자녀를 방임하는 가족체계

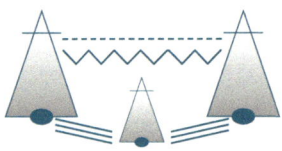
- 부부는 소원하거나 갈등관계에 있으며, 자녀와 지나친 밀착관계를 형성하고 있는 가족체계

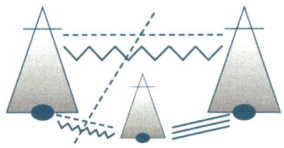
- 부부는 소원하거나 갈등관계에 있으며, 부부 중 한 사람은 자녀와 소원하거나 갈등관계에 있고, 다른 한 사람은 자녀와 밀착관계를 형성하고 있는 가족체계

10) 가족구조 family structure | 경계선 boundary

일반적으로 가족치료에서는 반복되는 관계 방식으로 인해 만들어지는 구조가 있고, 구조와 구조를 나누는 것을 경계선이라고 명명한다. 경계선은 개인, 하위체계, 가족체계의 통합성을 보호하고 강화하는 기능적인 벽이다. 사티어는 경계선을 에너지 장場의 개념으로 설명하였다. 그녀는 사람은 생명 에너지이기 때문에 주위에 에너지 장이 있고, 이 에너지 장은 약 18인치 정도 퍼져있는데, 이 경계선은 느낌으로 알 수 있다고 설명하였다. 폭력을 가하는 사람의 에너지 장은 지나치게 넓게 확장되어 있고, 다른 사람과의 교류를 거부하는 사람의 에너지 장은 지나치게 위축되어 있다.[34] 적절한 경계선을 유지하기 위해서는 나 자신의 경계선과 타인의 경계선을 자각할 수 있어야 하고, 나의 경계선과 타인의 경계선을 존중할 수 있어야 한다. 즉, 경계선은 A와 B를 분리하는 기능을 할 뿐만 아니라 A와 B가 연결되는 방식을 보여주기도 한다.

가족체계 구성원은 특정한 구성원과 특정한 방식으로 상호작용하면서 관계 방식을 형성한다. 관계 방식이 반복되다 보면 구조와 경계선이 생긴다. 경직된 구조는 구성원이 지나치게 분리되어 있고, 엉성한 구조는 경계선이 구성원을 분리하지 못한다. 불안한 구성원들은 서로 의존하려는 욕구가 강하여 서로 단단한 관계를 형성하려 하고, 그런 관계가 힘들어지면 단절하려 한다. 경계선은 적절한 투과성이 있어야 한다. 다른 체계와 분리되면서도 동시에 연결될 수 있는 명확한 수준의 경계선이 있어야 한다. 또 세대와 세대를 분리하는 세대 간의 경계선도 적절해야 한다. 만일 부모 하위체계가 자녀 하위체계 사이에 적절한 경계선을 지키지 않고 자녀를 지나치게 통제하면, 자녀는 정체성을 잃어버린다.[35] 가족체계에는 상위체계와 하위체계, 하위체계와 하위체계, 즉 부부 하위체계, 부모 하위체계, 부자 하위체계, 부녀 하위체계, 모자 하위체계, 모녀 하위체계 등이 있다. 체계와 체계 사이에 또 구성원과 구성원 사이에도 경계선이 있다.

(1) 개인의 경계선

명확한 경계선은 나와 너의 생명의 에너지 장場이 분명하게 나뉘어 있지만 두 사람이 동의하면 에너지 교류가 가능하다. 경직된 경계선은 에너지 장이 위축되어 외부의 영향을 거부하고 폐쇄적이라 교류가 힘들다. 이 경계선은 다른 사람들로부터 소외되어 대인관계가 힘들어진다. 엉성한(산만한) 경계

---

[34] Satir, V. (1983). p. 324.
[35] 가족치료에서는 두 사람이 정서적으로 한 사람이라 느끼며 행동할 경우 엉킴, 동맹, 연합, 융해 등으로 명명한다.

선은 에너지 장場이 확산되어 나와 상대방의 경계선이 불분명하고 명확하지 않다. 그러므로 경계선이 엉성하여 외부의 영향을 쉽게 받거나 또 영향을 주려고 한다.

명확한 경계선	경직된 경계선	엉성한 경계선
경계선이 분명하면서도 상호교류가 가능하다.	경계선이 지나치게 닫혀있어 상호교류가 힘들다. 고립되고 폐쇄적이다.	경계선이 너무 엉성해서 너와 나의 영역이 불분명하다. 의존적/통제적이 된다.

(2) 세대 간의 경계선

부모자녀 세대 사이에도 명확한 경계선이 형성되어야 한다. 세대 간의 경계선이 경직되면 부모와 자녀 세대 사이의 적절한 상호작용이 불가능해지면서 적절한 지배-복종의 관계가 되기쉽다. 역기능 가족 체계, 자존감이 낮은 부모는 세대 간의 경계선을 제대로 세우지 못해서 혼란스러운 가족체계가 된다.

세대 간의 명확한 경계선	세대 간의 경직된 경계선	세대 간의 엉성한 경계선
부모세대 / 자녀세대	부모세대 / 자녀세대	부모세대 / 자녀세대
세대 간의 교류가 가능하다. 윗세대가 자녀세대에 적절하게 개입하고, 자녀는 자기의 감정, 생각, 기대 등 원하는 것을 표현할 수 있고, 적절하면 받아들여진다.	세대 간의 교류가 불가능하다. 부모와 자녀 세대가 수직적 관계로 자녀를 통제한다. 자녀의 의사가 무시되고 부모의 명령과 규칙을 따라야만 한다.	세대 간의 적절한 경계선이 형성되지 못해서 적절한 위계질서가 형성되지 못해 혼란스럽다. 부모에게 필요한 적절한 권위가 없어서 질서가 사라진다. 체계가 흔들린다.

(3) 자녀의 발달과정과 경계선의 변화

가족구성원의 발달주기에 맞춰 세대 간의 경계선도 변화해야 한다. 자녀가 유아기일 때 부모-자녀 경계선은 부모가 유아를 온전하게 돌보아야 하므로 세대 간의 경계선이 산만하다. 자녀가 청소년기에 접어들었을 때는 자녀를 훈육하면서 동시에 자녀의 인격을 존중해야 하므로 경계선이 점차 분명해져야 하지만, 아직은 부모가 자녀를 통제할 수 있어야 한다. 자녀가 성인이 되어 청장년 시기에 들어서면 부모와 자녀의 위치는 동등하게 되면서 부모는 부모로서의 권위는 유지하지만 자녀를 독립된 인격체로 존중하면서 동등한 관계를 형성해야 한다. 따라서 이 시기의 경계선은 서로의 영역을 존중하고 영향력을 동등하게 끼칠 수 있어야 한다. 그러나 부모가 노년기에 들어서면 성인 자녀가 부모를 돌보게 되면서 오히려 자녀가 부모의 영역에 돌봄과 영향력을 행사하게 된다.

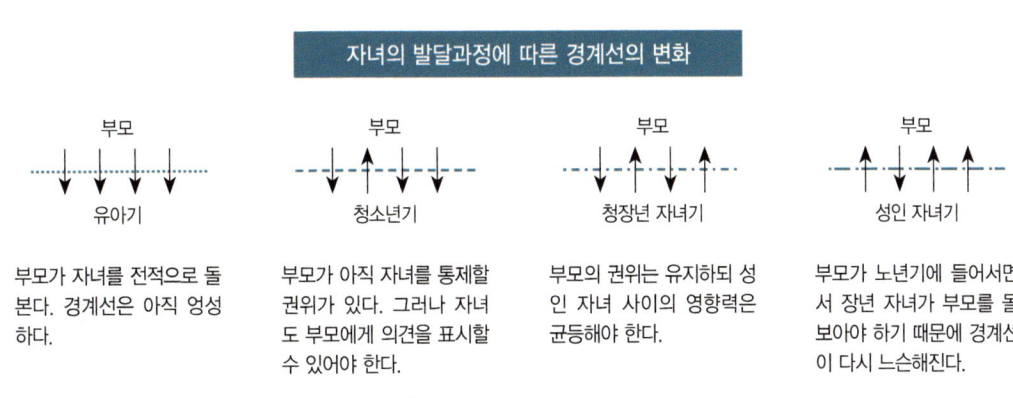

11) 자존감

사티어의 치료적 신념의 기본은 자기가치감 회복이다. 생명 에너지의 구체적인 모습인 인간은 누구나 존중받을 가치가 있다. 특히 나로부터 존중받을 가치가 있다. 내가 존중받을 가치가 있으면, 타인도 존중할 수 있어야 한다. 내가 나를 존중하는 수준, 즉 자존감은 나의 세계관, 인간관, 자신의 존재감, 삶의 태도 등 모든 측면에 영향을 끼친다.[36]

> 사티어는 자존감을 시골의 큰 쇠가마솥에 비유하여 설명하였다. 커다란 쇠가마솥은 그대로이지만 그 솥에 무엇을 담느냐에 따라 달라지듯이, 사람이라는 그릇은 다 같아도 그 안에 무엇을 담느냐에 따라 각자가 경험하는 가치에 차이가 있다. 따라서 사티어는 사람들을 만날 때 그 사람의 내면에 무엇이 담겼는지 이해할 것을 요구하였고, 그 안에 자존감을 넣어주고 또 스스로 넣을 수 있게 도와주어야 한다고 말했다.[37]

---

[36] 자존감에 대해서는 3장에서 자세하게 설명하고 있다.
[37] *Satir Model*, p. 37.

인간은 누구나 생명력을 지니고 있으며, 모두 본질에서 동등한 가치를 지니고 있다. 따라서 자존감에 대한 질문은 이러한 가치를 우리가 가졌느냐가 아니라 이것을 어떻게 표현하느냐에 달려있다. 그러므로 치료의 목적은 각자가 지닌 본질적 가치를 드러내도록 도와주는 것이다. 그러나 개인이 자신의 가치를 깨닫는 것은 생애 초기로부터 시작되고, 점차 외부의 가치판단에 따라 형성된다.[38]

'자기' 개념은 나를 대하는 태도, 다른 사람을 대하는 태도, 다른 사람이 나를 어떻게 대하기를 기대하는지에 대해 어린 시절에 받은 메시지에서 온다.[39]

우리가 서로 주고받는 말은 우리가 우리 자신에 대해 어떻게 느끼는지, 다른 사람에 대해서 어떻게 느끼고 있는지에 영향을 끼친다. 자존감은 우리가 하는 것을 자각하고 우리의 행동을 선택할 수 있게 해준다.[40]

3. 사티어 경험주의 가족치료의 특징

사티어는 역기능적인 가족과 구성원의 치료를 위해 자신만의 이론과 다양한 방법론을 제시하였다. 그녀의 방법론에 일관성 있게 나타나는 특징을 정리하면 아래와 같다.

나는 생명력이 구체적으로 드러나는 것이 사람이라고 봅니다. 겉모습이 어떠한지는 그리 중요한 것이 아닙니다. … 나는 사람들의 겉모습이 아닌 그 사람의 내면을 보려고 합니다. … 내담자를 만날 때도 그 사람의 겉모습을 보지 않고 내면을 보려 합니다. … 그 사람들의 내면에 있는 자기가치감, 자기존중감이 어떠한가를 보려고 합니다. … 나는 자신의 내면과 전혀 만나지 못한 사람들도 있으리라 생각합니다. 이런 사람들은 자기 내면과 만나지 못했을 뿐 아니라 자기 내면이 있다는 것조차 모를 것입니다. 이 때문에 나는 현재 그 사람 안에 생명이 있느냐 없느냐 하는 것에 관심을 가지기보다, 사람들이 자신의 생명력과 만날 수 있도록 도와주는 데 관심을 두게 되었습니다.[41]

1) 체계적systemic 관점의 치료 모델

사티어는 내담자의 상황을 전체적 관점에서 체계적으로 파악할 필요가 있다고 보았다. "전체적인 관점을 파악한다는 것은 마치 공항관제사가 상하, 좌우의 거리를 아는 것과도 같다. 관제사는 비행사에게 다른 비행기들과의 관계선상에서 비행기의 위치를 알려준다"[42]고 말했다. 이런 체계적 관점은 개인을 이해할 때, 상호작용 방식을 파악할 때, 그리고 세대를 통해 전달되는 원가족의 영향을

---

38 Ibid., p. 19.
39 Baldwin, M. (1983), p. 194; Loeschen, S. (1997), 37.
40 Ibid., p. 7.
41 Banmen, J. (2008b), (Ed.) 'When I Meet a Person' by Satir. p. 181.
42 Satir, V. et al., (1991). p. 19.

이해하고 치료할 때 모두 적용된다.

2) 통합적 변화transformational를 추구하는 치료 모델

사티어는 인간을 여러 층으로 형성된 빙산으로 비유했고, 변화는 빙산의 모든 수준에서 일어나야 한다고 생각했다. 빙산은 하나의 체계이기 때문에 빙산의 한 영역에서 변화가 일어나면 연쇄적으로 변화가 발생한다. 그러나 이 변화는 단순히 보이는 변화에 그치는 것이 아니라, 의식적 차원을 넘어 잠재적인 수준의 변화로까지 이어진다. 그리고 그 변화는 마치 파도와 같이 퍼져서 궁극적으로는 자기self에 통합될 수 있어야 한다.[43] 사티어는 사람은 자신의 고유한 지혜를 통해 스스로 치유될 수 있다고 믿고 경험적이고 통합적인 치료방법론을 제시하였다.

3) 현재 경험experiential을 통해 변화를 추구하는 치료 모델

> 사람은 생후 9개월이 지날 때쯤 되면 신체가 바라는 바를 몸으로 직접 느낄 수 있게 된다. 이때 아이는 돌보는 사람의 숨소리, 손길, 움직임으로부터 신체가 무엇을 필요로 하는지 배우게 된다. … 기능적인 가족 환경은 아이의 성장에 긍정적인 영향을 끼치고, 반면에 기능적이지 못한 가족 환경은 아이가 생존을 위한 고통을 겪게 한다. … 걸음마 시절의 경험은 우리의 신체가 외부로부터의 자극에 어떻게 반응할지를 결정한다. 이렇게 학습된 반응은 유전적인 기질과 생리적 기능, 그리고 개성과 서로 영향을 끼치면서 살아간다.[44]

사티어 모델은 경험을 통한 변화를 가장 중요하게 여긴다. 지금의 나는 이 세상을 살아온 경험의 총체이다. 사람은 신체를 통해 경험하고, 그 경험을 뇌에 저장하며, 저장된 기억에 따라 살아간다. 따라서 변화는 경험을 통해 신체, 심리, 뇌, 영성 등 모든 차원에서 일어나야 한다. 부정적인 경험을 해결하기 위해서는 새로운 경험을 통해 부정적인 기억들을 긍정적인 기억들로 바꿔나갈 필요가 있다.

4) 긍정적 방향positively directional의 성장을 추구하는 치료 모델[45]

인간은 생명 에너지의 현현체이다. 인간이 지닌 생명 에너지는 우주적 에너지의 일부이며, 긍정적

---

[43] Suhd, M. M. et al., (2000). Virginia Life. p. 104.
[44] Satir, V. et al., (1991). p. 35.
[45] Lenley Lewis & John Banmen, *The Positive Psychology of Virginia Satir*, p. 17 in STST.

인 방향으로 흘러간다. 인간은 생존본능, 성장하려는 본능, 성장하여 더 충만한 존재가 되고자 하는 본능이 있으며, 이러한 본능들은 자기실현을 향한 긍정적인 방향성을 지니고 있다. 치료는 바로 그러한 에너지가 긍정적 방향으로 흐를 수 있도록 변화를 독려하고 지속시키는 것을 말한다. 따라서 치료사는 내담자가 빙산의 각 측면에서 새로운 경험을 하고, 열망과 만나 자기self와 세상에 대해 긍정적 태도로 변화하도록 도와야 한다.

5) 치료사의 일치성congruence을 요구하는 치료 모델[46]

> 나 자신과 내가 온전하게 일치적 상태에 있을 때는 내 안의 빛이 다른 사람(내담자)의 빛에 다가가려는 것처럼 느낍니다. 내가 내담자를 도와주는 것이 아니라 나의 생명이 상대방(내담자)의 생명에 그냥 다가가는 것입니다. 모든 사람이 일치적 상태에 있을 때는 생명과 생명이 말하는 것입니다.[47]

사티어는 그 당시 정신분석이나 정신역동 모델 치료사의 태도에 대해 비판적이었다. 치료사와 내담자가 대면하지 않는 치료과정은 치료사의 집중력을 높이고 내담자의 삶과 엉키지 않게 해주는 장점이 있지만 치료사와 내담자가 가까울 때 얻을 수 있는 긍정적 영향에 대해서는 언급하지 않았다는 것이다. 다시 말해, 치료사와 내담자의 관계는 치료과정에 많은 영향을 끼치고, 그 영향은 긍정적일 수도 부정적일 수도 있다는 것이다.

치료사가 자신의 문제를 해결하지 못한 상태에서 내담자를 만나면, 내담자를 구원하려 하거나, 보호하려 하거나, 편들려고 하거나, 거부하거나, 혹은 비난하면서 내담자에게 책임을 전가하려 한다. 또는 내담자의 어린 시절의 부정적 경험을 해결하려다 오히려 과거의 부정적 경험을 강화하기도 한다. 이와 같은 관계는 치료사가 위에서 아래에 있는 내담자의 삶을 통제하게 되면서 내담자와 지배-복종의 관계로 들어가게 된다. 혹은 직접적 통제는 아니더라도 "나는 당신을 도와주고 있으니 고마워해라" "내가 하라는 대로 해라"라는 메시지를 전달하게 된다. 어떠한 이유에서든 치료사가

---

[46] Banmen J. ed. In Her Own Words. *Virginia Satir Selected Papers 1963-1983*, (2008), Zeig, Tucker & Theisen, Inc., Phonexix, AZ. ch. 10에 Therapist's Use of Self 참조. Banmen, J. (2008b). (Ed). 11장; Baldwin, M. (2000). (Ed). 2장, *The Use of Self in Therapy*, (2nd Ed). NY: Haworth Press. p. 17; 치료적 도구로서 치료사의 중요성은 근래 미국가족치료학회AAMFT에 의해서 다시 제기되고 있다. 특히 아폰테Harry J. Aponte는 'Person of the Therapist Training Model'이라고 이름 붙여 치료사들을 훈련시키고 있는데, 치료사가 내담자와 만나는 순간에 자신을 관리할 수 있는 능력이 있어야 한다고 주장하였다. *Journal of Marital and Family Therapy October (2009), Vol. 35*, No. 4, 369.

[47] Satir & Simmon, 1989, p. 39 in Suhd, p.

내담자를 통제하면 내담자를 착취하고 내담자의 문제를 강화하게 된다.

치료사는 치료사 자신이 치료적 도구가 되어야 한다. 따라서 치료사의 자존감 수준이 치료에 매우 중요한 요인이 된다. 치료사의 자존감이 낮으면 내담자의 문제와 치료사의 문제가 엉켜버린다. 혹은 치료사 자신이 길을 잃어버리거나 치료사 자신이 부정직하게 되거나 비일치적 상태에 놓이게 되면서 내담자를 혼란 속에 빠지게 한다. 따라서 치료사의 높은 자존감이 중요한 치료적 요인이 된다. 높은 자존감은 이룬 것이 아니라 이루는 과정에 있는 것이다.

치료사와 내담자 사이에는 신뢰 관계가 형성되어야 한다. 치료사와의 신뢰 관계 경험은 내담자가 한 번도 경험하지 못한 수용, 공감, 적절한 부모 역할을 경험하게 해주기 때문에 이런 관계 경험을 통해 변화할 수 있다. 이렇게 치료사는 권위적 힘을 가지는 것이 아니라 내담자와 신뢰 경험을 통해 내담자 스스로 힘을 느끼게 하여 성장하도록 도와주어야 한다.

치료적 관계란 삶을 주고받는 관계이다. 치료사의 자기self와 내담자의 자기self가 만나는 경험이다. 치료사는 내담자의 삶을 모르기 때문에 '모른다'라는 자세를 취하여야 한다. 치료란 내담자가 자신의 자원을 개발하고 삶의 방향을 찾아가는 과정을 도와주는 것이다. 이런 관계는 영성 차원의 만남이다. "소유To Have가 아니라 존재To Be"의 만남이요 경험이다. 경험이란 인지, 정서, 감각, 신체적 영역들이 다 참여하는 과정이다.

치료사는 통합된 존재이어야 한다. 나의 신념을 행동으로 옮길 수 있어야 하고, 나의 신념에 따라 행동할 수 있어야 한다. 치료사와 내담자는 두 생명력의 현현체의 만남이고, 생명이 생명에게 손을 내미는 것이다. 이렇게 사티어는 생명과 생명의 만남, 영성과 영성의 만남이 곧 치료사와 내담자의 관계라고 이해하였다.

간략하게 말하자면 사티어는 치료사가 치료적 도구이기 때문에 3C, 즉 자신감confidence, 능력competence, 일치성congruence을 이루기 위해 지속적인 노력을 해야 한다고 강조하였다. 여기에 후학들은 측은지심compassion을 추가하였다. 측은지심은 치료사나 내담자가 겪는 인간 실존에 대한 공감이다.[48]

---

[48] Banmen, J. (2008a). (Ed). p. 189-190. commitment, congruence, competence, compatability, cooperation, consciousness.

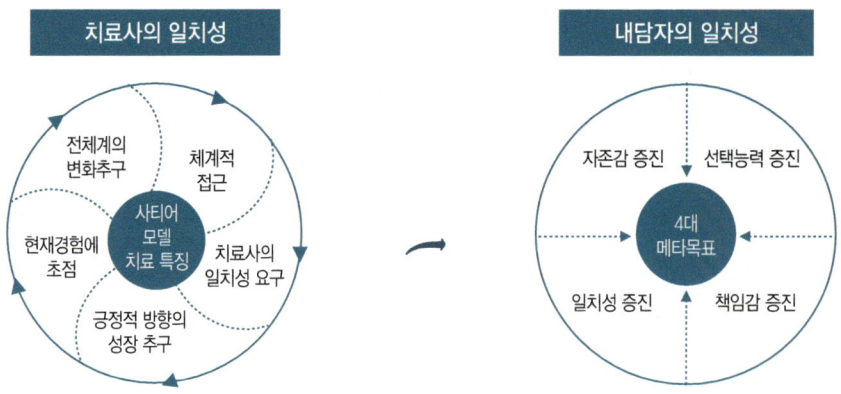

4. 사티어 경험주의 가족치료의 성장목표

사티어 모델은 다른 모델과 달리 내담자 개인 혹은 가족에 대한 보편적 목표가 있다. 다시 말해 일반적으로 말하는 치료목표와 달리 내담자가 치료목표를 달성한 다음에 자연스럽게 이루어지는 메타목표가 있다. 이 메타목표는 궁극적인 삶의 목표로서 치료를 통해 내담자가 그 방향으로 좀 더 나아갔다는 것을 의미한다.

사티어 모델의 치료목표는 순간목표, 회기목표, 구체적 치료목표, 4대 메타목표 등 다양하다. ① 순간목표는 회기 목표를 달성하기 위한 순간순간 변화를 경험하면서 이루어야 하는 목표이다. ② 회기목표는 내담자 혹은 내담자 가족의 구체적 치료목표를 달성하기 위해 회기마다 이루어야 할 목표이다. ③ 구체적 치료목표는 각 내담자 혹은 내담자 가족의 치료가 끝나면 이루어지는 치료결과 목표이며, 또 ④ 4대 메타목표는 모든 내담자에게 적용되는 보편적 목표로서 내담자 혹은 내담자 가족의 구체적 치료목표가 종결되면 이루어지는 목표이다.

1) 개인 내담자의 4대 메타목표

(1) 내담자의 자존감self-esteem이 증진되도록 돕는다

자존감이란 자신의 가치에 관한 판단, 믿음, 느낌을 말한다. 치료사는 내담자가 자기 자신과 긍정적인 관계를 맺도록 자신을 인정하고, 수용하고, 사랑할 수 있도록 도와야 한다. 이렇게 빙산의 모든 영역의 걸림돌이 해결되어 빙산 전체를 긍정적으로 경험할 수 있을 때 자존감이 증진된다.

(2) 내담자가 좀 더 나은 선택better choice을 할 수 있도록 돕는다

사티어는 그녀의 상담 시연 「돌멩이와 꽃들」에서 지속적인 폭력에 노출됐고, 그로 인해 약한 동물에게도 쉽게 잔인한 행동을 일삼던 두 형제에 관한 사례를 소개하면서, 대처방식의 변화를 위한 새로운 경험을 소개하고 있다.[49] 사티어는 자신의 두 손으로 아이들의 볼을 따뜻하게 어루만져 주면서, 폭력적인 접촉만을 경험해온 아이들에게 신체적 접촉이 얼마나 따뜻하고 기분 좋은 경험이 될 수 있는지를 알려주었다. 이처럼 치료사는 내담자에게 적어도 세 가지 이상의 좀 더 나은 선택을 제시하고, 내담자가 자기 자신만의 선택을 할 수 있도록 도와야 한다. 치료사가 내담자에게 가능한 많은 대안적인 방법을 제시함으로써 내담자가 다양한 선택이 있다는 사실을 자각하게 도와주는 것만으로도 치료가 될 수 있다.

(3) 내담자가 좀 더 책임감responsible 있는 사람이 되도록 돕는다

일반적으로 사람들은 책임을 진다고 말할 때 윤리적인 책임 혹은 의무적인 행동 차원의 책임을 떠올린다. 개인주의적인 가치관과 기독교적 가치관을 기반으로 하는 서구사회에서는 개인의 책임을 강조한다. 반면, 가족 중심의 우리 사회에서는 나에 대한 책임보다는 가족 전체를 위한 윤리적인 책임을 강조한다. 그러나 사티어가 말하고 있는 책임은 실존적 차원에서의 책임을 뜻한다. 인간은 무엇보다 자신의 존재에 대한 책임을 져야 한다. 즉, 자신의 삶에 대한 책임은 바로 자신에게 있다는 것이다. 어떤 사람들은 변화에 대한 자신의 책임은 잊은 채, 타인이 변화되어야 자신이 행복해질 수 있다고 믿는다. 그러나 나에 대한 책임을 질 때 성장과 성숙이 이루어진다. 따라서 스스로 '행동, 감정, 지각, 기대, 열망, 자기' 전체에 대해 건강하고 행복하며 의미 있는 삶을 살도록 책임을 지고, 타인에 의해서가 아닌 스스로 자신의 열망을 채울 수 있어야 한다.

(4) 내담자가 일치적congruent 상태가 되도록 돕는다

일치적 상태란 자기와 연결되어 긍정적인 생명의 에너지가 조화롭게 흐르는 상태를 말한다. 조화로운 상태는 내 안의 모든 부분이 서로 긴밀히 연결되어 온전함과 평정심을 느낄 수 있고, 스스로가 중심이 되어 외부의 자극 때문에 흔들리지 않는 상태를 말하며, 동시에 나, 타인 그리고 상황을 수용하고, 이 순간의 삶을 주도적으로 사는 상태를 말한다. 일치적 상태에 머물 때 우리는 긍정적인

---

[49] Satir, V.의 Of Rocks and Flowers 데모 비디오. 김영애가족 치료연구소 출시

생명 에너지, 조화, 평화를 경험할 수 있으며, 삶에 대한 희망을 품고 나 자신을 넘어 나와 연결된 사회, 국가, 우주적 차원의 모든 것들과 연결될 수 있다. 이와 더불어 일치성이란 나의 존재 전체 즉 빙산의 일치성, 환경과 나, 다른 사람과의 일치성, 그리고 과거가 아닌 현재에 살면서 미래의 비전을 향해 나아가는 상태로서의 일치성을 의미한다.

2) 가족체계의 성장목표[50]

(1) 사티어 모델의 성장목표에는 개인과 가족의 목표가 공존한다

① 각 구성원은 가족체계의 특징을 공유하지만 개체성은 서로 존중하게 한다.
② 구성원이 과거에 잃어버린 꿈을 되찾을 뿐만 아니라 새로운 꿈과 희망을 갖게 한다.
③ 자신, 가족, 세상을 새로운 관점에서 수용하고 새로운 삶의 방식으로 살게 한다.
④ 문제의 내용보다 과정에 초점을 맞추어 일치적 상태로 나아가게 한다.
⑤ 인생의 전반에 걸쳐 새로운 선택을 할 수 있다는 것을 자각하게 한다.
⑥ 생존과 자기보호를 위해 다른 방식을 선택하게 한다.
⑦ 심각한 위기 상황에 부딪혔을 때 위기를 성장의 기회로 삼게 한다.

---

50 Satir, V. et al., (1991). p. 189.

3장
사티어 경험주의 가족치료의 기본개념:
빙산, 자존감, 생존방식
Fundamental Concepts: Iceberg, Self-Esteem, and Survival Stances

사티어 모델[1]은 개인과 개인이 속한 가족, 더 나아가 사회까지 변화시키고자 하는 통합적 가족치료 모델이다. 그러나 사티어 모델은 외부로 확장되는 체계의 변화와 함께 내면의 변화를 중요하게 여긴다. 이는 단순한 수준의 변화가 아니라 자기self 수준의 본질적 변화transformation를 말한다. 자기self 수준의 변화를 위해서 이 장에서는 우선 인간을 빙산 메타포에 비유하여 설명하고자 한다. 그리고 일치적 삶을 살기 위해 필수적 요소인 자존감에 관해서도 살펴보고자 한다. 또 자존감이 낮은 사람의 생존방식과 더불어 자존감을 높이는 방법도 간단하게 설명하고, 생존방식의 형성과정과 다양한 형태의 생존방식, 그리고 각 생존방식의 내적·외적 모습에 대한 설명도 함께 소개하고자 한다.

1. 인간 이해를 위한 빙산 메타포 iceberg metaphor

사티어는 인간을 빙산에 비유하여 신체, 행동, 감정, 지각, 기대, 열망, 자기self, 그리고 영성의 통합적 유기체로 설명하였다. 인간에게는 빙산과 같이 세상에 보이는 부분과 보이지 않는 부분이 있다. 우선 빙산의 얼음 덩어리는 인간의 신체, 즉 몸을 상징한다. 수면 위의 빙산은 행동, 말, 표정 등으로 세상에 보이는 부분이다. 빙산 아래 보이지 않는 부분은 감정, 감정에 대한 감정, 지각, 지각에 대한 지각, 기대, 열망, 자기self이다. 특히 자기self를 우주적 에너지와 연결된 영성 자기self를 포함한 부분으로 설명하고 있다. 이러한 빙산의 다양한 부분들은 각각 고유 기능을 지니고 유기체적으로

---

[1] 여기에서부터 사티어 경험주의 가족치료라는 용어를 보다 간단하게 사티어 모델로 사용하였다.

연결되어 서로 긴밀하게 상호작용한다.[2]

이러한 내면의 부분들이 자기 역할을 감당하고 서로 조화를 이루어야 에너지가 긍정적 방향으로 활성화된다. 새로운 지식이나 변화를 경험하면 조화가 깨지고 새로운 평형상태를 이루면서 성장한다. 자기self를 중심으로 현재에 몰입할 때 도파민이 분비되고, 신경세포와 시냅스의 신경계가 활성화되면서 즐거움, 행복, 창의성 등이 발휘되면서 자존감도 높아진다. 반면에 이들 사이에 갈등이 발생하면 내면의 균형이 깨지면서 자존감과 생명 에너지가 낮아진다. 빙산의 다양한 영역들은 서로 유기체적으로 연결되어 있어 한 부분의 에너지가 낮아지면 다른 부분 그리고 빙산 전체의 에너지도 낮아진다. 또, 한 부분의 에너지가 활성화되면 빙산 전체가 활성화된다. 이렇게 변화할 때 개인의 변화는 가족체계의 변화, 더 나아가 사회체계로 확대된다. 이러한 행동의 기저에는 모든 존재는 자신의 삶을 충만하게 살 힘이 있고, 선택할 수 있는 자유, 그리고 자유에 따르는 책임질 수 있다는 믿음이 있다.

빙산의 부분들이 유기적으로 연결되어 있다는 것을 보여주는 예를 살펴보자. 어떤 학생이 전에는 선생님을 무서운 사람이라 여겨(지각) 선생님을 피하곤 했는데(행동), 어느 날 선생님이 가난한 학생에게 자신의 도시락을 몰래 나눠주시는 모습을 본 순간(시각을 통해 상대방에 대한 정보 입수), 선생님의 따뜻한 마음이 느껴지면서(감정의 변화), 선생님이 정말 좋은 분이라고 생각하게 되었다(지각의 변화). 그 후 이 학생은 선생님에게 가까이 다가가게 되었고(행동의 변화), 선생님도 이 학생을 따뜻하게 대해주셨다(상호작용의 변화). 선생님의 행동 변화로 인해 선생님께 인정받고 사랑받는 좋은 학생이 되고 싶었던 학생의 기대가 채워지게 되었고(기대와 열망의 충족), 자신을 자랑스럽게 느끼게 되었다(자존감의 증진).

또 다른 예는 다음과 같다. 아내가 어느 날 남편 휴대전화에서 다른 여성과 자주 통화했던 흔적을 보게 되었다(시각과 청각을 통해 정보 입수). 그러자 갑자기 온몸이 떨리고(신체적 반응), 두려움, 불안, 공포가 몰려들었고(부정적 감정), 남편이 다른 여자와 사귄다고 믿게 되었다(지각). 그 순간 아내는 남편을 깨워 이 여자가 누구냐고 따졌다(행동). 남편은 자는 사람을 깨웠다며 아내에게

---

[2] 사티어는 빙산의 부분을 측면aspect, 기능function, 혹은 영역domain의 개념으로 설명하였다. Satir, V. et al., (1991). p. 34, 167. 사티어의 제자들은 층layers, 수준level이라고 설명하기도 했다. Ibid., p. 148. 또는 부분들의 잔치 기법에서 부분part을 내면에 마치 조그만 개인이 특정한 기능을 담당하는 역할로 소개하고 있다. 사티어의 부분의 개념을 확대하여 슈워츠Richard Schwartz는 내면가족체계 치료 모델로 개발하였다.

버럭 화를 냈다(상대방의 행동). 남편이 소리 지르는 것을 보는 순간 남편이 자신을 무시했다고 생각하고(지각), 자신을 사랑하지 않는다고 믿게 되었고(충족되지 못한 기대와 열망), 스스로 가치 없는 존재로 여겨졌다(자존감 저하). 다음 날 화가 난(감정) 아내는 남편에게 아침밥을 차려주지 않았다(행동). 남편은 아내가 자기를 의심하고 있으며, 무시한다고 여겨(지각) 화를 내며(비일치적 대처방식) 출근하였다.

1) 빙산의 오감을 포함한 신체와 감각 body and senses

사람은 엄청난 양의 정보(시간, 리듬, 공간배치, 상호작용에서 일어나는 인상, 얼굴 등)를 신체 감각을 통해 입수하고, 입수한 자료를 뇌는 매우 빠른 속도로 처리한 후에 반응한다. 그러나 지나치게 부정적이고 충격적인 정보는 정보처리 과정을 거치지 못하고 뇌의 변연계에 그대로 남는다. 그리고 과거의 충격적 사건과 비슷한 상황에 놓이면 처음에 경험했던 그대로 재경험하게 된다. 예를 들면, 한 어머니 내담자는 딸에게서 폭력적이던 오빠의 냄새가 난다고 딸을 거부하고, 또 다른 부인은 서너 살 때 성기 부위에 있던 애벌레에게 느꼈던 혐오감과 두려움으로 인해 남편과의 성관계를 거부하였다. 탄생 초기의 경험 때문에 어머니와 계속 싸우던 여성은 탄생 시에 느꼈던 공기의 차가움과 빛에 대한 불편함, 그리고 자기를 거부하는 듯한 어머니의 눈길 등을 기억해내기도 하였다. 이렇게 외부 정보가 뇌가 처리하기 어려울 정도로 큰 경우에는 현재 삶에 계속 부정적 영향을 끼친다. 이때 이러한 신체적 경험을 자각하고, 그 느낌이 무엇 때문인지 깨닫고 해결하면 불편함이 사라진다. 이런 경우 내담자는 온몸에서 어떤 깊은 변화를 느끼고, 신체적으로 편안해지면서 내적 평화를 경험하게 된다. 이는 내담자의 내면이 변화 transformation했다는 표현이기도 하다.[3]

사티어 모델은 다른 어떤 모델보다 오감을 포함한 신체적 경험의 중요성을 강조한다. 의사소통 과정에서도 신체적 표현을 매우 중요하게 다룬다. 태내와 탄생 과정, 영아기, 유아기의 신체적 경험(부모의 말의 억양, 손의 촉감 등)은 잠재적 기억 속에 저장되었다가 이후 언어로 표현된다. 따라서 의사소통은 각자 내면의 경험과 이미지의 주고받음이라고 표현해도 과언이 아닐 것이다. 이러한 이유로 치료과정에서도 내담자의 표정, 목소리의 높낮이 혹은 떨림, 호흡, 안색, 침 삼킴, 목멘 소리,

---

[3] 사티어의 내적 변화에 설명은 젠들린 Eugene Gendlin의 책 Gendlin, E. T. (1981). *Focusing*. NY: Bantam Book. Gendlin에서 설명하는 내용과 유사하다. 젠들린은 오랜 기간의 연구를 통해 내담자의 변화요인은 감정이나 지각보다는 강력한 신체적 감각 felt sense을 동반한 경험이라고 주장하였다.

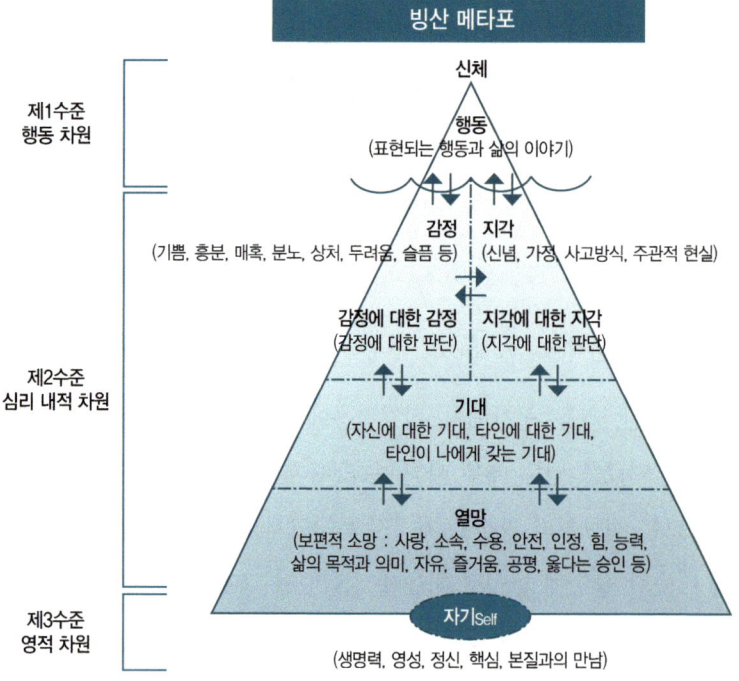

사티어는 통합적 인간 이해를 위해 빙산을 메타포로 사용하였다.
빙산의 모든 부분은 경계선이 명확하면서 동시에 상호 영향을 적절하게 끼칠 수 있어야 한다.

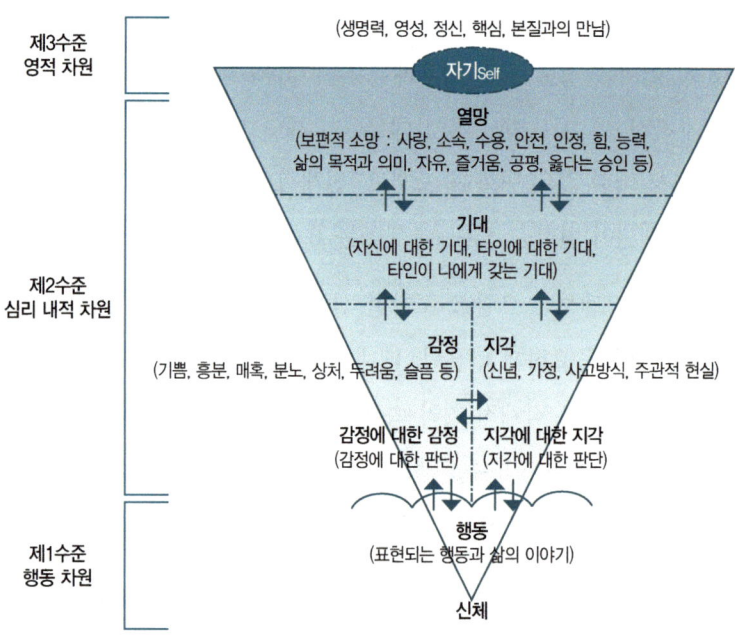

자기Self가 가장 중요하다는 점을 강조하기 위해 빙산 그림을 뒤집은 모습이다.
자기Self의 강도에 따라 자존감이 높아지기도 또 낮아지기도 한다.

초점의 흔들림, 시선 회피, 식은땀, 눈물, 다리 떨기 등의 신체적 표현을 예의 주시해야 한다. 더 나아가 내면의 변화를 경험할 때의 평온한 표정, 조용하게 흐르는 눈물, 몸의 이완 등도 잘 살펴보아야 한다.

2) 행동 behavior

사람은 살아있는 한 행동한다. 자는 것도 행동이며, 가만히 있는 것 역시 행동이다. 행동은 내면의 표현이고, 행동은 내면에 영향을 끼친다. 행동 중에 가장 중요한 행동은 의사소통이며, 의사소통은 언어적 표현과 비언어적 표현으로 구분된다. 언어적 표현은 말로 표현되는 것이고, 비언어적 표현은 신체적으로 표현되는 것이다. 의사소통할 때 언어적 표현과 신체적 표현이 일치하지 않으면 듣는 사람은 상대방을 정확하게 이해하지 못한다. 한 예로, 얼굴이 붉어지고, 숨을 거칠게 쉬고, 주먹을 꽉 쥐고 낮은 목소리로 화가 나지 않는다고 말한다면 그 말을 들은 사람은 상대방을 정확하게 이해할 수 없다.

사티어는 언어적 표현인 말과 비언어적 표현인 신체적 언어가 일치하는 경우에 내면과 외부가 일치 congruent 한다고 해서 이런 의사소통을 일치적 의사소통 congruent communication 이라고 하였다. 반면에 이 둘이 일치하지 않는 경우를 비일치적 의사소통 incongruent communication 이라고 하였다. 사티어는 의사소통 방식이 자존감과 깊은 연관성이 있다는 것을 깨닫게 되었다. 내면에 힘이 충분히 있는 사람은 자기 self 를 표현하는 데 어려움이 없어서 일치적 의사소통을 할 수 있는 반면에, 그렇지 못한 사람은 자기 self 를 표현하는 것이 두려워 적절하게 표현하지 못하고 비일치적 의사소통을 하게 된다. 사티어는 이를 생존방식 survival stances 또는 상황에 대처하기 위한 대처방식 coping stances 이라고 불렀으며, 비난형 blaming, 회유형 placating, 초이성형 superreasonal, 부적절(산만·회피·철회)형 irrelevant 으로 분류하였다.

사티어는 적절한 행동이 치료에 도움이 된다고 주장하면서 명상, 운동, 의미 있는 놀이, 편안하게 쉬기, 걷기, 여행, 의미 있는 대화도 심리적 치료에 적극적으로 활용하였다. 특히 내면의 조화를 이루는 명상을 워크숍 시작할 때나 치료를 시작할 때 혹은 간단한 모임에서도 적극적으로 활용하였다.

3) 감정feeling과 감정에 대한 감정feelings about feeling

사티어는 감정을 다양한 단어로 표현하였다. 느낌affect이라는 단어로 표현할 때도 있었고,[4] 정서적 느낌의 주관적 표현에는 감정feeling이라는 단어를 사용하였다. 그러나 사티어 생애 후기에 개발한 자기만달라 기법을 설명할 때에는 삶 전반의 감정 영역을 정서emotion라고 표현하였다. 이들 영어 단어의 미묘한 차이를 한글로 표현하기 힘들어 이 책에서는 일반적인 용어인 감정으로 통일하여 사용한다.[5]

빙산 그림의 수면 바로 위, 외부로 드러나는 것은 행동이고, 행동을 동기화하는 수면 바로 밑에 있는 것이 감정이다. 감정은 외부 자극에 대한 감각적·직관적 반응을 평가하는 내적 경험이다. 이런 관점에서 볼 때 환경에 반응하는 감정은 나와 외부 환경과의 상호작용을 유발하는 핵심 요인이라고 할 수 있다. 따라서 사티어는 특히 신체적 경험과 감정을 매우 중요하게 다뤘다. 감정은 기본적으로 생존과 밀접하게 연관되어 있다. 감정은 행동을 동기화하고 빙산 전체에 강력한 영향을 끼친다. 특히 부정적 감정은 상황이 나에게 부적절하니 상황을 빨리 해결하라는 긴급한 메시지이다. 진화과정 초기 단계에서는 자연재해와 위험한 동물들로부터 생존하기 위해 긴급한 상황에 대한 메시지를 뇌에 전달하고 행동하게 하는데, 이것이 인류의 원시적 생존방식인 3F, 즉 공격fight, 도망flight, 죽은 척freeze하는 행동이다. 따라서 두려움, 공포, 불안, 슬픔, 분노는 생존과 깊이 연관된 감정이다. 특히 우울감은 먹을거리가 없는 겨울을 나기 위한 생존을 위한 감정이기도 하다.

흔히 사람들은 부정적 감정은 나쁘다고 판단하지만, 감정에는 좋고 나쁜 것이 없다. 감정은 단지 내 마음이 행복한지, 슬픈지, 외로운지, 화가 나는지 등을 나에게 알려주는 메시지이다. 이 메시지를 듣고 적절한 조치를 하면 내면은 원래의 안정적 상태로 회복된다. 감정을 회피, 무시, 억제하는 것은 내면에서 부적절함을 알려주는 메시지를 거부하는 것이다. 메시지를 정확하게 파악하지 못하면 자신의 내면 상태를 알지 못하고 해결하지도 못하게 된다. 해결하지 못한 감정은 충동적이고 공격적인 형태로 표출되기 때문에 자신뿐만 아니라 대인관계에도 좋지 못한 영향을 끼친다. 특히 어려서부터 적절히 해결하지 못한 상처, 분노, 슬픔, 두려움, 우울, 불안 등의 감정이 축적되면

---

[4] Satir Model, p. 69.
[5] 다른 학파에서도 감정을 중요하게 다루었다. 프로이트는 과거 경험 속에 있는 감정에 초점을 맞추었고, 만남encounter 운동에서는 다른 사람에게 갖는 기대 없이 자기의 감정을 표현하도록 장려하였다. 로저스는 내면의 감정을 끌어내고 인정하고 소유하게 하였다. 이에 반해 사티어는 감정을 재경험하고, 자각하고, 인정하고, 소유하고, 지금 여기here and now에서 감정을 다른 방식으로 해결할 것을 선택하도록 촉구하였다.

감정 수준과 사티어 모델의 치료개입
The Levels of Feeling and the Satir Model's Therapeutic Interventions

	뇌의 기능	감정 반응	감정 대처방식	사티어 치료개입
적정 수준의 감정	– 반사적 반응 실제 위험한 긴급 상황에 대한 자동적·반사적 급성불안은 언제나 발생할 수 있다. 급성불안이 해결되지 못하면 만성불안으로 발전한다. – 해마와 대뇌피질 해마에서 일반적인 수준의 감정을 암호화 및 체계화하여 대뇌피질로 보내 정리할 수 있는 감정이다.	– 생명의 위협을 느끼는 상황에서는 반사적 반응을 하게 되고, 그 상황이 해결되면 감정도 자연스럽게 사라진다. – 상황에 대해 적절하게 느끼는 감정으로 감정과 지각체계가 긴밀하게 상호작용하면서 느끼는 감정이다.	– 위급상황이 정리되면서 감정이 가라앉는다. – 일반적인 상황에서 느끼는 감정을 약간의 방어기제를 사용하여 적절하게 표현하면서 해결한다.	– 일반적인 상황에서의 감정은 빙산 탐색을 통해 해결한다. – 현재 느끼는 감정이 과거 경험과 연결되어 있다면 빙산 탐색, 가족지도, 영향력의 수레바퀴, 초기기억 등을 탐색해서 해결한다. – 자기self와 연결되면서 일치성이 회복된다.
강한 수준의 감정	– 편도체 외부 위협에 대해 경보를 울려서 해마를 작동시킨다. 신체적 경험을 통한 정보, 위협적인 상황에 대한 기억, 비언어적 정보, 불안, 공포 등 정서 내용의 정보를 해마로 보낸다. – 해마 편도체에서 전달하는 슬픔, 분노, 공포, 혐오, 놀람, 질투, 수치, 당황, 경멸 등의 기분 나쁜 감정, 그리고 후두엽 쪽에서 오는 감각기관의 시신경 소리, 촉각 등의 스트레스 높은 경험을 조절한다. 스트레스가 너무 크면 작동이 멈춰 처리하지 못한 감정은 편도체에 남게 되어 계속 현재 경험하는 것처럼 감정을 강력하게 느끼게 된다.	– 유아 초기의 트라우마 및 강력한 스트레스 감정은 편도체에 남아 반사적 반응하는 감정이다. – 지나치게 자극적인 경험, 과거의 부정적 경험, 트라우마 등의 비언어적 차원의 경험은 신체적 경험 및 이미지로 저장된다.	– 감정의 억압이 심하다. – 이미지, 신체적 경험 등으로 저장된 잠재적 경험과 감정이 아주 작은 자극에도 활성화되어 반사적으로 반응한다. – 외부 자극이 심하면 해리, 기억상실, 정신질환이 발생할 가능성이 크다.	– 빙산 탐색을 통해 감정을 해결한다. – 잠재적 경험을 해결한다. – 신체적 경험을 통해 억압한 감정을 자각하고 해결한다. – 신체적 경험 혹은 이미지를 내적시각화 등을 통해 경험적으로 해결한다. – 자기와 연결한다.
매우 강한 수준의 감정	– 해마 해마도 강력한 감정으로 인해 교감, 부교감 신경 체계를 제대로 조절하지 못한다. – 뇌간 뇌간은 생명체의 보존기능을 담당하면서 신체적 반응을 끌어낸다.	– 생명을 위협하는 폭력전쟁, 자연재해, 기폭, 성폭행, 그 외의 죽음 위협 상황에서 경험하는 극도의 두려움, 공포, 극심한 불안 등의 본능적 감정이다.	– 죽음을 각오하고 싸우거나, 혼비백산해서 도망가거나, 정신을 잃어버리는 등 심리적 기능이 멈춰버린다.(fight, flight, freeze) – 감정을 강하게 억압한다. – 해리, 기억상실 등 정신질환이 발생할 가능성이 크다.	– 빙산 탐색 – 과거의 경험을 해결한다. (때로는 최면수준의 깊이까지 치료적 개입을 해야 한다.) – 내적시각화, 신체적 경험 등을 통해서 해결해야 한다. – 자기와 연결한다. * 장기치료가 필요할 수 있다.

• 이 도표는 사티어 모델에서 중요하게 다루는 감정을 세분화해서 감정 수준에 따라 적용하는 접근방식을 도표화한 것이다.

자기 공격적 혹은 자기 패배적으로 된다. 또한 우울증, 조울증, 강박증, 신체적 질병 등의 심각한 증상으로까지 이어질 수도 있다.

특히 화가 나서 부적절한 행동으로 분노 폭발을 하는 사람은 자기의 행동을 화가 나니까 하는 당연한 행동이라고 합리화하려는 경향이 있다. 그러나 화가 났다고 다 파괴적인 행동을 하지는 않는다. 따라서 감정과 행동을 분리해서 감정을 일치적으로 표현할 수 있도록 해야 한다. 감정을 조절할 수 있는 능력은 부모가 아이의 감정에 민감하게 반응하는 것에서부터 시작된다. 아이가 감정을 표현할 때 그 감정이 어떤 감정인지 분별해서 알려주고 공감해주면 아이 역시 자기의 감정을 자각하고 분별하고 다룰 수 있는 능력을 배울 수 있다. 또 부모가 자녀의 감정을 표현할 수 있는 안전한 심리적 공간을 제공해주고, 적절한 방식으로 감정을 표현하는 방법을 가르쳐줄 때 자녀들은 건강하게 자기감정을 표현하며 동시에 감정을 조절할 수 있는 능력을 형성할 수 있다. 그러나 부모가 자신의 감정을 다루기 힘들어 자녀의 감정을 거부하거나, 오히려 자녀의 감정에 지나치게 함몰되면 자녀에게 감정을 해결할 수 있는 안전한 심리적 공간을 마련해주지 못한다. 이렇게 되면 감정을 조절하는 내적 자기조절 능력을 상실하기 때문에 외부를 통제하면서 내면의 안정을 추구하려 한다.

유아의 부정적 감정은 탄생 전후의 경험과 양육자인 어머니의 정서에서 비롯된다. 0~3세 시기에는 애착 대상의 상실로 인해 느끼는 불안이 주 감정이다. 3~5세에는 자기self가 싹트면서 주 감정이 분리불안, 안전감, 수치심이다.[6] 그 외 다수의 연구논문은 유아 및 학령 전 아동의 우울증과 강박장애가 평생 유지되며, 이들의 좌뇌, 우뇌의 변형이 성인 우울증 환자의 뇌와 비슷하다는 사실을 발견하였다. 이처럼 유아기의 정서적 상태는 뇌 구조에 영향을 끼치고, 그 영향이 학령기부터 성인기까지 계속된다.[7] 듀크대학교Duke University의 이거Helen Egger는 청소년 정신 진단 도구(CAPA)로부터 부모들의 보고에 의한 2~5세 아이들의 감정과 행동에 초점을 맞춘 진단 도구(PAPA)를 고안하여 실험하였다. 이 실험의 결과는 우울증을 앓고 있는 아동이 그렇지 않은 아동보다 불안장애가 4배나 더 많은 것으로 드러났는데, 이는 아동이 불안과 우울을 함께 경험하는 경우가 많음을 시사한다.

---

[6] Alvarez, R. P. Biggs, A. Chen G. Pine, D. S. Griffon, C. Contextual fear condition in humans: cortical-hippocampal and amygdala contribution, *Journal Neuroscience*, (2008), p. 28.

[7] Allen Jon G. (2013) *Mentalizing in the Development and Treatment of Attachment Trauma*. N.Y.: Routledge. 이 책은 유아기의 애착 트라우마가 성년의 애착유형에 끼치는 영향에 대해 잘 연구된 논문들이 실려있다.

사티어는 감정(일차감정)과 감정에 대한 감정(이차감정)으로 감정을 나누어 설명하였다. 일차감정은 생명을 담고 있는 신체적 생존을 위협하는 감정이라 자각하기도, 언어로 표현하기도 힘들다. 다시 말하자면, 일차감정은 자동차가 갑자기 앞에서 달려올 때 느끼는 공포, 불안, 우울과 같은 것으로, 생존에 위협적인 상황에서 신체적 반응과 함께 본능적으로 느끼는 감정이다. 이차감정은 일차감정을 판단한 다음에 느끼는 감정이다. 판단에는 가족규칙, 부정적 지각체계, 채우지 못한 기대, 약한 자기self가 관여한다. 따라서 이차감정은 일차감정을 경험하는 데 걸림돌이 될 수도 있다. 한 예로, 어떤 여성이 심각한 성폭행을 당했다면 자신과 가해자에 대한 격노를 느끼기보다 수치심, 무력감, 우울감, 자신에 대한 분노 등의 이차감정을 느끼게 된다. 이차감정에는 부정적 자기 판단이 들어가기 때문에 일차감정보다 문제해결의 핵심이 될 수 있다. 많은 경우 일차 및 이차 감정이 혼재되어 있어 둘을 분리하기가 쉽지 않다.

4) 지각perception과 지각에 대한 지각perception about perception

인간은 경험을 해석하고, 의미를 부여하고, 또 판단하면서 자기만의 지각체계와 세계관을 형성한다. 사티어는 이러한 기능들을 모두 포함하여 인지cognition라는 단어 대신 자신의 주관적 관점이 포함되어 있다고 해서 지각체계perception, thinking라는 용어를 사용하였다. 지각은 개인의 주관적 관점이 포함된 사고방식, 가설, 의미, 해석, 신념, 가치관, 규칙, 준거틀 등을 포함하고 있다. 이성적이고 분석적인 뇌는 전전두엽 중간에 위치하고 자기-자각의 중심에 있으며 정서적 뇌와는 연관이 없다. 그래서 정서적 뇌와 지각의 뇌 사이에 정보교환이 중요하다. 사티어는 지각체계만 설명하였지만, 저자는 지각체계에 대한 지각체계를 추가하여 세분화하였다. 감정에 대한 감정이 있듯이, 지각체계에도 지각에 대한 지각이 있기 때문이다. 지각이 부정적이고 지각에 관한 판단도 부정적이면, 더욱더 부정적 지각체계를 형성하게 한다. 지각에 대한 지각도 자존감과 깊이 관련되어 있다. 자존감이 낮으면 자기의 판단에 대한 확신이 없어서 자신의 지각에 대해서도 의심을 하거나 더 부정적으로 판단할 가능성이 커진다.

지각체계에 대한 지각은 상황에 관한 지각을 하고 난 다음에 내리는 판단에 따르는 지각이다. 판단은 시간에 따라, 상황에 따라, 관점에 따라 달라진다. 예를 들면 성적이 잘 안 나왔을 때 '이렇게 성적이 나쁘니 나는 바보야(일차지각)'라고 생각하고, 시간이 더 지나 '나는 바보이기 때문에 죽어야 해(이차지각)'라고 생각한다면, 일차지각에서 이차지각이 더해지면서 지각체계가 더욱 부정적으로 된다. 이렇게 부정적 지각이 커지면 자기self의 자존감이 낮아지게 된다. 개인의 지각체계는 주관적 준거에 따라 형성되기 때문에 자기중심적인 사람일수록 자신의 지각체계가 논리적이고 객관적이라고 믿는다. 따라서 자신의 지각체계의 객관성을 점검하고, 타인의 관점을 수용할 수 있어야 한다. 이런 능력을 키우기 위해서는 '상대방에 대한 나의 관점이 객관적인가?', '다른 관점으로는 해석할 수는 없는가?', '상대방은 나에 대해 어떻게 생각하고 해석하고 의미를 부여하는가?', '그 개인의 동기와 의도는 무엇인가?', '이렇게 생각하는 나에 대해 어떤 생각을 할 수 있는가?' 등의 질문을 하면서 주관적 지각체계에 객관성을 부여하고, 지각체계의 재구조화를 통해 빙산의 변화까지 확장할 수 있다.[8]

5) 기대 expectation

인간은 열망을 충족시키는 삶을 살고 싶어 한다. 열망을 충족시키기 위해서는 구체적인 기대가 있어야 한다. 내가 채우고자 하는 기대는 크게 세 가지 차원으로 나눌 수 있다. 내가 나한테 가지고 있는 기대, 내가 타인한테 가지고 있는 기대, 그리고 타인이 나한테 갖는 기대가 그것이다. 이 기대의 충족 총합은 열망과 자존감과 직결되어 있다. 기대가 충족되지 못하면 열망이 충족되지 못하며, 이는 곧 자신과 세상에 대한 부정적인 시각으로 이어진다. 특히 어린 시절의 충족시키지 못한 기대는 그 사람의 전 생애에 걸쳐 영향을 끼친다. 특히 유아기의 기대가 충족된 경험은 자존감 형성의 기저를 이루기 때문에 어린 시절의 성격 형성에 큰 영향을 미치게 된다. 어린 시절의 기대는 외부에 의존해서 채워지지만 성장하면서 스스로 채울 수 있어야 한다.

내담자의 낮은 자존감이 기대가 충족되지 못한 데서 시작되었다면 내담자가 충족시키고자 했던 열망을 찾아내어 그 열망을 다른 방법으로 충족하게 도와주면 좋은 치료 효과를 거둘 수 있다. 그러나 대다수의 사람들은 타인을 통해서 자신의 기대를 충족시키려 하는 경향이 높다. 따라서 자신의 기대가 적절한가를 확인하는 것이 필요하다. 즉, 내가 타인에 대해 갖는 기대가 적절한지, 타인이 나에게 갖는 기대가 무엇인지 그리고 그 기대를 내가 반드시 충족해야 하는지, 또 내가 나에게 갖는 기대를 확인하고 그 기대가 적절한지, 다른 방법으로 채울 수 있는지 확인하는 것이 바람직하

---

[8] 이 개념은 메타인지 능력과는 다르다. 메타인지 능력은 자기의 주관적 경험을 판단하면서 객관성을 부여하는 것이다. 그러나 지각에 대한 지각은 자기의 생각을 부정적으로 판단하는 생각이다. 비판적인 사람은 자기의 생각을 또다시 비판하면서 더욱 부정적으로 자기를 판단할 것이다.

다. 자신의 기대를 충족시킨 경험이 많을수록 자신에 대한 관점이 긍정적으로 형성된다.

문제는 사람들이 자신의 기대를 다른 사람을 통해서 충족시키려는 데에서 발생한다. 예를 들어, 학력 콤플렉스가 있는 부모가 자신의 학력 콤플렉스를 자녀들의 좋은 성적, 좋은 학교를 통해서 해결하려 한다고 가정해보자. 이런 경우에 첫째, 자녀의 자존감을 갉아먹어 자녀의 자존감이 낮아지게 된다. 둘째, 자녀가 부모를 거부하게 되면서 갈등이 발생하고, 이런 상황으로 인해 자녀의 자존감도 낮아진다. 셋째, 부모와 비슷하게 자녀 역시 성적에 매달리게 된다. 자녀는 성적이 좋은 경우에도 자신에게 만족하지 못하고 부적절한 최고 우월주의의 희생자가 된다. 넷째, 자녀가 존재적 허무감에 빠지게 된다. 따라서 내담자의 자신에 대한 기대, 내가 나와 타인에 대해 가지는 기대, 타인이 나에게 갖는 기대가 적절한지 확인하는 것이 치료과정에서 반드시 거쳐야 할 과정이다. 특히 부모는 어린 자녀들에게 결핍 없는 상황을 제공할 것이 아니라 기대를 충족시키지 못할 때 극복할 수 있는 다양한 방법을 알게 해주는 것이 중요하다. 자신의 기대를 충족시키는 경험이 적절할수록 자율성, 유능감, 대인관계 만족도가 높아서 자신과 삶에 대한 관점이 긍정적으로 형성되고 자기 self가 강화된다.[9]

6) 열망 yearning

사티어는 개인이 기대를 통해서 채우고자 하는 깊은 차원의 바람을 열망이라고 하였다. 개인에게는 사랑, 소속, 수용, 안전, 인정, 힘, 능력, 삶의 목적과 의미, 자유, 즐거움, 공평, 옳다는 승인을 받고 싶은 보편적 열망이 있다. 물론 개인의 성격에 따라, 과거의 충족시키지 못한 기대, 발달단계 등에 따라, 구체적 열망은 양과 강도에 따라 달라질 수 있다. 한 예로, 학령 전에는 안정감, 학령기에는 유능함, 사춘기에는 자유, 청년기에는 친밀감과 사랑에 대한 열망을 가질 수 있다. 열망은 영혼의 감정이라고 할 수 있으며 개인을 동기화한다. 인간은 태어나는 순간부터 사랑받고 싶고, 사랑하고 싶은 열망을 지니고 있다. 개인은 다른 개인들에게 수용받고 싶고, 가족, 또래집단, 사회집단에 소속되길 바란다. 어떤 개인은 소속감만큼이나 안전감이 충족되기를 바란다. 인간은 누구나 세상을 살아갈 수 있는 능력과 힘을 가지고 있으며, 그런 자신의 잠재력을 발휘하고 또 그것을 인정받고 싶은 열망이 있다. 더 나아가 인간은 삶의 목적과 의미를 찾고자 하는 열망도 있다. 이렇게 다양한

---

9 *Satir Model*, p. 156.

종류의 열망을 채우는 방법은 개인마다 각기 다르며, 이는 지식이 아닌 경험을 통해 채워진다.

사람들은 과거에 채우지 못한 열망에 잘못된 방식으로 대처하고 이를 반복하면서 불행하게 산다. 예를 들면, 첫사랑을 잊지 못해 과거 애인에 대한 환상을 품고 불행한 결혼생활을 한다면 열망 충족과는 거리가 멀어진다. 그 외에도 원하던 학교에 들어가지 못해 실망감과 무력감, 수치심에 빠져 살거나, 나를 사랑해주지 않은 부모를 용서하지 못하고 분노를 품고 산다면 그 역시 열망을 충족하기는 어렵다. 개인은 자신의 열망을 충족시키지 못하면 강박적으로 그 열망을 채우려 매달리거나, 타인을 통해서라도 채우려 한다.[10] 삶의 의미는 내가 부여하는 것이지 외부에서 주워지는 것이 아니다. 따라서 삶이 의미가 없고 행복하지 않다면 어떤 열망이 채워지지 않았는지, 이 열망이 어린 시절에 제대로 채워졌는지, 열망을 충족시키는 방식이 적절한지, 다른 방식으로 채울 수는 없는지에 대해서 살펴보아야 한다.

7) 자기self와 영성

(1) 영성 차원의 자기self 이해

사티어 모델의 가장 큰 특징은 인간을 영성적 존재로 이해한다는 점이다. 대부분의 심리치료 모델에서는 영성을 언급하지 않고 있다. 예를 들어, 프로이트Sigmund Freud는 신체적 에너지의 일부로서 심리적 에너지를 설명하지만 영성에 대해서는 언급이 없고, 융Carl Jung은 영성을 집단 무의식으로 이해하며, 로저스Carl Rogers는 꽃이 씨앗에서 피어나듯이 인간에게도 생명력이 있다고 언급하고 있지만, 인간을 통합적 존재로 이해하면서 영성을 인간과 모든 것의 중심에 놓지는 않았다. 하워드 가드너Howard Gardner 같은 심리학자는 영성을 S.QSpiritual Quotient, 즉 영성 지능이라고 이름 붙이며 인간의 지적 활동 능력의 한 영역으로 중요하게 다루었지만, 인간의 중심에 영성을 위치시키지는 않았다.

반면에 사티어 모델의 모든 기법은 인간이 자신의 영성과 만나 우주적 존재로 확대되는 과정으로 향해있다. 이런 차원에서 사티어 모델은 영성 모델이며, 영성 회복의 모델이라고 할 수 있다. 아래의 글은 사티어의 영성에 대한 이해를 도와준다.

---

10 Satir, V. et al., (1991), p. 151.

나의 영성에 대한 이해는 어린 시절 위스콘신 시골농장에서 성장했던 경험에서 비롯되었다. 그 당시 내 눈에 비친 모든 것은 성장하는 것들이었다. 이를 통해 아주 어렸을 때부터 나는 성장이란 생명력이 스스로 드러나는 것이며, 우리는 바로 그 생명력의 현현체라고 생각하게 되었다. 좀 더 충만한 인간becoming more fully human이 영성의 본질이며, 좀 더 충만한 인간이 되기 위해서는 생명력을 향해 마음을 열고 그 힘과 만나야 한다. 성공한 삶이란 우리가 우리 안의 생명력을 받아들이고 그것을 충만하게 만들어가는 데 있다고 믿는다.[11]

나는 자기를 제한하고 거부함으로써 만들어낸 내면의 두껍고 시커먼 실린더에 갇혀버린 사람에게서 여전히 빛나는 영성을 본다. 내가 하고자 하는 것은 내가 보는 것을 그들도 볼 수 있게 하여, 그들이 처해 있는 어두운 현실을 오히려 새로운 삶에 대한 가능성을 그려나갈 수 있는 환한 스크린으로 바꾸는 것이다. 그렇게 바꾸기 위해서는 무엇보다 영성과의 접촉이 이루어져야 한다.[12]

우주에는 질서가 있다. 인간 역시 그 질서를 따라 살아간다. 하지만 우리가 항상 이러한 질서를 볼 수 있는 것은 아니다. 그것은 우리가 아예 그것을 볼 수 없는 처지에 있거나, 열린 눈으로 보려 하지 않기 때문이다. 분명 어딘가에 존재하고 있을 인간의 질서를 보는 것이 나에게는 매우 중요하다. 그 이유는 인간의 근본은 생명력과 같기 때문이다.[13]

저는 여러분들이 자신의 존재가 우주적 창조물이라는 사실을 잊지 않기를 바랍니다. 여러분 모두는 지구에 든든히 발을 딛고 살아갈 수 있도록 지구의 중심으로부터 에너지를 받고 있으며, 이해할 수 있는 지적 능력이 있습니다. 또 하늘로부터 에너지를 받아 직관력, 상상력, 창의력을 가지고 있습니다. 여러분은 주위의 사람들과 이러한 에너지를 서로 주고받을 수 있습니다.[14]

이 세상에는 우주적 질서가 있고, 인간은 우주의 중심으로부터 에너지를 받고, 우주의 질서를 따르는 존재라고 설명하고 있다. 우주적 질서란 자연생태계의 일원으로서 유기체로 탄생하고, 유기체의 삶이 다하면 죽음을 맞이하게 되며, 새로운 생명이 탄생하면서 자연생태계의 순환이 이루어지면서 질서가 유지되는 것을 말한다. 이런 사티어의 우주관, 인간관은 한국인의 인간관과 매우 유사하다. 한국인의 고유한 세계관은 인간은 하늘과 땅으로부터 에너지를 받고 세상의 한 가운데서 모든 만물을 존중하고 잘 돌보는 역할을 해야 한다는 것이다.[15] 따라서 인간은 우주적 질서를 따라 세상 만물과 조화로운 삶을 이루어야 한다.

---

11 Satir, V. (1985). *New Peoplemaking*. p. 334–336.
12 Satir, V. (1988). p. 340–342.
13 Satir, V. et al., (1991). p. 221.
14 Ibid., p. 339.
15 Young Ae Kim (1991). *HAN: FROM BROKENNESS TO WHOLENESS – A Theoretical Analysis of Korean Woman's Han and a Contextualized Healing Methodology*.

인간이 자신의 영성과 연결되지 못하면 생명의 에너지와 차단될 뿐만 아니라 결국은 자신으로부터도 소외된다. 따라서 인간의 심리만 다루어서는 진정한 의미의 치료라고 할 수 없다. 사티어는 온전한 치료는 자신이 영적 존재라는 점을 자각하고, 자신의 영성과 접촉하고 수용하고 믿을 때 일치적 존재가 될 수 있다고 설파하였다. 이런 관점에서 사티어의 '자기'는 영적 존재를 포함한 '자기'를 말하고 있다. 이에 저자는 일반적인 '자기'와 분별하기 위해 사티어가 설명한 자기의 내용에 따라 자기를 분별하기 위해 영어단어를 붙여서 명명하였다. 빙산 일부로서의 자기self는 삶의 영향을 받아 때로는 상처 입고 약해지지만, 존재의 핵심인 '자기(중심-나)'는 불변의 우주적 에너지로 거기 그렇게 늘 있다. 다시 말하자면, 인간의 자기self는 빙산의 중심으로 외부와의 경험으로 위축되기도 하지만, 자기self의 더 깊은 차원인 존재의 중심이며, 변화할 수 없는 우주적 생명 에너지를 자기(중심-나)라고 이름 붙였다. 자기self를 회복하여 자존감이 높아지고, 자기(중심-나)와 연결될 때 생명의 에너지와 연결된다.

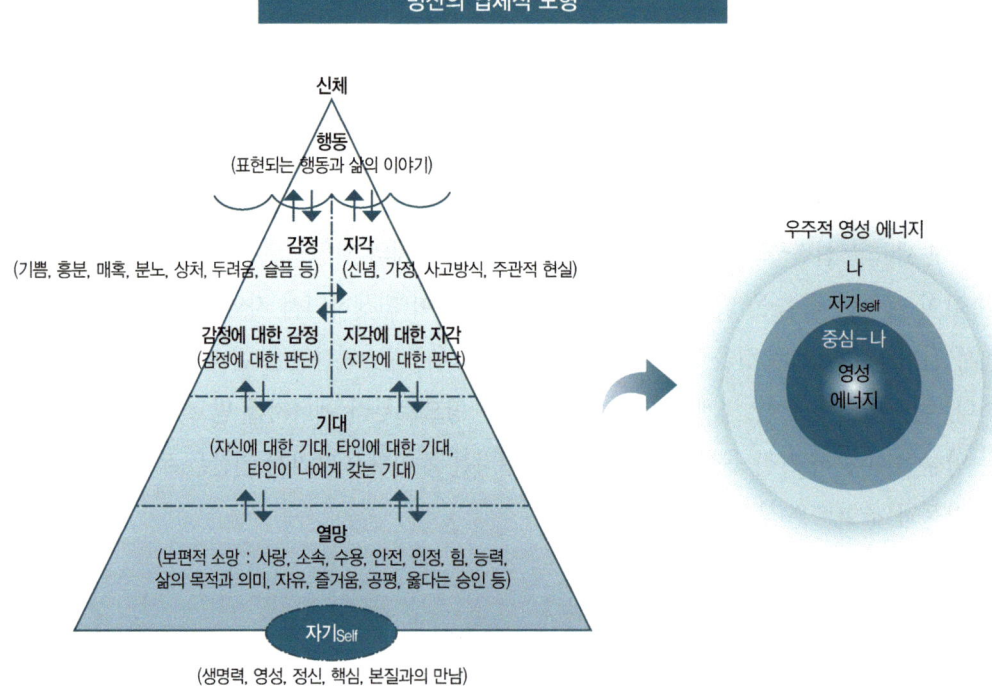

이 그림은 사티어 모델의 개인의 영성 부분에 대한 이해를 돕고자 시각화한 그림이다.
우주적 생명 에너지는 모든 존재의 핵심인 '중심-나'와 연결되어 있다.

(2) 심리적 차원의 자기self 이해

근래 학계에서는 유아는 환경에 무기력하게 순응하지 않고, 잉태되는 순간부터 환경과 적극적으로 상호작용하면서 자기를 만들어간다고 주장하고 있다.[16] 피아제Jean Piaget는 유아는 18개월부터 타인의 관점을 알아챌 수 있다고 하였지만, 스턴Daniel Stern은 그 이전부터 심리적 자기를 발달시키기 시작한다고 주장하였다.[17] 실존주의 정신분석가인 랭Ronald Laing도 유아가 부적절한 환경에서 성장하면 통합적 자기self를 형성하지 못하고 자기를 보호하려다 자기를 분열시켜 조현병에 빠진다고 주장하였다.[18] 사티어 역시 유아가 부적절한 환경에서 성장하면 환경에 적응하기 위해 여러 부분으로 분열된다고 주장하였으며, 이런 부분들을 통합해야 자기self를 제대로 형성할 수 있다고 믿고 '부분들의 잔치' 기법을 생애 후기에 소개하였다.

자기심리학 창시자인 코헛Heinz Kohut도 거의 모든 정신병리의 원인이 자기self의 상실이라고 말한 바 있다. 코헛Heinz Kohut은 현대 사회에서 가장 흔히 드러나는 '자기애성 인격장애'의 위축된 자기self에 대해 탁월한 이론을 제시하였다.[19] 그는 자기self를 지나치게 보호하려다 가짜 자기를 만들어 자기를 과대평가하면서 우월자기와 동일시하거나, 자기를 과소평가하면서 열등자기와 동일시하게 된다고 말하고 있다. 우월자기나 열등자기 모두 내면은 공허하고 무기력하며 슬픔과 수치심으로 가득 차 있다고 설명하였다. 그리고 이런 상태가 오래 지속되면 심리적·신체적 질병을 앓게 된다고 주장했다.[20]

뇌신경학적 차원에서도 생애 초기의 긍정적 경험이 중요하다고 주장하고 있다. 우뇌는 감정적이고, 전체적이며, 비언어적이고, 직관적이며, 관계적이고, 수용적으로 반응하는 특징을 가지고 있다. 또 신체 경험을 포함하여 전체 맥락과 다양한 관점을 인지하게 해주고, 비언어적 의사소통을 해석한다. 반면 좌뇌는 논리에 따라 경험을 체계화하고, 단어의 구성을 통해 맥락을 이해한다. 우뇌와 좌뇌가 연결되어 서로의 기능이 상호보완을 이룰 때 우뇌와 좌뇌가 통합되어 몸과 느낌, 감정과 지각의 조화를 이루게 된다. 따라서 생애 초기의 공감 경험과 세상을 해석하는 능력은 우뇌와 좌뇌

---

16 Satir, V. (1964, 1983). p. 57.
17 Stern, D. N. (2000). The Interpersonal World of the Infant : A View from Psychoanalysis and Developmental Psychology. NY: Basic Books.
18 Laing, R. D. (1969). The Divided Self. NY: Pantheon Books. p. 40-41.
19 Kohut, H. (1971). The Analysis of the Self. NY: International University Press.
20 Kohut. The restoration of the Self. International Univercitiies Press, 1971; Siegel A. Heinz Kohut and the Psychology of the Self. Routledge, 1996; Kernberg, O. F. (1975). Borderline Condition and Pathological Narcissism. NY: Jason Aronson.

의 통합을 이루는 기초가 된다.[21] 한 연구에서는 신경계가 제대로 연결되지 않은 유아기에 적절한 경험은 신경계를 활성화한다고 보고하고 있다. 이와 같은 다양한 연구결과는 인간은 통합과 조화를 이루면서 자기self의 온전성을 향하는 존재라는 사티어의 인간관을 지지하고 있다.

그러나 온전성으로 향하는 힘, 즉 영성 에너지는 부모와의 경험에서 비롯된다. 부모와의 관계에서 경험이 긍정적이었는지 부정적이었는지에 따라 자기self의 가치감이 영향을 받고, 결과적으로 그에 따라 절대적 존재에 대한 영성이 형성하게 된다. 인간은 기본적으로 생명의 단절, 즉 죽음에 대한 존재적 불안을 안고 살아가는데,[22] 부모의 지지와 사랑을 경험하지 못하면 버림받은 느낌, 외로움, 불안, 가치 없음, 무력감, 황량함의 상태에 놓이게 된다. 특히 탄생 전후에는 존재 멸절에 대한 불안, 즉 죽음에 대한 불안과 맞닿아있다. 3세 전에는 애착 대상 상실에 대한 불안, 5세 이전에는 분리불안, 이후에는 수치심을 더 많이 느낀다. 그리고 세상을 능동적으로 탐색하고 창조적으로 살아가려는 동기를 상실하게 된다고 많은 애착 이론가들도 이야기하고 있다. 호르나이Karen Horney는 인간의 가장 근원적인 불안은 멸절에 대한 두려움이라고 말하였다. 이러한 상태는 절대적 존재를 인식하는 데도 영향을 끼쳐 궁극적 존재는 두렵고 무서운 존재라는 왜곡된 지각체계를 형성하게 만든다.

반대로 삶의 초기 경험, 특히 어머니와의 관계에서 서로가 하나 되는 경험을 하면 안정감 속에서 자기self의 온전함을 느낄 수 있으며, 무엇을 특별히 하지 않더라도 자신의 존재가 편안하게 느껴지며, 행복한 상태에 머무를 수 있게 된다. 바로 이러한 상태에서 생명 에너지가 흘러나온다. 더불어 우리의 존재는 창조적이고, 살아있다고 느끼고, 타인들과도 진실한 상태에서 공존할 수 있게 된다.[23] 이렇게 사람은 누구나 자기self가 일치적일 때 최적의 상태에서 살아갈 수 있고, 자기self의 본질, 생명력, 핵심을 가장 잘 드러낼 수 있게 된다. 이 상태는 우주적 에너지인 자기(중심-나)의 상태와 연결되어 있고, 나의 개체성을 넘어선 우주의 에너지, 즉 보편적 영성에 합류하게 된다.

---

21 Allen, J. P. & Fonagy, P. (2002). The development of mentalizing and its role in psychopathology and psychotherapy, Meninger Clinic: Gallese, V. (2001) The Shared manifold hypothesis: From mirror neurons to empathy. *The Journal of Consciousness Studies*, 8(5-7), 33-50.
22 Thomte, R. (Ed). with collaboration with Anderson A. B. Kierkegaard Writings. (1980). VIII. *The Concept of Anxiety*. p. xiii. NY: Princeton University Press.
23 Rizzuto, Ana-Maria M. D. (1979). *The Birth of the Living God: A Psychoanalytic Study*. The University of chicago Press, Chicago. 율라노프, 앤. 이재훈 번역 (2005). 영성과 심리치료, 한국심리치료연구소, 2장 참조

(3) 현대 신학과 과학에서 보는 자기(중심-나)의 영성

실존주의 신학자 틸리히Paul Tillich도 "본질이란 그것이 진실한 그것이 되게 하는 것이며, 자신의 본질과 분리될 때 실존적 불안, 죄책감, 고통을 경험한다"고 말하였다.[24] 사티어의 영향을 받은 슈워츠Richard Schwartz는 자기란 우리의 내면 깊은 곳에 있어 의식하기 어렵고, 오로지 경험을 통해서만 그 존재를 확인할 수 있으며, 다른 부분과 분리되어 나만의 독특한 특성을 보인다고 설명하였다.[25] 자기(중심-나)는 우리의 중심에 있고, 가벼운 마음, 자신감, 자유, 열린 상태, 무심의 상태, 우주와 하나가 되는 충만한 느낌이며, 동시에 자신을 아무 비판 없이 있는 그대로 바라보는 상태이다. 심리학자 칙센트미하이Mihaly Csikszentmihalyi도 이런 마음의 상태를 자연스러운 몰입flow이라 이름 붙였고, 이 상태를 흐트러뜨릴 만한 어떤 생각도 없는 깊은 집중상태, 스스로 존재하면서 외부로부터 어떤 보상을 받으려는 마음이 없는 상태, 시간에 대한 자각이 사라진 상태, 자기(중심-나)의식이 사라진 상태, 초월적인 느낌, 어떤 것을 성취해서 얻는 자신감이 아닌 존재 자체로부터 우러나오는 자신감, 할 수 있다는 느낌, 건강한 느낌 등으로 설명하고 있다. 진정한 자기란 자기를 객관화할 수 있고 자신의 삶을 책임지고 살아가는 것을 의미한다.[26]

이러한 개념은 자기가 하나의 개체로서 나인 동시에 타인과 끊임없는 소통을 통해 상호작용하며, 영향을 끼친다는 것은 모든 물질은 파동이며 어떤 물질과 특정한 반응을 할 때만 입자처럼 행동한다는 양자역학 이론과도 맥을 같이한다. 또 화이트헤드Alfred Whitehead의 과정 철학[27]도 이 이론에 기반을 두고 있다. 이런 상태의 자기(중심-나)는 나와 타인 사이의 경계선을 가지는 동시에, 나와 타인 그리고 우주와 분자 파동 상태에서 연결되어 있다. 한 개체로서의 내가 우주적 존재와 연결되려면 무엇보다 영성, 우주적 본질, 삶의 본질, 생명력과 만나야 하는데, 그러기 위해서는 우선 지금 자기(중심-나)가 회복되어야 한다. 자기(중심-나)와 만날 때 자기(중심-나)의 영성 회복이 가능하기 때문이다.

이런 신학적 입장에 있는 과정 신학process theology을 살펴보자. 과정 신학은 전통적인 이분법적

---

[24] Tillich, P. (1952). *The courage to be*. New Haven, CT: Yale University Press. Tillich, P. (1957). *Systemic Theology. Vol. 2*. Chicago: University of Chicago Press.: Tillich, P. (1959). *Theology of Culture*. NY: Oxford Free Press.
[25] Schwartz, R. C. (1995). *Internal Family Systems Therapy*, NY: Guilford. p. 37.
[26] Csikszentmihalyi, M. (1990). *Flow: the Psychology of Optimal Experience*. NY: Harper Collins Publisher.
[27] Whitehead, A. N. (1979). *Process and Reality* (Gifford Lectures Delivered in the University of Edinburgh During the Session 1927-28). NY: Free Press.

기독교 신관에 대한 반격이다. 기존의 이분법적 신관에서는 신은 절대적이고 영원불변한 존재로서 외부의 어떤 영향도 받지 않는다. 그러나 화이트헤드Alfred Whitehead의 과정 철학에 근거한 과정 신학의 대표학자 콥John Cobb(The director of the Center for Process Studies in Claremont, CA)은 신은 고정불변의 실재God이지만 그 실재reality는 과정이라고 주장하였다. 즉, 신은 절대 불변의 존재가 아니라 변화하는 과정, 그리고 생성하는 그 자체가 절대적이라는 것이다.[28] 콥은 신God이 종교와 반드시 연결된 것은 아니라고 설명하였다. 오히려 신은 믿음에서 생성되는 것이며, 신은 형이상학적 체계이다. 이 체계는 가능성에 존재하고, 신의 본질은 상호적이며, 무한한 가능성을 포함하고 있다. 신은 세상과 더 넓은 우주에서 일어나는 현상에 의해 변화하지만, 역으로 신은 세상과 우주에서 발생하는 존재의 현상을 만들어내면서 영원성을 지니게 된다. 과정 신학의 신은 세상과 상호작용하면서 서로를 채워주는 상호의존적 체계이다. 인간은 신에 내재하고, 신은 인간에 내재되어 있다. 신은 세상을 초월하고, 세상은 신을 초월한다. 또 신은 불변의 본질적 속성을 유지하지만 동시에 상호작용의 가변적 속성도 지니고 있다고 주장하였다. 신은 불변의 본질을 유지하면서도 세상과의 상호작용으로 인해 영향을 받는 존재이다. 따라서 인간은 신 앞에 무력한 존재가 아니라 긍정적 영향을 끼칠 수 있는 존재이다. 부처의 이 세상을 버리라는 말은 개체적 욕심을 버리고 공空의 세계, 즉 우주적 에너지로 꽉 찬 세계로 합류하라는 가르침으로 이해할 수 있지 않을까? 예를 들어, 기독교인이 하나님을 절대적 유일신으로 믿지만 동시에 기도하면 기도를 들어주는 하나님, 나와 교통하는 하나님으로 믿는 신관도 같은 맥락으로 이해할 수 있다. 나와 소통하지 않는 신이라면 나의 삶에 무슨 영향을 끼칠 수 있겠는가? 절대불변의 신과 나의 기도를 들어주는 신은 일반 기독교인에게는 익숙한 개념이다. 이 모순에 과정 신학이 답을 주고 있다.

한국의 기독교가 가부장적 아버지 하나님의 이미지에 매여있으면 여성은 절대적 하나님과 나와 함께하는 하나님과의 모순으로 인해 심리적·영적 혼란을 겪을 수 있다.[29] 특히 대상관계 여성 신학자 율라노프Ann Belford Ulanov는 여성적 관점에서 가부장적 하나님 이미지에 대해 분석하였다. 그녀는 하나님의 이미지에는 구체적인 부모 이미지가 들어있기 때문에 이 이미지를 깨지 않으면 하나님의 이미지가 확장되지 못한다며 부모와의 관계회복의 중요성을 이야기하고 있다. 그녀는 생애 초기

---

28 콥John Cobb은 화이트헤드Alfred Whitehead의 『과정과 실재Process and Reality』에서 보여주는 과정 철학을 신학과 접목하였다. 콥은 그의 제자 데이비드 그리핀David Griffin과 같이 『과정 신학Process Theology』을 저술하여 새로운 신학의 지평을 열었다.
29 대상관계 여성학자 애너-마리아 리주토Ana-Maria Rizzuto는 그녀의 저서 『살아있는 신의 탄생The Birth of the Living God: A Psychoanalytic Study』에서 하나님의 이미지는 부모 대상의 이미지로 인해 탄생한다고 주장하고 있다.

의 부모와 적절한 의존을 경험하지 못하면 허공에 내던져진 듯한 황량한 감정이 남아있어 하나님과의 관계도 부적절하게 경험하게 된다고 말하고 있다. 따라서 하나님의 이미지가 흔들리지 않고, 나의 중심과 연결되기 위해서는 하나님의 이미지가 개인의 투사적 대상 부모 이미지에서 벗어나야 한다고 주장하였다. 이렇게 될 수 있을 때 자기(중심-나)에서 하나님, 그리고 세상과 연결되고, 창조성이 흘러나오고, 삶의 에너지가 활성화될 수 있다고 주장하였다. 그녀는 인간의 핵심적인 과제는 아무것도 아닌 존재에서 가치 있는 존재가 되는 것이라고 주장하였다. 즉, 율라노프Ann Belford Ulanov는 여성과 하나님 이미지와의 관계를 이야기하면서 자존감과의 연관성에 대해서도 말하고 있다.

지금까지 사티어의 영성을 지지하는 다른 분야 학자들의 이야기를 살펴보았다. 사티어는 누구보다도 영성의 본질인 긍정적 생명의 에너지를 자각하고 세상과 긍정적 상호작용을 통해서 일치성을 확대하는 과정을 중요하게 여겼다. 그녀는 또한 치료사는 자신이 자기(중심-나)에 상태에 있을 수 있어야 한다고 치료사의 역할을 강조하였다.

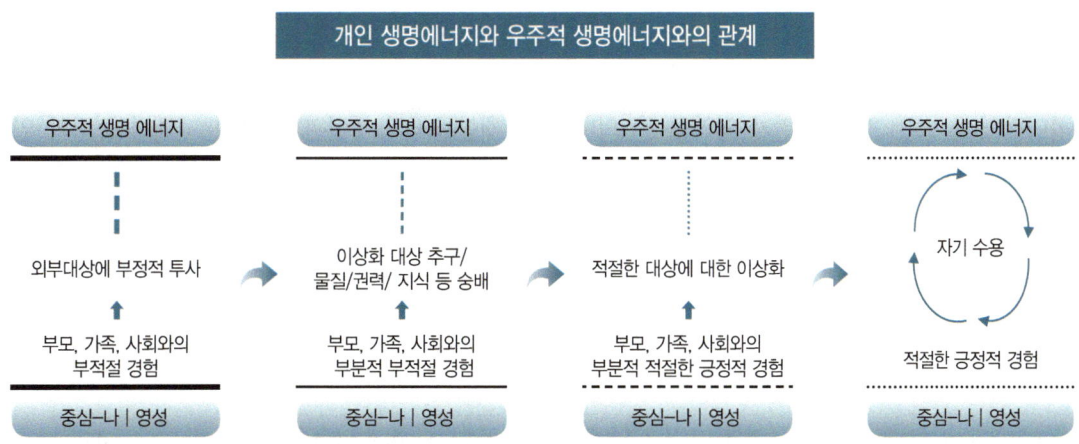

1. 성장과정에서 부적절한 경험을 많이 겪은 사람은 자존감이 낮아 자기를 인정하기 힘들기 때문에 생명 에너지와 연결되기 힘들고, 더 나아가 생명의 근원인 우주적 생명 에너지와도 연결되기 힘들다. 이들은 세상 그리고 자기 자신도 모두 비난한다.

2. 자존감이 낮으면 부적절한 대상을 숭배하고 이상화하면서 자기가치감을 높이고자 한다. 그러나 이 단계에서는 노력을 조금 한다는 점에서 전 단계보다는 단절된 정도를 얇은 선으로 표시하였다.

3. 성장과정에의 부적절한 경험을 조금 해결하고 긍정적 경험을 좀 더 많이 한 사람은 자기의 생명으로부터 흘러나오는 에너지를 조금은 느끼고, 생명의 근원과 조금 연결되었다고 느낀다.

4. 자기수용, 높은 자존감이 형성되면 자신의 내면에서 흘러나오는 생명 에너지를 활성화하여 긍정적인 삶을 살 수 있고, 생명의 근원인 우주적 생명 에너지와 연결되고, 더 나아가 모든 존재와도 연결되었다고 느낀다.

위 그림은 기독교 신앙뿐만 아니라 절대적 대상을 믿는 신앙인의 영적 성장과정을 이해하기 쉽게 표현한 것이다. 일차적으로 실제 내가 경험한 부모와의 갈등을 해결해야 한다. 그렇지 않으면 내면의 해결되지 않은 부모와의 감정을 절대적 대상에게 투사하게 된다. 소위 이단은 부적절한 종교적 리더가 자칭 절대적 존재로 자기를 내세우고, 자기의 부모와의 갈등을 해결하지 못한 사람들이 부적절한 지도자에게 부모의 사랑을 기대하며 절대적으로 의존하면서 만들어진다. 따라서 내면화된 부적절한 부모 표상과의 부적절한 경험을 해결한 후에, 자녀가 원하는 좋은 부모의 모습을 투사할 수 있는 온전한 대상과 연결되어 자신의 문제를 해결한 다음에야 내 중심의 영성과 우주적 영성과의 연결이 가능해진다.

2. 자존감에 대한 이해

자존감은 자기 가치를 스스로 평가하고 그 평가에 대해 느끼는 내적 경험이다. 자존감은 ① 자신에 대한 전체적이고 포괄적인 평가로부터 발생하는 자존감과, ② 특정 상황에서 자신을 평가할 때 발생하는 특정한 자존감, 그리고 ③ 자신의 평가와 외부의 평가를 포함한 전체 합으로 분류할 수 있다. 펠란Thomas Phelan은 심리적 감정뿐만 아니라 자기효능감을 포함하여 자존감의 다양한 측면을 설명하였다. 그는 자존감 평가 영역을 ① 의미 있는 개인들과의 대인관계, ② 문제해결 능력과 일의 수행능력, ③ 외모, 건강, 운동신경, 학습능력, 신체적 특징, 소유물, ④ 메타목표, 즉 도덕심, 용기, 노력, 타인 배려로 나누었다.[30] 사티어는 위에서 설명하는 능력은 자존감이 높아야 가능하며, 자존감은 자기의 열망을 충족시키는 삶을 살 때 높아진다고 강조하였다.[31]

1) 자존감과 생애 초기 양육자와의 경험

최근 연구에 의하면 유아의 기질은 타고난 것이며, 유아가 환경에 반응하는 방식도 유아마다 다르다고 보고하고 있다. 따라서 유아의 문제는 부모가 자녀의 특정 욕구를 알아채지 못하여 공감하지 못하고 유연하게 대처하지 못할 때 발생한다. 또 다른 연구에서는 정서적 공감뿐만 아니라 부모가 자신의 어린 시절 경험을 지각적 차원에서 해석하고, 일관성과 논리가 정립되어 있어야 자녀들

---

[30] Phelan, T. (1996). *Self-Esteem Revolution in Children-Understanding and Managing the Critical Transitions in Your Child's Life*. NY: Parentmagic, Inc.
[31] 사티어는 『사람 만들기People Making』에서 자기가치감self-worth이라는 단어를 사용하였고, 『사티어 모델Satir Model』에서는 자존감self-esteem이라는 단어를 사용하였다.

도 안정적이고 일관성을 형성할 수 있다고 한다. 즉, 부모의 감정과 생각이 조화를 이루어 안정적일 경우 자녀를 대할 때도 안정적 양육 태도를 유지할 수 있어서 자녀들도 안정적 상태에 머무르게 할 수 있다. 유아는 환경 반응, 수면, 예민성, 성질 등을 결정하는 고유의 기질을 가지고 태어난다. 특히 감각 통합에 어려움을 겪는 아이들은 부모나 자녀가 다 어려움을 겪는다. 따라서 자녀의 문제가 반드시 부모의 문제나 애착 문제에 기인한다고 할 수 없다. 그러나 아동학대를 경험한 어린이는 분노 조절에 어려움을 겪고, 5세 이전에 학대받은 아동은 호르몬 분비 이상 증세를 일으키며, 이들의 유전자에서 후성적 변이가 일어나는 것을 관찰할 수 있다. 또 부모가 자신의 어린 시절 경험에 대한 해석이 가능하고 일관성과 논리가 있으면 자녀들도 안정적이고, 자녀가 1살 때 부모의 심리구조와 자녀의 것을 검사하면 75% 일치한다는 연구보고는 자녀 문제가 뇌신경의 문제에서 기인할 수도 있으므로 부모의 양육 태도가 가장 중요한 요인이라는 것을 알려준다. 이런 연구 외에도 많은 성격 이론가들의 이론도 그들의 어린 시절의 경험과 연관되어 있음을 볼 수 있다.[32]

유아와 부모와의 상호작용이 자기self를 형성한다는 관점은 가족치료 분야에서도 보편적이다. 과거에는 부모가 상호작용을 주도하고 자녀는 부모의 영향을 수동적으로 받아들이면서 자기self를 형성해간다고 설명해왔다. 하지만 사티어는 자녀들 역시 그들만의 특별함을 바탕으로 태내에서부터 가족 역동에 적극적으로 참여하면서 자기self를 만들어간다고 주장하였다.[33] 근래에는 인간은 이미 태어날 때부터 자기를 갖고 있으며, 영유아 시기임에도 불구하고 아기는 자기self의 형성과정에 매우 적극적으로 참여한다는 주장들이 나오고 있으며, 이러한 연구결과는 사티어의 입장을 뒷받침하고 있다.[34]

어린 시절 어머니가 갑자기 병원에 입원함으로써 어머니와 분리되었던 경험, 자신이 복막염으로 급하게 입원하면서 어머니와 분리되었던 경험, 학생 시절에 보육원에서 아이들을 돌보았던 경험 등을 겪으면서 사티어는 어린아이의 부모 및 가족구성원과의 관계가 자존감 형성에 깊은 영향을 끼친다는 사실을 깨닫게 되었다.[35] 볼비John Bowlby도 보육원 유아들의 반응을 발견하면서부터 유아와

---

[32] 성격심리학자들의 유·아동기의 경험이 그들 이론에 영향을 끼친 것을 볼 수 있다. 김영애 저 (2016). 자기 성장을 위한 성격심리학: 성격심리학자들의 삶과 이론. 시그마프레스.

[33] Satir, V. (1964, 1983). p. 57.

[34] Stern, D. N. (2000). *The Interpersonal World of the Infant: A View from Psychoanalysis and Developmental Psychology*. NY: Basic Books. 피아제의 유아인지 발달과정 이론에 반하여 유아는 이미 18개월부터 타인의 관점을 알게 되며, 유아가 심리적 자기(중심-나)를 발달시키는 것은 그 이전부터 시작된다는 이론이 제기되고 있다.

[35] David J. Wallin, (2007). *Attachment in Psychotherapy*, The Guilford Press, New York, NY; Karl Heinz Brisch, *Treating Attachment Disorders-from Theory to Therapy*, (2002). The Guilford Press, New York, NY; Jeremy Holmes, (1993). *John Bowlby and Attachment Theory*, Routledge, New York, NY.

돌보는 자와의 관계에 대한 애착 이론을 제시하였다.[36] 볼비의 제자 에인스워스Mary Ainsworth 팀은 실험을 통해 유아와 양육자의 관계 경험이 전 인생을 살아가는 데 필요한 안전기지를 제공한다고 주장하였다.[37] 프로이트Sigmund Frued, 융Carl Jung, 아들러Alfred Adler, 호르나이Karen Horney 같은 초기 성격 이론가들, 다양한 대상관계Object-Relation 이론가들, 코헛Heinz Kohut의 자기심리학Self Psychology도 유아기의 심리적 발달과정이 자기self를 형성하는 과정에 끼치는 영향을 상세히 서술하고 있다.

코헛은 거의 모든 정신병리의 원인이 '자기'의 상실에 있다고 말하면서 현대 사회에서 가장 흔히 드러나는 자기애성 인격장애의 특징인 위축된 자기에 대해 탁월한 이론을 제시하였다. 자기를 지나치게 보호하려다 오히려 거짓된 자기를 형성한 사람들은 자기를 매우 수치스럽고 부족한 존재로 여기게 되며, 이로 인해 자존감이 낮아지게 된다고 주장하였다. 이들은 자신의 부정적인 모습을 부인하기 때문에 자신이 누구인지 잘 알지 못한다. 또 내면의 소리에 귀 기울이지 못하게 되고, 타인의 반응에도 무감각해지면서 결국 자기중심적 사람이 된다. 자기를 과소평가하면서 끊임없이 부정적 속성과 자신을 동일시하여 열등자기를 형성하고 세상과 자신을 부정적으로 바라보는 사람들도 있다. 이들은 모든 잘못을 자신에게 돌리고 외부의 부정적인 평가에 과민하게 반응하며 과도한 분노, 불안, 우울증을 겪는다. 반면에 우월자기와 자기를 동일시하면서 자기를 과대평가하게 되기도 하는데, 이들 또한 내면 깊숙이 있는 열등감에 시달린다. 자기를 과대평가하며 우월자기와 동일시하든 자기를 과소평가하며 열등자기와 동일시하든, 이들 모두 내면은 공허하고 무력하고 슬프며, 수치심으로 가득 차 있다. 이런 상태가 오래 유지되면 신체적으로도 여러 질병을 앓게 된다.[38]

치료사가 흔히 만나지만 치료하기 쉽지 않은 내담자는 신경증적 증상을 지닌 사람이다. 불안은 기질로 인한 불안과 상황에 대한 불안으로 나눌 수 있는데, 기질로 인한 불안은 잘 변화하지 않지만, 상황과 사건에 따른 불안은 계속 변화한다. 특히 신경증적 불안감은 신체 부위와 연결되어 신체적 증상으로 많이 드러나는데, 가장 강력한 불안유발 조건은 애착 대상 상실이다. 초기 유아기뿐만 아니라 부모의 갈등, 폭력, 이혼 등 가족체계의 불안정도 자녀의 내적 불안과 자존감 형성에 엄청난 영향을 끼친다. 이들은 성장한 이후에도 부적절한 관계를 끊지 못할 뿐 아니라 존재에 대한

---

36 Walllin, D. (2001) *Attachment in Psychotherapy*. NY: Guilford Publisher.
37 볼비는 애착관계 패턴을 회피형, 무시형, 집착형, 혼란형으로 나누고 있다.
38 Kohut, H. (1971). *The Analysis of the Self*. NY: International University Press; Kernberg, O. F. (1975). *Borderline Condition and Pathological Narcissism*. NY: Jason Aronson.

거부감, 정서적 혼란, 비합리적 환상으로 인해 내면세계가 황량해지고 세상을 적대적으로 보게 된다. 이렇게 가족체계, 특히 부모와 자녀와의 관계가 자존감 형성에 가장 중요한 역할을 한다는 사실은 누구나 아는 사실이다.

2) 생애 초기 경험과 뇌의 관계

탄생 초기의 뇌는 1살이 되면 탄생할 때 무게의 두 배가 되고, 10살이 되면 거의 성인의 뇌와 같아진다. 뇌가 성장하면서 외부 경험이 뇌에 통합되는데, 특히 태내 혹은 탄생 초기의 경험이 심리적 구조에 영향을 끼친다.[39] 특히 아기의 뇌에는 거울 신경세포가 있는데, 이 세포는 상대방의 행위, 동기, 의도, 감정을 파악하고 공감할 수 있는 능력을 가능하게 해준다. 엄마의 웃는 얼굴을 볼 때 아기의 거울 신경세포가 활성화되면서 다른 영역의 세포들과 복잡하게 연결되고, 엄마의 웃는 얼굴을 모방하는 행동을 계획하고, 실행에 옮기며, 감정을 느끼게 한다. 이런 과정을 통해 유아는 양육자와의 상호작용을 하게 되며 자기인식, 자존감, 공감 능력, 상호 관계방식 등을 형성하게 된다. 특히 상호 관계방식은 차후 사회적 관계 형성의 기반을 이룬다.[40] 이때 관계나 경험에 문제가 있는 경우 뇌 형성과 성장과정에 부정적인 영향을 끼친다.[41]

쇼어Allan Schore도 탄생 초기에 기록된 신체적·심리적 유전암호는 유아를 돌보는 초기 환경과 상호작용하면서 발달한다고 주장하였다. 유아의 발달과정은 통합적 과정으로, 뇌를 포함한 신체와 심리적 발달이 함께 이루어진다. 유아는 주 양육자와 적극적으로 상호작용하는데, 이는 유아의 성격 형성에 지대한 영향을 끼칠 뿐만 아니라 추후 드러날 병리적 특성도 함께 발달시키게 된다.[42] 길Richard Gill은 유아가 주 양육자와의 정서적 유대관계에서 경험한 트라우마가 중독적 행동의 원인이 될 수 있다고 주장하고 있다.[43] 변연계의 해마는 외부로부터 정보가 유입되고 그 정보가 지나치게 위협적이지 않다고 판단하면 감각 정보를 분류하여 전두엽에 저장하고, 전두엽은 입수된 자료들을 체계화하고, 의미를 부여하며, 세상을 이해하는 특정 패턴을 형성한 후 대뇌피질에 저장된다. 이러한 과정은 주로 잠을 자는 동안 발생하는데, 특히 어린아이는 놀이, 상상, 꿈을 통해 활발하게 사

---

[39] Amen, D. G. M. D. (1998). *Change Your Brain Change Your Life*. Three Rivers Press, NY p. 22; Kandel, E. (2006). *In Search of Memory*, NY: W. W. Norton & Co., p. 262. 뇌는 새로운 것을 학습하여 이를 저장하는데, 이때 신경세포가 새로운 흰자질을 만들어 뇌의 구조를 바꾼다. Doidge, N. (2007). *The Brain That Changes Itself*. NY: Penguin Books.

[40] Iacoboni, M. (2008). *Mirroring People: The Science of Empathy and How We Connect with Others*. Farrar, Straus and Giroux. Schore, A. N. (1994).; *Affect Regulation and the Origin of the Self: The Neurobiology of Emotional Development*, Hillsdale, N.J.: Lawrence Erlbaum Associates.

회적 경험의 의미를 해석하고, 그것을 기억 저장고에 보관하게 된다. 이런 과정을 통해 자기가 누구인지, 무엇을 경험하고 있는지에 대한 자기만의 이야기를 만든다. 그러나 충격적인 사건이나 강렬한 정서 등과 같이 적정 범위를 넘어서는 경험은 해마피질의 정상적인 활성화를 방해하여 잠재적 기억으로 우뇌, 즉 변연계의 뒷부분, 안와전두엽 부분에 남게 된다.

유아·청소년 정신과 의사인 아멘Daniel Amen은 SPECT 스캐닝을 통해 뇌를 연구하였다. 2~3세 이전의 경험은 잘 기억되지 않는데, 그는 이것을 유아시기의 기억상실이라고 명명하였다. 그 후 발달하는 전전두엽은 인간을 인간답게 만드는 뇌로, 충동을 조절하고, 타인에 대해 공감하고, 정서를 조절하며, 의식적인 삶을 살게 한다. 이 부분이 원활하게 활성화되지 못하면 ADHD, 반사회성 인격장애 등이 생기게 된다. 즉, 아드레날린이 적게 분비되기 때문에 주위의 자극을 통해 흥분을 느끼려 하는 것이다. 게임에 몰두하는 것도 일종의 외부 자극을 통해서 흥분을 느끼려고 하는 행동이라 할 수 있다. 이와 반대로 이 부분이 지나치게 활성화되면 강박장애, 거식증 등의 문제가 발생한다. 이 시기 동안 부모로부터의 돌봄과 사랑이 적절하지 못할 경우 뇌의 형성에 영향을 주고, 이 영향은 계속 유지된다.[44]

특히 생애 초기에 과도한 스트레스에 빈번히 노출될 경우 신경세포 및 신경전달물질에 관여하는 코르티솔, 아드레날린, 도파민 등의 분비에 불균형이 생겨 궁극적으로 뇌 형성에 부정적 영향을 끼친다. 그 결과, 심리적 문제가 발생하고 성장 후에도 그 후유증이 유지된다. 이렇게 생애 초기의 경험은 뇌가 형성되는 과정에 개입하기 때문에 향후 자존감에 영구적인 영향을 끼치게 된다.

잠재기억은 평상시에는 의식으로 떠오르지 못하다가, 기억과 관련된 어떤 단서를 대할 때 떠오르게 된다. 생애 초기의 경험들은 전두엽의 인지적 기능 발달에 영향을 끼친다. 인지적 기능의 발달에 따라 자기 경험에 대한 기억, 사실적 정보, 자신에 관한 과거의 사건들, 시간에 대한 관념, 과

---

[41] Lipton, B. & Fosha, D. Attachment as a Transformative Process in AEDP: Operationalizing the Intersection of Attachment Theory and Affective Neuroscience, *Journal of Psychotherapy Integration, 2011, Vol. 21, No. 3*, 253–279. 이 논문에서도 초기 양육자와의 애착 관계가 뇌 형성에 끼치는 영향에 대해 자세히 설명하고 있다.
[42] Schore, A. N. (2003). *Affect Regulation and the Origin of the Self: The Neurobiology of Emotional Development* (2003) N.J.: Lawrence Erlbaum Ass, Publisher.
[43] Richard Gill ed. *Addictions from An Attachment Perspective Do Broken Bonds and Early Trauma Lead to Addictive Behaviours?* (2014) N.Y.: Routledge.
[44] 생애 초기에 기록된 신체적·심리적 유전암호는 유아를 돌보는 초기 환경과 상호작용하면서 발달한다. 유아의 발달과정은 통합적 과정으로, 뇌를 포함한 신체와 심리적 발달이 함께 이루어진다. 유아는 주 양육자와 적극적으로 상호작용하면서 유아의 성격 형성에 지대한 영향을 끼칠 뿐만 아니라 추후 드러날 병리적 특성도 함께 발달하게 된다.

거, 현재, 미래에 관한 정보들에 대한 의미 있는 해석이 가능하게 된다. 즉, 외부의 세계가 언어와 의미체계로 바뀌는 내적 대화를 가능하게 함으로써 자기와 세상에 대한 관점을 형성하게 된다.[45] 이는 전두엽이 인간의 종합적 사고와 창의력, 판단력, 감정을 조절하는 가장 중요한 부분일 뿐만 아니라 인간성, 도덕성, 종교성 등의 기능을 담당하는 것을 의미한다. 그러나 잠재 기억에 남아있는 트라우마 경험이 많으면 전두엽의 기능을 방해한다. 때문에 생애 초기의 적절한 사랑과 돌봄이 있어야 적절한 정서조절 기능을 키울 수 있다.[46]

이렇게 자존감이 낮게 형성되면 뇌가 적절하게 기능하지 못한다. 자존감이 높으면 좌뇌와 우뇌의 조화와 조절기능이 잘 활성화되어 자기조절과 대인관계 능력이 잘 기능한다. 우뇌는 감정적이고, 전체적이며, 비언어적이고, 직관적이며, 관계적이고, 수용적으로 반응하는 특징을 가지고 있다. 또 몸의 경험을 포함하여 전체 맥락과 다양한 관점을 이해하게 해주고, 비언어적 의사소통을 해석할 수 있다. 반면 좌뇌는 일선상의 논리에 따라 경험을 체계화하고, 단어의 구성을 통해 맥락을 이해한다. 의사소통의 언어적 표현은 좌뇌의 기능이다. 비언어적 표현은 우뇌의 기능이다. 자존감이 높으면 좌뇌와 우뇌가 균형을 이루어 일치적 의사소통을 할 수 있으나 그렇지 못하면 좌뇌는 긍정적 감정에 활성화되고, 우뇌는 강렬하거나 부정적인 감정에 활성화되면서 일치적 의사소통을 하기 힘들어진다. 특히 생애 초기의 경험은 우뇌와 좌뇌의 통합을 촉진해서 그 후의 삶의 조화를 이루는 기초가 된다. 그러나 유아기에 신경계가 제대로 연결되지 않았다 하더라도 이후의 삶에서 기대와 열망이 충족되는 경험을 하게 되면 신경계가 활발하게 연결된다는 연구결과도 있다. 이와 같은 뇌신경의 연구결과는 인간은 항상 성장할 수 있고, 음양의 이치와 같이 조화를 이루는 존재라는 사티어의 인간 이해를 더욱 지지해주고 있다.[47]

3) 생애 초기 경험과 후성학

후성학자 모세Moshe Szyf는 뇌의 변화가 한 개인에게만 국한되는 것이 아니라 유전자 변형을 통해 다

---

[45] Amen, D. G. (2008). *Healing the Hardware and the Soul: Enhance Your Brain to Improve Your work, Love, and Spiritual Life*, Free Press, NY.
[46] 생물학적으로 아이를 출산할 때 산모의 뇌에서는 옥시토신oxytocin이라는 호르몬이 분비된다. 잠시 분비되는 이 호르몬은 산모의 산통을 잊게 하고 유아를 돌보려는 사랑의 마음을 느끼게 만든다. 또 산모에게 아이의 사진을 보여줄 때 뇌의 영역이 변하는 것이 MRI를 통해 관찰되었다.
[47] Allen, J. P., & Fonagy, P. (2002), The development of mentalizing and its role in psychopathology and psychotherapy, Meninger Clinic; Gallese, V. (2001) The Shared manifold hypothesis: From miror neurons to empathy, The Journal of Consciousness manifold hypothesis: From miror neurons to empathy. *The Journal of Consciousness Studies*, 8(5-7), 33-50.

음 세대로 전달된다고 설명하고 있다. 즉, 후성유전학의 연구는 환경의 영향이 한 세대의 심리적 측면에만 한정되는 것이 아니라 경험으로 인해 유전적 변형을 일으켜 후대에 영향을 끼친다는 것이다. 다시 말해 유전자 전달이 안 된 양부모가 아이를 키워도 양육 경험이 생화학적 신호로 전달되면서 유전자 변화를 일으키면서 다음 세대에 영향을 끼친다는 것이다. 따라서 환경과의 상호작용이 중요하기 때문에 환경을 바꾸면 달라질 수 있다고 말한다. 엄마의 유전자가 재프로그램되면서 생물학적 신호가 DNA에 기록되고 세포 분화로 전달되며, 세포에 기록된 대로 실행되면서 미래의 삶에 적응도가 높아진다.[48]

기근으로 인해 먹을 것이 귀하면 어머니는 적은 양식으로부터 될 수 있으면 많은 영양을 섭취하고 저장하도록 DNA에 기록하여 전달한다. 이렇게 DNA는 미래의 자손에게 환경에 잘 적응할 수 있도록 도와주는 기능을 한다. 그렇다면 DNA의 변형은 어떻게 일어나는가? 트라우마를 경험하면 적절한 본능적 행동을 취하지 못하게 되어 생존력이 떨어지게 되는데, 그로 인해 면역체계가 깨지고, 유전자에 변이가 발생하게 된다. 이렇게 변형된 유전자는 삼 세대까지 전달되면서 자녀들이 겪게 될 문제의 원인이 된다.[49] 일란성 쌍둥이일지라도 환경에 따라 달라지는데, 이는 비록 같은 DNA를 가지고 태어나더라도 DNA에 붙는 메틸기methyl 꼬리표가 다르기 때문이다. 메틸기는 어릴수록 더 강력하게 DNA에 달라붙기 때문에 어린 시절 학대를 당했거나, 부모가 약물중독에 빠져 육아에 부정적인 영향을 끼치면 메틸기가 좀 더 촘촘하게 달라붙는다.

꼬리표의 변화는 환경 물질, 다이어트 등으로 인해 달라지기도 하는데, 한 번 메틸기가 달라붙게 되면 무려 60년 이상을 붙어있기 때문에 다음 세대에까지 전달된다. 한 예로 할머니의 다이어트는 딸을 통해 손녀에게까지 그 영향이 전달된다. 또 다른 예로 빈민가 청소년들이 영양 상태가 나쁘고, 학교에서 받는 처벌의 빈도가 높으며, 청소년 범죄율이 높게 나타나는 이유는 이들에게 분노 꼬리표가 붙어있기 때문이다. 6살 이전에 주변 환경으로 인해 생긴 분노 꼬리표는 매우 강력하다. 꼬리표가 붙어있는 DNA는 상황에 따라 켜졌다, 꺼졌다 반복하며 일생에 영향을 미친다. 또 환경에 따라 DNA가 죽거나, 잠재되어 있던 DNA가 발현되기도 한다. 그러나 환경의 변화가 유지되면 꼬리표에도 변화가 발생한다. 불안하고 우울한 개인의 뇌는 해마가 활성화되어 있는 경우가 많

---

[48] Moshe Szyf. (2005). *Fundamentals of Epigenetics*. Cambridge University Press.
[49] *Nature Neuro Science* (2014호).

은데, 트라우마 등으로 인해 스트레스 수치가 높으면 해마가 활성화되면서 DNA가 변하게 된다. 이렇게 후성유전학은 유전자 변이의 영향으로 약물중독, 폭력, 자살, 충동조절장애 등이 후세의 자녀들에게 전달되는 과정에 대해 잘 설명해주고 있다. 따라서 인간은 태어나면서부터 부모로부터 DNA를 물려받는데, 그 DNA에 윗세대의 충격적 경험이 기록되어 있고, 그 결과는 현재의 자녀에게 전달되어, 그 DNA를 가지고 환경과 상호작용한다. 따라서 부모와의 생애 초기 경험은 자녀의 DNA에 영향을 끼치고 후세까지 전달된다.

생애 초기 경험을 과학적 방법으로 연구하는 노력과 함께 상담 치료적 관점에서 생애 초기의 경험을 치료하려는 노력도 있었다. 이 치료방법은 1960년대 말, 아서Arthur Janov가 『원초적 비명Primal Scream』이라는 책에 소개하면서 알려졌다. 유아가 탄생할 때 경험하는 신체적 정서적 고통은 엄청난 것으로 죽음의 공포를 느낀다. 이런 경험은 소화 기능, 호르몬 분비 등의 자율적 기능에 관여하면서 심리적 고통과 신체적 조절기능 방식을 형성하게 된다. 이 경험은 1세부터 4세 사이에 다시 활성화되고, 해결하지 않으면 평생 유지된다. 탄생 및 유아기의 고통을 재경험하면서 억압에서 벗어나게 하려는 치료적 방법이 프라이멀 테라피primal therapy이다.

4) 부모 양육과 자존감[50]

자존감은 한 개인의 경험 전체에 대한 가치판단이다. 경험이 부정적이면 자존감이 낮아지고 생명에너지도 낮아지게 된다. 자기self에 대한 평가가 낮고 내면의 힘이 약하면 행복을 추구한다거나 삶에 의미를 부여할 자기(중심-나)의 힘이 사라지게 된다. 또 자기조절이 어려워지고, 현재에 집중하거나 자신의 부족함을 직면하고 수용하기 힘들게 된다.

적절한 환경이란 부모의 직접적인 돌봄뿐만 아니라, 가족 환경의 분위기까지도 포함된다. 성장과정에서 부모 혹은 가족구성원 사이의 갈등, 근심, 걱정, 위기상황, 원치 않는 임신 등의 사건이 많다면 어린아이들은 불안감, 우울함, 무력감 등에 빠지게 되고, 점차 그런 감정들의 원인을 자기에게로 돌리면서 자존감이 낮아지게 된다. 클라인Melanie Klein은 유아가 6개월 이전에 부모로부터 부정적인 반응을 경험하게 되면 조현병, 편집증, 양극성 우울증 등의 병리가 생기게 된다고 하였다.[51]

---

50 김영애 저, 성격심리학, 다양한 성격심리학자들의 삶의 배경이 그들의 이론에 끼친 영향과 성장과정과 자존감의 관계에 대한 설명 참조
51 Segal, H. (1988). *Introduction to the Work of Melanie Klein* (Karnac Classics). NY: Karnac Books.

특히 자녀는 부모로부터 성격, 잠재 능력, 병리적인 것까지 유전자를 통해 물려받는다. 산모의 알코올 섭취, 흡연, 불안, 우울감 등은 태아의 뇌 형성에 영향을 끼친다. 미국 시카고대학교University of Chicago의 세포 신경과학자 에이진Dan Agin의 연구에 의하면 산모의 신체적 영양 상태가 좋지 않을 경우, 자녀가 비만, 당뇨, 심장병 등의 성인병에 걸릴 확률이 높아지고, 독성물질에 노출된 경우에는 인지능력까지 떨어지게 되며, 과도한 심리적 스트레스를 느끼면 자녀의 심리적 불안지수에 악영향을 끼치게 된다고 주장하였다.[52] 더불어 탄생과정, 탄생 이후 가족과의 상호작용이 자녀의 개체성은 물론 자존감 형성에 지대한 영향을 끼친다.

부적절한 양육방식과 함께 부모의 정신병리, 신체적 질병, 일탈, 또는 비정상적인 가족관계, 가족구성원 사이의 심각한 갈등, 잦은 이사나 이민, 가족 중에 중요한 관계를 맺었던 개인의 사망, 심각한 가난, 학교에서의 왕따, 학교 선생님의 부적절한 교육, 그리고 성추행 및 성폭행 경험 등은 아이들의 자존감 형성에 심각한 부정적 영향을 끼친다. 따라서 트라우마를 치유할 때에도 지지자를 옆에 있게 하여 부정적 감정보다는 긍정적 감정을 느낄 수 있도록 돕는 것이 효과적이다. 개인이 안전감을 느낄 수 있을 때 깊고 빠른 변화가 가능하다.[53]

이렇게 부모는 자기가 가진 것을 자녀에게 전달하고, 자녀는 또 그들이 받은 것을 그들의 자녀에게 전달한다. 부모는 윗세대로부터 받은 의식적·무의식적 자료로 현재의 가족을 세운다.[54] 부모는 사랑의 방식, 자기존중, 자기개념, 자기보호, 자신감, 신체 돌봄, 의사소통 방식 등 삶의 전반에 관한 규칙을 전달하고, 자녀는 부모의 인정을 받고자 부모가 전달한 것을 유지하려고 고군분투하면서 자존감을 형성한다. 사티어는 이렇게 자녀가 부모가 원하는 모습으로 살려다 보면 자존감은 낮아지고, 자기를 상실하게 된다고 주장하였다.[55]

부모가 자녀에게 많은 것을 물려주는 전달과정은 자녀의 자존감 형성에 영향을 끼친다. 특히 언어습득 이전의 상호작용은 신체적 접촉으로 이루어지기 때문에, 유아의 경험은 이미지, 신체 경험, 부모의 공감 태도의 영향을 받는다. 자녀는 점차 현재 가족체계, 확대 가족체계, 공동체로 확대된 체계로부터 영향을 받게 된다. 특히 자녀는 부모의 투사 동일시projective identification를 통해 부모

---

52 Agin, D. (2009). *More Than Genes*, Oxford University Press, Oxford: England.
53 Fosha, D. Quantum Transformation in Trauma and Treatment Traversing the Crisis of Healing Change, *Journal of Clinical Psychology: In session, Vol. 62*(5), 569-583 (2006).
54 Satir, V. (1964, 1983). p. 145.

를 내면화하면서 부모와 비슷한 수준의 자존감을 형성하게 된다. 클라인Melanie Klein은 동일시와 통제의 관계에 대해 상대방에게 투사한 부분을 자신과 동일시하게 되면, 나와 대상은 하나가 되기 때문에 대상을 통제하려는 경향이 생긴다고 설명하고 있다. 그렇게 되면 나와 대상과의 경계선이 무너지면서 대상을 침범하게 된다고 주장하였다.[56] 특히 부모가 자녀의 마음을 정서적·인지적으로 이해해주고 공감해주지 못하고 자신의 부정적인 감정, 생각, 기대 등을 해결하지 못하면 자녀는 부모가 투사한 것을 수용하면서 자존감이 낮아지게 된다.

투사 동일시는 영·유아기의 비언어 의사소통 시기에서부터 시작된다. 영유아는 내면의 갈등을 언어로 표현하지 못하기 때문에 자기가 느끼는 갈등이 엄마(양육자)의 어떤 부분 때문이라고 믿는다. 즉, 유아기의 투사 동일시는 유아의 환상이 포함된 투사 동일시라고 할 수 있다. 엄마(양육자)도 역시 영유아의 감정에 반응할 때 영유아의 감정에 그대로 반응하는 것이 아니라, 자신의 감정, 생각 등을 포함하여 반응하게 된다. 유아의 투사 동일시는 의사소통 방식 중 하나이기도 하다. 이 방어기제는 성인이 되어서도 그대로 유지되는데, 개인들은 자신이 도저히 받아들이기 힘든 감정, 생각 등을 자신에게서 떼어서 상대방에게 전가하면서 그것은 자기의 것이 아니라 상대방의 것이라고 믿는다. 그러면 상대방도 이에 반응하게 된다. 그러한 과정을 통해 자신과 상대방이 하나enmeshed가 되는 결과를 낳게 된다. 따라서 투사 동일시는 자기가 알지 못하는 잠재적 기억을 주고받는 의사소통이라고도 할 수 있다. 결국, 부모가 자신의 부정적인 것을 자녀에게 투사하게 되면 자녀의 자기 이미지는 부정적으로 형성되면서 자존감은 낮아진다.

감정조절 능력은 부모가 아이의 감정에 민감하게 반응하면서 형성되기 시작된다. 아이가 감정을 표현할 때 그 감정이 어떤 감정인지 분별해서 알려주고 공감해주면 아이 역시 자기의 감정을 자각하고 분별하고 다룰 수 있는 능력을 배우게 된다. 또 부모가 자녀의 감정을 표현할 수 있는 안전한 심리적 공간을 제공해주고, 적절한 방식으로 감정을 표현하는 방법을 가르쳐줄 때 자녀는 건강하게 자기감정을 표현하며 동시에 감정을 조절할 수 있는 능력을 형성할 수 있다. 그러나 자신의 감정을 다루기 힘들어하는 부모는 자녀가 감정을 표현할 때 거부하거나, 또는 자녀의 감정에 함몰되

---

55 Satir, V., et al., (1991). p. 20−22.
56 Klein, M. (2002). *Love, Guilt and Reparation: And Other Works 1921−1945* (The Writings of Melanie Klein, Volume 1) NY: Free Press.; Klein, M. (2002). *Envy and Gratitude* (1946−1963). NY: Free Press. 투사 동일시는 프로이트Freud, 클라인Klein, 비온Bion도 중요하게 다루는 방어기제 중 하나이다.

어 자녀가 감정을 해결할 수 있는 안전한 심리적 공간을 마련해주지 못한다.

태내, 탄생과정, 유아기의 충격적 경험은 뇌의 해마의 크기와 모양, 신경계, 심혈관계, 호르몬계에 영구적으로 영향을 끼친다. 예를 들면, 유아 및 학령 전 아동의 우울증과 강박장애는 일생 유지되며, 이들의 좌뇌, 우뇌의 변형이 성인 우울증 환자의 것과 비슷하다는 사실이 발견되었다. 특히 성폭력 등 충격적 사건을 경험하게 되면 해마의 크기가 위축되는 것으로 나타났다. 이런 연구들은 유아기의 정서적 상태가 뇌 구조에 영향을 끼치고, 그 영향이 학령기부터 성인기까지 계속된다는 것을 보여준다.[57] 이런 관점에서 가족체계뿐만 아니라 개인의 심리적 문제를 해결하기 위해서도 과거의 가족관계 경험뿐만 아니라 현재의 가족관계, 특히 양육자와의 관계 경험을 반드시 다루어야 한다.

3. 생존방식에 대한 이해

> 나의 인간관계를 맺는 방법은 간단하고 논리적입니다. 어린아이가 가족구성원 모두 일치적 태도로 상호작용하는 평화로운 환경에서 성장하였다면, 그 어린아이들이 성장하면 평화로운 세상을 만들 것입니다.[58]

사티어의 일치적 의사소통 방법론의 기저에는 세계 평화에 대한 염원이 깔려있다. 그녀는 자신의 의사소통 방법이 전파되면 인류 공동체의 평화가 이루어질 것이라는 신념을 가지고 있었다.

사티어는 가장 안정적이고 적합한 심리적 상태를 일치성이라는 개념으로 표현하였다. 일치성은 자기self의 강도와 연관되어 있다. 자기self가 형성되기 이전에 태아는 어머니와의 교류를 통해 기본적인 신체적 생존을 위한 생존방식을 발달시키며, 이런 생존방식은 출생 이후 가족구성원과의 상호작용을 통해 점차 구체적으로 형성된다. 기본적인 생존방식은 생애 3세 이전에 형성되며, 의도적인 변화과정을 거치기 전에는 전 생애에 걸쳐 유지된다. 특히 충격적 사건trauma을 경험한 사람은 자기self를 보호하기 위한 생존방식coping stances, survival stance을 강화한다. 초기 환경이 긍정적이고 적절하면 효율적인 생존방식을 형성하고, 부정적이고 적절하지 못한 환경이면 비효율적인 생존방식을 형성하게 된다.

---

[57] Alvarez, R., P. Biggs, A. Chen G., Pine, D. S., Grillon, C, Contextual fear condition in humans: cortical—hippocampal and amygdala contribution, *Journal Neuroscience*, (2008), p. 28, 6211–9.
[58] 1988a, p. 371

자존감과 영성과의 관계

이 그림은 '나'를 세분화한 그림이다. '나'는 자기self, 그리고 그 중심을 중심-나로 분리하여 명명하였다. '중심-나'의 가운데에 '영성 에너지'가 있다. 자존감이 높은 사람은 영성 에너지, 즉 우주적 영성 에너지와 연결되어 있다. 자존감이 낮은 사람은 자기의 영성 에너지와 차단되고, 보여지는 '나'가 진짜 '나'라고 믿는다.

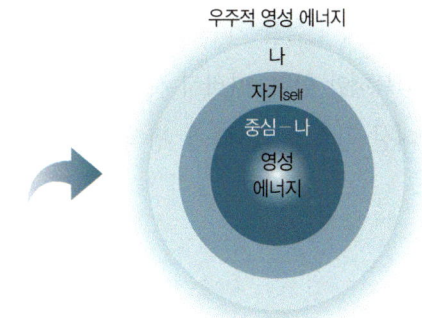

생존방식은 인간관계 방식이며, 인간관계의 기본방식은 나와 너의 존재 양식의 주고받음, 즉 의사소통이다. 적절한 의사소통을 사티어는 일치적 의사소통이라고 하였고, 부적절한 의사소통을 비일치적 의사소통이라고 하였다. 사티어는 일치적 의사소통을 하기 위해서는 ① 비언어적 표현과 언어적 표현이 일치해야 하며, ② 듣기와 말하기의 걸림돌을 사용하지 않아야 한다. 또한 ③ 나와 너, 그리고 상황, 즉 관계맥락에 적절하게 표현되어야 한다고 말하였다. 일치적 의사소통을 하는 사람은 감정을 잘 조절할 수 있으며, 좌절을 경험해도 인내할 수 있고, 자기와 외부와의 경계선도 명확하게 구분할 수 있다. 또 규칙을 따르면서 자신의 경험을 제한하지 않고, 내면을 표현하는 것 또한 제한하지 않으면서 생존을 넘어 성장을 추구한다고 설명하였다.[59]

일치적 의사소통은 빙산 내면의 일치와 상호작용의 일치, 그리고 상황의 일치를 뜻한다. 일치적이라 하면 말하는 사람의 내면, 즉 빙산의 여러 층이 적절한 상태에 있고 자기self가 중심에서 흔들리지 않아 자기가 경험하고 표현하고 싶은 것을 제대로 표현하는 것을 말한다. 반면에 비일치적 의사소통이란, 자존감이 낮아 자기self가 경험한 것을 상황에 적절하게 제대로 표현하지 못하기 때문에 경험하는 것과 표현하는 것이 일치하지 않는 것을 말한다. 사티어는 "우리는 과거에 살 수도 없고, 미래에서 살 수도 없다. 단지 지금 현재만 존재할 뿐이다. 그러나 우리가 어른이 된다고 해서 어린시절 동안 배웠던 규칙 그리고 관계로부터 받은 영향에서 벗어날 수 있는 것은 아니다"라고 말하곤

---

[59] Banmen, J. (2008a). (Ed). p. 68.

했다.[60]

　일치적 의사소통을 위해서는 의사소통 방식의 문제점을 자각하고 고쳐야 한다. 자기의 내면을 자각하고, 내적 힘을 키우고, 성장과정에서 경험한 다양한 부정적 경험들을 해결하여 본래의 생명력을 회복해야 한다. 따라서 사티어의 치료목표는 과거의 대처방식을 무의식적으로 반복하며 살아가는 대신, 새로운 의사소통 방식을 선택하여 자유롭게 살 수 있도록 자각하게 하는 데 있다.

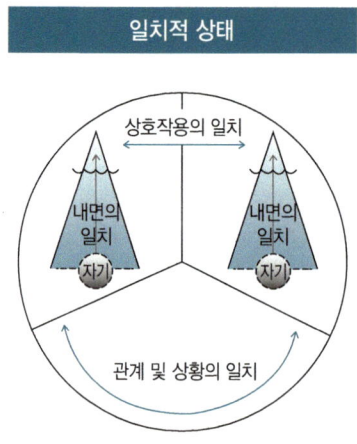

일치적 의사소통은 빙산의 일치, 나와 너의 일치, 그리고 상황과 일치한다.

1) 사티어의 일치적 의사소통의 특징[61]

(1) 사티어의 일치적 의사소통에 대한 설명

① 지금 여기에서 보아야 하는 것을 보고, 들어야 하는 것을 듣는다.
② 느껴지는 것을 느낄 뿐 아니라, 자신이 느끼고 생각하는 것을 표현한다.
③ 외부의 허락에 매달리지 않고 원하는 것을 요구한다.
④ 개성이 뚜렷하고 자신의 독특성을 인정한다.
⑤ 생명 에너지가 잘 순환되고 다른 사람과의 관계에서도 에너지를 서로 잘 주고받는다.
⑥ 자신과 다른 사람을 기꺼이 신뢰한다.

---

60 Satir, V. et al., (1991). p. 221.
61 Satir, V., et al., (1991). ch. 4.

⑦ 신념에 따라 모험을 하려고 하며, 상처받는 것을 기꺼이 감수한다.
⑧ 자신의 내적·외적 자원을 활용한다.
⑨ 친밀감에 대해 개방적이다.
⑩ 자기와 다른 사람을 편안하게 수용한다.
⑪ 자기와 다른 사람을 사랑한다.
⑫ 변화에 대해 융통성이 있고 개방적이다.

4. 의사소통에 대한 이해[62]

인간관계는 의사소통을 통해 이루어진다. 의사소통은 비언어적, 언어적으로 나뉘어 이루어진다. 이 두 언어가 일치할 때 정확한 의사소통이 가능해지고 인간관계를 제대로 이룰 수 있다. 이러한 의사소통을 잘하기 위해서는 자존감이 높아야 한다. 그렇지 못하면 내면을 표현하는 데 두려움을 느껴 일치적 의사소통을 할 수 없다. 따라서 치료사는 내담자의 의사소통을 파악하고 변화를 할 수 있도록 도와야 한다. 아래 내용은 사티어가 오랜 기간의 치료 경험을 통해 부적절한 의사소통 방식, 즉 상호방식을 분류하여 치료할 때 도움을 주고자 설명한 것이다.

1) 비일치적 대처방식

인간은 사회적 존재로서 대인관계가 매우 중요하다. 대인관계에서 신체적·심리적 위협을 느낄 때는 기본 생존방식, 즉 싸우거나, 도망가거나, 가만히 죽은 척하는 방식을 발동하지만, 이외에도 심리적 위협을 해결하기 위해 다양한 방식을 만든다. 심리적 자기보호를 위한 부인, 전치, 동일시, 소외, 투사, 투사 동일시, 합리화, 반동형성, 퇴행, 억압, 취소 등의 방어기제, 즉 생존 기제들을 발달시킨다. 방어기제 사용 강도는 개인에 따라 다르며, 위협을 강하게 느낄수록 더 강력하게 사용한다. 즉 자존감이 낮은 사람은 자기를 보호하기 위해 방어기제를 더 많이 사용하고, 자존감이 높은 사람은 방어기제를 적절하게 사용한다.

사티어는 비일치적인 사람은 상황에 유연하게 대처하기보다 반사적이며 본능적인 방식으로 부

---

[62] 초기 MRI 연구소 회원들은 가족구성원의 의사소통에 중점을 두고 연구하였다. 이들이 제시한 중요한 개념 중 하나가 이중구속 double bind이다. 상위에 위치한 사람이 하위에 위치한 사람에게 모순된 메시지를 반복적으로 말할 때, 아래 위치에 있는 사람은 위 사람의 말의 모순된 내용, 즉 이중적 메시지의 문제점을 지적할 수 없어서 결국에는 자신이 내적 혼란에 빠지고 심리적 혼란에 빠진다는 개념이다. 사티어는 의사소통 방식을 일치적·비일치적 의사소통으로 분류하여 설명하였다. (Nichols, p. 23)

적절하게 반응한다고 보았다. 그녀는 신체적, 심리적으로 위협당할 때 느끼는 불안, 두려움, 분노, 수치심 등을 해결하기 위해 사용하는 몇몇 방어기제들을 묶어서 관계방식 유형으로 분류하였다. 이런 관계방식을 비난형, 회유형, 초이성형, 부적절형(산만형, 회피형, 철회형)의 4가지 방식으로 나누어 대처방식이라고 명명하였다. 사티어 모델이 한국어로 처음 번역되었을 때 부적절irrelevant 유형을 산만형으로 번역하였다. 그러나 이 번역은 단지 행동적으로 산만하게 보이는 것으로 이해하기 쉬우므로 적절하지 않다. 모든 측면에서 부적절한 것을 뜻하기 때문에 저자는 부적절형으로 번역하였다. 그리고 하위유형으로 상황에 맞지 않는 내적, 외적으로 산만한 부적절형은 산만형, 상황을 회피하거나 상황에서 벗어나는 행동을 하는 부적절형은 회피형, 상황에서 벗어나려고 자기 속으로 들어가는 철회형으로 나누었다.

치료사들이 내담자의 대처방식을 파악하기 위해서는 우선 내담자의 성격적 특성, 형제 서열, 부모의 대처방식, 부모와의 상호작용, 환경과의 상호작용을 잘 알아야 한다. 또 대처방식은 나와 상대방 그리고 상황에서 발생하는 역동이다. 대처방식을 이해하기 위해서는 그 시점에서 일어나고 있는 과정을 역동적 관점에서 이해해야 한다. 대처방식의 치료목표는 ① 빙산 내면과 외부 표현의 일치, ② 말하는 사람과 듣는 사람 관계의 적절성, ③ 상황에 적절한 표현을 할 수 있도록 돕는 데 있다.

2) 비일치적 대처방식의 종류

(1) 회유형

회유형은 다른 사람에게 순종함으로써 거부당하지 않고 인정받기를 바라는 사람이다. 이들은 상대방의 비위를 맞추고자 상대방의 요구를 거절하지 못하기 때문에 자신을 무시하고 상대방에게 자신의 힘을 넘겨주는 사람이다. 자기를 돌보지 않고 다른 사람을 돌보려 하는 행동은 자기희생이라는 덕목으로 자신의 가치를 높이고, 좋은 사람, 또 착한 사람으로 인정받기 위해서 치르는 대가라고 할 수 있다. 이렇게 자기희생이라는 덕목으로 포장되어 좋은 사람으로 인정받는 결과는 결국 자기를 무시하고 상대방에게 자신의 힘을 넘겨주는 것이다.

이들은 자존감이 낮아 자기가 부족하다는 메시지를 끊임없이 사람들에게 보낸다. 이런 행동은 다른 사람들로부터 인정과 동정심을 불러일으키고, 이러한 외부 반응은 매우 큰 보상으로 다가온다. 동시에 이들은 자신이 얼마나 다른 사람보다 더 힘든지를 암암리에 설득하려 한다. 입에 달고 다니는 말은 "이제 나를 힘들게 하지 마!", "내가 얼마나 고통을 받는지 아니?", "당신은 나를 얼마나 비참하게 만드는지 몰라!", "고통을 이겨내는 사람은 나밖에 없을 거야!" 등이다. 이러한 태도는 자신의 무가치감을 상쇄하려는 무의식적 의도이며, 상대방에게 죄책감을 느끼게 하는 방식으로 벌 주는 것이다.

어떤 사람들은 모든 잘못을 자기 책임으로 돌리려 하고, 문제가 발생하면 무의식적으로 기뻐하면서 문제해결에 몰입하며, 그럴 때 흥분을 느끼기도 한다. 타인에게 도움이 필요하다는 낌새만 알아채면 먼저 달려가 끝까지 책임지려 하므로 경계선의 문제가 발생한다. 적절하게 도와주는 것은 누구에게나 바람직한 태도이지만 지나치게 돌봐주려 하면 상대방이 거부감을 느끼거나, 경계선을 침범당했다고 느끼게 된다. 또 상대방을 의존하게 만들고 점차 그들의 삶이 사라지게 만들기 때문에 그 과정에서 관계가 어려워진다. 이들은 어떤 상황에서든 갈등이 발생하면 긴장하고 불안해져서 갈등을 해결하기보다 갈등을 무마하려 애쓴다. 그렇게 하는 과정에서 이들은 평상시에 느끼지 못했던 성취감, 자신이 중요한 역할을 감당했다는 우월감, 그리고 상황을 통제하고 있다는 심리적 만족감을 느끼기도 한다.

이들은 상대방으로부터 칭찬받기 원하면서도 받아들이지 못하는 이중적 태도를 보인다. 때로 열등감과 피해의식으로 인해 상대방이 나를 공격할 것이라는 상상을 하게 되어 갑자기 상대방을 먼저 공격하기도 한다. 피해의식이 심각해지면 길에서 스쳐 지나가는 사람들에게도 자기를 무시한다는 이유로 폭력을 행사하거나 아예 집 바깥을 안 나가기도 한다. 회유형 중에 애착 불안이 높은 사람은 자기에게 고통을 가하는 사람에게 오히려 의존적인 경우도 있다. 자기에게 고통을 주는 사람이 중요하다고 여기면 학대를 당하는 것이 낫다고 여기고 가해자를 동정하기도 한다.

부모나 배우자가 매우 희생적이고 회유적인 사람처럼 보여도 실제로는 통제적일 가능성도 있다. 이들은 상대방에게 회유하다가 마음대로 되지 않으면 공격적으로 된다. 또는 부모가 자녀를 회유하면서 자신의 내면을 투사하여 자녀가 잘되면 어떻게든 그것을 부인하고 안 될 것이라는 메시지를 전달하는 경우 자녀가 부모의 무의식에 부응하다 보면 투사 동일시 과정을 거쳐 이중구속에 매인다. 회유형 중에 자기 패배적 사고에 지나치게 빠져있는 사람은 외부의 잘못을 자기에게 돌리고, 다른 개인을 이상화하고, 공격자와 동일시하면서 자기를 공격하기도 하고, 마치 자기는 희생자인 것처럼 믿는다. 이들은 무의식적 차원에서 자신이 고통을 당해야 마땅하다고 믿기 때문에 관심을 주면 오히려 자존감이 더 나빠지는 예도 있다. 회유형이 심각해지면 자살 충동을 느끼고 때로는 자살을 시도하기도 한다. 그러면서도 치료사가 자신을 버리지 않기를 바라기 때문에 치료사는 일관성 있게 이들을 대해야 한다. 회유형의 주 감정은 우울감이고, 그 외에도 죄책감, 수치심, 실패감, 가치상실감 등의 감정이 함께한다. 상황 때문에 우울한 감정을 느끼는 회유형의 사람은 상황이 달라지면 우울감에서 벗어나는 데 반하여, 오랫동안 회유형의 대처방식을 사용해온 사람은 상황이 바뀌어도 잘 변화하지 않는다. 특히 회유형의 사람 중에 만성 우울증을 앓고 있는 사람은 생애 초기부터 우울한 기분을 느끼면서 자랐을 가능성이 크다. 이런 사람의 경우는 약물, 가족치료, 햇볕을 쬘 수 있는 운동 등의 다각적 차원의 치료접근이 필요하다.

회유형은 한국사회에서 진중하고 입이 무겁다고 평가되어 오히려 긍정적으로 대우받기도 한다. 또 회유적인 대처방식이 겸손과 배려하는 자세로 비쳐 사회생활에 장점이 되기 때문에 더 강화될 수 있다. 이들은 바깥에서 누구나 인정할 만큼 친절하고 진중하게 보일 수 있지만, 가족에게는 비난형으로 군림하기도 한다. 그러나 모든 대처방식에는 좋은 씨앗이 있으며, 회유형은 상황과 상대방의 욕구를 민감하게 파악하고, 상대방이 원하는 것을 빨리 채워주려 한다는 장점이 있다.

> 한 젊은 남성이 사내에 갓 입사한 한 여성에게 마음이 끌리기 시작하였다. 이 여성은 심각한 표정을 짓고, 모든 고민을 혼자 안고 있는 것처럼 우울해 보였다. 때로는 우수에 차서 줄담배를 피우고, 항상 누군가와의 관계에서 발생하는 문제 때문에 힘들어하였다. 누가 보아도 이 여성에게는 문제가 많아 그녀에게 매력을 느끼는 남성이 별로 없었는데, 이 젊은이만 유독 이 여성에게 마음을 주었다. 이 남성은 항상 이 여성의 고민을 들어주고 심지어 경제적인 문제까지도 직접 나서서 해결해주었으며, 술을 먹고 몸을 가누지 못하면 집까지 데려다주곤 하였다. 그러던 어느 날 이 여성이 홀연히 직장을 아무 말도 없이 떠나고 말았다. 이 남성은 여성에게 엄청나게 힘든 일이 발생해서 사라졌다고 믿으며 직장도 내팽개치고 여성을 찾아다녔다. 그러나 이 여성은 예전부터 한 직장에 오래 있지 못해 이 직장, 저 직장을 떠돌아다녔고, 이번에도 또 다른 직장으로 옮긴 것뿐이었다. 이 남성이 주는 호의에는 그다지 신경을 쓰지 않았고 오히려 자기는 호의를 받는 것이 마땅하다고 여겼다. 이 남성은 왜 이렇게 행동할까? 사실 이 남성의 아버지는 알코올 중독자라 매일 술을 마셨고, 그런 다음에는 어김없이 어머니에게 폭력을 가하였다. 견디다 못한 어머니는 아들 셋을 두고 가출을 하여 아이들은 알코올 중독자인 아버지와 함께 살면서 성장해야 했다. 이 남성은 지금도 어머니가 매 맞던 모습이 눈에 선하고 그때 자기가 어머니에게 아무 도움도 주지 못한 죄책감과 무력감에서 벗어나지 못하고 불쌍한 여자만 보면 도와주려했다.

자녀가 부모로부터 심리적, 신체적으로 돌봄을 받아야 하는 중요한 시기임에도 불구하고, 오히려 부모를 신체적, 심리적으로 돌보아야 하는 상황에 처할 수 있다. 적절한 돌봄은 자기를 중요하게 여기면서 다른 사람을 배려하는 것이다. 그러나 어린 시절에 걸맞지 않은 돌봄의 역할을 감당하거나 돌보고 싶었지만 할 수 없었을 때, 자기는 없고 타인을 돌보는 태도가 지나치게 발달한다. 그러다 보면 책임을 과다하게 감당하려 하고 이러한 태도는 타인을 통제하려는 욕구로 발전되기도 한다. 이런 경우에는 외부에서는 회유형으로 보이지만 실제는 타인, 특히 자녀나 배우자를 지배하려 한다. 회유형으로 보이지만 겉으로만 회유하면서 속으로는 자녀를 심각하게 통제하는 부모가 의외로 많다. 회유형은 다른 사람을 잘 돌보기 때문에 돌봄을 받는 사람을 점차 의존적으로 만든다.

> 대가족에서 태어난 영미는 어려서부터 맏딸 노릇을 철저하게 감당하면서 자랐다. 영미의 어머니는 시부모 모시랴, 까다로운 남편 비위 맞추랴, 일곱 자식을 돌보랴, 학교에서 아이들을 가르치랴 몸이 열 개라도 감당하기 힘든 역할을 맡으며 바쁘게 살았다. 게다가 여동생은 태어나면서부터 약골이라 어머니의 관심을 독차지했다. 영미는 이런 어머니를 바라보면서 항상 마음이 아팠고, 어떻게 해서든지 어머니를 편하게 해드리고자 하였다. 그리고 어머니는 이러한 큰딸을 고마워하고, 신뢰하며, 점차 자기의 역할을 큰딸에게 떠넘기게 되었다. 결국, 나중에는 어머니로서 자식들에게 해야 할 일마저 영미에게 전부 떠넘기며 동생들을 돌보게 했고, 심지어 자신이 자녀들에게 해주고 싶어 하는 일들까지 감당하도록 요구했다. 영미는 결혼 후에도 친정 동생들을 데리고 있다가 하나씩 출가시켰고, 출가시키고 난 다음에도 김치를 담가주는 등, 마치 친정엄마와 같은 역할을 유지하고 있었다. 영미는 남편의 비위를 완벽하게 맞추려 하였고, 딸아이에게도 몸이 부서지도록 최선을 다하였다. 그러나 남편은 점차 자기를 무시하고, 형제들조차도 자기의 희생을 고마워하기보다 부담스러워하면서 멀리했으며, 딸도 엄마가 자기를 답답하게 만든다며 소리를 질러대곤 하였다. 그러던 어느 날, 그렇게 믿었던 남편이 젊은 여성과 바람이 난 것을 알자 영미는 손목을 긋고 자살을 시도하여 정신병동에 입원하게 되었다.

회유형은 가족 내에서 존재감이 없었거나, 편애를 당했거나, 생애 초기부터 거부당했거나, 스스로 무엇인가 해본 경험이 없는 사람에게 주로 드러난다. 많은 회유형은 마음속 깊이 우울증을 앓고 있거나, 암, 류머티즘, 위장장애, 신경계통의 질환을 앓고 있다.

> 진우의 아버지 김 씨는 엄격한 부모 밑에서 성장하였다. 김 씨의 아버지는 늘 무서웠고 어머니는 항상 누워계셨다. 김 씨의 큰형은 항상 집안에서 싸움을 일으켜서 식구들을 불안하게 하였고, 작은형은 군대에서 제대한 후 자살하였다. 중학교에 올라가 읍으로 나오게 된 후 김 씨는 항상 무슨 일이 벌어질 것만 같았던 집안에 대한 걱정을 덜게 되었지만 어린 나이에 혼자 살면서 항상

불안하며 우울했다. 그 후 김 씨는 서울에서 대학교에 다니고, 직장도 갖게 되었으며, 마침내 결혼도 하게 되었다. 김 씨는 모든 일에 있어 완벽하게 준비를 시도하였다. 아이들이 어렸을 때는 놀러 다니는 것, 외식조차 사치라고 여겨 가족과 함께한 시간이 없었다. 아이들은 항상 아버지인 김 씨를 어려워하였다. 김 씨는 집안의 모든 대소사를 혼자서 결정하였고, 아내와 자녀들은 무조건 자신의 말을 따라야 했다. 그것도 모자라 아이들은 매일 아침 밥상 앞에서 끝도 없는 아버지의 훈계를 들어야 했다. 특히 큰아들한테는 반드시 S 법대를 들어가서 판검사가 되기를 바란다면서 큰 기대를 걸었다. 큰아들 진우는 영리하고 똑똑하여 성적이 좋았지만, 아버지의 기대가 버거워 중학교 3학년부터는 공부에 집중할 수가 없었다. 겨우 고등학교를 졸업하고 아버지의 기대에 미치지 못하는 대학교에 다녔다. 진우는 대학교를 졸업한 후 큰돈을 벌어야겠다는 일념으로 회사에 들어갔으나 회사는 일종의 피라미드식 영업을 하는 곳이라 큰 빚을 지게 되었고, 결국 조현병에 빠지게 되었다. 진우는 아버지가 옆에만 있어도 온몸을 부들부들 떨며, 머리를 흔들었고, 나중에는 아버지 목소리만 들어도 구석으로 피했다. 그리고 밤마다 포효하듯 소리를 질러야 답답한 가슴이 겨우 조금 트이곤 하였다. 진우의 어머니도 갑상선암에 걸려 수술을 하였다. 진우 역시 아버지의 말을 따라 살려다가 급기야 자기를 상실하고 말았다.

회유형의 특징

행동	사과하는 듯한, 간청하는 표정, 징징거리는 소리, 변명하기, 애걸하기 의존적인, 지나치게 상냥한, 지나치게 쾌활한
언어 특성	"모두 다 내 잘못입니다." "(당신 없이는) 난 아무것도 아니에요." "난 중요하지 않아요." "당신이 원하는 것이 무엇입니까?" "모든 것이 잘될 거야." "당신의 행복이 제일 중요합니다." "나는 모든 개인을 행복하게 해줘야 해. 그래야 개인들이 나를 사랑할 거야."
전반적 정서	상처, 수치심, 슬픔, 불안, 억울, 억압된 분노, 두려움
자기개념	낮은 자존감, 자신감 부족, 자기와 만나지 못하고 있음, 외부에 초점
심리적 자원	배려하는, 돌보려는, 상대편의 반응에 민감함
신체화 증상	위장과 관련된 증상, 편두통과 두통, 심장이 뜀, 피부 질병(여드름, 마른버짐, 습진, 발진 등)
심리·정신병리적 증상	우울, 무력감, 침울한 기분, 불안, 공황장애, 망상, 피해망상, 자살 충동

(2) 비난형

비난형은 회유형과 반대유형이다. 이들은 자신이 항상 옳아서 다른 사람이 자기의 뜻에 따라야 한다고 굳게 믿으며, 다른 사람들의 입장을 받아들이지 않는다. 그러므로 이들은 다른 사람이 자신의 기대를 충족시켜주지 않으면 몹시 화를 낸다. 이들은 매우 자기중심적이기 때문에 다른 사람이 자기와 다른 생각, 감정, 기대를 하는 것에 대해 이해하지 못한다. 이 유형은 대부분 가부장적이고 권위주의적인 사람들 혹은 강한 고집스러운 여성한테서도 많이 나타나는데, 우리 사회에서는 이런 남자를 '남자답다', '용기가 있다'라고 평가하기도 한다. 이들은 타자에 대한 정신화, 즉 이미지를 형성할 수 있는 능력이 결핍되어 있다. 포나기Peter Fonagy는 그의 책[63]에서 이런 사람은 상대방이 나와 다른 마음을 가지고 있다는 것을 모르며, 내 생각과 다른 사람의 생각이 다를 수도 있다는 것을 잘 모른다고 말하고 있다. 이들은 '자기는 옳고good, 타인은 틀리다bad'의 이분법적 사고체계가 강하게 형성되어 있다. 이런 사람이 부모가 되면 어린아이가 무언가 불편해서 울경우 나를 거부한다고 슬퍼하거나, 자기가 배고프면 아이도 배고플 것이라고 생각하는 등, 아이의 마음 상태를 자기와 분리해서 파악하지 못하기 쉬우며, 이는 자녀들을 자기 상실로 이끌어 정신증적 병으로 발전하게 하기도 한다. 이들은 자기가 옳다는 신념이 너무 강해서 다른 사람이 자기를 불편하게 하거나 비난하는 것을 용납하지 못한다. 이들의 모습은 철옹성같이 딱딱하고, 쉽게 흥분해서 얼굴이 벌게지며, 금방 달려들 것처럼 보이지만 내면에는 많은 상처가 있다. 이들은 위험당한다고 느끼면 싸우기의 기본 생존방식을 사용한다. 이들은 피해의식이 커서 세상이나 다른 사람이 자기를 해할 것이라고 믿고, 의심과 불만이 많지만, 오히려 자신이 피해자라고 우긴다. 타인과 환경이 모두 문제라고 믿기 때문에 "이러한 상황에서 너는 이렇게 해야 했다"고 자신이 요구하는 것은 옳고 당연하게 여긴다. 심지어 이들은 치료사에게도 비난하고 화를 내기 때문에 치료사들이 심리적인 위협감을 느끼기도 한다. 따라서 이들에게는 타인에 대한 배려가 추가되어야 할 것이다.

이들이 다른 사람에게 보내는 메시지는 '내가 괴로운 것은 너 때문'이라는 메시지이다. 이들과 같이 있다 보면 결국은 모든 잘못이 나한테 있다고 느끼게 만든다. 이들은 매우 경직된 사고체계를 가지고 있으며, 주 감정은 혼합된 분노, 두려움, 공포이다. 분노는 뇌신경과도 연관이 있다. 두려움

---

[63] Fongagy, P., Gergely, G., Jurist, E., & Target, M. (2002). Affect Regulation, Metalization, and the Development of the Self. N.Y.: Other Press.

은 진화과정의 결과로서 다른 동물에게 잡아먹힐지 모른다는 생명단절의 두려움이고, 공포는 생애 초기에 분리불안, 애착 불안과 연관이 있다. 이러한 대처방식은 강력한 원시적 생존방식이라고 할 수 있다. 결국, 이들은 아주 작은 자극에도 마치 원자폭탄같이 터져버린다. 비난형은 충동조절장애로 분류되기도 한다. 비난형의 분노 표출은 다양한 폭력적 방법으로 나타난다. 언어폭력과 신체적 폭력 등 이들의 복수심은 묘하게 언어적으로 드러나기도 하지만 살인에 이르기까지 그 모습이 다양하다. 근래에 신문이나 TV 뉴스에서 불특정 대상에게 자신의 분노를 터뜨리는 사건을 자주 접하게 된다. 사회적으로 성공한 사람의 반사회적 행동도 자주 볼 수 있다. 또 이들은 복수심이나 의심, 불신을 외부에 투사하여 피해망상 증상까지 나타날 수 있다.

비난형은 흔히 회유형의 배우자를 선택하려는 경향이 높다. 회유형을 보며 순종적이고, 착하고, 자신에게 공격적으로 반발하지 않을 것이라 안심한다. 반면 회유형은 비난형의 사람을 볼 때 강한 힘을 느끼고 약한 자기를 이끌어주고 보호해주리라 믿는다. 그러나 결혼을 하게 되면 비난형은 자신의 부정적 감정, 잘못된 것에 대한 원인을 회유형 배우자에게 돌리고 화를 터뜨린다. 비난형은 외부적으로 강하게 보이지만 내면이 약하기 때문에 배우자가 자기에게 의존하려고 하면 화를 내기도 한다. 동시에 배우자가 자기 의견을 내세우거나 하면 배신감을 느끼거나, 배우자가 무섭고 두렵다고 한다. 어느 쪽이든, 비난형의 배우자는 이러지도 저러지도 못하는 딜레마에 빠져 병이 들거나, 병으로 인해 죽거나, 결국 이혼을 요구하게 된다. 권위적인 개인이 임의적이고, 혼란스럽고, 학대적 태도로 상대방을 대하다 보면 배우자는 점차 두려움과 피해망상에 빠지게 된다. 이런 배우자는 비난형 배우자와 분리되면 점차 회복된다. 이런 점에서 이들을 편집증성 성격장애로 판단해서는 안 된다. 이들 비난형은 '나'밖에 없어서 상대가 사라지게 된다.

비난형은 내적 에너지가 높고, 자기주장의 힘이 있고, 추진력, 지도력 등이 장점이 있다. 이런 비난형은 자신의 감정과 만나, 자기와 타인을 수용할 수 있을 때 변화하게 된다. 부부상담이나 가족상담에서 보는 비난형은 흔히 배우자에게 억지로 끌려와서 상담에 참여하는 경우가 많다. 이들은 모든 잘못은 상대방의 탓이라고 여기기 때문에 자기는 상담받을 필요가 없다고 생각한다. 비난형의 배우자는 권위적인 치료사 앞에서는 묵묵부답 혹은 양같이 순한 모습을 보이기 때문에 치료사가 가끔 속을 수도 있다.

많은 회유형의 내면에는 존중받지 못한 것에 대한 분노가 있으므로 때로 갑자기 심한 비난형의 대처방식을 취하기도 한다. 부부 중의 한 사람이 오랫동안 배우자에게 회유하다가 어느 날 갑자기 이혼소송을 제기하고 절대로 타협하지 않는 모습을 보인다든가, 사춘기 자녀들이 부모들에게 순종하다가 어느 시점에서 확 바뀌어 부모에게 위협적일 만큼 공격적인 모습을 보이는 경우가 그것이다.

> 외수의 아버지는 유명한 물리학자이다. 외수의 어머니는 이런 유명한 남편을 몹시 존경하며 하늘같이 모시고 살았다. 아이들에게도 항상 아버지를 존경하라고 요구하고 연구에 몰두하는 아버지에게 방해가 되지 않도록 가까이 가지도 못하게 하였다. 외수 어머니의 친정 부모님은 외수 어머니가 어렸을 때 갑작스러운 교통사고로 한꺼번에 돌아가셨다. 그 후 큰언니가 동생들을 돌보았지만 큰언니도 사춘기의 어린 소녀였기 때문에 갑자기 세 동생을 돌보아야 하는 가장 역할을 너무 힘들어했다. 큰언니는 동생이었던 외수의 어머니에게 온갖 심부름을 시키고 못살게 굴었다. 그래도 외수 어머니는 어린 남동생을 돌보는 것으로 위안으로 삼았다. 부모님이 남긴 재산은 언니가 시집가면서 다 가지고 갔기 때문에 외수 어머니는 대학교에도 가지 못하였다. 남편에게 걸맞는 조건은 아니었지만, 예쁜 외모 때문에 지금의 남편을 만날 수 있었다고 믿으며 항상 실수할까 봐 조바심을 내고 살았다. 딸을 낳았지만, 딸은 왠지 싫었고, 둘째 외수를 낳았을 때는 세상을 다 얻은 것 같았다. 온갖 정성을 들여 외수를 돌보았고, 공부 잘하는 아들이 자신의 모든 열등감을 해결해줄 것이라고 믿었다. 외수 어머니는 남편을 하늘같이 대했지만, 그 외의 모든 사람과는 깊은 관계를 맺지 못했고, 결국에는 관계가 깨어지곤 하였다. 자기를 두고 떠난 부모님이 원망스럽고, 자기를 그렇게 구박하고도 모자라 모든 재산을 다 가져간 언니는 치를 떨 만큼 저주스럽고, 귀여워하던 동생은 밥벌이도 못 하며 술독에 빠져 살기 때문에 만나기조차 두려웠다. 외수 어머니는 남편과 아들에게는 극단적인 회유형의 방식으로 대하고, 세상에 대해서는 극단적으로 적대적이었다. 상담을 신청할 즈음 외수는 항상 머리가 뿌옇고, 목이 아프며, 아무 생각도 할 수 없고, 방에서 나오지 못하며, 강박적 사고가 심각하고, 어머니와 싸우게 되면 가끔은 자기 성질에 못 이겨 기절까지 하였다. 치료사가 가족치료를 권하자 외수의 어머니는 남편이 너무 바빠 절대 치료에 참여할 수 없고, 자신도 전혀 치료를 받을 필요가 없으며, 아들의 병만 낫게 해달라고 명령하듯 말했고, 시시때때로 치료사에게 전화를 걸어 아들을 이렇게 저렇게 해달라며 요구하였다.

외수의 경우, 극단적으로 우상화한 아버지에게는 순종하지만(회유형), 자신을 과보호하며 통제했던 어머니에게는 자기 뜻대로 해주지 않을 때마다 비난하고 나중에는 폭력까지 가하려 했다(비난형). 또 세상 개인들이 자기 마음을 조금이라도 불편하게 하면 끝없는 복수심을 느끼고 해를 가하려고 칼까지 숨겨서 다녔다(정신증적 증상까지 보이는 극도의 비난형). 아들은 순종적이었지만 끝없는 기대를 부과하는 부모에 대해 깊은 분노를 품고 있었으며, 동시에 부모의 태도, 가치관, 서로에게 대하는 상호작용 방식을 모두 내면화하였다.

비난형의 특징

행동	남의 탓하기, 소리치기, 화난 표정 짓기, 위협하기, 판단하기, 명령하기, 결정 잡기, 조정하기, 독재적 지배, 폭력행위
언어 특성	"다 당신 잘못이야." "내가 잘못한 것은 없어." "당신은 도대체 왜 그 모양이오?" "당신은 제대로 하는 것이 아무것도 없소." "당신이 그렇게만 했어도 일이 잘됐을 텐데." "내가 제일 중요해." "아무도 내가 요구하는 것을 중요하게 생각하지 않아!"
전반적 정서	분노, 분개, 불신, 좌절, 억눌린 상처, 통제력 상실에 대한 공포, 외로움, 실패감, 무기력
자기개념	낮은 자존감, 실패에 대한 두려움, 자기와 만나지 못하고 있음, 자신에 대한 통제력 부족, 자신이 원하는 것이 가장 중요함
심리적 자원	자기주장, 지도력, 에너지
신체화 증상	근육의 긴장, 요통, 긴장에서 비롯된 두통, 고혈압, 뇌졸중, 심장병, 천식, 류머티즘성 관절염, 활액낭염, 사고가 나기 쉬움
심리·정신병리적 증상	분노, 격분, 도전적인, 적대적, 경쟁적, 편집증, 폭력적, 반사회성 성격장애 특성들

(3) 초이성형

초이성형은 감정을 느끼지 못하도록 차단되었거나, 혹은 감정을 사치스럽다고 느껴 중요하게 여기지 않는다. 이들에게 감정을 확인하려 하면 자신에게는 감정이 전혀 없다고 말하지만 실제로는 엄청난 감정이 숨겨져 있다. 이들은 상황에만 초점을 맞추고 감정을 무시한 것이기 때문에 나와 상대방을 함께 무시하는 것이다. 흔히 사고기능이 발달하고 부모와 감정교류가 많이 없었던 사람들이며, 오히려 상황에 논리적으로 대처하는 것에 대해 인정을 받은 사람들도 많다. 이들은 단순한 정보와 논리적인 차원에서 객관적인 상황만을 존중하면서 합리적이라 주장하지만, 이들의 주장은 매우 편협되고, 왜곡되고, 지엽적이며, 자기중심적이다. 우리 사회에서는 이들을 냉철한 개인으로 사심 없이 일을 처리한다고 평가하기도 한다. 이들은 타인뿐만 아니라 자기 자신도 객관적 대상으로 마치 물건을 대하듯 비판하거나 평가할 뿐 아니라, 자기를 혐오하거나 거리를 두고 대한다. 자신의 내면 경험을 말할 때도 마치 제삼자가 이야기하듯이 말한다. "그 상황에서 마음이 얼마나 아프셨어요"라고 말하면, "잘 모르겠습니다" 아니면 "예, 아마 그랬겠죠", "그런가 보죠"라고 대답을 한다. 그리고 어려운 용어로 말하거나 권위자의 말 또는 연구자료 등을 인용하기 때문에 무슨 말인지 이해하기가 힘들다. 어떤 사람은 내면의 자기와 너무 분리되어 마치 가면을 쓰고 사는 사람같이 보이기도 한다.

초이성형은 자신과 다른 사람을 과소평가하고 주로 상황에 관한 판단만 중요하게 여긴다. 이들은 지나치게 합리성을 강조하기 때문에 상황과 기능적인 측면에만 초점을 맞추며, 자신의 객관성과 논리성의 유무를 따지기 좋아한다. 그리고 감정을 별로 중요하게 여기지 않기 때문에 어떤 사람이나 상황에 감정적 개입을 하려 하지 않고 관망하려는 태도를 보인다. 또한 지극히 주관적인 자신의 판단을 객관적이라고 확신하며, 자기 판단에 근거하여 다른 사람을 평가하려 한다. 이들은 대부분 지적인 일을 중요시하고 또 그런 부분에서 성공하기도 한다. 그러나 좁은 터널의 시선으로 자기를 합리화하기 때문에 보편성이 모자란다. 이들이 감정을 억압하는 시점에는 내면에 엄청난 분노가 있었기 때문에 외부에서 벌어지는 불의한 상황에 대해 매우 예민하게 반응하면서 정의라는 이름으로 자기가 다 판단하려 한다. 이 유형의 사람들은 내면에 상처를 입었지만 감정을 억압하고 무시하기 때문에 다른 사람을 동정하고자 하는 따뜻한 마음이 없다. '너의 고통은 나의 고통에 비하면 아무것도 아니야!'라는 마음이다. 그리고 자신의 감정을 인정하지 않기 때문에 다른 사람의 감정도 인정하지 않고 감정을 표현하는 사람을 무시하려 한다. 그래서 항상 어떤 감정도 드러내지 않은 채 이성적이고 차분하며 냉정하게 자기 생각만 피력하려고 한다. 결국, 이들은 다른 이들의 마음을 이해하지 못하고, 융통성이 없으며, 원칙 중심의 재미없고 강박적인 사람으로 주위 사람들에게 비친다. 심하면 주변 사람들로부터 따돌림을 당하기도 한다. 또 심리적으로 위축되고 긴장하여 병에 걸릴 수도 있다. 이들이 억압된 감정을 표현하려 하면 매우 힘들고 때로는 두통이 심하고, 온몸이 아프기도 하다.

이들은 스스로 자족하는 사람처럼 보이지만 친밀감과 거리감의 조절을 잘하지 못하는 사람들이다. 이들은 관계 욕구가 적고 오히려 거리감을 유지하기를 바란다. 대부분은 성장기에 적절한 친밀감을 경험하지 못한 사람들이기 때문에 상대방에게도 친밀감을 요구하지 않고, 상대방이 친밀감을 요구하면 왜 그렇게 해야 하는지 의아해한다. 극단적 경우에는 감정과 접촉하지 못하고 감정을 억압하기 때문에 부적절하게 욕구를 충동적으로 표출하다 보면 적절하지 않은 성적 행동에 몰입하기도 하고, 세상을 매우 부정적으로 판단하기도 한다. 치료사의 경우에는 내담자와 공감하기가 힘들고, 오히려 내담자를 가르치고 판단하려 하거나 정보만을 제공하려고 한다.

젊은 부부가 갈등을 호소하며 상담을 신청했다. 아내는 남편이 먼저 별거를 요구했기 때문에 도움을 받고 싶어 했다. 아내는 조용히 앉아있고, 부부치료를 위해 끌려온 남편은 자존심이 상하여 몹시 화가 나있었다. 아내가 힘든 결혼생활에 대해 말을 하자마자 남편은 얼굴을 붉히면서 말을 쏟아내기 시작하였다. 집에 들어오면 1살, 3살짜리 아이들을 좀 봐달라고 아내가 요구하는데 자신이 직장에서 얼마나 스트레스를 받고 돌아오는지 아느냐, 내가 봉이냐, 다른 여자들도 다 애 키우고 산다, 당신이 이렇게 의존적인 줄 모르고 결혼했다, 결혼을 한 것이 실수다, 집안 정리는 하나도 되어 있지 않아 집에 들어오기 싫고 당신 얼굴만 봐도 화가 치밀어 같이 못 살겠다며 소리 지르듯이 말하였다. 피아노를 전공했고 결혼 전까지 집안일이라고는 하나도 해보지 않았던 아내가 두 아이를 힘겹게 키우고 있다는 점에 대해서는 전혀 안쓰러워하거나 이해하려 하지 않았다. 아내가 힘들어하고 우울해하는 것을 감정의 사치라고까지 몰아댔다. 남편은 자기는 감정에 휘둘리면 아무것도 할 수 없으므로 감정에 빠지지 않는다고 말했다. 그러나 그렇게 감정에 빠지지 않으려 애쓰는 순간에 얼마나 힘들었느냐는 치료사의 말에 갑자기 목이 메고 눈물을 참고 있는 모습을 보였다. 남편은 어린 시절 감성적이었지만 아버지가 무능하여 가장으로서 책임을 다하지 못하였기 때문에 아버지같이 감정적인 사람이 되지 않으려고 굳게 결심을 하였다. 끊임없이 이론과 철학적 논리로 자신의 견해를 옹호하고, 아내의 잘못을 논리적으로 따지면서 더는 이렇게 무능한 사람과는 못 살겠다고 호소하였다. 초기에 치료사와의 관계에서도 논쟁적으로 자신의 견해를 고수하면서 아내에게 모든 잘못을 떠넘기려 하였다. 그러나 자신의 감정이 얼어붙었기 때문에 감성이 풍부한 음악전공의 아내에게 끌려 결혼했다는 사실과 자신의 아버지 또한 나름대로 자식들을 위해 최선을 다하였다는 것을 깨닫고 용서하게 되면서 아내와 화해를 시도하였다.

초이성형은 대부분 감정을 느끼고 싶지만 느끼기가 어렵다고 호소한다. 더 나아가 다른 사람의 감정을 잘 파악하지도 못한다. 감정을 못 본 체하면서 모든 것을 머리로 판단하려 한다. 결국, 사람이 감정을 느끼는 것은 연약한 징조라며 무시한다. 따라서 인간관계도 객관적 판단에 근거해서 맺으려 하고, 다른 사람의 감정에 대해 이해하기 힘들어한다. 이들이 억압해온 부정적 감정들은 부정적 에너지의 형태로 신체의 어느 부위에 스며들게 되어 다양한 신체적 증상으로 드러난다. 심해지면 전환장애로까지 발전한다. 이들은 처음 감정을 만나면 매우 당황하고 이렇게 많은 감정이 자신 안에 있다는 것을 믿지 못하기도 한다. 자신의 감정을 억누르고 있으므로 몸이 뻣뻣하고 표정이 경직되고, 생기가 하나도 없이 푸르스름하고, 창백하고, 무표정하면서 얼음같이 냉정하게 보이기도 한다. 때로는 이런 모습이 지적인 것처럼 보이기도 한다. 부모갈등이 심한 가운데 부모를 판단하는 과정에서 이런 대처방식이 형성되기도 한다. 부모가 자녀들과 정서적으로 연결되지 않았거나, 부모가 계속 싸우기 때문에 부모의 심판자 역할을 하는 환경에 있었던 사람들에게서 자주 볼 수 있다.

초이성형의 특징

행동	딱딱하고 경직된 자세, 냉담한 듯한, 진지하고 우월한 척하는 표정 교묘하게 조정하는, 충고를 주려 하는, 예민하지 못한, 비인간적으로 객관적인, 무자비한, 지루한
언어 특성	논리적이고 객관적인, 규칙에 따르려는, 추상적인 개념을 자주 사용함 상황에 대한 긴 설명, 사적인 또는 내면에 대한 주제는 피함, 상황만을 중요시함 "인간은 이성적이어야 해." "생각을 잘해라." "당신은 너무 예민하고 지나치게 감정적이야." "개인이란 자기 잘못을 직면할 수 있어야 해." "개인들은 내가 얼마나 똑똑한지 알아야 해."
전반적 정서	감정을 거의 드러내지 않음, 내적으로는 민감하고 외롭고, 고독하고, 공허함 통제력 상실에 대한 공포가 큼, 상처를 쉽게 입음
자기개념	자신의 가치에 대한 확신이 부족함, 자기와 만나지 못함, 통제력 부족과 무력감을 느낌 자신감이 부족함, 감정을 표현 못 함
심리적 자원	지적이고, 세부적인 것에 주의를 기울임, 문제해결 능력이 있음, 논리적임
신체화 증상	암, 피부질환, 림프(림프샘) 이상, 요통, 단핵증Mononucleosis, 심장질환, 체액이 마르는 증상
심리·정신병리적 증상	침울, 정신병, 강박 충동적, 사회적으로 움츠러든, 감정이입의 부족, 자폐적

(4) 부적절형(산만형, 회피형, 철회형)

부적절형은 산만, 회피, 철회 등의 방식으로 현실도피를 하는 것이 주 특징이다. 산만형은 일반적으로 유머 감각이 뛰어나고 늘 즐거워 보이며 모임에서 분위기를 주도한다. 그래서 주위 사람들에게 자발적이고 재미있는 사람으로 보이기도 한다. 그러나 사실 이들은 아무도 자기를 진심으로 걱정하거나 받아들여주지 않는다고 생각하며, 내면 깊은 곳에서는 불안, 외로움, 무가치감과 혼란스러운 감정을 느낀다. 그래서 조금이라도 상황이 어색하면 참지 못하고, 긴장되고 어색한 분위기를 깨기 위해 농담이나 우스꽝스러운 행동을 하지만, 그러한 행동은 상황에 부적절할 때가 많다. 마치 서커스단의 광대와 같다고 할 수 있다. 특히 이들과 대화를 하다 보면 한 주제에 집중하지 못하고 상대방의 이야기를 무시하거나 질문에 대해 엉뚱한 대답을 하는 경우가 많아서 대화를 지속하기 어렵다.

이들은 긴장감을 견디기 힘들어하기 때문에 산만한 행동을 함으로써 스트레스 상황을 회피하려 한다. 아이들의 경우 산만한 행동을 보이는 것이 주된 증상이지만 멍하니 딴생각한다든가, 게임을 한다든가, 판타지 소설, 만화 등에 빠지는 것도 상황을 회피하는 것이다.

이들은 모두 내면이 비어있고, 삶의 의미를 느끼지 못하며, 외로워하고, 때로는 자살을 시도하기도 한다. 이들은 심각한 상황도 견디기 힘들어서 어떤 주제에 대해 심각한 논쟁이 벌어지고 있다면 긴장감을 견디지 못하고 상황과는 동떨어진 주제를 꺼낸다든가 엉뚱한 행동을 하여 관심을 다른 데로 맞추게 한다.

이들은 자신들의 생각을 자주 바꾸면서 변화무쌍하게 움직인다. 어린아이들은 흔히 주의력결핍 과잉행동장애ADHD로 진단되고, 근래에는 어른들도 성인 ADHD로 진단되기도 한다. 이들은 성인이 되어서도 매우 바쁘고 정신이 없으며 한 가지 일이나 관심에 집중하지 못하고 대화를 하다가도 앞뒤에 맞지 않게 다른 말을 꺼내거나 행동한다. 이들은 나, 상대방, 그리고 상황 모두를 고려하지 않는다.

부적절형을 이야기할 때, 대부분 행동이 산만한 경우의 사람들을 떠올리기 쉽다. 그러나 회피형은 현재 벌어지고 있는 상황을 피하려고 한다. 반면에 철회형은 마음으로부터 그 상황에서 철수하는 것이다. 다시 말하면 그 상황에서 빠져나와 관계하지 않는 것이다. 부모가 아무리 폭력적으로 싸워도 전혀 꼼짝하지도 않고 개입하지 않는다. 회피형은 상황에서 도망가지만 정서적으로 단절하지 못한다면, 철회형은 상황과 단절시키고자 마음이 상황에서 사라지려 한다.[64] 초이성형이 조용하고 안정된 것처럼 보이는 것과 달리 부적절형은 생각과 말과 행동의 모든 차원에서 불안한 상태에 있는 것처럼 보인다. 특히 산만형은 자신뿐만 아니라 다른 사람에게도 초점을 맞추지 못하고, 상황에 대처하는 것도 부적절하여 주위를 혼란스럽게 한다.

부적절형의 특징

행동	지나치게 활동적인, 부산스럽게 움직이는, 둔감해 보이는 조정하려는, 부적절한, 바보스러운, 피상적인, 주의를 끌려고 하는 상황을 모르는 척하는, 상황에서 벗어나려 하는
언어 특성	주위를 흩트리는, 주제를 자주 바꾸는, 한 가지에 집중하지 못하는, 사적이거나 정서적인 주제를 회피하는, 농담하거나 의미 없는 이야기를 하는, 대화의 흐름을 끊어 버리는, 어떻게든 관심을 끌려 하는, 자신과 타인, 그리고 상황 모두 무시함, 냉정한, 관심이 없는 듯한, 멍한 상태, 움츠러든

---

64 Satir, V. et al., (1991). p. 36–490.

전반적 정서	진짜 감정을 거의 보이지 않는, 매우 민감한, 외롭고/고립된, 걱정/슬픔, 공허감/오해받음, 통제력 상실에 대한 공포를 느끼는, 쉽게 상처를 입는, 혼란스러운
자기개념	낮은 자기 가치감, 자신감 부족, 자신과의 교감에서 벗어남, 통제력 상실감, 진짜 감정을 표현 못 함, 아무도 상관하지 않고 아무런 소속감도 없음
심리적 자원	유머, 자발적 행동, 창의력, 재미, 유연성, 철회
신체화 증상	신경계통 이상, 위장의 이상, 당뇨병, 편두통, 어지러움, 사고를 많이 냄, 조절기능을 못 하는 데서 오는 문제들
심리·정신병리적 증상	혼란스러워함, 부적절함, 낮은 충동 조절 능력, 침울하고 우울한, 감정이입의 부족, 다른 개인의 권리를 위반하고 침해함, 학습장애

(5) 기타 유형

위에서 설명한 유형 이외에도 우리는 다양한 대처방식을 목격하게 된다. 비난형이 자기중심적이지만 상황에 대한 고려가 있다고 한다면, 자기애적 성향이 강한 사람은 더 극단적으로 상황까지도 고려하지 않는다. 이 유형은 오로지 이 세상에 자기만 존재하고 그 외에 어떤 사람도 중요하지 않고, 상황도 중요하지 않다. 이들은 상황이 어떠하든 항상 자기가 최고여야 하고, 자신은 무조건 긍정적으로 보는 긍정 왜곡을 하며, 타인에게는 비판적인 부정 왜곡을 한다. 이 유형의 내면은 자기self가 거부당한 수치심이 가득 차 있다. 이들은 부모로부터 거부당하였거나 부모가 자녀의 행동이나 모습, 성취 등에 대해 과도한 인정을 해주었을 가능성이 크다. 이런 사람들은 외부의 인정에만 매달려 끊임없이 성공을 추구한다. 이들은 자기와도 연결이 되지 않고, 자기도 사랑하지 않기 때문에 타인에 대해 진정성 있는 관심이 없다. 따라서 이들은 자신의 행동이 상대방에게 어떤 영향을 끼칠지, 상황에 적절한지에 대한 관심이 없다.

이 유형은 누군가 자신이 틀렸다고 하면 무섭게 화를 내면서 공격하고 어떤 방식으로든 복수를 하려고 한다. 이들의 관심은 오로지 자기가 만들어놓은 이상적인 자기 이미지를 고수하는 데 있다. 이들은 자기를 칭송하는 사람들과 관계를 맺거나 자기가 숭상할 수 있는 대상을 만들어놓고 이상화하다가 조그만 결점이라도 발견하면 단번에 관계를 끊고 또 다른 대상을 찾아 헤맨다. 또 사랑을 추구하지만, 자기애적인 정치인들 같은 경우에는 권력, 즉 힘을 추구한다. 이 유형은 종교를 믿어도 자기를 신적 위치에 놓으려 하므로 소수취향 집단에 속하거나 집단의 우두머리가 되려 한다. 이들과 관계를 맺다 보면 어느 사이에 그들을 칭송해야만 하는 처지에 있게 되다가 서서히 자기를 상실해간다. 이들은 자신의 문제를 전혀 깨닫지 못하고 왜 사람들이 자기를 그렇게 보는지 궁금해한다. 자기애적인 내담자들이 매우 힘들어하는 이유도 이들의 현실 자각 능력이 낮고, 자기를 인정하는 힘이 적기 때문이다.

물질 관련 및 중독장애로 분류되는 알코올 중독에서 서로 의존하는 유형을 공동의존이라 부른다. 공동의존도 크게 두 가지로 나눌 수 있다. 알코올 등 물질중독증을 앓고 있는 남편은 술을 마시면서 자기 상실감으로부터 통제감을 느끼고, 아내는 그런 남편을 술을 먹지 못하게 통제하면서 통제감을 느끼는 경우이다. 그 외에도 술이 아니고 잔소리로 상대방을 통제하면서 상대방이 나에게 의존하게 만들거나, 상대방을 완벽하게 돌보면서 통제감을 느끼는 예도 있다.

상호의존적인 부부의 경우 완벽하게 콩알과 같이 붙어 상황은 없고 둘만 존재하는 유형도 있다. 이들은 서로를 이상화하지만, 유아적 분리불안이 높은 사람들로, 자신의 삶을 살기보다 상대방을 통제하면서 자기를 잃지 않았다고 착각한다. 때로 이들은 행복해 보이지만 세상과 타인에 대해 불안과 두려움이 가득 찬 사람들이다. 이들 중 한 사람은 의존하고, 한 사람은 통제하면서 하나가 된 경우에 완벽하게 통제를 당한 배우자는 심각한 정신증적 병에 걸릴 수 있다. 또 이러한 부부의 자녀들은 부모와 연결되지 못하기 때문에 외로움을 느끼고, 형제들끼리 뭉치거나 아니면 아예 모래알 같은 가족이 되기도 한다. 또 다른 유형은 폭력적 부부와 알코올 등에 중독된 부부들과 같이 서로 갈등 관계에 있으면서도 헤어지지 못하는 경우이다. 이들 역시 한 사람은 가해자 역할, 한 사람은 피해자 역할을 하거나, 한 사람은 충동적으로 행동하고, 다른 한 사람은 이 사람의 충동성을 통제하려는 통제 욕구에 매여있다. 이들은 내면에 있는 부정적인 가짜 자기를 상대방에 투사하고 서로를 통제하려고 한다. 각자 진짜 자기와 만나기보다는 상대방의 가짜 자기를 고치려 하는 것이다. 또 알코올, 도박 등에 중독된 사람은 죽어있는 내면의 자기를 흥분시키기 위해서 더욱 중독되고, 다른 한 사람은 이런 사람을 쫓아다니면서 흥분이 되어 삶의 에너지를 부정적으로나마 느끼려 한다.

위에서 설명한 비일치적인 대처방식을 사용하는 사람들은 한 가지 대처방식만 주로 사용하기도 하지만 여러 가지 방식을 섞어서 사용하기도 한다. 예를 들어, 아내가 일만 하는 남편에게 "가족에게 관심을 좀 가져달라"고 부탁하자, 남편은 "내가 얼마나 가족 때문에 힘들게 사는 줄 아느냐, 내 마음은 가족에 대한 사랑으로 가득 차 있다"며 아주 슬픈 표정을 지으면서 말하다가, 갑자기 "내가 이렇게 힘든 것은 다 가족들과 당신 때문이야"라고 말하는 경우를 보자. 비록 마음은 가족에 대해 신경을 쓰고, 가족들이 원하는 것을 다 해주려고 애쓴다고 하지만, 사실 가족에 대한 사랑과 헌신하기보다 가족을 지겹게 여기고 있고, 자신은 피해자라고 느낀다. 그리고 집에 오면 매일 지쳤다고 잠만 자고 자기가 힘든 것이 아내 때문이라고 푸념한다. 이 남편의 경우 자신은 아내의 비위를 맞추면서 회유한다고 생각하지만, 실제로 드러나는 대처방식은 비난형이다. 다른 예로, 아내는 소비가 너무 많고 미래에 대한 경제적 대비를 전혀 하지 않는 부적절형의 남편을 향해 끊임없이 절제할 것을 요구하면서 비난하지만, 남편을 자신이 끝까지 돌보아야 한다는 책임감을 느껴 남편의 미래를 위해 뼈가 빠지게 돈을 벌면서 살아가고 있다. 또는 어떤 아내는 남편이 늘 자기를 의심하여 너무 힘들다고 하면서 항상 남편 눈치를 보고 제대로 숨도 못 쉬며 말없이 살기 때문에 남편을 회유하는 것처럼 보이지만, 내면 깊은 곳에서는 결혼 초부터 남편을 무시하고 비난하면서 애들이 출가하면 곧 이혼할 결심을 하고 살고 있다.

3) 대처방식의 활용

사티어는 치료사들이 각각의 유형을 가진 내담자들에게 어떻게 효과적으로 접근할 수 있는지에 대한 지침으로 대처방식을 제안하였다. 내담자의 행동방식을 보면 그 내담자의 내면을 파악할 수 있고, 그 내담자와 어떻게 접촉할 수 있는지에 대해 알 수 있기 때문이다. 회유형의 내담자는 먼저 감정 부분에서 접촉하고 난 다음에 빙산의 다른 부분을 다루면 효과적이지만, 비난형은 충족시키지 못한 기대, 초이성형은 지각체계 부분에서 각각 접촉을 시도하면 좋다. 부적절형(산만형, 회피형, 철회형)과 접촉하는 것이 가장 어려운데, 이 경우에는 상황을 먼저 다루고 내면으로 들어가는 것이 효과적이다. 이렇게 내담자의 유형을 정확히 파악하여 효과적으로 접근하는 것도 치료의 중요한 요소이다.

치료사는 대처방식을 변화시키는 과정에서 다른 방향으로 지나치게 빗나가는 경우 또한 유의해야 한다. 예를 들면, 비난하던 남편과 살던 회유형 아내가 내면의 힘을 얻게 되면 비난형이 되어버리는 경우도 있다. 초이성형이 자신의 논리적 틀을 깨고 나면 산만해지는 경향을 보인다든가, 비난형이 회유형이 되면서 비굴하게 되는 예도 있다. 치료사가 치료과정에서 이런 태도가 발생할 수 있다는 점을 내담자에게 미리 이야기하고 일치적인 것이 무엇인지를 우선 소개하는 것도 한 방법이 될 수 있다.

4) 대처방식과 심리적 성숙도

대처방식은 방어기제와 마찬가지로 심리적 수준이 낮을수록 더 강력하게 사용하게 된다. 사티어가

관계유형을 4가지로 분류하여 설명한 것은 내담자를 진단하거나 치료할 때 치료적으로 유용하게 사용하기 위함이다. 심리적 수준은 심리적 성숙도의 수준이라고도 할 수 있다. 물론 사티어는 치료사가 내담자를 만날 때 마치 의사와 같이 진단하기를 바라지 않았지만, 치료사들이 내담자를 제대로 이해하기 위해서는 내담자들의 심리적 수준을 파악해야 하며, 따라서 내담자의 심리적 성숙도에 대한 이해가 필요하다.

심리적 성숙도는 기질, 능력, 그리고 환경의 영향을 받아 형성된다. 따라서 같은 생존방식을 사용하더라도 사람의 성숙도에 따라 그 강도가 달라진다. 즉, 같은 비난형의 대처방식을 사용하더라도 심리적 성숙도에 따라 대처방식의 수준은 다르다. 그 수준을 분류해보면, ① 정상범위의 심리적 성숙도를 가졌지만 상황에 따라 비일치적 대처방식을 사용하는 사람, ② 정상적으로 기능하는 부분과 역기능적인 대처방식을 사용하는 부분의 수준과 양이 비슷한 사람, ③ 정상적으로 기능하는 부분이 적고 상황에 매우 심각한 수준으로 대처하는 사람, ④ 현실을 왜곡하는 망상 등이 있어 변화가 쉽지 않은 정신증적 수준의 사람으로 나눌 수 있다. 심리적 성숙도가 ③ 정도 되는 사람들은 상황에 예민하게 반응하기 때문에 어느 시기에 스트레스가 가해지면 발화될 수 있다. 따라서 가족체계가 역기능적이거나 혹은 증상을 지닌 가족구성원이 있다면 가족치료가 필요하다. 따라서 가족체계의 정상화를 위해 가족치료가 필요하다. 그러나 ④의 정신증적 수준의 사람은 가족치료 혹은 사람치료를 받으면서 동시에 약물을 포함한 정신과적 치료를 받아야 할 때도 있다.

특히 부부 중 한 사람이라도 심리적 성숙도가 매우 낮으면 부부관계 혹은 자녀까지 포함한 가족체계의 기능이 약화할 수 있다. 이들의 치료 기간은 일반적으로 길어지기 때문에, 때로는 심각한 배우자를 먼저 상담하고 어느 정도 사람의 문제를 해결한 다음, 부부상담 혹은 가족치료를 진행하는 것이 효과적일 수 있다. 하지만 부부 혹은 가족이 가족치료를 통해서 상호작용을 변화시키고 자존감을 높여주게 되면 가족 기능이 회복되어 건강한 가족체계를 형성하는 좋은 결과를 얻을 수 있다. 한편 가족 모두가 치료사에게 가족구성원 중 한 사람을 문제가 있다고 확신시키려 할 때는 체계적 관점에서 가족이 주장하는 것이 맞는지 확인해야 한다. 한 예로, 가족구성원 모두 아버지를 정신증적인 문제가 있는 환자로 지목하였다. 그러나 내담자를 관찰하고, 가족지도 분석을 통한 가족 역동을 살펴보았을 때, 분명 아버지는 지극히 정상이었다. 자녀들은 아버지에 대한 어머니의 부정적인 태도와 상호작용을 내면화하여 아버지를 총공격하였다. 자녀들의 이런 공격에 화를 내는 아버지를 충동조절장애나 정신증적 문제가 있다고 단정 내리기 보다 이를 입증하기 위한 전문가의 소견이 필요했다. 이럴 때도 겉으로 보이는 가족체계 혹은 문제만 볼 것이 아니라 각 구성원의 열망을 찾아 연결하고 의사소통 방식을 바꿔주면 강력한 부정적 에너지를 가라앉힐 수 있다. 실제로 가족구성원이 정신증적 증상을 지닌 예도 있고, 가족 역동으로 인해 구성원이 희생양이 되는 예도 있으므로, 이러한 차이점을 잘 살펴 적절한 치료적 태도를 보여야 한다.

4장
사티어 경험주의 가족치료의 변화과정
The Process of Transformational Change

1. 사티어 모델의 가족체계 변화과정

가족은 유기체로 내부와 외부의 변화에 따라 항상성이 깨지고, 혼란을 경험하고, 다시 새로운 상태의 항상성을 이룬다. 기능적 가족체계는 이러한 과정을 거치면서 새로운 균형과 조화를 이루면서 성장하지만 그렇지 못한 역기능적 가족체계는 과거의 안정적 상태로 되돌아가려 한다. 이러한 변화과정은 아래의 단계를 거친다.

1) 변화과정의 단계

(1) 항상성 상태

가족체계의 항상성homeostasis은 가족구성원의 상호작용이 예측 가능할 때 유지된다. 한 예로 아버지가 어머니에게 자녀교육을 맡기고, 어머니는 자녀를 교육하며, 자녀는 어머니로부터의 가르침을 받아들인다. 이러한 상호작용 방식이 반복되면 규칙이 생기고, 가족체계의 항상성이 유지된다. 자녀가 사춘기가 되어 부모에게 반발하면서 가족체계가 불안해지면 기능적인 가족은 유연하게 규칙, 역할, 상호작용을 적절하게 변화시킨다. 그러나 역기능 가족의 구성원은 불안과 두려움을 느끼기 때문에 가족체계를 유지하기 위해 더욱더 체계를 강화하려 한다. 이러한 과정을 다음 사례를 통해서 살펴보자.

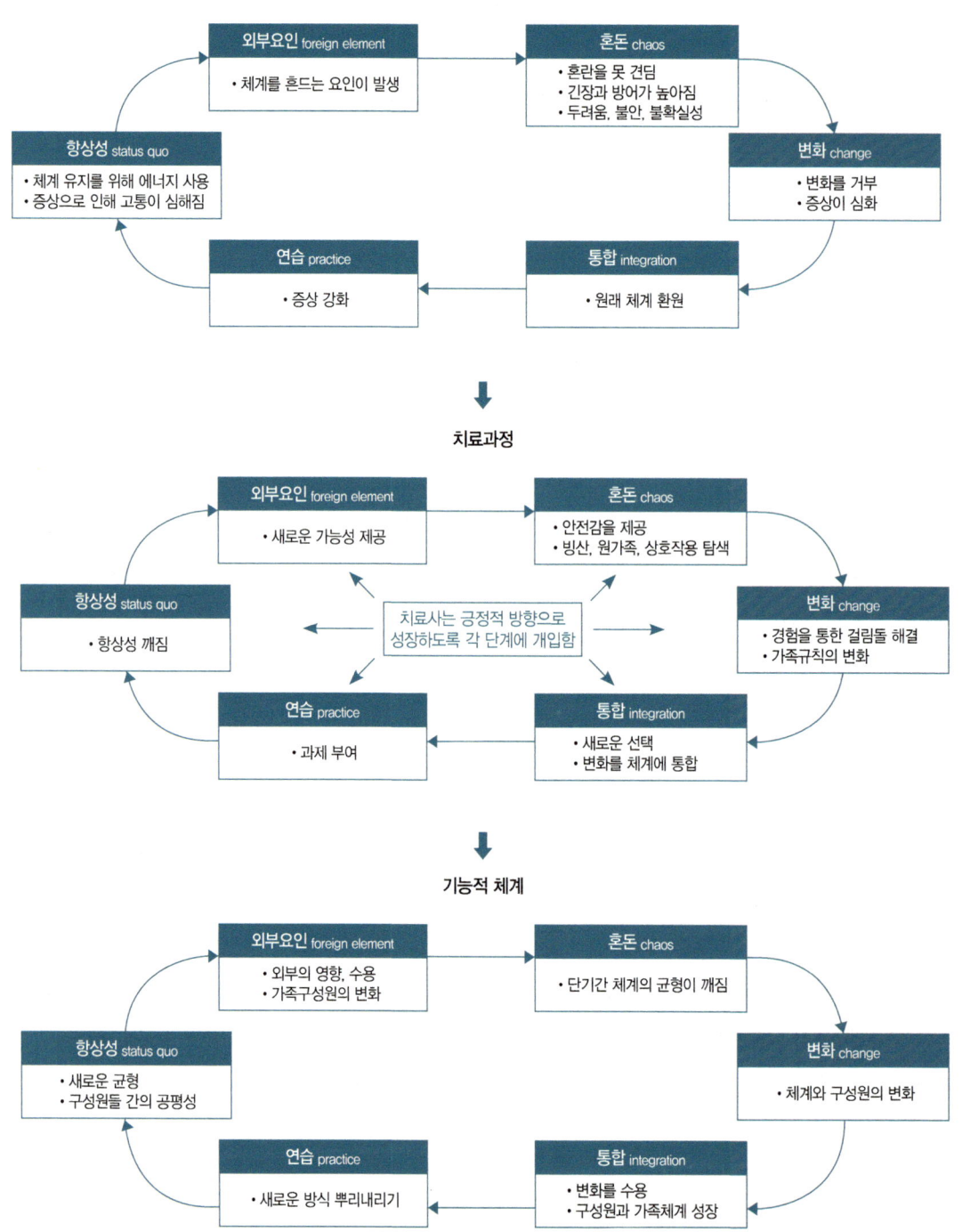

이 씨는 유명한 과학자이다. 어린 시절 이 씨는 문제를 일으키는 아이는 아니었다. 그러나 에너지가 별로 없고, 우울하였다. 그의 집안은 가난하였다. 그래서 유약한 형은 제대로 된 치료조차 받지 못하고 일찍 세상을 떠났다. 그의 부모는 큰아들을 잃은 후 자녀들을 과보호하기 시작했는데, 특히 외아들이 된 이 씨를 과보호하였으나 통제적이기도 하였다. 이 씨의 아내 역시 어려서부터 몸이 허약하여 부모의 사랑과 관심을 가장 많이 받고 자랐다.

이 씨 부부는 부모에게 순종적인 모범생이었으며 공부를 잘했다는 공통점이 있다. 다른 점이 있다면, 이 씨는 아버지의 통제가 심하였던 탓에 어른이 된 지금도 부모의 말에 무조건 순종적이어서 자기표현을 잘못하고, 항상 주눅이 들어있다는 것이다. 이 씨의 부모는 이런 아들이 믿음직스럽지 못해 계속 경제적 도움을 주면서 잔소리를 늘어놓곤 했다. 반면 이 씨의 아내는 부모로부터 많은 사랑을 받으며 자랐고, 그로 인해 자신의 감정을 서슴지 않고 표현하였다. 심지어는 시부모에게도 거리낌 없이 자기표현을 하였는데, 이 씨의 부모는 자신들을 스스럼없이 대하는 며느리가 오히려 편했고, 가끔은 어리숙한 아들에 대해 며느리와 함께 흉을 보기까지 했다.

이 씨에게는 아들과 딸이 있었는데, 이 씨의 아버지는 이 씨에게 그랬던 것처럼 손자에게 집착하기 시작했다. 이 씨의 아버지는 손자에게 매일 학업계획표를 짜주고 꼬박꼬박 전화를 걸어 계획에 따라 공부했는지 확인하곤 하였다. 이 씨의 아버지는 손자의 학업뿐만 아니라 일거수일투족을 참견하기 시작했고, 아이는 점차 산만해지고 신경질적인 반응을 보이더니, 결국 주의력결핍과잉행동장애라는 진단을 받게 되었다. 이 씨의 아내는 아들의 병을 고치기 위해 백방으로 뛰어다녔고, 그로 인해 딸이나 이 씨를 돌볼 마음의 여유가 없었다.

그러는 중에도 이 씨의 아들, 즉 손주는 할아버지의 요구에 부응하고자 노력하였는데, 노력하면 할수록 더욱 산만해져 갔다. 이 씨의 아들은 할아버지로부터 받은 스트레스를 여동생에게 풀었고, 화를 낸 다음에는 그로 인한 죄책감에 힘들어했다. 어린 여동생은 이런 오빠가 두렵기도 하고 불쌍하기도 했고, 오빠 때문에 동분서주하며 괴로워하는 어머니 역시 불쌍해 보였다. 또 늘 우울해하는 아버지를 걱정하고, 조부모의 눈치까지 보느라 조마조마하게 살았다. 이 씨의 딸은 이들 모두를 만족시키는 가장 좋은 방법은 성적을 올리는 것뿐이라 생각하고 상담에 와서도 영어단어를 쉬지 않고 외고 있었다. 그리고 아기같이 아주 작은 목소리로 말을 했다. 그러던 어느 날 이 씨의 딸은 갑자기 머리를 움직일 수 없는 두통을 앓게 되면서 공부를 전혀 할 수 없는 상태에 이르게 되었다. 신체적 증상의 원인을 의사는 찾을 수 없었다.

(2) 외부 요인의 도입

가족치료를 원하는 가족들은 다양한 경로를 통해 치료사를 찾아온다. 정신과 의사, 학교 선생님, 친척이나 가까운 지인, 같은 분야의 치료사, 또는 종교지도자가 추천하기도 한다. 어떤 경우에는 정신과 치료를 받는 것에 대한 거부감으로 인해 가족치료를 받으러 오기도 한다. 어떠한 경로로 오게 되었든지 가족은 스스로 자신들의 문제를 해결할 수 없다고 느끼거나 혹은 갑작스러운 발병, 사건, 갈등, 죽음과 같은 충격적인 사건으로 인해 현실 적응 능력이 현저히 떨어져 도저히 가족이 유지되지 못할 것 같을 때 치료사를 찾아온다.

첫 단계에서 치료사는 가족에게 안전감을 제공하면서 모든 가족구성원과 신뢰 관계를 형성해야 한다. 가족구성원과 신뢰 관계가 형성된 다음에 치료사는 체계적 관점에서 각 구성원의 심리 내면 탐색, 상호작용 패턴 확인, 원가족의 영향을 탐색하면서 개입을 시도한다. 이때 ① 치료사는 가족체계 안에 어떤 역동 변화가 일어나는지 면밀하게 탐색하고, 가족체계에 합류하는 동시에 적절한 거리를 두어 객관적인 위치에서 가족의 변화를 이끌어야 한다. 특히 ② 치료사는 내담자 가족의 역기능 대처방식을 비판하기보다 가족의 잠재적 능력에 근거하여 긍정적 방향으로 변화를 유도해야 한다. 또 ③ 치료사는 각 구성원의 변화 속도가 다르다는 사실을 염두에 두어야 한다. 또 가족체계의 변화 속도 역시 다르다는 사실을 고려해야 한다.

> 우선 치료사는 불안한 가족을 진정시킨다. 그리고 가족에게 변화의 가능성을 보게 하면서 신뢰 관계를 형성한다. 그리고 각 구성원의 심리 내면과 상호작용, 원가족을 탐색하면서 가족체계를 진단한다. 이때 할아버지의 불안과 통제 욕구, 할아버지와 할머니의 심각한 지배-복종 관계, 할아버지의 아들과 손자에 대한 통제, 시부모와 이 씨 아내와의 엉킴, 아들과 딸의 갈등 및 의존적 관계, 가족의 기대를 충족시키려 애쓰는 딸의 스트레스, 어머니와 아들의 밀착으로 인한 과잉 엉킴enmeshed 관계 등을 파악한다. 또 시부모와 며느리가 강력한 하위체계를 이루면서 아들이 소외되고, 시부와 며느리가 하위체계를 이루면서 이 가족체계의 중심적인 기능을 하고 있다는 것도 파악해야 한다.

(3) 혼돈

치료사의 개입으로 가족체계가 흔들리면서 구성원은 과거에 굳게 믿었던 많은 것이 틀렸을지도 모른다는 혼란과 두려움을 느끼며 불안에 빠지게 된다. 그러면서도 구성원 중 누군가가 변화하기 시작한다. 구성원 중의 한 사람 혹은 그 이상의 사람이 변화를 보이고 가족체계가 변화할 지점에 도달하게 되면, 구성원 중 몇몇 또는 힘의 정점에 있던 구성원에 의해 치료과정이 방해받거나 치료 자체가 거부되기도 한다. 이들은 지금껏 살아온 방식을 모두 포기해야 할지도 모른다는 불안과 두려움을 느끼기 시작하면서 이전의 상태로 되돌아가고자 하는 욕구를 강하게 느끼기 때문이다. 가족이 겪고 있는 혼란이 지나치게 과할 경우에는 변화에 대한 의지를 충분히 지지해주는 시간을 갖도록 한다. 그런 상황일수록 치료사는 구성원들을 지지하면서 변화에 대한 두려움을 느끼는 것이 성장과정의 일부라는 것을 알려주어야 한다. 치료사가 가족이 경험하는 혼란에 적절히 대응하지 못하면 치료과정이 원활하게 진행되기 힘들다. 그러나 이러한 혼란에도 불구하고 가족은 새로운 희망을 보게 되고, 서서히 열린 체계로 변화하려는 준비가 시작된다. 이러한 희망은 가족이 새로운 것을 경험할수록 점차 커지게 된다.

> 이 씨 가족은 자신들의 가족체계가 역기능적이었다는 사실을 깨닫자 매우 혼란스러워졌다. 이 씨는 지금까지 아버지의 통제를 관심과 사랑이라 여기며 아버지의 모든 요구에 부응하였는데, 자신을 향한 아버지의 관심과 사랑이 일종의 집착이었으며, 아들의 문제가 아버지로부터 비롯되었다는 것, 아버지로서 아들에 대한 할아버지의 통제를 막아주지 못했다는 사실을 깨닫게 되었다. 또 손자는 할아버지의 기대가 끝도 없다는 사실을 알면서도 저항하지 못했다는 것, 그렇게 하는 것이 옳은 것은 아니었다는 것을 깨닫게 되었다. 더불어 아내는 자신의 원가족 안에서 배운 대처방식대로 시부모에게 인정받으려 했다는 것, 시부모에게 인정을 받으면서 시부모와 함께 남편을 지배하려 했다는 것, 이런 가족 역동 때문에 아들은 산만해지고 딸은 혼란에 빠지게 되었다는 것, 남편은 아내의 관심 대상에서 빠져있었다는 것, 딸은 오빠를 두려워하면서도 동시에 오빠를 싫어하는 것에 대한 죄책감에 사로잡혀있었다는 것, 입시에 대한 불안과 부모의 높은 기대로 인해 딸이 수면장애와 두통을 앓게 되었다는 것 등 그동안 역기능적으로 유지되고 있었던 가족의 현실에 대해 자각하기 시작하였다. 그러자 이 씨는 지금까지 살아온 삶의 방식이 모두 틀렸던 것 같아 우울해지고, 더욱 혼란에 빠지게 되었다. 가족체계가 조금씩 바뀌기 시작하자 이 씨의 아버지는 점차 불안해졌다. 더 놀라운 것은 자녀에게 허용적인 이 씨의 어머니가 변하기 시작했다는 점이다. 이 씨의 아버지가 가족의 달라진 태도에 매우 당황스러워하자, 이 씨의 어머니가 남편을 대신해 가족을 통제하거나 회유하기 시작했다. 이런 부적절한 변화에도 불구하고 이 씨 가족은 조금씩 달라지기 시작하였다.

(4) 변화

가족체계의 항상성이 깨지기 시작하면 더 큰 변화와 그에 따른 혼란이 발생한다. 이 시점에서 치료사는 각 구성원의 내면, 구성원들 간의 상호작용, 원가족 영향, 발달과정에 따르는 과업, 특정 시점에 있었던 외부 사건의 영향 등을 적극적으로 탐색하여 구성원과 가족체계가 변화될 수 있게 한다. 구성원은 이러한 변화가 진행되면서 내면의 에너지가 긍정적 힘으로 변화되는 것을 경험하게 된다.

이 경험은 머리나 가슴에 시원한 바람이 부는 것 같은 느낌 또는 경직되었던 몸이 풀어지면서 느껴지는 따뜻하고 편안한 느낌과도 같다. 더불어 가족체계의 변화와 함께 구성원 간의 다툼과 그로 인한 긴장이 감소하게 되고 비로소 진지한 대화를 시작한다.

우선 이 씨 가족에게 변화에 대한 희망과 믿음을 제공하는 것이 중요하다. 즉 치료사는 과거의 방식에 매이기보다 앞으로 시도하게 될 변화에 초점을 맞추게 해야 한다. 또 이 씨 가족이 지금까지 살아온 방식을 전부 부정하는 대신, 이들이 최선을 다했다는 것을 인정해주고, 본인들 또한 그 사실을 내면 깊이 인정하도록 도와야 한다. 이렇게 할 때 구성원이 서로를 용서하고 수용한다.

치료는 다음과 같은 방법으로 진행되었다. 우선 가족지도를 작성하고, 진단과 치료계획을 세운 뒤 각 구성원과 접촉을 하고 호소문제를 듣고, 상호작용 패턴을 확인한 다음에 가족을 조각하였다. 특히 과거와 현재, 과잉 엉킴 관계, 감정과 행동, 사랑과 불안, 돌봄과 통제 등을 다루면서 경험적으로 분리한다.

이 씨의 아버지는 손자들을 걱정하고 돌보려 했던 마음이 자신이 어린 시절 경험했던 불안과 깊이 연관되어 있다는 것을 깨닫게 되면서 손자들에 대한 기대를 내려놓게 되었다. 또 이 씨와 이 씨의 아버지가 마음과 감정을 정직하게 표현하기 시작하면서 이 씨의 아버지는 그동안 자신에게 순종만 하던 아들의 마음을 알게 되었다. 사실 아들이 순종하는 것 같았지만 늘 자신을 어려워한다는 것을 알고는 있었다. 이 씨의 아내도 시부모에게 잘했던 것이 어린 시절 부모의 인정을 받고자 노력했던 모습의 연장이었다는 것을 깨닫게 되었다. 이제 부모와 시부모에게 인정받으려던 기대를 내려놓게 되자 남편 옆으로 돌아가고 싶다는 마음이 생겼는데, 남편의 옆자리가 자신에게는 가장 편한 자리였다는 것을 새삼 깨닫게 되었다. 조부모와 부모의 변화과정을 지켜보던 자녀들은 이제 조부모와 부모를 걱정하지 않게 되었다. 이 씨의 아들은 할아버지의 걱정과 잔소리를 여전히 듣기 힘들어했지만, 할아버지 자신의 불안과 손자에 대한 진심 어린 사랑이 담겨있음을 깨닫게 되면서 마음이 편안해졌고, 할아버지를 마음으로 수용할 수 있게 되었다. 이제 할아버지가 자신을 통제하려 할 때는 이를 재치 있게 넘기는 유연성을 갖게 되었다. 이 씨의 딸은 끊임없이 이어지는 가족의 긴장과 불안을 해결하지 못하는 자신을 부족하다 느꼈으며, 자신으로 인해 상대적으로 오빠가 비교당할까 불안해하였다. 이런 내적 갈등 때문에 머리가 복잡해지고 몸과 마음은 무기력해지면서 자신이 정말 하고 싶은 것이 무엇인지 몰라 혼란스러웠다. 그러나 이제는 점차 자신을 찾기 시작하면서 표정이 한층 밝아지게 되었다.

(5) 새로운 선택과 통합

가족이 변화를 경험하고 나면 변화가 점차 뿌리내리기 시작한다. 여전히 두려움과 불안이 남아있다

하더라도 이제는 조심스럽게 새로운 선택을 할 수 있게 된다. 때로는 새로운 선택이 안겨주는 불안 때문에 이전의 상태로 되돌아가고자 하는 충동을 느낄 수 있다. 하지만 새로운 선택은 이전에 경험해보지 못했던 흥분과 기쁨 그리고 충만함을 느끼게 한다. 무엇보다 자신이 해냈다는 경험은 자존감 상승에 큰 몫을 하게 된다. 이런 과정에서 새로운 선택과 경험은 자신의 일부가 된다. 이렇게 자신의 내면의 힘이 점차 커지게 되면서 자기 안에 잠재되어 있던 자원들을 더 잘 활용할 수 있게 된다.

이즈음 새로운 대처방식, 자기 이미지, 희망, 자각 등 여러 측면에서 동시다발적으로 변화가 일어난다. 이 단계에서는 구성원이 현재 자신의 경험을 자각하고 수용하면서 변화를 뿌리내리게 도와야 한다. 미래에 자기, 타인, 상황의 일치적 관계를 상상하면서 변화를 뿌리내리게 한다. 이렇게 새로운 변화가 개인과 체계에 통합되면서 점차 새로운 항상성과 체계를 형성하기 시작한다. 구성원들 모두 자신의 내면에 대한 자각이 수월해지고, 대처방식이 일치적이 되며, 자신에 대해 책임감이 커지게 된다. 그리고 각 구성원과 가족체계가 차츰 개방적으로 변화되면서 새로운 것에 대한 두려움이 줄어들게 된다.

> 이 단계에서 이 씨 가족은 자신들의 의사소통 방식에 문제가 있다는 것을 발견하고 서로의 마음을 솔직하게 표현하기로 결단하였다. 부모의 기대에 부응하고자 순종했던 딸이 자신의 마음을 분명하게 표현하기 시작하였다. 또 이 씨와 그의 아내도 새로운 관계를 맺기 시작하였다. 자신이 남편의 비위를 맞추면서 살아왔다고 믿었던 이 씨의 아내는 오히려 자신이 남편을 무시해왔다는 사실을 깨닫고 남편을 존중하고자 노력하였다. 남편과 가까워지자 자녀에게 쏟던 에너지가 줄어들면서 자녀들에 대한 고민도 큰 걱정거리가 되지 않게 되었다. 이 씨의 아내와 자녀들 사이의 경계선이 명확해졌으며, 이 씨는 자녀들과 좀 더 친밀한 시간을 갖기 위해 노력하게 되었다. 이 씨의 아들도 아직은 불안이 조금 남아있지만, 과거와 비교하면 마음이 훨씬 편해졌다. 이 씨의 아버지는 아들네 가족이 안정되어 가자 과도하게 나서거나 통제하려 하지 않게 되었고, 이 씨나 이 씨의 아들도 자신의 의견을 솔직하게 말할 수 있게 되었다. 이 씨의 아버지는 여전히 일치적이지 못한 태도를 보였지만, 여든이 가까운 할아버지가 바뀔 것을 요구하기보다는 자녀들이 할아버지를 융통성 있게 받아들이기로 마음먹었다. 이제는 식구들이 할아버지의 전화를 받고 난 후, 다른 식구들에게 짜증 내는 일은 없어졌다.

(6) 연습

구성원은 가족체계가 변했다는 것을 느껴도 익숙한 과거의 습관을 쫓아 이전 상태로 되돌아가려는 경향이 있기 때문에 충분히 변화를 연습할 필요가 있다. 때로는 습관적으로 과거의 언행이 튀어나오기도 한다. 이는 습관적으로 원래의 가족체계로 돌아가려는 무의식적 반응이기도 하다. 치료사는 변화를 뿌리내리기 위한 과제를 부여하여 치료과정에서 경험했던 것을 연습할 수 있게 해야 한다. 이때 과제는 내담자가 행동에 옮길 수 있도록 구체적이어야 하며, 또한 상황에 적절해야 한다. 과제는 내담자의 능력과 동기에 따라 다음 회기가 시작될 때까지 계속 주어져야 한다. 회기를 시작할 때 한 주 동안 주어진 과제를 어떻게 이행했는지 점검하면서 시작한다. 만일 과제를 이행하지 않았다면 그 문제를 가지고 회기를 진행할 수도 있다.

> 치료사는 이 씨 가족의 변화가 자리 잡힐 수 있도록 구성원들에게 다양한 과제를 제시하였다. 부부체계를 강화하기 위해 처음으로 부부만의 여행을 다녀올 것을 제안하였으며, 그 사이 아들과 딸은 자신의 할 일을 스스로 하며 지내기로 하였다. 그동안 과잉보호 속에 자라왔던 탓에 부모 없이 일주일을 지내야 하는 과제가 남매에게 그리 쉬운 일은 아니었다. 더불어 항상 갈등 관계에 있던 남매에게 함께 식사 준비와 청소를 하고, 타협을 통해 역할분담을 하게 하였다. 이 과정을 통해 갈등 해결방법을 익히고 남매체계를 강화했다. 또 할아버지가 전화하기 전에 남매가 먼저 이틀에 한 번씩 안부 전화를 걸게 하였다. 이때 할아버지, 할머니에게 손주들이 지나치게 시간을 할애한다고 느껴 걱정할 경우, 전화 횟수를 줄일 것을 지시했다. 또 구성원들이 계속 일치적 대화를 하도록 연습을 권유하였으며, 자신의 내면을 파악할 수 있도록 빙산 일기를 쓰게 하였다.

(7) 새로운 항상성 상태

이제 변화가 자리 잡게 되고, 구성원과 체계가 새로운 상태에 적응하게 되었다. 이러한 변화가 낯설지 않고 오히려 익숙해진다. 또 각 구성원의 개체성이 명확해지고, 자존감이 높아지며, 자율적이면서도 긍정적인 상호작용을 하게 된다. 가족체계도 새로운 항상성을 형성하면서 안정을 이루게 된다. 매 순간의 변화과정이 모여 회기의 변화를 만들어내고, 회기의 변화과정이 모여 치료 전 과정을 통한 변화를 이루어낸다. 변화 과정은 가족체계에 뿌리내리고 변화가 유지된다. 그러나 또다시 변화가 요구되면, 가족체계는 위의 과정을 반복하면서 변화 과정이 다시 시작된다.

2. 치료과정에 대한 이해

1) 치료수준에 대한 이해

사티어는 사람들이 일치성을 향해 나아갈 때 일련의 단계가 있다는 것을 발견하였다. 첫 단계는 감정, 기대, 지각, 열망을 자각하고 수용하는 일차 수준의 변화이고, 두 번째 단계는 점차 감정, 기대, 지각, 열망, 그리고 자기(중심-나)를 만나서 통합하는 이차 수준의 변화이다. 세 번째 단계는 개체적 자기self가 우주적 자기까지 확대되는 삼차 수준의 변화이다.[1] 삼차 수준은 개체적 자기self와 영성 자기가 만나 자기self가 확장되는 변화이다. 그러나 변화를 경험했다고 해서 즉각적으로 일치성을 이루는 것은 아니다. 일치성은 자기(중심-나)와 만나는 끝없는 경험의 합으로 이루어지기 때문이다.[2]

2) 치료과정의 전체 단계

(1) 치료사는 치료에 앞서 자신의 신체적·심리적 상태가 일치적이 되도록 노력해야 한다

치료사가 내담자와 만난다는 것은 내담자의 삶으로 들어가는 성스러운 경험이다. 따라서 치료사는 치료에 앞서 자신과 내담자가 현재 그리고 서로에게 집중할 수 있도록 몸과 마음이 일치적 상태에 있어야 한다.

(2) 내담자와 접촉을 시도해야 한다

내담자와의 접촉이 잘 이루어지면 치료 효과가 높아져 치료 횟수를 줄일 수 있으며, 내담자의 시간과 경비도 그만큼 절약된다. 치료사와 내담자 간의 접촉은 치료의 전 과정에 걸쳐 유지되어야 한다.

(3) 내담자와 접촉하여 라포를 형성해야 한다

내담자와 처음으로 만난 경우 바로 문제를 다루는 과정으로 들어가기보다 치료사와 내담자가 경계를 풀고 편안한 분위기가 형성되어야 한다. 처음 만난 경우가 아니라도 치료에 적합한 환경이 조성될 때까지 치료사는 내담자와 접촉을 유지하기 위해 노력한다. 치료사는 자신이 대면하고 있는 내담자가 위협이나 고통 또는 두려움을 느끼고 있는 사람이라는 사실을 잊지 말아야 한다.

---

[1] *Satir Model*, p. 67.
[2] Ibid., p. 120.

(4) 내담자의 언어적·비언어적 행동에 집중해야 한다

치료사는 치료과정 내내 자신의 내면에서 경험하는 것을 자각해야 한다. 또 내담자와 빠르고 깊은 접촉을 위해 내담자의 사회문화적 배경에 어울리는 태도, 언어적·비언어적 표현에 집중한다. 이 과정에서 드러나는 내담자 표현의 불일치는 내담자에 관한 많은 정보를 제공해준다. 사티어는 "나는 (내담자가) 자기를 표현하는 비언어적 메시지를 철저하게 관찰합니다. 가벼운 최면상태에서 그 사람의 내면 깊숙한 본성과 직관적으로 만납니다. 그리고 접촉하는 동안 상대방의 피드백을 살핍니다. 이러한 접촉을 통해 짧은 시간 내에 그 사람의 자존감을 상승시킬 수 있는 깊은 존중과 인정의 수준에 이르는 것을 느낍니다"라고 말했다.[3]

(5) 내담자의 대처방식을 확인해야 한다

내담자의 대처방식을 파악하면 내담자와 빠르고 깊게 접촉할 수 있다. 내담자 혹은 내담자의 가족이 치료실로 들어올 때의 태도, 걸음걸이, 앉을 자리를 찾는 모습, 선택한 자리의 위치, 목소리 등을 통해서 그들의 대처방식을 짐작할 수 있다.

① 회유형의 내담자는 목소리가 작고, 부드러우며, 징징대거나, 지나치게 눈물을 흘리기도 하고, 치료사의 눈치를 보며 자리에 앉는 등의 모습을 보인다. 이런 내담자와는 먼저 내면의 감정 차원으로 들어가는 것이 효과적이다. 그러나 만약 치료사 역시 회유형이면 두 사람이 서로를 회유하고, 필요 이상으로 감정에 매달려 치료의 속도가 더뎌질 수 있다.

② 비난형의 내담자는 상대방이 자신의 기대를 채워주어야 한다고 믿기 때문에 자신의 마음에 들지 않으면 치료사에게도 화를 낸다. 이들이 실망한 것이 무엇인지 탐색하고, 그 기대를 채울 수 있는 다른 방식을 찾는다. 이들은 통제 욕구가 강하기 때문에 치료적 과정이나 종료에 대해서도 자기 마음대로 결정하려 한다. 따라서 치료사는 이 유형의 내담자와는 치료계획을 세울 때나 치료를 종료할 때 반드시 치료사와 의논할 것을 상담 초기에 계약을 맺게 한다.

③ 초이성형의 내담자는 자신의 감정과 접촉을 잘하지 못한다. 이들과는 감정보다 지각체계를 점검함으로써 빠르게 내면으로 들어갈 수 있다. 이들의 지각체계는 왜곡되어 자신들의 생각만이 합리적이고 논리적이라고 믿기도 한다. 이들과 논쟁하기보다 그들의 신념이나 지각체계를 형성하

---

[3] The Satir Model, p. 54; Reading Emotions: Science 338, no. 611(Nov. 2012). 사람들의 표정에 관한 연구가 계속되는데 표정과 더불어 신체적 표현도 같이 관찰해야 말하는 사람을 더 잘 알 수 있다고 보고하고 있다.

게 된 배경을 탐색하여 경험적으로 해결한다.

④ 부적절형의 내담자는 산만하거나, 숨거나, 도망가거나 한다. 이들은 자신의 내면과 접촉하지 못하기 때문에 접촉하기가 매우 어렵다. 이들에게는 치료사의 접촉 그 자체가 치료적 성과일 수 있다. 이들과는 현재에 초점을 맞추어 내담자의 관심이 흐트러지지 않게 하면서 내면으로 들어가야 한다. 만약 내담자의 내면을 탐색하는 과정에서 내담자가 회피하려 한다면, "지금 관심을 다른 곳으로 돌리려 하시는데, 무엇이 힘들어서 피하려고 하십니까?", "지금 느끼시는 것을 그대로 느끼시면서 가만히 계시기 바랍니다" 등의 말로 현재에 초점을 맞출 수 있도록 도와주면서 접촉을 지속한다. 이렇게 일단 접촉이 이루어지면 내담자의 내면에 머물면서 빙산 탐색을 통해 변화를 일으킬 수 있다.

(6) 내담자에 대한 정보를 수집한다

내담자와 접촉할 때 내담자가 불편한 감정을 느끼면 그 감정부터 다루면서 곧 내면으로 들어간다. 노련한 사티어 모델 치료사는 첫 회기부터 경험을 통해 치료하기도 하고, 가족지도, 인생 초기 사건들, 그 외의 다양한 사건을 통해 내담자의 삶 전체를 조망하고 진단 및 치료계획까지 세운다.

① 내담자에 관한 사실적 정보
나이, 성별, 출생 및 성장 지역과 배경, 교육환경, 직업 등 내담자 또는 내담자 가족에 대한 사실적 정보를 수집한다.

② 내담자의 신체 및 행동 특징
치료사는 내담자가 호소하는 문제 및 그와 관련된 내용을 최대한 객관적으로 기술한다. 특히 내담자의 심리상태를 드러내는 신체 및 행동 특징의 경우, 보다 구체적으로 기술하도록 한다. 앞서 설명한 바와 같이 치료사는 내담자의 표정 등을 민감하게 파악할 수 있어야 한다. 예를 들어 우울한 모습, 불안한 모습, 강박적인 습관, 건강 상태, 분노가 가득 찬 눈빛, 경직된 몸 등은 심리 내면에 대해 많은 정보를 제공한다.

③ 내담자의 과거 치료 경험에 대한 정보
과거의 정신과 치료 또는 치료와 관련된 정보를 비롯하여 당시의 치료 동기, 치료목표, 치료결과, 치료종결 이유 등을 포함하여 치료 경험 전반에 대해 면밀하게 파악해야 한다. 이전 경험에 대한 정보를 통해 내담자가 겪고 있는 증상의 깊이와 유지 기간, 내담자 가족들의 태도, 내담자가 현재

의 치료 및 치료사에게 거는 기대와 태도 등을 알 수 있다.

④ 치료의뢰 경위

내담자가 현재 치료사와 상담을 하게 된 경위 또는 추천한 사람에 대한 정보를 통해 내담자가 치료사와 상담에 거는 기대를 알 수 있다.

⑤ 기타 병력의 유무

내담자가 과거에 심하게 앓았거나 현재에도 앓고 있는 신체 및 정신 질환이 있는지 탐색하고, 현재 내담자의 증상과 심리상태가 이러한 질병에 관련된 것인지 반드시 확인한다. 필요한 경우에는 정신과 전문가와 의논한다. 만일 내담자의 상태가 심각하다면 적절한 의료적 치료를 받을 수 있도록 해야 한다.

(7) 내담자 개인과 내담자 가족의 발달주기를 평가해야 한다

사티어는 개인과 가족체계의 발달주기를 일종의 위기라고 했으며, 발달주기로 인한 스트레스를 잘 이겨내면 개인과 가족 모두 성장할 수 있다고 보았다. 따라서 내담자 가족을 진단할 때 개인이나 가족체계가 발달주기에 잘 적응하며 발달과업을 완수하는지를 파악하는 것이 중요하다. 간혹 치료사 중에는 내담자가 제시하는 문제에 파묻혀 이러한 문제를 그냥 지나쳐버리는 경우가 있는데, 치료사는 반드시 내담자 개인이나 내담자 가족체계가 겪고 있는 현재의 문제가 발달주기의 적응에 관련된 것인지 탐색해야 한다. 자신들이 겪는 문제가 보편적인 삶의 과정에서 발생하는 것임을 이해하면 죄책감이나 수치심에서 벗어나 치료과정을 긍정적 방향으로 진행하게 된다.

(8) 현재 내담자의 증상에 대한 임상적 평가를 해야 한다

사티어 경험주의 가족치료사도 내담자에 대한 평가와 더불어 상황에 대한 객관적인 평가를 할 수 있을 때 일치적 개입이 가능하다. 여기에서 일치적 개입이란 위급상황에서 필요한 적절한 도움을 주는 것을 말한다.

(9) 위기개입의 필요성을 알아야 한다

내담자가 과거에 자살 시도 또는 폭력에 시달렸던 경험이 있었는지 확인하고, 이와 관련하여 현재에도 위험요인을 안고 있는지 유의해서 살펴보아야 한다. 만약 그러한 경험이 있다고 하면, 우선 현재 안전한 상황인지 확인해야 하며, 필요한 경우에는 위기개입을 해야 한다. 또 법적 조치를 해야 할 상황인지도 확인해야 한다.

(10) 심리검사의 필요성을 판단하고 심리검사 및 결과 해석을 할 수 있어야 한다

사티어는 내담자와 내담자가 겪고 있는 증상을 분리할 수 있을 때, 내담자 스스로 힘을 키울 수 있으며 증상 역시 사라진다고 주장하였다. 이 때문에 그녀는 심리검사를 그리 긍정적으로 보지 않았다. 실제 빙산 탐색이나 가족지도에 따라서 역동을 정확하게 파악할 수 있다면, 굳이 심리검사를 할 필요는 없다. 심리검사를 추천하지 않는 이유는 내담자를 병리적으로 진단하고 나면 이들을 병리적으로 판단하려는 경향이 높아지기 때문이다. 다만, 임상적 진단을 하기 위해 혹은 내담자의 이야기만으로 상황을 정확하게 파악하는 것이 어려울 때는 심리검사를 보조적으로 활용할 수 있다. 그러나 이때에도 심리검사 시행 여부 및 심리검사 종류에 대한 타당한 이유가 있어야 한다. 심리검사 결과 정신과적 치료개입이 필요하다고 판단되는 경우에는 내담자에게 정신과 치료를 병행할 것을 권고해야 한다.

(11) 내담자가 호소하는 문제를 확인하고 치료목표를 세워야 한다

내담자가 면담을 요청할 때에는 갑작스러운 상황이 발생하여 전문가의 도움 없이는 버틸 수 없는 상황인 경우도 있지만, 대부분 오랜 기간 유지되어 온 문제가 외부 혹은 내부 요인에 의해 증폭되어 견디기 힘들 때이다. 이때에는 우선 내담자의 치료 동기, 즉 내담자가 해결하고자 하는 문제가 무엇인지 확인해야 한다. 만일 치료사가 내담자의 목표를 확인하지 않고 치료과정을 진행하게 되면 치료 방향이 불분명해지거나, 무엇을 왜 해야 하는지 모르는 상태에서 치료가 진행될 수 있다. 또 단순히 내담자가 호소하는 이야기에 집중하다 보면 치료사뿐만 아니라 내담자 자신도 치료목표가 무엇이었는지 망각할 수 있다.

일차 목표를 정한 경우에는 내담자가 호소하는 문제의 핵심을 찾아내어 치료목표를 설정하고 내담자에게 확인한다. 한 예로, 결혼하자마자 시어머니가 주말마다 시댁에 방문하기를 강요하고 있는 상황에서, 남편이 시어머니의 말을 꼭 지키려 한다고 하소연하는 내담자가 "남편이 시어머니의 말보다 내 말을 들어주었으면 좋겠어요"라고 한다면, 치료목표를 '남편이 시어머니 말보다는 내 말을 존중해주기' 혹은 '남편이 시어머니와 분리되어 나와 더 친밀한 관계 형성하기'라고 정할 수 있을 것이다. 이때 치료목표는 치료사와 합의한 목표가 아닌 내담자가 원하는 목표일 뿐이다. 따라서 향후 진단과 가설이 세워지면 내담자와 합의해서 치료계획과 목표를 설정한다.

(12) 빙산과 가족지도 탐색을 통한 진단 및 가설을 세워야 한다

진단은 내담자를 만나는 순간부터 치료가 종료되는 시점까지 치료사의 내면에서 계속 진행되는 과정이다. 내담자가 문제라고 여기는 걸림돌이 무엇인지 확인하며 내담자의 이야기를 경청한다. 이 과정에서 내담자가 설명하는 상황이 빙산에 끼친 영향, 대처방식을 포함한 상호작용 패턴, 원가족 문제 그리고 개인 및 가족의 발달과정이 사회적 맥락과는 어떻게 연결되어 있는지 충분히 탐색한다.

① 내담자의 빙산 탐색

치료사는 내담자의 이야기에서 내담자의 경험을 파악한다. 내담자의 이야기에서 내담자의 행동, 대처방식, 감정, 감정에 대한 감정, 지각, 기대, 열망, 자기를 포함한 내담자의 빙산 전체를 탐색하면서 내담자의 문제가 왜 문제가 되었는지 파악한다. 일반적으로 치료 분야에서 공감은 빙산의 감정이나 지각 영역에 공감하는 것을 말한다. 그러나 사티어 모델에서의 공감은 치료사의 빙산과 내담자의 빙산이 서로 자기self 차원에서 접촉하여 에너지가 교류되는 것을 말한다. 이렇게 교류되는 순간에는 나와 너의 경계선이 사라지면서, 자신과 타인이 분리된 존재이면서 동시에 하나의 존재임을 경험하게 된다. 내담자는 판단의 대상이 아닌 온전히 공감의 대상이 되며, 자신의 경험이 수용되고 있다는 안전감을 느끼게 된다. 이러한 안전한 공간이 주어질 때 내담자는 주체적 자기를 경험할 수 있으며, 동시에 자신을 객체화할 수 있게 된다. 다시 정리하면 우주적 자기self 차원에서 하나가 되는 경험이다. 이같이 자기를 상실하지 않고 자신과 타인을 분리할 수 있을 때 비로소 공감적 관계 형성이 가능해진다. 이러한 치료과정은 내담자가 자각하지 못한 채 이뤄질 수도 있다. 그러나 치료사가 과정을 자각하고, 자신의 경험을 개방할 수 있다면 내담자의 치료과정을 촉진할 수 있다.

② 내담자의 대처방식 탐색

내담자의 이야기를 통해 내담자의 상호작용 방식을 파악한다. 상호작용에는 상호작용 방식뿐만 아니라 내담자의 심리 역동, 자존감 수준에 대한 정보가 들어있다. 특히 상호작용에는 어린 시절 가족과의 경험이 기반을 이루기 때문에 원가족과의 상호작용에 대한 탐색이 함께 이루어져야 한다.

③ 내담자의 원가족에 대한 탐색

내담자의 원가족 경험은 객관적 측면과 주관적 측면이 모두 있다. 같은 집안에서 성장한 자녀들도 원가족에 대한 평가가 각기 다를 수 있다. 따라서 그 경험이 사실이냐 아니냐보다 내담자가 그 상황을 어떻게 받아들이고 있으며, 그렇게 받아들인 경험이 내담자의 삶에 어떤 영향을 끼쳤느냐 하는 것이 중요하다. 내담자에게 부정적인 영향을 끼친 과거의 사건은 내담자의 삶에 걸림돌이며 치료과제이다.

이때 내담자의 경험에서 변화의 자원으로 활용할 수 있는 긍정적 자원도 함께 탐색할 필요가 있다.

④ 발달주기와 사회적 환경 탐색

내담자 또는 내담자 가족의 발달과정을 살펴보면서 각 단계의 발달과제가 적절하게 이행되었는지 살펴보아야 한다. 더 나아가 그러한 것들이 생리학적 문제와 관련이 있는지, 사회적 편견 등을 포함한 사회문화적 환경 때문에 발생한 것인지, 성차별 때문에 발생한 것인지, 혹은 성 정체성의 문제 때문인지 살펴보아야 한다.

(13) 긍정적인 치료목표를 세워야 한다

사티어 경험주의 가족치료에서는 치료의 목표가 여러 개일 수 있다. 내담자가 기대하는 치료목표, 치료사와 내담자가 합의한 구체적인 목표, 구체적 목표를 달성하기 위한 각 회기의 세부적인 치료목표, 각 회기의 치료목표를 달성하기 위한 단계적인 치료목표가 있다. 그러나 이러한 세부적인 목표가 반드시 순서대로 이루어야 하는 것은 아니다. 처음부터 궁극적인 목표가 해결되면 하부 목표는 자연스럽게 이루어진다.

① 목표 설정하기

치료의 목표를 세분화하는 이유는 치료과정에서 내담자가 내면과 만나는 경험을 할 때 좀 더 깊은 변화를 끌어내기 위함이다. 매 순간 경험하게 되는 변화들이 쌓여 각 회기의 목표가 달성되고, 각 회기의 목표들이 달성되면 구체적인 치료목표가 달성되며, 구체적인 치료목표가 달성되면 메타목표가 달성된다. 메타목표는 처음 치료를 시작할 때보다 내담자의 자존감이 좀 더 높아지고, 일치적이 되며, 좀 더 나은 삶의 방식을 선택할 능력이 생기고, 자신의 삶을 책임지면서 살 수 있는 수준까지의 목표를 말한다.

② 다루어야 할 치료과제 순서 정하기

일반적으로 치료과정에서 치료과제를 다룰 때 A를 다루고 난 다음 B, C, D를 순서대로 다룬다. 그러나 사티어 경험주의 가족치료의 치료과정은 체계적인 상호작용을 시도하기 때문에 하나의 치료과제가 해결되면 다른 치료과제들까지도 해결되는 경우가 자주 있다. 즉, 치료과제를 다루는 순서는 굳이 정해져 있지 않다. 다만 어린 시절의 어떤 경험이 내담자에게 큰 걸림돌이 되었다면 이것을 우선 다룰 수 있다. 그러나 때로는 큰 걸림돌을 해결하고 나면 실제 더 다루어야 할 과제들이 많이 남아있음에도 불구하고 내담자가 종결을 원하는 경우가 있으므로 이를 염두에 두고 과제를 다루는 순서를 결정해야 한다.

③ 치료목표 순서 정하기

치료목표의 순서를 결정할 때에는 내담자의 심리적 회복능력, 인간관계 형성능력, 신체 생리적 수준, 상황에 대한 회복능력을 고려하여 가장 시급한 것부터 치료목표로 설정하는 것이 좋다. 만일 내담자가 비교적 건강한 상태라면 내담자 스스로 목표를 설정하게 하거나, 내담자와 치료사가 협의하여 설정할 수 있다. 이때 내담자의 인내력, 긍정적 마음, 유연성, 회복력, 과거의 성공 기억, 도움을 요청하고 도움을 받을 수 있는 능력, 지지체계의 유무 정도에 따라 결정할 수 있다. 그러나 내담자가 정신병리, 성격장애, 자살 충동 등의 경험이 있어 정상적인 판단을 내리기 어려운 경우에는 치료사가 주도적으로 목표를 설정해야 한다. 또 상황의 위급함에 따라 목표는 변경될 수 있는데, 치료를 진행하는 도중에 매우 급한 사건이 발생하였거나 내담자가 위험한 감정 상태에 빠졌을 경우, 위급한 것부터 먼저 다루어야 한다. 이때 치료사 스스로 치료를 진행하는 데 한계가 있다고 판단되면 다른 전문가를 소개하는 것이 바람직하다.

(14) 경험적으로 변화시킨다

내담자의 걸림돌을 확인한 후에는 경험적으로 변화할 수 있게 도와야 한다. 이때 경험적이란 내담자가 치료 장면에서 '지금 이 순간에 다르게 경험하는 것'이다. 치료사는 내담자에게 부정적 영향을 끼쳤던 내담자 자신의 감정, 지각, 기대, 열망, 자기, 행동 그리고 신체를 포함한 모든 영역에 접근하여 재경험을 통해 자신과 상황을 새롭게 볼 수 있게 하며, 자신과 외부를 연결하여 점차 생명 에너지의 흐름이 정상으로 흐를 수 있게 한다.

이 모델에서 직면은 내담자의 생명에 대한 직면을 의미한다. 이때 치료사는 내담자를 현실과 직면시켜 계속해서 자신을 포기하는 삶을 선택할 것인지, 아니면 변화를 통해 새로운 삶을 선택할 것인지 정하게 한다. 치료사는 내담자의 미세한 변화까지도 세심하게 관찰하여 내담자가 실제로 변화를 경험하고 있는지 확인한다. 흔히 내담자의 표정이 평화롭게 변하거나, 고요하게 눈물을 흘리거나, 얼굴에 미소를 띠거나, 몸의 이완을 통해 내담자가 경험적 변화를 체험하고 있음을 확인할 수 있다. 또는 내담자가 자기 자신에게 일어난 변화에 대해 놀라움이나 기쁨, 전에 경험해보지 못한 편안함을 표현할 수 있다. 이러한 변화를 위해서 내면의 에너지를 활성화할 수 있는 어떤 치료기법도 활용할 수 있다.

(15) 변화를 뿌리내리게 돕는다

내담자가 경험적으로 변화한 다음에는 이러한 변화가 뿌리를 내릴 수 있게 해야 한다. 뿌리내리기는 빙산의 전 영역에 변화가 자리 잡는 것이다. 치료사는 단지 내담자의 변화과정에 있어 촉매제라는 사실을 분명하게 알려주고, 이후 내담자가 스스로 자신의 변화에 대해 책임질 수 있도록 의지를 끌어내준다. 내담자에 따라 변화에 대한 의지가 각기 다를 수 있다. 따라서 억지로 치료에 참여하였거나, 구경삼아 온 내담자들은 변화에 대한 의지가 약할 수 있다. 이 경우 치료에 계속 참여하도록 격려하여 내담자의 참여 의지를 끌어내는 것만으로도 뿌리내리기가 될 수 있다. 내담자가 변화를 희망하지만 어떻게 해야 할지 모를 때, 희망을 품고 치료사와 함께 노력하면 변화를 이룰 수 있다는 것을 상기시키며 변화에 대한 의지를 끌어낸다. 내담자가 변화에 대한 간절한 소망을 지니고 치료에 임하였고, 마음의 문이 많이 열려있는 경우 치료사가 인도자가 되어 내담자의 의지에 따라 적극적으로 변화를 유도한다. 어떤 경우에도 변화를 일으킨 다음에 뿌리내리기를 해야 한다. 뿌리내리기는 치료과정에서 제시된 과제를 수행하면서도 이루어질 수 있어서 그다음 회기 시작 전에 변화에 대해 점검하고 이를 다시 각인시키는 작업을 통해 이루어지기도 한다.

(16) 과제를 부여한다

치료과정 중에 내담자가 일상으로 돌아가 자신의 변화를 직접 실행에 옮길 수 있도록 과제를 내준다. 과제는 빙산의 변화가 유지되는 것이어야 한다. 예를 들면, '지금 내가 무엇을 느끼고 있는가?'에 대해 매일 열 번씩 확인하도록 과제를 줄 수 있다. 그러나 과제는 내담자가 수행 가능한 것이어야 하고, 변화를 뿌리내리는 데 도움이 되어야 하며, 긍정적이어야 한다. 만약 내담자가 과제를 이행하지 않는다면 그 문제를 다루어야 한다.

(17) 회기를 종결한다

치료가 계속될 때는 다음 회기를 약속한 후 치료과정을 종결한다. 치료사는 회기를 종료할 때마다 치료과정을 되돌아보고 내담자가 변화에 대한 의지를 갖게 하고, 가족구성원 모두로부터 그날의 치료과정과 변화에 대한 피드백을 받는다. 이때 치료사도 가족구성원 모두에게 피드백할 수 있다. 적어도 한 가지 이상 내담자나 가족구성원에게 감사하거나 존경할 만한 장점을 찾아내어 나누어야 한다. 즉, 매 치료 회기를 종료할 때마다 내담자의 변화를 확인하기 위해 "오늘 경험하신 것이 어떠하셨습니까?", "오늘 우리가 이렇게 함께 작업한 것이 어떤 변화를 이루었습니까?"라고 내담자에게 물어볼 수 있다. 치료과정 중에도 내담자의 신체적·심리적 변화를 관찰할 수 있다면 내담자의 변화에 대해 말해주면서 내담자가 자신의 변화를 확인할 수 있게 한다. 그리고 치료사는 치료과정에 대해 내담자와 함께 경험한 것이 무엇인지, 치료과정이 일치적이었는지, 개인적으로 걸리는 문제는 없었는지 등의 자기 평가를 한다. 치료의 마지막 단계에서는 치료과정을 점검하고, 평가하고, 희망을 제공하는 것이 매우 중요하다. 또 내담자가 가졌던 목표가 성취되었는지 내담자 스스로 평가하게 하거나, 치료사가 직접 내담자의 변화를 평가해줄 수 있다. 또는 내담자 주위 사람들로부터 내담자의 변화에 대한 평가를 확인하거나, 여러 가지 검사를 통해 내담자의 변화를 점검할 수 있다.

사티어 모델은 치료가 깊고 빠르게 진행되기 때문에 전체 치료 회기가 비교적 짧은 편이다. 그러나 치료 회기는 어디까지나 내담자의 문제나 상황에 따라 결정된다. 만일 치료사가 치료를 효율적으로 진행하지 못해 전체 회기를 늘려야 한다면, 치료사의 능력을 증진하기 위해 애써야 할 것이다. 그러나 증상이 심각한 내담자임에도 불구하고 약간의 변화를 확인했다고 해서 지나치게 빨리 종결을 시도하면 오히려 내담자에게 도움이 안 될 수 있다. 따라서 치료사는 치료과정에서 내담자의 변화추이를 지켜보면서 합의된 치료목표를 얼마나 달성했는지, 새로운 변화들이 깊이 있게 뿌리내려졌는지를 평가하고, 그렇지 못하다면 이러한 작업을 위해 몇 회기가 더 필요한지 판단하여 추후 치료 회기를 추가해야 한다.

(18) 인생발달주기 생애 설계를 다룬다[4]

내담자의 구체적 치료목표가 달성되었다면, 마지막 한 회기 정도는 발달주기에 따른 생애 설계에 대해 의논하는 것도 바람직하다. 이때에도 삶의 궁극적인 목표를 세우고, 그것을 이루기 위한 현실적인 방법을 의논할 수 있다. 치료과정에서 '생애발달주기 접근'에 대한 토의가 시작되었다는 것은 매우 바람직한 변화이다.[5]

---

4 Satir V., *The Newpeople Making*, p. 241, p. 305.
5 *Networker* (2013) March/April호에서 DSM-V에 'Lifespan Approach'를 포함하는 내용 참조

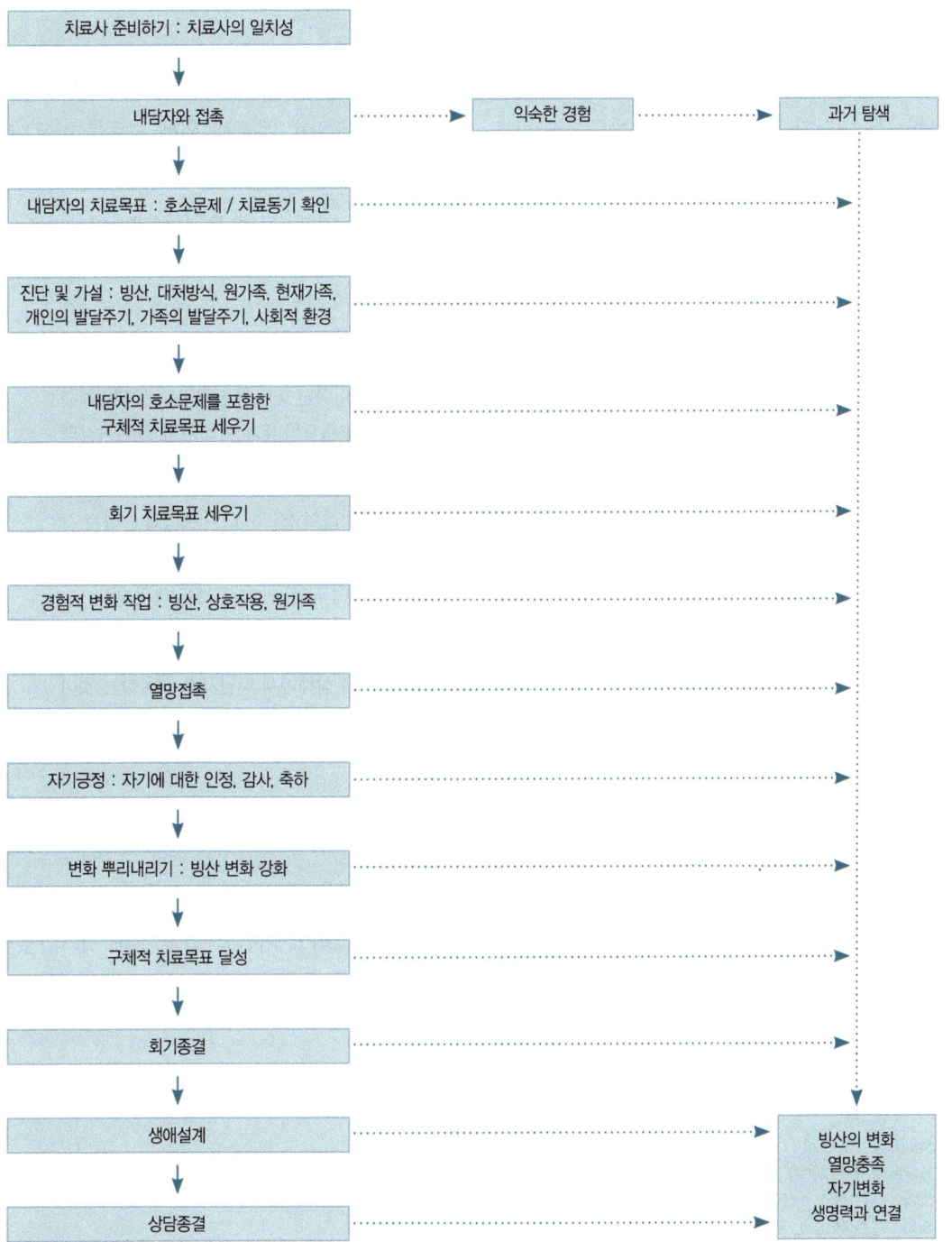

3. 내담자의 변화를 위한 치료사의 일치성

1) 치료사의 일치성

사티어는 치료사가 먼저 일치성을 이룰 것을 강조하였다. 치료사는 내담자와 일치적 관계를 맺기 위해서는 내담자 혹은 가족과 체계를 진단하고, 치료계획을 세우며, 목표를 위해 치료를 하고, 더 나아가 내담자 혹은 가족이 처한 사회문화적 위치와 상황에 대해서 민감하게 자각해야 한다. 이를 위해 치료사는 사회적 불평등, 환경 파괴, 경제적·정치적 억압, 전쟁, 폭력 등 사회체계의 역기능에 대해 자각해야 한다.

> 내가 나의 내면과 온전한 조화를 이룬 상태에서 내담자와 만나는 것은 마치 한 발광체가 빛을 발하여 다른 생명체를 환하게 비추는 것과 같다. 치료란 '내가 당신을 돕겠다'가 아닌 하나의 생명이 다른 생명에게로 나아가는 것이어야 한다. 나의 생명이 다른 생명을 만날 때, 가장 중요한 문제는 내가 조화로운 상태에 있느냐는 것이다.[6]

> 치료 현장에서 나는 치료사로서 내담자를 도와주는 것이 아닌, 단지 나의 생명이 다른 생명과 만나는 것에 집중한다. 모든 생명은 다른 생명과 통할 수 있기 때문이다.[7] 우리는 모두 같은 생명력으로 왔다는 사실, 그리고 다른 사람들의 생명력이 드러나도록 도와줄 수 있는 능력이 있다는 사실을 깨달아야 한다.[8]

> (그렇게 되려면) 내가 나의 영성과 만나야 한다. 그리고 나(치료사)와 너(내담자) 사이에 영성 에너지가 흐를 수 있도록 함께 길을 정돈해야 한다. 이렇게 하는 것이 (일치적 상태에서 내담자를 치유하는 것이며, 이러한 치유가) 우리가 영성을 행동으로 옮기는 것이다.[9]

(1) 치료사 자신의 삶

치료사는 자기를 돌보고, 자원을 강화하고자 노력해야 한다. 사티어는 자신을 돌보지 않는 치료사가 많다는 사실을 깨닫고, 먼저 자신의 삶부터 조화롭게 살 것을 권유하였다. 그렇게 되기 위해서는 치료사가 다음의 영역에 대해 항상 자각하기를 권고했다. 그리고 이런 작업을 위해 자기만달라 기법을 소개하였다.

① 자신의 신체적 반응에 유의하고, (신체)

---

6 Suhd, M. M. et al., (2000), p. 80.
7 Baldwin, M. (2000). (Ed). p. 17. *The Therapist Story, Virginia Satir*; Banmen, J. (2008b). (Ed). 11장에 다시 재게재됨
8 Satir, V. (1985). p. 15.
9 Satir, V. (1988). p. 341.

② 감각기관의 기능에 대해 잘 알고, 그로 인해 들어오는 정보에 예민하게 반응하며, (감각)
③ 자기(중심-나)가 현재 경험하고 있는 감정과 지각에 유의한다. (정서와 지적상태)
④ 또한 자신의 신체를 어떻게 돌보고 있는가에 관심을 가지고, (영양)
⑤ 내담자와의 관계에서 무슨 일이 일어나고 있는가를 살피며, (상호작용)
⑥ 내담자의 삶을 좀 더 폭넓게 바라보고, (환경)
⑦ 내담자와의 상호작용에서 일어나는 영적 측면의 변화도 중요하게 다룬다. (영성)

(2) 치료사의 일치성[10]

① 치료사는 내담자의 복지를 최우선으로 여기며, 치료사가 지켜야 할 윤리규정을 지킨다.
② 치료사 자신의 해결되지 않은 문제를 다루기 위해 상담을 받아야 하며, 자신의 치료 사례에 대한 지도 감독을 받는다.
③ 지속적인 자기훈련을 통해 치료적 능력을 향상한다.
④ 내담자와 동등한 위치에서 만나고, 내담자를 존중하고, 정직하고 명확한 입장표명을 통해 협조적 관계를 맺는다.
⑤ 내담자를 있는 그대로 수용한다.
⑥ 사람들의 생명 에너지를 인정하고 존중한다.
⑦ 치료사는 내담자가 가장 적절한 도움을 받을 수 있도록 안내한다.

(3) 치료사의 자기 개방

① 치료사는 내담자와 비슷한 경험을 한 경우에 내담자에게 도움이 된다고 판단되면 자기의 경험을 개방할 수 있다.
② 치료사가 자신의 문제를 해결하지 못한 상태에서 내담자에게 투사하거나 공격적으로 반응하는 것은 자기 개방이 아니다.
③ 내담자의 비언어적 경험을 언어로 해석해준다. 내담자의 비언어적 표현은 내담자가 자각하지 못하는 내용이기 때문에 중요한 치료적 단서가 될 수 있다.
④ 치료사는 치료과정에서 경험한 자신의 경험을 내담자에게 도움이 되면 일치적 태도로 개방하고

---

10 Suhd, Dodson, & Gomori (2000). (Eds). p. 12.

내담자를 직면할 수도 있다.

(4) 치료사의 특수 주제

앞에서도 설명하였듯이 사티어는 사람과 사람의 접촉을 중요하게 여겼다. 사티어가 시연한 데모에서도 그녀는 자주 내담자의 손을 잡거나 혹은 가벼운 포옹 등의 접촉을 하였다. 사티어는 사람은 누구나 생명력을 지니고 있으므로 내담자와의 신체적 접촉을 통해서 에너지를 전달할 수 있다고 믿었기 때문이다. 때로 상담 과정 중에 내담자가 자기와 접촉하는 경험을 할 때 손을 가슴 중앙에 갖다 대기도 하고, 치료사가 내담자에게 가슴에 손을 대고 자기 내면과 접촉하는 모습을 보여주고 따라 하게 하기도 하였다. 인간이 외부와 만날 때 처음 접촉하는 것은 피부이며, 이를 통해 나와 너의 친밀한 만남이 시작된다. 저자의 경험에서도 이런 행동이나 접촉을 통해서 내담자의 내면과 만날 수 있었고, 내담자가 만날 수 있도록 촉진할 수도 있었다. 이런 접촉을 하기 위해서는 내담자의 상태를 예민하게 파악해야 한다. 내담자의 자기self 차원의 변화를 감지할 수 있어야 하고, 내담자의 변화를 내 몸으로 느낄 수 있어야 한다. 특히 언어적·신체적으로 접촉이 힘든 장애자 내담자에게는 적절한 신체적 접촉이 도움이 될 수 있다.

부모가 장애 자녀를 둔 경우에 겪는 삶의 어려움은 엄청나다. 부모 역할에서 오는 스트레스, 형제자매가 겪는 스트레스, 특히 사회적 편견 및 의료치료와 사회적 돌봄 제도 등에서 오는 어려움은 해결하기도 쉽지 않고, 외면할 수도 없는 현실이다. 장애 자녀 자신과 가족의 슬픔, 우울을 해결하기 위해서는 정상이 아닌 상태에 대한 애도상담이 필요하다. 또 이러한 어려움을 겪으면서 부부갈등이 심각해질 수 있기 때문에 부부치료도 필요하다. 따라서 이들 가족을 치료할 때는 상담의 모든 측면에서 내담자가 처한 상황에 유연하게 대처해야 한다.

흔히 치료를 언제 종결해야 할지 궁금해하는 치료사가 많다. 내담자가 의존적이기 때문에 혹은 치료사가 내담자와의 관계를 끊기 힘들어서 치료과정이 답보상태에 있는데도 종결하지 못하는 경우도 있다. 이렇게 되면 상담이 이런저런 일상적인 주제에 대한 대화로 끝날 수도 있다. 미국부부가족치료협회AAMFT에서는 종결을 할 권리가 내담자에게 있다고 명시되어 있다. 즉, 내담자는 상담을 종결할 권리가 있는데, 이는 내담자가 자신에게 가장 좋은 선택을 할 권리가 있기 때문이다. 따라서 상담을 시작할 때 종결에 대한 이야기를 먼저 협의하는 것이 좋다. 내담자가 원할 때 언제든지 상담 종결을 결정할 수 있으며, 그렇게 할 때에는 내담자가 피드백을 해주기로 협약을 맺는 것이 좋다. 그리고 치료사는 치료과정 중간에 내담자가 종결에 대한 의도가 있는지를 확인하는 것이 바람직하다.

2) 인류 공동체로서의 일치성

사티어는 인간이 이루어야 할 일치성에 대해 알파벳 'C'로 시작하는 단어를 사용하여 간략하게 설명하고 있다.

여섯 6C 개념

헌신 Commitment	개인과 인류의 복지가 가장 우선으로 중요하다고 여기는 신념을 가져야 한다.
일치 Congruence	정서적·언어적·행동적 차원에서의 일치성을 이루어야 한다.
능력 Competence	사회의 고정된 관점에 자신을 맡기기보다 자신만의 자원을 존중하고 개발하여 자신의 능력을 키울 줄 알아야 한다.
적합성 Compatibility	다른 사람과 접촉할 때 인간으로서 지니는 위엄을 존중하고, 정직하게 자기를 보여주고, 분명하게 관계를 설정할 수 있어야 한다. 아무나 혹은 누구하고 관계를 맺고 사랑을 주어야 한다는 의미는 아니다.
협동 Cooperation	다른 사람과 경쟁하는 것이 아니라 집단의 공통 목적을 성취하는 방향으로 나아가는 과정을 뜻한다.
의식, 자각 Consciousness	모든 살아있는 존재는 생명력으로 연결되어 있으므로 지성 수준이 아니라 영성 수준에서 서로 연결되었음을 자각하는 것을 의미한다.

여기에 측은지심Compassion을 추가할 수 있다. 측은지심은 자신과 타인에 대한 태도로서 진정성, 정직성, 에너지 차원에서 연결성, 그리고 인간의 다름을 자각하고 인정하는 것을 말한다.[11]

---

11 Suhd et al., p. 94.

2부

| 5장 |
빙산 : 과정 질문을 통한 심리 내면 탐색과 변화

| 6장 |
가족지도 : 원가족 체계의 탐색과 진단

| 7장 |
영향력의 수레바퀴 : 외부 영향의 변화

| 8장 |
가족조각 : 가족 역동의 변화

| 9장 |
가족재구성 : 원가족 영향의 변화

| 10장 |
내적시각화 : 과거의 충격적 사건의 변화

| 11장 |
가족조각 : 가족규칙의 자각과 변화

| 12장 |
가족치료 : 가족체계의 변화

5장
빙산 : 과정 질문을 통한 심리 내면 탐색과 변화
Satir's Iceberg: Assessing the Internal System and Intrapsychic Change through Process Questions

1. 빙산 탐색 Exploration of Iceberg 치료기법

제2차 세계대전 이후 서구사회에서는 형이상학적 철학 사조에서 벗어나 실제적인 인간 존재와 삶의 의미에 대해 질문하게 되었으며 그 결과 실존주의 철학이 발생하였다. 실존주의는 개인의 개체성, 자유, 그리고 책임에 대한 철학적 사조이다. 실존주의와 맥을 같이하는 사티어 모델도 개인의 개체성, 자유, 그리고 이에 따르는 자신의 삶에 대한 책임을 강조하였다. 이러한 사티어의 신념은 4대 메타목표에 명확하게 드러나 있는데, 가족중심 사회 구성원에게는 특히 성장해야 하는 목표이기도 하다.

사티어 모델은 개인의 변화가 개인이 속한 가족체계의 변화를 촉진하고, 가족체계가 변화하면 개인도 변화한다는 믿음을 전제로 형성되었다. 사티어 모델이 가족치료이자 개인치료라고 할 수 있는 이유가 바로 여기에 있다. 이런 관점에서 사티어 모델은 다른 가족치료 학파와 달리 한국사회의 정신심리 발전에 큰 공헌을 할 수 있다고 여겨진다. 하지만 자기 탐색이 익숙하지 않은 한국 사람에게는 어려운 과제이기도 하다. 바로 이런 점 때문에 개인치료사든 가족치료사든 빙산 탐색 기법을 잘 익혀야 하며 그래야 좋은 치료 효과를 얻을 수 있을 것이다. 그러나 이 방법을 익히는 것이 쉬운 일만은 아니어서 책 마지막 부분에 빙산 탐색 질문들을 첨부하였다.

1) 개인의 변화를 위한 빙산 탐색 기법

인간은 기본적으로 자신의 생명을 유지하고자 하는 본능이 있으며, 그렇게 하기 위해서는 생명 에너지가 활성화되어야 한다. 그러나 외부 환경의 영향으로 에너지가 활성화되지 못하면 인간의 모든 측면이 제대로 기능하지 못한다. 앞 장에서 설명하였듯이 자기self로부터 에너지가 잘 흐를 때 내적 힘이 강해지고, 그렇게 해야 중심을 잃지 않고 균형을 이루면서 일치적으로 살아갈 수 있다. 일치적인 사람은 신체와 심리적 에너지가 균형을 이루어 에너지가 잘 흐른다. 여기에서 균형이란 빙산의 영역들이 서로 조화를 이룬 상태를 말한다. 반면에 에너지가 잘 흐르지 않으면 균형을 이룰 수가 없다. 어떤 부분은 지나치게 과대기능하고, 또 다른 부분은 과소기능을 하면서 균형이 깨지게 되면 상호보완을 하지 못한다. 따라서 치료사는 빙산의 부분들을 경험적으로 변화시켜 에너지 흐름을 좋게 하고, 균형을 이루어 자기self를 강화해 자존감을 높여주어야 한다. 이런 작업을 위해 사티어는 마치 가족체계의 구성원을 변화시켜 가족체계의 변화를 꾀하듯이 빙산의 부분들을 하나의 체계로서 이해하고 각각의 부분들을 변화시키는 구체적인 방법을 소개하였다.

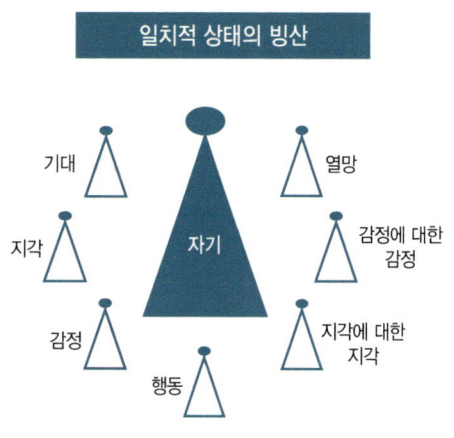

자기가 중심에 있고, 빙산의 모든 영역이 균형을 이루면서 에너지가 잘 흐르는 상태의 모습이다.

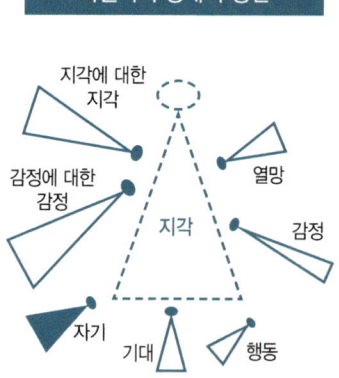

자기가 중심에 있지 못하면서 빙산의 영역들도 중심을 잡지 못하고 혼란에 빠진 모습이다.

2) 빙산 탐색 과정

빙산 탐색 과정은 일차 수준의 순차적인 방법과 이차 수준의 체계적 탐색 방법이 있다. 사티어 모델에 익숙하지 않은 치료사들은 일차 수준의 순차적인 방법으로 빙산을 탐색하면서 변화를 시도

한다. 예를 들면 신체적 경험, 언어적 표현과 행동, 감정, 감정에 대한 감정을 탐색한 후, 지각체계에 속한 다양한 신념들, 가치관, 생각, 가족규칙 등을 탐색한다. 그 후 충족시키지 못한 기대들을 탐색하고, 열망과 자기self에 관한 질문을 한다. 탐색과정에 익숙해지면 이차 수준의 체계적 탐색을 통해 효과적으로 각 영역을 탐색할 수 있다.[1]

행동에서 자기로 빙산을 탐색하는 과정

자기에서 행동으로 빙산을 탐색하는 과정

두 방향의 탐색 과정 모두 내면의 중심과 가까운 핵심 질문을 해야 효율적이다.

위 그림에서 보듯이 사티어 모델은 치료사가 질문 형태로 내담자의 빙산을 탐색하면서 치료과정이 진행된다. 빙산 탐색은 빙산의 부분들에 대해 질문하면서 진행하지만 기본 대화 기법을 지키면서 진행해야 한다. 빙산 질문을 통해 어떤 영역에 문제가 있는지 확인하고, 그 부분을 집중적으로 다루면서 동시에 다른 영역과의 연관성도 확인하고 점차 기대와 열망, 그리고 자기self까지 연결되도록 해야 한다. 예를 들면, 내담자가 자신의 감정을 잘 모를 때, 내담자가 표현하는 감정에 공감하면서도 정확한 감정을 찾아내어 경험적으로 변화할 수 있도록 해야 한다. 그렇게 하기 위해서는 감정 발생 상황에 대해 어떤 의미를 부여했는지 확인하고, 채워지지 못한 기대가 무엇이었는지, 기대는 어떤 열망을 채워주기를 바란 것인지, 그 시점에 자기self에 대한 경험을 확인한다. 이렇게 통합적으로 작업을 하면 그 감정이 내담자에게 전달하려는 메시지가 무엇인지 알게 되고, 그 메시지가 전달하는 문제를 경험을 통해 해결하면서 작업을 진행할 수 있다. 그리고 치료 방향은 언제나 4대 메타 목표를 향해야 한다.

---

[1] 이 책 뒷부분에 있는 부록 빙산 탐색 과정 질문 모음 참조

많은 초보 치료사들은 빙산 탐색이 어려울 수 있다. 쉽게 접근하는 한 가지 방법은 감정적인 내담자는 감정 영역을, 이성적인 내담자는 지각체계 등을 탐색하며 빙산에 들어가는 것이다. 대처방식이 회유형인 내담자는 감정으로, 초이성형은 지각으로, 비난형은 기대로, 부적절형의 산만형은 신체로 들어가는 것도 하나의 방법이 될 수 있다. 감정을 탐색할 때 내담자가 감정을 자각하고 해결할 수 있도록 감정의 강도와 그것이 핵심 감정인지를 확인한다. 또 기억할 수 없는 과거 경험 때문에 지금 상황에 반사적으로 느끼는 감정인지를 확인한다. 만일 현재 느끼는 감정이 내담자가 자각하지 못하는 비언어적 수준의 기억에 의한 것이라면, 신체와 연관해서 작업을 진행하는 것도 효과적일 수 있다. 또는 감정에 이미지나 색깔 등을 부여하면서 작업하는 것도 한 방법이다. 만약 내담자가 감정을 회피하거나 억압한다면 다른 영역을 먼저 다루면서 점차 감정을 표현할 수 있게 도와줄 수도 있다. 그러나 빙산 탐색에 익숙해지면 자유롭게 빙산의 부분들에 대해 질문을 하거나, 한 영역과 다른 영역을 연결하여 질문할 수도 있다. 궁극적으로는 자기self와 깊이 연결되는 핵심 질문을 할 수 있어야 한다.

생애 초기 경험은 관계방식을 형성하는 기반이 되고, 점차 수많은 개인적 정보, 가족규칙, 사회적 가치관, 주관적 해석 등이 첨가되면서 지각체계가 복잡하게 형성되어 간다. 따라서 치료사는 내담자의 말을 경청하면서 내담자의 지각체계 중 어떤 부분이 왜곡되었는지 살펴보아야 한다. 대개 이러한 왜곡은 감정과 뒤엉켜 내담자 문제의 원인이 될 수 있다. 이럴 때는 왜곡된 지각체계에 포함된 감정을 분리한 다음에 지각체계를 다루는 것이 작업하기 쉽다. 만일 왜곡된 지각체계와 엉켜있는 감정이 생애 초기의 감정이라면, 앞서 언급한 감정을 다루는 방식을 활용한다.

행동, 감정, 지각 밑에 자리하고 있는 것이 기대이다. 앞서 기대는 내가 타인에게, 타인이 나에게, 내가 나에게 갖는 것으로 분류할 수 있다고 했다. 기대와 마찬가지로 모든 영역에서도 이러한 세 방향의 질문을 하는 것이 도움이 된다. 많은 사람, 특히 자기중심적인 사람들은 내가 타인에게 갖는 기대에 집착해서 괴로운 것이므로 자신에 대한 객관적인 관점을 형성하는 데에는 이 세 방향의 질문이 도움이 된다.

사람은 누구나 인생에 대한 기대가 있다. 기대가 채워지면 열망이 충족된다. 만일 열망이 충족되지 못했다면 다른 기대로 열망을 충족시켜야 한다. 내담자의 채우지 못한 기대와 그 기대가 충족시키는 열망을 확인하고 피드백한다. 그리고 다른 방법으로 그 열망을 충족시킬 수 있도록 돕는다. 만약 내담자가 많은 대가를 치르면서까지 그 기대를 놓지 않으려 할 때는, 치러야 할 대가를 자세하게 따져 결과를 직면하게 한다. 그리고 그 기대를 붙잡고 있는 더 깊은 원인을 찾아 해결해야 한다. 기대와 관련된 문제가 해결되면 자연스럽게 열망이 충족되고, 곧 자기self와 만나게 된다.

대부분의 문제 혹은 증상은 자기self의 힘이 약해서 발생한다. 자기self가 불안한 사람들은 열등자기 혹은 우월자기를 형성하게 된다. 사람마다 정도의 차이는 있지만 두 형태 모두 진정한 자기self와는 거리가 있다. 생명 에너지가 자연스럽게 흐르려면 빙산의 모든 영역이 조화를 이뤄야 한다. 빙산 탐색 과정은 생각보다 꽤 어렵다. 어떤 사건을 중심으로 일기 쓰듯이 매일 자신의 빙산 탐색 작업을 하는 것은 자기 개인의 성장과 치료사로서의 성장에 많은 도움이 된다.

2. 빙산 탐색 치료 사례

1) L 씨 부부갈등에 대한 빙산 탐색 사례 | 김영애 시연

대화	설명
안녕하세요. 선생님 오늘 표정이 조금 불편해 보이시는데 무슨 일이 있으셨나요? 오늘 오랜만에 아내와 싸웠는데 그 싸움의 충격이 좀 너무 심각해서 아직도 화가 많이 납니다.	• 워크숍 과정에 참여하고 있는 내담자라 치료사가 내담자의 신체적 표현에 빨리 피드백을 할 수 있다.
화가 나셔서 아직도 많이 불편하시다고 하는데, 화가 나실 때 몸이 어떤 반응을 했나요? 일단 얼굴이 빨개지고 심장이 막 뛰고 어깨가 경직되고 목소리를 차분히 내려고 하는데 목소리도 빨라지고 더듬게 되고.	• 내담자의 상황에 관한 질문을 한다. 얼굴표정이 좋지 않고, 아직도 감정적 반응을 하고 있어서 신체적 경험부터 탐색한다. • 내담자는 신체적 경험을 자세하게 보고하고 있다.
아, 그러시군요. 진짜 많이 힘드셨군요. 부인과 싸웠던 상황에 대해 조금 더 이야기해주시겠어요? 어떤 이야기를 하다가 어디서 마음이 확~ 그랬냐면 그동안 날 위해 무엇을 해줬냐?	• 치료사는 내담자의 감정을 공감하고, 상황에 대한 탐색을 한다. • 내담자가 부정적 감정을 느끼게 된 상황과 지각체계를 설명한다. • 내담자의 말을 좀 더 명료화하여 이해한다.

부인이?	• 내담자가 아내의 비난을 보고한다. 즉, 배우자는 내담자의 비일치적 태도에 불만을 드러내고 있다.
네. 항상 말만 한다고 하죠.	
말로만 한다?	• 상대방의 말을 재확인, 재질문하면서 공감을 표현한다.
네, 말로만 한다.	
아, 그러시구나. 섭섭하셨겠다.	• 내담자의 감정에 공감한다. 내담자가 옳다는 것이 아니라 현재 내담자가 경험하는 감정에 공감한다.
많이 화나죠.	
선생님이 부인에게 기대한 것은 무엇이었는가요?	• 내담자의 아내가 남편에 대한 기대가 채워지지 않았다고 보였기 때문에 내담자가 아내에게 갖는 기대를 탐색한다.
제가 굉장히 애쓰고 배려하는 것을 자기가 누구보다도 잘 아는데 속상한 게 있으면 속상하다고 이야기하면 되는데 저를 굉장히 비난하고 비아냥대고 그동안 제가 했던 것을 완전히 무시하면서 다른 이야기를 했을 때 저는 좀 뒤통수 맞았다고 생각하게 되었죠.	• 내담자가 아내의 비일치적 의사소통에 대한 실망을 표현한다.
음, 그럴 수 있죠. 한꺼번에 모든 것을 싹 다 쓸어버리는 것 같다고 느끼셨겠네요. 그래서 부인이 그렇게 행동했을 때 왜 저 사람이 저럴까? 한번 생각해보셨는지요?	• 감정에 대한 피드백과 공감. 그리고 내담자가 아내의 지각체계와 행동에 대한 탐색을 하도록 촉구한다.
하…. 어디까지 내가 더 맞춰줘야 하나 하는 불안감, 그리고 20년 가까이 쌓아온 신뢰가 한순간에 무너질 수 있구나 하는 절망감, 그런 것들이 느껴지면서 몹시 불안하고 슬프기도 하지만 되게 화가 났습니다.	• 내담자가 아내의 반응에 대해 지나치게 반응하는 것을 볼 수 있다. 불안, 실망, 절망감, 슬픔 등의 감정을 표현한다.
아, 그러셨군요. 화가 몹시 나셨었군요. 화도 나고, 어처구니도 없으셨을 것 같습니다.	• 치료사가 내담자의 감정에 공감하면서 좀 더 세밀하게 피드백하면 내담자는 공감을 받아 자신의 감정이나 생각을 더욱더 명료화할 수 있다.
아, 그 말씀이 딱 맞네요. 진짜 어처구니가 없었어요.	
이게 뭐지? 이러면서 굉장히 기분 나쁘게 놀라셨을 것 같아요. 부인에 대한 기대가 무너지는 것처럼 느끼셨다고 들었는데, 선생님의 부인에 대한 기대는 어떤 것인가요?	• 내담자가 아내의 반응에 실망하고 있어서 내담자의 아내에 대한 기대를 확인한다. 내담자는 아내가 자신을 지지하고 자존감을 높여주기를 원한다.

말을 좀 함부로 하지 않았으면 좋겠고 그리고 칭찬이라든가, 그냥 애쓴다, 당신이 노력하고 그런 것을 잘 알고 있다고 그런 이야기를 좀 해줬으면 좋겠어요.

음~ 내가 이제껏 가정을 위해서 노력한 것에 관해 인정을 받고 싶으셨던 것 같아요. 그런데 부인이 그렇게 말하는 마음에는 어떤 나의 노력도 하나도 중요하게 여기지 않고 깡그리 무시당하는 느낌이 들어서 화도 나고 실망도 많이 하셨고, 그리고 어처구니없이 느껴지시니까 갑자기 실망감이 많이 올라와서 그랬던 것 같아요. 기대가 무너지면서 내 존재를 무시당했다 이렇게 느끼셨던 것 같아요.

- 치료사는 지금까지의 내담자와의 대화를 빙산에 비유해서 요약하고 심화하고 있다.

예, 그렇게까지 생각이 들더라고요.

내가 이제껏 해온 것이나 나라는 존재가 이 사람에게는 아무 의미가 없구나! 라는 생각이 드셨나요?

네.

그럴 때 어떻게 하셨어요?

평상시에는 제 마음을 이야기하는데, 그때는 너무 화가 나서 어떤 말도 하고 싶지 않았고, 내 감정을 조절하지 못해 소리 지를 것 같아 말하고 싶지 않았습니다. 그래서 나중에 이야기하자 그러고 좀 쉬었습니다.

- 치료사는 내담자의 마음을 자기 자존감과 연결하여 공감한다.
- 치료사는 빙산의 행동 영역을 탐색한다.
- 내담자는 자신의 감정을 조절하지 못할까 봐 두려워하고 있다.

그러니까 감정을 다스린 다음에 말을 해야지 지금은 감정이 너무 높이 올라가서 오히려 더 안 좋은 이야기가 나올 것 같다고 말씀을 하셨네요.

네.

선생님, 굉장히 힘드셨군요.

네.

- 내담자의 말을 명료화하면서 공감적 반영을 한다.
- 다시 한 번 내담자에 공감한다.

제가 궁금한 것은 부인이 왜 그렇게 불만이 있으셨나 하는 거예요.	• 치료사는 아내가 남편에게 가지고 있는 기대를 다시 한번 탐색하게 한다.
제가 아까 빙산 탐색을 하는데 타인이 갖는 나에 대한 기대 부분을 적으면서 추측을 해보았는데 아내는 자기가 속상한 것을 이야기할 때 그냥 들어주기를 기대한 것 같아요.	• 내담자는 수업시간에 부인의 기대에 대해 생각해본 것을 이야기한다.
그런데 선생님은 어떻게 하셨나요?	• 내담자가 아내의 기대를 어렴풋이 알고 난 후에 자신의 행동에 대해 탐색을 촉구한다.
저는 아내가 속상해하는 내용에 매몰되어서 아예 이러저러하게 해보라고 제안을 하죠.	
조언을 하셨군요.	• 내담자가 아내의 기대를 잘 알지 못했을 때의 행동을 탐색한다.
네, 조언했는데….	
상담사의 비애야. (함께 웃음)	• 내담자가 아내의 기대와 다른 반응을 하였다는 것을 자각하고, 치료사가 '조언'이라는 유머를 사용하여 내담자의 긴장을 낮추려 한다..
아, 집사람도 저에게 바로….	• 치료사의 '조언'이라는 유머이지만 직면시키는 피드백에 자신의 행동에 대한 자각을 하게 된다.
부인은 무슨 생각을 했을까요?	• 아내의 지각체계를 깨닫게 되니까 기대를 알게 된다.
자신의 말을 판단하지 말고, 내용에 너무 매몰되었다 하더라도 조금 더 들어주고 공감해주기를 바랐던 것 같아요.	
그러니까 음, 그냥 내가 힘들다고 표현했을 때는 "그냥 들어만 줘라. 거기에다 당신이 학교에서나 교수지 나한테도 교수냐? 나는 남편이 필요해!" 혹시 이런 건 아닐까요?	• 치료사는 내담자의 대화를 조금 더 확대해서 아내의 기대를 좀 더 확실하게 깨닫게 한다.
그런 마음이었을 것 같아요. 그런데 제 아내는 조금 기분이 상하면 굉장히 강하게 이야기를 하거든요. 아주 극단으로 막 이야기를 하니까요.	• 치료사의 말에 공감하면서도 아내에 대한 불만을 표현한다.

부인이 선생님께 가졌던 기대는 "아, 당신이 굉장히 힘들었구나. 왜 그랬어?" 하면서 그 상황의 이야기를 들어주었으면 하는 거였는데 선생님이 갑자기 이것저것 제안하신 것 같네요. 그때 부인이 느끼는 감정은 무엇이었을까요? 답답함? 네 맞아요. 공감받지 못함?	• 치료사는 다시 내담자와 아내의 상황을 재정리하면서 아내의 입장을 파악하게 한다.
부인이 화가 난 상황에서 느낀 것보다 선생님이 오히려 더 큰 감정 덩어리를 부인에게 던진 건 아닐까요? 선생님은 아까 본인을 회유형이라 하였지만, 모양만 회유형인 것 아닌가요? 혹시 부인이 남편 안의 보이지 않는 고집을 아는 것은 아닐까요? 또 남편인 선생님은 내가 얼마나 최선을 다하냐, 최선을 다해 너에게 해주는데, 너는 왜 내가 하는 것만큼 고마워하지 않느냐고 몹시 섭섭해하고 그래서 마음을 알아주지 않아서 화가 난 거죠. 맞아요!! 네, 굉장히 그런 마음이네요.	• 치료사가 부부 역동에 대한 가설을 제시한다. 1. 아내의 감정표현을 보면서 내담자가 더 강력하게 느끼고 있는 것은 아닌가? 2. 남편은 자신이 아내에게 회유한다고 생각하고 있지만, 실제 표현되는 것은 아니지 않을까? 아내의 입장에서는 비언어적 표현을 보고 판단하는 것은 아닐까? 3. 남편의 아내에 대한 기대는 적절한가?
"억울해! 내가 얼마나 노력을 하는데!!" 그런데, 부인 입장은 그렇게 보는 게 아니고 "네가 그렇게 하는 것은 당연하게 해야 할 것을 한 건데 그걸 맨날 고맙다고 하라고 하냐, 사람 사는 게 당연하지." 맞습니다. 맞습니다.	• 개인 치료를 할 때 내담자의 치료 과제가 부부갈등일 경우에는 치료사가 배우자 입장을 취하면서 과정을 진행할 때가 많다.
지금 우리 대화에서 마음에 다가오는 게 있나요? 갑자기 연결되는 장면들이 자꾸 떠오릅니다. 제가 집안일을 굉장히 많이 하는데 그것을 하고 나면 제가 잘했다고 칭찬을 받을 때까지 계속 '나 이것 했다'고 계속 이야기해요. 설거지하면 "내가 설거지 다 했다"라고 말하죠.	• 치료사가 아내의 입장을 대변하면서 대화를 진행하면서 내담자에게 자각하게 한 점이 있는지 질문을 한다. • 치료사의 질문을 듣고 내담자가 자신의 행동에 대해 자각을 한다.

5장 빙산 : 과정 질문을 통한 심리 내면 탐색과 변화

그러니까 마치 애들이 숙제하고 "엄마 나 숙제했어~ 잘했지?" 하고 쫓아다니는 아들 같아 보이네요. 그럼 엄마들은 "알았어! 빨리 밥이나 먹어. 숙제는 당연히 하는 거지!" 하는 엄마같이 보이지 않았을까 하는 생각도 들어요. 저에게 떠오르는 게 한 가지 있어요. 뭐냐면, 선생님은 굉장히 인정받기를 바라시는구나, 그러니까 잘하려고 하고, 눈치보고, 그러는 게 부인의 눈에는 자연스럽게 보이는 게 아니라, 저 사람은 해야 할 것을 하고 나서 인정받으려고 하는 어린 아들 같다고 생각할 수도 있겠다, 그러니까 선생님은 최선을 다했는데 부인의 반응이 섭섭하신 거군요. 다른 사람을 위해서 무언가를 할 때 그냥 해주는 게 좋아서 하는 경우와 칭찬받기 위해서 하는 경우가 있는데 선생님의 경우는 인정이라는 보상받기를 원했던 것 같아요.

- 이 시점에서 치료사는 진행 방향을 설명하고, 내담자에게 두 사람의 부부관계 방식에 대한 이해를 확인한다. 그리고 부부의 기대와 다른 영역들을 탐색한다.

그러다 보니까 선생님은 계속해서 결핍감을 느끼고, 부인은 남편이 유세 떤다고 생각할 수 있고, 두 분의 결핍이 서로 다르게 나타나는 것 같습니다. 부인의 빙산은 선생님과 다른 측면이 있는 것 같아요. 자기 할 일을 묵묵히 하면서 자기감정 표현은 하지 못하는 사람인 것 같네요. 자기표현은 못하지만 자기가 화날 때는 자기 말을 들어주기를 바라는 것 같아요.

- 그다음에는 부부의 원가족 경험이 끼치는 영향에 대해 탐색한다. 치료사는 아내가 과다 책임을 진 어린아이가 아닐까? 남편은 충분히 인정을 받지 못한 어린아이가 아닐까? 라고 가설을 세우고 있다.

선생님은 성장하시면서 부모님의 인정을 많이 받으셨나요?

칭찬을 많이 못 들었어요. 아버지는 엄격하고 무뚝뚝하셨고, 어머니 역시 뭘 잘해야만 조금 해주시고…. 지금 말하는데 예전의 장면들이 떠오르는데, 만 5세에 제가 하도 형이랑 싸우니까 저를 강원도 양구 외갓집에 한 6개월 동안 보내셨어요.

- 부부의 차이점과 상호작용 패턴에 대한 역동을 설명한다.

- 과거의 경험과 어린 시절의 트라우마를 회상한다.

형하고 몇 살 차이인가요?

세 살이에요.

- 치료사는 형제간의 역동을 파악하려고 한다.

세 살 많은 형한테 대들었나요?

제가 고집도 세고 순응적이지 않으니까 그렇게 형이 저한테 비아냥대고, 놀리고, 그러는 것이 저한테는 굉장히 상처인데, 그럼 이제 아버지는 집안에 거의 관심이 없으시고, 어머니께서는 그것을 보시면 못하게 하시든지 혼을 내든지 말리든지 하시는 게 전혀 없었어요.

- 치료사는 내담자의 갈등 원인이 형제간의 갈등과 부모의 양육방식과의 연결이 있는지 확인하고자 한다.

방관하셨다는 말씀인가요?

아버지는 제가 형보다 공부를 좀 잘한다고 저를 예뻐하셨는데, 어머니는 형이 불쌍하다고 형을 챙기니까 억울하였고, 또 그때는 집에서 양구까지 직접 가는 교통편이 없어서 춘천까지 가서 다시 배를 타고 가야 했기 때문에 그게 굉장히 충격이었습니다.

- 치료사는 내담자의 어린 시절의 부모와의 상호작용을 탐색하고자 한다.
- 결국 내담자는 어린 시절의 트라우마를 보고한다.

아, 어린아이에게는 트라우마였겠네요. 어머니가 이해해주지 않는 것뿐만 아니라 과거에 죄지은 사람을 다시 돌아올 수 없는 곳으로 귀양 보내듯 버림받은 것처럼 느꼈을 것 같네요. 아이에게 그건 공평하지 않죠. 어머니는 형만 챙기시고, 그게 불공평했고, 그건 엄마 잘못인데 왜 내가 오히려 불공평하게 쫓겨나야 하나, 이건 억울한 상황이죠. 어머니는 내 편이 아니었기에 항상 억울하면서도 엄마가 내 편이었으면 하는 마음이 많았을 것 같아요. 어머님께 인정받고 싶은 욕구 때문에 상대방 눈치를 많이 볼 수 있어요. 그러나 아이는 다르게 행동하는 것을 잘 모르거나 고집대로 했을 수도 있고요. 아버지, 어머니께서 양육을 의논하시면서 하지는 않으셨던 것 같습니다.

- 치료사는 내담자의 과거를 재구성해서 말한다.
- 치료사는 재구성하면서 특히 어린 내담자의 내면을 읽어주고 있다.
- 치료사는 지금까지의 과정에서 알게 된 가족역동을 그림같이 보여주고 있다.

자, 제가 그림을 한번 그려볼게요.
아버지는 공부 잘하는 둘째를 예뻐하고, 아이는 그게 좋았겠죠. 그런 모습을 본 형은 동생을 질투하고, 아버지에 대한 화를 동생을 약 올리면서 풀었고…. 그러면 동생은 약이 오르니까 그리고 아버지의 지지가 있으니까 형한테 악을 쓰면서 덤볐고, 그 상황에서는 어머니는 불쌍하다고 생각하는 큰아들 편이 되고, 동생의 기를 좀 죽여야겠다고 생각하셨던 것 같습니다. 하지만 아무도 아이의 마음을 알아주지 않았던 거죠. 그래서 내 마음을 알아주지 않을 때 너무 억울하고 답답하다 느꼈을 것 같아요.

네. 그랬습니다. 마음을 알아주지 않을 때 힘들었습니다.

- 내담자의 어린 시절의 경험이 현재 끼치는 영향

비아냥거릴 때, 억울할 때, 공평하지 않을 때, 나의 의도나 노력을 인정하지 않을 때 너무 화가 난다고요?

네. 제가 3년의 교육 분석을 받으면서 경험한 것이 방금 이 짧은 기간에 확 경험되니 굉장히 신기하네요.

- 치료사가 내담자의 내면을 그대로 그려주면서 공감하고 있다.
- 치료사의 역동 파악에 대한 내담자의 반응이다.

사티어가 통합적 모델이기 때문입니다. 개인의 빙산에 들어가서 내담자의 결핍 부분을 찾고, 그 부분이 과거에서부터 시작된 것이면 과거로 들어가서 작업을 합니다. 어린 시절에는 어린아이의 관점에서 상황을 이해하기 때문에 상대방 관점을 이해하기 쉽지가 않습니다. 그리고 그 관점은 잘 변화하지 않습니다. 예를 들면, 내담자의 경우 아버지의 지지를 받았기 때문에, 혹은 기질이 강해서 형을 무시하는 태도를 택했을 수도 있습니다. 아니면 형이 부모가 안 보는 데서 살살 약을 올리고 어른이 있으면 안 한 척할 수도 있습니다. 그러면 이 아이는 많이 힘이 들죠. 어머니는 집안일도 바쁜데 동생은 형한테 대들면서 싸우고, 아버지는 자신의 기대를 채워 줄 것 같은 작은아들이 신통해서 좋아하셨던 것 같습니다.

그리고 어머니의 경우 시부모, 집안일 등으로 힘이 드는데 둘이 자꾸 싸우니까 한 녀석을 친정집에 보낸 거죠. 작은아들을 거부한 것이 아니라 힘에 겨워 둘을 떼어놓으면 좀 낫

- 이 시연은 워크숍 과정에 참여한 내담자와 참여자들을 위한 교육용 시연이기 때문에 지금까지 실시한 과정을 설명하고 있다.
- 사티어는 치료과정에 교육도 필요하다고 설명하였다. 내담자의 자각을 계속 기다려야 할 때도 있지만 약간의 교육과 설명은 내담자의 지각체계 변화를 할 수 있어서 필요하다고 보았다.

지 않을까 하는 생각을 하셨을 것 같습니다. 그러나 어린아이는 이러한 상황을 견디기 힘들죠. 아버지의 경우 형은 큰아들 대접은 해줘야 하겠고, 마음속에서는 작은아들이 공부를 잘하니까 좋은 표현이 저절로 나왔을 것 같습니다. 이것이 내담자의 어린 시절 가족의 모습입니다. 그 당시 부모는 어린아이의 관점을 배려하지 못했던 것이죠. 그러나 그 시대만 해도 어린아이의 관점은 그리 중요하게 여기지 않던 시대였습니다.

어린아이는 부모, 특히 어머니와 분리되어 2시간이나 버스를 타고, 6시간을 배를 타고 양구에 덜컹 내동댕이쳐진 것처럼 느껴져서 상황을 견디기 힘들었을 것입니다. 아마도 내담자는 끊임없이 요구하지만 채워지지 않는 인정과 사랑의 욕구를 채우기 위해 최선을 다하지만, 부인한테 인정받지 못하고 따뜻한 대접을 받지 못할 때 너무나 슬프고, 외롭고, 화날 수 있습니다. 바로 이 감정이 부인과 싸우면서 느끼는 감정과 같을 것입니다.

아, 그랬던 것 같습니다. 지금까지 한 번도 생각하지 못했는데 아내와 싸우면서 느꼈던 그 느낌이 외갓집에 갔을 때 첫날 밤에 느꼈던 그 감정과 비슷한 것 같습니다.

과거 경험과 비슷한 감정이 올라왔군요. 그 어린아이가 혼자서 얼마나 속상했겠어요. 엄마가 원망스럽다고 느끼기보다 두려움과 공포에 싸였을 것 같아요. 엄마가 그 먼 곳으로 나를 보내다니…

엄마가 나를 인정해주고 이해해줬으면 하는 마음이 너무 많은데 부인이 선생님을 이해해주지 못할 때 '당신은 내가 그렇게 설거지를 하고 당신을 위해 최선을 다하는데 어떻게 당신

• 내담자의 과거 경험과 현재 부인에 대한 반사적 감정과의 연관이 있다는 것을 말하고 있다.

은 그것을 알아주지 않아? 기가 막혀 죽겠어'처럼 그때와 비슷한 상황이 되면 그 상처가 비슷하게 확 올라오네요. 엄마한테 거부당하고 쫓겨났다는 건 죽음의 골짜기로 가는 거죠. 배는 30분을 탔는데 마치 서너 시간 탄 것 같고, 총 6시간쯤 되는데 그때도 어머니와 함께 간 것이 아니라 외할아버지가 오셔서 나를 데리고 갔고, 언제 데리러 오겠다는 이야기도 없이 보내졌습니다.	• 내담자가 겪은 어린 시절의 힘든 경험에 대한 공감적 회고를 해준다. 이러한 대화는 치료사가 가족역동, 내담자의 트라우마에 대한 가설을 정확하게 파악할 수 있어야 가능하다. 잘못하면 오히려 치료과정에 해가 될 수 있다.
아이에게는 트라우마였군요. 지금 이야기를 하면서 한 번도 기억으로 떠올리지 않았던 기억들이 막 떠오릅니다. 어떤 기억? 그날 밤의 절망감? 언제 내가 다시 집으로 돌아갈 수 있을지 모르는 막막함과 절망감이 지금 막 떠오르는 중이에요.	• 치료사의 도움으로 어린 시절의 경험을 떠올리자 억압했던 기억들이 드러나기 시작한다. 이러한 기억이 사실이냐 아니냐가 중요한 게 아니라 이러한 경험에서 벗어나게 하는 것이 중요하다. 어린 시절의 기억은 사실에 기반할 수도 있고 어린아이의 상상도 섞여 있을 수도 있다. • 엄마와 분리된 시점의 부정적 감정을 깨닫기 시작한다.
그 어린아이가 엄청난 경험을 하였습니다…. 선생님, 잠시 눈을 감아주세요. 그리고 그 장면으로 가주세요. 첫날 밤 조그만 어린아이가 홀로 깜깜한 밤에 아무 빛도 보이지 않은 곳에 홀로 있습니다. 어린아이는 엄청 두렵고 슬픕니다. 앞으로 어떻게 될지도 모릅니다. 막막합니다. 그 어린아이가 어떻게 하고 있습니까? 목이 쉴 정도로 계속해서 소리를 지르며 울었고 밥을 일주일 정도 먹지 않았습니다. 죽음의 두려움에서 나오는 절규입니다. 지금 그 아이 모습이 보입니까? 그 장면으로 들어가서 아이를 바라보세요. 혹시 그 아이도 선생님을 쳐다봅니까? 아뇨. 보지 않고 울고만 있어요.	• 과거의 트라우마를 치료하기 위해 내적시각화 기법을 사용한다. • 어린아이의 절망상태 경험을 회상한다. • 어린 나를 만나게 한다.

너무 힘들어서 쳐다보지도 못하고 쪼그리고 울고만 있나요? 지금 그 아이에게 가셔서 무릎을 꿇고 그 아이를 안아주세요. 안아주면서 괜찮다, 두려워하지 않아도 돼, 너무 무서워하지 않아도 돼, 내가 이제부터 너를 반드시 지켜주고 네 옆에 항상 있겠다고 하면서 꼭 안아주세요. 그 아이가 울음 그쳤습니까? 어떤 상태로 있습니까? 반응은 하나요? 아이가 울고 있는 장면까지는 잘 떠오르는데, 안으려고 하니 아이가 없어졌어요. 형태가 희미하게만 있어요. 그러면 그냥 거기에 앉아보세요. 어떤 느낌이 드시나요? 아이가 어떻게 하고 있나요? 그냥 울고만 있는 것 같아요.	• 내담자가 힘들어서 수용하기 힘들어하는 자기를 수용하게 한다. • 어린아이가 상황을 자기 탓으로 생각하면서 자기를 비난한다. 자기를 만나기를 거부할 때 자기가 사라지는 경험을 할 때도 있다. • 어린아이의 상황에 대해 다시 질문한다.
울고만 있고 아무 생각도 안 하나요? 네. 그 아이의 손을 잡고 일으킬 수 있나요? 네. 아이의 손을 잡고 데리고 나와 선생님이 생각하는, 혹은 경험했던 가장 편안한 곳으로 데리고 가주시기 바랍니다. 어딥니까? 스위스입니다.	• 내담자와 어린 내가 트라우마 상황에서 벗어나게 하는 작업이며, 현실로 나오게 하는 준비과정이다.
오, 좋네요. 그 아이가 행복해 보입니까? 네. 두 사람이 그곳에서 좋은 시간을 잠시나마 같이 경험하는 것을 상상해보시기 바랍니다. 아이의 얼굴이 달라 보입니까? 네. 아주 편안하고 좋습니다.	• 워크숍 시간으로 인해 깊이 있는 내적시각화를 하지 못하였다.

그 아이를 마주 봅니다. 손을 마주 잡고 있는데 아이가 순간적으로 자라납니다. 15살, 18살 점차, 점차 커집니다. 보이시죠? 커지는 모습이?	• 현재의 나와 통합하는 과정이다.
네.	• 변화한 어린 나와 현재의 나와 통합한다.
제가 하나, 둘, 셋 하면 어린 나와 현재의 내가 하나가 됩니다. 하나-둘-셋.	
아! 갑자기 마음이 편해지는 것이 느껴집니다.	• 새로운 경험을 확인한다.
이제 주위를 둘러보시기 바랍니다. 주위가 너무나 좋은 환경입니다. 마음이 편안해지면서 호흡을 깊이 합니다. 주위를 바라보시고 내 안에 평안을 느껴보시면서 주위를 둘러보시기 바랍니다. 아주 편안~해졌습니다. 내 안에 있던 과거의 힘든 느낌들이 다 사라졌습니다. 이제 남아있는 것이 있다면 손끝 발끝으로 다 빠져나갑니다. 스위스의 아름다운 풍경과 따뜻한 치유의 빛이 쏟아집니다. 신선한 공기가 폐에 들어왔다 나갔다 하면서 내 안에 있던 부정적인 감정이나 신체적 경험들이 다 빠져나가고 있습니다. (시간을 줌)	• 새로운 긍정적 경험을 통한 신체적 경험을 통합한다.
편안한 느낌을 충분히 느끼신 다음에 이 자리에 오셔도 됩니다.	
제가 아주 힘들 때의 몸의 경험이, 딱 그 어릴 적 그 순간이 경험이 이렇게 연관된다는 것을 처음 알게 되어서 너무 신기하고요, 그리고 내적시각화를 하면서 저와 한 몸이 되는 그 순간 명치끝이 따뜻해지는 느낌이 들었고, 손끝 발끝으로 무언가 빠져나간다는 것을 느낀 것 같아 신기하고, 제가 몸의 반응이 굉장히 예민한데 몸의 순간적 변화를 경험한 것이 너무나 신기합니다.	• 내담자의 신체적 경험을 확인한다.

시연 과정에서의 경험 나누기

어제 데모를 한 다음에 다른 일정을 마치고 집에 들어갔습니다. 그때부터 두통이 너무 심해 눈이 안 떠질 정도로 아팠습니다. 오늘 아침까지도 두통은 계속되고 있습니다. 또 다른 신체적 경험이 있었습니다. 어제 잠을 자려고 하는데 귀가 뜨거워지는 느낌이 드는 거예요. 그래서 가만히 신체 반응에 집중하였습니다. 그때 심장이 몹시 빠르게 뛰는 것을 느꼈습니다. 그게 어느 정도냐 하면 왼쪽으로 누워있으니까 심장박동이 침대에 진동을 일으키고 있었습니다. 침대 진동이 들리는데 너무 빨리 움직이고, 귀까지 빨개질 정도로 뜨거워지는 것을 경험하였습니다. 감정적으로는 전혀 화가 나거나 무섭거나 그런 거는 아니었는데, 몸의 반응이 귀가 뜨거워지고, 맥박이 빨라지고 하였습니다. 제 생각에는 어제 데모 때 경험하였던 것을 몸으로 심하게 느끼지 않았나 생각됩니다. 눈이 안 떠질 정도로 심하게 경험하고 있었습니다. 이런 경험은 처음이었습니다. 아마도 외가의 방 한구석에서 두려워 떨고 있던 감정을 몸으로 그대로 느끼는 것 같았습니다. 너무 신기하였습니다.

사실 어제 시연을 하고 오후 일정에 늦을까 봐 몸과 마음의 반응을 자각하지 못했는데, 일정을 마치고 진정이 되고 나니까 굉장히 압도적으로 몸의 경험이 느껴졌습니다. 이게 놀랐던 경험, 그러면서 기억되지 않았던 기억들이 막 봇물 터지듯이 막 떠올랐습니다. 치료사가 그 당시의 경험이 외로움, 두려움이 아니었겠냐고 말했을 때 전혀 생각하지 못했던 기억들이 갑자기 쏟아져 나왔습니다. 지금까지 한 번도 생각해보지 못했던 것입니다. 3살도 안 된 꼬마애가 어머니에게 소리 지르고, 길 가다가 넘어지면 또 엄마한테 소리소리 지르고, 탈장 때문에 병원에 갔는데 의사 선생님 말씀이 아이가 너무 소리를 질러서 그런 거라고, 소리 지르지 못하게 하라고 하셨던 기억이 떠오르는 거예요. 어머니 취미가 사진 찍기여서 사진이 많은데 어릴 적 사진을 보니까 다 악쓰는 모습들이고, 되게 신기했어요.

또 다른 기억은 저희 할아버지가 굉장히 풍채가 있으시고 근엄하신 분이신데, 어머니가 편찮으셔서 할아버지, 할머니가 저를 돌봐주러 오셨고 할아버지께도 소리 지르고 하니까 저에게 욕을 하셨어요. 그러면서 생각해보니 그렇게 제가 막 했는데도 어머니께서 저에게 뭐라고 하진 않으셨던 것 같아요. 그것을 이번에 제가 처음 깨닫게 되었어요. 그리고 제가 외갓집에 보내졌을 때 그때 어머니가 저를 26살에 낳으셨으니까 아마 31살 때였던 것 같아요. 애가 셋이었는데 몸이 약한 젊은 어머니가 악을 쓰는 아이를 어떻게 해야 할지 몰랐을 것 같아요. 그리고 저에게 어머니는 엄격하고 무서운 사람으로 기억에 저장되어있는데, 어제 그 경험을 하면서 제 생각이 많이 바뀐 것 같아요. 악을 쓰는 아이를 칭찬해주거나 따뜻하게 안아주시지는 않았지만 많이 참아주셨던 것 같아요. 저를 많이 버티어주셨던 분이었다고 어제 깨닫게 되었어요. 힘든 아이인 저를 잘 참아주시고 받아주셨던 것 같아요. 어머니가 쉽게 흔들리지 않는 분이라 저를 많이 받아주시고 참아내셨다는 것을 어제 깨닫게 되었어요. 그래서 그런지 저는 항상 따뜻함에 갈급해있어서 누군가가 친절과 따뜻함을 베풀어주면 세상없이 좋아요.

어제 몸의 경험이 너무 저한테는 강렬해서 굉장히 힘들고, 지금도 힘들고 두통이 계속 있고, 그래도 치료를 계속해야 좋아지리라는 것을 알지만 피하고 싶은 마음이 많았습니다. 그리고 제가 수많은 워크숍에 참가했었고 사실 심상 기법을 하는 워크숍에도 참석해봤습니다. 그런데 별 경험이 없었습니다. 그런데 어제는 신기하게도 갑자기 이미지가 올라왔고 또 어느 순간 그 아이가 사라졌어요. 그 순간에 치료사가 아이에 대한 구체적인 형상에 집중하라고 해서 에너지를 집중하니까 갑자기 감각기관이 확 열렸습니다. 특히 귀가 확 열렸는데, 귀가 확 열리면서 타자를 치는 소리, 메모 쓰는 소리가 사각사각 다 들리는 거예요. 감각기관이 확 열리는 경험을 한 것이 신기하였습니다.

에너지가 모인다는 것이 마음의 에너지에 집중한다고 생각하였는데, 온 감각기관의 에너지가 아주 막 집중되면서 감각기관이 확 열리는 것을 경험하였습니다. 그리고 제 마음에 그림으로만 봤던 자기self가 점점 내 중심으로 들어가는 것을 단계적으로 느꼈어요. 제가 모임에 가야 하는 시간에 늦어서 작업을 끝내야겠다고 생각하는 순간에 누군가가 그냥 작업을 진행해보라고 하셨을 때 굉장히 감사했어요. 어느 분이신지는 모르지만 감사드립니다. 여러분이 같이 참여해주실 때 우리 모두의 보편적인 영성 에너지가 저한테 밀려오는 것 같았어요. 책에서 이해했던 영성이 이런 것이구나 하고 느꼈어요. 책에서 배운 것이 실제 경험하는 것과는 너무 다르다는 것을 깨달았습니다. 이 자리에 여러분이 함께해주셔서 감사하고, 직접 같이 경험하시려고 해서 좋았고, 책으로만 공부하시는 분들에게는 여기 와서 한번 경험해보시라고 권하고 싶습니다.

시연 2개월 후 소고

상담학 분야의 박사이자 교수이며, 주요 학회들의 슈퍼바이저로 활동하며 다양한 워크숍, 집단상담, 개인 교육분석 등을 25년 이상 경험한 나는 이 분야의 전문가로서의 나 자신의 자격을 한 번도 의심해본 적이 없었다. 그리고 나의 심리적 불안과 상처의 원인도 잘 알고 있었기 때문에 큰 기대를 갖지 않고 시연에 참여하였다. 그러나 이 시연의 경험이야말로 화룡점정畵龍點睛의 경험이었다.

빙산 탐색 과정 중에 나는 4, 5세 즈음 오랜 시간을 배를 타고 가야만 하는 외갓집으로 보내졌던 첫날 밤의 경험을 떠올렸으며, 그 순간 갑자기 엄청난 공포를 느끼게 되었다. 아마 이 사건 이후 버림받을지 모른다는 불안이 나로 하여금 지나치게 모든 일에 최선을 다하게 했고 타인을 지나치게 배려하게 되었다는 사실을 깨닫게 되었다.

시연 중 아내와의 갈등을 다루자 순간적으로 외갓집에 보내졌던 첫날 밤의 경험을 그대로 느낀다는 것을 알게 되었다. 불안, 분노, 슬픔이 전신을 갑자기 뒤덮고, 심장이 무섭게 뛰고, 호흡이 가빠지고 있었다. 치료사가 인도하는 대로 따라가니까 배꼽과 명치 중간 부위가 점차 따뜻해지고, 갑자기 귀가 열려 아주 작은 소리까지도 다 들렸으며, 피부 구멍마다 모두 열리면서 외부 자극을 예민하게 느끼게 되었다. 그 순간 내 주위의 모든 존재로부터 따뜻한 에너지가 음파처럼 전달되는 것을 피부로 느끼게 되었다.

그때 형보다 어린 나를 외갓집에 보냈던 어머니에게 '내가 무슨 잘못을 해서 외가로 보냈어?'라고 분노하고 그러면서도 나 자신을 자책하던 감정에 변화가 일어나고 생각이 달라지는 것을 느꼈다. '내가 잘못해서 보내진 게 아니라 어머니도 어린 나이에 말 못 할 힘든 사정이 있을 수 있었겠구나' 하는 생각이 떠올랐다. 그러자 갑자기 불안이 사라지면서 마음이 아주 편해지고, 나 자신과 타인에 대한 사랑이 움트는 것을 느낄 수 있었다.

그날 이후 나의 삶은 많은 변화를 경험하게 되었다. 신체적으로 좀 더 유연해지고 깊은 잠을 자게 되었다. 학생들과의 관계도 편안해지고 내가 실수를 해도 웃어넘기고 스스로를 봐주게 되었다. 특히 딸과의 관계가 많이 달라졌다. 딸에게 공부하라고 다그치지 않게 되었다. 그러자 딸도 여유를 찾고 편안하게 자기 할 일을 알아서 하는 것을 발견하게 되었다. "시간을 아껴라", "최선을 다하는 사람이 되라"고 훈계를 하는 대신, 만나면 그냥 예뻐하고 반가운 마음을 표현하게 되었다. 그러자 딸은 자기가 해야 할 일을 스스로 하기 시작했다.

배우자와의 관계에도 많은 변화가 있었다. 그동안 회유하면서 아내에게 분노, 억울함, 서운한 감정을 쌓아놓았는데, 이제는 불안을 버티면서 내가 하고 싶은 생각, 감정, 기대, 그리고 열망을 말할 수 있게 되었다. 이런 나의 변화에 익숙하지 않은 아내는 의심하기도 하고 비난하기도 하였지만 나는 아내를 편안하게 대할 수 있었다.

어린 시절의 트라우마는 나의 빙산을 회색빛의 얼음 덩어리로 만들었다. 빙산 부분들의 부조화는 과잉행동, 완벽추구, 과도한 불안, 부정적 지각체계, 충족시키지 못한 기대를 이끌었고 그 때문에 나 자신을 만날 수 없었다. 그러나 시연 과정을 통해 나 자신과 만나게 되었고 이 만남을 통해 사랑을 체험하게 되었다. 사랑의 경험은 나의 개체적 존재감을 확장하게 해주고, 더 나아가 영원불변한 생명 에너지, 즉 우주적 영성과 연결되었다는 사실을 깨닫게 해주었다.

이러한 체험을 했던 당시 함께 전문가과정을 수련 중인 동기들로부터 전해졌던 따뜻한 에너지의 느낌, 무엇을 하지 않아도 존재로서 사랑스러웠던 딸에 대한 느낌, 어머니를 수용하게 되면서 경험한 사랑의 느낌이 바로 보편적 영성으로서의 자기self를 체험한 것이라고 믿게 되었다. 진정한 인간관계란 나와 연결된 후에 다른 사람과도 연결될 수 있다는 것임을 자연스럽게 깨닫게 되었다. 그리고 이런 관계가 치료적 관계라는 사실도 깨닫게 되었다. 이 경험은 사랑의 본체이신 하나님을 경험한 것과 매우 유사한 경험이라 놀라지 않을 수 없었다.

2) 부부갈등과 자녀의 삼인군 작업 사례 | 김영애 시연

지금 참가자가 많은 이 자리에 자원자로 나오셨는데 마음이 어떠세요? 많이 불편해요. (웃음)	• 접촉하기
불편함을 어떻게 느끼시나요? 일단은 몸이 좀 불편해서인지, 마음이 설레서 그런지 좀 떨리기도 하고요. 여기 나온 것이 잘한 건가, 그리고 내가 어디까지 어떻게 개방해야 하는지, 어떤 문제를 내놔야 할지 아직 결정하지 못해서 두렵고 불편하고 그렇습니다.	• 마음 상태를 표현하는 신체적 경험을 표현하게 하면서 심리적으로 안정적 상태에 있을 수 있도록 돕는다.

몸으로도 긴장을 느끼시고, 이 과정에 대한 기대로 흥분도 느끼시고, 내가 무엇을 해야 할지 몰라 두렵고 불편하시기도 하시군요. 그리고 상담 과정에 대해 걱정을 많이 하시는데 걱정 밑의 자신에 대한 기대는 무엇입니까?	• 치료사가 내담자와 치료적 관계를 형성하고자 노력한다. 내담자의 긴장을 해소하고 편안한 상태에서 과정을 진행하기 위해 협동적 관계를 형성하고자 한다.
내가 잘못하면 안 될 것 같아서요. 여러분한테 좋은 사례가 되어야 하는데.	
오늘은 한 번쯤 다른 사람한테 책임을 맡겨보는 것은 어떨까요?	• 치료사가 내담자 자신에 대한 기대를 내려놓게 한다.
네. 치료사님을 믿겠습니다.	
K 씨는 치료사이시기 때문에 다른 사람의 이야기는 많이 들으셨겠지만, 자신의 이야기를 하는 경우는 흔하지 않으시겠죠. 불편하셨던 마음은 지금은 좀 어떠세요?	• 내담자가 치료사이기 때문에 역할이 바뀌는 것에 따라 느낄 수 있는 어색함을 풀어주기 위한 노력이 보인다.
다행히 덕분에 많이 풀어졌습니다. 아니 괜찮다고 지금 말하고 나니까 더 떨리네요. 괜찮다고 했는데 갑자기 더…. (내담자와 다시 한번 호흡을 하고 나서 시작한다.)	• 내담자가 또다시 불안을 느끼자 호흡을 하면서 심리적 안정을 찾고자 노력한다.
이제 괜찮으신가요? 그럼, 오늘 다루고 싶은 것을 이야기해 주시겠어요?	• 내담자를 안정시킨 다음에 내담자의 치료목표를 탐색한다.
네. 원래 다루고 싶은 게 굉장히 많았지만, 오늘은 좀 약소한 것으로 하겠습니다. 첫날이니까 너무 확 들어가면….	• 내담자가 자신의 깊은 내면을 들킬까 봐 두려워한다.
K 씨가 다루고 싶은 주제는 있는데 작은 문제를 다루려고 하시고, 또 제가 갑자기 깊게 내면으로 들어가 작업할까 봐 두려우시군요.	• 내담자가 표현하기를 두려워하는 마음에 공감한다.
네. 두려워요. 제가 마음속에 감추고 있는 것이 많은 것 같아요. 그래서 그런지 아주 두려워요.	

마음에 숨기고 있는 것이 많은데 그런 것이 드러날까 봐 두려우신 건가요? 아니면 제가 지나치게 빠르게 내면에 들어가 감당하기 힘들 것 같아 두려우신 건가요?	• 내담자가 계속 불안해 보여 내담자의 경험을 명료화한다.
제가 감추고 있지만 저를 다 개방하고 다루면 저한테 유리하고 좋다는 것을 알고는 있는데 그러면서도 동시에 지금은 좀 내놓고 싶지 않은 마음도 있습니다. 그런데 치료사님이 이런 제 마음마저 다 알아보실 것 같아서 걱정도 되고요. 아무리 감춰도 감춰지지 않을 것 같아요.	• 내담자는 내담자의 내면에 빠르고 깊게 들어가는 데모를 많이 보았기 때문에 혹시 치료사가 자신의 마음을 전부 알게 되는 건 아닌가 하는 불안을 표현하고 있다.
그러니까 상담에 대한 기대가 있는 한편 마음을 들킬까 봐 걱정도 되고, 뭔가 들키지 않겠냐는 두려움도 있고, 이런저런 설레는 마음도 있고. 자, 한 손에는 상담에 대한 기대를 놓으시고, 다른 한 손에 모든 걱정과 불안을 담으시기 바랍니다. 자, 좋습니다. 걱정과 불안을 담은 손을 털어버리시기 바랍니다. (손을 세게 흔들어 털어버리게 한다.)	• 내담자가 다양한 감정을 느끼고 있으므로 상담에 집중하도록 부정적 감정을 분리하는 신체적 경험을 통해서 치료목표에 집중할 수 있도록 돕는다.
자, 마음이 어떠십니까? 이제 다루고 싶은 것을 이야기하셔도 괜찮을까요?	• 치료목표를 묻는다.
예. 마음이 훨씬 편해졌습니다. 오늘은 제 아내가 아이들을 키우는 방식이 저와 다른 것 때문에 갈등이 있는데 그것을 얘기하고 싶어요.	• 마음이 정리되자 치료목표를 표현한다.
부인은 자녀를 어떻게 키우시고 선생님은 어떻게 다르게 하고 싶으세요?	• 내담자가 부부의 양육방식의 차이점에 대한 불만을 지니고 있으므로 각자의 양육방식에 대해 질문한다.
제가 생각했을 때 제 아내가 아이들을 지나치게 통제하는 것 같습니다. 제 아내가 자기 문제를 아직도 해결하지 못했기 때문에 아이들을 조종하려는 것 같은 인상을 받는데. 저는 그러지 않고 아이들이 원하는 대로 마음껏 자라게 하고 싶어요. 그런데 문제는 아내가 애들의 감정을 무시하고 야단치면 제가 그렇게 야	• 부인의 양육방식은 자녀에게 규칙을 엄격하게 지킬 것을 요구하고, 남편의 양육방식은 허용적이다. 부부의 양육 태도가 이렇게 다르다 보면 갈등 삼인군을 형성하게 된다. 그러나 문제는 단순히 양육방

단치지 말라고 하게 됩니다. 그러면 아내는 자기가 아이들을 야단칠 때는 끼어들지 말라고 합니다. 그렇게 하지 않기로 약속했어도 그 상황에서는 그렇게 하지 못해요. 저는 애들 감정을 상하게 하고 반발심을 키우게 될까 봐 걱정이어서 애들 엄마한테 잔소리하거나, 아니면 간섭하지 못하고 꾹 참고는 있지만 견디기가 힘듭니다. 제가 잘못된 짓을 하는 거죠.	식의 차이가 아니라 이러한 상황에서 남편이 느끼는 불만이다. 부인과 양육에 관해 타협이 안 되고, 그 상황에서 내담자가 또다시 자기를 비난하고 있다.
무슨 잘못된 짓을 하십니까? 애들 엄마 몰래 아이들한테 가서 위로해주는데 그렇게 하는 것이 아이들한테 좋지 않을 것 같지만 아이들 마음을 달래주고 싶어서 그렇게 합니다.	• 내담자가 지나치게 자책을 하고 있어서 치료사가 역설적인 질문을 한다. • 내담자가 해야 하는 것과 하면 안 되는 것을 하면서 경험하는 내적 갈등을 표현한다.
부인이 아이들을 어떻게 야단을 치세요? 예를 들면 아이들이 차 안에서 핸드폰으로 게임이나 노래를 들으면 "엄마가 차 안에서는 핸드폰 하지 말라고 했지?" 하고 야단을 칩니다.	• 치료사가 상황을 구체적으로 파악하기 위한 질문을 한다. 치료사의 입장은 부인의 행동에는 큰 문제가 없어 보이기 때문에 훈육할 때의 강도를 확인한다.
부인이 아이들에게 그렇게 하는 이유를 아시나요? 애들 엄마가 그렇게 하는 이유는 조금 왔다 갔다 하는 것 같은데요. 핸드폰에 너무 빠져있는 게 싫다, 집에서 하는 것도 지나친데 이동하면서까지 해야 하는가 그런 얘기를 하는 것 같아요.	• 치료사가 부인의 행동 밑의 지각, 기대를 파악하는 질문을 한다.
부인은 아이들이 지나치게 핸드폰에 빠지는 게 불안하다고 하셨는데 얼마나 많이 빠져있는데요? 저희 아이들은 조금 많이 하는 것 같아요.	• 부인의 요구가 지나친 것인지 확인하기 위한 질문을 한다.
아이들의 나이는? 몇 학년인가요? 첫째는 고3, 둘째는 고2입니다. **지금 고3, 고2 자녀에 대해 말씀하시는 건가요? 저는 초등학교 1, 2학년을 데리고 이야기하는 줄 알았어요.** 막내는 초등학교 2학년이고요.	• 치료사는 부인의 규칙 적용이 자녀의 나이에 적절한지를 확인하기 위한 질문을 한다.

막내한테만 얘기하는 거예요? 아니면 큰아이들한테도 얘기하는 거예요? 주로 큰아이들한테 그렇게 합니다.	• 치료사는 부인의 지각체계의 규칙 실행 요구가 자녀 나이에 맞지 않게 지나치다 싶어 누구한테 말하는지 확인한다.
남자? 여자? 셋 다 남자입니다.	• 치료사가 가족체계를 이해하고자 아이들의 성별에 대해 질문을 한다.
아이들이 말을 잘 듣습니까? 네. 아이들이 착해서 엄마 말을 잘 듣는데. 제 눈에는 듣는 척하고 귓등으로 듣는 것으로 보입니다.	• 치료사가 부인과 자녀의 상호작용 적절성을 파악하기 위한 질문을 한다.
그러니까 아이들이 하고 싶은 건 다한다는 이야기네요. 선생님이 도와주지 않아도 아이들은 엄마 눈을 피해서 나름 하고 싶은 것들을 다하고 있네요. 네.	• 부인과 자녀의 상호작용에 남편이 끼어들게 되면 삼인군을 형성하게 되면서 역기능적 가족체계를 형성하게 된다. 그래서 아이들이 부인(어머니)과 적절한 상호작용을 하는지 확인한다.
그럼 뭐가 걱정이세요? 음… 두 가지가 걱정인데 하나는 저와 아내와의 관계이고, 다른 하나는 아이들이 억압당하지 않나 하는 것입니다.	• 내담자의 불안은 모두 자녀 양육에 관한 것이다.
그러니까 부인이 아이들을 통제하는 것이 지나쳐서 아이들이 정서적으로 억압당하지나 않을까 걱정이 되어 부인의 행동이 마음에 들지 않는 건가요? 네. 그렇습니다.	• 치료사가 남편의 두 가지 불안을 연결한다.
쉽게 말하면 부인의 양육 태도가 마음에 안 든다 이런 얘기네요? 네.	• 치료사가 남편의 문제를 재명명한다.

그러니까 부인이 아이들을 훈육할 때 서로 비난하지 말자고 약속했기 때문에 어떻게 할 수 없지만, 부인이 아이들을 야단치는 것을 볼 때마다 마음이 불편하다는 말씀인가요? 그렇지는 않은데 그렇게 하는 거는 아니라는 생각이 들어요.	• 내담자가 부인에 대한 비난은 아니라고 하지만 부인에 대한 태도에 대한 불만이 문제임이 분명하다.
그러니까 둘이 타협은 했어도 마음으로는 받아들이지 못하는 게 문제네요? 그러면 본인은 어떤 환경에서 성장하셨나요? 저는 마마보이처럼 살았습니다. 어머니는 저를 굉장히 잘 돌봐주셨고, 아버지는 좀 무서웠습니다. 지금 생각하니 부모님의 영향을 받은 것 같습니다.	• 내담자의 양가감정을 분명하게 파악하기 위해서 내담자의 성장과정에 대해 질문한다. 부모의 양육 태도의 차이점으로 인해 내담자가 느끼는 불안이 있다.
우리나라의 과거 부모상이었네요. 엄하신 아버지, 자비로운 어머니 유형이셨네요. 네. 맞습니다.	• 부모의 태도에 대해 사회문화의 영향을 지적한다.
아버지를 볼 때는 두려웠고 어머니를 볼 때는 편안하셨다고 하는데 아버지가 얼마나 무서우셨어요? 가끔 아버지 주머니에서 동전을 훔쳐서 아버지가 때리셨어요. 제가 맞을 짓을 해서 맞은 거긴 한데 아버지가 바쁘셔서 친밀감이 없었던 상태에서 아버지가 저를 때리고, 혼내는 상황이 많아서 그런지 저는 아버지가 늘 무서웠어요. 어머니가 아버지는 피곤하시니까 일하시다가 가끔 들어오셔서 점심 드시고 잠깐 쉬신다고 하셨어요. 아버지는 벽에 다리를 올려놓고 주무셨고, 어머니는 저에게 아버지 머리 위로 지나가면 안 된다고 하셨고, 저는 아버지 발밑으로 기어서 지나가곤 했습니다. 그 정도로 아버지랑 지냈고요. 저희 친가가 목장을 하는데 소가 난산을 해서 수의사가 송아지를 꺼내서 제 방에서 송아지를 재웠어요. 겨울이라. 그래서 할 수 없이 제가 아버지와 한 이불을 덮고 자야 했었어요. 심지어 그날 저는 이불에 눌려 죽는 줄 알았어요. 아버지 옆에 누워있을 때 숨을 제대로 못 쉬겠더라고요. 혹시라도 아버지 불편하게 할까 봐.	• 아버지는 규칙을 지킬 것을 요구하였는데 그 강도를 확인하는 질문이다. • 아버지에 대한 내담자의 감정을 알 수 있다. 내담자는 아버지와는 가깝지 않고, 어색하고, 두려워하는 마음이 있다.

그러니까 아버지가 직접 혼을 내신 것보다는 어머니가 주는 메시지가 더 강력했네요?	• 실제 관계보다는 어머니의 말이 내담자의 아버지에 대한 지각체계에 영향을 끼친 것을 볼 수 있다.
그게… 글쎄… 그럴지도 모르겠지만 그런 생각을 한번도 해본 적은 없고요.	
지금 처음으로 그런 생각을 해보시는 건가요?	• 치료사가 내담자의 지각체계 변화를 추구한다.
네.	
어머니가 아버지가 힘드시다, 아버지는 이러신 분이다, 귀찮게 하지 말아라, ~하지 말아라, 어머니의 규칙이 좀 많았네요?	• 아버지에 대한 지각체계를 완화하려는 치료사의 노력에 반하여 내담자는 아버지의 폭력에 대해서만 말한다.
그럴 수도 있을 거 같은데 근데 실제로는 아버지가 저를 많이 때리셔서.	
어머니의 말씀도 있었지만, 아버지가 때리셔서 더 무서우셨군요. 그런데 아버지가 왜 때리셨나요? 아무 잘못도 하지 않았는데 때리셨나요?	• 아이는 아버지가 때려서 무서운 기억이 있지만 왜 때리는지 잘 모를 수 있다. 이러면 아버지에 대한 불만이 더 클 수 있다.
아니요. 제가 잘못했어요. 아버지 주머니에서 동전을 꺼내서 슈퍼에서 뭘 사 먹곤 했어요.	• 내담자가 왜 아버지가 때렸는지에 대해 말한다.
그 아이가 진짜 아버지를 무서워했던 아이였던가요?	• 내담자는 자기가 한 행동보다는 아버지가 야단치는 기억에만 집중해서 아버지에 대한 두려운 감정만 기억하고 있다.
(침묵) 그 아이는 무서워했습니다.	
무서워했어요? 무서워하면서도 똑같은 행동을 반복했나요?	• 내담자에 대한 지각체계를 점검하기 위한 질문을 한다.
(침묵. 고개를 갸우뚱) 헷갈리네요. 잘 모르겠어요.	
한 번도 그렇게 생각해보지 않으셨나요?	• 내담자의 지각체계 변화를 추구한다.
네.	

지금 K 씨 자녀가 자기 어렸을 때처럼 행동했다고 상상하면 그 아이는 어떤 아이일까요? (침묵) 저처럼 행동했다는 것은 어렸을 때 저처럼요? 네. 가련한… 아이죠.	• 내담자가 자기가 자녀일 때 부모에 대한 감정을 자녀에게 투사하고 있다는 것을 자각하게 하는 질문을 한다. 내담자는 자기가 느꼈던 불쌍한 자기를 자녀에게 투사해서 가련한 아이라고 느끼고 있다.
그래요? 내가 들었을 때는 하고 싶은 것은 꼭 하는 아이 같은데? 네. 두들겨 맞아도 안 고쳤잖아요. (침묵) 네. 오랫동안 못 고… 아니, 안 고쳤죠.	• 내담자의 자기에 대한 지각체계와 아버지의 관점에서 아들에게 갖는 지각체계의 차이를 깨닫게 하는 질문을 한다.
그 아이는 어떤 아이예요? 나쁜 아이네요.	• 자기가 불쌍하다고 하면서도 자기 욕구를 충족하기 위해서 잘못된 행동을 계속하는 것을 보여주고 있고, 그런 자신을 나쁘다고 비난하는 것을 볼 수 있다.
(고개를 저으며) 고집이 센 아이죠. 하고 싶은 것을 하려는 아이? 네…. 그런 것… 같…습니다. 지금도 그런 것 같고요.	• 고집이 세다고 자기self를 비난하는 내담자에게 다시 긍정적인 관점을 가질 수 있는 질문을 한다.
그 아이는 자기가 하고 싶은 것은 꼭 하려는 의지가 강한 아이같이 보이는데요? 그 아이가 불쌍한 아이인가요? 여태껏 불쌍한 아이라고 생각했는데 그렇게 불쌍하지는 않네요.	• 다시 내담자의 자기에 대한 관점을 긍정적으로 재구조화한다.
아이가 혼란스러웠던 것 같습니다. 어머니는 오냐 오냐 하시는데 아버지는 규칙이 강하시고. 그런데 아이는 하고 싶은 것은 해야 하는 아이였던 것 같습니다. 아버지가 아들이 동전을 자꾸 훔치는 걸 보시고 무슨 생각을 하셨을 것 같아요? 안타까워하셨죠.	• 치료사가 부모의 양육 태도와 내담자의 관계를 자각하게 하고, 아버지의 내담자에 대한 지각체계를 깨닫게 하는 질문을 한다.

뭘 안타까워하셨죠? 잘못된 삶을 살까 봐.	• 아버지에 대한 관점이 바뀌자 아버지에 대한 지각체계가 변한다.
아들의 미래가 걱정이 되셨던 것 같아요. 아버지의 매는 무엇을 위한 매였을까요? (눈물을 흘리며) 저를 위한 매요….	• 돈 훔치는 아들의 버릇을 고치지 못하는 것에 대해 불안해하고 걱정하는 아버지의 마음을 읽게 한다.
걱정의 매, 사랑의 매였던 것 같아요. 네.	• 아버지에 대한 관점의 변화가 필요하므로 지각체계를 전환시킨다. 내담자가 부인의 양육 태도에 느끼는 감정에 과거의 감정이 투사되고 있음을 알 수 있다.
두려웠던 것 같아요. 애가 버릇을 못 고칠까 봐! 네. 맞아요.	• 아버지에 대한 관점이 변하지 않으면 부인의 양육방식 역시 여전히 부적절하다고 판단하게 되어 부인에 대한 부정적 감정을 해결하기 쉽지 않다.
지금 눈물을 흘리시는데 그 눈물은 무엇을 말하는 것 같아요? (소리 없이 눈물을 흘림) 아버지가 저를 많이 사랑… 하셨구나. (눈물)	• 아버지에 대한 지각체계가 변하자 아버지에 대한 감정체계가 변화한다.
아버지가 힘들게 일하셔서 애를 키우는데 혹시 아들이 훔치는 버릇을 못 고치면 어쩌나 걱정을 많이 하셨던 것 같아요. 아버님께서 살아계시나요? 네.	• 내담자의 아버지에 대한 지각과 감정이 변화했기 때문에 용서와 화해가 필요하다고 느껴 아버지의 생존여부를 확인한다.
다행이네요. 살아계셔서. 지금까지 K 씨는 아버지를 뵈면 어색하지 않았을까 싶어요. 지금은 다행히 아버지와 나름대로 잘 회복했다고 생각하고 있어요. 그런데 아닌 것 같네요. 제가 아버지랑 대화할 때 주로 농담 중심으로 하지 마음을 나누지는 잘 못해요.	• 내담자와 아버지의 현재 관계를 탐색한다. • 아버지와의 관계를 확인하자 괜찮다고 하다가 친밀한 관계가 아님을 깨닫게 된다.

아버지는 어머니를 바라보면서 아이를 저렇게 키우면 어떡하나 걱정을 하셨던 거 아닐까요? 오냐 오냐 하면서 제멋대로 키운다고, 너무 과보호한다고 걱정하시지는 않았을까요? 네. 맞아요. 그런 말씀 많이 하셨어요.	• 아버지와의 관계를 다룬 다음에 어머니의 과보호 양육 방식에 대해 점검한다. 내담자가 어머니의 양육 태도가 좋다고 받아들였기 때문에 지금 자녀에게도 허용적인데, 이 태도가 문제가 되고 있기 때문이다.
지금 생각하니 아버지가 왜 그렇게 엄격하게 대하셨던 것 같은가요? 아버지는 어머니가 애 버릇을 못 고치니까 어떻게 혼을 내서라도 버릇을 고쳐야겠다고 생각을 하신 것 같아요. 그런데 그 어린아이는 그렇게 해석하지 않았던 것 같아요. 아버지가 때리면 무섭고, 아버지가 날 사랑하지 않는다고 느끼고.	• 내담자가 부모에 대한 새로운 지각체계를 형성하게 된 것을 알 수 있다.
부인이 애들을 야단칠 때 어떤 생각과 감정을 느끼셨나요? 아내가 애들을 망친다고 생각했던 것 같아요.	• 지금까지 갖고 있던 아내에 대한 관점을 다시 확인한다.
그 생각과 감정이 어디에서부터 시작된 것 같으세요? 아내가 애들을 야단치면 내가 어려서 느꼈던 것같이 느끼리라 생각했던 것 같아요.	• 내담자가 자녀에게 자기의 경험을 투사하고 있다는 것을 깨닫게 된다.
지금 부인이 아이들한테 규칙을 적용할 때의 모습을 떠올리시기 바랍니다. 어떤 감정을 느끼시나요? … 어… 되게 심한 비약인 것 같은데요. 아내한테 감사하다는 생각이 드네요. 아이들이 저하고만 컸으면 굉장히 규칙 없는 버릇 없는 삶을 살았을 수도 있었겠다는 생각이 드네요.	• 내담자의 과거 감정과 현재 감정을 연결해서 둘 사이의 연결을 깨닫게 돕는다. 그러자 상황에 대해 새로운 자각을 하게 되고, 동시에 부인의 태도의 좋은 점을 인정하게 된다.
부인은 남편이 허용적인 것을 보면서 무슨 생각을 했을까요? 그러면 애들 망치겠다고 생각했겠죠.	• 자신에 대한 내담자의 관점이 변화하자 부인의 입장을 깨닫게 하려고 질문한다.
K 씨 아버지와 비슷하게 걱정할까요? 네. 그랬겠어요.	• 부인의 입장과 아버지의 입장을 비교하면서 이해를 돕는다.

그리고 부인이 애들을 야단치는 것을 보면 어린 시절 아버지한테 야단맞을 때 느꼈던 싫은 감정을 느끼셨나요? 네.	• 부인이 아이들을 야단칠 때 내담자가 아버지가 야단칠 때와 비슷한 감정을 느꼈다는 것을 내담자에게 확인한다.
지금 이렇게 얘기하면서 관점이 바뀌다 보니까 마음이 어떤 가요? 몸은 일단 여기서부터 여기까지 다 목욕탕에 들어가서 시원하게 풀어주는 듯한 느낌이 있고요. 마음도 비슷한 것 같아요. 실제로도 그렇고 실컷 울고 난 듯한 느낌.	• 내담자가 지금까지 풀리지 않았던 아버지, 어머니에 대한 관점, 그리고 현재 삼인군에 대한 역동을 이해하자 마치 안 풀린 숙제가 풀린 듯이 지각체계의 변화가 일어났고 뇌, 신체, 감정, 지각, 기대, 열망이 변화하는 것을 경험한다.
편안해졌다는 얘기인가요? 네, 그런 것 같습니다.	• 다시 한번 변화를 확인한다.
상상 속에 부인을 바라본다고 하셨을 때도 느낌이 편안하세요? … 아내한테 쌓인 게 많아서 (웃음) 아이들에 대한 부분에 대해서는 이해가 됩니다.	• 부인에 대한 감정도 변했는지 확인한다.
K 씨가 처음에 호소한 문제 중의 하나는 해결된 것같이 보여요. 그런데 부인과의 문제를 다룰까요? 말까요? … 음… 어… 아내랑… 더 가까워지지 않는, 그래서 표현하는 게 조금 이상하게 느껴지지만, 더 아내를 사랑하지 않는 것 같은… 친밀감이 없는데.	• 내담자가 제시한 상담목표가 이루어졌기 때문에 상담 종료에 대해 질문을 한다. 여기에서 상담을 끝낼 수 있지만 이런 기회가 많지 않기 때문에 부부관계를 더 다룰 것인지 확인한다.
부부는 친밀감을 충분히 느껴야 하는데 그렇지 못한 것이 불편하신가요? 말씀하신 것보다 상황이 더 심각할 수도 있을 것 같습니다.	• 내담자는 부부관계가 심상치 않다는 것을 암시한다.
K 씨의 손으로 표현하자면 부부관계가 얼마나 멀다고 느껴지세요? (손으로 꽤 멀리 거리감을 표현한다.)	• 내담자가 느끼는 부인과의 친밀감 거리를 구체적으로 이해하기 위해 손으로 표현하게 한다.

얼마큼 가까워지기를 원하세요? (손으로 거리감을 좁혀가며) 이 정도는 가까워져야 하지 않을까요?	• 또 나중에 치료결과를 확인하기 위해 원하는 친밀감의 거리를 표현하게 한다.
두 사람 사이를 가로막는 것이 무엇인 것 같으세요? … 서로가 서로한테 기대하는 것이 다른 것 같아요. 제가 아내한테 바라는 것과 아내가 저한테 바라는 것하고….	• 자녀들 문제 외에도 다른 문제가 많다는 것을 보여준다. 부부가 상대방에 대한 기대가 다름을 말한다.
K 씨가 부인한테 바라는 것은 무엇이에요? 저는 아내가 저한테 조금 더 친절하고, 그리고 제가 치료사로서 혹은 남자로서 하는 일을 이해해주고 도와줬으면 좋겠다는 게 제 바람입니다.	• 부인에 대한 기대: 수용
그러니까 부인이 나를 지지해주고 좀 더 따뜻하게 대해주고 이해해주고, 존중해줬으면 좋겠다는 것인가요? 네.	• 사랑, 친밀, 수용, 인정, 존중의 열망에 대한 바람
그런데 K 씨가 부인한테 원하는 지지가 10이라면 지금은 어느 정도 충족되고 있다고 느끼십니까? -1이나 2 정도요.	• 현재 부부관계의 부부만족도: -10~20%
그러시군요. 그럼 주로 어떤 감정을 느끼시는지요? 외로움입니다.	• 기대가 채워지지 않아서 느끼는 감정: 외로움
부인은 K 씨에게 무엇을 원하는 것 같으세요? 제 아내도 제가 더 친절한 남편이길 바라고요. 더 가정적이길, 그리고 집안일을 더 많이 도와주길 바라고 있습니다.	• 상대방이 가진 나에 대한 기대 탐색: 좀 더 가정적이고 친절한 남편
K 씨는 부인이 나한테 좀 더 친절했으면 좋겠고, 부인은 남편이 가족한테 좀 더 친절했으면 좋겠다, 이런 말인가요? 네.	• 두 사람의 상호작용에 문제가 있다. 즉, 서로 자신의 기대를 상대방이 채워주기를 바란다.

부인이 볼 때는 K 씨가 다른 사람들한테 너무 에너지를 많이 쏟고 가족한테는 에너지를 덜 쓴다고 느끼시는 건가요? 네. 그렇습니다.	• 앞에서 부인의 기대를 말했다. 지나치게 외부에 에너지를 쏟지 말고 가족에게도 관심과 사랑을 줬으면 좋겠다는 것을 알고 있었다.
그런 소리를 들을 때마다 K 씨의 마음은 어떠신가요? 음. 저는 서운하게 느껴져요. 그렇게 말할 때.	• 내담자는 부인의 인정을 받고 싶고, 그렇지 않으면 섭섭한 감정을 느낀다. 부부가 상대방이 원하는 기대를 충족하기보다는 상대방이 나의 기대를 충족해주기를 바란다.
부인이 어떤 말을 해주면 덜 섭섭하시겠어요? 수고했다, 잘했다, 애쓴다, 저를 격려해주기를 바라는 마음이죠. 왜냐하면 결혼할 때 서로 동의하고. 결혼할 때 제가 나는 당신보다 하나님 일 하는 것을 더 사랑하는데 괜찮냐, 결혼하면 우리 집에 학생들을 자주 데리고 와서 밥도 해 먹이고 싶고, 같이 어울려 놀고 싶은데 괜찮냐고 미리 동의를 구했고, 저는 그런 삶을 꿈꾸면서 어려서부터 살아왔고, 그것에 대해 동의를 이미 받았다고 생각했는데 그런 게 안 되기도 했고, 제 아내가 당연히 그 정도는 해줄 것이라고… 저와 함께 같은 곳을 보는 줄 알았는데….	• 결혼 전에 내담자가 원하는 결혼생활에 대한 기대가 있었고 동의를 받았다고 믿었다. 그러나 그 정도가 어느 정도인지 부인은 몰랐을 것이고, 부인으로서는 남편이 성직자임에도 행동이 지나치다고 생각하는 것 같았다. 남편은 자기 관점에서만 부부관계를 바라보고 있다. 상대방의 기대를 채워주기를 바라고. 그 기대가 채워지지 않자 실망하면서 열망과 자존감이 떨어지고 있다. 맨 처음 자기 비난이 심했던 것은 성장과정과 결혼생활에서 배우자의 피드백이 원인이었을 것으로 보인다.
부인이 그런 말을 듣고도 결혼을 결심한 것은 그런 일을 감당할 것인가 아닌가보다 K 씨를 사랑하는 마음이 더 컸던 것 같습니다. 네.	• 부인이 내담자의 기대를 채워주지 못하자 사랑과 친밀감의 열망을 채워줄 수 있는 기대가 채워지지 않고 있다. 그래서 치료사가 부인에 대한 지각체계를 변화시키고자 노력하고 있다.
그것은 제 말을 받아들일 수 있다는 말씀인가요? 네. 그때는 그런 것 같습니다.	• 내담자가 치료사의 관점을 수용한다.

지금 그때의 부인이 나를 많이 사랑했다고 떠올릴 때 마음이 어떠세요? 그래도 불편해요. 마음이 그때는 그랬었는데…. 지금은 그때 마음마저도 의심이 되죠. 사랑하지 않았다는 게 아니라 그 이면에 이기적인 마음이 있는 것이 아닐까 하는 생각이 듭니다.	• 내담자의 부인에 대한 기대가 채워지지 않아 사랑의 감정까지 사라지고, 오히려 부인의 결혼 기대까지 의심하고 있다. 결국, 지각체계의 변화와 기대까지도 부정적으로 판단하고 있다.
부인이 결혼할 때 나를 사랑한 것 말고 다른 마음이 있었다고 생각이 드는가요? 네. 지금 하는 것을 보면.	• 결혼생활을 하다 보면 서로에 대한 불만이 쌓이게 된다. 그런데 내담자는 부인의 결혼 의도까지 의심하고 있다. 내담자의 사랑과 인정, 그리고 수용의 열망이 채워지지 않자 기대가 무너지고, 기대가 무너지자 지각체계에 영향을 끼쳐 배우자에 대해 부정적 판단을 한다.
어떤 행동을 보고 그런 생각이 드시나요? 제가 느끼기에는 저에게 계속 무엇인가를 원하고, 요구하고.	• 특정한 행동을 기반으로 직접 경험하고 판단하기보다는 내담자는 부인의 기대가 높다고 느낀다.
무엇을 요구하고, 무엇을 원하는데요? 제가 어쨌든 집에 일찍 들어가는 그런 사람은 아니어서 늦게 들어가는데, 몇 시에 들어오시는데요? 보통 10시 넘어서. 지금은 학교에 다니니까 12시 넘어서 들어가고요. 전에 학교 다니지 않아도 일을 만들어서 10시까지는 일하다가 들어가서 늘 늦게 들어갔죠. 늦게 들어가면 저도 피곤한데 제가 할 일들을 남겨두고 있어요.	• 부인의 기대를 질문하자, 부인이 내담자의 귀가 시간에 대해 불평하는 것을 받아들이지 못하고 있다. 내담자는 자신의 늦은 귀가는 당연하다고 판단하고 있다. 자신이 늦게 귀가하는 데 문제가 있다고 판단하기보다 의도적으로 귀가를 늦추는 문제도 보인다. 내면의 문제를 파악할 필요가 있다.
어떤 일을 남겨놓는데요? 설거지, 화장실 쓰레기 이런 것들이 남겨져 있어요. 저에게 그것을 하라고 하는데, 그런데 저는 일단 들어가면 아이들이랑 놀아줘야 하므로 아이들이랑 놀아주고 나면 시간이 없기도 하고 피곤하기도 하고, 그리고 제가 판단할 때에는 제 아내는 할 시간이 있음에도 불구하고 안 하는 것처럼 느껴져요.	• 부인이 요구하는 것은 가사일 분담이다. 부인이 자녀 세 명과 가사 일을 혼자 모두 감당하고 있다. 그러나 부인의 힘겨운 노동보다는 자녀들과 놀아주어야 한다고 하는데 이미 다 성장한 자녀들과 노는 것을 더 중요하게 여기는 것은 자신의 못 채운 기대를 자녀에게 투사하고 있는 것임을 알 수 있다.

부인이 K 씨한테 해야 할 것들을 남겨놓고 나를 시키려고 하는구나! 라고 생각하게 되면서 섭섭한 마음이 드시는군요. 네. 그런 것이 섭섭하죠.	• 내담자의 기대, 감정, 지각체계를 공감한다.
부인은 직장이 있으신가요? 초등학교 돌봄교사인데요. 몇 시부터 몇 시까지 일하세요? 11시 30분에 출근해서 지금은 6시까지 일합니다.	• 부인이 직장생활을 하는지 확인한다. 현재 부인은 직장생활, 자녀 돌봄, 가사일 모두 혼자 감당하고 있다는 것을 알 수 있다.
그러니까 부인이 퇴근해서 집에 오면 집 청소도 해야 하고, 밥도 해줘야 하고, 애가 셋인데 막내 숙제도 봐줘야 하고, 큰아이들에게 필요한 여러 가지 일들을 돌봐줘야 하고…. 그러면 6시에 와서 이렇게 아이들 돌보고 저녁 식사를 하고…. 그렇게 하고 나면 몇 시쯤 끝날 것 같으세요?	
집안일이야 끝도 없겠지만 제가 느끼는 불만 중의 하나는 제 아내는 점심을 간단하게 먹고 그때까지 무엇을 먹지 않아서 그런지 집에 오면 매우 배고파해요. 6시에 끝나서 오면 많이 배고프니까 제 생각에는 밥을 미리 해놓고 가면 좋은데 그렇지 않아요. 아내는 집에 오면 무엇을 시켜서 먹을 때가 많아요. 그런데 우리 집이 넉넉한 편이 아니니까 뭐 외식 자체를 하지 말라는 것은 아니지만 그 규모 안에서 해야 하는데 돈이 없다 하면서도 계속 외식하는 것은 제가 볼 때는 불만이고요. 집안일을 하면 끝도 없는 것을 알지만 제가 느끼기에는 집안은 늘 어지럽혀있어서 청소를 안 하는 것은 아니지만 매일 하는 것은 또 아니고요. 물론 일은 많아요. 빨래가 많아요. 아이들이 셋이다 보니까 빨래가 많아요.	• 내담자가 한편으로는 부인을 이해하지만, 다른 한편으로는 부인에 대한 불만을 느끼고 있다. 그러나 내담자가 어떤 도움을 준다는 이야기는 없다. 내담자의 불만은 첫째, 부인이 배고프다고 시켜 먹는 외식 비용, 둘째, 집안 정리를 깔끔하게 하지 못하는 것이다.
그러니까 K 씨는 집 밖에서 보내고 싶은 만큼 시간을 보내고 집에 오면 모든 게 정리되어 집안일 때문에 힘들지 않았으면 하는 바람이 있는 것 같습니다. 네.	• 남편의 자기중심적 기대를 다시 확인하게 한다.

그리고 부인한테 처음 결혼할 때 나는 하나님을 당신보다 사랑하니까 하나님을 위한 일을 해야 한다고 말했기 때문에 지금 부인이 집안일을 도와달라고 요구하면 그때 약속을 지키지 않는 것 같아 화가 나시는군요. 그런데 그때 부인이 이런 상황을 상상할 수 있었을까요? 아마 그때는 저도 아내도 그것이 무엇을 말하는지 몰랐을 것 같아요.	• 내담자가 과거 자신이 부인에게 했던 말을 내세워 결혼생활에 따르는 다양한 업무, 또 가족에게 발달주기가 있어 가족체계가 변화함에 따라 구성원들이 변화해야 한다는 것을 지각하지 못하거나 인정하지 않으려고 하자, 치료사는 현실을 자각할 수 있는 질문을 한다.
그렇죠. 그러면 부인이 K 씨를 속인 걸까요? 아니면 몰랐던 걸까요? 몰랐던 거죠.	• 내담자의 지각체계의 모순을 직면하고 있다.
그런데 제가 아까 듣기로는 부인한테 속은 것 같은 느낌이 든다고 하셨어요. 기억하세요? 네. 제 아내가 저와 거짓말로 결혼했다는 얘기는 아니고요. 그때 제 아내가 진짜 한 남자로서 저를 사랑했다기보다 제 아내한테도 아마 결혼이라는 도피처가 필요하지 않았겠느냐고 생각했어요.	• 내담자는 부인이 자기의 기대를 충족시켜주지 못하자 부인의 사랑을 의심하고 있다.
여자들이 자기 가정에서 힘들면 결혼으로 도피하는 때도 있죠. 그런데 그 많은 남자 중에서 K 씨를 선택했어요. 그러면 도피하기 위해서 K 씨를 선택했을까요? 아니면 도피하고 싶은 마음도 있었는데 K 씨를 사랑했기 때문에 K 씨와 결혼했을까요? 다 제 생각이지 확인한 것은 아닙니다. 그때 제 아내는 제가 능력 있는 사람이라고 생각했던 것 같아요. 왜냐하면 그때는 제가 아내에게 그렇게 보일 수 있었겠다고 생각이 듭니다.	• 치료사는 내담자의 지각체계의 모순을 지적하고 있는데 내담자는 부인에 대한 지각체계의 가설을 바탕으로 판단하고 있는 것을 볼 수 있다. 특히 부인이 자신을 부족하다고 생각하고 있다고 믿고 있다. 내담자의 자존감이 낮은 것을 볼 수 있다.
지금 현재 부인에게 느끼기에 내가 충분히 능력 있는 사람으로 보이지 않는다고 느끼세요?	• 내담자가 부인의 내면에 대해 부정적으로 판단하고 있으므로 내담자의 낮은 자존감에 대해 탐색한다.

네. 2~3가지 이유가 있는데요.
첫 번째로는 그 당시에는 저희 부모님이 여유가 있으셨는데 지금은 여유가 없어서 실제로 우리집, 우리 가정에 재정이 필요했을 때 부모님이 도와주지 못한 게 오래됐고요.
그리고 두 번째로는 결혼하기 전까지는 제가 제 마음대로 살았어요. 성취 욕구가 높아서 그런지 뭐든 잘했었어요. 그런데 결혼 이후에는 아내와 많이 부딪혔죠. 제 고집도 센데, 아내도 나름대로 배려해줘야 하고 거기서 오는 눌림 같은 게 있었던 것 같아요. 그래서 학교도 제대로 못 다니고…. 제가 27살에 일찍 결혼했는데 그때 대학원에 입학하면 결혼해도 되겠다고 생각했습니다.
사실 저는 준비가 덜 된 상태에서 결혼했습니다. 저는 학교 다니면서 결혼생활을 했는데 결혼에 대한 현실적 감각이 없어서 그냥 저는 저대로 막살다가 아내를 힘들게 했고….
저는 결혼하자마자 연년생으로 두 아들을 낳으니까 아내도 힘들었죠. 저는 힘들어하는 아내, 그리고 그 아내를 배려해야 한다고 생각했지만, 한편 제 마음대로 살고 싶었어요. 그때 제 안에 갈등도 많이 있었어요. 학교 가는 것도 힘들었고, 그때 가정에 경제적인 어려움도 있고, 휴학하면서 학교를 10년 동안 다니게 되었습니다. 결과적으로 말하면 제가 결혼하기 전까지 제 친구들보다 조금 더 앞서가고 능력 있는 남자 같은 인상을 아내에게 줬는데 결혼한 후로는 함께 어렵게 된 것이긴 하지만 제가 친구들보다 목사 안수도 더 늦게 받고, 경제적으로도 여전히 제 아내에게 충분한, 아내가 필요로 하는 충분한 돈을 가져다주지 못하니까 그런 것들이 저를 무능한 사람으로 보게 하지 않았을까…. 그래서 제가 아내의 기대를 충족시키지 못한 것은 아닐까, 그게 아내가 저를 안 좋게 생각하게 하는 것은 아닐까 생각합니다.

- 내담자가 판단하는 부인이 결혼생활에 가질 수 있었던 불만에 대해 나름대로 설명한다.

1. 시집에 경제적 도움을 주지 못하고 있는 것
2. 두 사람의 성격적 차이
3. 내담자는 결혼 전이나 후에 생활의 변화가 없었음
4. 결혼생활로 인해 다른 동료보다 자신의 출세가 늦다고 느끼는 점
5. 수입이 넉넉하지 못한 점

- 이런 다양한 이유로 내담자의 자존감이 낮아졌다.

제가 듣기에 K 씨의 이야기는 젊은 두 남녀가 사랑에 빠져서 앞날의 희망을 예쁘게 그리고 결혼을 해서 생활을 개척해나가려고 애쓴 모습처럼 보여요. '두 젊은 남녀는 애쓰면서도 주어진 삶을 이겨내려고 노력했습니다'라고 이야기하는 것 같아요. 두 분이 어려움을 겪으면서도 열심히 아이들을

- 치료사는 내담자의 부정적 지각체계를 긍정적으로 변화시키고자 한다. 그리고 내담자가 이런 생각을 부인과 의사소통을 하는지 확인한다.

키우면서 살아오신 것 같아요. 처음에 계획했던 그림은 아니었어도, 그 기간이 길어지긴 했지만 '우리 둘은 열심히 살았습니다'라는 이야기로 들려요. 그런데 핵심은 K 씨 자신의 자존감이 많이 떨어진 상태로 보여요. 혹시 이런 마음을 부인과 나눈 적이 있나요?

아니요.

그렇다면 본인이 그동안 품고 있던 마음이군요.

네.

- 내담자가 의사소통하지 못하고 있는 것을 확인한다.

K씨는 점쟁이신 것 같아요. 나는 아내의 마음을 다 알아, ~ 이럴 거야라고 해석하고 그것을 진실이라고 판단하시는 것 같아요. 그렇게 판단하시고 나서 부인에게 어떻게 행동하셨나요? 사랑을 보여주셨나요? 아니면 그 부인이나 K 씨의 기대하는 꿈이 깨졌다고 해서 위로를 해줬나요? 아니면 K 씨가 거리를 두셨나요?

저는… 여전히 아내한테 인정받고 싶은 것 같아요. 그래서 더 열심히 살아야 하는 거죠. 남자로도 아버지로도…. 성공해야 하니까.

- 치료사가 내담자의 왜곡된 지각체계를 직면시킨다. 그러자 내담자는 치료사의 말에 대답하지 않고, 내면을 채우지 못한 열망을 이야기한다.

인정받고 싶으신데, 그렇지 못하다고 생각하면서 슬퍼하시는군요.

(끄덕끄덕)

- 치료사가 내담자의 채우지 못한 열망과 공감, 지각체계에 공감한다.

우리는 다른 사람이 나를 인정하는지 확실히 모르죠. 사실 다른 사람이 인정해도 잘 모를 때가 많죠. 다른 사람이 인정을 해줘도 나 자신이 인정하지 않으면 항상 부족하다고 느끼죠. 제가 질문하나 할게요. K 씨는 자기 자신을 인정하세요?

(깊이 생각하며 침묵) … 제가 저를… (침묵) 여전히 가련하게 보고 있어요. (목이 멘다.) 물 좀 주시겠어요?

- 내담자의 자존감에 대해 직면시킨다. 내담자는 내면으로 깊이 들어가 자신을 정직하게 보게 되면서 눈물을 흘린다. 이런 경험이 치유 경험이다.

자기를 왜 그렇게 가련하게 보시나요?

(침묵) … 사실인지 아닌지는 잘 모르겠는데 지금 상담을 하다 보니까 저희 아버지께서 제가 그러니까 좀도둑질을 끝낸 계기가 초등학교 6학년 때인데요. 아버지께서 때리신 다음에 저한테 종아리에 약을 발라주시고 꼭 안으신 다음에 (시선을 떨군다. 손톱을 뜯는다.) "너는 구제 불능이다"라고 하셨어요. 그 말의 뜻을 설명해주셨는데요. (눈물) "구제가 안 되는 거다. 바뀌지 않는다"라고 하셨는데… (침묵) 그래서… 다른 사람들한테는 착하게 보이지만, 착하게 보이고 싶어 하지만 사실은 그렇지 못한 제 모습에 대해서 제가 늘 죄책감을 느끼고 있어요.

- 내담자가 과거의 기억을 회상한다. 아버지의 매와 때린 후에 하신 말씀을 기억한다. 자기가 잘못한 것은 알고 있고 아버지가 자기를 사랑한다는 것도 느끼고 있었지만, 아버지의 "구제가 안 되는 것이다. 바뀌지 않는다"라는 말이 뇌에 각인되어 있다. 그리고 그 말에 매여 있다.

아버지가 아들한테 구제 불능이라고 말씀하신 것은 그 아버지가 계속 야단을 쳐도 애가 버릇을 못 고치니까 하신 말씀 같아요. 그런데 그것이 어린아이한테 독화살촉이 되어서 스스로 죄인으로 느끼시고, 그래서 목회상담사가 되려고 했고, 더 하나님에게 의지하신 것은 아닐까요?

네. 뭐 사실인지 아닌지는 모르겠지만 그럴 수도 있다는 생각이 듭니다. (눈물을 닦는다.)

- 치료사의 해석에 그냥 수긍한다. 내담자의 대처방식이 회유형임을 짐작할 수 있다.

첫째로는 아버지가 아이 버릇이 고쳐지지 않아서 답답하셨던 것 같습니다. 둘째는 어린아이 머리로는 아버지의 말씀을 언어적으로 받아들인 것 같습니다. 그리고 자기를 굉장히 부족한 인간으로 보지 않았나라는 생각이 드네요.

'구제 불능'이 되지 않으려고 애썼는데 애쓰는 만큼 되지 않는 자기를 발견하는 거죠.

- 치료사가 내담자의 상황을 명료화한다.
1. 아버지의 빙산을 설명한다.
2. 치료사가 아버지와 아들의 빙산을 설명하면서 당시 상황을 명료화한다.
- 아버지의 한숨 섞인 말이 충격적 사건이 되어 내담자의 삶을 지배하고 있는 것을 알 수 있다.

제가 굉장히 심각한 질문을 하나 할게요. K 씨는 목회상담사잖아요. 하나님을 믿으시나요?

믿어요.

- 내담자의 믿음체계를 사용하여 자존감을 높이고자 한다.

하나님이 당신의 아드님한테 너는 구제 불능이다, 너는 나를 따라 구제 불능이다, 그러시는 하나님이십니까? 아니요. 절대로 그러지 않으시죠.	• 내담자가 아버지의 말을 인생의 명령으로 믿는 것을 변화시키기 위해서 아버지보다 권위가 높은 하나님의 말씀으로 직면시킨다.
그런데 저는 K 씨가 구제 불능이라고 생각해요. 왜 그런 줄 아세요? 왜죠?	• 치료사는 내담자의 지각체계를 역설적으로 직면시킨다.
하나님을 믿으신다고 하시면서 하나님 말씀 안 믿잖아요. 그렇지는 않은데….	• 믿음체계(지각, 열망, 자기)에 대한 직면
하나님이 뭐라고 그러시나요? 여전히 사랑한다고, '괜찮다'라고.	• 믿음체계 직면
내가 아는 하나님은 우리를 자식처럼 사랑하시고 우리가 아무리 부족해도 내치지 않는 분이라고 알고 있는데요. 맞나요? 예. 맞습니다.	• 신념 체계 직면
버릇을 못 고치는 아들을 답답하게 여기신 아버지께서 탄식하신 말씀인데 그 말을 선생님이 꽉 붙잡고 있으시군요. 그러니까 하나님 위에 아버지가 계시네요. 화가 나신 아버지의 말씀을 붙잡고 하나님의 말씀은 안 믿으시네요. 그렇지는 않고, 그래서 하나님은 저에게 가장 좋으신 분이세요.	• 선택적 지각에 대한 직면
그런데 왜 하나님 말을 안 믿으세요? 과자 사 먹고 싶어서 아버지 주머니에서 돈을 훔친 아이를 아버지가 구제 불능이라고 재판하신다고 믿고 계신데요. 제가 듣기에는 아버지가 고집 센 아들한테 너무 질려서 하신 말 같은데요. 하나님도 이 아이를 구제 불능이라고 생각하실까요? 그렇지 않으시죠.	• 내담자의 믿음체계를 빌려 선택적 지각에 대한 직면

그런데 저는 그 대답을 믿을 수가 없어요.

음…. 저도 하나님이 그렇지 않다고 생각은 하는데, 제가 저를 가련하게 여기고 있는 것 같아요. 아내가 저를 그렇게 보는 것에 대해서 생각하는 거죠.

• 치료사가 역설적 직면을 통해 내담자의 부정적 지각체계를 변화시키려 하자 자기가 자기를 불쌍하게 여긴다는 자각을 하지만 곧 부인에게 문제의 원인을 돌린다.

아, 그러시군요. 부인의 말이 대단한 위력을 갖고 있군요. 그런데 앞에서 말씀하신 이야기를 들었는데 부인의 편에서 생각해본 적이 있나요? 어느 부부나 서로에게 조금씩 불만이 있게 마련인데 부인이 매우 지쳐있어 보여요. 남편은 공부하느라 늦게 들어오고, 사람들과 관계 맺느라고 늦게 들어오는데, 자기는 직장생활도 해야 하고, 집에 와서는 가정 살림도 해야 하고, 아이들도 돌보아야 하고…. 부인이 어떤 모습일지 저는 상상이 갑니다. 부인의 모습을 보면서 느낀 감정이 무엇입니까?

• 내담자가 자신에 대한 기대 대신 타인, 즉 부인에 대한 기대에 대한 실망을 이야기하기 때문에 치료사가 부인의 입장을 들려준다. 그러자 다시 아버지의 '구제 불능'이라는 말이 충격적 경험임을 이야기한다.

그때 감정은 기억을 잘 못하는데, 아버지가 구제 불능이라고 하신 말이 충격이었던 것 같습니다. 내가 진짜 구제 불능인가? 나는 안 될 인간인가? 그 말이 지금까지도 기억에 남아요.

아버지의 '구제 불능'이란 단어에 나의 존재를 맡기셨네요. 아버지의 구제 불능이라는 말이 내 가슴에 익숙한 느낌인가요?
네.

• 어린 시절 아버지의 말과 현재 경험이 익숙한가를 탐색한다.

돈을 훔치는 버릇이 있는 아들을 아무리 고치려 해도 안 되는 아버지의 좌절감의 표현인 단어를 언제까지 가지고 계시겠어요?
(침묵) … 어….

• 아버지의 말 한마디에 자기self의 가치를 완전히 포기한 모습을 볼 수 있다. 치료사는 내담자의 지각체계를 변화시키기 위해 끝까지 직면시키고 있다.

아까 저한테 처음에 뭐라고 말씀하신지 기억하세요? "저는 이만큼 문제가 있어서 그것이 다 드러날까 봐 겁이 나요" 라고 하셨어요. (멋쩍은 웃음) 네.	• 치료사가 내담자의 말을 근거로 다시 변화를 촉구하고 있다.
죽을 때까지 껴안고 가실 건가요? (침묵)	• 치료사가 역설적으로 직면시키고 있다.
가이사의 것은 가이사에게. 성서에 있는 말인 것 같은데. 아버지의 말은 아버지에게! 아버지가 여기 계신다고 생각하고 아버지에게 돌려주세요. 네.	• 아버지의 말의 영향으로부터 내담자를 분리하기 위한 직면이다.
아버지에게 얘기해주세요. 이것은 내 것이 아닙니다. (설명) (침묵. 소리 없이 흐느끼며) 조금만 시간을 주세요.	• 치료사가 아버지의 말, 그리고 아버지와 부정적으로 연결된 고리를 끊고자 노력한다.
얼마든지요. (침묵. 눈을 감고 흐느끼며 눈물을 흘린다.)	• 내담자가 분리하는 과정을 경험하면서 내면에서 강력한 경험을 하고 있다.
(내담자가 편안하게 과거의 고통을 느끼고, 정리하고, 내려놓는 과정을 하도록 충분한 시간을 허락한다. 내담자가 눈물을 흘리면서 자발적으로 내적 작업을 하고 있다.)	• 치료사는 내담자가 내면을 충분히 경험하는 시간을 허락한다.
그동안의 슬픔을 충분히 눈물로 내보내셔도 됩니다. 얼마든지 울어도 됩니다. 그 아이한테 아버지의 말과 표정이 얼마나 충격적이었을까요. 그 어린아이가 그때부터 지금까지 얼마나 그 말을 붙들고서 괴로워했겠어요. (흐느낀다.)	• 치료사는 내담자의 감정을 지지해주면서 내담자의 어린아이를 위로해준다.
(조금 더 기다려준다.)	• 이런 상황에서는 치료사는 내담자의 상태를 충분히 살핀 후에 진행한다.

나는 이런 사람인데 사람들이 나를 다르게 보면 그것은 사람들이 거짓말하는 것이다. 내가 사람들을 속이는 것이다, 이렇게 생각하신 것 같아요. 네. 다 맞는 것 같습니다. 그랬네요. 다 그래서 하…. 그것이 그렇게 컸네요. 다 연결이 되어 있었네요. 그래서 그렇게 열심히 살았네요.	• 치료사는 내담자의 지각체계와 기대를 다루고 있다. 내담자는 사람들이 나를 부정적으로 보지 않게 하려고 더 열심히, 더 정직하게 살려고 노력하고 있다.
그 사건은 긍정적인 역할도 하긴 했지만, 그것은 쥐어짜듯이 사는 거예요. 이제 하나님의 말씀을 믿으시겠습니까? 하나님이 나를 사랑하듯이 나를 사랑할 수 있을까요? 감사합니다.	• 치료사는 내담자를 직면시킨다. 그렇게 억지로 사는 삶이 편하지 않다는 것을 전달하려고 애쓴다. 그리고 다시 내담자의 신앙을 빌려 자기self를 만나 돌볼 것을 촉진한다.
아버지 것은 아버지 것! 아버지의 고민, 아버지의 약함, 아버지의 분노 이것들 모두 아버지의 것입니다. 이제 아버지에게 돌려드릴 수 있을까요? 손발이 따뜻해지는 것 같고. 혈액순환이 되는 것 같아요. (웃음)	• 아버지와 정서적으로 엉킴enmeshed 상태에서 엉킴풀기de-enmeshed를 하려고 애쓴다.
축하드립니다. 묶여있던 에너지가 풀어지면 자연스럽게 에너지가 흐를 거예요. 제가 다시 마지막으로 하나 더 질문할게요. 너무 힘드네요. (웃음)	• 내담자가 신체적 변화를 경험한 것은 내면에 걸린 것이 풀린 것이다. 에너지 흐름이 잘되는 것을 확인한다. 그리고 내담자의 변화를 강화한다.
이 순간 자기 자신에게 나는 어떤 사람이라고 얘기할 수 있겠어요? 시간을 주셔야 할 것 같아요. 제 마음속에 뭐라고 대답해야 할지를 알기는 하겠는데 그것을 그냥 허투루 대답하고 싶지는 않고, 제가 충분히 이 부분에 대해서 잘 정리하고 싶어요.	• 다시 한번 내담자의 변화를 확인한다.
좋습니다. K 씨의 부부관계도 변화할 것이라 믿습니다. 오늘 수고 많이 하셨습니다. 감사합니다.	• 내담자의 변화를 뿌리내린 후에 종료한다.

3) 치료사의 원가족 경험이 치료과정에 투사되는 문제 다루기 사례 | 밴멘의 슈퍼비전

지금, 이 앞에 나오셨는데 기분이 어떠십니까? 온몸이 긴장됩니다.	• 접촉하기
그 긴장감이 익숙한 것입니까? 아니면 오늘 여기에서만 느끼시는 것입니까? 아주 오래된 것입니다.	• 지금 경험이 현재 상황과 연관된 것이면 심호흡하거나 자세를 고쳐 앉는 등 내담자의 몸과 마음이 편안하게 도와준다. 그러나 현재 경험은 과거와 연관되어 있으므로 그 시점으로 돌아가 준비 작업을 한다.
언제 이러한 긴장감을 경험하시나요? 많은 사람 앞에서 이야기할 때 온몸이 긴장됩니다. 지금 제가 가만히 앉아있는 것처럼 보일지 모르지만, 손이 많이 떨리네요.	• 신체적 긴장감은 심리적 두려움에 기인한다. 치료사는 내담자가 느끼는 긴장감이 현재 상황에서만 느끼는 것인지 혹은 과거에 뿌리를 두고 있는지 확인한다.
어린 시절에도 그런 경험이 있었습니까? 아버지가 소리치실 때 지금처럼 떨렸습니다. 아버지와는 대화가 전혀 없었습니다. 아무 잘못을 하지 않았는데도 아버지는 고함을 치곤 하셨습니다. (눈물이 흐르기 시작한다.) 지금 흐르는 눈물은 무엇을 의미하는 걸까요? 무섭고 힘들었습니다.	• 현재 반응이 과거에 뿌리를 두고 있는지 확인하자 내담자는 아버지와의 관계를 이야기한다. 그리고 이미 신체적 반응, 즉 눈물을 흘리기 시작한다. • 신체적 반응은 심리적 상태와 연결되어 있다. 신체적 경험을 통해서 내면을 들어가면 치료 작업이 수월하다. 특히 눈물을 보일 때는 반드시 그 원인을 확인한다.
그 눈물은 어린 시절의 경험이 힘들었음을 말해주는 것 같습니다. 그 아이는 그 상황에서 어떻게 했습니까? 아무 말도 못 하고 긴장한 채 그저 서있었습니다.	• 내담자의 비언어적 표현에 담긴 내용을 파악하기 위해 그 당시의 상황을 탐색한다.
그 아이는 무슨 생각을 하였습니까? 너무 무섭다고 생각했습니다.	• 어린아이의 지각체계를 탐색한다.

그 아이가 아버지에게 기대했던 것은 무엇이었을까요? 따뜻함, 무섭게 소리 지르지 않는 것이었습니다.	• 어린아이의 기대를 탐색한다.
아버지가 무섭게 소리 지르지 않고 따뜻하게 대해주셨다면 어땠을까요? 정말 행복했을 거예요.	• 어린아이의 기대가 채워졌을 때의 열망을 탐색한다.
그때 그 아이는 무슨 말을 하고 싶었을까요? 너무 힘들다고, 무섭다고….	• 어린아이의 내면을 탐색한다.
그 말을 해본 적이 있습니까? 아니요. 한 번도 못 해봤습니다.	• 어린아이의 의사소통 대처방식을 탐색한다. 내담자는 자기 마음을 표현하고 싶었지만 두려움 때문에 그럴 수 없었다.
여기 아버지가 서 계신다고 생각하시고 그 어린아이가 원하고 바라던 것을 얘기해보세요. (강하고 격앙된 목소리로) 아버지! 힘들어, 보기 싫어요, 보기 싫어, 보기 싫어, 정말 꼴도 보기 싫어!	• 어린아이가 자신의 감정을 억압하며 무력감을 느꼈던 그 시점으로 돌아가 눌러놨던 감정을 표현하게 한다.
아버지는 뭐라고 대답했을 것 같습니까? 네 마음이 그랬구나?	• 어린아이가 눌린 감정을 표현하게 되면 상대방의 빙산을 이해할 수 있는 여유가 생긴다.
아버지의 대답을 듣고 무엇을 느끼셨나요? 내가 어떻게 느끼는지 아버지는 몰랐구나.	• 상대방 관점에서 상황을 이해할 힘이 생긴다.
아버지가 몰랐다는 것을 알고 나니 지금 마음이 어떠십니까? 아버지가 일부러 그랬던 것은 아니었구나.	• 억눌렸던 감정을 표현하고 나면, 다른 관점에서 아버지를 바라볼 수 있다.
그럼 아버지를 받아들일 수 있다는 말인가요? (표정에 변화가 없다.) 아니요. 싫어요.	• 지각체계가 변화하면 감정이 변하기 때문에 치료사는 감정의 변화를 확인하였으나 아직 그 수준까지 다다르지 못했다.

아버지의 답을 듣고도 열망이 채워지지 않은 것 같습니다. 지금까지도 열망이 채워지지 않은 자기 모습, 그리고 어렸을 때의 자기 모습을 보면 어떠십니까? 부족하다. 부끄럽다고 느낍니다.	• 아버지를 계속 거부하고 있어서 아버지와 감정적으로 엉킴 풀림 de-enmeshment이 되지 않았다.
소리를 지르는 것은 아버지의 행동인데, 그 소리를 듣는 자신을 부끄럽게 여기시는군요. 네.	• 아버지와 감정적으로 분리되지 못하면 아버지에 대한 감정이 자신에 대한 감정으로 연결된다.
눈을 잠깐 감으시고 아버지의 행동 때문에 경험하고 있는 모든 감정을 이 상자 안에 넣으시기 바랍니다. 이 감정은 아버지의 행동 때문에 느끼는 감정일 뿐입니다. 이러한 감정은 자신의 것이 아닙니다. 자신 안에 있던 감정을 하나도 남기지 말고 다 넣으시기 바랍니다. 두려워하지 말고 천천히 이 상자를 채워보세요. 그런 후 눈을 뜨셔도 됩니다.	• 아버지의 분노, 소리 지르는 행동으로 인한 감정은 내담자 자신의 감정이기보다는 아버지로 인해 발생하는 감정이기 때문에 내담자의 반사적 감정을 분리하려는 개입을 시도한다.
(변화를 뿌리내리기 위해 충분한 시간을 제공하고) 상자에 감정을 채우는 작업이 어느 정도 끝났습니까? 다 됐어요.	• 감정을 자각하고, 재경험하고, 분리하고, 버릴 수 있도록 하는 작업 과정이다. 내담자가 눈을 감은 채 내면의 작업에 집중하고 있었으므로 시간을 충분히 할애한다.
이 상자 안에 담긴 감정은 당신의 감정이지만, 당신 자신은 아닙니다. 이 상자를 어떻게 하고 싶으십니까? 내다 버리고 싶어요.	• 내담자의 감정을 분리한다.
그렇다면 온 힘을 다해 버리세요. (내담자가 상자를 세게 던져버린다.)	• 감정을 경험적으로 놓아버리게 한다.
자, 지금 마음이 어떠십니까? 편안합니다.	• 처음의 상태와 달라진 내담자의 변화를 경험적으로 확인한다.

아까 느꼈던 긴장을 지금도 느끼십니까? 없어졌어요. 아까 상자를 던지려고 할 때까지는 머리끝까지 열받아서 힘들었습니다.	• 치료사가 다시 한번 내담자의 변화를 확인한다.
지금은 어떠신지요. 여전히 그러십니까? 아니에요. 오히려 무언가 가슴이 꽉 찬 것 같습니다. 평소에 저는 사람들 앞에 서있으면 두 손이 떨리고 다리가 후들후들 떨려서 다리를 잡아야만 지탱할 수 있었는데, 지금은 그런 것도 다 사라졌습니다.	• 내담자의 자기 변화를 확인한다. 어떤 내담자는 무거운 것이 빠져나가 가슴이 텅 빈 것 같다고 말하기도 한다. 그럴 때는 텅 빈 곳에 에너지를 충분히 채우는 작업을 하는 것이 좋다.
새로운 자기로 태어나신 것을 축하합니다. 감사합니다. (표정이 매우 밝아짐)	• 다시 한번 내담자를 지지하고 종결한다.

4) 치료사 자신의 부모와의 갈등 해결하기 사례 | 밴멘 슈퍼비전 시연

여러 사람 앞에 나오셨는데 지금 마음이 어떠신가요? 긴장됩니다.	• 접촉하기
슈퍼비전을 시작하기 전에 우선 자신이 하는 일에 관해 소개를 해주시겠습니까? 저는 청소년 상담사입니다.	• 슈퍼바이저는 치료사와 접촉하기 위해 그가 어떤 사람인지에 대해 호기심을 가지고 탐색한다.
청소년 내담자들이 당신에게 가지고 오는 문제들은 대체로 어떤 것들입니까? 우울, 무기력, 비행, 가족 간의 갈등, 주로 부모와의 갈등 등 다양합니다. 청소년 상담사로 얼마 동안 일하셨는지요? 3년 정도 됩니다.	• 치료사가 현장에서 만나고 있는 내담자군의 특징 및 치료사의 임상경력에 관해 확인한다.

청소년 상담사로 일하시는 것이 자신에게는 어떤 도움이 됩니까? 좀 막연하기는 한데요. 제 존재에 대해 의미를 느끼는 것 같아요. 제가 가치 있는 일을 하고 있다는 생각이 들어요.	• 내담자가 치료사로서의 제 일에 대해 어떤 의미를 부여하고 있는지, 그리고 자기 일을 통해 경험하는 긍정적인 부분이 무엇인지 확인한다.
언제 청소년 상담사가 되어야겠다고 결심하셨습니까? 대학교 3학년 겨울방학 때였습니다. 그때 전공을 바꿨습니다.	• 어떤 동기를 가지고 치료사가 되기로 하였는지 확인한다.
그 전의 전공 분야는 무엇이었습니까? 화학을 전공하였는데, 그 후 교육학과로 전과하여 상담학을 공부하게 되었습니다.	• 치료사의 개인적인 배경에 대해 질문하면서 치료사의 배경과 경험이 상담하는 데 어떤 도움이 되는지 찾고자 한다.
화학을 공부했던 것도 어떤 식으로든 상담에 활용되리라 생각됩니다. 사티어 모델은 상담사의 모든 자원을 최대한 활용하려 합니다. 그런데 화학에서 상담으로 전공을 바꾸게 된 계기가 무엇인지 궁금합니다. 화학을 연구하고 발전시키는 것도 사람들을 돕는 일이지만, 저는 좀 더 직접적으로 사람들을 돕는 일을 하고 싶었습니다. 아버지와 말이 통하지 않았기 때문에 아버지 밑에서 성장하는 것이 너무 힘들고 괴로웠습니다. 그래서 그런 환경에 처한 아이들을 도와주고 싶었습니다. 전공을 바꾼 것을 후회해본 적이 있습니까? 한 번도 후회한 적 없습니다.	• 치료사가 된 동기가 가족관계에서 비롯된 것임을 알 수 있다. 누구나 어린 시절의 경험을 통해 자신의 삶을 만들어간다. 비록 자신에게 부정적인 영향을 끼친 과거의 경험일지라도 때로는 새로운 삶의 원동력이 된다. 그러나 치료사의 미해결 과제는 치료과정에서 내담자의 문제를 다루는 힘을 약화시킨다.
전공을 바꾸는 것에 대해 아버지께서는 어떻게 생각하셨나요? 기뻐하셨는지 모르겠습니다. 어떻게 말씀드려야 할지 몰라서 편지로 제 의사를 전했습니다. 특별히 반대하지는 않으셨습니다.	• 치료사가 아버지와의 관계를 힘들어했기 때문에 혹시 전공을 바꾸는 과정에서 아버지와 갈등을 경험하지는 않았는지 탐색한다.

앞으로 5년 후에 자신이 어떤 모습으로 어떤 일을 하고 있을 것 같나요? 상담하면서도 막막함과 좌절감을 자주 느끼곤 하는데, 지금 사티어 모델을 배우고 있으니까 5년 후에는 좀 더 사람들을 잘 도와줄 수 있지 않을까 싶습니다.	• 치료사가 가진 자기 일에 대한 기대를 확인하면서 슈퍼비전에서 다룰 과제 및 목표를 탐색한다.
상담할 때 내담자를 돕고 싶은 마음을 어떻게 표현하시는지요? 첫 인터뷰 때 상담을 구조화하면서 내가 할 수 있는 것이 무엇인지에 대해 이야기하고, 내담자가 진심으로 어떤 변화를 원하는지 묻곤 합니다.	• 치료사는 자신을 부족하다고 느끼고 있는 것으로 보아 종종 내면에서 막막함과 좌절감을 느꼈음을 알 수 있다. 지금까지 감정을 다뤄 온 방식에 대해 질문을 한다.
십 대 아이 중 정말 다루기 힘든 문제를 가진 내담자들도 많다고 생각하십니까? 네. 그럴 때 너무 힘듭니다.	• 치료사는 내담자와의 초기상담 과정을 어떻게 진행해야 할지 잘 알고 있다. 따라서 치료사가 느끼는 어려움이 치료 과정을 어떻게 이끌어갈지에 대한 막막함 때문이 아니라, 내담자들이 보이는 어떤 특징 때문은 아닌지, 그리고 그러한 내담자들과 만날 때 본인에게 어떤 걸림돌이 있는지 확인하는 질문을 한다.
그렇게 힘든 사춘기를 보내고 있는 아이들과 어떻게 소통하시는가요? 제가 볼 때 사춘기의 아이들은 많이 외롭고 혼란스러우며 강한 분노에 차 있기도 한데, 당신도 아이들을 만나면 그런 감정을 느끼시나요? 그들을 보면 내 마음이 정말 아프고 정말 그들을 돕고 싶은데, 실제로 내가 그들과 소통하고 있다는 느낌은 적습니다. 이러한 내 마음이 잘 전달되어, 그들이 마음을 열고 자신의 이야기를 털어놓았으면 좋겠는데, 사실 그런 아이들은 별로 없습니다. 이곳에 오기 전에도 벌써 몇몇 아이들이 상담을 진행하던 도중 떨어져 나갔는데, 그들은 "내 개인적인 것에 대해서는 묻지 마세요!"라고 말했습니다.	• 청소년 내담자의 문제를 다루기 힘들다고 느끼는 상황에서 치료사가 어떻게 대처했는지에 대해 질문한다. • 치료사는 자신이 치료사의 역할을 제대로 감당해내지 못하는 것에 대한 어려움을 토로하고 있다.

아이들이 그렇게 반응할 때 그들을 어떻게 이해했습니까? 당신은 그런 사춘기 아이들을 어떻게 보십니까? 분노, 슬픔, 우울, 부모와 소통되지 않는 것에 대한 답답함, 학교 구조나 체계에서 오는 답답함, 뭔가 자유로워지고 싶고 뛰쳐나가고 싶고 그러면서도 누군가와 깊이 소통하고자 하는 열망 등을 가진 것 같습니다. 그렇지만 그들도 무엇을 어떻게 해야 할지 전혀 모르고 있습니다.	• 치료사가 청소년 내담자의 갈등을 정확히 보고 있는지 확인하는 질문을 한다. 슈퍼바이저는 치료사가 내담자의 빙산을 알고 있는지 확인한다.
지난 일 년 동안 당신이 만난 아이 중 성공한 사례가 있습니까? 초등학교 5, 6학년 아이들입니다. 이 아이들은 부모가 자신에 관해 관심이 없다고 생각하면서 학교에서 폭력, 자해 등의 행동을 저질렀는데, 부모와 상담을 진행하면서 자녀에 대한 부모의 태도가 달라졌고, 아이들 또한 부모가 자기를 사랑한다는 사실을 깨닫게 되어 관계가 좋아졌습니다.	• 치료사는 자신의 부정적인 경험과 스스로 자질이 부족하다고 느끼는 부분에만 몰입하고 있다. 이 때문에 치료사가 성공했던 사례를 떠올리게 하면서 자존감을 높여주고자 한다.
그때 당신은 어떤 역할을 했습니까? 내가 한 일이 정말 없다고 느꼈습니다.	• 치료사로 하여금 자신의 역할을 좀 더 긍정적으로 경험하도록 돕고자 한다.
치료 장면에 함께 계셨는데, 아무것도 한 것이 없었다는 말입니까? 있기는 있었지만, 아이를 변화시킨 것은 내가 아니라 그 아이의 가족들입니다.	• 치료사가 자각하고 있는 부정적 자기를 직면시키기 위한 질문을 한다.
그러나 부모를 변하게 한 것은 당신이 아니었습니까? 부모가 변하면 자녀도 변하기 마련인데, 왜 아무것도 하지 않았다고 생각하십니까? 내가 한 것은 그 자리에 함께 있었던 것이고, 전문적인 기술을 가지고 뭔가를 한 것은 아니라는 생각이 듭니다.	• 계속해서 치료사가 자기를 인정하기를 거부하고 있다. 슈퍼바이저는 치료사가 자기를 인정하도록 끈질기게 질문한다.

치료사로서 내담자의 부모와 내담자를 좀 더 긍정적으로 변화시키려고 했던 노력의 대가로 상담료를 받은 것이 아니었습니까? 일하는 곳이 국가기관이어서 상담료는 따로 받지 않았습니다.	• 치료사의 지각체계를 변화시키고자 직면하고 있다.
당신은 자신이 한 것에 대해 아무것도 인정하지 않으십니다. 그렇다 하더라도 중요한 것은 그 자리에 있었다는 것입니다. 이야기를 듣고 나니 위로가 됩니다. 다시 한번 자신의 성공적인 사례를 돌아보십시오. 성공한 사례에 관해 이야기하면서도 정작 자신은 아무것도 하지 않았다고 하는데, 저는 그 말을 믿지 않습니다. 아마 당신은 사티어 모델에서 중요하게 여기는 5가지의 특징 중, 치료사 자신이 치료적 도구라는 마지막 사항에 대해 잊으신 것 같습니다. 어제부터 계속 '자기'에 대해 이해하지 못하였는데, 지금 말씀을 듣다 보니 이런 것이 '자기'라는 것을 알게 되었습니다.	• 치유는 사람과 사람이 만나는 과정에서 일어나는 것이기 때문에, 치료사 자신이 치료적 도구가 됨이 당연함을 설명하고 있다. • 슈퍼바이저는 치료사가 지속해서 말하고 있는 부정적인 경험보다 성공했던 경험을 말하게 하고, 그것을 지지해주며 치료사의 자존감을 높이고자 노력한다. • 자기를 수용하는 변화가 있다.
스스로에 대해 좀 더 알아보기로 하죠. 자신의 존재를 자각하지 못하시는 것 같은데, 자신을 사랑하고 계십니까? 사랑하려고 노력합니다.	• 치료사의 자존감이 낮고 자기를 수용하지 못하기 때문에 자기self를 다루고 있다.
어떤 노력을 하시나요? 아까 연습했듯이, 나에게 못난 모습이 있지만, 그것을 수용하려고 합니다.	• 슈퍼바이저는 치료사가 제대로 노력하고 있는지 확인하는 질문을 한다.
그것은 머리로 생각하는 부분입니다. 내면의 깊은 곳에서 당신이 살아있다고 느껴지는 그 부분을 실제로 느끼고 있으신지요?	• 경험적으로 '자기'와 만났는지 확인한다.

그것으로 인해 나 자신이 충만한 기쁨을 느끼는 것에 대해서는 아직 잘 모르겠습니다.	• 치료사가 자기를 수용하는 확신과 자신감이 부족하다는 것을 볼 수 있다. 이것은 치료사의 자존감 수준을 드러낸다.
그렇다면 자신을 어떻게 대하십니까? 다른 사람이 당신을 수용할 때 본인도 그렇게 할 수 있습니까? 누군가가 나를 받아들이겠다고 한다면 나 자신이 받아들여지는데, 내가 충만하게 나 자신을 받아들이고 있다는 확신은 없는 것 같습니다.	• 치료사의 자기수용이 낮으므로 슈퍼바이저는 치료사가 다른 사람들의 평가에 의지해서 자신에 대해 긍정적 평가를 할 수 있도록 노력한다.
왜 그렇게 느끼시는지요? 다른 사람들이 가진 평가의 잣대에 나 자신이 미치지 못한다고 여겨지기 때문일 것입니다.	• 치료사가 외부의 판단 및 가치관에 자기평가를 맡기고 있다. 지각체계에 왜곡이 있다.
내담자를 대할 때에도 어떤 평가의 기준이 있습니까? 그런 것 같습니다.	• 치료사의 자기평가 기준은 곧 내담자를 만날 때도 적용되기 쉬우므로 그 부분에 대해서 탐색한다.
당신은 청소년들에게 어떻게 대하십니까? 아이들이 오면, '괜찮다, 이해한다, 당연히 그럴 수 있다'라고 힘을 주려 합니다. 아이들이 잘못된 행동을 할 때도 '괜찮다'라고 하십니까? 아이들의 행동을 이해하려고 노력합니다.	• 다행히 내담자에 대해서는 있는 그대로의 모습을 인정하고 충분히 수용하고자 노력하는 치료사의 태도를 볼 수 있다. 그러나 자신의 이러한 역할에 대해 과소평가하거나 자신감을 느끼지 못하고 있으므로, 슈퍼바이저는 치료사의 역할에 대한 긍정적 평가를 할 수 있도록 돕고 있다.
그렇게 이해해주는 것은 그들에게 어떤 도움이 됩니까? 나 스스로 뭔가 잘하고 있다는 생각이 들지 않겠습니까? 그러면서 또 아이들의 이야기를 이해해줄 때, 아이들이 자신을 방어하지 않고 좀 더 편안하게 자신을 표현하는 것 같아요.	• 슈퍼바이저는 치료사가 자신의 역할에 대한 지각체계를 바꿀 수 있도록 돕는다.

당신은 아이들의 이야기를 잘 들어주는 것처럼 보이고, 그들을 있는 그대로 받아들이는 것 같습니다. 자신이 했던 일에 대해 다시 돌아보니 어떻습니까? 한편으로는 나 자신을 낮게 평가하고 있었다는 생각이 들기도 하네요. 지금까지 그렇게 생각해본 적은 없었습니다. 아이들의 이야기를 들으면서 답답함을 느끼고, 내가 전문가로서 과연 잘하고 있는지 의심이 들고, 내가 더 잘해야 아이들을 잘 도울 수 있을 거라며 생각했었습니다.	• 슈퍼비전 과정을 통해 자신에 대해 비판적으로 평가해왔던 사실을 깨닫게 된다.
오늘 대화를 통해서 느끼신 것이 있습니까? 그래도 내가 뭔가를 하고 있다는 생각이 듭니다. 자신에게도 어떤 평가의 기준이 있습니까? 그런 것 같습니다.	• 슈퍼바이저는 치료사가 지금까지와는 다르게 자신을 긍정적으로 평가하고 일치적인 치료사로 성장하는 목표를 가질 수 있도록 제안한다.
그렇다면 오늘 당신에게 변화가 있기를 바랍니다. 지금까지는 그저 그런 치료사였다면, 앞으로는 제대로 된 치료사가 되는 것입니다. 이 목표에 대해 어떻게 생각하십니까? 처음보다 마음이 편안해진 것 같습니다. 내 존재를 평가절하하면서 아무것도 못 한다고 생각했었는데, 그래도 어느 정도는 하고 있었다는 생각이 들면서 나를 좀 더 인정해주고 싶은 마음이 듭니다.	• 새로운 성장 목표를 제시한다.
더 다루고 싶은 것이 있습니까? 자유로워지고 싶다는 열망에 대해 다루었으면 좋겠습니다. 항상 느끼는 것인데, 내 안의 에너지들이 밖으로 나가지 못하고 억눌려있는 느낌이 들어요.	• 슈퍼비전을 종결하기 전에 좀 더 다루고 싶은 과제가 있는지 확인한다.
무엇이 에너지들을 가로막고 있는 것 같나요? 사람들의 시선들, 그리고 내 안의 틀인 것 같아요.	• 치료사가 제기한 또 다른 문제에 관련하여, 내면에 어떤 걸림돌이 있는지 확인한다.

외부가 당신의 내면을 통제하는 것 같습니다. 그리고 당신은 마치 당신이 만나고 있는 사춘기 아이들과 같아 보입니다. 그러네요.	• 치료사가 호소한 문제에 앞서 다루었던 미해결과제와 연결해 자신의 상태를 직면하게 한다.
어떻게 하면 좋을 것 같습니까? 지금까지는 외부가 내면을 통제해왔는데, 이제는 본인이 자신에 대한 책임을 질 수 있겠습니까? 제가 어떻게 하면 될까요?	• 치료사 스스로 자신의 문제를 자각하고 해결책을 찾기 위한 책임을 질 것을 촉구한다. 그러나 치료사는 여전히 외부에 의존하려고 질문한다.
이제 어떻게 할지 계획을 세워야 합니다. 슈퍼비전이나 상담을 받는 것이 도움이 될 수 있습니다. 지금까지 나 자신을 많이 비난했기 때문에 자유롭지 못했던 것 같습니다. 우선 그 비난을 멈추는 것이 필요할 것 같아요.	• 치료사의 변화에 필요한 구체적인 목표를 제시한다.
당신이 자신을 있는 그대로 받아들이고, 자신의 약점을 어떻게 변화시킬 것인가요? 또한 그 변화에 대한 책임을 질 수 있겠습니까? 노력하겠습니다.	• 치료사가 성장하기 위해 스스로 어떠한 변화를 시도할 것인지 구체적으로 질문한다.
구체적으로 어떻게 할 것입니까? 사람들의 비난에 신경을 쓰곤 했는데, 먼저 나 자신을 비난하지 않는 노력을 하는 것이 필요하다는 생각이 듭니다.	• 내담자의 구체적 목표를 확인한다.
그렇게 하는 것이 가능한가요? 우선 상담을 받으면 도움이 되지 않을까요? 그런데 이 질문을 받으면서 나 자신이 진짜 변화를 할 수 있을 것인지에 대한 믿음이 없는 것 같아요.	• 슈퍼바이저는 변화를 위한 치료사의 계획이 실현 가능한 것인지, 동기를 확인하는 질문을 한다. 그러나 여전히 자신감이 부족한 대답을 한다.
그렇게 말을 할 때 내면에서 경험하는 것은 무엇입니까? 나 자신에게 미안함을 느낍니다. 이제 나 자신을 지키면서 성장시키고, 정말 자존감이 높은 치료사가 되고 싶습니다.	• 구체적인 질문의 과정을 통해, 막연하게 알고 있던 것을 명확하게 자각하였는지, 그것을 충분히 수용하고 있는지 확인한다.

앞으로 훌륭한 치료사로 성장하시리라 믿습니다.

축하드립니다.

감사합니다.

• 종결
이 사례는 30분 정도의 짧은 시간에 실시한 데모로서 내담자인 치료사가 다양한 문제를 제기하고 있다. 한 문제를 다루고 나면 또 다른 문제를 제기하곤 했다. 이런 경우에는 추후 개인 상담이나 슈퍼비전을 지속해서 받을 것을 추천한다.

5) 동성애 내담자에 대한 치료사의 어려움 호소 사례 | 밴멘의 슈퍼비전

지금 기분이 어떠십니까?

제가 상담을 진행했던 사례 때문에 마음이 아주 무거웠는데, 이 자리에서 도움을 받을 수 있을 것 같아 약간 흥분됩니다. 사실 슈퍼비전하시는 것을 보면서 저 또한 이미 많은 도움을 받았습니다.

• 슈퍼바이저는 내담자인 치료사를 준비시키면서 접촉한다.

사례를 통해 배운 것이 있다면 무엇입니까?

무기력 증상에 관한 것입니다. 치료사로서 내담자를 너무 돌보려 하기보다, 이제는 적절한 거리를 두어야겠다는 생각을 했습니다. 에이즈에 걸린 내담자를 대상으로 9회에 걸친 상담을 진행한 적이 있습니다. 한 내담자는 심한 회유형의 대처방식을 사용하는 사람으로서, 무기력한 상태에 있었습니다. 처음에는 에이즈 치료를 거부했고, 심지어 저와 눈을 마주치지도 못했었는데, 치료하는 동안 많이 좋아졌다고 느꼈습니다. 그런데 어느 날 저에게 조그만 선물을 주면서, 이제 시골에 내려가 자기 죽음을 기다리겠다고 말하며 사라져버렸습니다. 그 내담자가 약을 먹지 않으면 곧 죽는다는 것을 알고 있었기 때문에 저는 너무 불안해서 어쩔 줄 몰라 했습니다.

• 치료사가 자신의 내담자와의 관계 경험을 설명한다.

주로 내담자에 대해 말씀하셨는데, 자기 자신에 대해서는 별로 이야기하지 않으셨네요. 제가 궁금한 것은 치료사인 당신입니다. 지금 저는 당신의 이야기를 듣고 싶습니다.

• 슈퍼바이저는 치료사가 진행했던 사례의 내용 자체보다 치료사의 경험에 초점을 맞춘다. 치료사에 관한 이야기를 하도록 촉구한다.

네. 사실 나중에 그 내담자와 다시 연락돼서 제 불안이 많이 해결되긴 했습니다. 그런데 그 내담자가 동성애자이고 에이즈에 걸린 사람이었기 때문에, 제가 그 내담자를 수용하는 것이 매우 어렵다는 사실을 깨닫게 되었습니다. 그 부분을 다루고 싶습니다.

동성애를 받아들이기 힘들다는 말씀이신가요?

네. 사실 동성애와 에이즈, 이 두 가지 모두 받아들이기 힘든데, 더 힘든 부분은 동성애적인 부분입니다.

- 슈퍼바이저는 치료사가 동성애와 에이즈의 문제를 가진 내담자의 사례에 대해 제시한 문제가 정확히 어떠한 어려움에 관한 것인지 확인하면서 문제를 명료화한다.

좀 더 정확하게 알 필요가 있을 것 같습니다. 동성애자이면서 에이즈 환자인 내담자가 자신의 상태를 받아들이기 힘들어하는 것이 문제인지, 아니면 치료사인 당신이 그러한 내담자를 받아들이지 못하는 것을 힘들어하는 것이 문제인지 불분명한 것 같습니다.

전자의 경우인 것 같습니다. 내담자들이 자신들의 상황을 수용할 수 있도록 돕고 싶은데, 잘 안됩니다.

그럼 다시 묻겠습니다. 당신은 그 내담자를 있는 그대로 수용할 수 있습니까?

네. 그런 것 같습니다.

정말로 동성애자를 수용하십니까?

사실 그것도 이중적인데요. 만약 저와 가까운, 그러니까 자식들이 동성애자라면 그것을 수용할 수는 없을 것 같습니다. 하지만 친구들이라면 어느 정도 수용할 수 있을 것 같습니다.

- 치료사는 또다시 자신의 경험이 아닌 내담자의 문제로 초점을 돌리고 있다. 이때 슈퍼바이저는 다시 치료사에게 초점을 돌려, 내담자를 얼마나 수용하고 있는지에 대해 질문한다. 치료사는 자신의 내면에 대해 충분히 자각하지 못하고 있으므로, 실제로 자신이 내담자를 수용하기 어렵다고 느끼면서도 자신이 내담자를 잘 수용하고 있다고 믿고 있다.
- 내담자의 동성애자에 대한 지각체계를 직면시킨다.

그렇다면 내담자가 동성애자인 것은 수용할 수 있다는 말씀이네요.

네.

만약 당신이 동성애자라고 한다면, 자신에 대해 어떻게 설명하시겠습니까? 그 내담자는 상담에서 자신의 동성애적 성향에 대해 분명하게 이야기하고 있는데, 당신도 그 내담자처럼 자신의 동성애적 성향에 대해 정직하게 말씀하실 수 있습니까? 실제로 나는 동성애자가 아니지만, 그렇지만… 그 사람들을 있는 그대로 볼 수는 있죠.	• 치료사의 답이 모호하므로 슈퍼바이저는 다시 내담자를 수용하는지에 대해 확인한다. 슈퍼바이저는 동성애적 성향을 치료사에게 정직하게 말하는 내담자가 치료사보다 훨씬 더 힘이 있어 보인다는 것을 우회적으로 언급함으로써, 치료사의 동성애에 관한 선입견을 직면시키고 있다.
내담자에게 그렇게 이야기하셨습니까? 내담자가 그것을 믿었나요? 진심으로 말했나요? 그렇게 생각하는데요. 그렇게 생각하십니까? 그렇지만 내 자식이 동성애자라면 그 사실을 받아들이기가 힘들다고 하시지 않았나요? 그건 어려울 것 같아요.	• 치료사의 가치관이 치료과정에서 내담자에게 큰 영향을 끼친다는 것을 자각시키기 위해 계속해서 이 부분에 대해 질문을 한다. • 치료사가 자신의 이중적인 가치관을 자각하지 못하기 때문에 직면시킨다.
그렇다면 선입견이 있다는 것처럼 들리는데요. 혹시 자녀가 있으신가요? 몇 명이나 있나요? 아들 하나, 딸 하나입니다. 아들하고 딸 중에서 어떤 성별의 자녀를 더 좋아하시는지요? 처음에는 아들이 더 좋았는데, 지금은 딸이 더 좋습니다. 제 질문의 의도는 아들인지 딸인지에 상관없이 그냥 하나의 사람으로 수용할 수 있느냐 하는 것입니다. 네. 다시 말해 당신이 아들인지 딸인지 구별하지 않고 그냥 나의 자녀로 받아들였듯이, 자녀가 동성애자인지 이성애자인지에 상관없이 그대로 받아들일 수 있느냐 하는 것입니다. 제가 전적으로 받아들이는 것은 아니지만, 노력하고 있는 것 같아요.	• 슈퍼바이저는 동성애에 대한 치료사 자신의 자각과 수용력을 확인시키기 위해 치료사의 자녀에 비유하여 쉽게 직면시키고 있다.

만약 당신이 내담자가 가진 성적 기호에 대해 선입견을 품고 있다면, 어떻게 동성애자인 내담자를 무조건 수용할 수 있다는 것인지 의문이 듭니다. 내담자에게 나는 당신을 70% 정도만 받아들일 수 있다고 말할 것인가요? 아니면 60%? 또는 80%? 얼마나 내담자를 받아들인다고 할 수 있을 것 같나요? 그 사람한테 직접 말하지는 않더라도 정직하게 자신을 들여다본다면 무엇이라고 말하겠습니까?

글쎄, 음, 제 아이들이 아니라면 90%까지는 받아들일 것 같아요. 근데 그 내담자에 대해서는 제가 한 인간으로서 다 받아들인다고 생각했거든요.

- 치료사에게 동성애에 대해 가지고 있는 자신의 선입견과 가치관에 또 다시 직면시키고 있다.

그렇다면 그 사람에게 자기 자신을 있는 그대로 수용하는 법을 가르쳐줄 수 있을까요?

그러고 싶은데요.

- '있는 그대로의 수용'은 치료사가 슈퍼비전을 통해 얻고자 하는 목표인 동시에, 치료사로서 내담자에게 가지는 치료목표이기도 하다.

당신은 '내가 당신을 있는 그대로 받아들인다'고 말하지만, 그 사람은 자신을 받아들일 수 있을까요? 어쩌면 그 사람은 자신에게 '난 동성애자야. 나는 나를 받아들일 수 없어. 나는 문제가 있는 사람이야'라고 말하고 있을지도 모르겠습니다. 그런 사람이 자신에 대해 뭐라고 말할 것 같으세요?

자신이 동성애자라는 것을 사람들이 알아서는 안 된다고 말할 것 같습니다.

왜 그렇죠?

동성애라는 것이 좋은 게 아니므로 남들도 싫어할 것 같기 때문이죠.

그러면 그 내담자는 동성애가 왜 좋지 않은 것으로 생각하고 있나요?

사람들이 동성애에 대해 좋지 않게 생각한다는 것을 알고 있으니까요.

- 치료사가 일치적이고 정직하기 위해서는 자신의 편견, 가치관 등 왜곡된 지각체계에 대한 점검이 필요하다. 왜냐하면 치료사 자신도 받아들이지 못하는 가치관을 내담자에게 요구할 수 없기 때문이다. 이 내담자는 동성애에 대해 사람들이 가지고 있는 사회적 편견 때문에 힘들어하고 있다. 결국 이러한 문제를 다루고 있는 치료사 또한 대부분 사람과 마찬가지로 동성애에 대한 편견을 가지고 있다는 것이 드러나고 있다. 치료사가 사회적 편견을 모른 체하는 것은 일종의 회피이다. 치료사의 편견과 태도를 직면한다.

내담자는 다른 사람의 의견에 대해 굉장히 불안해하고 있습니다. 자기가 동성애자인 것과 에이즈 환자라는 사실을 사람들이 알아챌까 봐 불안해하고 있는 것입니다. 아마 그 불안 때문에 상담을 받으러 왔을 것입니다. 이 내담자는 당신에게 어떤 도움을 받기를 원할까요? 어떻게 그 사람이 자기 자신을 수용할 수 있도록 도와줄 수 있을까요? 그렇지 않으면 자신이 피해자라고 느끼며 살아갈지도 모릅니다. 본인이 자신을 피해자라고 여기는 한, 상황이 좋아지기란 매우 힘듭니다. 자신을 세상에 드러내려 하기보다 어떻게든 숨기려고 하겠지요. 내담자의 빙산을 탐색할 때 어떻게 보이던가요? 굉장히 우울하고, 무기력하고, 절망스럽고, 뭔가 이 세상에서 한 사람으로 살아갈 수 없다는 느낌이었습니다.	• 치료사에게 내담자의 빙산을 보여 주고 있다.
그 외에 또 무엇이 있나요? 사람들에게 들킬까 봐 겁을 내고 있나요? 두려움이 많아요. 두려움이.	• 슈퍼바이저는 치료사가 내담자의 핵심감정을 찾아내도록 도와주고 있다.
무엇에 무력감을 느끼나요? 자기가 아무것도 할 수 없다는 것에 대해서요. 그 외에 또 무엇을 느낄까요? 딱히 생각이 잘 안 나네요. 약 다섯 개 정도가 더 있을 것 같은데요. 불안감 그리고 두려움이 있고요. 이미 좌절감도 느끼고 있고, 무가치감도 있는 것 같아요.	• 치료사가 내담자의 빙산을 좀 더 잘 이해할 수 있도록 돕기 위해 슈퍼바이저 → 치료사 → 내담자의 평행선상에서 내담자의 빙산 탐색에 관한 질문을 던지고 있다.
분노를 느끼고 있지는 않나요? 그 사람은 분노가 없어요.	• 분노는 사람들이 불행한 일을 겪을 때 느끼게 되는 강력한 감정이다. 세상이 자신에게 공평하지 않다고 느낄 때 강한 분노가 표출된다.

만약 이 내담자에게 분노가 없다면, 이러한 경우는 매우 희귀해서 그 사람을 동물원에 넣어 많은 사람에게 구경시켜도 되겠습니다. 그 내담자는 두려움이 많고, 자신을 싫어하는 한편, 피해의식도 있을 것이고, 무력하고, 자신과 세상에 대해 매우 많은 분노를 느끼고 있을 텐데요. 제가 못 본 것 같아요. 내담자가 표현을 안 했거든요.	• 어쩔 수 없는 상황에 빠지게 되었을 때 사람들은 분노하며 누군가를 비난하려고 한다. 치료사가 치료과정에서 다루지 못하고 놓친 중요한 감정들에 대해 하나씩 되짚으며 확인한다.
자신이 동성애자인 것에 대해 그 내담자는 자신을 어떻게 생각할까요? 당신은 내담자의 내면을 깊이 탐색하지 못한 것 같습니다. 내담자의 내면을 잘 알지 못하면 무엇을 변화시켜야 할지 갈피를 잡지 못하게 됩니다. 간혹 동성애자들은 자기가 저주받은 사람이라고 느낀다고 합니다. 그래서 다른 사람을 비난하기도 하죠. 신을 비난하기도 하고, 부모를 비난하기도 하고, 환경을 비난하기도 합니다. 누군가를 비난하고 싶어지는 것이죠. 이 내담자는 누구를 비난하고 있었나요? 자기 자신이요.	• 슈퍼바이저는 치료사가 내담자의 내면 상태를 보다 정확하게 파악하도록 도와준다.
자신 외에 누구에게 비난의 화살을 돌리고 있었습니까? 누구를 비난하고 있었나요? 저는 내담자가 다른 누구에 대해 분노하는 것을 본 적이 없습니다. 하지만 분노가 있을 수도 있겠다 싶네요. 부모님께 분노를 느낄 수도 있었겠구나 싶은데요.	• 내담자에게 가장 중요한 관계인 부모로부터 내담자가 지지를 받았는지, 아니면 거부를 당했는지 점검하고 내담자가 그 경험을 어떻게 받아들이고 있는지 확인하는 것이 중요하다.
그렇다면 부모님께 뭐라고 얘기했을 것 같나요? 나를 왜 이렇게 만들었냐고 하소연했을까요? 이 사람은 오히려 부모님을 걱정하고 있었어요.	• 내담자의 경우 부모가 자신의 동성애적 경향성을 어떻게 받아들였는지가 중요하기 때문에 계속 치료사를 직면시킨다.

그렇다면 부모님께 거부당할까 봐 두려워하고 있었나요? 부모님이 이 사실을 알게 된다면 슬퍼할 것이고, 나를 가까이 하지 않으리라 생각하고 있었나요?

슬퍼할 것이라고….

이 내담자의 문제가 무엇인지, 치료사가 다루고자 하는 문제가 분명히 무엇인지 아직 불분명한 것 같습니다. 여기 내담자의 빙산이 있습니다. 자기가 동성애자임을 발견했고, 아마도 다른 동성애자와 성관계를 가지면서 에이즈에 걸린 것 같습니다. 또한 동성애자라는 것이 어느 순간 탄로 날까 봐 걱정하고 있습니다. 어쨌든 치료사는 이 내담자의 내면, 빙산에 대해 확실히 알고 있어야 합니다. 내담자가 자신을 수용할 수 있도록 도와주기 위해서는 치료사가 내담자의 내면을 알아야 하기 때문입니다. 현실을 받아들일 수 있게 돕기 위해서는 내담자가 어느 부분을 받아들이지 못하고 있는지 알아야 합니다. 그 후 내담자의 내면을 변화시켜야 합니다. 죄책감, 수치심, 두려움, 분노 등이 해결되어야 합니다. 우리 사회는 동성애자들을 향해 손가락질합니다. 이상하거나 병든 사람으로 보면서 그들을 소외시키고 비난하죠. 내담자는 이것을 버틸 수 있어야 합니다. 그러기 위해서는 힘을 키워야 합니다.	• 치료사로서 다루고 해결해야 할 내담자의 문제에 대해 치료사에게 설명한다. 교육이 포함된 슈퍼비전이다.
그런데 제가 세상과 사람들의 비난을 너무 크게 생각했기 때문에 이 사람이 그러한 비난을 이겨내기가 참 힘들겠다는 생각을 했어요.	
내담자가 그러한 비난을 극복할 수 있다는 믿음을 가질 때 비로소 도움을 줄 수 있습니다. 하지만 지금 당신은 동성애자들에 대한 사회적 선입견을 굉장히 무섭게 여깁니다. 이 때문에 내담자 또한 이것을 견딜 수 없다고 생각하는 것 같습니다.	• 치료사 자신도 편견에서 벗어나지 못하고 있으므로 내담자가 편견을 극복할 힘을 키우도록 돕지 못하고 있다.
그 문제 때문에 어려운 것 같아요.	

외부의 비난으로부터 어떻게 자신을 보호하느냐가 문제입니다. 첫째는 내면을 다루어야 하는데, 감정, 즉 수치심, 죄책감, 두려움, 분노를 다루며 그것들을 이겨낼 힘을 키워주어야 합니다. 그다음 외부로부터의 영향과 질타에 대한 내담자의 반사적인 반응들을 다루어야 합니다.

저도 일단 내면의 힘을 키워주어야 한다고 생각했어요. 하지만 그 사람이 이런 사실을 비밀로 하고 있었기 때문에 지지해주지 못한 것 같아요. 그 사람은 여전히 비밀로 하고 싶어 하거든요.

그 사람이 직접 당신에게 그렇게 얘기했나요?

네.

- 슈퍼바이저의 설명을 제대로 이해하지 못하고 있다.

내담자는 그 사실을 잘 감춰왔나요?

잘 안 되었어요. 병원도 가야 했고요.

실제로 그 사실을 감출 수 없음에도 불구하고 내담자는 비밀로 하고 싶어 했고, 당신은 내담자가 그렇게 할 수 있도록 도와주려고 했다는 것입니까?

제가 그 부분에서 어려움을 겪었던 것 같아요.

- 치료사로서 쉽게 접촉할 수 없었던 에이즈 환자 그리고 동성애자를 치료하는 것은 매우 어려운 작업이다. 슈퍼바이저는 이러한 내담자를 만나 문제를 다룰 때 치료사가 숙지해야 할 치료의 단계를 구체적으로 설명해주고 있다.
- 치료사의 잘못된 치료 방향을 직면시킨다.

어떤 사실을 비밀로 묻어두는 것이 불가능할지는 몰라도, 사적인 것으로는 간직할 수 있습니다. '사적인 것으로 여긴다'라는 것은 모든 사람에게 광고하고 다니지 않는다는 것입니다. 내담자가 자신에 관한 사실을 비밀로 할 수는 없지만, 사람들에게 공개적으로 알리지 않을 수는 있다는 것입니다. 이렇게 비밀과 사적인 것에 대한 의미를 분리해주면 내담자의 긴장이 많이 해소될 수 있을 것입니다. 그렇게 할 수 있겠습니까?

네.

- 사적 비밀과 공적 비밀의 차이점을 설명한다. 그리고 치료사에게 설명한 대로 진행할 것을 촉구한다.

첫 번째로 내담자의 내면을 다루고, 두 번째로 외부의 영향을 다룬 후, 세 번째는 내담자가 자신의 열망과 만날 수 있도록 해주어야 합니다. 이때 자기 차원에서 생명력과 연결될 수 있어야 합니다. 에이즈를 앓는 동성애자이지만 현재를 수용하고, 살아있는 한 현재 가진 것들에 대해 즐거움을 느끼면서 자신만의 삶을 살아갈 수 있도록 해야 합니다. 저는 캐나다에서 많은 동성애자와 만났는데, 자신의 삶에 대해 행복해하는 사람들이 매우 많았습니다. 당신의 도움으로 좀 더 많은 동성애자가 행복해지고, 피해의식에서 벗어날 수 있을 것입니다. 그러기 위해서는 세 가지 차원에서 할 일이 있습니다. 첫째, 내담자의 내면을 돌보아줍니다. 둘째, 외부의 영향으로부터 자신을 보호할 수 있도록 합니다. 마지막으로 현재 가지고 있는 것에 대해 고마움을 느낄 수 있도록 해야 합니다. 어떻게 생각하십니까?

제가 동성애라는 문제 자체에 지나치게 초점을 맞췄던 것 같아요. 그래서 어찌할 바를 모르는 그 감정에 같이 몰입되었던 것 같아요.

내담자가 이러한 얘기를 충분히 이해할 수 있다면 지금 나눴던 이야기들을 함께 나누는 것도 좋습니다. 그들에게 이런 얘기를 해주지 않는다면, 그들은 여전히 왜 자신에게만 이런 저주가 내려졌는지, 다른 사람은 다 멀쩡한데 왜 자신만 이렇게 되었는지 한탄만 하게 될 것입니다.

앞으로는 좀 더 잘할 수 있을 것 같아요.

- 치료과정에 대한 설명과 치료결과에 관해 설명한다. 슈퍼바이저는 치료사가 다루기 힘든 동성애자 내담자에 대해 치료사에게 교육을 포함한 슈퍼비전을 실시한다.

그 외에 또 궁금한 것이 있으신지요?

좀 전과 지금 배운 것만으로도 충분할 것 같습니다.

- 슈퍼비전을 통해 이루고자 했던 목표가 달성되었는지, 더 다루고 싶은 것이 있는지 확인한다.

이렇게 이야기를 나누다 보니 저도 기분이 좋아지네요. 굉장히 복잡한 사례였거든요. 이런 경우 우리 모두 문제에 압도되기 쉽습니다.

제가 그랬던 것 같아요.

제가 대학원을 마칠 때쯤 만났던 첫 번째 내담자가 동성애자였습니다. 내담자와 내담자의 가족들을 만나면서 제가 했던 첫 번째 작업은 가족들에게 내담자의 상황을 알리고 가족들로부터 내담자가 지지를 받게 하는 것이었습니다. 그렇게 하기 위해서는 제 선입견을 먼저 깨는 것이 중요했습니다. 그러한 이유로, 아까 당신이 가진 선입견이 무엇이었는지 질문했던 것입니다. 그 외에 다루고 싶은 것이 있으신가요?

이제 좀 더 잘할 수 있을 것 같은 희망이 보입니다. 저와 9회기의 상담을 끝내고 내담자가 내려가버렸기 때문에 상담이 실패했다고 생각했습니다. 그런데 내담자가 형을 찾아가 이야기를 했다고 합니다. 그리고 가족 안으로 들어갔습니다.

그렇다면 이제 가족들이 내담자에 대해 알고 있습니까?

형만 알고 있다고 합니다. 그리고 집에 있는 게 좀 더 편안해졌다고 해요. 몇 년 동안 혼자 지냈거든요.

- 슈퍼바이저가 치료사로서 이전에 경험했던 비슷한 사례를 개방하면서 슈퍼비전 과정에서 전달하고자 했던 내용을 다시 정리하고 있다.

가족들과 지내는 동안에도 비밀과 사적인 것에 대한 차이를 잘 구분하여 자신의 문제를 다룰 수 있도록 내담자를 돕기 바랍니다.

큰 것을 깨닫고 갑니다. 감사합니다.

- 슈퍼비전을 종료한다.

6장
가족지도 : 원가족 체계의 탐색과 진단
Satir's Three Generational Family Maps :
Assessing past issues, strengths & resources through Family of Origin Maps and The Treatment Plan

사티어는 한 워크숍에서 자신의 어린 시절을 가족조각 하면서 원가족 역동에 관해 설명하였다.

> (첫째 위치를 가르키면서) 내 자리가 바로 여기였습니다. 그리고 남자 쌍둥이 동생이 태어났고, 그리고 여자 동생, 그 뒤에 남동생이 태어났습니다. 나와 막내와의 터울은 7년이었습니다. 그러니까 어머니가 7년 사이에 애를 다섯을 낳았다는 것이죠. 그리고 왠지 집안에 죽음의 그림자가 거의 3년간 있었습니다.
>
> … 그런 동안에 부모는 내가 절대 감당할 수 없는 책임을 지웠습니다. 집안의 가장 역할을 맡긴 것입니다. 부당한 책임을 지우는 부모와 거의 20년 동안 소원하게 지냈습니다.
>
> 입원해 계시던 어머니가 돌아가실 즈음, 내가 어디에 있었든 나는 2주일마다 어머니를 방문했고, 그때 내가 어린 시절에 품고 있었던 이야기들을 할 수 있었습니다. 그러고 나서야 어머니가 어떤 사람이라는 것을 알게 되었습니다.
>
> 쌍둥이 동생들이 죽을까 봐 어른들이 많이 걱정하였고, 할아버지는 가끔 할머니를 죽인다고 부엌칼을 들고 쫓아다녔고, 어머니는 나를 지키려고 잡아당겼고. … 내가 기억하는 것은 어머니가 나를 밀쳐버렸다는 것이었습니다. 내 나이 18개월 때였습니다. 그래서 나는 어머니가 나를 몹시 싫어했고, 아버지는 약하고 무능하다고 짐작했습니다. 나는 '여왕'이 되어서 집안의 명예를 회복해야 한다고 결심하게 되었습니다.[1]

가족지도 기법은 여러 세대에 걸친 가족체계 역동, 구성원의 상호작용, 관계 패턴의 전달 등을 함

---

[1] Suhd et al., p. 17.

께 파악할 수 있어 가족체계를 진단하고, 치료계획을 세우고, 그리고 치료목표를 설정하는 데 매우 효과적인 기법이다. 치료사는 가족지도를 치료에 활용하려고 할 때 가족지도를 언제 작성할지, 작성하는 데 얼마나 많은 시간을 할애할지, 어떤 시점에서 사용할지, 어떤 방식으로 활용할지에 대해 판단해야 한다. 또 현재 가족, 부부의 원가족, 부부의 조부모 원가족을 포함한 3세대 혹은 4세대 가족 등 가족지도 작성 범위에 몇 세대 가족체계까지 포함할지도 결정해야 한다. 때로는 현재 내담자의 문제와 연관된 특정 시기 및 사건을 위주로 작성할 때도 그 범위는 치료사가 결정한다.

가족지도를 작성할 때에는 목표가 분명해야 한다. 많은 치료사가 가족지도를 작성하지만 작성하는 목표가 불분명해서 제대로 활용하지 못하는 것을 발견하곤 한다. 간혹 치료사와 내담자가 협동적으로 가족지도를 작성할 수도 있다. 가족과 함께 가족지도를 작성하면 내담자의 긴장 완화에 도움을 주고, 내담자가 자신의 가족에 대해 객관적 관점을 갖게 되며, 치료과정에 내담자를 적극적으로 참여하게 하는 긍정적 측면이 있다. 가족지도는 진단과 치료 방향 설정을 위해 초기에 작성하는 것이 좋다. 그러나 가족지도를 초기에 작성한 후에도 치료를 진행하는 과정에서 계속 정보를 추가하여 진단과 치료계획을 좀 더 정확한 방향으로 설정할 수 있어야 한다. 또 치료사가 가족지도를 작성하는 동안에 내담자와 내담자 가족에 대해 지금까지 자각하지 못했거나 숨겨진 것들이 자연스럽게 드러나기도 한다. 이때 치료사는 내담자 혹은 가족이 당황할 때 의연하게 대처할 수 있는 능력을 키워야 한다.

가족치료 학파에서 가족지도를 치료에 적극적으로 사용하는 학파는 사티어 경험주의 가족치료와 보웬 학파이다. 그러나 사티어 가족지도와 보웬 가계도는 사용 목적에 있어서 차이점이 있다. 사티어 경험주의 가족치료의 가족지도 작성 및 활용 목적은 윗세대와 엉킨enmeshed 상태에서 풀려나 지금 현재를 충만하게 살 수 있게 하는 데 있다. 보웬은 이성을 강조하면서 이성이 감정을 조절할 수 있는 힘을 강화하는 데 있다. 바로 이 특징 때문에 여성주의 치료사들에게 비판을 받고 있다.

1. 현재 가족지도와 원가족 가족지도 작성하기

1) 가족지도 작성하기

(1) 가족지도의 기능
① 가족에 관한 정보를 얻고 조직하여 체계적 관점을 파악한다.

② 가족에 관한 정보를 통해 진단과 치료계획을 세운다.
③ 가족구성원 사이의 관계 패턴, 대처방식 등을 파악한다.
④ 형제 서열, 다양한 신체적·심리적 질병 및 중독, 이혼, 재혼, 부부 또는 형제의 나이 차이, 사망한 구성원의 원인, 시대적 배경, 특별한 방식으로 죽음을 선택한 가족구성원, 다양한 사건의 정보는 가족 역동을 파악하는 데 중요한 정보를 제공한다.
⑤ 이인군, 삼인군의 역동을 파악한다.
⑥ 가족의 사회문화적 환경, 지역적 특성, 직업, 학력, 환경으로 인한 문화적 차이와 그 영향을 파악한다.
⑦ 개인과 가족에게 부정적 영향을 끼치는 가족규칙을 파악한다.
⑧ 가족의 자원, 가족으로부터 받은 긍정적인 영향을 찾아 긍정적 방향의 목표를 체계적으로 세운다.
⑨ 내담자가 치료에 호기심을 갖도록 이끌며, 치료에 부정적이었던 내담자를 자연스럽게 참여시킨다.
⑩ 내담자가 제시하는 문제로부터 일시적으로 거리를 두어 문제를 객관적으로 볼 수 있게 도와준다.
⑪ 치료사가 내담자 가족과 밀착되거나, 반사적 반응을 보이거나, 주관적으로 대처하지 않게 해준다.
⑫ 치료사의 전이, 역전이를 줄일 수 있다.

(2) 가족지도 작성방식
① 가족지도를 작성한 날짜를 적는다.
② 가족지도를 작성할 때 현재 가족의 것인지, 과거 가족의 것인지, 혹은 어느 특정한 시기의 것인지를 적는다.
③ 일반적으로 3세대에 걸쳐 가족지도를 작성한다. 3세대 가족지도를 작성하는 경우 원가족의 지각적 가족지도는 시간의 흐름에 따라 달라질 수 있으므로, 그러한 내용은 기호 등을 사용하여 기록한다.
④ 부부, 부부와 자녀 그리고 원가족까지 포함하여 작성한다.
⑤ 자신이 입양된 경우 출생한 가족과 입양 가족 모두 그린다. 뒤늦게 입양아인 것을 알게 된 경우에는 입양한 과정, 입양한 사실에 대한 부모의 태도, 입양 사실을 알게 된 경로에 대한 정보도 기록한다.
⑥ 부부의 결혼이나 사실혼 관계로 맺어진 사람들에 대한 사실을 적는다.
  • 결혼 날짜나 동거 날짜:

- 결혼 이유(나이, 임신, 집에서 벗어나기 위해 등):
- 별거/이혼 날짜와 사유:

(3) 사실적 가족지도 작성하기
① 여성은 원, 남성은 네모로 그린다.
② 각 구성원의 나이를 원이나 네모 안에 넣는다. 사망한 구성원은 사망 원인/출생연도와 사망연도도 함께 적는다.
③ 각 구성원의 출생지, 종교, 직업, 교육 배경을 적는다.
④ 자신이 성장하면서 소속되었던 가족이 자신의 가족 이외에 또 있다면(출생한 가족과 양육해준 가족 등) 각각의 가족지도를 따로 작성한다.
⑤ 취미와 흥미, 질병, 입원 사실, 중독 등을 적는다.
⑥ 태어나면서부터 지금까지 함께 살았던 사람들을 모두 포함해서 작성한다.
- 부모와 조부모, 그리고 양육에 관여한 친척
- 부모와 연관된 배우자(재혼 배우자나 동거인)
- 내담자, 형제자매, 이복 형제자매, 수양 형제자매, 사망한 형제자매
- 사산아, 자연유산 또는 인공유산된 형제자매
- 성장기 동안 내담자와 함께 집에서 살았던 모든 중요한 사람들(부모 이외의 양육자) 또는 강아지 등의 반려동물 등

⑦ 사실적인 정보가 없다면 내담자가 사실이라고 믿는 것, 생각하는 것, 들은 것, 본 것에 근거하여 적는다.

(4) 내담자의 주관적 관점이 포함된 가족지도 작성하기
① 가족관계에 대해 묘사하기
- 당신이 성장할 때 부모와 가족구성원과의 관계는 어떠했는가?
- 당신의 부모는 배우자와 자녀에게 친밀감을 어떻게 표현하였는가?
- 가족구성원 사이의 갈등을 어떻게 표현하고 해결하였는가?
- 가족구성원 중 나중에 관계방식이 변화된 사람이 있는가?

② 가족구성원의 성격적 특징을 묘사하는 형용사 찾기

- 자신을 형용사로 표현한다면 어떤 형용사를 붙일 것인가? 그 형용사는 이전과 바뀌었는가?
- 부모와 형제자매에게 어떤 형용사를 붙일 것인가?
- 부모에게 붙인 형용사는 나에게도 붙일 수 있는 형용사인가?
- 나에게 있는 부모의 형용사 중 바꾼 것이 있는가? 바꾸기를 잘했다고 생각하는 것이 있는가?
- 가족구성원이 공유하는 형용사가 있는가? 그러한 형용사를 갖게 된 것에 감사하는가?
- 가족구성원에게 붙인 형용사 중에 바꾸고 싶은 것이 있는가?

③ 가족구성원의 자원 찾기
- 가족구성원이 이미 알고 있고, 지금도 가지고 있는 당신의 자원은 무엇인가?
- 부모 및 가족구성원과 공유하는 당신의 자원은 무엇인가?
- 과거의 삶에 긍정적인 영향을 준 당신의 자원은 무엇인가?
- 현재 삶에 감사할 만한 당신의 자원은 무엇인가?

④ 가족구성원의 빙산 탐색과 대처방식 확인하기
- 성장할 때의 가족구성원의 빙산은 어떤 모습이었는가?
- 빙산 탐색을 통해 가족구성원에 대해 새롭게 발견한 점은 무엇인가?
- 가족구성원의 과거와 현재의 대처방식은 무엇인가?

⑤ 부모가 자녀에게 갖고 있던 기대 확인하기
- 부모가 자녀에게 가졌던 기대는 무엇이었는가? 일상적인 삶에서의 기대는 무엇인가? 미래에 대한 기대는 무엇인가?
- 당신이 부모에게 가졌던 기대 혹은 환상은 무엇이었는가?
- 부모의 기대가 채워지지 못했을 때 부모는 어떤 반응을 하였는가?
- 부모와 다른 가족구성원은 어떻게 감정표현을 하였는가? 특히 분노를 어떻게 표현했는가? 어떤 감정만을 표현하도록 허용했는가?
- 아직도 가지고 있는 당신의 대처방식은 무엇인가? 상처, 실망, 분노 또는 공포 등을 여전히 가지고 있는가?

⑥ 가족구성원의 건강에 대한 정보 확인하기
- 성장과정에서 가족구성원 중에 심각한 질병을 앓았던 사람이 있었는가?

- 질병에 대한 가족구성원의 태도는 어떠했는가?
- 지금 질병에 대한 당신의 태도는 어떠한가? 질병이 당신에게 어떤 영향을 끼쳤는가?

⑦ 가족이 겪은 상실 확인하기
- 부모가 겪은 상실이 있었는가? 그들은 상실을 어떻게 극복하였는가? 여전히 상실에 따른 영향을 받고 있는가?
- 가족구성원은 상실을 어떻게 극복하였는가? 여전히 극복하지 못하고 있는가?
- 상실을 경험한 후 가족구성원 사이의 관계는 어떻게 변화했는가?
- 당신이 경험한 상실은 무엇인가? 그것을 어떻게 다루었는가? 아직도 상실에 따른 영향을 받고 있는가?

⑧ 가족구성원에게 발생한 중요한 사건 찾기
- 가족구성원의 삶에 영향을 준 긍정적 혹은 부정적 사건들이 있는가?
- 당신이 겪은 충격적인 사건들이 있었는가? 그로 인한 영향을 당신은 어떻게 다루었는가?

⑨ 그 외의 중요한 사건들 확인하기
- 가족들에게 충격이 되는 정치적·사회적·문화적 사건이 있었는가?
- 가족들은 그 사건들을 어떻게 다루었는가? 그것이 지금도 가족과 당신에게 영향을 끼치고 있는가?

⑩ 가족의 비밀 혹은 신화 찾기
- 외부에 알려지지 않기를 바라는 당신 가족만의 비밀이 있는가?
- 가족구성원이 알고 있으면서 서로 모르는 척하는 것이 있는가?
- 그러한 것이 가족구성원에게 어떠한 영향을 끼치는가?

⑪ 긍정적인 영향을 준 사건이나 사람들 확인하기
- 아동기나 청소년기에 만났던 스승은 누구였는가?
  (책, TV, 영화, 위인, 유명인사, 지인, 친구 등)
- 그들로부터 무엇을 배웠는가? 그 가르침을 어떻게 활용하고 있는가?

⑫ 가족의 가치관과 규칙 확인하기
- 당신은 발달주기에 따른 과제들을 적절하게 이행하였는가?

- 당신의 부모는 재정 관리를 어떻게 하였으며, 당신은 재정 관리에 대해 무엇을 배웠는가?
- 당신은 부모, 주위환경, 세상으로부터 어떤 삶의 방식을 배웠는가?
- 당신이 미래를 계획할 때 부모, 가족의 가치관과 규칙이 어떤 영향을 끼쳤는가?

(5) 내담자가 지각하는 가족구성원의 정서적 관계

① 당신이 관찰하고 판단한 가족의 정서적 관계를 그려넣는다.
② 시간이 흐르면 관점이 바뀔 수도 있다. 따라서 가족지도의 작성 시기를 반드시 적는다.
③ 가족구성원의 성격적 특징을 3가지 긍정적 형용사와 3가지 부정적 형용사로 적는다.
④ 가족구성원 사이의 정서적 관계선을 그린다.
⑤ 두 구성원의 정서적 관계선은 두 사람의 관점에서 각기 다를 수가 있다. 따라서 각자의 입장을 화살표를 함께 그려넣어 작성한다.
⑥ 두 구성원의 정서적 관계가 점진적으로 변한 경우에는 그 변화과정을 다른 선으로 이어서 표시한다. 예로, 처음에 좋은 관계였다면 얇고 가는 선으로, 차차 갈등 관계로 변하면 물결로 표시한다.

2. 가족지도와 삼인군 작업

1) 부모와의 적절한 분리를 위한 삼인군 작업

(1) 삼인군 작성과 과거 경험 탐색하기

① 삼인군 가족지도를 내담자와 함께 작성한다.
② 아버지, 어머니, 그리고 나를 그린다.
③ 세 사람의 +, -, 형용사, 대처방식, 정서적 관계선을 적는다.
④ 어린 시절 부모와의 관계에 대해 듣는다.
⑤ 특수한 사건, 질병, 전쟁, 파산, 죽음 등의 상황과 대처방식을 적는다.
⑥ 그러한 상황이 발생한 시점을 적는다.
⑦ 다음과 같은 질문을 한다.
- 부모와 헤어졌던 경험, 거부당한 경험, 부모에게 위협감을 느꼈던 경험이 있는가?
- 위의 경험을 부모는 알고 기억하고 있는가?

- 위의 상황에서 부모는 어떤 행동을 하였는가?
- 위의 상황에서 부모의 행동을 이해하였는가? 왜 그렇게 했다고 이해하였는가?
- 부모 외의 다른 가까운 사람과 이별한 경험이 있는가?
- 부모나 집을 잃어버린 경험이 있는가? 이때 어떤 행동을 하였으며, 어떤 일이 벌어졌는가?
- 어렸을 때 부모로부터 거부당한 경험이 있었는가? 부모는 내담자가 어떤 감정을 느꼈는지 알고 있는가?
- 부모 혹은 친척이 장난으로라도 위협한 적이 있었는가? 부모가 왜 그런 행동을 한 것이라고 이해하였는가?
- 부모 이외에 가까웠던 친척 혹은 사람들이 있었는가?
- 혹시 친척이나 가까웠던 사람들에게 폭력 또는 성폭력 등을 경험한 적이 있는가?
- 부모 외에 가까웠던 사람 혹은 동물들과 헤어지거나 갑자기 이사한 경험이 있는가?
- 현재의 부모와의 경험은 어떠한가?

(2) 삼인군과 부모와의 유사점과 차이점 탐색하기

① 이 과정에서 새로운 자각이나 통찰을 했는지 확인한다.
② 이런 경험이 현재 부모와 나와 연관성이 있는지 확인한다.
③ 부모로부터 물려받은 자원을 찾는다.
④ -를 +로 변화시킨다.
⑤ 자원을 나의 것으로 통합한다.

(3) 원가족 경험에서 변화하기

① 미해결과제를 경험적으로 탐색한다. (기대 탐색, 열망 탐색, 행동 탐색)
② 관계를 경험적으로 탐색한다. (변화 탐색, 영향 탐색, 변화 추구)
③ 부모의 빙산을 탐색한다.
④ 현재 부모와 내담자(스타)와의 관계는 어떠하였는가?
⑤ 지금까지 작업한 것을 내담자(스타)의 현재 삶과 연결하여 수용, 변화, 뿌리내리기를 할 수 있게 돕는다.

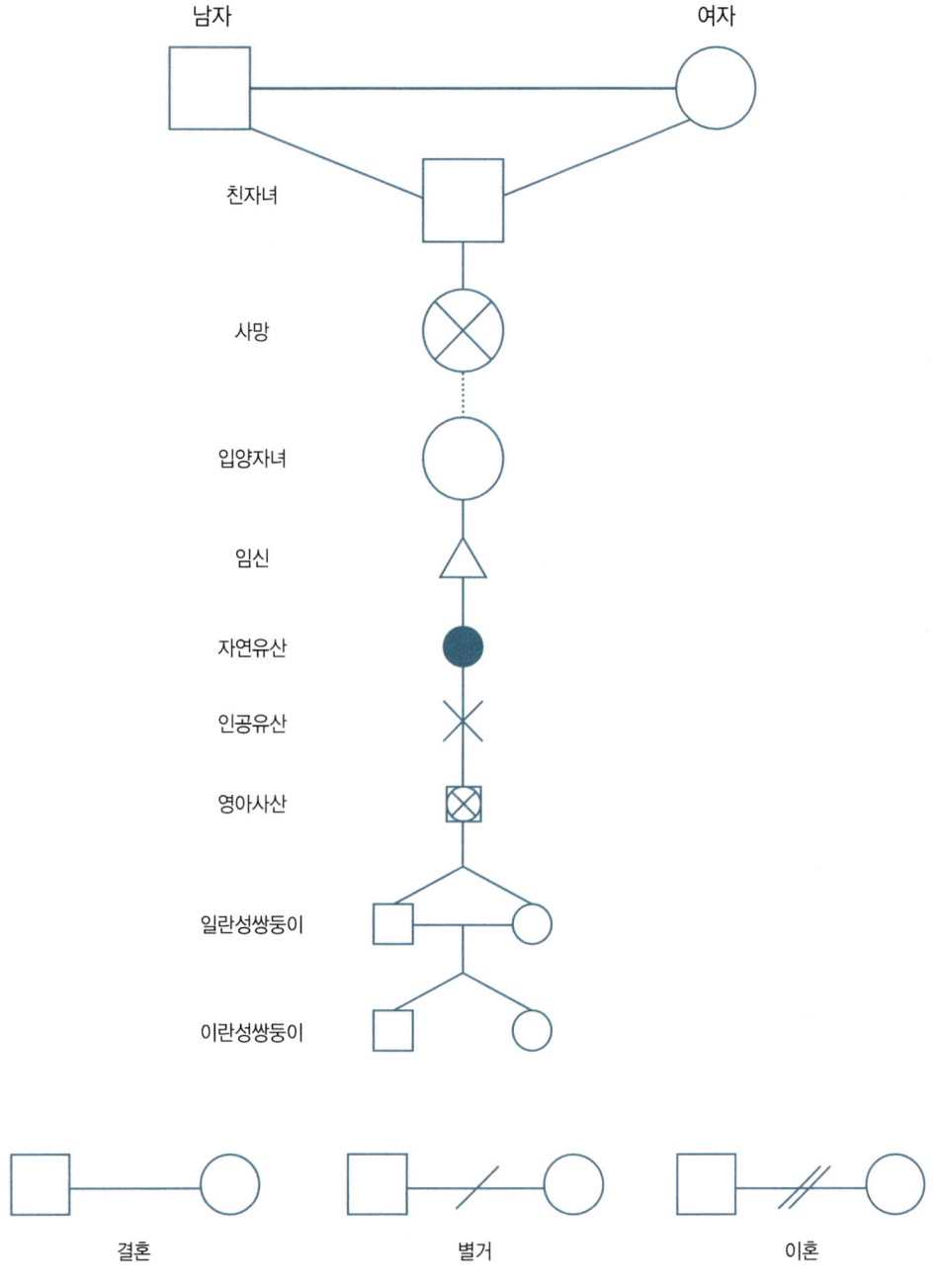

관계선 표시

1. 편안한 관계	———————	관계가 안정적이고 상호지지적일 때
2. 친밀한 관계	═══════	정서적 교류가 많고 친밀함을 느낄 때
3. 밀착된 관계	≡≡≡≡≡≡≡	정서적으로 심하게 엉켜 경계선이 불분명할 때
4. 소원	----------	정서적 거리가 멀거나 관계를 회피할 때
5. 갈등	/\/\/\/\	갈등이 많이 발생할 때
6. 심화된 갈등	≈≈≈≈≈	경계선이 혼란스러워 갈등관계에 있으면서 정서적으로 분리되지 못할 때
7. 격화된 갈등	≋≋≋≋≋	지나치게 정서적으로 엉켜 경계선이 무너졌을 때 (언어적·신체적 폭력 가능성이 있을 때)
8. 정서적 단절	----//----	모든 정서적 관계가 끊어졌을 때
9. 별거	——/——	법적 혼인관계가 유지되고 있지만, 사실상 부부관계가 끝났을 때
10. 이혼	——||——	법적 혼인관계가 끝났을 때

3. 가족지도 사례

1) 가족지도 작성, 진단, 가설 세우기

다음의 가족지도는 밴멘 워크숍 자료로 사용한 사례이다. 가족지도를 작성한 뒤에 각 구성원의 빙산, 구성원들의 상호작용, 그리고 가족체계의 역동을 파악하면서 진단 및 가설을 세우고 가상 가족을 만들어 가족치료를 하였다. 사티어는 현재 가족 역동을 중요하게 여겨 현재 가족의 가족지도를 작성하고, 내담자가 특정한 시기의 경험을 다루려고자 할 때는 그 시점의 원가족 가족지도를 작성하여 작업하였다.

2) 사례 가족의 배경

아버지와 어머니는 중매로 결혼하였다. 결혼 초기에는 차이점이 있어도 서로 수용하려고 노력하였으나 점차 갈등이 고조되었다. 아버지는 어머니를 비난하고, 어머니는 아버지에게 회유하면서 갈등을 해결하곤 하였다. 큰아들이 태어나자 부부의 관심은 큰아들에게 집중되었다. 특히 아버지는 큰아들에게 지나치게 큰 기대를 가졌다. 그러나 큰아들은 부모의 기대를 충족시키지 못하였다. 큰아들은 마음속으로는 아버지를 비난하면서도 아버지가 두려워 어머니와 똑같이 아버지에게 회유하

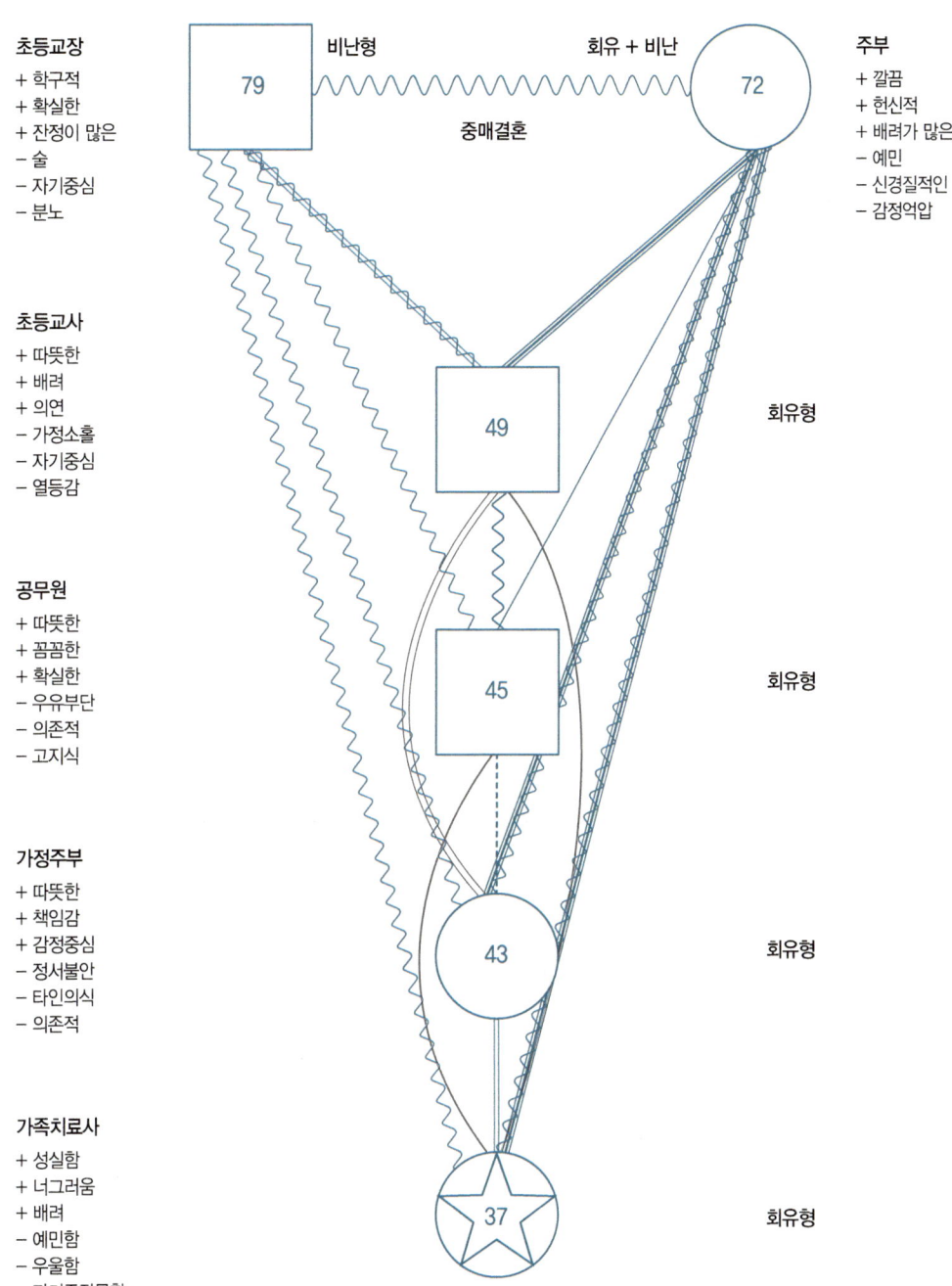

6장 가족지도 : 원가족 체계의 탐색과 진단

였다. 두 사람은 엉킴enmeshed 관계를 형성하였다. 작은아들은 형과는 달리 부모의 관심을 받지 못했으며, 부모의 눈치를 살피면서 성장했다. 딸들은 어머니와 엉킴enmeshed 관계를 형성하여 어머니에게 의존적이었으며, 어머니와 같이 회유형의 대처방식을 사용했다. 아버지는 아내와 함께 자녀들을 모두 비난하였다. 자녀들의 자존감은 낮아지고, 부정적 감정은 억압당하고, 결국 자기self를 중심으로 삶을 살지 못하고 있다.

3) 사례 가족구성원의 역동 탐색 사례 | 김영애 시연

① 아버지(비난), 어머니(비난/회유)의 지배-복종 관계

	+	-
아버지	학구적, 확실한, 잔정이 많은	술, 자기중심적, 분노
어머니	깔끔한, 헌신적, 배려가 많은	예민, 신경질, 감정억압

- 아버지
- 이성적이고, 판단적이며, 자신의 기준이 뚜렷하고, 자신의 신념이 옳다고 믿는다.
- 억압된 감정을 술로 해결하고 있다.
- 자녀를 인정하지 않고 있으며, 자녀를 통제하고 있다.
- 자존감이 낮고, 자기중심적이다.

- 어머니
- 정서적 결핍을 자녀와 엉킴enmeshed 관계 속에서 해결하고 있다.
- 정서적으로 불안하고 남편에 대한 불만을 신경질과 짜증을 내면서 해결하고 있다.

- 공통점
- 두 사람은 비일치적 대처방식을 사용하고 있다.
- 두 사람 다 자신의 열망을 충족시키지 못한 탓에, 자녀를 통해 이를 해결하려 한다.

② 아버지(비난), 어머니(비난/회유)와 큰아들(회유형)의 삼인군 관계

	+	-
아버지	학구적, 확실한, 잔정이 많은	술, 자기중심적, 분노
어머니	깔끔한, 헌신적, 배려가 많은	예민, 신경질, 감정억압
큰아들	따뜻한, 배려, 의연	가정 소홀, 자기중심, 열등감

• 아버지
- 큰아들에게 애정을 지니고 있으나 기대에 부응하지 못하는 큰아들을 비난한다.

• 어머니
- 남편과 친밀감을 형성하지 못한 대신 큰아들과 친밀감을 형성하고 있다.

• 큰아들
- 아버지와 어머니의 특성을 모두 가지고 있으나 + 혹은 -로 구분하고 있다.
- 아버지에게 가끔 대들기도 하지만 부모 사이에 끼어 부모를 회유하고 있다.
- 어머니와 같이 일치하지 않는 회유형의 대처방식을 사용하고 있다.
- 부모로부터 존중받지 못하여 자존감이 낮다.
- 부정적으로 자기중심적이고 열등감이 크다.
- 부모와 동생들에 대한 책임감 때문에 정작 자신의 현재 가족은 돌보지 못한다.

③ 아버지(비난), 어머니(비난/회유)와 작은아들(회유형)의 삼인군 관계

	+	-
아버지	학구적, 확실한, 잔정이 많은	술, 자기중심적, 분노
어머니	깔끔, 헌신적, 배려가 많은	예민, 신경질, 감정억압
작은아들	따뜻한, 꼼꼼한, 확실한	우유부단, 의존적, 고지식

• 아버지
- 큰아들과 마찬가지로 작은아들에게도 비난하고 있다.

• 어머니
- 관심이 큰아들에게 집중되어 있어서 작은아들에게는 상대적으로 소홀하다.

• 작은아들
- 작은아들 역시 부모의 성격적 특성을 동시에 가지고 있지만 +, -로 평가하고 있다.
- 부모와 거리가 멀지만, 어머니와 같은 회유형의 대처방식을 취하고 있다.
- 서열상 둘째이기 때문에 부모의 관심을 덜 받았으며, 그만큼 부모의 기대도 크지 않다.
- 형과 갈등 관계를 형성한 것은 관심을 받는 형에 대한 질투도 있지만, 문제를 일으키는 형을 비난하는 것에서 비롯되었다.
- 자존감이 낮아 우유부단하고, 의존적이며, 융통성이 부족하다는 특징을 보인다.

④ 아버지(비난), 어머니(비난/회유)와 큰딸(회유형)의 삼인군 관계

	+	-
아버지	학구적, 확실한, 잔정이 많은	술, 자기중심적, 분노
어머니	깔끔한, 헌신적, 배려가 많은	예민, 신경질, 감정억압
큰딸	따뜻한, 책임감, 감정중심	정서불안, 타인의식, 의존적

- 큰딸
 - 부모의 성격적 특성을 동시에 가지고 있다.
 - 자신을 비난하는 아버지와의 심리적 거리가 멀다.
 - 자신에게 정서적으로 의존하는 어머니의 영향으로 정서적 불안이 높다.
 - 자존감이 낮아 타인을 의식하고, 의존적이다.
 - 동생을 질투하는 한편, 정서불안으로 인해 오히려 동생에게 의지하려 한다.

⑤ 아버지(비난), 어머니(비난/회유)와 작은딸의 삼인군 관계

	+	-
아버지	학구적, 확실한, 잔정이 많은	술, 자기중심적, 분노
어머니	깔끔한, 헌신적, 배려가 많은	예민, 신경질, 감정억압
작은딸	성실함, 너그러움, 배려	예민한, 우울, 자기주장 못하는

- 작은딸
 - 자신을 비난하는 아버지와의 심리적 거리가 멀다.
 - 아버지의 사랑을 알고 있어도 가족들을 비난하는 아버지를 싫어한다.
 - 가족구성원의 정서를 돌보고 있다.
 - 어머니와 같이 예민하며, 우울함을 느끼곤 한다.
 - 자존감이 낮아 자기주장을 하지 못한다.

※ 위의 가족지도 작성 방식에 익숙하지 않거나, 3세대까지 포함해서 그리기 위해 공간이 더 필요한 경우에는 근래에 보편적으로 사용하는 가계도(genogram program) 방식을 사용할 수 있다. 그러나 그림 표시 방식만 다르게 할 수 있고 그 외의 작성 방식은 가족지도와 같아야 한다.

다음 가족지도는 삼 세대를 함께 그린 사례이다. 그리고 각 구성원에 대한 설명을 A. 대처방식 B. 직업 C. 성격 특징으로 나누어 작성하였다. 내담자가 표시한 -, +를 고치지 않고 그대로 게재하였다.

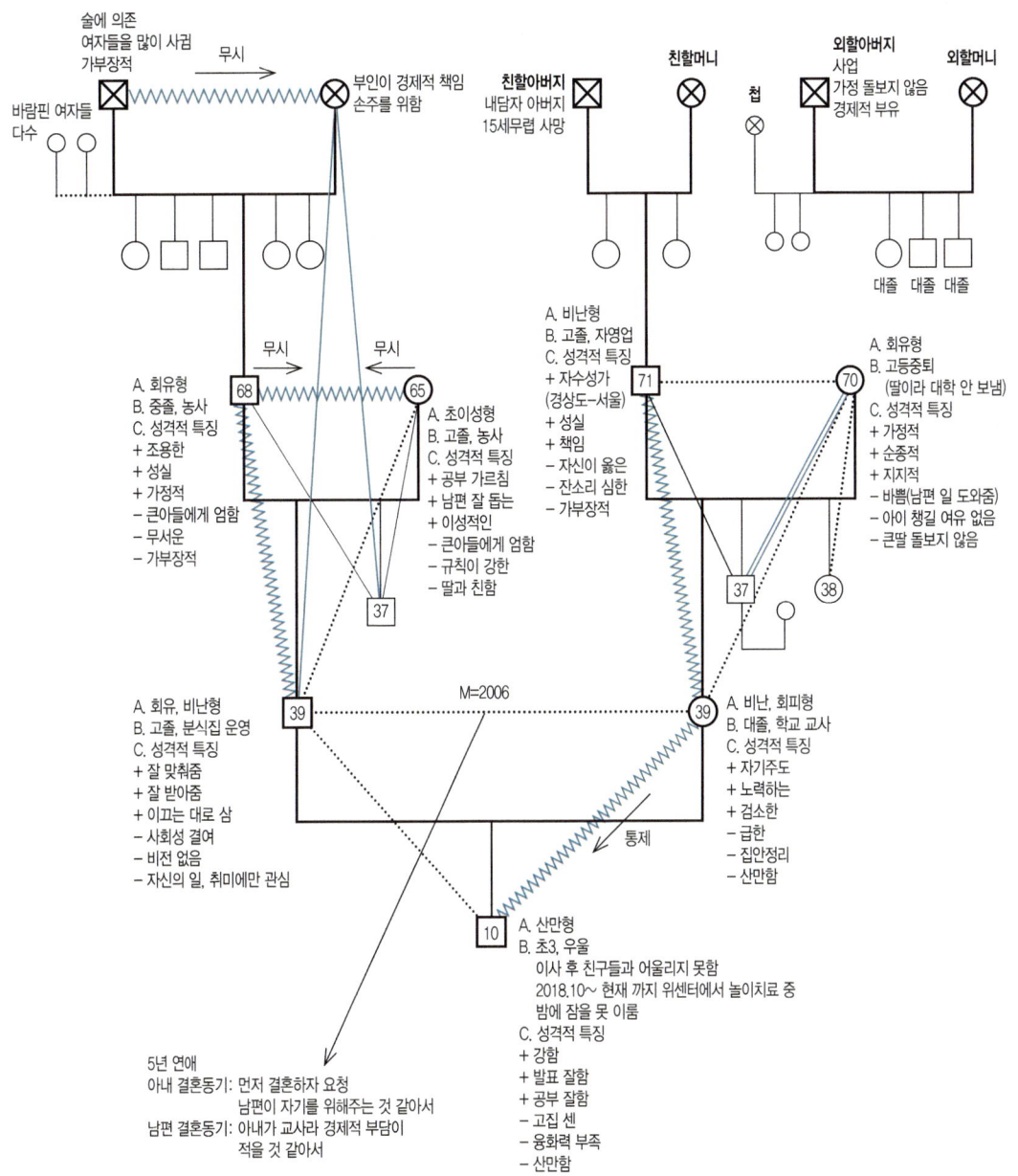

6장 가족지도 : 원가족 체계의 탐색과 진단

7장
영향력의 수레바퀴 : 외부 영향의 변화
Satir's Wheel of Influence : Transforming External Influences

나는 어렸을 적에 무시무시한 꿈을 반복적으로 꾸곤 하였다. 내가 어떤 사람을 죽여서 어딘가에 묻어버렸는데 어디인지를 기억 못 해서 정신병원에 갇혀있는 꿈이었다. 이 꿈을 계속 꾸었는데 내 가족에 대한 가족재구성을 한 다음에야 사라졌다. 우리 가족은 할아버지, 할머니와 함께 살았었다. 그 후에 할아버지는 피해망상증으로 인해 정신병원에 입원해있었다.

내가 18개월이었고 쌍둥이 남동생이 9개월이었을 때의 상황을 되살려 기억하게 되었다. 내가 기억해서 연결한 상황은 이렇다. 어머니는 쌍둥이를 하나씩 젖을 먹이고 있었다. 그때 할아버지가 주방 칼로 할머니를 죽이겠다고 쫓아다녔다. 그 순간 어머니는 나를 매우 세게 낚아챘고 … 쌍둥이 동생들은 죽을 듯이 울어 재꼈다. 할머니는 비명을 지르고, 어머니는 아무것도 할 수 없었다.

이 기억의 시점에 이르기 전까지는 내가 왜 이런 무서운 꿈을 꾸는지 아무것도 이해할 수가 없었다. 이 기억이 떠오르자 악몽이 사라졌다. (그 이전까지는 어머니가 나를 싫어한다고 생각해서 어머니한테 부정적인 감정이 있었다.) 가족재구성을 실행하면서 그 당시의 상황을 명확하게 알게 되자 혼란은 사라졌다. 그때 나는 기억 속의 상황이 연결되지 않아 자꾸 꿈을 꾸었다는 사실을 깨닫게 되었다.[1]

사티어는 가족지도를 작성한 다음, 가족연대기를 작성하였다. 가족연대기는 조부모 혹은 그 윗세대부터 지금까지 가족에게 있었던 중요한 사건들을 시대적으로 연속선에 표시하여 작성한다. 연대기 작성은 한 가족에게 끼친 역사적·사회적 사건 등을 통해 사회가 한 개인의 가족에게 끼친 영향을 이해하면서 내담자가 자신에 대한 이해도 넓힐 수 있도록 도와준다. 예를 들면, 해방, 6.25 전쟁,

---

[1] Suhd et al., p. 11.

4.19, 월남 전쟁 등이 가족에게 끼친 영향을 알게 되면 가족에 대한 이해가 깊어질 수 있다. 가족연대기를 자세하게 작성하고 그 영향을 깊이 탐색하는 과정에서 가족구성원에게 깊이 감추어졌던 비밀, 잊어버렸던 기억, 갑자기 떠오르는 사건들을 알게 되면서 그 영향을 다룰 수 있게 된다.

사티어는 가족지도, 가족연대기와 더불어 영향력의 수레바퀴라는 기법을 고안하였다. 가족에게 영향을 끼친 사건들뿐만 아니라 가족과 관련이 없는 사건들도 한 인간에게 끼치는 영향은 지대하다. 예를 들어 유모가 갑자기 사라졌다거나, 갑자기 전학 가서 적응에 어려웠던 경험, 아버지의 급작스러운 사업실패, 지나가다 보게 된 시체의 모습, 사건 사고, 사모하던 예쁜 선생님과의 갑작스러운 이별, 좋아하던 사촌오빠의 이상한 행동 등 어린아이가 감당하기 어려운 사건들은 수없이 많다.

따라서 이 작업은 가족, 친척, 학교 선생님, 친구들, 이웃, 상상 속의 놀이 친구, 반려동물, 특별히 좋아하던 장난감, 스포츠 선수, 연예인, 책, 위인, 영화나 소설 속의 주인공, 특정한 사건과 관련된 사람들, 물건 그리고 장소 등 개인의 삶에 많은 영향을 끼친 것을 다루는 기법이다.[2] 이 기법의 목표는 내담자의 가족에만 초점을 맞추는 가족치료의 한계를 벗어나 한 인간의 삶을 규정짓는 다양한 외부의 영향까지 탐색해서 전인적 성장을 꾀하는 데 있다.

1. 가족연대기와 충격적 사건 탐색하기

1) 가족연대기와 충격적 사건 탐색 작업

가족지도를 통해 현재 가족과 과거 가족체계의 역동을 이해하고, 내담자 가족에게 구체적으로 영향을 끼친 사건들의 연대기를 찾아내어 작성한다. 그러한 사건들이 가족에게 끼친 영향을 탐색한다.

(1) 작업과정

① 생애 초기 사건에 대한 기억을 10개 정도 찾는다.
② 그 사건을 기억할 수 있는 한 자세하게 적는다.
③ 그 기억이 가족과 나에게 끼친 영향을 탐색한다.
④ 그 사건이 가족과 관계가 있는지를 탐색한다.

---

[2] Satir, V. et al., (1991), p. 210.

⑤ 그 사건 이후 가족이나 내담자가 달라진 것이 있었는지를 확인한다.
⑥ 그 변화가 긍정적인지 아니면 부정적인지를 탐색한다.
⑦ 그 영향이 나와 가족의 삶에 어떤 영향을 끼쳤는지를 확인한다.
⑧ 그 사건으로 인해 감사할 수 있는 것이 있는지 확인한다.
⑨ 그 경험이 긍정적이면 자기self에 통합하는 작업을 한다.

위의 질문을 통해 해결되지 않은 영향이 드러나면 아래 작업을 진행한다.

⑩ 각 사건에 대해 빙산 탐색을 통해 변화과정을 진행한다.
⑪ 그 사건의 시점으로 돌아가 재경험을 통해 변화를 시도한다.

2. 영향력의 수레바퀴

영향력의 수레바퀴는 가족연대기를 확장한 작업이다. 사람은 성장하면서 수많은 경험을 하는데 왜 특정한 경험만 기억에 남아있을까? 그것은 기억들이 주관적 경험이든, 관찰자로서의 경험이든, 긍정적이든, 부정적이든 한 개인의 삶에 영향을 끼치기 때문이다. 따라서 초기 기억들이 빙산에 끼친 영향을 탐색함으로써 더 넓은 관점에서 내담자의 미해결된 사건이나 경험을 해결할 수 있다.

> 한 어머니가 아들과의 심각한 갈등을 해결하고자 가족치료를 요청하였다. 어머니는 사춘기 아들에게 반드시 교회에 갈 것을 명령했고, 어떤 예외도 용납하지 않자 아들은 어머니에게 반발하기 시작하였다. 치료과정 중 어머니는 자신이 어린 시절에 충격적인 경험을 했다는 사실을 알게 되었다. 어릴 적 그녀가 살던 시골의 한 작은 교회에서 종교 영화를 관람하였다. 이 영화는 죄를 지으면 무시무시한 지옥으로 떨어진다는 종말론에 관한 것이었다. 무서운 뱀이 나오고, 땅이 갈라지고, 세상이 무너지고, 죄를 지은 사람은 모두 불바다로 떨어지는 장면들이 나왔다. 영화를 본 다음에 어머니는 며칠 동안 악몽을 꾸기도 하고, 집 밖 화장실에는 가지도 못하고, 혼자 집에 있지도 못하였다. 그 후 성장하면서 그 사건은 잊히게 되었지만, 그녀는 두려움에 가득 찬 신앙생활을 하게 되었으며, 아들에게도 엄격한 신앙생활을 요구하였다. 어머니는 이러한 자신의 신앙관이 목사였던 아버지의 영향이라고만 생각했을 뿐, 이 영화를 봤던 경험이 어린 자신에게 끼친 영향을 깨닫지 못하고 있었다. 그 경험은 그녀가 두려움을 피하고자 열심히 신앙생활을 하게 하였고, 자녀에게도 자기와 같은 신앙생활을 엄격하게 요구하도록 만들어 갈등을 발생시켰다.

1) 영향력의 수레바퀴 작업

(1) 영향력의 수레바퀴 기법에 대한 설명

① 내담자 개인에 관련된 것만으로 작업을 진행할 수도 있고, 내담자 가족 전체가 경험한 것을 다룰 수도 있다.

② 내담자가 경험한 사건, 사회적 시대 배경, 발달단계로 나누어 다룰 수 있다. 예를 들어 유아기, 아동기, 사춘기, 성인기로 나누어서 각 시점에서의 중요한 사건을 다룰 수 있다.

③ 사람, 사건, 환경, 애완동물, 장난감, 이사, 질병 등 내담자에게 영향을 끼친 모든 것을 포함해서 다룬다.

④ 현재의 영향을 집중적으로 다룰 수도 있고, 과거의 상황을 집중적으로 다룰 수도 있다.

⑤ 수레바퀴를 작성하는 것만으로도 내담자의 통찰력을 높일 수 있다. 방어적인 성향의 사람도 자기 삶에 일어났던 사건들을 이야기함으로써 흥미를 느끼고, 이야기가 진행되는 가운데 방어가 완화될 수 있다. 따라서 치료과정 중에 필요에 따라 언제든지 이 기법을 활용할 수 있다.

⑥ 이 기법은 단순히 지각 차원에서만 아니라 경험적으로 진행되어야 한다. 집단에서 작업할 때에는 영향을 준 사람이나 사건을 대신하는 대리인을 세워 경험적으로 해결할 수 있게 한다. 개인상담에서는 사람 대신 그림이나 물건 등을 활용하여 작업한다.

⑦ 이 기법은 청소년을 대상으로 하는 다양한 집단이나 직장에서도 활용할 수 있는 효과적인 방법이다. 청소년들에게 부모나 주위의 사람들로 인해 반사적으로 반응했던 사건들을 작성하게 함으로써 객관적으로 통찰하는 기회를 줄 수 있다.

⑧ 성인에게 적용한 경우 내담자가 지금의 행동 패턴이 어린 시절부터 해오던 행동 패턴임을 깨닫게 된다. 이런 자각은 경험적으로 변화시킬 수 있는 좋은 자료를 제공한다.

(2) 영향력의 수레바퀴 작업과정

① 개인, 가족, 혹은 집단작업의 참여자들에게 수레바퀴를 작성하게 한다.

② 작업을 시작하기 힘들어한다면 아래와 같이 질문하면서 내담자가 기억을 찾게 도와줄 수 있다.
- 아직도 뚜렷하게 기억나는 사건이 있습니까?
- 분명하지는 않지만 아련하게 떠오르는 기억이 있습니까?
- 당신 삶에 가장 큰 긍정적 혹은 부정적인 영향을 끼친 사람 또는 사건이 있습니까?

- 당신 삶에 가장 큰 실망감을 안겨준 사람은 누구입니까?
- 이사를 해서 친한 친구와 헤어질 수밖에 없었다든가, 아끼던 인형을 부모가 버렸다든가, 억울하게 누명을 썼던 경험이 있습니까?
- 행복을 느꼈던 경험이 있습니까?
- 학교 선생님이 어떻게 대해주셨습니까?

그러나 이런 탐색 과정을 진행할 여유가 없다면 내담자에게 이와 관련된 과제를 내주고 그다음 회기에 바로 작업에 들어가는 것도 한 방법이다.

③ 내담자의 이름을 중앙에 적고 다른 사람들은 마치 바퀴의 살(가지)처럼 원 주위에 돌아가며 이름을 적는다. 바퀸살(가지)들의 두께는 다양할 수 있는데, 두께가 두꺼울수록 더 친밀하다는 의미이다.

④ 각 이름 아래에 그 사람을 묘사하는 세 가지 형용사를 쓰고, 각 형용사가 긍정적인지 부정적인지 표시한다.

⑤ 수레바퀴를 작성한 다음에는 개인 작업을 할 수도 있지만, 집단 작업의 경우에는 집단원 중 내담자를 포함하여 내담자에게 영향을 준 사람들을 대표하는 역할자를 선택하여 작업한다.

⑥ 수레바퀴의 사람들이나 물건들을 대표할 사람들과 내담자와의 관계를 조각한다. 이때 몸으로 대처방식을 표현하게 할 수도 있다.

⑦ 우선 긍정적인 경험을 준 사람들을 차례대로 다루어, 그들이 내담자에게 준 좋은 경험을 자기의 것으로 확실하게 뿌리내리는 작업을 진행한다.

⑧ 부정적인 경험을 끼친 사람들과는 그들에 대한 기대를 놓아버리게 한다. 그들을 뒤돌아서게 한 뒤 기억으로만 남아있게 한다. 부정적 경험을 −에서 0으로, 그리고 + 긍정적 자원으로 변화시킨다.

⑨ 만약 부정적인 경험을 해결하는 데 있어 집단에서 작업하는 것보다 더 많은 시간이 필요한 경우에는 개인치료를 통해 좀 더 깊게 다루는 것이 바람직하다. 이때 내담자에게 이러한 과제를 해결할 구체적인 계획을 세우고 노력할 것에 대한 다짐을 받는다.

⑩ 작업이 완성되면 전체 참여자들을 돌아보게 하면서 내담자에게 경험한 것에 대해 질문한다. 한 예로, "이렇게 작업을 하고 나서 보니 어떤가요?", "지금 어떤 경험을 하였는가요?", "긍정적인 것은 무엇이고, 부정적인 것은 무엇입니까?" 등을 묻는다. 그리고 참여자들을 돌아보면서 긍정적

인 것을 뿌리내리기 작업을 한다.

(3) 영향력의 수레바퀴 진행과정

① 영향력의 수레바퀴 도표를 작성한다.
- 사람들과의 관계선은 가족지도와 같이 양방향으로 그린다.
- 세월의 흐름에 따라 달라진 관계가 있다면 표시한다.
- 심리적 거리는 바큇살의 길고 짧음으로 표현한다.

② 내담자 또는 참여자들에게 어린 시절 최초의 기억을 10개 정도 찾아내게 하여 위와 같이 내담자의 영향력의 수레바퀴를 작성하게 한다.

③ 이때 그 기억 속 내담자가 경험한 빙산을 탐색한다.

④ 각 기억과 관련된 시점에서 내담자의 빙산을 탐색하면서 하나씩 작업한다.

⑤ 이렇게 사건마다 탐색한 빙산의 내용이 모여 '나'를 이루므로 빙산 탐색을 통해 얻은 정보를 하나의 빙산으로 통합한다.

⑥ 빙산에서 드러나는 인간관, 세계관, 자연관, 인생관을 파악한다. 여기에는 인간에 대한 가치, 세상에 대한 태도, 사람들과의 상호작용 방식, 신념 등이 포함된다.

⑦ 이러한 경험이 내담자의 현재 삶에 어떤 영향을 끼치고 있는지 탐색한다.

⑧ 현재 삶에 영향을 끼친 어린 시절의 사건으로 되돌아가 경험적인 변화를 통해 현재의 내담자와 통합하는 과정을 진행한다. 부정적인 것을 수용하고, 더 나아가 부정적인 것 때문에 얻을 수 있었던 긍정적인 면을 찾아 통합하게 한다. 반대로 부정적인 사람은 심리적으로 분리하는 작업을 진행할 수 있다.

⑨ 전체 기억들을 다시 점검하면서 긍정적인 것은 다시 한번 자신의 자원으로 받아들이고, 부정적인 것은 긍정적인 것으로 변화시켜 통합시킨다.

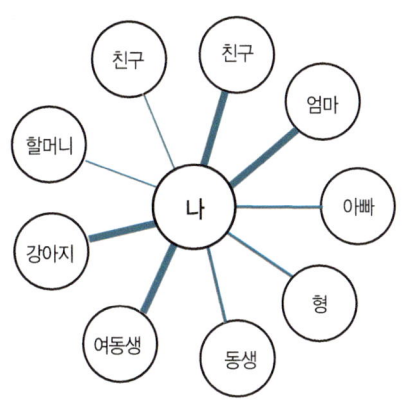
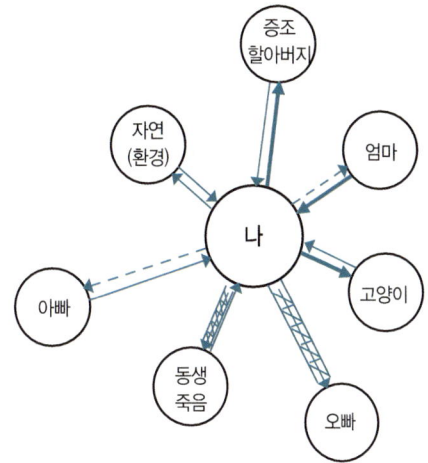

2) 영향력의 수레바퀴 적용 사례 | 김영애 시연

이 사례는 영향력의 수레바퀴 기법을 적용하여 긍정적 자원을 통합하는 과정을 보여준다. 영향력의 수레바퀴 작업은 아버지, 어머니, 할머니, 학교 선생님과의 관계를 각각 다룰 수 있으나, 이미 앞 단계에서 이 관계를 다루었으므로, 이번 사례에서는 자원을 통합하는 과정을 보여주고자 +, -를 세 개씩 찾기보다는 전체를 대표하는 +, -를 하나씩 찾아 작업을 진행하였다.

지금 이 자리에서 시연을 하게 되었는데 어떤 기대와 희망을 품고 자원하셨는지요? 이렇게 나오는 것이 두렵기도 하고 떨리기도 하지만, 아까 영향력의 수레바퀴에 대한 강의를 듣고, 또 우리끼리 실습을 하면서 어린 시절의 경험이 아직도 나에게 영향을 끼치고 있는 것을 깨닫고 나에 대해 더 알고 싶어서 자원했어요.	• 목표 세우기 내담자가 강의를 들은 후 내면에서 올라오는 과거의 경험을 다루고 싶다고 밝히고 있다. 내면 탐색을 하고 싶은 목표를 표현한다.
강의를 들으시면서 무엇을 느끼셨습니까? 할머니와의 관계는 그리 깊게 생각해본 적이 없었는데, 저에게 영향력을 끼친 사람이나 사건들을 찾다 보니 할머니의 영향을 많이 받았다는 것을 깨달았어요. 사실 저는 할머니가 키워주셨는데 할머니는 저를 무조건 사랑해주셨어요. 그래서 저는 할머니와의	• 내담자가 데모를 하고 싶을 정도의 강한 경험이 무엇인지 확인한다. • 내담자는 할머니가 키워주실 때 경험한 사랑이 타인, 즉 남편과의 관계에서도 사랑의 잣대가 되었다는 것을 깨달았다. 즉, 사랑의 관계는

관계에서 경험한 대로 강한 애착과 의존을 해야 사랑이라고 믿었어요. 그렇지 않으면 관계가 싱겁고 사랑이 아니라고 생각했었던 것 같아요. 그래서 남편이 조금만 서운하게 해도 무척 서운하고 사랑받지 못한다고 느끼곤 했다는 것을 오늘 알게 되었어요.	할머니가 주신 사랑만큼 강렬해야 사랑받는다고 느꼈다는 것을 깨닫게 되었고, 특히 남편과의 관계에서 발생하는 문제의 원인을 자각하게 되었다.
그러니까 할머니와의 관계처럼 딱 붙어있는 것처럼 느끼지 못하면 진짜 사랑이라고 느끼지 못하셨다는 말씀이신가요?	
네, 근데 그건 새롭게 알게 된 사실인데 지금 제가 걱정하는 것은 제가 나 자신의 삶을 살면서 스스로 선택하기보다 어떤 틀 안에 들어가 마음대로 행동하지 못했다는….	• 관계 경험에 대한 자신의 문제를 자각 하자, 자신의 문제에 대해 더 깊이 자각하게 된다.
스스로 판단하고, 선택하고, 행동하지 못하는 것과 할머니와는 어떤 관계가 있나요? 아니면 관계가 없는 별개의 문제인가요?	• 내담자가 표현한 할머니에 대한 자각과 자기 삶의 방식과 연결이 불분명하므로 치료사는 이 부분을 명료화한다. 치료사는 내담자의 말이 불분명할 때 반드시 명료화를 해야 한다.
네, 할머니가… 저를 과보호하셨어요. 그래서 제가 스스로 무엇을 할 필요가 없었어요.	• 할머니의 사랑에는 감사하지만, 과보호로 인해 자립심이 약해져 자율성이 떨어졌다는 것을 자각하고 있다.
그러니까 내 팔다리를 움직이지 않고 가만히 있어도 모든 것이 다 이루어졌네요?	• 내담자의 표현을 비유를 들어 그 의미를 강화한다.
예. (웃음)	
그 외에 선생님께 영향을 끼친 것은 무엇이 있을까요?	• 내담자는 할머니와의 관계 때문에 다른 사람들과의 인간관계에도 소극적으로 되었다는 사실을 깨닫고 있다. 이 시점에서 미해결과제만 다루어도 좋지만 지금 작업은 영향력의 수레바퀴이기 때문에 다른 사건들에 대해서도 탐색한다.
아까 실습을 하면서 알게 되었는데 사람들과의 관계에서도 제가 적극적으로 다가가거나 관계를 맺기보다 다가오는 사람과 관계를 맺거나 유지하고 있음을 깨달았어요. 자신감이 부족한 것 같아요.	

그 외에 영향을 받은 사건이나, 사람이나… 아, 사람이요? 사건 중에 기억이 나는 것은 제가 중학교 3학년 때, 학교 선생님께 친구가 받은 처벌의 부당함에 대해 감정에 북받쳐 이야기한 적이 있었어요. 그런데 선생님께서 굉장히 당황하셨어요. 평소 조용했던 애가 벌떡 일어나서 이야기하니 선생님께서도 얼굴이 빨개지시면서 지시봉을 바닥에 딱 던지시며 난감해하셨고, 저는 그 말 한마디 해놓고 손이 하얘지고 벌벌 떨었던 기억이 있어요.	• 가족 외의 영향력을 받은 모든 것들을 탐색하는 질문이다. 이 이야기를 통해 내담자가 부당함을 참지 못하는 것과 자신이 충동적으로 한 행동에 대해 두려움을 느끼는 것을 볼 수 있다.
조용하던 아이가 갑자기 부당한 것을 못 참고 선생님께 말하고 나서 굉장히 긴장했는데 그렇게 하시고 나서 어떠셨어요? 굉장히… 그때 감정은 안 느껴지는데… 제가 왜 그랬는지 잘 모르겠고, 긴장했던 것 같고, 나중에 생각해보니 부끄럽기도 하고, 괜한 짓을 했구나 하는 생각도 들었습니다.	• 자기표현을 한 후의 내담자의 빙산을 탐색한다.
그래서 결과는? 선생님께서 나중에 따로 절 부르셔서 '내가 잘못한 것 같구나'라고 사과를 하시더라고요. 그 뒤로는 누구한테, 그것 때문인지는 모르겠지만, 누구한테… 그 이후에 어른한테 대드는 일은 없었나요? 그런 일은 없었어요.	• 행동의 결과를 탐색한다. 그 사건 이후에 자신의 의견을 표현하지 않게 되었음을 알 수 있다.
그 외에 또 다른 사건은요? 할머니와 어머니가 다투셨던 기억이 많이 납니다. 저는 할머니 옆에 있으면서 꼼짝 안 하고 있었던, 이리 붙지도 저리 붙지도 못하는….	• 영향력을 끼친 사건들을 또다시 확인한다. • 할머니와 어머니 사이의 갈등 관계에서 이러지도 저러지도 못하고 있는 기억이다. 누구의 감정도 상하게 하지 않으려는 모습이 보인다.
그 외에는 자신에게 영향을 끼친 것이라면 긍정적이든, 부정적이든 좋습니다. 말씀해보시죠. 긍정적인 것은, 중학교 때 교회 선생님이 굉장히 예뻐해주셨어요. (웃으면서) 지금 생각해보면 할머니가 저에게 주셨던 사랑이랑 비슷했던 것 같아요. 저한테 좋은 추억이고 좋은 기억으로 남아있습니다.	• 내담자의 좋은 경험을 더 찾아내고자 질문을 이어간다.

그럼요. 한창 청소년기에 누가 인정해주면 너무 좋지요. 지금도 고마우신가 봅니다.	• 긍정적인 것을 다시 강화하려는 목적에 대해 질문을 한다.
(울먹이면서 끄덕끄덕)	
지금 표정을 보니까 그 교회 선생님이 굉장히 좋은 분으로 마음에 새겨져 있는 것 같군요.	• 긍정적 영향을 받은 관계를 더 깊이 확인한다.
(웃으면서) 지금은 목사님이 되셨어요.	
그 아이는 그 당시 외로웠었나요?	
중학교 때는 친구도 많고 그랬는데, 그분께서 저의 정신적 지주 역할을 해주셨던 것 같아요.	
가끔 만나세요?	
아니요. 한 번 연락하고 찾아간 적도 있었는데… 관계를 잘 유지하지 못하는 것 같아요.	
지속적인 관계를 유지하는 것이 힘드신가요?	• 정말 좋은 관계도 유지하지 못하는 자신에 대해 부정적으로 느끼고 있다.
정말 고마운데 표현을 잘하지 못하는 것 같아요.	
그렇군요. 어머니, 아버지보다도 더….	• 어머니, 아버지에게 느낀 것보다 더 좋은 감정을 느꼈는데 아마도 할머니가 주신 사랑과 비슷해서 일 것이다.
네.	
어떤 부분이 그랬던 것 같나요?	• 좋은 경험을 더 구체적으로 표현하게 한다. 교회 선생님에게 느끼는 좋은 감정은 조건 없는 수용의 경험이었다.
제가 뭔가를 특별히 잘했던 것은 아니었는데, 제가 말을 잘 듣는 학생이긴 했어요. 나라는 애 자체를 예쁘게 보아주셨던 것 같아요. 제가 굉장히 순박하다고 생각하셨나 봐요.	
조건 없는 수용을 받으셨네요.	• 어린 내담자는 할머니와 성장하였기 때문에, 애착 관계가 깊지 않았던 부모에게서는 부담감을 느꼈으나 아마도 있는 그대로를 인정해주었던 교회 선생님과의 관계에서는 편안하고 좋은 느낌을 경험하였던 것 같다.
그렇다고 저에게 부담을 주시진 않으셨어요.	
그냥 있는 그대로 인정을 해주셨네요. 야단치는 것도 아니고 뭘 하라는 것도 아니고 그냥 있는 그대로 받아주셨네요.	

(눈물을 닦음)

좋은, 고마운 경험을 하셨네요.

(울먹이면서 끄덕끄덕) 제가 연락 못 하는 이유가 생각이 났어요. 직장 시험에 준비하기 위해 서울로 학원에 다녔는데, 일요일에 학원을 다녔어요. 그걸 알게 되셨는데 야단을 치시더라고요. 일요일에 예배 안 드린다고. 그 말이 마음에 걸려서 그 죄책감 때문에….

• 좋아하는 어른한테 야단맞고 두려워서 피하는 것을 볼 수 있다.

좀 미안한 마음이 드셨군요. 그런데 그 목사님이 야단치신 의도는 무엇이었을까요?

열심히 신앙생활을 잘하라고….

아 그렇군요. 지지해주시는 말씀이셨네요.

네….

• 행동 뒤에 숨은 의도를 파악하여 상대방의 빙산을 보게 한다.

그 목사님을 지금 만난다면, 무슨 말을 하실 것 같으신가요?

반갑다고. 그리고 제가 신앙생활을 열심히 한 것은 아니지만, 잘 컸다고 하실 것 같아요.

• 긍정적인 피드백을 받을 수 있다는 사실을 깨닫게 하여 자존감을 높여준다. 막연한 죄책감에서 벗어나 교회 선생님의 마음을 다른 관점에서 볼 수 있게 지각체계의 변화를 유도한다.

또 다른 중요한 사건이나 사람이 있었나요?

어머니께서 피아노를 배우게 하셨는데, 성장하면서 피아노가 저의 중요한 자원이 된 것 같아요. 수준급은 아니지만, 교회 반주 정도는 할 수 있으니까요. 피아노가 저에게 큰 의미가 되었죠.

• 다른 좋았던 경험을 찾게 한다. 어머니를 긍정적으로 보기 시작한다.

어머니께서 최선을 다해 좋은 배움의 기회를 주시려고 노력하셨네요. 그 외에 또?

초등학교 4, 5학년 때 아버지께 대든 적이 있었는데, 아버지께서 "이 후레자식아~~!" 아까 그 경험이랑 비슷한 것 같은데 아버지께서 그런 말씀을 하셔서 충격을 받았어요. 학교 앞에서 한참을 서성이다 집에 들어간 기억이 있어요.

• 학교 선생님께 바른말을 한 사건과 비슷한 경험이다. 아버지와 애착관계가 제대로 형성되지 못한 상황에서 심각한 비난의 말을 듣는다는 것은 매우 충격적인 사건이다.

집에 들어갈 때 멋쩍지 않았어요? 네. 멋쩍었어요. 그다음부터는 수동적으로 행동했던 것 같아요.	• 위의 사건이 끼친 영향을 표현하고 있다. 어린아이에게는 아버지의 심한 비난이 빙산 전체에 영향을 끼치고 다른 사람, 특히 남성과의 관계 형성에 영향을 주었을 것이다. 특히 남편에 대한 감정은 할머니가 주신 사랑뿐만 아니라, 아버지와의 관계도 영향을 주었을 것이다. 어머니와 아버지와의 관계는 깊은 사랑의 감정이 아니라 그냥 가족 간의 관계로 느꼈을 가능성이 크다.
그 외에는요? 그 외에는 기억나는 것이 별로 없네요.	• 다시 한번 내담자에게 영향을 끼친 것이 남았는지 확인한다.
자, 이제 영향력의 수레바퀴를 적용한다면, 어떤 부분은 긍정적인 경험을, 어떤 부분은 부정적인 경험을 하신 것 같아요. 그러한 경험들이 어떤 도움을 주었는지 살펴보도록 하지요. 할머니께 받은 영향을 먼저 얘기한다면, 할머니가 그렇게 해주셨기 때문에, 자신 안에 어떤 자원이 있는지, 어떻게 좋은 힘으로 작용하는지 한번 생각해보시겠어요? 할머니로부터 받은 것은 내가 중요한 사람이라는 인식인 것 같아요.	• 영향력을 끼친 사건, 사람들을 각각 다루기보다 전체적인 연관성을 찾아내어 다룬다.
그런 경험이 본인에게 어떤 도움이 되었나요? 저도 다른 사람에게 그렇게 해주고 싶어요. (울먹이면서 끄덕끄덕) 저도 칭찬을 잘하는 편이거든요, 할머니한테서 받은 것인지 몰랐네요.	• 할머니의 사랑과 수용의 태도를 배워 내담자도 똑같은 행동을 하게 되었다는 것을 자각하였다.
그 눈물은 할머니에게 감사하는, 고마움의 눈물인가 보죠? (끄덕끄덕)	• 신체적 반응을 확인한다.
아까 교회 선생님 이야기할 때에도 눈물을 보였거든요. 그 눈물도 감사의 눈물이었던 것 같은데, 본인 안에는 굉장히 따뜻한 부분이 있고 누군가가 자신에게 좋은 것을 해주면 감사할 줄 아는 마음이 깊이 있는 것 같아요.	• 긍정적 경험을 강화한다.

고마운 마음은 가지고 있어요.

그리고 어떻게 행동하세요? 나도 똑같이 사랑을 베푸나요? | • 긍정적인 측면을 강화한다.

행동으로 표현은 못 하는 것 같아요.

할머니와 목사님은 마음에 있는 것을 행동으로 옮기는 법을 가르쳐주셨는데, 아까 학교 선생님과의 사건을 떠올려 보면 자기 생각을 쭉 개진하기보다는 참고 있다가 갑자기 얘기하시는 것 같아요. 마음에 있는 것을 행동으로 옮기는 것이 힘드신가요? | • 목표설정을 다시 확인한다.

계획적으로 그렇게 한 게 아니라 나도 모르게 폭발한 것 같아요.

좋은 것을 표현하고 행동에 옮기는 것을 어색해하시지만, 그런데도 선생님 안에는 힘이 있는 것 같아요. 이건 정말 아니다 싶을 때는 아버지나 학교 선생님과 대치할 정도의 힘이 있어요. 그리고 선생님께서 따로 불러서 미안하다, 잘못했다고 사과하신 것을 봐서는 선생님이 감정적으로 반응하셨던 것 같은데, 그런 걸 봐서는 본인이 생각해도 정말 아니다 싶을 때는 분명히 의사 표현을 하는 것 같아요. | • 내담자가 부정적으로 경험한 사건을 재해석하고 상대방의 빙산을 보게 하면서 사건을 긍정적으로 재경험할 수 있게 돕는다.

아니다 싶을 때는요.

정말 아닌 것과는 타협하지 않으시는 것 같아요. 누구에게 배우신 건가요? | • 부정적이라고 여기던 어머니에게서 긍정적인 부분을 찾는다.

(잠시 생각하다가) 어머니에게서 배웠어요.

아… 그러시군요. 어떤 한계를 그어놓고, 그 선을 넘으면 용납하지 않으시는군요. 불의나 그런 건 타협하지 않으시겠네요. | • 재정의

그렇죠.

자주 나서진 않지만 내 생각과 뜻에 반하는 것이라 판단되면 밀쳐낼 힘이 있으시네요.	• 내담자의 긍정적인 힘을 강화하고, 성장 목표를 찾고자 한다.
그렇게 한 경험이 많지는 않은데요. 마음속으로 아니라고 생각하는 것 같아요.	
할머니나 교회 선생님으로부터는 수용적인 사랑을 경험하셔서 다른 사람에게도 따뜻한 마음과 수용적인 자세를 표현할 수 있고, 또 어머니로부터는 자신의 소신을 지킬 수 있는 용기를 배우셨는데, 그러면 어떤 부분을 좀 더 강화하면 좋을까요.	
내 마음을 조금 더 잘 표현하고, 또 행동으로도 옮길 수 있으면 좋겠어요.	• 내담자가 성장목표를 표현한다.
그 부분만 더할 수 있다면 아주 좋겠네요. 우선 교회 선생님에 대해 잠깐 더 이야기해보도록 하죠. 선생님을 순수하게 보셨다고 했는데 아직도 자신 안에 그런 순수함과 순박함이 남아있나요?	• 긍정적인 것을 다시 찾아 현재의 모습에 통합한다.
조금 남아있는 것 같아요.	
조금 남아있다는 것은 나이를 먹어서 순수함과 순박함이 작아진 건가요, 아니면 활용을 안 해서 작아진 건가요?	• 부정적으로 여기는 것을 다시 구체화하면서 중성적 가치로 변화시킨다.
나이를 먹어서 작아진 것 같아요.	
표현은 잘 하지 않지만… 많은 사람이 자기(내담자)를 만날 때 순수하고 솔직하고 정직하다는 소리를 들어오셨나요?	• 다시 긍정적인 것을 강화한다.
예전에는 많이 들었어요.	
지금은 나이를 먹어서 예전과 같지 않은 건가요?	• 긍정적인 것을 받아들이지 못하고 있는 것을 알 수 있다.
이제 그런 얘기를 제가 좋아하지 않는 것 같아요.	

왜 그러신가요? 지혜롭지 못한 것 같기도 하고….	• 내담자가 자기를 부정적으로 경험하고 있다.
다시 정리하자면, 어렸을 때 가진 순수함보다는 거기에 지혜를 더하여 좀 더 분별력을 지니면서 순수해지고 싶으신 것인가요? 예. 그런 것 같아요.	• 치료사가 내담자의 내면을 명료화하면서 다시 4대 목표에 따라 목표를 설정한다. 그러나 이 시연은 일회적이라 현재 영향력의 도표에 나온 사람들과의 관계를 더 다루고자 한다.
아버지께는 무엇을 받으신 것 같나요? (웃으면서) 아버지가 좀 순진하세요. 그런데 좀 지혜롭지 못하시고요.	• 아버지와의 관계도 이번 회기에서는 전체통합과정을 보여주고자 그냥 넘어가기로 한다.
아버지를 닮는 것이 싫으셨던 것 같네요. 혹시 지혜로움을 배울 기회는 없으셨나요? (웃으면서) 지혜는 어머니께 배울 수 있었던 것 같아요.	• 아버지를 부정적으로 평가하고 있으므로 영향력의 수레바퀴의 다른 사람과의 관계를 탐색한다.
아버지의 순진함과 어머니의 지혜가 모두 내 안에 있을 수 있거든요. 자신 안에 있는 것들을 이렇게 살펴보니 마음이 어떠세요? (머뭇거리다 울먹이면서) 순수한 것을 잊고 살았네요. 저의 큰 장점인데, 단지 지혜로움과 연결하면 되는데…. 그 눈물은 기쁨의 눈물인가요? 안도, 안심. 순수하면서도 지혜로울 수도 있습니다. 또? 강할 수도 있고요. 조심스럽고 함부로 나서진 않아도 나를 지킬 수도 있지요. 지금 생각해보니 행동을 빨리하지 않는 것도 장점이 되네요. 그리고?	• 아버지와 어머니로부터 받은 긍정적인 영향을 통합한다. • 치료사는 내담자가 어린 시절에 할머니와 살았기 때문에 부모와 심리적 거리감을 느낄 가능성이 있어서 부모와의 긍정적 영향을 찾으려 했다.

(생각에 잠겨있다가) 알아주는 것, 고마움을 알아주는 것, 있는 그대로 존중해줄 수 있는 것.

상대방의 마음에 공감할 수 있고, 지지해줄 수 있다는 것은 인간관계에 있어서 큰 장점이죠. 할머니에게서 배우셨군요.

시골에 거지가 있었는데, 할머니께서 데려와 음식을 대접하셨어요. 또 보따리 인삼장수가 오면 우리집에서 하룻밤 묵을 수 있게도 해주셨어요.

다른 사람을 불쌍히 여기는 마음이 있으셨네요.

세고 강하시기도 하셨지만 그런 부분도 있으셨어요.

자기주장을 할 수 있으면서도 동시에 다른 사람을 따뜻하게 돌볼 줄도 아는…

마음으로도 간직하고 또 그런 마음을 행동으로 표현해야죠.

- 또한 치료사는 내담자가 가진 긍정적인 점을 더하여 내담자의 자존감을 높이고자 노력한다.

할머니의 장점을 그대로 물려받으신 것 같아요. 다른 사람을 배려하고, 수용할 줄 알고, 그러면서도 자기 말을 할 수 있었던 것도 할머니께 배운 것은 아닐까요? 어머니께도 배우고요. 마음을 행동으로 옮기지 못한다고 앞서 이야기하셨는데, 어떻게 하면 마음을 행동으로 더 잘 옮기실 수 있을 것 같으세요?

(끄덕끄덕) 할머니를 떠올리면 될 것 같아요. 그동안은 할머니가 너무 이기적이라고 생각했어요. 할머니 때문에 어머니께서 아주 힘들어하셨기 때문에, 저도 어머니에게 연결되지 못해서. 그걸 못 받아들인 것 같아요. 할머니를 떠올리고 어머니를 떠올리면 할 수 있을 것 같아요.

- 결단한 것을 행동으로 옮길 수 있게 변화를 뿌리내린다.

- 내담자가 할머니와 어머니와의 삼인군 영향을 받았다는 것을 깨달았다.

할머니를 따라 하면 어머니가 비난할 것 같고, 어머니를 따라 하면 할머니가 비난할 것 같아서 두 분의 장점을 전부 묻어두셨군요. 하지만 두 분이 선생님을 사랑하는 마음은 같으신 것 아닐까요? 두 분의 갈등은 두 분이 해결하게 하고

- 삼인군의 영향에서 분리하도록 돕는다.

선생님께서는 좋은 것만 받아들이면 될 것 같아요.
(끄덕끄덕 미소)

선생님에 대한 그분들의 마음은 진실이잖아요. 이렇게 대화를 통해 자기 안에 있는 것을 점검하고 나니 어떠십니까?
잊고 살았구나. 좋은 것들이 있는데도.

• 새로운 긍정적인 자기를 경험하게 한다.

그러면 그 좋은 것들을 실제로 내 삶에 활용하면서 살기 위해 앞으로 어떻게 해야 할까요?
에너지를 써야 할 것 같아요.

• 목표를 위한 새로운 행동을 끌어내어 뿌리를 내리게 한다.

어떻게 쓰시겠어요?
마음에만 쌓아놓지 말고, 행동으로.
행동으로 옮겨야겠다는 말씀이시군요. 제일 먼저 행동으로 보여줄 사람이 있을까요?
남편.
그럼 오늘 저녁 남편에게 어떻게 하실 건가요?
내일 출장에서 돌아오는데요. (웃으면서) 사랑한다고 해줘야겠지요?
구체적으로 어떻게 하실 건가요?
(안아주면서 토닥이는 행동을 하며) 안아주면서 이렇게 해야지요. 제 남편이 저한테 표현을 안 한다고 불평하곤 하거든요.
부부관계부터 변화를 주고 싶으시군요. 그렇다면 지금 말씀하신 대로 하실 수 있으시겠어요?
(난감해하며) 네, 해볼게요.

• 구체적으로 실행할 것을 촉구한다. 특히 부부관계를 재고하면서 스스로 다른 행동을 할 것을 결심하게 한다.

여기 증인들 있습니다. 다음 주에 반드시 확인할 거예요. 지금 마음이 어떠세요?
기분이 좋네요.

• 내담자가 결단하고 행동을 옮기도록 다시 확인한다.

처음 영향력의 수레바퀴 작업을 통해 자기 자신을 좀 더 잘 이해하고, 자기 마음을 표현하고, 의존적이고 수동적인 방식에서 좀 더 적극적으로 자신의 삶을 살고 싶다는 것이 목표였습니다. 그 목표가 이루어졌다고 생각하시나요? 네. 충분히 이루어졌습니다.	• 목표달성 확인
다시 정리하자면, 자기가 만난 중요한 사람들로부터 타인을 사랑하고 수용할 힘, 적절하게 상황을 판단할 수 있는 지혜, 부당한 것에 맞서 자기 자신을 지킬 수 있는 용기들은 이미 내 안에 잠재된 자원이고, 오늘 여기에서는 이러한 긍정적 자원을 가지고 행동으로 옮길 힘까지 키우셨습니다. 이제 자신에게 긍정적인 영향을 끼친 모든 분에게 감사하는 마음과 그 자원과 좋은 경험들을 내 안에 뿌리내리게 하기 위해 잠시 눈을 감고 다시 한번 마음에 새기시기 바랍니다. 자, 이제 끝내도 되겠습니까? 예. 수고하셨습니다. 감사합니다.	• 면담 과정을 정리하면서 뿌리내리기

8장
가족조각 : 가족 역동의 변화
Satir's Family Sculpting : Transforming Family Dynamics through Physical Sculpting

사티어의 가족조각[1] 기법은 역동적이고 경험적이어서 진단, 치료계획, 그리고 치료과정에 적극적으로 활용되고 있다. 특히 가족구성원이 공간적 위치, 신체적 경험, 상호작용을 실제로 경험할 수 있어서 통합적 변화를 이끌어낸다. 이 기법은 치료사와 가족에게 가족체계의 형태와 구조, 가족 내 구성원의 위치, 구성원 사이의 상호작용 방식, 구성원의 빙산, 각 구성원이 다른 구성원에 대한 기대와 관점을 동시에 보여준다. 특히 원가족 또는 현재 가족의 상호작용을 바꾸거나 과거 혹은 충격적 상황으로 인한 경험을 현재 지금 변화시킬 수 있다. 또 이 기법은 신체적 작업이기 때문에 어린이나 언어적 작업이 힘든 가족구성원이 포함된 가족에게도 효과적으로 적용할 수 있다. 이런 치료적 효과 때문에 사티어 모델 치료사가 아니어도 많은 숫자의 치료사들이 자신들의 방법론에 나름대로 적용하고 있다.

1. 가족조각 : 가족 역동의 외현화

1) 가족조각의 특징

(1) 가족조각의 유용성
① 가족체계 전체구조를 파악할 수 있다.

---

[1] 가족조각은 가족안무, 가족인형극, 가족화 그리기, 가족공동 그림그리기, 가족역할극 등에 활용되고 있다. 자세한 내용은 부부가족치료기법(김영애역, 김영애가족치료연구소) 참조

② 가족체계의 하위체계 구조를 파악할 수 있다.
③ 구성원의 대처방식 유형을 찾아낼 수 있다.
④ 구성원 사이, 세대 사이의 힘의 구조를 파악할 수 있다.
⑤ 구성원의 엉킴과 단절, 그리고 경계선도 파악할 수 있다.
⑥ 성별에 따르는 가치관의 차이, 성 역할에 대한 기대를 찾아낼 수 있다.
⑦ 구성원의 역할 및 가족규칙을 파악할 수 있다.
⑧ 구성원이 다른 구성원에게 갖는 기대를 찾아낼 수 있다.
⑨ 구성원의 열망을 충족시키는 방식을 알 수 있다.
⑩ 구성원의 긍정적인 자원을 찾아낼 수 있으며, 구성원이 공헌하는 점에 감사할 수 있다.

(2) 가족조각의 적용 방식

① 구성원 한 사람의 관점에서 가족조각을 진행하면서 치료를 진행할 수 있다.
② 구성원 한 사람씩 돌아가면서 각자의 관점에서 조각할 수 있다.
③ 가족구성원이 함께 의논하면서 협동적으로 자신들의 가족을 조각할 수도 있다.
④ 한 구성원이 다른 구성원의 자리에 있어 보면 그 구성원의 입장에 대한 이해를 넓힐 수 있다.
⑤ 집단상담에 이 기법을 적용할 때는 가족구성원을 대신할 역할자를 선택하여 진행할 수 있다. 역할자를 선택하는 과정도 내담자의 무의식이 작용하기 때문에 내담자가 선택하도록 해야 한다.
⑥ 이때 치료사는 역할자의 반응이 내담자의 경험과 일치하는지 확인을 거치면서 진행한다.
⑦ 역할자가 자신의 경험을 지나치게 표현하면 내담자가 혼란스러워질 수 있다. 역할자는 치료사나 내담자의 요청이 있을 때만 경험을 표현하도록 한다.

2) 가족조각의 치료과정

(1) 가족조각 작업과정

① 내담자를 선택한다.
② 내담자의 치료목표를 듣는다.
③ 내담자가 다루고 싶은 시점의 가족 상황을 선택한다.
④ 작업하고 싶은 시점 혹은 문제 발생 상황을 듣는다.
⑤ 집단에서 참여자의 가족을 조각할 때는 참여자가 직접 역할자를 선택한다.

⑥ 치료사는 내담자가 해결하고 싶은 시점 혹은 과제를 함께 조각한다.
⑦ 조각이 끝나면 치료사는 내담자가 가족조각을 통해 경험하고 있는 것을 탐색한다.
⑧ 내담자와 가족조각을 마친 후, 치료사는 내담자와 대리구성원과 상호작용하면서 열망 차원에서 연결될 수 있게 돕는다.
⑨ 내담자가 원하는 가족의 모습을 조각하게 하면서 치료 결과 후의 가족의 모습을 경험한다.
⑩ 원하는 가족의 모습을 내면화하면서 변화의 방향성을 확실하게 알게 된다.
⑪ 치료과정이 끝나면 참여자가 자신의 개인적 경험, 역할자로서의 경험을 나누고, 역할벗기 작업을 한다. 내담자도 자신의 경험을 나눈다.

(2) 가상 가족의 가족조각 작업과정[2]

① 가족체계의 모습을 조각하기
 - 아버지는 식구들을 비난하며 한쪽에 혼자 서있다.
 - 어머니는 아버지를 회유하고 있고, 큰아들도 어머니 옆에서 아버지에게 회유하고 있다.
 - 작은아들도 역시 어머니 옆에 서있으면서 아버지에게 회유하고 있다.
 - 큰딸 역시 어머니 뒤에 서서 아버지와 어머니에게 회유하고 있다.
 - 작은딸은 가족 중 아버지 옆에 가장 가까이 있으면서 어머니를 회유하고 있다.

② 가족구성원의 빙산 탐색하기

아버지	마음이 늘 복잡하고, 이렇게 사는 방법 외에 다른 방법은 없을까 고민하곤 합니다. 점차 힘이 약해지면서 지치곤 합니다. 이제 꿈도 산산이 부서지고, 마음은 텅 빈 느낌이 듭니다. 식구들은 나를 비난하는데, 나 자신도 내가 정말로 원하는 것이 무엇인지 모르겠습니다. 혼란스럽고 어떻게 하면 될지 몰라 자꾸 무력감에 빠집니다.
어머니	항상 마음이 무겁고 착잡하기만 합니다. 남편이 나를 비난하는 것은 그런대로 참을 만한데 아이들한테도 비난할 때는 화가 나고 슬프고 사라지고 싶은 마음이 듭니다. 그러면서도 남편에게 반발하기는 두려워 속으로만 비난하고 있습니다. 무엇보다 아이들까지 남편이 비난하는 것을 알기 때문에 슬픕니다. 나도 불쌍하지만 아이들이 더 불쌍하고, 그저 인생이 막막합니다.
큰아들	어머니가 우리를 보호하는 것을 알기 때문에 다행이라는 생각이 듭니다. 그렇지만 어머니가 걱정되면서 부담도 느낍니다. 그래서인지 늘 가슴이 답답합니다. 아버지를 바라보아도

---

[2] 6장 가상 가족치료의 가족지도와 가족치료를 근거로 가족조각을 진행한다.

	불쌍하고 외로워 보이시기 때문에 마음이 편치 않습니다.
작은아들	우리집 상황이 불편해서 도망가고 싶습니다. 부모와 감정적으로 얽히고 싶지 않습니다. 지금 어머니 옆에 있지만 불편합니다. 아버지 옆에 있는 것도 불편한 건 마찬가지입니다. 아버지와는 거리감을 느낍니다. 저는 항상 외롭습니다.
큰딸	어머니 뒤에 있다 보니 어머니가 안쓰럽고, 아버지와는 거리감이 느껴집니다. 아버지도 가족으로부터 소외되어서 외로워 보입니다.
내담자 (작은딸)	마음이 혼란스럽고 복잡합니다. 무엇보다 가족으로부터 사랑을 받고 싶습니다. 아버지와는 약간 가까운 것 같지만 왜 그런지 부담스럽고 힘듭니다. 나 자신이 혼란스럽습니다. 나는 내가 명랑한 사람이라고 생각했는데 이렇게 마음이 복잡하고 혼란스럽다는 것을 처음 깨달았습니다.

3) 가상 가족 가족조각 작업 후 가족치료 작업 사례 | 김영애 시연

지금 내담자(스타)께서 경험하신 것이 무엇입니까?? 그동안 많이 외로웠음을 알게 되었습니다.	• 가족조각을 마친 후에 경험한 것을 나눈다. 내면과 접촉하지 못하던 내담자는 감정과 접촉하지 못했었다는 사실을 깨닫는다.
외로움 외에 또 다른 감정이 있습니까? 사랑받고 싶은 마음도 있고, 하도 많이 억압당해서인지 불안한 마음도 있네요.	• 감정 탐색을 통해 해결해야 할 감정이 무엇인지 파악한다. 외로움, 사랑의 주고받음, 불안감 등의 감정이 이 내담자의 주 감정이다.
그런 감정을 표현해본 적이 있습니까? 거의 표현하지 않았습니다. 무서웠습니다. 아버지가 집에 오셔서 우리를 앉혀놓고 야단을 칠 때 공포를 느꼈습니다.	• 내담자는 아버지가 두려운 대상이라 감정표현이 자유롭지 못했고, 결과적으로 감정을 억압해왔다.
그런데 저는 막내라고 귀여워하셨습니다. 그때 제 마음은 불편했습니다.	• 아버지의 불평등한 사랑을 받는 것이 내담자에게는 오히려 부담을 줬기 때문에 내담자는 아버지의 사랑을 순수하게 받아들이기 힘들어했다.
다른 형제로부터 떨어져 나간 기분이었습니다. 언니가 저를 많이 미워하였습니다. 사실 형제들 사이에 있었던 추억이나 기억이 잘 떠오르지 않습니다. 부모님 간의 다툼을 말리다가 다치기도 했습니다.	• 아버지의 사랑을 받는 것에 대한 다른 형제들의 곱지 않은 눈길은 내담자에게 식구로부터 소외감을 느끼게 했고, 내담자는 삼인군에

	끼어 부모 사이의 관계를 돌보면서 성장하게 되었다. 부정적 감정이 해결되지 못하면 긍정적 감정을 느끼기 힘들다.
그때 큰오빠는 화가 나서 집을 뛰쳐나가고, 언니와 작은오빠는 보이지 않았습니다.	• 오빠들의 반발은 막내인 내담자에게는 힘든 경험이었다. 내담자는 그들의 갈등을 바라보면서 불안을 느꼈을 가능성이 크다.
자, 이제 일어나서 아버지에게 가십시오. 그리고 아버지에게 하고 싶었던 말을 해보세요. 그것은 아직 한 번도 해보지 못했던, 마음속 깊이 숨겨놓았던 말일 수도 있습니다. 아버지는 왜 항상 저희를 두려움과 불안에 떨게 하시고 편안하게 놔두지 않으셨어요? 저는 아버지 때문에 화가 나고 힘들고 지쳐있었어요.	• 이런 복잡한 감정을 아버지에게 직접 표현하게 한다. 부정적 감정을 표현할 수 있어야 관계 회복이 가능하다.
따님의 말을 듣고 느끼시는 것을 이야기하실 수 있나요? (아버지 역할자) 식구들이 이렇게 될 줄 몰랐다. 나도 의도적으로 그런 것은 아니었어. 나도 이런 내가 싫다. 나도 다른 방식을 알았다면 이렇게 하지는 않았을 거야. 나도 왜 이런 역할밖에 못 했는지 모르겠다. 나도 다른 방식을 알았다면 이렇게 하지 않았을 거야. 후회된다. 나도 이런 모습을 바란 것은 아니었어. 나는 우리가 모두 잘되기를 바랬을 뿐이다. 나는 우리 식구가 모두 잘되는 방향으로 가게 하고 싶었을 뿐이다. 하지만 이렇게 많은 상처를 너희들한테 주었다니 이제 너무 후회되는구나. 내가 너무 고집이 셌던 것 같다. 이제 너희들도 각자 원하는 좋은 길을 찾아가면 좋겠다.	• 아버지와 새로운 관계를 형성하기 위해 내담자가 아버지의 내면을 알고 수용할 수 있도록 대화를 시도한다. 이 사례에서는 아버지의 역할을 맡은 참가자가 대답하고 있지만, 실제 가족이 참가한 가족조각 치료에서는 아버지가 직접 자신의 내면을 표현하게 한다.
아버지가 지금 이렇게 말씀하시는데, 아버지의 후회와 사과의 마음을 받아들이시겠습니까? 네.	• 인간의 보편성으로 인해 역할자들은 내담자의 아버지가 하였을 것 같은 반응을 하고, 또 많은 내담자는 그들의 아버지도 똑같이 반응했을 거라고 말하고들 한다.

그러면 아버지에게 직접 말씀하시기 바랍니다. 아버지에 대해 원망도 많이 했었고, 아버지가 무섭고 힘들었지만, 저도 많이 성장해서 이제는 아버지의 마음을 많이 이해할 수 있게 되었습니다.	• 단절되었던 아버지와의 관계를 회복시키는 작업을 진행한다. 아버지의 의도를 이해함으로써 화해, 용서, 수용이 가능해진다.
어머니에게 하실 이야기가 있으면 해보시겠습니까? 아버지와 많이 싸우시고, 아버지 비위를 맞추느라 애쓰셨던 분이 어머니시죠. 어릴 때는 몰랐는데 커서 생각해보니, 어머니는 오빠 문제로 화가 나있는 아버지의 비위를 맞추느라 막내인 저를 돌봐주지 않으셨어요. 저희를 위해 애쓰신 것은 알지만, 어머니에 대해 따뜻하고 친근했던 기억은 별로 없네요.	• 부부가 건강한 부부체계를 형성하지 못하게 되면 부부간의 갈등으로 인해 자녀들은 상처를 받게 된다. 내담자는 어머니로부터 정서적 지지를 받지 못한 아쉬움을 표현하고 있다. 이렇게 채워지지 못한 기대는 그대로 남아있다.
지금 이 순간 어머니가 당신에 대해 아셨으면 하는 것이 있습니까? 어머니가 힘들 때마다 저에게 전화해서 속상한 것들을 다 쏟아놓을 때 제가 얼마나 힘들고 지쳤는지 몰라요. 어머니는 지금까지도 저에게 매일 전화해서 하루의 일을 일일이 말씀하시는데, 이해는 되지만 너무 버겁고 가끔은 전부 내려놓고 싶기도 해요.	• 어린 시절 오히려 아이가 부모의 역할을 감당하게 되면 부모는 자녀를 자신의 친구, 위로자, 돌보는 자로 여기게 된다. 대개 자녀들은 힘들어도 표현하지 않기 때문에 부모들은 자녀의 내면에 대해 잘 모르는 경우가 많다.
어머니에게 진정으로 하고 싶은 말이 있습니까? (내담자) 제가 자라는 동안 어머니가 저를 돌보아주지 않아 마음이 힘들었습니다. 그리고 항상 어머니의 감정을 저한테 쏟아부으실 때마다 너무 힘들었습니다. (어머니) 많이 미안하다. 그동안 아버지의 야단치는 소리에 놀라 마음이 힘들고 무거워서 너를 자상하게 돌보지 못한 것 같아 정말 미안하다. 나는 네가 조용하고 내색을 하지 않아 이렇게 힘들어하는 줄 몰랐다. 하지만 이렇게 대견스럽게 잘 자라주어 고맙다.	• 어머니로 인해 눌려있던 감정을 표현하게 함으로써 마음의 걸림돌을 제거하고, 관계를 회복할 수 있게 한다.
지금 현재 어머니께 바라는 것이 있습니까? 제가 가족지도를 볼 때, 어머니께서는 무엇을 줄 수 있는 여유가 없었던 것	• 어머니가 내담자의 기대를 충족시켜 주지는 못했지만, 내담자가 어머니의 상황과 마음을 이해하도록 돕는다.

같습니다. 아버지와의 문제와 가족들로 인해 막내에게 별로 줄 것이 없었던 것 같아요. 그러한 사실을 있는 그대로 받아들일 수 있겠습니까? 비록 그것이 당신에게는 그리 탐탁지 않겠지만, 실제로 어머니께서는 막내에게 무언가를 해줄 여력이 별로 없었습니다.

지금은 받아들일 수 있습니다.

다른 가족들에게 하고 싶은 말이 있나요?

오빠는 자신이 부모님께 해드린 것이 없다는 생각 때문에 많이 힘들어했는데, 지금까지도 부모님을 돌보느라 자기 가족을 돌보지 못하고 있어 걱정이야. 올케와도 별거하고, 자식들도 돌보지 못하고, 그것이 내 책임은 아니라도 가족의 일원으로서 마음이 아파. 이제 그런 짐을 다 털어버리고 오빠의 인생을 살았으면 좋겠어.

언니는 어릴 적에 나를 참 많이 미워했고 때로는 무시하는 행동으로 상처를 많이 주었어. 그런 내 마음을 언니에게 제대로 표현해본 적이 없어. 지금 어른이 된 언니가 삶이 힘들다고 나에게 하소연할 때 나는 참 힘들어. 언니는 늘 아프다고 하면서 식구들에게 의존하고, 식구들의 관심을 받으려 하고, 그 관심 속에서 편안함을 느끼는 것을 볼 때, 나는 아직도 언니를 편안하게 받아들일 수가 없어.

- 형제자매들 간에 대화를 시도하면서 새로운 관계를 형성하게 한다.

언니에게 원하는 것이 있습니까?

언니! 나는 언니의 동생이거든. 언니가 빨리 건강을 찾고 행복해져서 동생인 내가 기댈 수 있었으면 좋겠어.

언니에게 할 말이 더 있나요?

하지만 지금이라도 나를 친동생, 가족으로 생각하면서 언니의 힘든 점을 이야기해준 점이 고맙고, 진심으로 언니가 행복해졌으면 좋겠어.

언니는 동생에게 어떤 말을 해주고 싶은가요?

- 언니 그리고 오빠에 대한 부정적 감정을 강하게 털어놓게 한 후 치료사는 긍정적 관계를 형성하는 방향으로 대화를 인도한다.

(언니) 언니의 자리에 있으면서 가족들과 동생에게 나의 스트레스를 풀기만 한 것 같아 마음이 무겁고, 한편으로는 그나마 내 마음을 받아줄 수 있는 동생이 옆에 있다는 것이 항상 고마웠어.

큰오빠는 여동생에게 어떤 말을 해주고 싶은가요?

(큰오빠) 네가 나의 마음과 형편을 잘 알고 있었구나. 하지만 네가 마음 아파하는 것만큼 내가 그렇게 힘들지는 않아. 나도 충분히 내 어려움을 헤쳐나갈 수 있어. 나는 네 오빠야. 너무 걱정하지 마.

작은오빠는 여동생에게 어떤 말을 해주고 싶은가요?

(둘째 오빠) 늦둥이로 태어난 막내가 사랑받기보다는 힘든 일을 겪게 한 것 같아 미안하다. 앞으로는 친정 식구에 대한 걱정은 잠시 접어두고 네 남편, 아이들과 함께 행복하게 살았으면 좋겠어.

(내담자) 고마워.

- 새로운 경험을 뿌리내리기 위해 가족이 서로를 수용하게 도와주면서 상담을 종결한다.

이제 식구들을 서로를 바라보시기 바랍니다.

마음이 편해졌습니다. 이제 식구들과 새로운 관계를 맺을 수 있을 것 같습니다.

식구들 모두와 하고 싶었던 이야기를 주고받았습니다. 이제 열망의 차원에서 서로 소통할 수 있게 되었습니다. 축하드립니다.

감사합니다.

- 실제 워크숍에서는 내담자에게 원하는 가족의 모습을 조각하게 하거나, 가족 모두가 함께 조각에 참여하여 새로운 형태의 가족을 경험하게 한다. 마지막으로 식구들이 경험한 것을 서로 나누게 하고, 상담을 종결한다.

9장
가족재구성 : 원가족 영향의 변화
Satir's Family Reconstruction : Transforming the Critical Impacts of Family of Origin

사티어는 「가족재구성-빛을 향한 긴 여행」에서 가족재구성 치료기법을 제안하게 된 이유에 대해 다음과 같이 말하고 있다.

> 과거의 사건들은 이미 발생한 것이다. 우리는 과거로부터 배운 것을 통해 현재를 살아갈 지혜를 얻는다. 따라서 사람은 과거로부터 배운 것을 통해 지각을 변화시키고 현재의 경험을 변화시켜 미래에는 좀 더 건강한 삶을 살 필요가 있다. 나는 (내담자들을 만나면서) 이것을 가능하게 할 방법의 필요성을 느꼈다. 사람들은 언제든 새로운 것을 배울 수 있으며, 그 배움을 바탕으로 새로운 삶을 살 수 있기 때문이다. 따라서 그 방법은 사람들의 약한 부분을 드러나게 할 수 있는 강력한 것이어야 하며, 새로운 대처방식을 배울 수 있게 해야 한다.[1]

> 나는 많은 사람이 부모와 관련되어 고통을 경험하고 있다는 것을 발견하였으며, 그 고통이 부모에 대한 충성심과 관련된 것임을 깨달았다. 이러한 사실은 그리 새로운 것이 아니었다. 일찍이 프로이트도 인간의 심리적 문제가 부모와 연관된 것임을 알고 있었다. 이에 나는 사람들의 고통을 해결하기 위해 사람들이 가족으로부터 배운 것과 그들의 행동 사이의 연관성을 찾고자 하였다. 주말에 시행하는 워크숍 참여자 집단과 함께 작업하면서 많은 사람이 부정적 경험으로부터 자유로워지기를 바라지만 실제로 그렇게 되지 못하는 것을 보았다.[2]

---

[1] Banmen, J. (2008a). (Ed). 8장. Gloria Taylor의 p. 135에서 재인용

[2] 사티어Satir의 제자로 있던 보스조르메니-나지Boszormeni-Nagy는 헝가리 출신 미국인으로 문화적 배경, 개인심리, 체계론, 그리고 관계윤리에 대한 이론을 제시하였다. 그는 관계윤리에 대해 특히 부모와 자녀 사이의 충성심에 대한 이론을 제시하였다. 그의 이론은 한국사회에서 '효'를 이해하는 데 도움이 된다.

대부분 사람은 성장과정의 아픔을 품고 산다. 사티어도 어린 시절에 아픔이 많았다. 그리고 다른 사람도 자신의 고통이 부모 때문이라고 굳게 믿고 불행한 삶을 선택하는 것을 발견하게 되었다. 부모로 인한 아픈 경험이 계속 남아있는 사람은 성인이 되어서도 마음속에 불쌍한 어린아이와 절대적 힘을 가진 부모의 모습이 여전히 자리 잡고 있다는 사실을 깨닫게 되었다. 사람들의 마음속 부모의 모습은 마치 불멸의 존재 같다. 이렇게 자녀에게 부모는 거대한 존재이지만 부모 역시 어린아이 시절이 있었고, 그들도 어려서 배운 대로 살아가는 조그만 어른일 뿐이다. 그러나 사티어는 자신의 경험을 통해 부모와의 부정적 경험을 해결할 때 부정적 에너지를 긍정적 에너지로 변화시킬 수 있다는 믿음을 토대로 가족재구성 기법에 착안하였다. 이 기법은 자녀들이 부모를 수용하기 위해서 먼저 부모의 삶을 바라보고, 부모도 나와 같은 어린 시절과 아픔을 지닌 사람이라는 것을 자각하면서 부모를 수용할 수 있게 도와주는 기법이다.

> 나는 정신분석에서 말하는 것처럼 부모가 자녀의 적이 아니라는 사실을 깨닫게 되었다. (비록 자녀들에게 크나큰 상처를 주는 부모들도 있지만) 부모는 나름대로 자녀에게 최선을 다했다. 그렇다면 자녀들은 왜 부모를 그렇게 나쁜 사람으로 기억하고 있을까? 그것은 자녀에게 실제 부모의 모습보다 어린 시절에 경험한 부모의 모습이 더 크게 자리 잡고 있기 때문이다. 부모에게 거역할 힘이 없던 자녀들은 특정한 상황에서 경험한 부모를 왜곡하고, 또 비슷한 상황에 부적절하게 반응하면서 관계 패턴을 반복한다. 나는 사람들이 똑같은 사건을 경험하면서도 대처방식, 타고난 성격, 형제 서열 등에 따라 매우 다른 영향을 받는 것을 보았다. 즉, 사람들이 겪는 문제 대다수는 문제 그 자체보다 대처방식 또는 필요한 대처방식의 결핍이 문제가 된다는 것을 알게 되었다. 자녀가 가족을 내면화하면서, 실제 원가족과 현재 가족과 관계를 맺을 때 내면화된 가족에게 반응하는 방식으로 상호작용하게 된다.
>
> 나는 사람들의 내면에 있는 부적절한 관계방식, 즉 대처방식을 드러내기 위해 노력하였으며, 사람들이 내면화한 가족과의 경험을 재해석하여 내면의 가족을 변화시키고자 노력하였다. 이를 위해 먼저 역할자들을 선택하여 내면의 가족들이 사용하고 있는 대처방식을 표현하게 하였다. 이들은 내담자의 조부모, 부모, 형제 등 원가족 삼 세대에 걸친 인물들을 표현하게 하였다. 이렇게 내담자 가족이 경험한 삶의 정황을 재현하여 내담자의 내면 탐색 과정을 실시함으로써 변화를 시도하였다.
>
> 그 후 나는 이 과정이 마치 연극과 같다는 것을 발견하고 우뇌를 자극할 수 있는 즐거움, 유머 등을 포함한 드라마 형식으로 발전시켰다. 또 나는 역할 연기자가 매우 제한된 정보를 가지고도 그 상황에 내담자가 경험한 바를 매우 적절하게 표현하는 것을 발견하곤 하였는데, 이는 인간의 보편성으로 인한 것으로, 어떤 사람이든 일단 역할 연기자가 되어 과정에 자연스럽게 빠져들면 그 상황에 매우 적절한 역할을 할 수 있다는 것을 깨닫게 되었다. 나는 이 과정이 여러 차원에서 동시적으로 이뤄지며, 영적이고 매우 강

한 힘이 있다는 것을 알게 되었다. 이런 경험을 바탕으로 만들어진 기법이 바로 '가족재구성'이다.[3]

가족재구성은 내담자가 가지고 있는 부모에 대한 잘못된 신념, 무지, 자각의 결핍, 오해 등을 깨닫게 해주고, 부모의 긍정적 측면, 즉 보이지는 않아도 부모가 자기를 수용해주었던 사실, 부모의 입장에서는 자녀를 돌보아주었다는 사실 등 부모의 긍정적 의도를 깨닫게 해준다. 가족재구성도 다른 기법과 마찬가지로 내담자의 일치성을 이루는 것이 치료목표이다. 이처럼 사티어는 사람들이 어린 시절에 구성construct한 오래된 실재old reality를 깨트리고 새로운 실재new reality를 구성하도록 가족재구성 기법을 구상하였다. 즉, 가족재구성은 내담자가 과거 경험에 근거해서 구성construct한 것을 해체deconstruct하고 새롭게 재구성reconstruct하게 하는 것이다. 내담자 가족의 삶을 재구성하기 위해서는 치료사와 내담자가 협조적이어야 하며, 특히 내담자의 적극적인 참여가 필요하다.[4]

1. 가족재구성family reconstruction 적용하기

인간 사회의 삶의 환경은 과거와 그리 크게 변하지 않았다. 따라서 가족도 그들의 조상이 경험해왔던 불안, 두려움, 희망, 신념을 지금도 경험한다. 그리고 이런 경험을 해결하는 윗세대의 방식은 구성, 해체, 그리고 재구성 과정을 통해 약간의 변형을 거쳐 다음 세대로 전달된다. 이렇게 전달되는 것은 일상적인 삶의 방식뿐만 아니라 가치관, 관습, 규칙, 비밀 그리고 가족신화 등이다. 자녀들은 부모가 전달하는 이런 내용을 왜 그래야 하는지 묻지 않고 그냥 받아들여 지키려 한다. 따라서 이러한 것들이 현재 가족의 삶에 걸림돌로 작용한다면 치료사는 적어도 삼대(때로는 사대)까지 거슬러 올라가 걸림돌을 찾아내어 가족이 자각하게 하고, 그것을 고수할 것인지, 바꿀 것인지, 아니면 버릴 것인지를 선택하게 한다.

사티어는 가족재구성을 통해 부모-자식 간에 서로 사랑하는 감정이 있었느냐는 질문을 하지 않았다. 또 내담자에게 부모가 내담자를 사랑했다는 것을 확인시키려 하지도 않았다. 단지 부모와의 관계에 있어서 문제가 무엇이었는가를 자각할 수 있는 환경을 마련해주려 했다. 단지 사랑의 느

---

[3] Satir, V. (1983). p. 249-250.
[4] Anderson, H. and Goolishian, H. A. (1988). Human Systems as Linguistic Systems: Evolving Ideas about the Implications of Theory and Practice. *Family Process 27*: 371-393. 포스트모더니즘 학파인 이야기치료의 앤더슨Harlene Anderson과 굴리시안Harry Goolishan은 탈모더니즘의 해체주의와 입장을 같이 하면서 치료사와 내담자의 위치가 동등해야 한다고 주장했다. 그러나 사티어는 인간의 가치는 동등하고 역할에 있어서만 차이가 나며 치료적 관계는 힘의 관계가 아니라 협조적 관계에서 이루어진다고 주장하였다.

낌을 전달하는 데 걸림돌이 되는 잘못된 의사소통을 바꾸어 그들이 서로 마음을 주고받을 수 있게 하는 과정에 초점을 맞추었다. 과거는 역사의 한 부분일 뿐이지만 새로운 선택과 가능성을 제공한다. 과거의 선택도, 변화하지 않은 것도 결국 나의 선택이었기 때문에, 변화해야 할 책임 또한 나에게 있다. 사람은 누구나 변화할 수 있는 자원을 충분히 갖고 있다.

가족재구성은 가족의 삶의 모습을 적나라하게 보여주는 연극무대와도 같다. 사람들이 고통스럽거나 통제를 잃어버린 순간에 어떤 행동을 하는지를 실제같이 보여준다. 과거의 상황에 되돌아가서 새로운 방식을 선택하고 긍정적 경험을 하게 되면 두려움에 벗어나서 고통 속에서 자신의 삶을 포기하지 않게 된다. 대신 자신 안의 새로운 자원과 가능성을 찾아 변화를 선택하고, 그러한 선택을 했다는 기쁨으로 인해 자존감이 높아지게 된다. 가족재구성 작업을 통해 내담자는 어린 시절 정보 부족으로 인해 형성된 왜곡된 지각체계에서 벗어나 변화를 겪고 새로운 감정, 기대, 그리고 새로운 자기self를 만나게 된다. 이런 내적 경험으로 인해 세상에 대한 관점의 변화, 인간 내면에 대한 이해, 긍정적 의도 등을 알게 되면서 자신의 삶에 온전히 집중할 수 있다.[5]

가족재구성에서 사용하는 기법은 빙산 탐색, 가족지도 작성, 가족연대기 작성 등이 있다. 특히 가족연대기는 역사적 관점에서 가족이 어떤 삶을 살아왔는지 이해할 수 있게 도와준다. 가족지도와 가족연대기를 작성하는 과정만으로도 내담자가 경험하는 자신의 가족, 내담자의 가족구성원 역할자들이 경험하는 내담자의 가족, 역할자 자신들의 가족에 대해 새로운 경험을 하게 된다. 이때 참여자들은 집단 무의식 수준에 머물게 되고, 함께 치유되는 과정을 경험하게 된다. 가족조각은 구성원 사이의 대처방식, 엉킴과 단절, 가족 유형의 전달, 힘의 구조, 하위체계, 가족규칙, 가족역할, 원가족의 문제 등 구성원들이 자각하지 못하는 것을 드러나게 해준다.

1) 가족재구성 작업

(1) 가족재구성 준비 작업

① 내담자를 미리 선발한다.
② 치료사와 함께 내담자 가족의 가족지도, 가족연대기를 작성한다.
③ 가족지도는 앞에서 설명한 과정에 따라 작성한다. 우선, 내담자의 부모에 대한 가족지도를 그리

---

[5] Lim, W. ed. (2008). *The Use of Self of the Therapist.* Banmen, J. (2008a).

고, 부모에게 +, - 형용사를 세 개씩 붙여주며, 스트레스를 받을 때의 대처방식도 기록한다. 이러한 정보들은 내담자의 주관적 경험에 따라 작성된 것이기 때문에 객관적 사실이 아니어도 상관없다. 특히 초기 기억의 많은 부분이 잠재적 기억이므로 객관적 사실이 아니어도 무방하다.

④ 형제자매들에 대한 정보도 똑같은 방법으로 작성한다.

⑤ 조부모, 외조부모에 관해서도 똑같은 방법으로 작성한다. 이때 조부모(외조부모)와 부모의 가족규칙, 가족의 상호작용 방식, 직업, 질병, 대처방식, 사인死因 등과 더불어 교육의 가치, 돈의 가치 등을 포함하는 가족의 가치와 신념, 가족신화와 비밀, 가족 주제 등을 아는 대로 적는다.

가족재구성을 시작하기 위해 가족지도를 작성한 후, 두 번째 필수적으로 해야 하는 작업은 가족생활 연대기를 작성하는 일이다. 조부모(외조부모)로부터 내담자가 성년이 될 때까지 삼 세대에 걸쳐 작성하되, 식구들의 출생과 죽음, 결혼과 이혼, 이사, 특정 사건들, 사회적 사건들, 자연재해 등을 포함한다. 가족생활 연대기는 가족지도를 작성하는 과정에서 이미 드러난 정보들로 자연스럽게 완성될 수도 있다.

2) 가족재구성 작업과정

(1) 실시과정

① 치료사가 내담자의 가족지도, 연대기, 영향력의 수레바퀴를 작성하여 앞에 붙여놓는다.

② 사티어가 실시한 가족재구성은 사흘 동안 진행되었으며, 많은 참여자와 자원자들이 동원되었다. 우선 치료사가 내담자와 나눴던 내담자의 삶에 대해 참가자들에게 소개한다.

③ 최근의 문제나 가족의 패턴, 과거의 사건들 그리고 내담자의 성장에 영향을 준 사람, 이것들 사이의 관련성 등을 전체적으로 볼 수 있게 해준다.

④ 내담자의 가족이 스트레스, 분노, 갈등, 고통에 대처하는 방식을 보여준다. 가족의 빙산을 탐색하면서 내담자의 빙산도 함께 탐색한다. 가족의 가치, 신념, 규칙, 가족이 가족 자체나 그 구성원들을 정의하는 방법 등을 찾아낸다. 또 변화될 필요가 있는 패턴들이나 과거의 부정적인 영향들을 명확히 한다.

⑤ 내담자의 채워지지 않은 기대와 열망을 탐색한다.

⑥ 치료사는 내담자로 하여금 참가자들 가운데서 역할자들을 선택하게 한다. 그리고 내담자를 대신할 대리 역할자도 내담자가 직접 선택하게 한다. 만약 역할에 초대된 사람이 이를 원하지 않으

면 역할을 거부할 수도 있다.
⑦ 역할자들은 자기가 맡을 가족구성원에 대해 이야기를 듣는다.
⑧ 치료사는 내담자의 치료목표를 듣는다. 문제를 해결하는 것뿐만 아니라 내담자가 성장하는 방향으로 목표를 세운다.
⑨ 아래의 과정에 따라 가족재구성을 진행한다.
⑩ 내담자의 부모와 형제들을 포함한 내담자의 원가족 조각을 한다.
⑪ 내담자의 아버지의 원가족, 어머니의 원가족을 조각하면서 부모의 어린 시절 성장과정을 살펴보게 한다.
⑫ 내담자의 부모가 서로 어떻게 만나 사랑하고 결혼하게 되었는지 구체적으로 조각한다.
⑬ 내담자가 부모가 형성한 내담자 가족을 다시 조각한다.
⑭ 마지막 단계에서 내담자의 빙산 탐색을 통해 과거의 충족되지 못한 기대와 열망, 실망과 같은 감정들을 표현하고, 부모를 수용하며, 부모와 자신을 있는 그대로 인정하고, 외부의 인정이 필요하지 않은 상태가 되어 내적 평화를 이루도록 한다.
⑮ 마지막 마무리 단계에서는 현재 삶에서 활용할 수 있는 긍정적인 자원을 재발견한다. 그리고 부모세대가 힘든 삶을 잘 버텼고, 내담자 자신도 자신의 삶을 잘 버텨온 것을 인정하고 더 나아가 진심으로 감사하고 축하할 수 있게 한다. 또 빙산 탐색을 통해 내담자가 자신의 열망을 현실적인 방식으로 충족시킬 수 있게 도와준다.
⑯ 집단의 마무리 작업을 진행한다. 내담자의 경험, 역할자로서의 경험, 역할자 개인의 경험을 나누고, 역할 벗기를 한다. 사티어는 이 기법을 한 내담자에게 3일 이상 계속 적용하였다. 먼저 그녀는 내담자 부모의 생애 연대기를 아주 자세히 작성하고, 부모 각자의 출생 시기부터 시작하여 부모의 부모, 형제 및 가까운 가족까지 포함해서 성장과정을 자세히 풀어나갔다. 이런 과정을 지켜보는 내담자는 부모를 다른 시각에서 보게 되고, 이를 통해 부모를 수용하는 힘이 생긴다. 동시에 자신을 좀 더 수용할 수 있게 되고, 자유롭게 자신의 삶을 경험할 수 있게 된다.

3) 단기 가족재구성

사티어는 생애 마지막 즈음에 처음 고안했던 가족재구성보다 좀 더 짧은 형식의 기법으로 단기 가족재구성을 개발하였다. 이 기법은 형식과 방향에 있어 전통적인 가족재구성과 같지만, 충격적 영향을 남긴 사건을 약 세 시간으로 단축해서 실행하는 기법이다. 두 기법의 실행과정과 방식은 똑같아 가족지도, 가족연대기, 영향력의 수레바퀴, 역할 연기자들을 활용한다.

중요한 지인의 갑작스러운 죽음 혹은 일반적인 죽음, 성장기의 질병, 만성적인 질병, 경제적인 급락, 갑작스러운 환경의 변화, 폭력의 경험, 사고, 유산, 실직, 성추행이나 성폭행, 부모의 이별과 이혼, 부모의 부적절한 행위 등과 같이 충격적인 사건이나 상황은 다양하다. 치료사가 기억해야 할 것은, 이러한 충격적 사건에 대한 내담자의 기억이 내담자의 주관적 경험이라는 것이다. 내담자는 그 당시 사건을 주관적인 기억에 의존하기 때문에 사실의 여부, 충격의 객관적인 정도에 대해 치료사의 관점으로 평가해서는 안 된다.[6]

단기 사건의 재구성은 약 세 시간에 걸쳐 실시된다. 내담자와 함께 치료목표를 세우고, 이러한 치료목표를 이루기 위해 현재 개인이나 그가 속한 가족에 영향을 끼치는 과거의 상황이나 사건을 찾아 재구성한다. 물론 가족재구성 기법처럼 원가족도 다룰 수 있지만, 초점은 좀 더 현재 가족에 맞춰야 한다. 그러나 현재 내담자와 같이 거주하지 않거나 사망한 경우에도 내담자에게 영향을 끼치고 있다면, 현재 가족에 포함해서 다룬다. 또 혈연관계가 아니더라도 현재 가족의 역동에 영향을 끼치는 친구 관계가 있다면, 이것 또한 포함할 수 있다. 재구성 작업은 치유와 변화 그리고 성장을 위한 자원과 힘을 의식 위로 올라오게 도와주며, 내담자에게 그 자원과 힘을 사용하는 방법을 알려준다.

4) 과거의 경험 재구성 작업 사례 | 김영애 시연

지난번 시연하신 다음에 어떤 변화가 있었나요?
사회공포증이 있었는데 지난번 시연하고 조금 나아졌어요.

- 이전의 워크숍에서 한 번 시연을 한 다음에 참여자, 즉 내담자가 다시 작업하기를 원해서 두 번째로 시연한 사례이다. 이 내담자는 다른 사람 앞에 나서는 것을 몹시 힘들어했다. 그럼에도 불구하고 작업을 했던 경험 덕분에 조금 자신이 생겨서 작업을 더 하기를 원한다고 판단했다.

---

6 Trauma and Couple: Mechanisms in Dyadic Functioning, *Journal of Marital and Family Therapy*, July 2011, Vol. 37, No. 3, 319-332. 가족구성원 중 한 사람이 트라우마 피해자이면 가족구성원 모두 피해자와 비슷한 트라우마를 경험하게 된다. 특히 부부 중 한 사람에게 트라우마의 후유증이 심각하게 남아있다면 그로 인해 부부 기능이 약화될 수 있으므로, 트라우마를 먼저 치료하고 부부상담을 진행하는 것이 좋다.

조금 나아지셨다고 하셨는데 어느 정도 좋아지셨나요? 약 50% 좋아진 것 같아요. 그래도 사람들이 나에게 집중하면 여전히 떨려서 용기를 내서 나온 거예요.	• 상담한 후 다음 회기에는 전 회기 이후 변화가 있었는지 확인해야 한다. 될 수 있으면 좋아진 정도를 분명하게 표현하도록 도와주어야 한다. 자각하지 못하고 있던 좋아진 점을 각인하는 효과가 있고, 긍정적 변화에 대해 기대를 하게 해준다.
축하드려요. 50% 좋아졌다는 것은 대단한 성공인데 이에 머물지 않고 더 좋아지고 싶으셔서 데모를 또 하시고자 나오셨다는 것은 꼭 낫고 싶다는 강한 의지가 느껴집니다. 예. 꼭 나아지고 싶습니다.	• 변화를 확인한 후에는 반드시 내담자의 노력에 대한 지지를 해야 한다.
50%의 에너지가 추동력을 만들어주고 있다는 생각이 듭니다. 90% 좋아지면 어떤 모습이 될까요? 지난번 시연 이후 모습이 많이 밝아지셨는데. 걱정이 덜어질 것 같아요. 요즘 사춘기 아들이 아침에 학교 가야 하는데도 스마트폰 동영상 몰입해있을 때 힘들어요.	• 내담자가 50%라고 한 말을 그대로 받아들이기보다, 50%라고 한 것은 내담자가 100%의 효과를 얻고자 하는 마음이 있다는 것을 의미하기 때문에 더 좋아지면 어떤 모습이 될 것이냐고 물었다. 이 질문은 내담자가 정말 좋아졌을 때의 자기를 상상할 수 있게 하려는 의도이다. 그러나 100%라고 말하지 않은 것은 완벽해야 한다는 뜻으로 전달될 수 있을 것 같아 90%라고 말하고 있다.
그러면 아드님이 스마트폰에 덜 몰두하면 마음이 좀 더 편안해지시겠습니까? 중1 외아들이에요. 밥 먹을 때도 스마트폰을 들여다보고, 학교 갈 시간에도 보고, 그럼 저는 막 초조하고 불안하고….	• 다시 구체적으로 기대하는 것이 무엇인지 확인한다.
그래서 학교에 시간을 못 맞춰 가나요? 간당간당 맞춰서 가고 있어요.	• 어머니 불안의 원인을 확인하고, 그것이 실제 걱정할 만한 것인지를 확인한다.
엄마가 잔소리해서? 아니면 스스로? 잔소리도 해보고, 스스로 학교 가게 야단도 치고….	• 어머니의 아들에 대한 반응을 확인한다.

그런데 걱정이 되는 게 무엇인가요? 지각할까 봐…. 지각할까 봐? 아이가 지각 자주 해요? 아니요. 한 번도 안 했어요? 네.	• 어머니 불안의 원인이 실제 상황 때문인지 아니면 어머니의 불안 그 자체가 문제인지 확인한다.
지각하지는 않았는데 지각하지 않을까 걱정이 된다는 말씀이시네요. 아드님이 언제부터 스마트폰을 열심히 봤어요? 6학년 때부터요.	• 결국 어머니의 불안이 실제 상황이 아니라 어머니 자신의 불안임을 확인한다. 지각할까 봐 걱정하는 것이 아니라 스마트폰을 보는 것에 대한 걱정이다.
주로 보는 콘텐츠를 아세요? 요즘 아이들이 많이 보는 콘텐츠…. 축구…. 실제 축구경기? 아니면 게임? 게임을 어떻게 하면 잘하는지…. 인터넷 게임? 그걸 알려주는 유튜브가 있어요. 그러니까 축구 게임을 어떻게 잘할 수 있는지를 알려주는 내용에 집중하는군요. 이제 사춘기 시작인데 뭐든지 잘하고 싶은 욕심이 생긴 것 아닐까요? 그런 모습이 어머니에게는 걱정거리가 되네요. 예.	• 어머니의 불안을 감소시키기 위한 대화이다. 아들을 걱정스러운 눈으로 바라보고 잔소리하면 아들이 더 게임에 집착하게 된다. • 어머니의 불안과 걱정을 공감하면서 아들의 발달주기의 과제를 슬머니 소개한다.
아이가 자기 문제라고 생각해서 걱정하나요? 어머니가 아이의 미래에 대해 걱정하시나요? 가만히 생각해보면 아이는 스스로 잘하고 있는데, 제가 조급하고 걱정이 많은 거 같아요.	• 어머니의 불안인 아들의 문제가 실제 상황에 근거한 것인지 어머니 자신의 문제인지를 분리한다.

그러니까 어머니한테 불안, 걱정이라는 렌즈가 있는 것 같아요. 그 렌즈를 통해서 보니까 아드님에 대해 굉장히 걱정스럽게 느끼시는 것 같아요.	• 내담자의 지각체계를 지적하자 내담자가 자신의 문제임을 인정한다.
그거를 알면서 하고 있으니까….	
아….	
그걸 하는 내 모습을 보면서 그게 힘들었어요.	
그러니까 지금 이 자리에서는 아드님을 보면서 있는 그대로 바라볼 수 있으면 좋겠다는 것을 목표로 세워도 되겠습니까? (네.) 그런데 아들이 그런 행동할 때 남편은 어떻게 행동하시나요?	• 내담자가 제시한 치료목표를 다시 수정한다. 아들의 문제에서 어머니의 문제로 바뀌었다. 그리고 부부와 아들의 삼인군 관계를 확인한다.
툭 툭 잔소리해요. 게임을 너무 많이 한다. 엄마 말 잘 들어라.	
남편은 부인에게 힘을 실어주는 정도이지 진정 걱정하는 태도는 아닙니까?	• 부부의 양육 태도가 다름을 알 수 있다. 부부의 신념, 상호작용 등의 문제가 자녀를 두고 갈등으로 드러나고 있음을 볼 수 있다.
너무 걱정을 안 해서 제가 불평불만을 해요.	
그러시구나. 만약에 남편이 선생님과 같이 걱정을 하면 어떨 것 같아요?	• 남편의 양육 태도에 대해 화를 내고 있지만, 다른 관점에서 바라볼 수 있게 한다. 즉, 자신의 불안으로 인해 남편을 비난하는 것을 자각하게 한다.
더 걱정할 것 같아요.	
한편으로는 남편이 같이 걱정하면 더 걱정할 것도 같고, 또 다른 한편으로는 걱정을 안 하니까 내가 더 걱정한다는 말씀인가요?	• 부인의 내면이 혼란스러운 점을 지적하고 있다.
야단치지 말고, 그러나 아이를 너무 편안하게 보니까 그게 걱정스러워요.	
그러면 남편까지 어머니와 똑같이 아이한테 걱정하신다면 아이는 어떨까요?	• 아내의 관점만 치료사가 알았기 때문에 남편의 관점을 알기 위해서 질문한다.

아…. 힘들 거 같아요.	• 남편도 부인의 지나친 걱정에 대해 염려하고 있다는 사실을 알게 되었다.
남편이 부인을 볼 때 과다하게 걱정을 한다고 말한 적이 있습니까?	
예. 아이에 대해서 지나치게 걱정하는 거 같다고 말했어요.	
혹시 형제가 많았나요? 몇 번째인가요?	• 아내의 원가족 탐색을 시작한다. 원가족 경험이 부정적이었음을 알게 된다. 아마도 가난 때문에 4자매가 산산히 흩어진 것을 알 수 있다. 이런 경험은 매우 아픈 경험이고, 이런 형제간의 불행한 분리는 심각한 분리불안을 느끼게 했을 가능성이 매우 높다. 특히 막내 여동생의 죽음은 충격적 사건이다.
첫째였습니다. 바로 밑에 여동생은 먼 곳의 부잣집으로 보내졌고, 그 밑에 여동생은 저희 집과 가까운 곳으로 보내졌고, 막내 여동생은 물에 빠져 죽었습니다.	
아…. 충격받았을 만한 일이 많네요. 동생이 물에 빠져 죽었을 때가 몇 살 때예요?	
중학교 1학년? 2학년?	
실수로?	• 사고 상황에 대해 설명한다. 막내동생의 사고가 내담자와 연관이 있다는 사실을 이야기한다.
제가 소풍 가려고 하는데 따라오더라고요. 개울 징검다리 건너면서 거기까지 따라오길래 더는 따라오지 말아라, 그러고 보냈는데 나중에 홍수가 나서 물이 불었을 때 친구를 데리고 소풍 가자 그러면서 징검다리 건너다가 물살에….	
그날이 아니고? 다른 때? 그 애가 몇 살이었나요?	• 내담자의 이야기 진행이 불분명해서 치료사가 다시 앞뒤 상황을 정리하고 있다. 1. 언니 소풍 때 따라가고 싶었다. 2. 언니가 소풍에 안 데리고 갔다. 3. 동생은 소풍 가고 싶어서 친구들을 모아서 소풍 가는 놀이를 하려다 징검다리에서 떨어져 물살에 떠내려가 죽었다.
걔가 한 3살, 4살 정도….	
그 아이는 그러니까 많이 맏언니를 따랐나 보네요. 언니가 소풍 가는 건 좋은 일이고 그날은 못 따라갔는데… 그 후에 어느 날 다른 친구와 소풍이 뭔지도 모르고 징검다리 건너가려다 물이 불어서 죽었다는 거네요?	
네….	

그리고 남의 집에 보낸 부잣집에 보낸 여동생, 그 동생하고는 교류가 있어요?	• 바로 밑의 동생과의 관계를 탐색한다. 동생보다 2살밖에 많지 않기 때문에 동생이 떠나게 된 상황을 몰랐고, 친척들이 웅성거리는 듯이 하는 이야기를 들었을 뿐이다.
몰라요.	
전혀 몰라요?	
친척들이 얘기하는 것 듣고 어렴풋이 알았어요.	• 부모가 자녀한테, 특히 손위 언니인 내담자에게 전후 사정을 설명하지 않았다는 것을 알 수 있다. 이런 상황은 내담자에게 항상 막연한 불안, 애매모호한 감정에 휩싸이게 한다.
처음에는 몰랐고…. 그 동생하고는 몇 살 차이예요?	
2살 정도?	
두 동생을 남의 집에 보내는 것을 보았고, 또 한 동생은 사고로 죽고 했으니 아이를 낳았을 때 많이 불안하셨나 봐요. 남편이 걱정할 정도로.	• 형제들이 같이 자라지도 못하거나 사고사 혹은 갑작스러운 분리 등의 경험은 내담자의 삶에 대한 회의, 불안, 염려, 걱정 등의 부정적 감정과 삶에 대한 회의적 관점을 갖게 한다.
말씀을 듣고 보니까 첫 조카가 세상에 나왔을 때 그 아이를 보면서 이 세상을 어떻게 살아가지? 하고 걱정을 했던 기억이 갑자기 떠오르네요.	
바로 밑의 동생에 대해서는 아는 게 없나요?	• 갑자기 사라진 동생에 대해서 부모는 아무 언급도 하지 않았고, 겨우 이름만 기억하고 있다. 즉, 상황에 대한 애매모호함, 불안 등이 해결되지 못했다. 이런 경험은 무의식에 저장되어서 자꾸 튀어나온다. 그리고 그 딸에 대해서는 어머니조차 소식도 알지 못하고 있는 것을 알 수 있다. 내담자가 용기를 내어 어머니에게 물었던 것은 지난번 데모에서 힘을 얻기 때문이다.
제가 어렸어서 아는 게 별로 없어요. 초등학생 저학년이었던 같아요. 엄마한테 들은 이야기는 없고, 물어보지도 못했고 이름이 xx라는 것만 알아요.	
아! 이름은 알고 있으시군요? 어머니는 다시 찾아보려고 하시지는 않으시고요?	
아예 그 아이에 관해서는 이야기를 나눠본 적이 없어요. 지난번 데모하고 나서 엄마하고 관계가 회복되면서 엄마한테 물어봤어요. 엄마는 아이가 좀 부잣집으로 가서 살았으면 좋겠다고 생각해서 보내셨다고 울면서 말씀하셨어요.	
	• 어머니가 품고 있던 슬픔을 내놓으신 덕분에 내담자는 어머니에 대한 이해를 깊게 할 수 있다.
잘 사는 집으로 가서 살았으면 좋겠다, 우리집이 가난한데 편안하고 좋은 집으로 보내려고 그러셨구나. 어머니가 그 얘기 하실 때 많이 마음 아파하셨어요?	• 치료사가 어머니의 입장을 긍정적으로 이해하는 말을 한다. 어머니와 대화를 가진 것이 어머니에 대한 부정적 마음을 조금은 풀 수 있게

그전에는 엄마에 대한 오해가 많았어요. 참 정말 냉정하다, 자식을 보낼 수 있지? 그런데 엄마가 저 이상으로 아파하신다는 걸 느꼈어요.

해준 기회가 된 것을 알 수 있다.

자식을 포기한 어머니 마음이죠. 어미 개도 주인이 강아지들을 보내버리면 새끼 찾느라고 여기저기 찾으려 하죠. 떠나보내는 아픔이 없어서가 아니라 이렇게 여기서 찢어지게 가난하게 사느니 잘 사는 집 가는 게 낫겠다 그러셨던 것 같아요.
네. 그랬던 것 같아요.

- 어머니의 입장을 조금 대변해서 어머니에 대한 분노나 부정적 감정을 해결하도록 유도한다.

세상에 그 엄마 마음이 어땠을까?
저를 업고 엄마가 빨래하고…. 태어난 지 얼마 안 되었을 때였던 것 같아요.

나이 차가 별로 없었나 보죠?
그랬던 것 같아요.

그 모습을 기억하는 것은 자기에게 의미가 있었던 기억이었나 봅니다.
엄마가 말씀하시더라고요. 지금 가난한데 이 아이들을 어떻게 키워야 하나….

- 두 살 차이라고 하면 어머니는 임신하고 출산하고, 출산하자마자 또 임신하고 출산한 것이다. 이 어머니는 큰아이를 업고 모든 노동을 감내해야 했으며, 새로 태어난 아기를 제대로 돌볼 수 없었을 것 같다. 과거 우리 사회가 얼마나 가난했는지를 절절하게 보여주는 상황이다.

보내놓기는 했지만, 마음이 얼마나 힘드셨겠어요?
엄마는 제가 초등학교 4학년쯤에 돈을 벌러 서울로 가시고 저는 시골에 살았었는데….

아, 그러셨구나. 애들을 다 떼어놓고? 그러면 어린 자기가 맏딸이라 집안일을 다 맡아서 했나요?
아빠랑 저희 딸 셋. 아빠까지 넷이 살았어요.

- 어머니가 자식들을 두고 가난을 벗어나려고 서울로 일자리를 찾으러 가셨는데 어머니의 생활력이 강했던 것을 볼 수 있다. 이런 경우 아버지가 서울로 일자리를 찾으러 떠나는 것이 통상적이다.
- 다른 딸 하나는 언제 남의 집으로 보내졌는지는 언급하지 않았지만 구태여 물어보려 하지 않았다.

아버지는 경제활동을 못 하셨나요?
농사를 지으시고.

- 치료사가 아버지에 대해 많은 문제가 있었을지 모른다고 추측했는데 내담자는 농사 때문에 아버지가 외

내 농토도 많지 않으시고 그러면 농사짓는 것도 힘드시고. 어머니도 외지로 나가서 막일하시고. 모두 힘드셨네. 어떻게 해서라도 돈을 벌어야 했어요.	지로 나가시지 못했다고 말한다.
그럼 애가 죽었을 때 엄마가 집에 안 계셨나요? 그때 잠시 집에 오신 거예요.	• 동생이 죽은 사건이 발생했을 때 부모의 태도를 확인한다.
아, 그러니까 죽은 막냇동생 때문에 잠시 집에 와 계셨구나. 그러니까 막냇동생에게는 큰언니가 엄마 같았겠네요. 동생이 죽었을 때 어머니의 태도는? 차분하셨던 거 같아요. 제 눈에 보이기에는 저나 엄마나 차분했던 것 같습니다. 지난번 데모한 다음에 엄마랑 만나서 그 사건을 이야기로 풀었어요. 저도 그때 아주 슬펐고 엄마도 아주 슬펐다는 사실을 알게 되었어요.	• 어머니가 어른으로서 슬픔을 참는 것을 어린 내담자가 보기에는 냉정하다고 느꼈을 것이다. 자기도 차분했다고 하는 것은 이 집이 너무 가난해서 어린아이가 죽은 것을 슬퍼할 여유도 없었던 것 같다. 혹은 감정을 억압하는 것이 이 집의 규칙일 수도 있다.
그러니까 두 사람 모두 마음 놓고 슬퍼하지도 못했군요. 두 분이 만나서 다 이야기하고 마음을 푸니까 어떠셨어요? 엄마에 대한 평생의 오해를 풀었고 엄마가 막내 죽었을 때 냉정했던 것이 아니라 슬픔을 감췄구나. 저 역시도 막내 죽었을 때 눈물 한 방울 흘리지 않았던 죄책감으로 평생 살았는데 엄마 말씀으로는 제가 막내 죽은 소식을 전하면서 너무 우느라고 말을 못했대요. 옆에 형사 분을 바꿔주셨다고. 형사 분이 상황 설명을 해주셨다고 그러시더라고요.	• 동생의 죽음에 대해서 슬퍼할 수조차 없었던 어머니와 자신에 대해 죄책감을 가지고 있었다. 그러나 아이는 사실 슬퍼하고 놀라고 힘들었는데 그런 자기보다 동생에 대해 슬퍼하지 못했다는 죄책감, 그리고 자기가 동생을 보호하지 못했다는 죄책감으로 지금까지 살아왔다. 즉 어린아이의 기억은 편집 확대된 것을 알 수 있다. 이러한 사건으로 인해 아들에게 불안의 눈길을 돌리고 통제하는 것을 알 수 있다.
자기가 안 운 게 아니라 기억을 다르게 하셨군요. 가끔 생각한 적은 있었어요. 생각하는 게 힘들기보다 의아했어요. 시체를 보고 '어 그냥… 시체는 저렇구나…. 색이 저렇고 코에서, 눈에서 계속 물이 나오는구나!' 이거만 느꼈지, 눈물이 안 나오고 주변 상황을 보니까 내가 울어야 하는데 눈물이 안 나지? 하고 당황했던 기억만 했어요.	• 자기가 놀라서 울고불고 행동했던 것보다 시체를 보고 두려움을 느꼈고, 그런 자신의 반응에 대해 자책했기 때문에 다르게 기억하고 있다. 혹은 충격적 사건은 일반적 뇌의 과정을 거치지 못하고 잠재적 기억으로 남는다.

아마도 동생이 죽었던 순간이 큰 충격이라 지워져 있었던 것 같습니다. 나를 전부 다 얼어버리게 했던 거죠. 그리고 그 사건을 보자기로 싸서 내 가슴 어딘가에 묻어두었던 것 같습니다. 그 안에는 감정도 들어있었던 것 같아요.	• 치료사는 충격적 사건으로 인해 억압된 감정을 해결하려는 작업을 준비하고 있다.
'네 탓이야. 왜 내가 소풍 가는 데 왜 따라와서'라고 생각했는데 지금 처음으로 느껴지는 게 동생에 대한 죄책감을 감추고 있었던 것이었다는 것을 깨달았습니다.	• 내담자는 자신의 감정을 직면하기 시작한다.
그 생각은 무엇을 감추려고 합리화한 것일까요? 동생에 대한 미안함! '나 때문에 재가 죽었구나'라고 하기에는 너무 두렵고 무서우니까 '내가 그런 게 아니잖아. 자기가 따라오다가 그렇게 된 것이잖아'라고 자기한테 수없이 되뇌었던 거 같아요. 가슴에 가둬놓은 비밀창고 안에 무엇을 가둬놓은 것 같으세요. 무섭고, 두려운, 공포. 슬픔은? (눈물)	• 치료사는 계속 내담자의 감정 보따리, 즉 억압해놓은 감정을 하나씩 찾아 재경험하게 한다.
동생이 소풍 가다가 물에 빠져 죽었다는 그런 소리를 듣는 순간에 그 어린아이는 한꺼번에 감정 덩어리를 느꼈을 것 같습니다. (침묵. 얼굴에 복잡한 감정이 드러남)	• 치료사는 내담자가 여러 감정을 느꼈을 것이라는 점을 강조한다.
지금 그 아이는 무슨 감정을 느꼈을까요? 너무 불쌍해요. 동생이? 아니면 내가? 제가요. 자기가 불쌍하다고?	• 동생이 불쌍하다고 할 줄 알았는데 뜻밖에도 내담자 자신이 불쌍하다고 한다. 동생에 대한 질투심에 대해 자각하게 된다.

저는 학교 다니느라 바빠서 막내를 그렇게 많이 돌봐준 기억이 별로 없어요. 아빠가 막내를 무릎에 앉혀놓고 양말을 신겨주실 때 동생을 질투했어요. 그래서 더 미안하고, 죄책감이 커요.	• 사랑을 받지 못한 내담자가 사랑을 받은 막내에 대한 질투심을 깨닫게 된다.
동생을 부러워하셨군요. 너무 부러웠어요. 그 애가. 부모한테 사랑을 받지 못했기 때문에 아버지가 따뜻하게 대해주는 막내가 부러웠고, 질투했다는 것이 마음에 걸려 많은 감정을 눌러놓으셨나 보군요. 내가 어렸을 때 어떤 감정이었는지 하나도 느껴지지 않아요. 그 아이가 느꼈던 생각, 감정 이런 거 하나도 모르겠어요.	• 치료사는 그런 감정에 대해 비난하지 않고 계속 동생에 대한 감정을 찾아가고 있다. 많은 감정을 억압하고 있음을 확인한다.
가슴에 쇠로 만들어진 상자에 질투, 죄책감, 두려움, 미안함, 자책, 불안 등 아주 많은 감정은 가둬놓았습니다. 죽음에 대한 두려움 그리고 무엇보다 자기가 나쁘다는 비난이 들어있는 것 같습니다. 내가 나쁘다는 게 가장 지배적이었던 거 같아요.	• 치료사가 감정을 다루려고 하는 작업을 시작한 것을 알 수 있다. 모든 부정적 감정을 하나로 모으고 있다. 그리고 가장 내담자가 힘들었던 감정은 자기를 비난하는 감정이다. 쇠로 만든 상자라고 한 것은 강한 억압을 비유해서 말한 것이다.
그래서 벌을 받아야만 하시는군요. 너는 인간 같지 않은 인간이야, 너는 수치스러워, 너는 나쁜 사람이야, 이렇게 자기를 강력하게 비난하고 계십니다. 그게 너무 힘들었어요. 떳떳하지 못하고 죄인 같아서.	• 결국 내담자는 자기를 비난하고 있었고, 자존감은 낮아지고, 아들이 잘못될까 봐 지나치게 염려하고 있었다.
맞아요. 모든 상황의 원인이 나이고, 질투도 내가 했고, 내가 너무 창피하고, 사람들 앞에서 내가 드러날까 두렵고. 아주 큰 돌덩어리를 안고 사신 것 같습니다. 예. 그랬던 거 같아요.	• 다시 한번 내담자의 감정을 덩어리로 만들어 표현하고 있다.
그래서 모든 것을 차단해놓고 자기를 계속 비난해서 한쪽에 '너는 나쁜 애야, 나쁜 애야' 이런 식으로 스스로 비난하며	• 치료사는 계속해서 내담자의 지각체계, 감정체계, 행동체계를 정리하면서 빙산을 정리하고 있다.

지금까지 살았던 것 같아요, 맞나요? 스스로 떳떳하지 못하고 나는 나쁜 사람이고, 엄마가 나를 못된 아이라고 하고, 나도 내가 못된 아이라고 믿었고.	• 내담자는 상황의 책임을 자기에게 돌리면서 자기를 비난한다.
엄마가 왜 그런 소리를 하셨나요? 못됐다는 소리를 많이 했어요. 야단칠 때. 그래서 저는 제가 정말 못된 사람인 줄 알았어요.	• 어머니의 사랑을 경험하지 못한 것은 물론 비난까지 받았기 때문에 그 비난과 자기를 동일시한 것을 알 수 있다. 계속 자존감이 낮아질 수밖에 없다.
그냥 엄마의 말버릇이었나요? 엄마들이 얘기할 때 나를 야단칠 때 말버릇이 있더라고요. '어휴, 못된 년' 이런 식으로. 진짜 자기를 못됐다고 한 얘길까요? 그냥 부모들이 화가 나면 말을 그렇게들 하세요. 혹시 엄마 말버릇이 아닐까요? 맞아요. 그냥 말버릇이에요.	• 어머니의 비난에 자기를 맡겨버린 내담자에게 어머니 말의 의미를 희석시키는 해석을 하고 있다.
혹시 어머니도 그런 소리를 듣고 자라서 익숙한 말이라 이렇게 얘기하신 것 같은 것 아닐까요? 외할머니가 매일 그 소리를 했다고 했어요. 어머니가. 외할머니가 매일 그런 소리 하신 게 무슨 좋은 선물이라고 이쁜 딸한테 주셨노? 지금 보니까 저도 제 아이한테 '나쁜 자식아' 그러는 것 같아요.	• 어머니의 원가족을 살짝 건드린다. 즉, 어머니도 그 어머니, 즉 할머니한테 경험한 것이 아니겠느냐는 질문을 한 것이다. • 치료사는 이론적으로 설명하기보다 한국사회에서 옛날 부모들이 쉽게 하던 말의 의미를 대폭 축소시키는 작업을 하고 있다. • 일상적으로 어머니가 한 말을 내담자는 원래 죄책감과 자기비난을 하고 있었기 때문에 심각하게 받아들이고 있다.
어머니에게 받은 게 좋지 못한 선물인데 그 선물을 돌려드려야 할 거 같아요. 어머니의 습관적인 말버릇 때문에 그 말이 나라고 믿고 살아왔던 거 같아요. 평생 그러고 살았던 거 같아요.	• 어머니의 부정적 언어적 마술에서 벗어나게 하려는 과정이다.

괜찮은 자기 자신을 보고 평생 나쁘다고 하고 살았으니 나는 선생님에게 정말 나쁜 사람이라고 말하고 싶어요. 주홍글씨같이, 춘향이 뭐지 형틀? 그것도 좋은 거라고 아들한테 유산이라고 주시려고? 아들한테 춘향이 형틀을? 너무 웃긴 거 같아요. (웃음)	• 치료사의 긍정을 위한 역설적 화법이다. 1. 자기를 무시하고 나쁘다고 비난한 것이 어머니나 할머니 등이 아니라 자기를 중요하게 여겨야 할 내담자 자신이 자기를 중요하게 여기지 않았기 때문에 자기가 가장 나쁜 사람이다. 2. 자기 자신한테 '나는 죄인'이라는 주홍글씨를 걸고 다닌 것과 같다고 비유로 표현한다. 3. 할머니, 어머니, 내담자의 부정적인 이미지를 아들에게 준 것을 상징적으로 춘향이의 형틀로 비유한다. 춘향이의 형틀도 무고한 죄를 뒤집어 쓴 것이고, 또 무고한 비난을 아들에게 주고 있다.
자기 안에는 어린아이가 하나 있습니다. 그 어린아이의 부모님은 자식을 먼저 보낸 죄책감으로 막내를, 아니 그냥 막내니까 돌보아주신 것 같아요. 그런데 맏딸이라 그런 경험을 해보지 못했기 때문에 너무나 부러웠던 것 같아요. 당연하죠. 모두에게 불행한 일이었어요. 모두 속으로 감춰둔 감정이 있고, 서로 이야기하고 위로해주지 못했던 것 같아요. 공포가 ….	• 형제 서열에 대한 부모님들의 태도와 내담자의 내면아이에 대해 말하고 있다. • 내담자가 공포의 감정을 표현한다. 이제는 자신의 감정을 정확하게 파악할 수 있게 되었다.
어느 순간에 무슨 일이 벌어질지도 모른다는 공포, 가슴 안에 있는 쇠상자의 무게가 얼마나 되는 것 같아요? 너무 무겁죠? 어떻게 걸어 다니고 살았어요? 무게를 여쭤보시니까 … 몸이 천근만근 되는 것 같아요.	• 그 아이의 공포를 다루면서 그 공포의 무게를 쇠상자에 비유해서 이야기하고 있다. 구체적으로 경험하고, 구체적으로 작업하기 위한 초석으로 신체적 경험과 연결짓는다.
이제 그 쇠상자에 있던 것을 다 꺼내어버리시기 바랍니다. 그런데 그 쇠상자를 어떻게 부수죠?	• 경험적으로 감정을 내보내는 작업이다. 내담자의 제안에 따라 시도한다.

태양으로 녹여버리면···.

자, 눈을 감고 제가 말하는 대로 상상하시기 바랍니다. 예. 아주 좋습니다. 온도가 굉장히 세야 하잖아요? 자! 쇠상자 주변에 홈을 파서 거기다가 폭탄가루를 뿌려놓으시기 바랍니다. 쇠상자 옆 주위에, 폭탄가루가 햇빛을 받으면 폭발합니다. 아주 밝은 날이라서 햇빛이 매우 집중적으로 강하게 내리쬡니다. 자! 화학물질이 햇빛을 받으면서 조금씩 변하고 있습니다. 그 화학물질은 핵폭탄 같아 온도가 분기점에 도달하면 폭발할 것입니다.

햇빛이 쬡니다. 아주 강렬하게 쬡니다. 하나, 둘, 셋, 넷, 다섯, 여섯, 일곱, 여덟, 아홉, 열! (꽝) 완전히 부서졌습니다. 산산조각이 났습니다. 뭐가 보이십니까? 숨을 깊게 들이마시고··· 천천히 내뱉으시기 바랍니다. 이제 쇠상자는 산산조각이 났습니다.

다시 숨을 깊게 들이마시고 호흡을 내쉴 때 내 안에 있던 긴장도 같이 밖으로 내보시기 바랍니다. 다시 들이마시고 내쉬고··· 그리고 한 손으로 쇠상자가 있던 가슴에 손을 갖다 대세요.

조금 그대로 계세요.

따뜻한 손의 열기가 가슴으로 스며들면서 생명의 에너지가 자연스럽게 흐릅니다. 비어있던 자리에 따뜻한 에너지가 채워집니다. 점차 온몸이 따뜻해지면서 에너지가 흐르는 것을 느낄 수가 있습니다. 편안하게 막힘없이 점점 에너지가 채워지면서 쇠상자가 있던 자리가 밝은 에너지로 차오르고 있습니다. 긴장은 점차 풀어집니다. 밝은 느낌, 밝은 빛이 그 컴컴했던 부분에 환하게 비치면서 에너지가 점차 더 잘 흐릅니다.

- 내적시각화 작업을 실시한다.
- 이 과정은 천천히 서두르지 않고 진행한다.
- 특히 내담자의 표정과 신체적 표현을 잘 살펴보아야 한다.
- 내담자의 내적 과정을 살피면서 천천히 진행한다. 따라서 이 작업을 하려고 하면 충분한 시간을 미리 마련한 다음에 시작해야 한다.
- 내담자 내면의 부정적인 것을 변화시키는 작업이다.

- 아직 남아있을지 모르는 부정적인 것을 내보내는 작업입니다.

- 부정적인 영역에 긍정적인 에너지를 채워주는 과정이다.

충분히 에너지를 꽉 채운 다음에 충분히 편안해지시면 그때 눈을 뜨셔도 됩니다. 서두르지 마시고 충분히 시간을 가지시기 바랍니다.

이제 내 몸 전체에 에너지가 흐르는 것을 느끼십니다. 너무나 많은 무거운 짐을 평생 지고 살았습니다. 나는 귀한 존재고 나는 내 삶을 충분히 잘 살 수 있는 존재입니다. 그동안 지나치게 나를 파괴하고 짐을 지고 야단치고 혼내고 불안에 떨고 살았습니다. 이제는 절대로 그렇지 않을 것입니다.

- 부정적인 에너지를 내보내고, 새로운 자기를 긍증적으로 경험하는 작업이다.

어린아이가 슬펐고 힘들었고 괴로웠고 놀랐고 불안했습니다. 아무도 그 아이를 돌보는 사람이 없었습니다. 누군가가 그 아이를 조금이라도 돌봐주었으면 그렇게까지 살지 않았을 텐데…. 그 아이 탓이 절대로 아닙니다. 그렇지만 어린아이는 잘 몰랐기 때문에 너무 오랫동안 그 아이를 감옥 속에 가둬놓았습니다.

- 다시 한번 자기수용 작업을 한다.

이제 자유롭게 놓아주시기 바랍니다. 그 아이는 행복하게 살아갈 권리가 있는 아이입니다. 편안하게 따듯한 사랑을 넣어주시기 바랍니다. 따뜻한 에너지가 천천히 가슴 한가운데에서 온몸으로 퍼지고 있습니다. 충분히 채우세요.

- 자기수용 과정을 통해 긍정적 자기를 경험하게 한다.

그 아이한테 "그동안 수고했다, 애썼다, 미안하다"라고 하시면서 언제든지 네가 힘들면 내가 돌봐줄 수 있다는 말까지 전달해주셨으면 좋겠습니다.

언제든지 나는 다시 내 안의 에너지를 활성화할 수 있다는 믿음을 가지시고 천천히 "나는 나이고, 나는 괜찮다"라고 하시면서 천천히 이 자리에 오셨으면 좋겠습니다.

지금 마음이 어떠십니까? 처음으로 편안하게 잠이 들려고 했어요. 온몸에 편안함이 쫙 퍼지는 것처럼 보이셨습니다. 예.	• 억압된 감정이 풀어지면 경직된 몸도 풀어져서 대부분 내담자가 편안하기도 하고 약간 풀어지는 듯한 경험을 한다.
영적, 심리적, 신체적으로 오랫동안 진정한 자유나 평안함이 없었다고 보여요. 이런 경험을 한 다음에는 안정하는 시간이 필요합니다. 지금 어떻게 느끼십니까? 처음에 쇠상자가 폭파할 때 손끝까지 뭐가 쫙하면서 빠져나가는 느낌이 들면서 발끝까지 세포가 살아나는 느낌이 들고, 따뜻한 기운이 퍼지는데 아주 편안했어요. 제 인생을 통해서 이런 경험, 이렇게 편안한 느낌은 처음이에요. 그런데 지금 아주 편안하고 잠이 올 것같이 졸려요.	• 내담자의 경험을 듣고, 내담자의 상태에 따라 잠시 휴식시간을 허락한다.
수고하셨습니다. 좀 쉬시도록 하시죠. 네. 감사합니다.	• 종결한다.

10장
내적시각화 : 과거의 충격적 사건의 변화
Satir's Internal Visualization : Transforming the Critical Impacts of Past Events

내적시각화는 현재까지 남아있는 과거의 부정적 경험을 해결하여 현재here and now에 살 수 있게 하는 기법이다. 충격적 사건은 성장 시기의 가족과의 관계에서 발생하는 것과 가족 이외의 사람 혹은 사건들로부터 발생한 것들이다. 특히 역기능 가족체계에서 성장한 사람은 부모로부터 상처를 많이 받았고 그 경험이 기억 한구석에 살아있다. 그러나 과거의 충격적 사건은 현재 일어나는 사건이 아니고 기억도 왜곡되어 있을 수 있어서 치료하기가 매우 어렵다. 어린 시절에 살던 곳을 어른이 돼서 다시 가보면 그렇게 크다고 믿었던 것들이 깜짝 놀라게 작은 것을 발견하곤 한다. 이처럼 어린 시절의 상처는 확대 강화되어 내 신체와 뇌에 기록되어서 생생한 기억, 혹은 무의식으로 남아 힘을 발휘한다.

가족으로부터의 충격적 사건뿐만 아니라 가족과는 연관이 없는 사건으로 인해 깊은 상처를 입을 수도 있다. 상처는 어리면 어릴수록, 상처의 깊이가 크면 클수록, 빈도가 잦으면 잦을수록 충격의 강도가 다르다. 실제 사건이든 왜곡된 것이든 충격적 사건은 심한 심리적·정신적 상처를 남기기 때문에 삶 전체에 부정적 영향을 끼친다. 많은 경우에 심리적·신체적 증상을 앓게 되는데 불안장애, 강박장애, 공황장애, 심각한 우울증, 만성 스트레스 증상, 인간관계의 어려움, 가족 내의 불화 등의 어려움을 겪게 된다. 이런 증상들은 장기 치료를 요구하기도 하지만 치료하기도 쉽지 않다. 이런 경우에 특히 이 기법이 유용하다.

내적시각화는 일종의 최면이다.[1] 이 기법의 치료 효과에 대해서는 이미 의료 분야에서도 널리 알려져있다.[2] 이 작업은 기본적으로 충격적 사건을 경험한 시점으로 되돌아가 그 당시의 경험을 재경험하면서 진행된다. 이 작업은 과거의 부정적 경험을 치유할 뿐만 아니라 개인의 내적 힘을 키우고 심리적 균형을 이루게 하는 데도 도움이 된다. 가족치료 분야에서는 사티어와 밀튼 에릭슨Milton Erickson이 최면과 은유를 적극적으로 활용하였다. 두 사람은 인간의 무한한 잠재 능력에 대한 깊은 신뢰가 있었고, 증상을 의식적 차원뿐만 아니라 무의식적 차원에서도 해결하고자 노력하였다.[3]

1. 내적시각화의 이론적 배경

최면을 활용하는 방법에는 명상, 내적시각화, 유도된 심상, 이완훈련, 자율훈련, 자기암시, 내적 대화, 바이오 피드백 등이 있다. 최면을 통해 들어가는 수준도 각각 다른데 약 5% 정도의 사람들만이 아주 깊은 최면에 들어가고, 대부분은 얕은 수준의 최면상태를 경험하게 된다. 최면에 잘 들어가지 못하는 것을 부정적으로 다루기보다는 유전적 기질, 동기와 기대, 상상력, 종교적 체험, 자연, 과거 상처, 나이에 따라 최면감수성에 차이가 있다는 것을 알고 있어야 한다. 사티어는 최면이라는 단어를 사용하기를 피하면서 내적시각화라는 단어를 사용하였다. 내적시각화는 얕은 수준의 최면상태에서 진행되기 때문에 의식과 잠재의식, 무의식이 공존하는 상태에서 진행되는데, 동시에 의식적 차원에서 진행된다. 그러나 내적시각화는 과거의 상처 입은 경험을 치유하는 데 초점을 맞추었기 때문에 명상이라는 용어를 사용하지 않는다.

이 기법은 긍정적 경험을 통해 내적 힘을 강화할 때에도 효과적이지만, 앞에서도 언급하였듯이 부정적 기억, 해결하지 못한 부정적 정서, 습관적 행동, 중독, 통제 안 되는 신체적 행동을 치료하는 데도 효과가 크다.[4] 내적시각화는 과거의 잠재적 기억을 소환하여 부정적 영상을 지우고 긍정적 영상으로 대치하여 긍정적 경험을 하게 하고, 그 경험을 자기self와 통합시켜 증상을 치료하는 기법이다. 특히 영유아기의 경험은 뇌의 해마가 충분히 형성되지 않아 우뇌 변연계의 해마 부분과 연결된

---

[1] Jane Parsons-Fein, CSW, Some Thoughts About Hypnotic Models and Working with Couples, THE FORUM, *The Journal of the New York State Society of Clinical Social Workers*. 사티어를 포함한 가족치료사들의 최면기법 사용에 대한 논문 참조
[2] Lawrence, E. Abt, Ph. D. and Irving, R. Stuart, Ph. D. (1982). (Eds). Meditation Techniques in Clinical Practices by Patricia Carrington, Ph. D. A Source Book in The Newer Therapies. Van Nostrand Reinhold Co., NY: New York.
[3] 이윤주, 양정국. (2007). 밀턴 에릭슨의 상담의 핵심: 은유와 최면, 학지사, p. 35. p. 47.
[4] 부부가족치료기법 2장 공상과 상상 p. 15 내적 조언자

안와전두엽에 잠재적 기억으로 저장되고 교감과 부교감 신경계의 부조화를 일으켜 새롭게 입력되는 신호를 잘못 해석하게 된다. 그래서 조그만 자극에도 과잉 각성상태가 유지되면 정서조절장애, 주의력과 의식 상태의 변화, 신체화장애, 만성적 성격 변화, 의미체계의 변화 등의 문제가 발생한다.

내적시각화는 과거로 돌아갈 수도, 재현할 수도 없는 사건에 대해 우뇌를 활성화해서 문제를 해결하는 기법이다. 우뇌가 활성화되면 뇌의 상태는 좀 더 높은 차원의 변화된 수준altered state에 도달하게 되고, 이 상태에서 인지적 활동으로 접근하기 힘든 과거의 경험에 대한 기억에 접근한다. 이때 활성화된 기억이 객관적인지 아닌지는 그리 중요하지 않다. 중요한 것은 잠재적 기억이 활성화되면 마치 현재 일어나는 것처럼 경험하기 때문에 과거의 경험이라 해도 치료가 가능하다는 것이다.

이 기법은 내담자의 자존감을 강화하고, 내적 자원을 활성화하는 데도 활용할 수 있다. 예를 들면, 융의 적극적 상상과 같이 자존감이 강화된 자신의 모습을 상상하면서 자신의 모습을 긍정적으로 강화할 수 있다. 또는 내담자가 자신의 내적 지혜를 만나거나 자원을 경험하게 함으로써 내담자의 자기self를 강화할 수 있다. 또는 현재의 나를 보게 하거나, 5년, 10년 후의 자기의 모습을 상상하게 하면서 자신의 삶을 폭넓게 바라볼 수 있게 할 수도 있다. 또 신체적 증상이 있는 사람에게는 생명 에너지를 보내는 상상, 또는 아픈 곳을 찾아가 그 부위를 치료하는 상상 등을 하게 할 수도 있다. 무엇보다 이 작업은 역할 수행자들 없이도 짧은 시간에 필요에 따라 자유롭게 행할 수 있다는 이점이 있다.

사티어의 명상록에 기록된 내용을 내적시각화에 그대로 적용할 수도 있다. 사티어는 우뇌의 활동을 중요하게 여겨 내적시각화 이외에 명상, 은유, 조각하기 등의 기법을 치료에 적극적으로 활용하였다. 특히 이 기법은 어린 시절의 충격적인 사건들을 가족조각, 가족재구성 등의 복잡한 과정 없이 경험적으로 변화시킬 수 있는 매우 강력한 치료적 도구이다.

1) 내적시각화 기법

(1) 준비 작업

① 고전적 가족재구성과 같이 준비 작업(가족지도, 가족연대기 및 연대기에 따라 경험하였던 특별한 사건, 다양한 사건이나 사람들로부터 받은 영향력의 수레바퀴 작성)을 한다.[5]
② 과거와 현재의 가족 역동을 파악하고, 충격적인 사건이 발생한 시기를 탐색한다. 태내 시점, 출

---

[5] Satir, V. (1991). *Satir Model* 참조

생 시점, 외상이 있었던 시점, 발달주기의 시점도 탐색한다.

③ 빙산 탐색을 통해 빙산의 어느 부분에서 증상이 드러나는지 확인한다.

④ 어떤 방식으로 내적시각화 작업을 진행할지 결정한다.

⑤ 변화에 필요한 세부적 목표들을 수립한다.

⑥ 작업과정을 내담자에게 자세히 설명하여 불안해하지 않도록 도와주고, 불편하면 언제든지 과정을 끝낼 수 있다고 말해준다.

⑦ 시각을 활성화해서 마치 그 당시의 상황을 그대로 자세하게 연상시키면서 치료를 진행한다.

⑧ 내담자가 자신의 과거를 현재 다시 경험할 수 있도록 돕기 위해서는, 매우 구체적인 질문(방 구조, 위치 등)을 통해 내담자가 상황을 자세히 떠올릴 수 있게 하고, 떠오르는 한 장면을 실제상황처럼 구성하는 질문을 던진다.

⑨ 내적시각화 과정을 통해 치료사는 내담자가 자신의 여러 측면과 만나도록 도와주며, 그 시점에서의 내담자의 빙산 탐색을 통해서 왜곡된 신념, 가치관, 지각, 그에 따르는 감정 등을 해결할 수 있도록 개입한다. 그러나 치료사의 자의적인 해석은 삼가며, 내담자가 스스로 결론을 낼 수 있도록 도와주어야 한다.

⑩ 내용 중심의 정적인 이미지를 제공하기보다는 긍정적인 기대, 지각, 감정, 가능성을 강조하는 과정 중심의 동적인 변화를 제공한다.

⑪ 과거에는 감당할 수 없었던 사건이었지만, 현재 자신의 자원, 힘, 지혜, 능력, 지지체계 등을 활용하게 함으로써, 그 당시 이루지 못했던 아이의 기대를 충족시키는 경험을 하게 도와준다. 아이는 새로운 경험을 통해 자신의 내적 힘을 느끼면서 성장할 수 있고, 과거의 시점과 사건에 얽혀있지 않아, 그로 인해 현재의 내담자와 통합될 수 있다.

⑫ 치료과정은 다양한 방식으로 진행될 수 있다. 지나치게 충격적인 사건 때문에 불안과 긴장의 수준이 급격히 높아지면, 그 장면에서 안구운동이나 신체의 좌우 부분을 번갈아 두드리면서, "이런 경험을 했지만 나는 잘 성장했고 지금은 안전하며 이제 나는 괜찮다"라고 말하게 한다. 그리고 그 장면에서 빠져 나와 다시 기억으로 저장하게 한다. 만약 작업할 충분한 시간이 없다면 잠시 상자에 넣어 저장하는 것을 연상하도록 한 다음 다시 작업할 것을 약속한다.[6]

⑬ 이 기법은 치료의 어느 시점에서도 적용할 수 있지만, 반드시 과거의 시점을 현재로 통합하는 것

---

6 EMDR 마음의 상처 치유하기 (2008), EMDR의 기법 참조

으로 마무리 지어야 한다. 즉, 어느 과거의 시점에서 어린아이가 겪었던 사건을 재경험하는 것으로 끝나지 않고, 그 아이를 점차 성장시켜 현재의 자신과 통합시키는 과정을 거쳐야 한다. 통합과정을 통해 적당한 시기에 새로운 삶에 대한 새로운 결단을 촉구해야 한다.

(2) 작업과정

① 과거의 충격적인 사건을 재경험할 때에는 그 당시의 부정적 경험을 다시 느끼기 때문에 우선 내담자가 충분히 안정을 느낄 수 있는 환경을 제공해야 한다.
② 사티어의 가족재구성을 충분히 숙지한 다음 실시한다.
③ 내담자에게 정신병리가 없어야 한다. 자기 자신에 대해 어느 정도 긍정적인 부분이 있음을 느끼고 있는 사람에게만 실시한다.
④ 내적시각화 작업은 내담자의 상황에 따라 적절히 계획되어야 하며, 치료사가 실시계획을 임의로 설정해서는 안 된다.
⑤ 작업을 위한 충분한 시간을 확보한다.
⑥ 이 작업은 경험적 접근 방식이므로 인지적 해석은 하지 않는다.
⑦ 치료과정 중 눈을 감고 '내면에 좀 더 집중하게 하는 것'과 '내적시각화'는 다르다.
⑧ 대부분 내담자는 내적시각화 작업에 잘 몰입하지만, 지나치게 이성적인 사람 또는 자기방어가 심한 사람은 작업이 수월하지 않을 가능성이 있다. 이런 유형의 사람들은 눈을 감는 것조차 어색해하거나 눈을 감고 내면으로 깊이 들어가는 것 자체를 두려워하기 때문이다. 이런 경우에는 이것이 단지 내면에 집중하려는 방법임을 주지시키며, 최대한 안전하게 느끼도록 한다.
⑨ 작업 시작 전, 준비단계로서 심호흡을 시키는 것은 최대 3회를 넘지 않도록 한다. 피곤한 사람의 경우 잠에 빠질 수 있으므로 지나친 긴장 이완은 오히려 작업에 오히려 방해요소가 된다.
⑩ 과거가 떠오르지 않으면 우선 현재를 다룬다. 현재를 다루다 보면 과거와의 연결점이 발견된다.
⑪ 감정과 만날 때는 그 감정을 충분히 경험할 수 있게 한다. 그러나 피해의식이 있거나 자기 연민이 강한 사람의 경우 슬픈 감정에 오래 머물게 해서는 안 된다. 이들 역시 성장과정에서 슬픔 외에 다른 긍정적인 경험이 있으므로, 모든 부분을 자신의 것으로 균형 있게 받아들이게 한다.
⑫ 내담자가 내면에 집중하기 어려워하면 다음 기회에 좀 더 준비되었을 때 진행한다.
⑬ 심한 억압으로 인해 구체적인 사건이 기억나지 않는 경우, 약간의 시간을 허락한 후, 다시 천천히 상황을 상상해보라고 할 수 있다. 그런데도 구체적 사건을 기억하지 못하면 상상이나 이미지

를 떠올리게 해도 괜찮다.
⑭ 구체적인 그림이 그려지지 않을 경우, 특정 신체 부위에서 어떤 변화를 경험하고 있는지 확인한다. 또는 '지금 무엇이 느껴지는가?' 등의 질문을 통해 현재 감정을 다루도록 한다.
⑮ 내담자가 갑자기 핵심 열망으로 들어갈 때 당황하지 말고 앞에서 탐색했던 내담자의 해결되지 않은 문제, 과거와 현재 역동에서 파악한 부분과 연관 지어 같은 방법으로 변화를 경험하도록 도와준다.

2) 유아 성폭력 혹은 성추행 피해자 내적시각화 작업[7]

우리나라에서 심리상담 분야에 성폭력에 관한 논의가 제기된 지도 꽤 오래되었다. 이제는 성폭력에 대한 사회적 인식도 높아져 치료사들을 적극적으로 훈련하고 있으며, 성폭력 관련 상담센터도 많이 세워졌다. 하지만 여전히 성폭력, 특히 유아에 대한 성폭력이 빈번히 발생하고 있다.

성폭력 또는 성추행 피해의 경험이 있는 이들이 주로 보이는 증상은 정서 각성 조절의 변화, 주의력과 의식 상태의 변화, 신체화 증상(두통, 불면, 위장장애, 히스테리성 전환 증상 등), 만성적 성격의 변화, 의미체계의 변화, 플래시백과 악몽, 신체 경험에 관한 기억, 공황과 불안, 우울, 해리와 마비, 경계성 인격장애나 애착장애 등이 있다. 이런 증상들은 외상후 스트레스 장애 증상과 비슷하므로, 이들에게 적용하는 방법을 성폭력 피해자에게도 주로 사용해왔다. 트라우마를 경험하면 그 전의 기능을 회복하기 힘들다. 그리고 한 구성원의 트라우마 경험은 가족체계 전체에 영향을 끼친다. 따라서 트라우마 피해자를 치료할 때에는 가족구성원에 대한 치료도 같이 실시해야 한다.[8]

과거에 성폭력 피해자를 치료하는 과정에서 피해자의 실제적 경험(성기 삽입이 있었는가? 얼마나 두려움을 느꼈는가? 강제로 이루어졌는가? 얼마나 자주 이런 상황이 일어났는가? 등)이 피해자의 심리에 끼치는 영향에 차이가 있다고 보고 폭력적 경험에 대해 자세하게 탐색하곤 하였다. 그러나 바로 이 과정이 피해자에게 더 큰 상처를 주게 된다는 사실을 깨닫게 되면서 이제는 그렇게 하지 않는다. 또한 피해자의 힘을 키워 가해자에게 직접 처벌을 가하는 것을 치료에 필수적인 과정으

---

[7] 김영애 (2014). 사티어 모델: 핵심개념과 실제 적용. 김영애가족치료연구소. 5장 참조
[8] *Family Therapy*, 2014, 1–2. 정서뿐만 아니라 트라우마로 인해 경험한 신체적 반응도 잘 회복되지 않는다. 트라우마로 인해 수면장애를 경험했던 어린아이들은 성인이 되어서도 수면장애를 느낄 확률이 높다. 아이들이 트라우마를 경험한 뒤에 학습장애, 식욕감퇴, 주의력 산만, 불안과 우울, 다양한 두려움과 공포, 피곤증, 분노 폭발, 정서불안, 산만한 행동, 가족으로부터 괴리, 악몽, 불면증 등의 증상을 보일 경우, 트라우마로부터 회복되지 않았다는 징후일 수 있으므로 도움을 주어야 한다.

로 여겨 가해자와 직면할 것을 권장하였으나, 이 또한 문제를 불러일으키기도 하였다. 이러한 방식은 과거의 기억을 왜곡시킬 수 있고, 치료사의 제시에 내담자가 유도당할 수도 있어 결과적으로 내담자에게 부정적 영향을 줄 수 있으며, 가해자가 친족일 경우에 가족체계가 파괴될 수도 있다. 또한 가해자의 상태가 과거와는 현격히 달라진 경우(매우 쇠약한 노인의 경우) 더 큰 좌절감을 경험할 수도 있다. 근래에는 오히려 피해자 치료에 정석이라고 여겨져 왔던 이러한 접근들이 반드시 피해자의 치료에 도움이 되는 것만은 아니며, 실제적 성폭력 피해 경험 자체보다 성폭력이 발생한 다음 경험하는 과정들이 피해자에게 더 큰 영향을 끼친다는 주장이 점차 지지를 얻고 있다.

따라서 폭력을 경험한 시점은 물론, 이 경험이 미치는 영향이 피해자의 발달과정에 따라 어떻게 달라지는지 살펴보아야 한다. 피해자가 성폭력을 경험한 당시의 충격보다 오히려 그 후에 피해자가 이 사건을 어떻게 해석하고 받아들이느냐에 따라 영향에 차이가 있을 수 있기 때문이다. 만약 성폭행으로 인해 피해자가 고통을 받았다 하더라도, 주위에서 이러한 피해자의 고통을 충분히 이해하고, 분명한 범죄행위로서 가해자가 마땅히 처벌받는 일련의 조처가 취해진다면, 피해자는 자신의 경험을 성(性)과 연관된 사건이라기보다 범죄행위(예를 들면, 강도를 당하거나 심한 폭행을 당한 것과 같은)의 차원에서 받아들일 수 있게 된다. 그 결과 사건에 대한 객관적인 시각을 가질 수 있고, 자기 자신을 비난하거나 책망하지 않게 된다. 그러나 피해자가 성폭력 상황에 대한 자각이 불분명한 어린 시절, 자신에게 친절히 대해 주었던 이웃, 친척, 가족들에 의해 오랜 시간 반복적으로 성폭력이 계속되었던 경우, 어느 순간 사건에 대한 자각과 함께 피해자는 극심한 배신감을 경험하게 된다. 그리고 피해자는 성폭력 경험에 대해 적절하게 대처하지 못했던 자신을 더욱더 비난하게 된다.

저자가 만난 대부분의 성폭력 피해자였던 여성 내담자의 경우, 처음에는 상대방의 행동이 무엇을 의미하는지 몰랐고, 의외로 성적 자극이 좋기도 했으며, 또 아는 아저씨, 오빠, 또는 아버지가 자기를 따뜻하게 대해주었던 것grooming이 좋았다고 고백하였다. 그러다 사춘기 즈음 또는 그 후에 그 행위가 부적절하였다는 사실을 깨닫게 되면 상황을 극단적으로 해석하고 자신을 학대하게 된다. 이런 경우에 피해자는 점차 수치심, 죄책감, 소외감을 키워가고, 그 결과 삶을 정상적으로 살아가기 힘들어진다. 이렇게 성폭력 피해의 경험에서 벗어나지 못하는 이들은 가해자 혹은 피해자의 역할을 반복하거나, 또는 가해자를 이상화하거나 보호하려 하거나, 자신이 잘못하지 않은 상황에서도 마치 이러한 상황을 자신의 책임인 것처럼 느끼고 자신을 혐오하기도 한다. 특히 다른 사람의 인정에 굶주렸던 아이들의 경우 상대방이 성폭력을 가하면서 따뜻하게 대해주던 것을 상대방이 자신을 돌보아주는 것과 성적으로 학대하는 것을 명확하게 구별하지 못하기도 한다. 결과적으로 이들은 친밀한 관계에 대해 두려움을 느끼기 때문에 대인관계에 문제가 발생하기도 한다.

치료사는 때때로 이런 내담자들의 말이 모두 사실이 아닐 수도 있다는 사실을 알고 있어야 한다. 어린아이의 환상일 수도 있다. 아버지로부터 받은 체벌을 성적 학대라고 굳게 믿을 수도 있다. 중요한 점은 내담자가 경험으로 느끼는 것이 내담자에게는 실재라는 사실이다. 또 실제 성폭력 사건의 심각도와 피해자가 경험한 심각도에는 차이가 있을 수도 있다. 성폭력 사건의 폭력성과 심리적 충격은 반드시 일치하지는 않는다. 치료사가 초점을 맞추어야 하는 것은 피해자가 경험하는 심리적 충격이다.[9]

저자가 만난 많은 내담자는 어린 시절에 부적절한 성적 접촉을 경험한 경우가 많았고, 그 후유증 또한 심각했다. 그래서 여성 내담자에게는 아예 처음부터 부적절한 성적 경험이 있었는지를 확인한 다음 치료를 진행할 것을 제안한다. 치료사와 내담자의 접촉과 라포 형성이 잘된 상태라면, 오히려 내담자가 먼저 이것과 관련한 자신의 경험을 이야기할 수도 있다. 또는 오랜 세월에 걸쳐 성폭력 경험이 자신에게 심각한 문제를 일으켜왔다고 믿는 내담자는 아예 처음부터 자신이 겪은 사건에 관해 이야기하고 싶다고 한다. 그러나 대다수 내담자는 자신의 문제가 이런 경험과 연관이 있다는 사실조차 모르고 있거나, 그 상황에 대해 잘 기억하지 못하거나 회피하려 하기도 한다. 따라서 치료에 매우 중요한 과제를 놓치지 않기 위해서라도 처음부터 내담자에게 과거에 부적절한 성적 경험이 있었는지 물어볼 필요가 있다. 그렇지만 내담자 중 이런 경험을 스스로 잘 극복하였고 더 이상 중요하게 여기지 않는 사람들도 있는데, 이런 경우 치료사가 이 경험에 대해 집요하게 파고드는 것은 절대 바람직하지 않다. 내담자가 이 문제를 축소하거나 억압하고 있다면 다른 문제와 관련하여 반드시 문제로 드러나기 때문에, 내담자가 자세하게 말하지 않는다고 해도 그리 염려할 필요는 없다. 단지 이 경험이 내담자의 핵심적 문제와 연관될 경우, 이 문제를 피해간다면 치료의 속도나 깊이가 감소할 수 있으므로 유의해야 한다.

성폭행을 경험한 내담자는 자신의 몸을 부정적으로 여기며 거부하고 있을지도 모르기 때문에 사건에 대한 심리적 치료와 함께 자기 몸을 수용하고 사랑하는 내적시각화 작업이 필요하다. 자신

---

[9] 에모리대학교에서 쥐를 연구한 결과를 2013년 6월에 발표하였는데 뇌 물질 SR-8993은 공포기억의 회상을 막고, 뇌 물질 Latrunculin A는 외상기억을 지운다고 한다. 따라서 나중에 기억을 불러올 때는 기억이 조작될 수 있다.

의 몸을 더럽다 느끼는 내담자에게는 자신의 몸을 정화하고 감사하게 느끼는 작업을 하는 것이 좋다. 성폭행이 아니더라도 자신의 여성성 혹은 남성성을 거부하거나 부부 사이에 성적 문제를 겪고 있는 내담자에게도 이런 작업은 도움이 될 수 있다. 예전에는 성폭행 피해자를 치료할 때 과거로 돌아가 그 상황을 재경험하면서 치료하는 것을 정석처럼 여겼는데, 근래에는 꼭 그렇게 할 필요는 없고 현재 경험을 다루면 된다는 것이 중론이다. 그 사건으로 인해 현재 경험하고 있는 수치심이나 두려움, 분노 등을 해결하면 된다는 것이다.[10]

아이들은 성폭력이 자신에게 일어나지 않은 경우에도 상처를 입을 수 있다. 때때로 아이들은 어떤 사건을 보고 들은 것만으로도 마치 그 사건이 자신에게 일어난 것처럼 느끼기도 한다. 예를 들면, 아버지나 어머니가 외도하면서 외도현장에 아이를 데리고 갔다든지, 배우자의 외도현장을 목격할 때 아이와 함께 있었다든지, 다른 이성과 성관계를 맺는 것을 아이에게 들켰다든지, 창을 통해 이웃집의 남녀가 성관계하는 것을 몰래 보게되었다든지, 부모가 아이와 함께 포르노 비디오를 봤다든지, 남편 없이 홀로 지내는 어머니가 아들이 장성할 때까지 한 이불을 덮고 잤다든지, 아버지가 장성한 딸과 함께 목욕했다든지, 자녀가 부모의 성기를 만지도록 허용하는 것은 아이가 성추행 또는 성폭행과 비슷한 충격을 경험하게 하고, 성에 대해 그리고 자신에 대해 부적절함을 느끼게 할 수 있다.[11]

어린이 트라우마 후유증은 학업 문제, 식욕 변화, 주의집중의 어려움, 불안과 우울, 두려움과 공포, 피곤증, 분노폭발, 정서불안, 산만한 행동, 가족으로부터 철회와 소회, 악몽, 수면장애 증상을 나타낼 수 있다. 반드시 성폭력이 아니더라도, 청소년기에 부적절한 성적 경험을 한 아이들의 성장과정은 순탄하지 않을 수 있다. 이들은 성 정체성에 관한 발달과제를 맞닥뜨렸을 때 자신의 성적 욕구에 대해 심한 죄책감을 느끼면서 정체성 혼란을 겪기도 한다. 이러한 상처가 치유되지 못하면 계속해서 고통을 경험하게 된다. 자신은 다른 아이들과 매우 다른 사람이고, 심지어 다른 세계에 있다고 느끼면서 어린 시절의 상처에서 벗어나지 못하기도 한다. 성추행이나 폭행을 당한 후 그 고

---

[10] 과거에는 트라우마를 경험한 개인만 치료하였는데, 스트레스는 가족구성원에게도 가해져 가족구성원 역시 피해자와 비슷한 상태에 처하게 되므로, 현재는 가족구성원도 함께 치료받기를 권장한다. Trump and couples: Mechanisms in Dyadic Functioning, *Journal of Marital and Family Therapy*. July 2011. Vol. 37, No. 3, 319-332. 특히 성폭행을 경험한 사람의 부부 기능과 관계를 치료하기 위해서는 지지역할과 경계선이 문제가 되기 때문에 부부체계를 함께 치료해야 한다.

[11] Finkelhor, D. (2008). *Childhood Victimization: Violence, Crime, and Abuse in the Lives of Young People*. Oxford University Press, USA.; Clancy, S. A. (2009). *The Trauma Myth: The Truth About the Sexual Abuse of Children and Its Aftermath*. NY: Basic Books.

통을 잊기 위해 또 다른 부적절한 상황에 노출될 가능성도 있으므로, 사건과 관련한 다른 경험은 없었는지 확인하고 이를 모두 다루어야 한다.

지금까지 살펴본 바에 의하면 내담자가 성폭행이나 그 외 부적절하고 충격적인 경험을 한 경우, 경험 자체보다 오히려 그 경험이 내담자의 심리 내면에 끼친 영향과 현재 내담자의 내면에 미치고 있는 영향이 더 중요했다. 사티어 경험주의 가족치료에서는 내담자의 심리 내적 측면에 초점을 맞추어 치료를 진행하기 때문에, 구체적인 성폭력 경험을 이야기하는 데서 오는 내담자의 충격이나 상처를 최소화할 수 있다. 또 치료과정에서 충격적인 사건이 현재에 미치고 있는 영향을 다루어, 내담자가 더 그 사건에 머물게 하지 않으면서 고통을 해결할 수 있다. 특히 내적시각화는 되돌아갈 수 없는 과거의 경험에 묶여있는 피해자를 치료하는 데 효과적이다. 이 기법을 적용하여 피해자를 치료할 때에는 현재 증상의 원인을 확실히 알아야 하고, 병력을 철저하게 확인해야 한다. 지나치게 병리적인 내담자에게는 내적시각화 기법을 시행해서는 안 된다. 충격적 사건을 재경험하면서 신경계가 활성화되어 극도의 불안을 느낄 수 있으므로 충분히 안정적인 환경을 제공해야 한다. 근친상간의 경험이 있는 내담자의 경우에는 특히 더 그렇다. 또한 이러한 내담자들에게 신체적 접촉을 시도할 때는 반드시 내담자로부터 허락을 얻어야 한다.

치료사는 이러한 과제를 다룰 때, 치료과정에서 일어나는 변화들을 민감하게 확인할 필요가 있다. 성폭력 사건의 후유증으로 인해 평상시에 통제력을 상실한 적이 있었던 내담자에게는 치료 작업 중 언제든지 작업을 중단해도 된다고 알려준다. 부적절한 성적 경험이 아니더라도 어린 시절 부모로부터 심한 학대를 받았거나 외상을 경험한 사람들은 쉽게 해결되지 않는 문제를 지니고 있는데, 이들에게도 초기 경험으로 돌아가 작업하는 내적시각화 방법이 매우 효과적이다. 그러나 이 방법은 훈련되지 않은 치료사에게는 매우 어려운 작업일 수 있다. 거듭 당부하지만, 내적시각화 작업은 내담자에 대한 다각적인 정보수집과 진단이 이루어진 다음 내담자가 문제를 다룰 준비가 되었다고 판단될 때 실시해야 한다.

우리 사회에서는 주로 여성 내담자들의 성폭력에 대해 다루었지만, 현시점에서는 남성들의 유아 성폭력 피해에 대해서도 같은 관심을 가져야 한다. 남아들에게 가해지는 성폭행 및 추행 사건은 여아들보다 상대적으로 외부로 쉽게 드러나지는 않지만, 성폭행 가해자 남성 중 상당수가 어린 시절에 성폭행이나 추행을 경험했을 가능성이 있다는 견해를 고려할 때, 이것에 관한 관심을 바탕으로 앞으로 많은 연구가 이루어져야 할 것이다.

3) 어린 시절의 부모와의 관계를 회복하기 위한 내적시각화 사례 | 김영애 시연

의자에 편안히 앉으시기 바랍니다. 그리고 몸의 긴장을 푸시기 바랍니다. 호흡을 천천히 하시기 바랍니다. (2, 3회 정도 반복) 자, 이제 온몸의 긴장이 풀어지고 당신은 아주 편안한 상태에 있습니다. 이제부터 과거 기억의 시점으로 돌아가겠습니다. 그 장면에 있는 자신이 보입니까? 그 아이는 어떤 옷을 입고, 어떤 표정을 짓고 있습니까? 분홍색의 원피스를 입고 있으며 밝은 표정이에요.	• 내담자가 편안하게 내적시각화 작업을 시작할 수 있도록 준비시킨다. • 과거의 한 장면을 떠올리게 하고 질문을 통해 그 상황을 탐색하며 재경험하게 한다. • 과거를 좀 더 생생하게 경험하게 한 다음 그 시점의 빙산을 탐색한다.
그 아이가 무엇을 하고 있습니까? 음식을 기다리고 있습니다.	• 행동 탐색
그리고 무슨 일이 일어나고 있습니까? 선생님께서 학생과 부모님이 같이 사진을 찍는 시간이라고 하셨습니다.	• 상황 탐색
그 이야기를 듣고 아이는 무엇을 느끼고 있나요? 아빠와 사진을 찍어야 하는데, 아빠와 어떻게 사진을 찍어야 할까? 라고 생각하고 있습니다.	• 내면 탐색
느껴지는 감정은 무엇입니까? 두려움입니까? 아니면 걱정입니까? 걱정입니다.	• 감정 탐색
아버지와 사진을 찍는 것이 걱정됩니까? 아니면 아버지와 가까이 있는 것이 걱정됩니까? 둘 다입니다.	• 내담자가 느끼고 있는 감정을 구체적으로 명료화한다. 내담자가 자기 감정을 구체적으로 표현하지 못할 때는 예를 들어가며 질문한다.
아버지와 사진을 찍기 위해 아버지와 함께 있어야 하는 상황이 걱정된다는 것처럼 들립니다. 그 상황에서 가장 신경	• 진단을 위한 질문을 한다.

쓰였던 것은 무엇입니까?	
어떻게 해야 할지 몰랐습니다.	
당황스러웠다는 말인가요?	• 내담자의 상태를 좀 더 명료화한다.
아빠와 친숙하지 않기 때문에 어떻게 할지 몰라 불안했습니다.	
그리고 무엇이 보입니까? 그 장면을 보면서 어떤 감정을 느끼십니까?	• 전체 상황을 확인한다. 어떤 장면이 보인다는 것은 그 장면이 내담자에게 중요한 의미를 지닌다는 뜻이다.
옆에서 어떤 아이가 아빠의 목을 감싸면서 사진을 찍고 있어요.	
그것을 바라보면서 어떤 것을 느꼈나요?	• 내담자에게 충족되지 못한 기대가 있음이 드러난다.
와! 신기하다.	
그 장면이 신기하기도 하고, 또 어떤 감정이 있었나요?	• 내담자의 기대를 알게 하려고 감정을 더 탐색한다.
아주 부러웠어요. 아버지와 저렇게 친했으면 하는 마음도 있었고요.	
이 아이는 마음 한편에서 아버지와 사진 찍을 일을 염려하고 있지만, 다른 한편에서는 아버지와 친해지고 싶어 하는 것 같습니다.	• 어린아이의 양가감정을 읽어준다.
네.	
그다음에는 무슨 일이 일어났나요?	• 내담자가 말하는 아버지의 모습에서 아버지 역시 친밀한 관계에 어색함을 느끼고 있다는 것을 알 수 있다.
사진기를 선생님께 드리고 아버지를 바라봤더니 아버지가 시선을 피하면서 멋쩍은 듯 허리에 손을 대고 계십니다.	
그때 어떤 감정을 느꼈나요?	• 아버지에 대한 기대를 거두고 있다.
그러면 그렇지 뭐.	
아버지가 그럴 줄 알았다고 생각하면서 느꼈던 감정은 무엇인가요?	• 채우지 못한 기대로 인한 감정을 확인한다. 아버지의 거부는 아이의 '자기' 차원에 상처를 입힌다.
거절당한 느낌이 들었습니다.	

다시 한번 그 당시의 감정을 느껴보세요. 그 당시 아이가 정말 원했던 것은 무엇이었을까요? 그 당시 아이는 자신이 원하는 것을 아버지에게 제대로 표현하지 못했습니다. 그 순간을 다시 경험해보시기 바랍니다. 지금, 이 순간 아버지에게 정말 하고 싶었던 말을 한다면 뭐라고 할 것 같습니까? 아버지를 보면서 말해보시기 바랍니다. 아버지가 나를 보지 않아요.	• 재경험을 통해 충족되지 못했던 기대를 다루고자 한다. 그러나 다시 한번 부정적인 경험을 하게 되었다. • 또다시 아버지의 거부를 경험한다. 내담자의 아버지로 인한 상처가 깊다는 것을 알 수 있다.
나와 시선을 마주치지 않고 있는 아버지를 보면서 무슨 감정이 느껴지십니까? 슬퍼요. 아버지가 아이를 보듬을 만큼 힘이 없는 것 같아요.	• 그 시점 아이의 빙산을 탐색한다. 아버지에 대한 아이의 관점을 읽을 수 있다.
그 슬픔을 느끼면서 아버지에게 하고 싶은 말을 해보세요. 아버지가 저에게 같이 사진 찍자고 말하면 좋을 것 같아요.	• 어린 시절 아버지에게 표현하지 못했던 기대를 직접 이야기하게 함으로써 충족되지 못했던 기대를 채울 수 있게 한다.
아버지가 시선을 피하고 있더라도, 자신이 하고 싶은 말을 정확하게 말로 표현해보시기 바랍니다. 아빠, 우리 차례야. 같이 사진 찍자. 좀 더 깊이 원하는 것을 말해보세요. 아빠, 나 좀 봐줘. 사랑하는 눈길로 나 좀 바라봐줘. 나도 저 아이처럼 아빠와 따뜻하게 사진 찍고 싶어.	• 아이가 지속해서 아버지가 무엇인가를 해주기를 바라고 있으므로 아이가 자신의 기대를 표현할 것을 촉구한다. 타인에 대한 기대를 내려놓고, 자신이 원하는 것을 스스로 표현하고 충족시키도록 도와주는 것이 첫 번째 단계이다.
아버지는 아직 준비가 안 된 것 같습니다. 아버지도 어렸을 때 부모님과 따뜻이 눈을 마주친 경험이 없으신 것 같습니다. 이제 딸이 다시 한번 이야기해보면 어떨까요? (내담자가 울기 시작한다.) 그때는 말하지 못했지만, 지금, 이 순간 다시 한번 천천히 말해보세요.	• 내담자가 자신의 열망을 표현하게 한다.

아빠, 편안하고 부드러운 눈빛으로 나를 좀 바라봐줘. 말 한마디라도 따뜻하게 해주고, 나를 있는 그대로 좀 바라봐주고, 어색해하지 말고. 뭐가 그리 어색해? 아빠 딸인데. 아빠와 편하게 지냈으면 좋겠어.	• 어린 시절 표현하지 못했던 것들을 표현하고 나면, 상황과 아버지에 대해 이해할 수 있고, 새로운 상호작용 방식을 형성할 수 있는 내적 힘이 생기게 된다.
맞아요. 아마도 아버지는 누군가와 그런 편안한 경험이 없었던 것 같아요. 이제 딸에게 그런 말을 들으니 아버지의 표정이 어떻게 변했나요?	• 아버지의 경험을 상상해보는 기회를 갖게 한다.
아버지의 긴장된 표정이 풀어지는 것 같아요.	• 아버지의 변화를 알려준다.
비록 아버지가 먼저 시작하지는 못했지만, 딸로 인해 긴장이 풀어진 것 같습니다. 지금 아버지에게 다시 한번 말한다면 무슨 말을 하고 싶으세요?	• 거부에 대한 두려움이 아버지와 열망 차원에서 연결되지 못하게 하는 걸림돌이었다.
그동안 나도 아버지한테 먼저 다가가 말하고 싶었는데 아버지가 나를 거부할 것 같아서 가지 못했어요.	
지금은 아버지가 뭐라고 하시는 것 같습니까? 아버지의 표정은 어떠합니까?	• 새로운 상호작용을 한 다음, 상대방에 대한 변화를 확인하면서 관계개선에 대한 희망을 보게 한다.
아버지가 약간 당황해하시고, 마음 아파하시는 것 같아요.	
이 딸이 아버지에게 원하는 것은 무엇인가요?	• 자신의 열망충족을 위해 아버지에게 의존하는 태도에서 벗어나, 스스로 자기의 기대를 충족시키도록 하고 있다.
사랑, 따뜻함.	
그렇다면 뚜렷하게 아버지의 눈을 바라보면서 말해보시기 바랍니다.	• 내담자가 아버지에 대한 열망을 확인한다.
아버지, 그동안 돌보아주신 것 감사합니다. 그런데 나는 항상 아버지의 사랑과 인정, 따뜻한 말 한마디를 바랐어요.	• 부정적 감정 외에 긍정적 감정이 드러나게 한다.
아버지의 표정이 어떻게 변하는 것 같나요? 아버지가 뭐라고 말씀하시는 것 같습니까?	• 새로운 관계를 맺은 다음, 상대방의 변화를 살피면서 관계회복의 희망을 보게 된다. 사람들은 방어를

아버지가 눈에 눈물을 약간 글썽이면서 얼굴에 약간의 미소를 띠고 있는 것 같습니다. 아버지의 표정은 무엇을 말하고 있는 것 같습니까? 눈으로 '미안해'라고 말하는 것 같습니다. 아버지의 미안한 마음을 받아들이시겠습니까? 네.	풀고 열망 차원에서 상대방에게 다가갈 때 상대방도 마음을 열 것을 알면서도 때론 그렇게 못할 때가 많다. 이 내담자도 자신의 태도가 변하면 아버지도 변하리라는 것을 의식적으로든 잠재적으로든 알고 있었다.
아버지의 미안함을 받아들이고 나면, 그 아이가 아버지에게 어떻게 할 것 같나요? 아버지를 안아줄 것 같습니다.	• 아버지와 연결되는 방식을 내담자로부터 확인한다. 이때 치료사가 방식을 제안하기보다 내담자로부터 확인한다.
그 아이가 아버지에게 다가가 아버지를 안아주기 바랍니다. 아버지가 어떻게 반응하십니까? 제가 안아드리까 아버지가 웃으십니다.	• 내적시각화 작업이지만 실제와 같은 경험을 할 수 있도록 돕는다.
그렇게 아버지가 웃으시니까 마음이 어떠십니까? 마음이 따뜻해집니다. 지금까지는 아버지의 눈치를 보면서 멀리서 아버지를 바라보기만 했습니다. 하지만 지금, 이 순간 어린아이처럼 아버지에게 안겼네요. 네.	• 내담자의 기대가 충족되는 경험을 한다.
누가 먼저 가까이 다가가기 시작한 것이죠? 제가 먼저 시작했습니다.	• 내담자에게 힘이 있음을 다시 한번 지지해주고, 내담자가 변화된 자신을 경험했음을 확인할 수 있는 질문을 한다.
따님이 아버지보다 힘도 세고 용기도 있네요. 그렇지 않나요? 맞네요. 마음속으로 아버지가 못 하니까 내가 해야지 생각했습니다.	• 피해의식에 빠져 소극적이던 태도가 적극적인 태도로 변화되어 상황을 해결하는 힘이 생겼다.

그런 자신이 어떻게 느껴지시나요? 자랑스럽습니다.	• 어린 내적 자기를 다시 한번 지지하고, 인정하고, 수용하고, 사랑하는 경험을 하게 한다. 즉, 변화를 뿌리내리고 자신의 새로운 자기self를 경험하게 한다.
이제 그 아이가 귀엽고 예쁘고 사랑받을 만한 아이라는 사실을 받아들일 수 있겠습니까? 네.	• 아버지를 수용하고 나면, 내담자도 자기를 수용할 수 있고, 자신의 긍정적인 면을 볼 수 있게 되어 자존감이 높아진다.
다시 한번 그 기억을 마음에 새기시기 바랍니다. 그리고 다시 한번 그 아이를 바라보시기 바랍니다. 아버지보다 더 힘이 세고, 더 크고, 용기를 가진 아이입니다. 그 아이를 다시 한번 안아줍니다. 이제 그 아이를 바라봅니다. 그 아이에게 격려의 말을 해주시겠습니까? 너는 참 용기 있었어. 네가 참 자랑스럽다. 나는 네가 내 안에 있어 기뻐.	• 자기 인정 경험을 뿌리내리는 과정을 진행한다.
그 말을 들으니 그 아이의 마음이 좀 편안해지나요? 네.	• 어린 시절의 상처가 치유되었는지 확인하는 질문을 한다.
이제 시간 여행을 떠납시다. 5년, 10년, 20년 후 아이가 커가는 모습을 그려보시기 바랍니다. 그 아이가 자라 현재의 당신과 하나가 됩니다. 그 아이가 느낀 경험을 당신이 지금 하는 것입니다. 그 느낌을 다시 한번 편안하게 느껴보시기 바랍니다. 그 편안한 느낌이 충분히 내 안에 자리 잡으면, 지금 이 자리로 돌아오시기 바랍니다. (시간이 흐름) 마음속에서 변화된 자신의 모습을 느끼시기 바랍니다. 지금 흘리는 눈물은 아까의 눈물과는 다른 눈물로 보이는데 어떻습니까? 네, 맞습니다. 기쁨의 눈물입니다.	• 어린아이를 치유한 다음 현재 내담자와 통합시키는 작업을 진행한다. 그리고 새로워진 자신을 경험하게 한다. 마지막에 흘리는 눈물은 치유와 자신에 대한 감사의 눈물이다.

축하합니다.

감사합니다.

• 변화에 대한 축하와 종결

태아 경험 내적시각화 작업 후기

내담자는 오랫동안 원인을 알 수 없는 불안과 우울감 때문에 괴로워하였다. 어머니가 내담자를 잉태하였을 때 세 살 된 오빠가 병으로 사망하였다. 아들을 잃어버린 어머니는 많이 슬퍼하였고, 내담자를 출산한 후에도 오랫동안 심각한 우울증에 빠져 지냈다. 내담자의 어린 시절의 기억은 슬퍼하는 엄마의 모습이었다.

> 내가 엄마 배 속에 있는 태아의 모습을 보았을 때,
> 태아는 벌겋고 움츠려있는 매우 긴장된 모습이었다.
> 내가 아무리 괜찮다고 말을 해주어도 태아는 긴장을 풀지 못하고 있었다.
> 온몸이 너무나 조여있었다.
> 내가 괜찮다고 말하면서 따스함을 느끼게 해주려고 계속 어루만졌다.
> 태아는 엄마 배 속에서 나왔을 때도 울지 못했다.
> 어떻게 해야 할지를 몰라 그냥 엄마만 물끄러미 바라보고 있었다.
> 그 아이가 참으로 불쌍해 보였다.
> 아무것도, 아무것도 모르는데….
> 내가 여기에 있어도 괜찮은지 불안해하는 것 같았다.
> 내가 괜히 여기에 있는 것 같이 느껴졌다.
> 그러자 마음속 깊은 곳에서 조그만 소리가 들리기 시작하였다.

작업한 후의 경험

> 난 축복이다. 내 존재는 축복이다.
> 난 기뻐할 수 있는 권리가 있는 아이이다.
> 그러니 마음 편히 울어도 되고 그냥 편히 누워있어도 된다.
> 엄마의 표정이나 기분은 상관하지 않아도 된다.
> 엄마는 나 때문에 그런 것이 아니니까….
> 그 순간 내 몸에서 알 수 없는 서러움이 밀려왔다.
> 나도 모르는 감정이 가슴에서 북받치면서 눈물이 났다.

너무 힘들었다고….
그러자 가슴 깊은 곳에서부터 무언가 쑥 빠지는 기분이 들었다.
그리고 깊은 숨이 내쉬어졌다.
한참을 그렇게 숨 쉬고 나니 마음이 편안해졌다.
편안함을 느끼는 순간 다시 눈물이 났다.
편안함이라는 것이 이런 것이구나.
사람과 사람이 마주 앉아있을 때 느끼는 편안함이 이런 것이구나.
아! 이렇게 편안해도 되는구나.
사람들이 항상 말해왔던 편안함이 이러한 느낌이었구나.
사람들과 있을 때도 나 혼자 있을 때도 이런 편안함을 경험해보지 못했었다.
가을 벼가 누렇게 익은 부드러운 색감 같은 것이 깊은 곳에서 나를 든든히 받쳐주고 있다.
그리고 따뜻한 충만함이 가슴속 한가운데에서 퍼져 나와 내 주변을 감싸 안고 있다.
항상 쫓기고 불안하고 갈팡질팡했는데 내 가슴속 알 수 없는 저 뒤에서
추 하나가 나를 딱 잡아주고 있다.
내가 흔들리지 않도록 그것이 나를 잡아주고 있다.
참 좋다.

6월 어느 날, 연구소에서 상담을 마치고

11장
가족조각 : 가족규칙의 자각과 변화
Satir's Family Rules : Bringing Family Rules to Awaress and
Transforming the Impacts of Family Rules

가족치료 학파 형성 초기에 중요한 개념으로 자리 잡은 것이 가족규칙이다. 가족구성원 두 사람이 주고받는 의사소통에는 '내가 말하는 대로 행동하라'라는 명령의 요소가 있는데, 이런 의사소통이 반복될 때에 패턴이 생기고 또 규칙이 만들어진다. 즉, 의사소통에 내재된 명령이 가족규칙family rule이며, 이러한 명령은 가족체계의 서열에 따라 지켜진다. 부모는 자녀에게 명령할 수 있어도 자녀가 부모에게 명령할 수는 없다. 어머니가 아들에게 '밥을 빨리 먹고 네 방에 들어가라'라는 말에는 공부하라는 명령이 들어있다. 그러나 자녀가 부모에게 같은 말을 할 수는 없다. 이러한 의사소통과 거기에 내재된 명령이 반복되면 의사소통에는 명령체계와 가족규칙이 만들어진다.

부모가 자녀에게 지킬 것을 요구하는 가족규칙은 어린 자녀에게는 삶과 죽음의 문제로 받아들여진다. 그리고 내면화된 가족규칙은 자녀의 삶 전반에 걸쳐 법法처럼 바꾸기 힘들다. 이러한 가족규칙은 주관적 지각체계를 포함한 빙산 전체에 걸쳐 형성되면서 '나'라는 사람의 삶을 지배한다. 물론 한 개인과 가족체계가 유지되기 위해서는 적절한 규칙이 있어야 한다. 따라서 규칙이 있느냐 없느냐가 아니라 규칙이 적절한지를 물어야 한다. 즉, 규칙을 적용하는데 융통성이 있는가? 나의 성장을 위한 것인가? 이 규칙이 적절한가? 반드시 복종해야 하는가? 등의 적합성에 대해 질문해야 한다.

규칙에도 위계질서가 있어 상위규칙과 하위규칙이 있다. 규칙에는 명확하게 알려진 것과 자연스럽게 습득하여 자각하지 못하는 것이 있으며 또 나 개인의, 내 가족의, 내가 속한 사회의 규칙이 있다. 예를 들어 효孝 사상은 부모에 대한 충성으로 곧 부모의 규칙에 순종하라는 사회규칙이다. 가족규칙보다 강화된 것이 가족신화family myth이다. 가족신화는 왜 그 규칙을 지켜야 하는지 묻지도 못한 채 지켜야 하는 규칙이다. 개인이 어떤 규칙을 얼마나 중요하게 자기화하는지에 대한 연구결과는 없지만, 가족의 역기능적 응집력family enmeshment과는 상관관계가 있다. 가족의 응집력이 강력할수록 구성원 특히 자녀는 규칙을 강력하게 내면화한다. 내면화한 규칙은 한 사람의 생명력을 위축시키기 때문에 사티어 모델에서는 내면화한 가족규칙을 찾아 변화시키는 것이 매우 중요한 치료과제이다. 아래 사례를 통해서 구성원을 제한하는 가족규칙이 변화하는 치료과정을 살펴보고자 한다.

> 한 어머니가 조현병으로 입원했다가 퇴원한 딸, 그리고 사위를 데리고 와서 상담을 요청하였다. 상담실 소파에 앉아있는 내담자는 새로운 환경에 두려움으로 가득 차 앉아있었다. 내담자 옆에는 매우 당당하게 보이는 남편이 어깨를 쫙 펴고 앉아있었다. 내담자에게 질문하면 남편이 대신 답을 하고, 말을 하려던 부인은 곧 포기하는 표정이 뚜렷했다.[1]
>
> 내담자의 어머니는 가난한 집안의 맏딸로 어려서부터 동생들을 돌봐야 했기 때문에 악착같이 살았다. 그 후에도 '악착같이' 사는 방식은 변하지 않아 꽤 많은 재산을 축적하게 되었다. 지금도 어머니는 친정 형제들을 경제적으로 도와주면서 동시에 심각하게 통제하고 있다. 자신의 남편과 자녀도 극도로 통제해왔기 때문에 남편은 아무 일도 안 하고 있고, 딸은 조현병을 앓게 되었다.
>
> 가정 형편으로 공부하지 못했던 어머니는 딸에게 온갖 과외를 다 시키면서 일류 여대에 입학시켰다. 딸이 좋은 성적으로 졸업하였지만, 곧 결혼을 시켰다. 어머니는 자기와 닮은 사위를 골라 결혼을 시켰다. 사위는 장모와 똑같이 아내를 통제하였다. 내담자가 스스로 무엇을 하고자 하면 매번 남편이 제재를 가하곤 하였다. 사위 역시 처가의 재산 관리 외에는 자신만의 일을 하지 않고 있었다. 그러던 중 딸은 아이를 낳은 지 얼마 안 되어 조현병이 발병하였다. 비록 내담자가 퇴원해서 눈앞에 있지만, 어머니는 딸을 끊임없이 걱정하고 딸의 옆에는 또 다른 어머니, 즉 통제자 남편이 군림하고 있었다.

이 사례에서 어머니의 가족규칙은 '세상은 무섭고, 나는 세상을 이겨냈으니 내 방식대로 살아야 무서운 세상을 살아갈 수 있다'라는 것이다. 고로, 내 주위의 식구, 특히 어머니의 분신인 딸은 반드시, 언제나, 항상 어머니의 가족규칙을 따라야 한다. 즉, 어머니의 가족규칙은 감정체계의 불안, 지각체계의 가족규칙, 딸에 대한 지나친 기대, 부적절한 행동, 어머니의 채우지 못한 열망, 낮은 자존감이 딸의 빙산 전체를 갉아먹고 있다. 어머니의 친정아버지는 병들어 누워있다가 일찍 사

---

[1] 현재는 조현병 병인을 생물학적 관점에서 설명하고 있는데 가족치료는 조현병 환자를 연구하면서 가족치료 기본 이론을 세웠다.

망하였고, 친정어머니는 생선을 이고 다니면서 생계를 감당하였다. 맏딸이었던 내담자의 어머니는 10살 때부터 동생 셋을 돌보아야만 했기에 10살짜리 어린아이는 책임과 불안에 항상 떨면서 살아야 했고, 이런 불안은 어머니의 딸에 대한 강력한 통제로 드러나고 있었다.

이 사례의 경우는 어머니가 자신의 삶, 주위 형제들의 삶, 특히 딸의 삶을 부적절한 강도로 통제하면서 자신의 무의식적 불안을 해소하려는 행위를 보였다. 어머니는 동생들에게 내가 키워주고 지금도 경제적으로 도와주니까, 딸은 내가 엄마이니까 그리고 고생해서 너의 뒷바라지를 철저히 했으니까, 무능해진 남편에게는 내 덕에 당신이 호강하니까 등의 보상심리가 있었다. 특히 어머니는 자신의 불안을 딸에게 투사하면서 통제하였기 때문에 딸은 자기self를 상실하고, 어머니가 원하는 모습으로 살다가 조현병을 앓게 되었다.

이 사례의 딸이 내면화한 가족규칙을 살펴보자. 딸의 내면에는 '나는 최선을 다해 공부해야 한다', '좋은 성적을 내야 어머니의 고생에 보답하는 것이다', '내 마음대로 결정하면 부모의 은혜를 배반하는 것이다', '내가 원하는 대로 하면 실패할 거야', '일류대학에 반드시 합격해야 해. 아니면 어머니를 배반하는 거야', '결혼도 부모가 원하는 배우자와 결혼해야 해. 내 마음대로 하면 실패할 수 있어', '어머니의 결정이 최선의 결정이야', '내 마음대로 결정하면 실패할 거야' 등이다. 이렇게 되면서 딸은 어머니에게 자신의 삶을 온전히 의탁하였고 자기는 사라지게 되었다. 이 사례 이외에도 자녀갈등, 부부갈등, 친족갈등은 각자의 가족규칙으로 인한 것임을 알 수 있다. 특히 부부갈등은 각자의 원가족으로부터 물려받은 규칙들의 싸움이다. 물론 각자의 성격, 형제 서열로 인한 가족 역동, 사회적 이슈 등이 부부에게 압력을 가하지만 가장 피부에 와닿는 갈등의 원인은 각자의 가족규칙을 배우자에게 지키라고 요구하면서 발생한다.

사례에서 보았듯이 가족규칙은 따로 학습하기보다는 가족으로부터 자연스럽게 습득된다. 가족규칙은 부모로부터 직접 전달되며 가족구성원 사이의 상호작용을 경험하면서 자기만의 규칙을 만들기도 한다. 자녀는 일단 가족구성원의 비언어적·언어적 상호작용을 유심히 관찰한다. 상호작용하는 사람들의 행동, 동기, 반응 방식, 부정적 반응 등을 살피면서 자신만의 상호작용 각본을 만들게 된다. 자녀는 구성원 안에서 아버지는 어머니에게 어떻게 대하고, 어머니는 아버지에게 어떻게 반응하는지, 형과 아버지는 서로를 어떻게 대하는지 등을 세심하게 관찰한다. 이런 과정에서 주고받음의 불평등을 경험하거나, 부당한 대우를 경험하거나, 위축되거나, 결핍을 느끼거나, 부담을 느끼면서 나름 자신만의 반응을 하는 대처방식을 만든다. 가족규칙에는 부모의 인간관, 세계관, 삶의 방식, 관계방식, 역할 등 모든 면이 폭넓게 스며들어 있다. 가족규칙은 '절대로', '항상', '결코' 등의 단어를 포함하여 자기표현, 행동, 감정, 존재 등을 제한하는 규칙을 제한한다. 예를 들어, '말하지 말라'라는 규칙은 단지 말을 못 하게 하는 것뿐만 아니라 내적인 사고 과정까지 제한하여 자기 self를 형성하는 데 걸림돌이 된다.

성장을 방해하는 가족규칙을 변화시키기 위해서는 무엇보다 내담자의 삶을 제한하는 가족규칙을 찾아내야 한다. 그리고 그러한 가족규칙이 내담자의 삶, 즉 빙산 전체에 어떤 영향을 끼쳐왔는지, 어떤 대가를 치르고 있는지 탐색한 후, 가족규칙이 지닌 긍정적인 의도를 인정하면서 가족규칙으로 인해 낮아진 자존감을 회복해야 한다. 이때 규칙 자체를 다루기보다는 규칙이 끼친 영향, 즉 빙산 탐색을 하면서 자신의 삶을 엄격하게 제한했던 규칙을 유연하게 바꾸어야 한다.[2]

1. 지각체계의 가족규칙

1) 지각체계의 가족규칙 작업하기

자신의 가족에서 혹은 자기가 지키고 있는 5~10개 정도의 가족규칙을 작성한다. 규칙 중에서 하나를 선택하여 아래 작업을 한다.

① 이 규칙의 목표는 무엇인가?
② 누가 이 규칙을 정하고, 어떤 방식으로 강화했는가?
③ 이 규칙이 당신의 삶에 어떤 영향을 끼쳤는가?
④ 당신은 이 규칙에 어떻게 대처했는가?
⑤ 이 규칙이 빙산에 어떤 영향을 끼쳤는가?
⑥ 이 규칙이 변화하면 빙산에 어떤 영향이 나타날 것인가?
⑦ 가족규칙의 숨은 가치는 무엇인가?
⑧ 성장하면서 바꾼 가족규칙은 없는가?
⑨ 아직도 지키고 있는 부정적 영향을 끼치는 가족규칙이 있는가?
⑩ 이 규칙을 어떻게 변화시킬 것인가?

---

[2] 김영애(2019), 사티어 빙산의사소통, 김영애가족치료연구소, 의사소통의 규칙 참조

⑪ 규칙 변화 계획을 세운다.

2) 감정에 관한 가족규칙 작업하기 사례 | 김영애 시연

지금 특별히 다루고 싶은 주제가 있나요?	• 상담목표 정하기
네. 제 가족의 가족규칙에 대해 다루고 싶습니다.	
그럼, L 씨의 가족규칙에 대해 얘기해주시겠어요?	• 가족규칙 탐색
아~ 우리 집에서는 서로 간에 감정을 나눠서는 안 됩니다. 화가 나든, 아니 어떤 감정이든 겉으로 드러내서는 안 됩니다.	
그렇다면 '감정을 표현해서는 안 된다' 이게 가족규칙인가요?	• 내담자의 말을 하나의 규칙의 형태로 명료화한다.
네.	
그럼 그 규칙을 지키면서 지금까지 사셨나요? 실제로 자기감정을 내면 깊숙이 숨긴 채 사셨나요?	• 가족규칙이 내담자의 삶에 실제로 어떤 영향을 끼쳤는지 탐색한다.
(고개를 끄덕이며) 네.	
또 다른 규칙도 있나요?	• 또 다른 규칙이 있는지 탐색한다.
그다음 중요한 것은 '여자는 아무런 가치가 없다'입니다.	
현재 결혼하셨나요?	
예.	
그 규칙을 현재 가족에서도 지키시나요?	• 원가족의 규칙이 현재 가족에 미치는 영향을 탐색한다.
우리 부부는 제 규칙 때문에 갈등이 심합니다. 제 아내는 여성과 남성은 평등한 위치에 있어야 한다고 믿으니까요.	
그래서 부인은 '나도 중요해!'라고 주장하시나요?	• 배우자의 가족규칙을 확인한다.
집사람은 그것을 말로 표현하지는 않지만, 행동으로 표현합니다.	
두 분께서 가족규칙 때문에 심각하게 싸우신 적이 있으신가요?	• 가족규칙이 부부관계에 끼치는 영향을 탐색한다.

예. 매우 심합니다.

그 외에 삶에 부정적 영향을 끼치기 때문에 다루어야 한다고 생각되는 가족규칙이 더 있습니까?

아니요. 이 두 개의 규칙이 저를 힘들게 합니다.

어떤 가족규칙을 먼저 다루시겠습니까? · 목표설정을 위해 질문한다.

감정표현에 관한 것부터 다루고 싶습니다.

우선 가족규칙으로 인해 힘들었던 과거의 사건부터 다루기로 하죠. 과거에 감정표현을 하지 못해 힘들었던 상황부터 다루시겠습니까? 혹은 현재 감정표현이 힘든 상황을 다루시겠습니까? 어느 쪽을 선택하시겠습니까? · 작업목표를 결정한다.

과거 힘들었던 상황부터 다루고 싶습니다.

눈을 감고 싶으시면 감으셔도 됩니다. 어린 시절로 돌아가시기 바랍니다. 그 당시의 힘들었던 상황과 그 상황에서 경험한 감정을 탐색하시기 바랍니다. 어떤 감정을 느끼십니까? 자신이 그 감정을 느낄 수 있도록 허락하세요. 천천히 하셔도 됩니다. 다양한 감정이 있을 수 있습니다. 편안하게 마음을 열고 느끼시기 바랍니다.

· 어린 시절의 가족규칙과 연관된 감정을 탐색하게 한다. 치료사는 내담자가 가족규칙의 틀을 벗어나 감정을 드러낼 수 있게 지지하며 기다린다.

(시간이 흐른 후)

어떤 감정들이 있던가요? 표정을 보니 뭔가 경험하시고 있는 것 같았는데 이야기해주실 수 있겠어요? · 내담자의 경험을 확인한다.

몇몇 장면이 떠오르고요. 감정들이 조금씩 느껴지는데 그렇게 강하게는 느껴지지는 않네요.

괜찮아요. '자기감정을 보이지 말라'는 가족규칙을 지켜왔기 때문이죠. 특히 다른 사람들 앞에서는…. 자, 자기의 규칙에 복종할 것인지, 규칙에서 벗어나고 싶다는 자기 내면의 소리 · 지금 현재의 감정을 경험할 수 있도록 도와준다.

를 들을 것인지 아니면 감정으로부터 달아날 것인지 결정을 하셔야 합니다.

내면의 소리를 배제한 채 가족규칙을 쫓는다면 감정을 그대로 자기 안에 가둬두게 될 뿐입니다. 저는 자기감정을 느끼고 표현할 것을 제안하고 싶습니다.

서두르지 않으셔도 됩니다. 오늘은 감정을 표현하지 말라는 규칙을 꼭 지켜야 할 필요가 없으니까요. 외롭고 슬픈 감정일 수도 있고요. 화가 난 감정일 수도 있고요. 상처받은 감정일 수도 있습니다. 무엇이든 함께 나누었으면 싶군요.

어깨 쪽이 좀 긴장되는 것 같네요.

그건 무엇을 의미하나요? 어떤 의미로 해석할 수 있나요?

몸이 감정들을 느끼고 있는 것 같습니다. 편안해졌으면 좋겠습니다.

- 내담자는 자신이 감정을 억압하고 있음을 자각하지 못하고 있지만, 내담자의 몸의 반응은 감정을 느끼고 있다는 것을 보여주고 있다.

- 치료사는 내담자의 신체 반응에도 주의를 기울여 탐색해야 한다.

- 신체적 반응과 감정은 연결되어 있다. 감정을 억압한 사람은 신체적 반응을 다루기가 쉽다.

- 신체적 반응을 해석하도록 질문한다.

그리고 또 어떤 경험을 하고 계시나요? 시간을 충분히 갖고 지금 경험하는 것들이 무엇인지 주의 깊게 탐색해보시기 바랍니다.

조금 전까지, 아까 처음에 눈 감았을 때는 혼자 동떨어진 느낌이었어요. 슬픈 느낌이었어요. 그게 느껴졌었거든요. 그리고 곧 어깨가 조금 뻣뻣해지더니 그런 감정이 느껴졌구나 하는 기억은 있는데 감정으로는 잘 안 와닿게 되더라고요.

- 내담자가 감정을 느끼자마자 그 감정을 억압함에 따라 몸이 경직된 반응이 나타난다. 신체적 경험을 언어적 표현으로 하려 하지만 잘 연결이 안 되고 있다.

감정을 느끼자마자 곧 그 감정을 눌렀던 것 같습니다. 어깨가 뻣뻣해지는 것은 긴장되고 힘이 든다는 것을 말해줍니다. 이렇게 감정을 드러내지 않으려는 의도는 무엇일까요?

감정을 드러내면 제가 창피함을 느끼더라고요. 감정을 드러내지 않아야 그런 부끄러운 제 모습을 드러내지 않을 수 있다고 여기는 것 같아요.

- 감정을 억압하는 이유를 알고 있다. 감정을 표현하면 나는 '창피하고 약하고, 부족하다' 등의 내면화된 가족규칙을 적용하고 있다. 가족규칙은 자기가치감을 유지하려고 기능하고 있다.

- 자기를 객관화시키면서 표현한다.

자신이 부끄러워서 감정을 숨기고 싶은 건가요, 아니면 감정을 표현하는 것이 부끄러운 건가요? 나 자신이 부끄러워요. 또 감정을 표현하는 것도 부끄럽고요.	• 내담자의 말을 명료화시킨다. 표현하는 것과 감정과 어느 것이 더 문제인지를 묻는다. 감정을 표현하지 못하다 보면 자존감도 낮아진다.
자기를 판단하시나요? '나는 이런 사람이어야 한다' 또는 '저런 사람이어야 한다' 라고 자기 자신을 판단하시나요? 제 행동이 부끄러워요.	• 감정을 억압하려는 이유와 자기와의 연관성을 파악하려는 질문이다. • 자존감이 낮은 것을 알 수 있다.
자신의 행동에 부끄러움을 느낄 때는 어떻게 하시나요? 자기 자신을 감추시나요? 나 자신을 숨기고 삽니다.	• 자신에 대한 부정적인 감정을 느낄 때의 행동방식을 탐색한다.
지금도 자신을 감추고 있나요? 숨고 있나요? 의식적으로는 숨기고 싶지 않아요.	• 현재 경험을 확인한다.
손을 이마에 대셨는데 지금 그 행동은 무엇을 의미하는 건가요? 내가 지금 잘못하고 있는 건 아닌가, 제대로 반응하지 못하는 것은 아닌가, 감정을 잘 못 찾아내고 있으니까 뭐가 잘못되고 있는 건 아닌가 하는 생각이 왔다 갔다 합니다. 이렇게 감정을 표현할까 말까 하다가 혼자서 처리하곤 했습니다. 그렇게 하는 것이 편했으니까요.	• 신체적 반응을 반드시 확인한다. 감정을 신체적 반응으로 드러낼 때가 자주 있다. • 내담자가 감정 처리 과정을 자세하게 설명하고 있다.
어떤 감정인지, 또 그 감정을 어떻게 표현해야 할지 혼란스러우신데, 이렇게 표현하기를 힘들어했던 사람이 가족 중에 누구였나요? 어머니가 그러셨어요. 어머니를 사랑하셨나요? 음, 제가 어릴 때 많이 걱정했죠.	• 어머니로부터 의사소통 방식이 전달되었음을 알 수 있는데, 어머니와 많이 밀착되면 의사소통뿐만 아니라 자존감 등 많은 것을 물려받는다. • 어머니와 엉킴으로 묶여있는 것을 알 수 있고, 어머니에 대해 불안을 느끼면서 성장한 것을 볼 수 있다.

무엇을 걱정하셨습니까? 어머니가 아버지한테 또 당할까 봐, 어머니가 혼날까 봐, 어머니가 불안할까 봐, 조바심을 내고… 또 슬퍼하고 있을까 봐.	• 내담자가 부부갈등에 끼여서 아버지에게 지배당하는 어머니와 엉켜 있는 것enmeshment을 알 수 있다. 이렇게 되면 자녀는 어머니의 감정과 자녀가 어머니에게 느끼는 감정의 합을 경험하게 된다.
그건 어머니에 대한 걱정이시네요. 네. 어머니에 대해 걱정한 거예요. 어머니를 도와주신 적이 있으세요? 네, 제가 보호했어요.	• 어머니와 아들과의 관계를 탐색한다. 아들이 어머니를 아버지로부터 보호하려고 애쓰면서 성장한 것을 알 수 있다. • 아들이 어머니의 감정을 보호하려는 과대 기능을 하였다.
어머니를 도와드리려다가 어머니의 의사소통 방식까지 배우신 것 같네요. 어머니에게 효도하시겠습니까? 아니면 어머니의 의사소통 방식에 효도하시겠습니까? 제 생각에는 어머니에게는 효도하시고, 어머니의 의사소통 방식에는 그리 충성할 필요가 없을 것 같습니다만…. 음, 제가 처음에 걱정했던 건 사실인데, 그게 제가 충성했다는 건지는 잘 모르겠어요. 어머니가 저한테 많이 매달리시고.	• 어머니를 사랑하고 돌보려는 마음과 행동을 분리하는 작업이다. 여기에서 '충성'이라는 단어는 사랑과 역기능적 의사소통을 분리하여 사랑은 하되, 의사소통은 다르게 할 수 있다는 점을 강조하기 위해 사용한 것이다.
어머니가 매달리시는 것이 힘드셨다고 하셨는데, 어떻게 하셨습니까? 항상 어머니의 하소연을 들어드렸습니다.	• 내담자의 의사소통 방식을 확인한다. 어머니가 자신의 감정을 해결하기 위해 아들에게 의존했고 그런 과정 중에 아들은 어머니와 정서적으로 엉킴관계enmeshment에 놓이게 되었다.
그 외에 느끼신 감정은 어떤 것일까요? 어머니가 불쌍하기도 하고, 한편으로는 바보 같아 화도 나고, 지겹다는 생각도 했지만, 결국 제가 돌보아야 한다고 생각했습니다.	• 어머니와의 문제가 더 잘 드러나고 있다. 어머니와 경계선이 무너지고, 어머니가 아들을 돌보아야 하는데 아들이 어머니를 돌보는 세대 간의 경계선도 무너지면서 모든 측면에서 아들의 일치성을 향한 성장에 해를 끼치고 있는 것을 볼 수 있다.

그 감정을 어머니에게 표현하셨습니까? 아니요, 그대로 품고 있었습니다.	• 내담자가 감정을 억압하고 있는 것을 알 수 있다.
어머니는 아버지에게 표현을 제대로 하셨나요? 전혀 하지 못하셨습니다. 그래서 제가 돌봐드려야 한다고 느꼈죠.	• 어머니의 의사소통 방식을 배웠을 것이라는 가설을 바탕으로 어머니의 의사소통 방식을 확인한다. 자녀가 어머니를 돌보는 세대 간의 경계선이 무너진 것을 볼 수 있다.
그 말은 어머님이 아닌 어머니의 방식에 충성하신 것이라는 말이 됩니다. 어머니는 돌봐드리고 사랑하지만, 어머니의 방식은 따르지 않아도 된다는 말이죠. 자, 이제부터 어머니를 잘 돌봐드리되 어머니의 의사소통 방식은 따르지 않도록 해 봅시다. 네. 전 요즘 어머니랑 거리를 좀 두고 싶거든요.	• 어머니에 대한 돌봄과 의사소통 방식의 분리를 시도한다.
그러니까 어머니의 의사소통 방식도 싫고, 어머니와 너무 가까운 것도 싫다는 말씀인가요? 네. 이제는 어머니와도 지나치게 가깝게 지내지 않으려 합니다.	• 어머니와의 엉킴enmeshment이 아들과 어머니를 하나로 묶고 있어서 내담자는 분리, 즉 독립된 자기를 원하고 있다.
한번 상상을 해봅시다. 어머니가 지금 여기 계시다고 생각하고 말씀해보세요. '어머니에 대해 염려는 하지만 어머니의 의사소통 방식은 따라 하지 않을 것입니다'라고 말할 수 있으십니까? 그리고 어머니를 지나치게 걱정하지 않겠다고 말할 수 있을까요? 네. 지금 얘기할 수 있을 것 같아요.	• 어머니와 분리되기 위해 내담자에게 실제 행동을 취하게 한다. 이처럼 신체 경험을 통해 한 번 해보는 것이 매우 효과적이다.
지금 해봅시다. 어머니께 말씀해보세요. 아~ 어머니, 섭섭하실지 모르겠지만 저는 이제 어머니가 저에게 지나치게 징징거리는 모습을 보는 게 부담스럽거든요. 그리고 이제는 어머니가 그렇게 하셨듯이 그냥 참고, 덮고, 넘어가는 것이	• 어머니에게 정직하게 자기의 감정, 생각, 기대를 표현한다.

아니라 제 감정을 좀 느끼고 그 감정을 그대로 표현하면서 살고 싶어요. 그리고 어머니에 대해서 더 이상 걱정하지 않고 싶어요.	
이렇게 말하고 나니까 기분이 어떠세요? 가슴 아랫부분에 시원한 느낌이 돌기 시작하는데 조금은 미안한 느낌이 들어요.	• 분리를 경험한 다음 느끼는 감정을 확인한다. 어머니에 대한 내담자의 양가감정을 확인할 수 있다.
어머니께 미안하신 건가요? 자기 자신에게 미안한 건가요? 어머니께 미안합니다.	• 명료화하기
미안한 마음 대신 건강한 관심을 보여드리면 어떨까요? (내담자가 고개를 크게 끄덕임) 어머니는 걱정에 싸여있고, 자기는 부담을 느끼면서 어머니의 옆에 붙어있는 것이 과연 두 분에게 어떤 도움이 될까요? 서로를 걱정하는 것이 두 분 모두에게 도움이 되지 않는다고 생각합니다. 어머니는 사랑을 필요로 하십니다. 하소연보다는 사랑을 느끼게 해드리는 것이 어떨까요? 어머니에게 사랑을 주면 더 어려울 것 같아요. 어머니가 마음을 저로부터 정리하지 못하실 것 같아요.	• 좀 더 건강한 방식으로 어머니와 연결될 수 있는 대체적인 방법을 소개한다. 그러나 내담자는 잘 이해를 하지 못하고 있다.
그럴 수도 있지만 한번 해보시죠. 당신에게 걱정 대신 사랑을 느끼면 어머니께서 좀 더 마음이 편해지시지 않을까요? (눈물 흘림)	• 어머니와 열망의 차원에서 연결될 수 있도록 돕는다.
지금 눈물을 흘리시는데 무엇을 경험하시는가요? 생각해보니 어렸을 때 제가 어머니를 많이 사랑한 것 같아요. 어머니도 당신을 사랑하셨나요? 어머니도 잘해주셨는데…. 언제부터 어머니가 부담스러워지셨나요? 어머니를 도와주실 때 어떤 느낌이 드셨나요?	

너무 힘든 경험이었어요. 제가 도와준 것도 제대로 도와준 것이 아니었어요. 아버지에게 직접 대들진 못하고 바보같이 소극적으로 대들었는데, 너무 비참했어요. 너무 슬펐고 비참했고 너무 고통스러웠어요. 자기 자신한테 화가 나기도 하셨나요? 네. 화가 나기도 했죠. 두려울 때도 있었나요? 그 시간이 다시 돌아올까 봐 두려웠죠.	• 어머니에 대한 감정보다는 자기 자신의 무력감을 느끼는 것이 힘들었고, 자기를 비난하고 있었으며, 그로 인해 명확한 표현도 하지 못하고 있었다.
어린아이가 어머니를 도와드리려고 했는데 제대로 도와드리지도 못하고 힘만 들고 괴로웠다는 말씀이신가요? 네. 어린 자기에게 "너는 할 만큼 했다" 라고, 그리고 "수고했다." 라고, "이제는 그렇게 안 해도 돼" 라고 말해줄 수 있나요? 네.	• 내담자가 어릴 적 경험했던 좌절감, 분노 등을 인정해준다. 그리고 성공하지는 못했지만 어린 자기의 의도와 노력을 인정해주고 수용하게 한다. 그렇게 할 수 있을 때 자신도 사랑하고, 어머니도 사랑할 수 있고, 또 용서할 수도 있게 된다.
이 순간의 느낌은 어떠세요? 눈물은 흐르는데 마음은 잔잔하네요. 그러니까 마음이 평온해졌다는 말씀이신가요? 네, 이렇게 느껴보긴 처음입니다.	• 새로운 변화를 경험한 후, 내면의 상태를 확인한다.
어머니께 얘기한 것처럼 아버지께도 얘기할 수 있을 것 같은데요. 네.	• 어머니와의 미해결과제를 다룬 다음 아버지와의 관계를 다루고자 한다.
뭐라고 말씀하시고 싶은지, 말씀하시고 싶은 대로 한번 얘기해보시죠. 지금 와서 아버지께 큰소리치고, 고함치고 싶지는 않아요. 가만히 생각하면 우습기도 한데요.이렇게 말하고 싶어요. 저는 아버지	• 어머니와의 관계를 다루었기 때문에 아버지와의 관계는 좀 더 빠르게 다룰 수 있다.

가 매일 밥상에서 어머니께 잔소리하고 큰소리치던 상황을 참 많이 싫어하고 힘들어했는데, 지금 생각해보면 우스운 게, 아버지가 어머니에게 화를 낸 것이 문제가 아니라 내가 화나길 바라고 아버지가 날 놀린 것 같아요. 아버지가 엄마를 힘들게 하면 내가 힘들어한다는 걸 알면서도 매번 그렇게 날 놀렸다는 것이 정말 싫었어요.	• 어린아이 시절에 왜곡된 지각이 있음을 알 수 있다. 아버지와 어머니의 상호작용을 보면서 스스로 아버지가 자기를 힘들게 했다고 생각하고 있다. 부모들의 문제가 어떻게 자녀들의 문제가 되는지를 엿볼 수 있다. 또 아버지를 수용하기 위해 아버지의 부적절한 행동을 수용 가능한 해석을 하는 것을 볼 수 있다.
아버지가 어머니께 화내신 것도 힘들었지만 그런 상황에서 애를 쓰는 아들이 귀엽기도 해서 자꾸 놀리셨다는 말씀인 것 같은데, 아들의 마음도 모르고 그렇게 하신 아버지를 이제 용서할 수 있을까요?	• 아버지에 대한 지각체계를 변화시킨다.
네. 이젠 아버지를 놓아주고 싶어요. 이제 옛날처럼 무섭게도 안 느껴지고 아버지가 날 놀렸을 수도 있고 괴롭혔을 수도 있는데, 용서할 수 있을 것 같습니다.	• 어린아이의 왜곡된 지각체계가 변화하자 내적 힘이 강해져서 과거의 기대를 놓아버리게 되었다.
지금 자녀가 있으세요? 예. 둘 있습니다.	• 변화를 뿌리내리기 위해 아이들을 지렛대로 활용한다.
자녀들과 자기 자신에게 약속할 수 있나요? 어머니의 방식을 따라 하지도 않고, 아버지를 따라 하지도 않고, 나는 나 자신에게 맞는 일치적 삶을 살겠다고 말입니다.	
예. 저는 아버지처럼 안 살았다고 생각했는데, 사실은 애들 앞에서 많이 싸웠네요. 제 아내랑. 과거에 많이 싸웠는데 지금은 안 그러거든요. 이제는 아버지처럼 자식들이 싫어하는 것을 하면서 자식들을 불안하게 만들지 않을 것이고, 또 자식들이 싫어하는 것을 반복해서 애들의 마음을 괴롭히지도, 약 올리지도 않을 거예요. 어머니가 저에게 지나치게 집착하셨던 것처럼 저희 아이들한테 집착하지 않을 거예요. 또 이제는 감정을 소중하게 생각하고 표현도 할 겁니다.	• 내담자가 변화를 위한 새로운 결단을 한다.

지금 어떠세요? 마음은 편안하고요. 뭔가 좀 이전과는 다르게 행동할 수 있을 거란 생각이 들어요. 신체적으로 여기가(배를 가리키며) 싸한 느낌이 있어요. 그런데 어머니에 대한 사랑을 표시하라고 했는데 그것을 어떻게 표현해야 할지 잘 모르겠거든요.	• 다시 변화를 확인한다.
지금 어머니를 다시 떠올릴 때 마음이 어떠세요? 편합니다.	• 어머니와의 관계에서의 변화를 다시 한번 점검한다.
어머니랑 같이 있을 때를 상상해보세요. 아직도 편한가요? 예. 이제는 편안합니다.	• 그리고 현재로 와서 새로운 각도로 어머니를 바라볼 수 있도록 촉구한다.
어머니가 아직도 아버지와의 관계에서 아들의 도움을 필요로 하시나요? 어쩌면 어머니는 아들에게 할 말이 없지만, 아들이 엄마하고 말하기를 바란다고 믿고 계속 그렇게 하셨던 것은 아닐까요? 그러고 보니 그런 점도 있네요. 이제 부모님은 싸우시지도 않고요. 제가 어머니에게 전화를 걸면 가끔은 억지로 전화를 받는 것 같기도 합니다. 그렇지 않을 때도 있지만. 어쩌면 어머니가 제게 매달린 것이 아니라 제가 어머니에게 매달린 것 같네요. 어머니와 통화를 하면 나의 외로움이 좀 달래졌다는 것을 지금 말하는 순간 깨닫게 되었습니다.	• 어머니 관점에서 상황을 보게 한다. • 심리적으로 어머니와 분리하는 과정을 볼 수 있다.
이제 어머니께 어떻게 하시겠습니까? 그냥 편안한 마음으로 대하면 될 것 같습니다.	• 스스로 어머니를 어떻게 대할지 알게 되었다.
처음에 감정표현에 대한 가족규칙을 다루었는데 지금 그 가족규칙에 대해서는 어떠신가요? 별로 의식이 안 됩니다.	• 목표가 성취되었는지 확인한다.

이제 어머니, 아버지께 인사를 하시는 것이 어떨까요? 네, 아버지 이제 편안하게 가십시오. 저는 아버지가 무서워서 따뜻한 마음도 표현하지 못했는데, 이제 편안하게 사랑을 표현하고 저는 제 자리로 돌아올 겁니다. 이젠 두려워하지 않겠어요.	• 과거의 부모를 수용하고 새롭게 관계를 형성함으로써 부모와 분리되고 있다.
자, 부인이 만약 여기에 계신다면 부인에게 뭐라고 말씀하실 건가요? 저에 대해서요? 난 그동안 사랑이라는 것을 두려워했고 잘 몰랐어. 당신에게 그런 감정의 표현을 거의 하지 않은 것 같은데….	• 아내와의 관계를 점검한다.
자신의 마음을 한번 표현해보겠다고 부인께 얘기할 수 있나요? 그건 지금은 어려울 것 같아요.	• 행동을 통해 변화를 뿌리내리기를 한다.
그건 지금 어머니의 규칙을 따르기 때문에 그런 건가요? 아버지의 규칙을 따르기 때문에 그런 건가요? 아니요. 지금 아내하고 관계가 단절되어 있어서 다시 한번 정리해보려고 노력 중이라서… 어느 쪽으로 정리할지 모르기 때문에….	• 부인과의 관계는 다루길 원치 않으므로 다음 기회에 다루도록 한다.
부인을 잠시 옆에 두고 자기 자신에게 되돌아오시죠. 어머니, 아버지의 그런 대처방식으로부터 자유로워지고 싶으시죠? 그리고 자신의 감정을 느끼고 싶으시고요. 이제는 가족규칙 때문이 아니라 스스로 표현할지 안 할지 선택하시기 바랍니다. 이제 가족규칙의 지배를 받는 것이 아니라 자신에 대해 스스로 책임지는 것입니다. 괜찮으시겠어요? 네.	• 지금까지의 내용을 요약한다.
그렇게 느껴지세요? 네. 그런 것 같아요	• 다시 변화의 경험을 확인한다.

이제 준비가 되셨으면, 눈을 뜨셔도 됩니다. (눈물을 닦은 후 치료사를 보며 웃음)	• 내적시각화 작업을 마무리한다.
어떠세요? 지금 웃고 계신데요. 마음에서 무엇이 일어나고 있습니까? 조금 쑥스럽기도 하고….	• 내적 경험을 확인한다.
아마 여기 참석하신 분들이 오히려 더 부러워하고 질투할지도 몰라요. 끝내기 전에 하실 말씀 있으세요? 허~ 제가 작업을 했지만 할 때마다 걱정이 들어 저를 통제하기도 어렵고, 생각들이 차단되고, 이것들이 항상 저의 짐처럼 여겨져 왔는데, 참 잔잔해지고 편안해진 기분입니다. 뭔가 변했다는 느낌이 들어요. 그 변화가 내 모습처럼 편안하게 느껴지고, 뚜렷하게 손에 잡히지는 않아도 할 수 있다는 자신감이 생겼네요.	• 종결을 위한 점검
오늘은 여기에서 마치고, 다음 두 번째 규칙 '여자는 아무 가치가 없다'라는 것을 다루어야 하는데 괜찮을까요? 네. 감사합니다. 이미 마음에서 아내에 대한 미움이 많이 누그러졌습니다.	• 다른 하나는 다음 회기로 넘기면서 내담자에게 동의를 구한다.
축하드립니다. 정말 감사합니다.	• 상담을 종결한다.

12장
가족치료 : 가족체계의 변화
Transformational Change of the Family System

사티어 경험주의 가족치료는 가족은 물론 개인, 부부, 집단치료에도 효과적인 치료 모델이다. 앞장에서 다양한 가족치료 기법들을 설명하였으므로, 이 장에서는 가족에 대한 치료과정을 소개하고자 한다.

가족치료는 대개 구성원 중 한 사람이 전화로 치료를 요청한다. 이때 치료사는 가족 전체를 처음부터 만나기도 하고, 혹은 전화를 걸어 치료를 요청한 구성원부터 만나기도 한다. 문제를 지닌 내담자identified person, star 또는 가부장적인 남편이 상담 자체를 거부하는 경우가 흔하므로 처음부터 가족구성원 전체를 만나기 어려울 때도 있다. 한편 자녀들의 문제로 방문한 적잖은 숫자의 부모는 "내가 당신에게 애를 데리고 왔으니 애만 고쳐주세요. 부모 문제는 우리가 알아서 해결합니다. 선생님이 다른 치료사들처럼 우리 아이만 변화시키면 되잖아요?"라며 가족치료를 거부하기도 한다. 이때 강력하게 가족치료를 요구하면 부모가 치료 자체를 거부하기도 한다. 이런 부모들을 설득해서 상담에 참여하게 하려면 치료사가 가족 상담의 필요성에 대해 설득할 수 있어야 한다. 이 과정에서 치료사가 내담자의 신뢰를 얻기 위해서는 내담자 가족의 역동, 문제의 원인, 문제에 대한 가족구성원 각자의 역할, 치료과정 등을 명확하게 설명할 수 있어야 한다. 이때 치료사는 구성원의 노력에 대한 인정, 가족의 긍정적 자원, 가족의 미래에 대한 희망을 제공할 수 있어야 한다. 기억해야 할 것은 문제를 제시한 내담자 이외의 다른 가족구성원을 만나야 할 때가 있다는 것이다. 특히 가족체계 갈등의 원인이 부부체계에 있을 때는 부부 각자의 이야기를 들을 필요가 있기 때문이다. 또는 자녀를 따로 만날 필요가 있기도 하다. 자녀가 부모 앞에서 솔직하게 이야기를 하지 못하는 경우가 흔하기 때문에 자녀를 따로 만나야 할 때도 있다.

일단 가족 혹은 구성원과 만나면 그들이 호소하는 문제를 잘 들어야 한다. 그리고 호소하는 문제가 문제인지 아니면 다른 문제에서 파생된 것인지를 파악한다. 또 호소문제가 병리 증상을 동반하는 경우에는 약물치료 혹은 입원치료가 필요한지도 확인해야 한다. 때로 초보 치료사가 중증 정신병리를 지닌 내담자를 무리하게 붙잡고 있을 때도 있는데 내담자에게 심각한 문제가 발생하면 치료사가 곤경에 처할 수 있다. 따라서 가족이 호소하는 구성원의 증상이 약물 혹은 입원 치료가 필요한지에 대한 판단을 해야 한다. 무엇보다 치료사 자신이 왜 가족치료가 필요한지에 대한 확신이 있어야 하고, 자녀의 문제를 생성하는 가족 역동, 원가족 역동, 증상의 출현 과정, 특히 증상에 대한 이해와 치료단계와 방법까지 정확하게 알고 있어야 한다.

이 장에서 소개하는 사례는 가상의 가족치료 사례이다. 이 사례 가족의 부부는 지배-복종의 관계에 놓여있다. 부인은 통제 욕구가 매우 강해서 구성원 모두를 통제하고 있다. 부인은 남편과 항상 싸우고, 딸에게 폭력을 가하며, 숨죽여있는 아들에게도 때때로 폭력을 가한다. 마침내 남편이 부인의 폭력을 참을 수가 없어서 부인이 아이들에게 폭력을 가할 때 개입하기 시작하였다. 아버지가 딸 편을 들면서 아버지와 딸이 함께 부인에게 대들면 아들은 방 한구석에서 숨죽이고 있거나, 이어폰을 끼고 게임을 하기도 한다. 딸은 아버지가 자기 편이기는 하지만 어머니한테 이기지 못하고 결국 어머니한테 혼이 나기 때문에 항상 이 모든 갈등의 원인이 자기 때문이라고 자책하고 있었다. 딸은 우울증이 너무 심해서 정신과 처방약을 먹고 있지만 나아지지 않고 있어서 가족치료를 받기로 하였다.

이 가상의 사례에서 딸의 우울증의 원인을 파악하려면 가족구성원의 상호작용, 원가족의 영향, 가족규칙, 충격적 사건의 유무, 가치관 등을 확인한 뒤에 삶의 발달주기, 사회적 환경까지 정확하게 파악해야 한다. 이런 과정을 거치면서 내담자 혹은 내담자 가족이 제시한 치료목표를 사티어 모델의 궁극적 치료목표와 통합하여 구체적 치료목표를 세운 다음에 회기목표를 세워야 한다. 마지막 단계에서는 삶의 발달단계 주기에 관해서도 관심을 가지고 살펴보아야 한다. 각 발달단계의 과제를 성공적으로 감당하기 위해서는 무엇보다 부부체계로 감당해야 할 과제를 잘 이행해야 한다. 이외에도 사회적 환경이 급격하게 변화하고 있는 점도 유의해야 한다. 생존 기간의 지연, 빠른 퇴직, 질병 등 가족체계에 부정적 영향을 끼치는 요인들이 너무 많기 때문이다. 이런 사회적 이슈에 대해서도 치료사는 민감하게 대응해야 한다.

1. 가족치료

1) 가족구성원의 성장목표
① 각자의 개체성을 형성하기 위해 구성원 사이에 적절한 경계선이 필요하다.
② 나와 타인과 일치적 관계를 맺어야 한다.
③ 의존성에서 벗어나 자율성을 형성해야 한다.
④ 자기가치감을 높여야 한다.
⑤ 생명 에너지를 긍정적 방향으로 흐르게 해야 한다.
⑥ 각자의 능력을 발휘하여 생산성을 높여야 한다.
⑦ 측은지심을 발휘하고, 서로 수용하고, 사랑을 주고받을 수 있어야 한다.

2) 가족치료 진행과정

(1) 치료사의 내담자 혹은 내담자 가족과 접촉하기
① 처음 면담을 시작할 때부터 모든 구성원과 접촉을 시도해야 한다.
② 가족이 부정적으로 지적하는 구성원의 개성을 인정해야 한다.
③ 각 구성원을 수용하고, 돌보고, 동등하게 대하는 태도를 보여야 한다.
④ 자녀 구성원을 존중하고 자율적이고 독립된 존재로 인정해야 한다.
⑤ 치료사 자신이 일치적 상태에서 일치적 태도로 가족을 대해야 한다.
⑥ 가족체계의 중심은 부부체계이고, 자녀에게는 부모체계이다. 따라서 부모체계의 권위를 무시하는 태도를 보이면 안 된다. 부모의 좋은 의도를 언급하면서 동시에 개선해야 할 점을 이야기해야 한다.
⑦ 자녀들의 위계질서를 세우기 위해 나이 순서에 따라 접촉한다.
⑧ 구성원들과 균등하게 시간과 에너지를 배분하면서 접촉해야 한다.
⑨ 가족이 문제라고 지적한 구성원을 문제라고 여겨서는 안 된다. 치료사는 지적된 내담자가 가족체계의 산물이라는 사실을 잊지 않아야 한다.
⑩ 지적된 문제아 혹은 소극적인 자녀는 위축되어 있거나 혼란스러운 상태에 있으므로 강압적으로 이야기를 하면 안 되고, 공감과 수용을 보여주면서 자연스럽게 접촉해야 한다.
⑪ 이외에도 구성원들의 앉은 자세, 참여 태도, 누가 먼저 말을 꺼내는지 등을 자세히 살피는 것도 중요하다. 이는 접촉 순서뿐만 아니라 진단 그리고 가족체계의 변화를 위해 어떤 구성원을 지렛

대로 사용할 것인지를 가늠하게 해준다.
⑫ 치료사 앞에서 부모와 자녀의 상호작용을 잘 살펴야 한다. 또 부모가 치료사에게, 자녀가 치료사에게 하는 행동방식도 파악할 수 있어야 한다.
⑬ 목표를 설정할 때 가족체계의 목표와 가족구성원 각자의 목표를 반드시 물어야 한다. 자녀가 부모와 같은 목표를 이야기하면 자기의 목소리로 자기의 목표를 표현할 수 있게 도와야 한다. 무엇보다 치료는 내담자 혹은 내담자 가족을 만나는 순간부터 시작된다는 것을 기억해야 한다.

(2) 목표설정
① 내담자 혹은 내담자 가족구성원에게 치료목표를 질문한다. 내담자가 목표마저도 잘 모르고 그냥 너무 힘들고 답답해서 왔다고 할 수 있다. 목표설정 자체가 치료과정이기 때문에 충분한 시간을 할애해도 괜찮다.
② 자녀가 제대로 답하지 못하면 부모가 대신해서 대답할 때가 있다. 이럴 때는 부모의 말을 존중하면서 자녀와 직접 대화한다. 이 과정이 매우 중요한데 위축된 자녀일수록 치료사로부터 존중받는 경험을 하게 되면서 치료과정에 적극적으로 참여하려는 동기를 갖게 해준다.
③ 가족구성원 모두가 동의하는 가족체계의 목표와 각 구성원의 목표를 통합해서 목표에 모두 동의하게 해야 치료의 효과가 높아진다. 하나의 방법은 각자 혹은 가족체계의 목표를 메타목표와 연결해서 정의하면 각 구성원의 목표와 가족체계의 목표가 통합된다.

(3) 진단 및 가설 세우기
① 구성원의 대처방식을 파악하고, 구성원들 사이의 힘의 균형과 상호작용 패턴을 파악한다.
② 각 구성원의 빙산과 구성원의 대처방식을 사용할 때의 빙산 경험을 파악한다.
③ 삼인군과 이인군의 상호작용 역동을 파악한다.
④ 각 구성원의 자원 및 가족 전체로서의 자원과 힘을 찾아낸다.
⑤ 부모의 원가족과의 관계를 탐색한다. 부모의 상처와 대처방식, 그리고 그로 인한 부부관계, 자녀와의 관계에 미치는 부정적인 영향을 찾아낸다.
⑥ 부모 그리고 자녀들이 경험한 해결되지 않은 충격적 사건들이 있었는지 확인한다. 예를 들자면 탄생초기, 생애초기, 학교 경험, 신체적 결함, 능력의 유무, 유전적 질병, 신체적 질병, 잦은 이사, 친구 혹은 동료들로부터의 상처, 친척 간의 갈등, 실직 혹은 사업실패로 인한 경제적 어려움, 부

모의 이혼, 충격적 사건, 사고 등이 있었는지 확인한다. 가족체계 자체에 문제가 없더라도 가족체계가 약하면 위기대처 능력이 약해서 외부 환경으로 인해 가족체계와 구성원에게 문제가 발생할 수 있다.
⑦ 가족체계로서 또 가족구성원으로서 변화를 위한 자원을 찾아야 하고, 이들의 자발성과 의지를 확인한다. 그리고 가장 중요한 것은 치료사가 지닌 인간 잠재력에 대한 신념이다.

(4) 상호작용의 변화
① 가족구성원의 부정적 피드백을 만들어내는 상호작용 순서를 바꾼다.
② 서로 주고받는 피드백, 즉 의사소통 방식을 긍정적 피드백을 줄 수 있는 방식으로 바꾼다.
③ 서로의 마음을 솔직하게 표현할 수 있도록 돕는다.
④ 다른 구성원의 빙산을 판단 없이 듣고, 각자의 열망을 발견할 수 있도록 돕는다.
⑤ 다른 구성원에 대한 감정이나 지각체계 등을 확장할 수 있도록 돕는다.
⑥ 구성원들이 서로에게 감사하며, 긍정적으로 연결될 수 있도록 돕는다.
⑦ 각 구성원의 발달 상태와 예민함 그리고 얼마나 자신을 보호하려 하는지에 대해 탐색한다.
⑧ 가족구성원의 두려움 또는 반사적인 반응에 대해 구성원들이 그들의 상호작용의 역동을 자각할 수 있도록 돕는다.
⑨ 지금 가족이 겪고 있는 문제의 원인이 어디서 비롯되었는지 자각하게 한다.
⑩ 한 구성원의 내면의 변화를 위해 치료사가 개입할 때, 다른 구성원들도 이러한 변화에 대해 자각할 수 있게 하고, 이러한 변화가 다른 구성원에게 끼치는 영향을 진단한다.
⑪ 가족구성원의 변화가 자신이 바라는 변화가 아니라 할지라도 비난하지 않는 태도로 바라볼 수 있게 한다.
⑫ 한 구성원이 내면의 변화를 경험할 때 다른 구성원들도 그 변화에 반응하여 어떤 변화를 경험하는지를 확인한다.
⑬ 한 사람이 변화할 때 다른 사람들도 변화하도록 각자 자신의 변화에 책임을 지게 한다.
⑭ 구성원이 서로의 차이점을 받아들이고 좀 더 일치적인 방법으로 차이점을 다룰 수 있게 도와준다.
⑮ 개방적으로 서로 연결되고, 함께 즐거움을 느끼는 방법을 발견할 수 있도록 돕는다.
⑯ 부모의 열망을 탐색하고, 그 열망을 충족시키기 위해 어떤 기대를 하게 되었으며, 그 기대를 채우기 위해 부모 각자가 각각 자녀들에게 부모로서 어떤 역할을 해왔는지 자각할 수 있도록 돕는

다. 나아가 양육 태도의 차이를 해결할 수 있도록 도와준다.
⑰ 부모는 자녀들이 태어나기 전에 이미 자녀에 대한 그림을 갖고 있으며, 그 그림에 자녀들을 맞추려는 경향이 있다.
⑱ 이때 치료사는 행동에 초점을 맞춰서는 안 된다. 치료사는 각 사람의 내면으로 들어가 하나의 인격체로서 구성원들 모두를 받아들여야 한다.

(5) 변화를 현재와 미래에 뿌리내리기

가족구성원이 변화를 수용하고 서로에게 좀 더 친밀해지도록 돕는다. 회기가 끝나기 전 가족구성원이 그 회기를 통해 경험한 것, 성장한 것, 앞으로의 성장목표에 관해 확인한다.

(6) 목표달성 확인

처음에 세웠던 가족의 목표와 가족구성원 각자의 목표가 달성되었는지 확인한다.

(7) 과제부여

가족 전체와 가족구성원이 할 수 있는 과제를 부여한다.

(8) 종결

초담에서는 치료과정에 참여할 것을 당부하며 다음 회기 일정을 함께 정한다. 상담을 종결할 때에도 같은 과정을 거친다. 특히 처음에 세운 가족의 치료목표가 달성되었는지 확인하고, 가족의 상태가 호전되었더라도 언제든지 문제가 발생할 수 있으며, 그렇다 하더라도 원래 상태로 퇴보한 것은 아니라는 사실을 강조하고, 만일 문제가 다시 발생하면 언제든지 상담을 재개할 수 있다는 사실을 알려준다.

3) 가족지도, 가족조각 후 실시한 가족치료 사례 | 김영애 시연

큰딸, 둘째 아들, 어머니, 큰아들 그리고 작은딸의 순서로 앉아있고, 반대편 의자에 아버지가 앉아있다. 치료사는 먼저 문제를 제시하기보다 자연스럽게 가족들로부터 문제가 나올 수 있도록 기다린다. 한 구성원이 말을 하면 다른 구성원들은 그 말을 있는 그대로 듣고 받아들이도록 한다. 이 사례는 아버지에 대해 가족 모두가 회유형의 대처방식을 취하고 있어서 치료사는 아버지의 지나친 통제와 힘을 고려하여 말을 걸지 않기로 한다. 어머니 또한 가장 먼저 그러한 대처방식을 보일 것이므로, 어머니에게도 먼저 말을 걸지 않는다. 치료사는 우선 큰아들에게 대화를 시작하게 한다. 그러나 통상 가족을 처음 만난 경우에는 위계질서를 지켜가며 가족구성원과 접촉을 시도하는 것이 좋다.

이 집에서 큰아들로서의 삶은 어떠셨습니까? 힘들었습니다. 동생들도 돌봐야 하고, 어머니도 돌보아야만 했기 때문에 제가 할 일을 할 수가 없었습니다. 둘째 아드님은 어떠셨나요? 가족과 사는 것이 어떠셨습니까? 우선 이런 상담소에 와야 하는 이유를 알 수 없습니다. 형하고 같이 사업을 하면서 힘든 것도 있었습니다. 큰 따님은 가족과 함께 사는 것이 어떠셨습니까? 가족이 화목했으면 하는 생각이 듭니다. 그렇지만 저는 몸이 약하고 마음도 불편해서 항상 나만 생각했던 것 같습니다. 자신만을 걱정하느라 가족들에게 미안하다는 말인가요? 이기적이라 미안하기도 하고… 저도 동생들한테 잘하고 싶은데 나 자신이 힘드니까 가족들에게 의지하게 되네요. 작은 따님은 가족과의 삶이 어떠신가요? 늘 언니가 걸립니다. 하나뿐인 언니인데 나와 늘 거리감이 느껴집니다. 내 일에 몰두하며 살고 싶은데, 저도 모르게 식구들에게 신경이 쓰입니다. 아버지와 언니를 생각하면 늘 마음이 무겁습니다. 마음이 가벼워지고 싶습니다.	• 한 가족 안에서도 가족구성원이 경험하는 가족은 각기 다를 수 있으므로, 각자의 경험을 나누게 하여 서로에 대한 이해를 높인다. • 형제 서열의 순서를 지키기 위해 큰아들, 작은아들 순으로 질문한다. 큰아들이 적극적이라 큰딸보다 큰아들에게 먼저 질문한다. • 큰딸은 자신을 비난한다. • 내담자의 경험을 명료화 한다. • 가족이 행복하지 않으면 구성원 간의 친밀감도 떨어지고, 불편함을 느끼게 된다.
어머님께서는 어떠십니까? 마음이 무겁고 답답합니다. 그동안 남편과 사는 것이 힘들어서 자녀들을 더 많이 돌보지 못했습니다. 지금 아들들이 힘들어하는 것을 보니 더 신경이 쓰입니다.	• 마지막으로 어머니에게 질문한다. 어머니조차 자녀들이 얼마나 힘들어하는지 잘 모르는 것 같다.
아버님께서는 어떠십니까? 그동안 온 가족이 저를 보고 있었는데, 저 혼자 다른 곳을 쳐다보고 있었던 것 같습니다. 가족들과 함께 어딘가를 향하는 줄 알았는데, 문득 뒤돌아보니 혼자 걷고 있었던 것 같습니다. 지금	• 가족들의 이야기를 듣고 난 후, 아버지에게 질문한다. 위계질서로는 아버지에게 먼저 질문할 수 있지만, 이 사례에서는 아버지가 먼저 이야기를 꺼내면 가족에 대해 비난

와서 생각해보니 제가 본보기를 보여주지 못하고 잘못 살아왔다는 생각이 듭니다. 가족을 바라보았으면 좋았을 것을 너무 다른 곳만 쳐다보았다는 생각이 듭니다.

을 하기 시작하고, 그렇게 되면 상담이 진행되기 어렵다고 판단하여 다른 식구들의 말을 들은 후에 느끼는 것을 질문하기로 했다.

과거를 아쉬워하시는데 구체적으로 무엇이 아쉬우신가요?

가족 모두가 한 단계 위로 올라가기를 바랐습니다. 현재의 모습이 마음에 들지 않기 때문입니다. 제가 앞에서 가족을 이끌면 격려가 될 줄 알았는데, 식구들에게 오히려 상처를 준 것 같습니다.

- 아버지가 가족들에게 가지고 있던 충족하지 못한 기대를 명료화한다.

아버님의 의도는 좋았지만, 그것을 전달하는 방식을 잘 모르셨군요.

그랬던 것 같습니다.

- 의도와 방식을 분리하는 작업을 진행한다.

아버님은 식구들에게 화내고 야단치면서 변화를 바랐는데, 가족들이 아버지를 고마워하기보다 오히려 아버지로부터 거리를 두게 되어 외로운 처지가 되신 것 같습니다. 의도대로 따라와주지 않는 식구에게 실망하셨나요?

다 그런 것은 아닙니다. 처음에는 그러지 않는데 점차 부부관계에서 실망감을 느끼면서 아이들에게도 화를 내고 야단치게 된 것 같습니다.

- 아버지에게 자신의 의사소통 방식을 자각하게 하는 동시에 충족하지 못한 열망을 드러내게 도와준다. 이때부터 이 가족의 진짜 문제가 드러나기 시작한다.

처음부터 부인에게 실망하신 것 같은데 결혼을 잘못 했다고 생각하십니까?

결혼 초반에는 그렇게 생각하기도 했습니다. 아내에게 실망스러운 부분이 많았습니다.

어머님께서도 그렇게 생각하셨나요?

중매를 서신 분이 남편에 대해 좋게 이야기하기에 좋은 사람인 줄 알았는데, 결혼하고 나니 결혼생활이 너무 어렵고 힘들었습니다.

- 부부의 첫 만남과 서로에 대해 가졌던 기대를 탐색한다.

어머님은 언제부터 이 결혼이 잘못되었다고 느끼셨습니까?

- 부부가 서로에게 실망한 부분에 대해 탐색한다.

결혼하고 남편에게 식사를 차려주어도 남편은 따뜻한 표정이 없었고, 말을 건넬 때마다 딱 잘라서 말할 때마다 그렇게 느꼈습니다.

그렇다면 큰아들이 태어나기도 전에 이미 그런 경험을 하셨다는 말씀이신가요?

그렇습니다.

아버님도 식사 준비를 해줄 때 만족스럽지 않고 못마땅한 표정을 지으셨던 것을 기억하시나요?

(아버지) 글쎄요. 기억나지 않는데요.
(어머니) 남편은 그런 감각이 없는 사람이에요.

• 부부간의 긍정적 상호작용이 점차 줄어듦에 따라 결혼생활이 나빠졌음을 알 수 있다.

결혼 초기에 그 밖에 또 다른 일이 있었습니까?

(어머니) 결혼하고 나서 처음에는 남편이 직장에서 돌아왔을 때 너무나 반가웠는데, 결혼 초기부터 직장 일이 힘들었는지 집으로 들어오는 남편의 얼굴이 항상 굳어있었습니다.

• 두 사람 사이에 또 다른 갈등요인이 있었는지 탐색한다.

아버님께서는 바쁘고 피곤해서 그러셨던 것인가요? 그때부터 결혼생활을 포기했던 것인가요?

학교(직장) 일을 잘하고 싶었습니다. 집안일은 굳이 신경을 쓰지 않아도 잘 돌아갈 것 같았습니다.

• 남편은 남녀의 역할을 구분하는 가족규칙을 지키고 있었다.

어머님께서는 감정을 표현하지 않으셨나요?

표현하지 않았습니다. 와이셔츠가 잘못 다려졌다고 남편이 야단치면, 다음에는 좀 더 잘 다리려고 노력했습니다.

• 부인의 대처방식은 순종적인 회유형이다.

어머님께서 자녀들에게 감정을 표현하지 말라고 가르치신 것 같은데, 알고 계시나요?

그런 것 같습니다.

아버님은 자신의 감정을 강하게 표현하셨고 어머님은 감정을 표현하지 않으셨습니다. 아이들 또한 감정을 표현하지 않았습니다. 아버님은 학교에서 좋은 선생님이셨고, 어머

• 어머니가 자신의 감정을 억압하거나 표현하지 않았던 것을 자녀들이 그대로 배워왔음을 자각시킨다.

님은 집에서 좋은 어머니이셨던 것 같습니다. 제 말이 맞나요? 이 말을 듣고 나니 마음이 어떠신가요? 이제 자녀들이 변화되길 바라시나요? (어머니) 네.	• 부모의 변화를 시도하기 전에 두 사람의 긍정적인 면을 인정한다.
제가 가족에 대해 그려본 그림은 이렇습니다. (다시 가족조각을 진행하면서) 부부가 싸울 때, 남편은 직접 비난하였고(가슴을 활짝 펴고 손을 앞으로 뻗어 부인에게 손가락질하게 함), 부인은 남편이 무서워 비위를 맞추지만, 결코 남편에게 지지 않으면서 남편을 간접적으로 비난한 것 같습니다(몸을 반 정도 구부려 한 손으로는 구걸하는 시늉을, 한 손으로는 남편에게 손가락질하며 비난하는 자세를 취하게 함). 이렇게 부인이 자신을 비난하기 시작했을 때 마음은 어떠하셨습니까? (아버지) 처음 아내가 절 비난할 때는, 더는 그렇게 못할 정도로 심하게 아내를 비난했습니다.	• 대처방식 조각을 통해 부부의 상호작용을 보여준다. 아내는 회유형에서 비난형으로 변하던 중, 남편이 자신을 더 심하게 비난함에 따라 회유형과 비난형의 대처방식을 오가고 있다.
어머님은 남편이 강하게 반발할 때 어떠셨습니까? (어머니) 자식들을 위해서라도 싸워야겠다고 생각했습니다.	• 부부의 부정적 상호작용이 시작된 시점을 알 수 있다.
그때 큰 아드님은 어떻게 대처했습니까? 어머님의 편이 되어 주었나요? (어머니) 아들이 옆에 있어서 힘이 되었죠. (큰아들) 저는 끼어들고 싶지 않았습니다. 너무 피곤했습니다.	• 부부가 싸울 때 자녀들의 대처방식을 확인한다. 부부의 갈등상황에 끼인 자녀의 마음이 잘 드러나 있다.
둘째 아드님은 어떠셨습니까? 집이 조용하고 평화롭기를 바랐습니다. 마음속으로는 아버지를 비난했지만, 도망가곤 했습니다. 싸움을 보는 것 자체가 힘들었습니다.	• 둘째 아들은 회피·산만형의 대처방식을 취해왔다.
아버님께서는 가끔 자녀들을 전부 잃어버린 것 같은 느낌이 드셨을 것입니다. 큰 아드님은 어머니 편에 있고, 작은 아드	• 가족구성원의 빙산을 읽어주고, 역기능적인 대처방식을 명료화시켜 준다. 즉, 각 구성원이 취했던 대처

님은 도망가고, 큰 따님은 아프고, 작은 따님은 겉으로는 괜찮아 보였을지 몰라도 내면으로는 두렵고, 아버지를 싫어하였으니까요. 외적으로 보면 이 가족이 실패한 것 같지는 않은데, 내적으로는 가족 모두 힘들어하는 부분이 있었네요.	방식을 하나씩 확인시켜줌으로써 가족 전체의 역동을 자각할 수 있도록 돕는다.
아이들이 사회적으로 성공했다고 하지만, 사실 제 욕심에는 미치지 못했습니다. 그리고 아내와의 감정싸움 때문에 가족 간의 화목이 무너지고 가족 간에 사랑이 없다는 것이 더 힘들게 느껴집니다. 결국, 제가 식구들에게 좋은 모습을 보여주지 못해서 이렇게 된 것 같습니다. 제 인생이 실패한 것 같습니다.	
아버님의 인생이 성공하려면 어떤 변화가 필요할까요?	• 변화를 위한 상담목표 설정하기
서로를 배려하는 마음이 있으면 좋겠습니다. 저마다 배려심을 가지고 태어났는데 서로에게 그런 것을 보여줄 기회가 많지 않았습니다. 이제 그런 기회를 더 많이 얻었으면 합니다.	
아버님께서 제일 연세가 많으시고 이미 좋은 목표를 가지고 계시기 때문에 아버님이 먼저 본보기가 되시면 참 좋을 것 같습니다.	• 가족의 회복에 대해 강한 동기를 일으킬 뿐 아니라, 이미 가족 내에서 큰 힘을 가지고 있는 아버지를 지지하면서 격려한다.
될 수 있다면 그렇게 하겠습니다.	
아버님이 어떻게 하면 어머님을 배려하고 있다고 느낄 수 있을까요?	• 부인의 남편에 대한 기대를 구체적으로 표현하게 한다.
남편이 내 기분을 이해해주고, 내가 하는 일에 대해 격려해주고, 무서운 눈길이 아닌 따뜻한 눈길로 봐주었으면 좋겠습니다.	
부인도 남편과 좋은 관계를 만들기를 바라십니다. 두 분이 서로를 이해하고 배려한다면 어떨 것 같습니까?	• 부부의 변화가 다른 가족구성원들에게 미치는 긍정적인 영향을 깨닫게 하여 부부의 변화 의지를 강화한다.
(큰아들) 내내 머리가 아팠는데 지금 순간적으로 통증이 사라지는 기분입니다.	

부모님이 달라지신다면, 큰 아드님은 어떻게 변화되고 싶으신가요??	• 부모의 변화와 더불어 자녀들의 변화를 끌어낸다.
결혼하여 이룬 제 가족을 좀 더 잘 돌보고, 제가 하고 싶은 것을 하고, 쉬고 싶습니다.	
그렇게 되면 아버님이 좀 더 가깝게 느껴질 것 같으신가요?	
(큰아들) 네, 아버지가 뭔가를 하신다고 하니 숨통이 트입니다.	
(작은아들) 제 마음속에서 계속 올라오는 것이 있는데, 어머니가 형과 누나하고만 가까운 것이 제게 소외된 느낌을 줍니다. 저는 어머니와 좀 더 가깝게 지냈으면 합니다.	
가족과 좋은 관계를 맺는 것이 이전에는 해보지 못한 새로운 경험입니까?	
(작은아들) 새로운 경험이죠.	
아버님께서 먼저 변하겠다고 하시니까 가족들이 모두 변화하려는 모습을 보셨습니다. 이제 아버님께 두 번째 기회가 온 것입니다. 아버님께서는 어머님께 좀 더 많은 사랑과 배려를 보이고, 어머님께서는 긴장을 풀고, 오빠들은 새로운 가족 만들기에 동참하며, 서로 좋은 관계를 형성하겠다고 결심하는 가족의 모습을 보니 큰 따님께서는 마음이 어떠십니까?	• 변화에 대한 지지 • 종결 및 뿌리내리기
(큰딸) 아프던 몸이 나은 것 같고, 또 웃을 수 있을 것 같습니다.	
제가 보기에도 큰 따님이 이제 아플 필요가 없을 것 같습니다.	
(작은딸) 이야기만 들어도 마음이 편해집니다. 이제 어렸을 때 못했던 재롱을 피우면서 제 에너지를 일에 쏟을 수 있을 것 같아요.	
이제 가족들이 모두 변화하겠다고 결심하셨습니다. 상담이 끝나면 모두가 그렇게 되시리라 믿습니다. 이렇게 와주셔서 감사합니다. 새로운 삶을 사시게 된 것을 축하드립니다.	• 가상 가족과의 치료 데모이기 때문에 다음 회기의 목표설정 대신, 치료과정 전반에 대한 피드백을 진행한다.
(가족 모두) 감사합니다.	

3부

| 13장 |
상호작용의 요인들 : 일치적 의사소통을 위한 변화

| 14장 |
부분들의 잔치 : 개인 심리 내면의 통합

| 15장 |
자기만달라 :
균형과 통합의 삶으로의 변화

| 16장 |
그 외의 변화 기법 :
명상, 은유, 내면 온도 읽기, 자존감 유지 도구함

| 17장 |
사티어 경험주의 집단상담 모델

13장
상호작용의 요인들 : 일치적 의사소통을 위한 변화

The Ingredients of an Interaction : Aware of the intrapsychic components of interactive communication and Skill Development for Congruent Communication

1. 상호작용의 요인들[1]

MRI_{Mental Research Institute}가 미국 서부 팔로알토에 정식으로 발족하기 이전부터 이 센터와 연관된 학자들은 의사소통을 조금씩 연구하기 시작하였다. 그들은 조현병 환자의 증상 중 하나가 의사소통이 제대로 되지 않는다는 점에 초점을 두고 연구하였다. 이들이 연구하기 이전에는 가족치료라는 개념이나 치료 이론과 방법이 거의 알려지지 않은 상태였다. 지금은 조현병의 병인을 생물학적 질병이라고 이해하고 있지만, 그 당시에는 조현병을 정신병으로 알고 있었다. 이들 몇몇 정신과 의사들은 이런 환자의 가족이 매우 혼란스러운 것을 발견하고 병인病因이 가족이 아닐까 의심하면서 가족치료에 관한 연구가 시작되었다.[2]

이러한 일부 정신과 의사들의 노력과 상관없이 사티어는 내담자와 내담자 가족에 대한 치료, 또 치료사 훈련 프로그램으로 시카고 지역에서 이미 유명해져 있었다. 이런 명성 때문에 가족치료에 많은 관심이 있던 잭슨_{Don Jackson}은 사티어를 설득해서 그녀를 MRI 초대 소장으로 초청하였다. 사티어는 이들 정신과 의사 학자들과는 달리 풍부한 임상 경험을 통해 나름대로 의사소통에 대한 이론을 이미 정립하고 있었다. 그리고 많은 정신병리를 앓고 있는 내담자 및 중독자들을 치료하는

---

[1] 의사소통에 관한 자세한 내용은 사티어빙산의사소통을 참조, 김영애, 2019, 개정판 참조
[2] 비록 조현병이 심리적 문제가 아니라고 하더라도 이 병을 앓고 있는 내담자 가족에게는 조현병 환자의 혼란스러움을 감소시키기 위해서 더욱더 명확한 의사소통이 중요하다. 저자가 만난 조현병 환자의 가족 대부분은 가족에도 문제가 있었으므로 가족치료를 권한다. 그러나 이들 가족체계는 경직되어서 변화를 받아들이기 힘들어하여 쉽게 치료를 포기하는 경향이 있다.

과정에서 이들의 문제가 역기능 가족에서, 특히 역기능 가족의 상호작용에서 비롯되었다는 것을 알고 있었다.

사티어는 자존감이 높으면 외부 압력을 이겨내고 자신의 경험을 상황에 맞게 적절하게 표현할 수 있다고 확신하고, 먼저 심리 내면이 일치적 상태에 있어야 한다고 주장하였다. 일치적 상태에 있지 못하는 사람은 다양한 방어기제를 발동하여 자기를 외부의 비난으로부터 보호하고자 한다. 자기를 보호하기 위한 역기능적 의사소통, 즉 대처방식은 각 구성원의 성격적 특징, 가족체계 내의 서열, 구성원들의 상호작용, 세대를 통해 전달되는 의사소통 규칙, 가족규칙, 가치관 등의 영향을 받아 형성하게 된다. 이렇게 형성된 의사소통 방식은 쉽게 고쳐지지 않고 거의 무의식적 수준에서 유지되기 때문에 사티어는 의사소통 과정을 단계별로 분석하여 상호작용의 요인들이라는 기법을 그녀의 생애 후반기에 개발하였다.

1) 상호작용 요인들의 단계

상호작용은 다음의 단계를 거친다.

① 태도: 듣는 사람은 상대방의 말을 듣고자 하는 마음과 태도를 갖춘다.

② 신체적 감각기관 기능: 상대방의 말을 객관적으로 보고 듣는다.
  말하는 사람은 마치 동영상을 찍듯이 상대방의 표정, 말투, 신체적 특징, 언어적 표현 등을 확인한다. 이때 많은 사람이 과거의 경험에 따라 선택하고 해석하는 오류를 범하기 쉽다.

③ 지각체계 발동: 받아들인 정보를 해석하고 의미를 부여한다.
  객관적으로 보고 들은 자료를 해석하면서 의미를 부여한다. 인간은 보고 들은 것에 대해 즉각적으로 주관적 해석을 하고, 그에 따른 의미를 부여한다. 이 과정은 매우 빠른 순간에 행해지기 때문에 2단계와 3단계를 분리하기 쉽지 않다. 자존감이 낮은 사람은 위 단계에서부터 상대방의 말을 선택적으로 받아들이고, 왜곡되게 해석하면서 자기 나름대로 의미를 부여한다. 따라서 내가 부여한 의미가 객관적인지 혹은 오류가 있는지를 확인한다.

④ 감정체계 발동: 의미부여를 한 다음에 발생하는 감정을 확인한다.
  위 단계에서 부여한 의미에 따라 감정이 발생한다. 상대방의 말을 부정적으로 해석하고 의미를 부여하면 감정체계가 발동한다. 만일 상대방의 말에 부정적 감정을 느낀다면 내가 보고 들은 것

을 객관적으로 해석하고 의미를 부여하였는지, 과거의 경험에 근거하여 의미를 부여하고 느끼는 감정인지 되짚어보아야 한다.

⑤ 이차감정 발동: 감정을 느낀 다음에 그 감정에 대한 이차감정을 확인한다.

감정을 느낀 다음에 그 감정에 대해 또 다른 감정을 느낀다면 그 감정을 확인해야 한다. 예를 들면, 어머니한테 화가 나는데, 곧이어 죄책감을 느낀다면 이 죄책감이 바로 이차감정이다. 이차감정이 자기에 대한 가치를 낮추는 경우가 많으므로 이차감정도 다루어야 한다.

⑥ 지각체계의 규칙 발동: 의사소통 규칙이 적용된다.

어느 가족이나 많은 삶의 규칙, 특히 언어적 의사소통 규칙이 있다. 경직된 가족체계일수록 엄격한 의사소통 규칙을 구성원이 지킬 것을 요구하고, 유연한 가족체계일수록 의사표현이 자유롭고 구성원들이 서로를 존중한다. 반면에 부적절한 가족일수록 의사표현이 산만하다.

⑦ 신체적 표현: 의사소통 방식을 적용하여 언어로 표현한다.

자존감이 낮으면 자기를 보호하기 위해 방어기제(투사, 부인, 무시 등), 즉 회유형, 비난형, 초이성형, 부적절형(산만형, 회피형, 철회형)을 사용한다.

⑧ 상대방의 말을 들은 다음, 위의 같은 과정을 거쳐 대답한다.

2) 상호작용의 요인들 기법 작업과정

① 상호작용을 할 두 명의 지원자를 찾는다.
② 두 명의 지원자는 자신의 상호작용 요인들을 대표할 역할자를 선출한다.
③ 상호작용의 요인들에 관해 설명한다.
④ A가 먼저 B에게 강력한 반사적 반응을 불러일으키는 말을 한다.
⑤ B는 자신의 상호작용 요인 역할자들이 보이는 반응을 관찰한다.
⑥ 이번에는 반대로 B가 A에게 강력한 반응을 불러일으키는 말을 한다.
⑦ A는 자신의 상호작용 요인 역할자들이 보이는 반응을 관찰한다.
⑧ ④~⑦의 과정을 통해서 A나 B 모두 자신들의 의사소통 과정 중 어느 부분이 어떻게 잘못되었는지를 파악하게 된다. 부분들에 문제가 발생하면, 각각의 부분들을 하나의 빙산으로 보고 새로운 경험을 하게 함으로써 일치적 의사소통을 할 수 있게 한다.
⑨ 새로운 의사소통 방식을 확인한 후에 '상호작용 요인들' 역할자를 지원자 뒤에 서게 하여 지원자

가 눈을 감고 과정을 진행하는 중에 경험한 것들을 내면화시킨다. 그런 다음 되돌아서서 자신의 상호작용 요인들을 바라보고, 그 모습이 앞으로 의사소통할 때의 상호작용 순서임을 다시 한 번 확인하게 한다.

⑩ 역할자가 경험한 바를 나누게 한다.
⑪ 마지막으로 지원자의 경험을 나누게 한다.

3) 상호작용 요인들 기법 집단에 응용하기

다음은 위의 작업과 달리 상호작용의 요인들을 마치 가족조각같이 조각해보고, 변화해야 하는 요인들과의 빙산 탐색 작업을 통해 일치적 의사소통을 할 수 있도록 돕는 작업이다.

① A가 B에게 반사적 반응을 할 만한 말을 한다. B가 여기에 반사적 반응을 보인다.
② B의 반응을 보고, B의 상호작용 요인들이 B의 내적과정을 조각한다. B에게 이들의 조각이 자신의 내적과정을 정확하게 드러내는지를 확인시킨다. 만일 다르다면 B에게 더욱 정확하게 조각을 만들도록 한다.
③ 조각 작업이 끝나면 B가 조각을 바라보면서 경험하게 한다.
④ 치료사는 B와 함께 위 단계에서 걸린 부분들을 찾아 새로운 경험을 통해 변화하게 한다.
⑤ 위 작업을 진행한 후 지원자가 새롭게 변화된 모습을 조각하게 한다.
⑥ 지원자가 이를 끝낸 뒤 조각을 보며 경험한 것을 표현하게 한다. 상호작용 요인들의 역할자들을 지원자 뒤에 서게 하고, 지원자가 눈을 감고 과정을 통해 경험한 것들을 내면화하게 한다. 그런 다음 되돌아서서 자신의 상호작용 요인들을 바라보고, 그 모습이 앞으로 의사소통할 때의 상호작용 순서임을 다시 한번 확인하게 한다.
⑦ 역할자로서의 경험과 개인적인 경험을 나누게 한다. 마지막으로 지원자의 경험을 나누게 한다.

의사소통 과정 통합 도표

A의 자존감이 낮으면 B의 말에 비일치적으로 반응하면서 비일치적인 의사소통 순환과정이 반복된다.

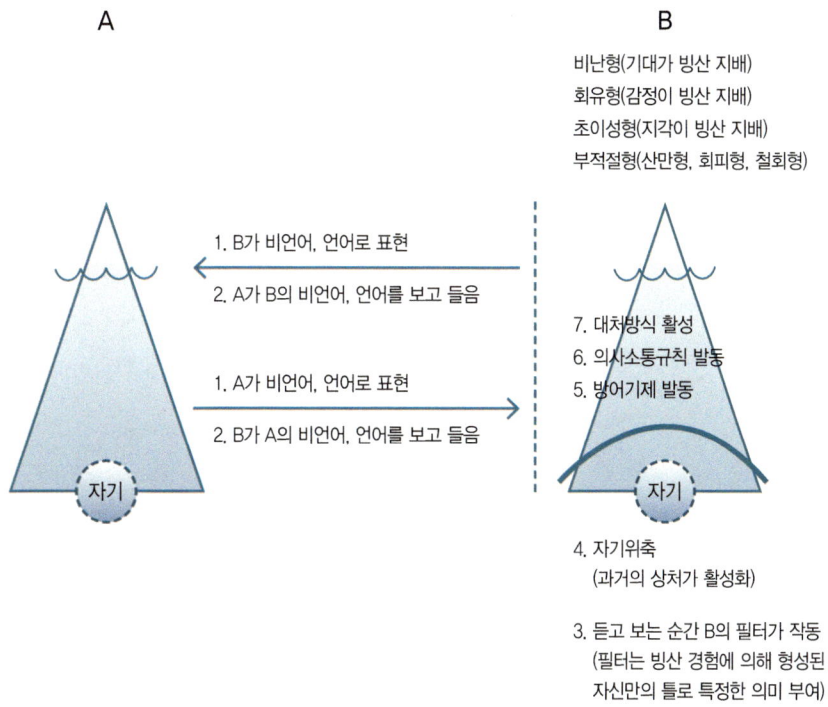

1. B가 자존감이 높으면 A의 말을 정확하게 들었는지 확인한 다음에 B는 자신의 빙산을 말한다.
2. B가 자존감이 낮으면 A의 말을 듣고 B가 위의 순환과정을 거친다.
3. B는 과거의 경험으로 형성된 필터가 순간적으로 발동한다.
4. B가 자존감이 낮으면 자기가 위축되면서 과거의 상처가 떠오른다.
5. B는 순서대로 자기를 보호하기 위해 방어기제와 의사소통 규칙을 발동한다.
6. B는 자신의 대처방식을 활성화한다.
7. A의 말에 B는 대처방식에 따라 자기 의사표현을 한다.

14장
부분들의 잔치 : 개인 심리 내면의 통합
The Internal Parts Party : Transforming Internal Dynamics and Integrating Resources Into a Cohesive Whole

어린 시절에 만화경을 들여다보면서 신기해했던 기억이 난다. 작은 조각들이 어우러져 하나의 완성된 모습으로 드러날 때의 아름다움은 신비롭기만 했다. 사티어는 사람을 마치 작은 사람들의 집합체로 비유하면서 작은 사람들을 큰 '나'로 통합하는 부분들의 잔치라는 기법을 제안하였다.[1]

사람은 자신의 삶을 풍성하게 살 수 있는 다양한 자원을 가지고 태어난다. 이러한 자원은 특정한 역할을 감당하면서 복잡한 형태로 발전한다. 성장과정에서 주인인 나는 어떤 자원은 긍정적인 부분으로 혹은 부정적인 부분으로 평가한다. 그리고 긍정적인 부분은 드러나게 하고, 부정적인 부분은 드러나지 못하게 하려 한다. 따라서 어떤 부분은 과대기능을 하고, 어떤 부분은 과소기능을 하게 되면서 내면의 균형이 깨지게 된다. 사실 긍정적 부분 혹은 부정적 부분 모두 나의 일부분으로 '나'를 위해 최선을 다하려 애를 쓴다. 그러나 주인인 '나'가 약하면 약할수록 부정적이라고 판단한 부분은 더 억압하고, 긍정적이라고 판단한 부분만 더 드러내게 하면서 부분들 사이의 균형이 깨지게 된다. 사실 이 부분들은 주인인 '나'를 위해 자기의 역할만 열심히 해내려고 하다가 서로 경쟁하고, 무시하고, 거부하게 되면서 아노미anomie 상태에 빠지게 된다. 결국 '나'는 힘을 잃게 되고, 주인인 '나'가 힘을 잃을수록 부분들은 더욱더 열심히 자신에게 부여된 역할을 감당하려 한다.

---

[1] 사티어의 부분은 분리된 인격체가 아니라 특성, 경향성 혹은 기능적인 특성으로 설명하였다. 부분들에 인격체를 부여하면 통합하는 과정이 어려워지기 때문이다. Satir Institute of Pacific은 마키-밴멘의 부분들의 잔치 실연 비디오를 출시하였다. 슈워츠는 이 기법을 좀 더 체계화하여 '내면 가족체계 치료Internal Family System Therapy' 방법론을 개발하였고 개인 상담, 특히 섭식장애 내담자들에게 적용하였다. Schwartz, R. (1997). *Internal Family Systems Therapy*. NY: The Guilford Press.

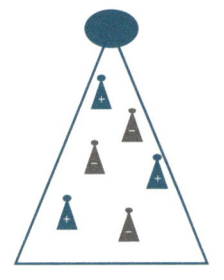
부분들은 하나의 체계를 이룬다.

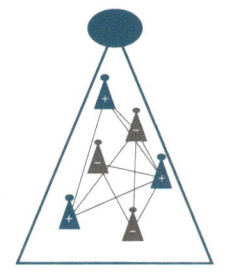
부분들은 끊임없이 상호작용한다.

사티어는 혼란스러운 내담자들의 내면을 통합하여 온전한 '나'로 살아가도록 돕기 위해서 가족치료를 하듯이 내면의 부분들을 가족치료하였는데, 이것이 '부분들의 잔치' 기법이다. 마치 가족치료가 가족구성원을 치료하면서 가족체계를 회복 성장시키듯이, 부분들의 잔치도 '나'를 회복 성장시키는 작업이다. 이 작업은 혼란에 빠진 부분들의 빙산, 부분들의 상호작용, 그리고 부분들의 조화, 그리고 자기self와의 통합단계로 나누어 진행된다. 특히 이 과정은 연극 같은 형태로 진행하여 효과를 극대화하였다.

기능적인 가족체계의 구성원들 사이에는 명확한 경계선이 있어야 서로의 역할을 감당하고 보완할 수 있다. 내면의 부분들 사이에도 명확한 경계선이 필요하다. 그러나 부분들이 지나치게 자기 역할에 몰두하다 보면 경계선이 경직되어 서로의 존재를 알지 못하고 각각 분리된 인격체처럼 활동한다. 또 부분들이 서로 경쟁하고, 무시하고, 거부하면서 부분들 사이에 긴장감이 높아지고 파편화되면서 '나'는 힘을 잃게 된다. 이렇게 되면 '나'를 보호하기 위해 더욱더 경쟁적으로 자신의 역할을 감당하려 한다. 그러다 보면 각자 자신의 역할에만 몰두하기 때문에 부분들은 분리되고, 서로의 존재를 모르며, 과대기능을 하거나 과소기능을 하게 된다. 결국, 자기self는 통제력을 상실하고, 다양한 부정적 증상이 나타나게 된다.

부분들의 잔치 기법은 전체 치료과정 어느 시점에서나 적용할 수 있지만, 어느 정도 자신을 이해하고 부분을 찾을 수 있는 능력이 형성된 상담 후반기 통합과정에서 사용하는 것이 바람직하다. 이 기법은 정체성 혼란을 겪는 사람이나 청소년들에게도 병리적 수준이 아니면 적용할 수 있다. 고전적인 방식으로 진행할 수도 있고, 개인상담이나 집단상담 형식으로 작업할 수도 있다. 개인상담의 경우에 가족조각, 가족지도 등 다른 기법들과 함께 사용할 수도 있다. 어린아이의 경우 부분들을 그림으로 그리게 하거나, 만화에 나오는 캐릭터를 응용하거나, 놀이치료에 이용하는 소품들을 대신 사용할 수도 있다. 나이가 어릴수록 풍부한 상상력으로 각 부분의 역할을 생동감 있게 표

| 명확한 경계선 | 경직된 경계선 및 단절 | 산만한 경계선 |

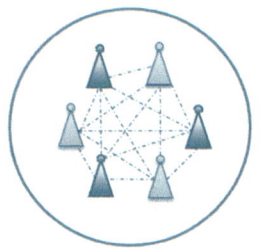 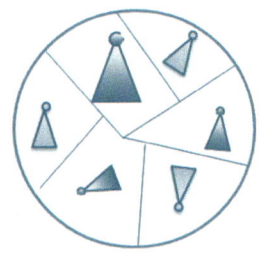 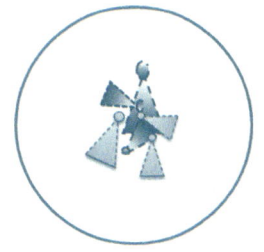

부분들 사이에 상호작용을 통해 균형과 전체성을 이룬다.

부분들이 분열되어 서로 경쟁하고 소외시킨다. (극심한 경우, 다중인격장애)

부분들이 혼란스럽고 서로 엉켜있다. (극심한 경우, 조현병)

현할 수 있어서 작업이 잘 진행될 수 있다. 또 다른 방법으로 인형을 활용할 수 있다. 각 부분의 특징을 잘 나타내는 인형들을 사용하여, 그 인형에 이름을 붙이면서 부분들의 작업을 처음부터 적용할 수 있다. 스티커에 부분들을 적게 한 다음에 작업하는 것도 가능하다.

특히 이 기법은 부부상담에 효과적이다. 한 예로 부부들은 처음에는 상대방의 긍정적인 부분에 초점을 맞추다가 시간이 흐를수록 부정적인 부분에 초점을 맞추게 된다. 그리고 마치 상대방을 부정적 부분들의 합습으로만 바라보게 된다. 그러나 이 기법은 부부들이 잊고 있었던 서로의 긍정적 부분들을 다시 확인시켜주고, 긍정적 상호작용을 촉진하면서 부부관계를 효과적으로 개선할 수 있다. 이외에도 이 기법은 섭식장애, 중독, 성 정체감과 관련된 문제, 자살 충동, 우울, 불안이나 분노를 다루는 데에도 효과적이며, 신체적 질병이 있는 사람들에게도 적용할 수 있다. 특히 섭식장애 내담자에게도 효과적이다. 그러나 정신병을 앓고 있거나, 해리성 장애 혹은 정체감에 극심한 혼란을 겪고 있는 사람에게는 이 기법을 사용하지 않는 것이 좋다.

밴멘은 치료과정 중에 내담자 내면에서 첨예하게 갈등하는 감정, 생각, 기대 등을 두 손에 올려놓는 방식으로 작업을 진행한다. "지금 당신 안에서는 사랑하는 마음과 증오하는 마음, 이 두 감정이 서로 갈등을 일으키고 있습니다", "지금 당신이 경험하고 있는 것은 무엇입니까? 두려움입니까? 배려입니까? 어느 손에 배려가 있습니까? 왼손의 배려를 오른손의 두려움에 나누어줄 수 있습니까?", "이혼을 원합니까? 아닙니까? 어느 손이 더 무겁습니까?" 등의 질문을 던지며, 갈등하는 두 부분을 통합하는 방법을 사용하기도 했다.

1. 고전적 부분들의 잔치 기법 진행과정

부분들의 잔치 기법의 첫 번째 작업은 내담자의 긍정적·부정적 부분을 세 개씩 찾아 형용사와 그 형용사를 쉽게 떠오르게 할 수 있는 유명한 사람의 이름을 붙이거나 혹은 동물의 이름을 붙이는 것이다. 이렇게 하는 이유는 내가 표현하려는 특성을 다른 사람에게 쉽게 전달하기 위해서이다. 그러나 만약 세 개의 형용사를 찾기 힘들어하면, 하나의 형용사만 붙여도 작업이 가능하다. 그러나 부정적인 것을 긍정적으로 변화시킬 때는 형용사를 많이 붙이는 것이 숨겨진 자원을 통합하는 데 더 좋다. 어떤 내담자들은 부분들을 찾는 것 자체를 힘들어하는 경우가 있다. 이때에는 형용사만 붙이거나, 유아기의 자기, 초등학교 시기의 자기 등 발달단계별로 나누어 별칭을 붙이면서 작업할 수도 있다.

1) 고전적 부분들의 잔치

(1) 고전적 부분들의 잔치 준비과정

① 내담자의 부분들을 찾는다.

자원한 내담자의 긍정적·부정적 부분들을 적어도 3개씩 찾는다.

내담자가 뚜렷하게 자각하는 부분을 찾게 한다. 내담자들이 자신의 부분들을 잘 찾지 못할 경우, "당신의 상처를 보여줄 수 있는 부분은 무엇입니까?", "당신의 지혜를 드러내는 부분은 무엇입니까?" 등의 질문을 통해 사람들이 보편적으로 가지고 있는 부분들을 찾게 하고, 점차 자신의 특정한 부분들을 찾도록 돕는다.

② 내담자가 자기의 부분을 표현하는 상징적 인물을 선택한다. 이렇게 찾은 부분들에는 그 부분을 대표할 만한 이름을 붙이는데, 소설, 영화, 만화에 나오는 특정한 캐릭터, 역사적 인물 또는 동물의 이름 중에서 고르게 하는 것도 하나의 방법이다.

부분의 특성을 드러낼 만한 상징적인 대상이면 무엇이든 괜찮지만, 대중적으로 잘 알려진 인물을 선택하는 것이 좋다. 그 인물이 본래 가진 특징과 붙이고자 하는 형용사가 반드시 일치해야 하는 것은 아니다.

내담자의 가족이나 친한 친구를 인물로 정하는 것은 적절하지 않다. 그 이유는 가까운 지인을 부분에 대한 상징적 인물로 정하면 치료과정에서 경계선을 설정하기 어렵기 때문이다. 내담자가 어떤 부분에 맞는 인물을 찾기 어려워한다면, 그 부분에 대해 좀 더 자세히 설명하게 하고 그 부분과 관련되어 기억나는 사람이 있는지 물어본다. 이때 치료사가 누군가를 적극적으로 제안하지는 말아야 한다. 상징적인 인물을 찾는 것이 아무리 어려워도 반드시 내담자가 스스로 이름을 붙이게 해야 한다. 이때 "왜 이 부분이 목소리를 내지 못할까요?", "이 부분은 어렸을 때 만들어진 것인가요?", "이렇게 드러나는 것을 두려워하는 사람은 아이인가요? 두려운 대상은 누구인가요?"라고 질문할 수 있다. 그래도 이름이 떠오르지 않으면 그림으로 그려보게 한다.

③ 찾은 인물들에 대해 세 개의 형용사를 붙이게 한다. 그다음, 찾은 인물들을 긍정적 또는 부정적으로 분류된 영역에 적게 한다.

형용사는 각 부분을 묘사하기 위한 것이지, 자신이 선택한 인물의 특징을 설명하기 위한 것은 아니다. 형용사 찾기를 힘들어할 때도 마찬가지로 치료사는 형용사를 찾는 데 도움을 줄 수 있는 질문을 할 수는 있지만 직접 형용사를 제안하지는 말아야 한다. 더는 진도가 나가지 않을 때는 내담자에게 그 부분이 내면에서 어떤 작용을 하는지에 대해 좀 더 이야기해달라고 요청하며, 결국 내담자 스스로 형용사를 찾게 한다.

내담자 스스로 각각의 부분들을 긍정적인 영역으로 편입시킬 것인지 부정적인 영역으로 편입시킬 것인지에 대해 결정하게 한다. 치료사는 내담자에게 긍정적인 형용사가 부정적인 것으로 바뀔 수도 있으며, 그 반대의 상황이 일어날 수도 있음을 알려준다. 이 과정에서 좋고 나쁨이란 정해진 가치가 아닌 상황에 따라, 어떤 의미를 부여하느냐에 따라 달라질 수 있다. 작업이 끝난 후, 내담자에게 이렇게 작성한 것이 적절하다고 느끼는지, 바꾸고 싶은 것이 있는지에 대해 질문한다. 만약 바꾸고 싶은 것이 있다면, 어떤 것을 바꾸고 싶은지, 왜 바꾸고 싶다고 느끼는지에 대해 호기심을 가지고 묻는다.

치료사는 내담자에게 긍정적인 부분이라 생각했던 것이 부정적인 것으로 변했던 경험 혹은 그 반대의 경험을 떠올리게 한다. 자신의 한 부분을 부정적인 것으로 표현했을지라도, 각 부분은 마치 동전의 양면처럼 긍정적인 역할로 드러날 때가 있는가 하면, 긍정적인 것이 곧 부정적인 역할로 드러나는 때도 있다. 즉, 가치판단이 변하면 그에 따라 긍정, 부정이라는 이름을 붙인 부분들도 언제든지 바뀔 수 있다. 따라서 치료사는 내담자에게 가치판단에 따라 각 부분의 평가가 달라질 수 있다는 사실을 깨닫게 해준다.

④ 내담자가 자신의 부분들에 대해 모든 작업을 마칠 때까지 위의 작업을 계속한다. 이때 부정적인

부분들과 긍정적인 부분들의 개수는 같게 하거나 긍정적인 부분들의 개수를 좀 더 많게 한다.

내담자가 긍정적인 부분 찾기를 어려워한다면, "당신 안에 창조적인 부분은 어디에 있나요?" 또는 "당신의 지혜는 당신 내면의 어떤 부분인가요?"와 같은 질문을 할 수 있다. 내담자가 어떤 부분에 대해 회피하는 모습이 역력하다면, 내담자가 그 부분에 접촉할 수 있도록 도와준다. 예를 들어, 내담자가 성적 학대로부터 치유되는 과정에서 성적인 부분을 무시하였다면, "당신의 내면 가운데 성적인 에너지를 가지고 있는 부분은 어떤 부분입니까?"라고 질문할 수 있다.

⑤ 부분들에 대한 작업이 끝나면 부분들을 분류한다.

긍정적 부분	부정적 부분
+A 인물, 동물, 다양한 캐릭터(형용사 3개)	−D 인물, 동물, 다양한 캐릭터(형용사 3개)
+B 인물, 동물, 다양한 캐릭터(형용사 3개)	−E 인물, 동물, 다양한 캐릭터(형용사 3개)
+C 인물, 동물, 다양한 캐릭터(형용사 3개)	−F 인물, 동물, 다양한 캐릭터(형용사 3개)

칠판에 칸을 나누어 내담자가 긍정적인 부분과 부정적인 부분을 각각 적도록 한다. 가능한 긍정적 부분들의 형용사를 더 찾게 하는 것이 좋다. 부분들이 충분하게 확인되었다면, 내담자가 직접 작성한 분류표를 확인하면서 내면의 여러 부분을 동시에 경험할 때, 자신의 내면에 어떤 변화가 일어나는지 탐색하게 한다. 더불어 "이렇게 자신의 부분들을 한눈에 보게 되니, 어떤가요?"와 같은 질문을 던져 내담자가 내면의 변화를 표현하도록 한다.

(2) 고전적 부분들의 잔치 진행과정

① 내담자의 부분들을 담당할 역할자를 선정한다.

선택을 받은 사람들은 그 역할에 응할 수도 있고 거절할 수도 있다. 내담자는 각 부분을 맡은 역할자가 자신에게 붙여진 형용사를 이해할 수 있도록 설명해주고, 확실하게 이해했는지 다시 확인한다. 한 예로, 내담자가 부처로 표현된 부분을 맡은 역할자에게 '순수함'이란 형용사를 붙였는데, 정작 부분 역할자는 어떤 의미에서 부처가 순수하다는 것인지 이해하지 못할 수도 있기 때문이다. 이때 내담자는 부처의 몸짓, 상호작용 행동, 목소리, 말 등 그 인물에 그러한 형용사를 붙인 이유에 대해 역할자에게 구체적으로 설명해준다.

② 역할자들이 역할에 맞는 준비를 한다.

역할자들에게 소품과 음악을 준비하고, 잠깐 명상의 시간을 갖게 한다. 내담자는 옆에서 각 부분이 자신의 역할에 맞는 몸짓이나 자세, 말 등을 정확하게 표현할 수 있게 안내한다.

③ 역할자들이 1막 연극을 시작한다.

역할자들이 하나씩 무대에 등장하기 시작하면서 서로 간에 상호작용이 일어난다. 각자 자기의 특성을 한껏 드러내며 대중에게 자신을 소개한다. 한동안 무대 위에서 벌어지는 시끌벅적한 잔치를 내담자에게 지켜보게 하다가, 어느 순간 치료사의 정지신호에 맞춰 모든 역할자들은 일제히 동작을 멈춘다. 모두가 멈춘 바로 이 장면에서 내담자는 자신의 내면에서 일어나고 있는 것과 같은 역동을 경험하게 된다. 만약 역할자의 몸짓이나 자세가 부분들의 특성과 잘 맞지 않을 때는 치료사가 이를 교정할 수 있으며, 교정 후에는 반드시 수정한 것이 부분의 특성과 잘 맞는지 내담자에게 확인해야 한다. 역할자들에게 자신이 경험하는 바를 이야기하게 하고, "이 부분들은 이렇게 말하는데, 이것이 당신의 경험과 같습니까?"와 같은 질문을 통해 그것이 내담자가 내면에서 경험하고 있는 것과 같은 것인지 확인하는 작업을 거친다.

④ 역할자들이 2막 연극을 시작한다.

다시 잔치가 계속되면서 부분들의 상호작용이 계속된다. 앞서 각각의 역할자들이 자신의 특성을 강하게 표현하도록 하였다면, 이번에는 역할자들 사이의 상호작용을 강조하여 그들 간의 갈등을 좀 더 과장되게 표현하게 한다. 그 후 앞에서와 마찬가지로 상황을 정지시키고, 역할자들에게 경험을 묻고 이러한 경험이 내담자의 경험과 같은 것인지 확인한다.

치료사는 이 순간 어떤 부분의 에너지가 가장 강하게 느껴지는지, 가장 약하게 느껴지는 부분은 어떤 부분인지에 대해 질문하면서 내담자의 빙산을 탐색한다. 만약 어떤 부분을 부정적으로 평가하였더라도 지금도 그와 같은지에 대해 다시 물어본다. 그리고 그 부분의 긍정적인 면을 찾게 한다. 비록 그 부분이 내담자의 인생을 힘들게 한 점에는 감사할 수 없다 해도, 그 부분이 가진 긍정적인 면에 감사할 수 있는지 질문한다.

내담자가 가장 강하게 느끼고 있는 부분이 다른 부분들의 존재를 알고 있었는지, 그리고 그렇게 강한 부분이 내담자의 생존을 위해 부단히 노력하는 동안 다른 부분들은 이 부분의 노력을 알고 지지해주었는지 물어본다. 또한 이들이 어떤 의도로 강한 부분에 도움을 주려 했는지도 물어본다.

각 부분에 대해 위 작업을 차례대로 실시한다. 특히 부분들의 상호작용에 대한 탐색을 지속한다. 어떤 부분이 가장 강한지, 어떤 부분과 어떤 부분이 긍정적으로 연결되어 있는지 혹은 결탁하고 있는지, 서로 대립하고 있는지, 서로 회피하는지, 서로의 존재를 아예 자각하지 못하고 있는지 자세히 알아본다. 다른 어떤 부분들이 서로를 가르치고자 하는지, 서로 돕고자 하는지, 서로의 열망을 충족시키기 위해 도움을 주고자 하는지 등도 확인한다.

⑤ 역할자들이 3막 연극을 시작한다.

다시 잔치를 진행하면서, 이번에는 역할자들로 하여금 상호작용 가운데 발생하는 충돌을 극화해서 표현하게 한다. 이때 이들은 무대를 돌아다니던 중 서로 부딪치기도 하고, 화를 내기도 하고, 다른 부분을 미워하는 감정을 강하게 쏟아놓기도 한다. 역할자들은 마치 다른 역할자의 존재를 인정하지 않고, 무대 위에 자기만 있는 것처럼 행동한다. 이렇게 되면 잔치는 순식간에 난장판으로 변하게 된다. 그러다 보면 어떤 역할자는 다른 역할자들을 무시하고 지배하려 하며, 또 어떤 역할자는 구석에 몰려서 꼼짝 못 하기도 하고, 어떤 역할자는 담요 같은 것을 덮고 없는 것처럼 행동하기도 한다. 이렇게 역할자들이 난장판을 벌이면 내담자는 어찌할 바를 모르고, 중심을 잃게 되며, 가장 힘이 강한 역할자에게 지배당하게 된다.

모든 역할자들이 나름대로 '자기'를 보호하기 위해 최선의 노력을 해왔던 것에 대해 인정해준다. 그리고 이제는 예전의 방법대로 하지 않아도 되며, 자기self가 도움을 요청하기 전까지는 편히 쉴 수 있다고 말해준다. 모든 부분은 내담자를 돌보려고 하는 의도가 있음을 되새기며, 이러한 관점에서 내담자와 부분들과의 관계를 새롭게 정립한다.

⑥ 역할자들의 연극이 끝난다.

치료사는 다시 부분들을 정지시킨다. 그리고 부분들의 경험을 확인한다. 치료사가 내담자에게 "이 장면이 당신에게 무엇을 말하고 있습니까?", "이 장면이 일상의 삶에서 자주 일어나는 일인가요?"라고 질문하면서 내담자가 자신의 내면에서 일어나는 상황을 자각하게 한다.

(3) 고전적 부분들의 잔치 변화과정

① 내담자는 자신의 내면에 다양한 부분들이 있다는 사실을 새로이 깨닫게 된다.

따라서 먼저 그 부분들을 자각하고, 인정하며, 수용할 수 있어야 한다. 그러기 위해서는 스스로가 각 부분이 경험하는 바에 대해 잘 알아야 한다. 각 부분의 경험은 곧 내담자의 경험과도 같다. 따라서 부분들을 담당했던 역할자들의 빙산 탐색을 통해 내담자의 변화를 시도할 수 있다.

② 빙산 탐색과 더불어 내담자와 역할자들 사이의 상호작용, 또 역할자들 사이의 상호작용에 대해 살펴보아야 한다.

먼저 역할자들이 서로가 맡았던 역할과 내담자에 관해 이야기를 나누며 서로의 존재에 대해 자각할 수 있게 한다. 그 후에는 자신들이 맡았던 역할이 어떠했는지 또 만약 자신이 정말 내담자의 한 부분이라면 각 역할자가 맡은 다른 부분들과는 어떻게 지내고 싶은지 물어본다.

③ 모든 역할자가 나름대로 '자기'를 보호하기 위해 최선의 노력을 해왔던 것에 대해 인정해준다.

그리고 이제는 예전의 방법대로 하지 않아도 되며, 자기self가 도움을 요청하기 전까지는 편히 쉴 수 있다고 말해준다. 내담자에게 앞으로는 이 과정이 어떻게 진행되길 바라는지 묻고, 원하는 방향대로 잔치를 진행한다.

(4) 고전적 부분들의 잔치 통합하기

① 각 부분이 변화하기 시작할 때 그러한 변화가 다른 부분들에 어떤 영향을 주는지 점검한다.
- 내면의 각 부분을 적어 놓고 보니 기분이 어떤가?
- 부분들이 상호 협조적인가? 아니면 어떤 한 부분이 모든 역할을 도맡고 있는가?
- 지금 나는 못 하겠다고 하는데 그 목소리는 어떤 부분의 목소리인가?
- 부정적인 부분이 당신을 위해 공헌한 바는 무엇인가?
- 무엇으로부터 당신을 보호하기 위해 그렇게 한 것인가?
- 부분들이 서로의 존재에 대해 알고 있는가?
- A는 B에게 무슨 말을 하는가?(짝을 지어서 둘 간의 상호작용을 본다.)
- C는 D에게 무슨 말을 하는가?(이런 방식으로 부분들의 관계를 확인하는 과정을 거쳐 가장 강한 부분을 가장 약한 부분과 연결한다.)
- 가장 약한 부분은 무엇이라고 말하는가?
- 그 부분은 누구를 돌보고 있는가?
- 당신은 그 부분을 충분히 인정해주고 있는가?

② 부분들끼리 서로 감사와 미안함을 나누게 한다. 그리고 서로 사랑하고 지지해줄 수 있음을 알려주고 화해시킨다.

③ 각 부분이 최대한 긍정적이고 힘 있는 자원으로 변화될 수 있도록 돕는다.

④ 각 부분의 빙산에 접근하여 감정, 지각, 기대를 바꾸고, 열망을 충족시킬 수 있도록 그들의 빙산을 변화시킨다. 또한 각 부분을 긍정적 자원으로 변화시키고, 변화를 뿌리내리게 하여 다른 부분들과 조화롭게 연결될 수 있도록 한다.

⑤ 긍정적인 부분들을 묶어 상호작용하게 함으로써 이들 간의 관계를 강화한다.
- 서로에게 무엇을 배우는가?
- 서로에게 어떤 도움을 줄 수 있는가?
- 서로 간에 어떤 변화가 필요한가?

⑥ 부정적인 부분에 힘을 보내준 다음, 부분들이 지속해서 동맹을 맺으면서 부정적인 부분을 돌보게 한다.
- 부정적인 부분 중 어떤 부분이 가장 강력한가?"
- 그 부분을 볼 때 어떠한가?

⑦ 부정적 감정을 표현하는 부분에 대해 탐색한다.
- 부정적 부분이 긍정적 부분으로 변화하기 위해 필요한 것은 무엇이며, 그것을 어떻게 얻을 수 있는가?
- 언제 부정적인 부분이 밖으로 드러나는가?
- 성장하고 싶은가?
- 이 부분에 감사할 수 있는가? 인정할 수 있는가?
- 이 부분에 사랑을 보낼 수 있겠는가?

⑧ 부분들이 서로 의사소통을 하면서 연결한다. 부분들이 상대방에게 줄 수 있는 긍정적인 것을 확인한다. 부분들의 열망을 듣고, 인정하고, 탐색한다.
- 이들이 당신을 위해 하고자 했던 것이 무엇이라고 생각하는가?
- 이들이 원하는 것은 무엇인가?
- 이들이 다른 방법이 있음을 알았다면 그들은 어떻게 행동했을 것 같은가?
- 이들이 힘을 얻는다면 어떻게 될 것 같은가?
- 이들이 서로 사랑하고 격려하며 힘을 키울 방법은 무엇인가?

⑨ 한 부분이 변화하려 할 때 내담자와 다른 부분들은 변화에 고마움을 표한다. 다른 부분에 대해

서도 이러한 과정을 진행한다. 마지막에는 부정적이라 비난했던 부분들에 용서를 구하고 사랑과 연민을 나누게 한다.

⑩ 모든 역할자들에게 위의 과정을 거치도록 한다.

⑪ 각 부분에 자신의 자원을 표현하게 한 다음, 내담자 주위에 둥글게 둘러서도록 한다.
"몸의 균형을 잡으십시오.
부분들과 함께 손을 잡고 균형을 이루십시오.
이 순간 자신의 부분들과 만났다는 사실을 마음에 새기시길 바랍니다.
지금 부분들이 여러 상황 속에서 상호작용하는 모습을 보았으며,
또 각 부분의 가능성을 보았습니다.
이 순간 어깨 위에 얹혀있는 손길을 느낄 수 있듯이, 각 부분을 느껴보시기 바랍니다.
이 모든 부분은 어떤 형태로든 드러날 수 있습니다.
이 부분들은 살아 움직이며 계속해서 변화할 수 있습니다.
여기에서 부분들이 가볍게 원을 그리며 당신 주위를 돌게 하십시오.
이제 부분들이 당신에게 어떤 말과 의미를 전달하는지 부분들을 느껴보십시오.
이제 부분들을 몸으로 느끼면서, 하늘과 땅으로부터 오는 에너지도 느껴보시기 바랍니다.
조용히 눈을 감고, 이 순간 온몸의 느낌에 집중하시기 바랍니다.
이제 자신의 부분들과 만나십시오."

⑫ 각 부분의 통합을 다시 강조한다.
내담자 어깨에서 손을 떼면서 자신들의 경험을 내담자에게 전달하게 한다. 그 후 내담자의 눈을 뜨게 하고, 어떤 경험과 변화를 경험했는지 나눈다.

⑬ 내담자가 각 부분과 긍정적인 통합을 이루어 생명 에너지를 나눌 수 있게 돕는다.
치료사는 내담자가 이 과정을 통해 현재 내면의 각 부분이 서로에게 협조하고, 감사하며, 긍정적인 방향으로 연결되어 있음을 경험할 수 있게 돕는다.
- 부분들과 더 작업할 것이 있는가?
- 앞으로 어떻게 변화되고 싶은가?
- 자기 자신을 사랑할 수 있는가?

⑭ 역할을 끝낸 다음에 목표를 확인한다.

부분들이 부정적인 것에서 긍정적인 것으로 변화되면, 자연스럽게 부분들 간에 긍정적인 에너지가 흐르게 된다. 즉, 부분들이 조화를 이루고, 서로 바람직하게 연결되는 가운데, 긍정적인 에너지가 생겨나고 그것이 공유된다. 변화를 내적으로 뿌리내리게 한 다음, 처음 계획했던 목표가 달성되었는지 확인한다.

- 처음에 가졌던 목표가 달성되었는가?
- 이번 작업에 대해 어떻게 생각하는가?
- 자신에게 감사하는 바가 있다면 무엇인가? 지금 기분이 어떤가?
- 이제 자신의 변화에 대해 축하할 수 있는가?"
- 이 경험을 누구와 나누고 싶은가?
- 앞으로 각 부분을 어떻게 대할 것인가?

⑮ 종결을 한다.

치료과정을 마치기 전에 좀 더 작업할 부분이 있는지 내담자에게 물어본다. 내담자가 작업이 완료되지 않았다고 느끼는 부분이 있다면, 그 부분의 작업을 좀 더 진행한 이후에 다시 뿌리내리기를 한다.

내담자에게 전체 회기에 대한 점검을 요청한다. "이러한 작업이 당신에게 어떤 영향을 미쳤나요?"라고 질문하면서, 전체 과정을 객관적으로 보게 하고, 자신이 경험한 과정과 변화 그리고 결정들을 요약하게 한다.

내담자가 성취한 내적 변화를 연습해볼 수 있도록 과제를 준다. 과제는 반드시 내담자가 성취한 변화를 직접 적용해볼 수 있어야 하고, 심리 내적 변화에 대한 연습과정을 포함한 것이어야 한다. 치료사는 내담자의 내적 자원을 찾아 충분히 인정해줌으로써 자존감을 높여준다.

역할자, 내담자의 경험을 나누고 종결한다.

2. 부분들의 잔치 적용[2]

1) 가족치료를 적용한 부분들의 잔치

(1) 진행과정

① 부분들의 잔치 기법과 마찬가지로 내담자 내면의 부분들을 정확하게 찾아낸 다음, 역할 지원자들을 찾는다.
② 부분들은 내면체계의 구성원들이다.
③ 부분들에게 역할을 설명한다.
④ 각 부분이 자기주장을 하고, 자기만의 방식으로 가족체계를 위해 열심히 일한다.
⑤ 마치 역기능 가족처럼 각 부분이 싸우고, 어떤 부분은 자기가 옳다고 강력하게 주장하고, 어떤 부분은 자기주장을 못 한다.
⑥ 치료사와 내담자가 함께 부분들에 대해 가족치료를 한다.
⑦ 부분들 간의 화해를 이루고, 서로 열망 차원에서 소통하며, 하나의 체계로 통합된다.

2) 개인상담에 부분들의 잔치 적용하기

(1) 진행과정

① 아래와 같은 질문을 하면서 부분들의 잔치 기법을 상담 과정에 적용한다.
- 당신의 내면에는 어떤 부분들이 있습니까?
- 부분들 가운데 어떤 부분을 먼저 다루고 싶습니까?
- 어떤 부분이 가장 힘들어하고 있습니까?
- 어떤 부분이 리더입니까?
- 각 부분의 긍정적인 의도는 무엇입니까?
- 각 부분의 긍정적 자원은 무엇입니까?
- 각 부분 사이의 상호 관계는 어떠합니까?
- 부분들 사이의 역동은 어떠합니까?
- 어떤 부분이 강력한 힘을 발휘하고 있습니까?

---

[2] 여기에 게재된 적용 기법들은 김영애가 워크숍에서 실시한 적용 사례들이다.

- 어떤 부분이 지금 힘들어하는 부분을 도와줄 수 있습니까?
- 각 부분은 어떤 변화를 할 수 있습니까?
- 부분들이 어떻게 서로 협조적으로 될 수 있습니까?
- 변화의 걸림돌이 되는 부분은 어떤 부분입니까?
- 이 부분을 어떻게 작업할 수 있겠습니까?
- 어떤 부분이 어떤 다른 부분을 돕고 있습니까?
- 어떤 부분이 서로 갈등을 일으키고 있습니까?
- 이 작업을 하는 데 가장 불편하게 느껴지는 부분이 있습니까?
- 이 작업을 하는 데 걸림돌이 되는 부분이 있습니까?

② 분명하게 걸림돌이 되는 부분을 찾은 후에 다음과 같은 방식으로 부분들에 필요한 작업을 진행한다.
- 이 부분에게 당신 혹은 다른 부분들이 무엇이라고 합니까?
- 이 부분에 대해 당신은 어떤 감정을 느끼십니까?
- 이 부분이 당신에게 어떤 감정을 느낍니까?
- 왜 당신은 이 부분에게 어떻게 이야기하고, 행동합니까?

3) 부부상담에 부분들의 잔치 적용하기

(1) 진행과정

① 부부 각자의 부분들을 위한 역할자를 선정한다.
② 부부 각자의 부분들을 뒤에 세운다.
③ 상황을 설정한다.
④ 그 상황에 부부의 부분들이 튀어나와 혼란스럽게 좌충우돌한다.
⑤ 부분들의 상호작용을 바라보면서 언제 그런 상호작용을 경험했는지 확인한다.
⑥ 과거의 가족체계에서 배운 것을 투사하거나 반복하고 있는지를 부부에게 확인한다.
⑦ 새로운 부분들의 상호작용을 경험하게 한다.

4) 가족조각을 적용한 부분들의 잔치

(1) 진행과정

① 먼저 지원자를 뽑고, 내담자가 부정적인 부분, 긍정적인 부분을 최소 세 개 이상 찾은 후, 그 부분들을 나타내는 대표적인 형용사를 찾게 한다. 그다음 지원자 중에서 각 부분을 담당할 역할자를 선택한다.

긍정적 부분	부정적 부분
버지니아 사티어(배려)	스크루지(분노, 인색, 변덕, 안하무인)
오드리 헵번(명랑)	베짱이(끈기 없음)
안젤리나 졸리(매력, 사회봉사)	콩쥐(열등감)

② 내담자와 함께 내담자의 부분들 역할을 할 6명을 선택한다.

③ 역할자들로 하여금 부분들에 이름을 붙인 특징을 몸으로 드러나게 한다. 예로, 안젤리나 졸리의 경우, 매력적이고 희생적이고 봉사하는 특징을 몸으로 드러내는 것이다. 그다음 치료사가 좀 더 정확하게 조각을 만들어 내담자가 이를 확인하게 하는 과정을 거친다.

> 처음에는 사티어(배려)가 나의 가장 중요한 부분이었다. 그녀는 의자 위에 올라가 나의 삶을 지배하고 있었다. 스크루지(변덕)는 사티어의 손을 잡고 그녀보다 약간 아래에 있었는데, 사실은 그냥 아래에 있었던 것이 아니라 사티어(배려)의 팔을 자기도 모르게 잡아당겼다 놨다 하면서 그녀를 힘들게 하고 있었다. 나의 장점이라고 생각했던 오드리 헵번(명랑)은 오히려 한편에 쭈그리고 앉아있는데, 이를 통해 이제껏 헵번이(명랑) 보여준 명랑함도 거짓된 것이었음을 깨닫게 됐다. 끈기가 없어 일을 마무리하지 못하고 쉬려고만 하는 베짱이(끈기 없음)는 안젤리나 졸리(매력)를 비난하고 제재하느라 정작 그 자신이 쉬지 못하고 있음을 발견하게 되었다. 콩쥐(열등감)는 '자기'와 함께 완전히 바닥에 주저앉아있었다.

④ 부분들에 대한 조각이 끝나면 내담자가 조각된 부분들을 보며 자신 내면의 부분들을 경험하게 한다.

> 나의 내면들을 바라보자 내 안에서 슬픔과 분노가 왈칵 올라오는 것과 온몸이 쪼그라드는 것을 경험했다. 눈물을 참으려 했지만 참을 수가 없었다. 나의 내면 깊은 데서 신음처럼 통곡이 올라오고 온몸이 떨렸다.

⑤ 내담자가 가장 먼저 변화시키고 싶은 것이 무엇인지 탐색한다.

나는 "사티어(배려)가 너무 힘들겠다"고 말했다. "지금 의자 위에 힘겹게 서있는데 내려올 수 있겠어요?"라는 치료사의 질문에 나는 바로 내려오게 하려고 시도했다가, "의자에서 내려오면 제가 없어져요…. 제가 죽어요"라고 마음에서부터 들려오는 말에 울고 말았다.

⑥ 부분들의 역동을 확인한다.

언제부터 그렇게 있었느냐는 치료사의 질문에 사티어(배려)는 "태어날 때부터 전 그렇게 해야만 했어요. 그러지 않으면 아무도 저를 안아주지 않았어요"라고 했다. 그 말을 들으니 너무나 큰 슬픔과 억울함 같은 것이 느껴져 한참을 울었다.

⑦ 부분들이 '자기'를 보호하려는 좋은 의도가 있었음을 깨닫게 한다.

치료사가 과거 왜곡되었던 생각들을 현재 시각에서 긍정적으로 말해주니, 마음으로 그것들을 받아들일 수 있었다. 더 긍정적인 것을 선택하고자 하는 내 안의 의지가 강하게 느껴졌을 때 사티어(배려)를 의자에서 내려오게 해도 괜찮겠다고 느껴졌고, 실제로 내려오게 하니 마음이 편안해졌다.

졸리(매력)를 비난하고 있던 베짱이(끈기 없음)가 비난을 멈추자 마음이 편안해졌고, 콩쥐(열등감)가 자리를 털고 일어날 때 '자기'도 함께 일어나자 헵번(명랑)이 한결 자유로워 보였다. 그제야 내 안에 평안함이 느껴졌다. 각각의 부분들이 원으로 연결되어 그 중심에 내가 섰을 때 나는 처음으로 내적인 평화를 경험할 수 있었다.

⑧ 부분들끼리 상호작용하며 서로를 수용하게 한다.

스크루지(변덕) 앞에 섰다. 나도 모르게 스크루지(변덕)를 받아들여야겠다는 생각이 들었다. 스크루지(변덕)의 눈을 쳐다보며 에너지를 주고받았다. 스크루지(변덕)가 마음으로 받아들여졌을 때 비로소 내 안에 힘이 생겼다.

사티어(배려) 앞에 섰을 때 그동안 사티어(배려)를 힘들게 했던 것에 대한 미안함이 느껴졌고, 이내 울음이 터졌다. 사티어(배려)를 마음으로 받아들였을 때 스크루지(변덕)에게 받았던 만큼의 큰 에너지를 받는 듯했다.

베짱이(끈기 없음) 앞에 섰을 때, 미안한 마음이 들어 사과의 말을 전했다. 그때 그 부분을 사랑하고 있음을 느낄 수 있었다.

헵번(명랑)과 눈을 마주쳤다. 헵번(명랑)은 눈으로 무언가를 말하는 것 같았다. 내게 자신을 받아들여줘서, 사랑받고 있음을 느끼게 해줘서, 또 자유로워질 수 있게 도와줘서 고맙다고 말하는 것 같았다.

졸리(매력) 앞에 섰다. 너무나도 매력적으로 보였다. 그녀는 힘이 넘쳐 보였다. 그냥 미소를 띠고 "너무 멋져!" 라는 말이 나왔다. 그녀의 눈길에서 사랑이 느껴졌다.

콩쥐(열등감) 앞에 섰다. 선뜻 그녀가 받아들여지지 않았다. 그녀를 받아들이는 데 조금은 어려움이 있지 않나 하는 생각에 미안한 마음도 있었던 것 같다. 하지만 주변에서 좀 전에 받아들인 다른 부분들이 나를 독려해주는 듯한 기분이 들었다. 용기가 났다. 사랑이 전해졌다. 콩쥐(열등감)를 와락 안았다. 열등감이 받아들여졌다.

⑨ 부분들을 수용하고, 내적 평화를 이루고 자기와 만나게 한다.

내 안에 그런 평안함과 안정감, 사랑을 가득 느껴본 것은 처음이었다. 모든 것이 아름답게 느껴졌다. 부분들의 역할을 해주신 모든 선생님께 감사함을 느꼈다. 자리에서 지켜보고 계시는 선생님들이 눈에 들어왔다. 너무나 감사했다. 그곳에 나와 함께 있어줘서 감사했다. 얼마 동안의 시간이었는지는 모르지만, 작업하는 내내 나를 응원해주고 함께 안타까워해주고 사랑의 눈길을 보내준 그분들께 감사했다.

⑩ 경험을 뿌리내린다.

집으로 돌아오는 길에 각 부분을 받아들이는 순간마다 일어났던 일들을 되새겨 보니, 그동안 내 안에 조그맣게 느껴졌던 바로 그 사랑이(도우신 분들의 사랑의 힘도 포함) 이 일을 할 수 있도록 했었다는 생각이 들었다. 작지만 내 안의 자기에 대한 사랑이 있었고, 또 각 부분의 밑바탕에도 사랑이 있었으며, 그 사랑이 각 부분을 연결하고 받아들이는 원동력이었다는 사실을 깨닫게 되었다. 각각 흩어져있던 부분들을 받아들일 때마다 그 사랑이 커지는 것을 경험했다.

내 안의 좋은 부분들과 싫은 부분들을 받아들인 경험은 사람들과의 관계에서 내가 나쁘다고 생각한 사람들을 받아들일 수 있게 하는 계기가 되었다. 부정적이라고 명명했던 것들이 사실은 나를 보호하기 위한 것들이었고 나의 자원이었다는 것, 또 부정적인 것으로 생각한 그 부분들 안에도 사랑이 있었다는 것을 알게 되면서, 사람들과의 관계 역시 마찬가지 아니겠는가 하는 생각이 들었다. 오늘의 경험은 나의 인생에 있어 가장 큰 선물이다.

15장
자기만달라 : 균형과 통합의 삶으로의 변화
The Self Mandala : Transformational Change Towards the Wholeness
Through Experiencing Life Energy

고대 사회에서 해와 달은 우주의 상징이요, 신비한 힘의 상징이었다. 둥그런 원은 시작이고 끝이며, 완성을 상징하였다. 이런 원의 상징적 의미 때문에 주로 동양에서 종교적 상징으로 사용되었다. 동양사상의 영향을 받은 융Carl Jung도 원의 상징성을 사용하여 성장의 완성목표 상징으로 받아들였다. 융의 영향을 받은 사티어도 자기만달라 기법을 개인의 완성, 일치적 상태로 다다르는 과정을 상징하는 데 사용하였다.[1] 사티어는 개인의 삶을 상징하는 자기만달라를 여덟 영역으로 나누어 설명하였다. 이 여덟 영역은 자기self를 중심으로 서로 연결되어 있으며, 전체 영역들이 서로 균형을 이루면서 일치적 방향으로 성장해야 한다. 사티어는 "나는 사람들이 표현되는 모습은 다양하지만 모든 사람의 중심은 같다는 것을 알고 있다. 나는 다양한 사람들의 모습 속의 중심을 알고 있다. 그 중심은 '나는 나다'이며, 신성한 '나'이다. 그리고 그 신성한 자기self는 우주적 자원을 상징한다. 나는 그 자원을 여덟 개의 다양한 영역으로 나누어 표현할 수 있다고 믿게 되었다"고 말하고 있다.[2]

이 기법은 삶의 영역을 여덟 영역으로 나누어 점수를 매기면서 시작된다. 각 영역은 모두 중요한 영역이며, 서로 연결되어 있다. 이 작업에서 중요하게 여기는 것은 점수의 높고 낮음이 아니라 영역 간의 균형이다. 지나치게 점수가 높거나 낮다면 자존감 문제가 있을 가능성이 높다. 자존감이 낮으면 자기가 중요하다고 여기는 측면만 중요하게 여기거나 혹은 무시한다. 예를 들어, 이성

---

[1] 사티어 모델 (역), p. 311.
[2] Satir, 1984, *Process Community*, Crested Butte, Colorado.

intellectual만 중요하게 여기고 정서emotional는 중요하게 여기지 않는 경우, 신체physical가 중요하다고 여기면서 신체 건강에 도움이 안 되는 식생활을 하는 경우, 사회적interactional 관계는 소홀히 여기면서 일만 하는 경우, 영역들 사이의 균형이 깨져 조화를 이루기 쉽지 않다.

개인이 사용할 수 있는 총에너지의 양은 일정하여 어느 한 영역에 지나치게 많은 에너지를 쏟게 되면 다른 영역에 사용할 수 있는 에너지는 감소하게 된다. 따라서 내담자의 자존감이 낮아서 초래되는 삶의 불균형 때문에 어려움이 발생하였을 때, 또는 어떤 영역에 문제가 있는지 발견하고 변화를 시도하고자 할 때 자기만달라 기법이 적용하기 쉬우면서도 치료적 효과는 높다. 이때 치료사는 내담자가 변화를 경험한 다음 어떻게 조화를 이루며 살 것인지에 대한 실천 계획까지 세우도록 도와야 한다.

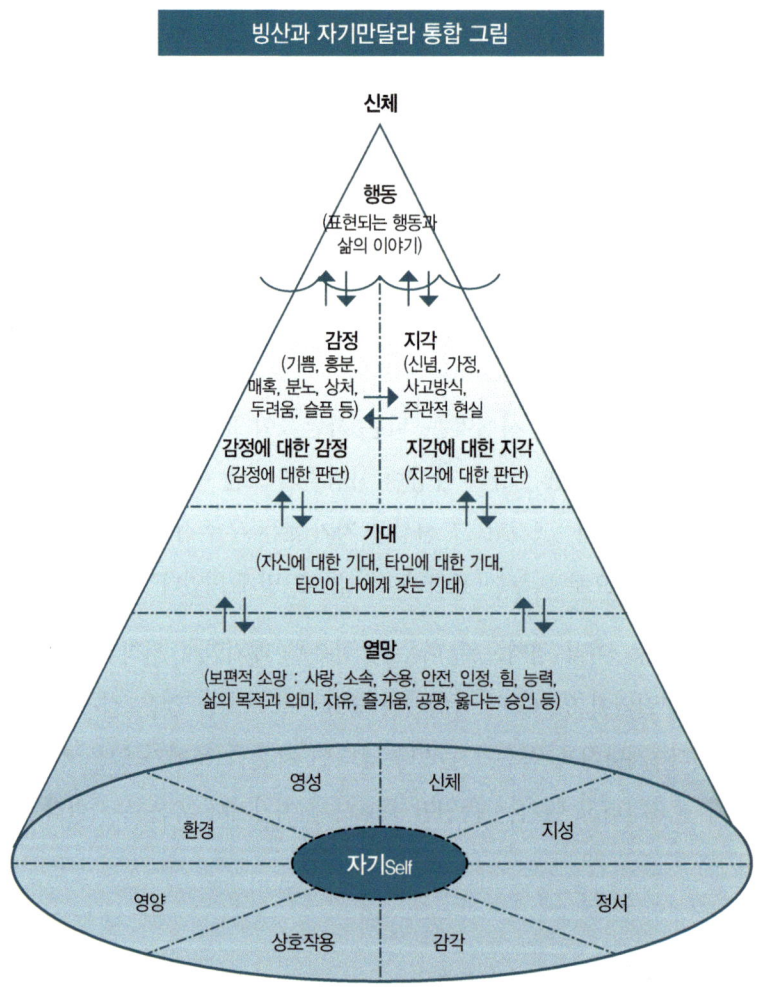

1. 자기만달라

사티어는 삶은 생명 에너지의 흐름 과정이라고 보았다. 그녀는 삶을 단지 내용에 집중하기보다 과정의 중요성에 관심을 가지라고 강조하였다. 그녀는 의도적으로 인간의 모든 영역의 경험을 중요하게 다루고자 하였다. 따라서 사티어는 치료사가 내담자를 대할 때 내담자라는 사람 전체와 작업할 것을 요구하였다. 내담자의 지적 영역에만 머물지 말고, 신체적 경험, 그리고 정서적 영역을 함께 다루어야 한다고 주장하였다. 그 외에 중요한 영역들을 모두 추가하여 이러한 영역들의 기능을 작업할 것을 요구하였다.[3]

- 어느 한 시점에서 신체에 들어가는 것이 무엇인지
- 감각으로 들어오는 정보가 무엇인지
- 두 사람 사이의 상호작용은 어떠한지
- 어떤 음식을 먹었을 때 차이점은 무엇인지
- 더 넓은 관계망에서 사람들과의 상호작용은 어떠한지 등

이러한 자기만달라 작업은 치료과정 어느 시점에서나 사용할 수 있지만 자기 돌봄을 진단하는 평가도구로서,[4] 치료과정 중에 또는 마지막 단계에 치료결과를 확인하는 기법으로 사용할 수 있다. 특히 내담자가 혼란스러워 치료목표를 찾기 힘들 경우 자기만달라를 작성하게 하고, 심하게 편차가 나타나는 영역을 중점적으로 다루면서 치료목표를 세우면 치료과정을 진행할 수 있다.[5]

1) 자기만달라

(1) 자기만달라의 여덟 영역

① 신체physical

신체는 생명이 거하는 집이며, 삶을 가능하게 하는 기본 영역이다. 신체는 피부색, 성별, 종교, 문화와 상관없이 내가 거하는 성전이다. 그런데도 다른 영역만을 지나치게 중요하게 여겨 신체를 제대로 돌보지 못하면 내가 사는 성전이 무너지게 된다.

---

[3] Suhd et al., p. 59.
[4] 사티어 모델 (역), p. 316.
[5] Suhd, M. M., Laura Dodson., & Gomori, M. (2000). (Eds), p. 67.

② 지성intellectual

지적 기능을 담당하는 것은 뇌이다. 뇌는 논리적이고 체계적인 사고를 담당하며, 상황판단의 기능을 한다. 지적 기능이 심각하게 저하되면 부정적인 언어, 왜곡, 타인과의 비교, 비이성적인 자기 비난, 자기비하, 근거 없는 부정적 사고 등을 하게 되어 자신의 삶 전체에 부정적 영향을 끼친다. 따라서 지적 활동을 증가시켜 자신의 지적 상태를 점검해야 한다.

③ 정서emotional

정서는 세상에 적응하고 생존할 수 있게 해주는 내적 과정이다. 정서는 행동을 유발하는 원동력이기 때문에 정서를 자각하고 돌보는 것이 매우 중요하다. 감정을 자각하고, 조율하고, 적절하게 표현하는 능력은 삶의 균형을 이루는 데 필수적이다.

④ 감각sensual

감각은 인간이 세상과 접촉할 수 있는 첫 번째 관문이다. 사람마다 외부와 소통하기 위해 주로 사용하는 감각기관이 다를 수 있지만, 눈, 코, 입, 귀, 피부 등 모든 감각기관의 역할은 하나같이 중요하다. 하지만 사람들은 이런 기관들을 중요하게 다루지 않다가 그 기능을 상실하거나 망가졌을 때 중요성을 깨닫게 된다. 따라서 이 기관들을 돌보지 않고 있다면 여기에도 관심을 가지고 돌보아야 한다.

⑤ 상호작용interactional

인간은 존재하는 순간부터 외부와 상호작용하면서 태어난다. 태내에서부터 시작된 상호작용은 삶의 마지막 순간까지 계속된다. 따라서 인간은 다른 사람들과의 상호작용, 대처방식 등을 일치적으로 할 수 있어야 한다.

⑥ 영양nutritional

신체를 건강하게 유지하기 위해서는 충분한 영양을 섭취해야 한다. 그러나 유전자 변형 사료, 기후 변화, 전쟁 등으로 인해 질 좋은 음식을 먹기가 쉽지 않다. 또는 심리적 요인 때문에 음식을 제대로 섭취하지 못하는 경우도 많다. 그러나 균형 잡힌 영양을 섭취하는 것이 삶에 매우 중요하기 때문에 이 영역에 문제가 있다면 그 원인을 찾아 해결해야 한다.

⑦ 환경contextual/environmental

환경은 인간이 '지금' 속해있는 공간 전체와 그 안의 모든 것들을 의미한다. 빛, 바람, 소리, 공간,

시간, 움직임, 색깔, 기온 등 자신을 둘러싼 모든 것이 환경이다. 따라서 쾌적하고 편안한 삶을 위해 환경을 돌보는 것이 매우 중요하다.

⑧ 영성spiritual /생명의 힘universal energy

영성은 인간의 내면 아주 깊은 곳에 존재하는 생명의 근원life force과 연결된 부분으로 명상, 기도, 종교적 체험을 통해 경험하기도 한다. 우리 안의 이 부분은 개체성을 가진 '나'임과 동시에 우주 속의 '나'임을 경험하게 하며, 자신과 세상의 모든 것에 대해 사랑과 측은지심을 느끼게 한다. 이 때문에 이 영역을 무시하면 삶이 피폐해질 수 있다. 종교 또는 다른 방법을 통해 이 영역을 잘 돌볼 때, 나 자신이 풍성해질 수 있다.

(2) 준비 작업

아래의 질문을 하면서 만달라를 작성한다.

① 환경 : 내담자의 주거 환경이 적절한가?
② 영양 : 섭생, 즉 영양을 충분히 섭취하는가?
③ 상호작용 : 누구와 연결되어 있는가?
④ 신체 : 자기의 몸에 대해서는 어떻게 느끼는가? 자기 몸을 막 다루는가? 아니면 매우 중요하게 다루는가?
⑤ 지성 : 생각은? 규칙에만 따라 사는가? 아니면 창조성을 사용하도록 허락하는가?
⑥ 감정 : 나의 감정을 자각하는가? 나는 감정을 느끼도록 허락하는가?
⑦ 자기 : 자기 자신에 대해 어떻게 느끼는가?
⑧ 영성 : 나와 세상, 그리고 삶에 대해 어떻게 바라보는가? 상상과 꿈을 가질 것을 허용하는가?

(3) 적용 대상과 시기

① 자기만달라 기법은 나이와 발달단계와 상관없이 모든 내담자에게 적용할 수 있다.
② 특수한 상황에 있는 내담자에게도 적용할 수 있다.
③ 내담자의 내면 탐색이나 상담목표 설정에도 사용할 수 있다. 예를 들면, 치료목표를 잘 설정하지 못하는 내담자에게 영역을 작성하고, 각 영역에 점수를 매기고, 지나치게 점수가 낮거나 점수가 높은 영역에서 지금 하는 것이 무엇인가를 묻고, 그 내용을 바탕으로 주제를 잡아 치료계획을 세울 수 있다.

④ 여덟 개의 영역을 다 그리지 않고, 부분들의 잔치에서 찾은 +, −와 연결하여 서너 영역만 탐색하면서 작업을 시작할 수도 있다.
⑤ 현재 특수한 상황(병을 앓고 있어서 많은 에너지와 시간을 투자하는 경우)에 있는 내담자는 현재와 과거의 자기만달라를 작성하여 비교하면서 작업할 수 있다.
⑥ 이 기법은 아래 사람들에게도 효과적으로 적용할 수 있다.
- 지나치게 회유하는 사람
- 피해의식에 사로잡힌 사람
- 자존감이 낮아 자신을 돌보지 못하는 사람
- 너무 바빠서 자신을 돌볼 시간이 없는 사람
- 내적 에너지가 고갈된 사람
- 자신을 돌보지 않는 비난하는 사람
- 무력감을 느끼는 사람
- 자신의 내면과의 소통에 어려움을 겪고 있는 사람

2) 자기만달라 기법 활용하기[6]

(1) 자기만달라 준비 작업
① 내담자에게 여덟 개의 영역에 관해 설명한다. 이때 쉬운 영역부터 설명하는 것이 좋으며, 치료사가 자신의 예를 들어 설명하는 것도 좋다.
② 아래 그림과 같이 내담자가 자기만달라를 작성한다.
③ 내담자에게 작업할 수 있는 충분한 시간을 주고 자기만달라 영역에 점수를 부여한다.
④ 각 영역을 선으로 연결하고, 선이 균형을 이루는지 확인한다.
⑤ 자신이 중요하다고 여기는 영역, 자신이 실제로 돌보고 있는 영역, 자신이 돌보기 원하는 영역들 사이의 불균형을 찾게 한다. 지나치게 높거나 낮은 점수를 매긴 영역부터 다룬다.
⑥ 영역들 사이에 불균형이 심하면 왜 그런지 탐색한다. 많은 경우 과거의 영향 때문이다. 그런 경우에는 과거의 경험을 탐색한다. 어느 한 부분이 지나치게 커지면 다른 영역이 위축되기 마련이다. 즉 문제가 발생한 영역들은 서로 연관되어 있다. 따라서 치료의 순서는 이러한 연관성을 고

---

6 Satir, V. et al., (1991). p. 314.

려하여 정하도록 한다.
⑦ 작업할 영역을 하나의 빙산으로 보고 빙산을 탐색하게 한다. 지나치게 높은 점수, 낮은 점수는 자존감과 연결하여 확인한다.
⑧ 위의 작업에서 문제를 확인하면 내담자가 새로운 결단을 하도록 돕는다.
⑨ 영역들 사이의 균형을 이루기 위해 새로운 계획을 세우되, 하고 있던 것을 그치는 것이 힘들면 그 계획을 보완할 방법을 찾는다.
⑩ 계획을 실천할 수 있도록 뿌리내리기를 한다.

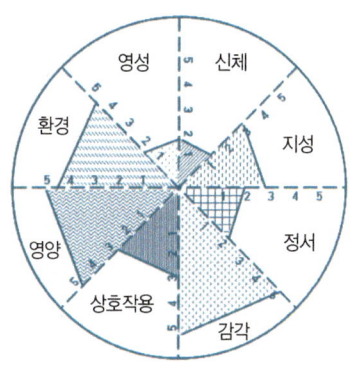

(2) 자기만달라 집단작업 진행 과정
① 자기만달라 작업을 할 스타를 선발한다.
② 스타는 자기 역할을 맡고, 자신의 여덟 개 영역에 대한 역할을 연기할 사람들을 차례대로 선발한다.
③ 스타의 허리에 탯줄을 상징하는 밧줄을 묶는다.
④ 스타의 허리에 묶인 줄로 여덟 개의 영역을 연기할 역할자의 허리를 묶어 서로 연결되도록 하며, 역할자와 또 다른 역할자를 밧줄로 연결한다. 이때 자기와 역할자, 역할자와 다른 역할자가 넉넉히 움직일 수 있게, 약 1미터의 거리를 두어 연결한다.
⑤ 스타는 밧줄의 끝을 잡은 채 모든 영역과 연결되고, 또 영역들에 의하여 둘러싸이게 된다. 각 영역의 사람들에게 스타에서 나오는 길이 보인다고 상상할 것을 요구한다.
⑥ 치료사는 네 가지 영역의 역할자가 시계 방향으로, 나머지 네 가지 영역의 역할자는 시계 반대 방향으로 걸어가도록 지시한다. 서로 반대 방향으로 걷다 보면 밧줄이 엉켜 답답해지게 되고, 이내 더 움직일 수 없게 된다. 모든 영역의 주인인 스타는 스트레스와 압박감을 느낀다. 이것은

체계의 속성으로, 밧줄을 통해 체계 전체가 연결되어 있을 때 한 사람의 움직임은 다른 사람에게 영향을 끼치게 된다는 것을 의미한다.

⑦ 이때 치료사는 움직임을 멈추게 한다. 그리고 스타에게 지금 보이는 것을 잘 관찰하고 묘사할 것을 요청한다. 점차 스타는 영역들이 어느 공간에 있는지, 그들이 어떻게 느끼는지, 영역들이 자기로부터 가까이 있는지 아니면 멀리 있는지를 깨닫기 시작한다. 어떤 영역은 자기에게 보이지 않을 수도 있다. 치료사는 스타의 어떤 영역들이 스타의 허리에 고통의 메시지를 보내고 있는지 묻는다. 그리고 치료사는 스타에게 무슨 일이 일어나고 있는지, 누구와 엉켜있는지를 발견하기 위해 각 부분에 질문한다.

⑧ 이러한 질문은 영역에 대한 책임이 스타에게 있다는 사실을 상기시키고, 책임에 대한 권한을 부여한다. 이때 치료사는 각 영역이 편안하고 자유로운 위치로 돌아가도록 단계적으로 지시한다. 과정이 진행됨에 따라, 치료사는 각 영역이 그들의 주인인 스타와 이야기를 나누고, 만약 고통을 느낀다면 소리를 지르라고 지시한다. 한 사람이 움직여도 다른 사람들이 영향을 받기 때문에 스타는 각 영역에 관심을 가지고 그들과 말하고, 지시하고, 인지하고, 그들의 위치를 재배치하게 한다.

⑨ 이 작업은 내면의 각 영역이 연결되어 있음을 보여준다. 사람들은 흔히 자신의 고통이 어디에서 기인한 것인지 모를 때가 많다. 모든 영역이 스타와 연결된 상태에서 엉킨 밧줄을 하나씩 풀어나가는 작업은 내면의 영역들이 서로 연결되어 있다는 것을 의미한다. 작업의 진행과정에서 중요한 것은 치료사가 아닌 바로 스타가 치료과정의 책임자라는 사실을 깨닫게 하는 것이다. 치료사는 과정이 진행되는 동안 혼란을 겪는 내담자에게 안정감, 격려, 지지, 희망을 제공하고, 부분들이 서로를 힘들게 하며 엉켜있을 때 부분들을 인도할 책임을 질 수 있도록 스타에게 힘을 보태준다.

⑩ 모든 영역과 스타가 밧줄로 연결된 채 조화를 이루며 자유롭게 움직일 수 있는 위치로 되돌아가는데, 약 한 시간이나 두 시간 정도 걸리기도 한다. 이 과정에서 새로운 자각이 일어나고, 영역들로부터의 친밀한 소리와 반응을 듣게 되며, 고통이 없어지고 자유로워지는 경험을 통해 스타에 대해 새로운 지식을 얻게 된다. 이제 스타와 부분들을 통합할 수 있다.

⑪ 때에 따라서 치료사는 스타가 자신에게 친숙하고 자랑스럽게 여기는 영역들을 찾아내게 한다. 또한 '스타'는 사람이 성장과정에서 배운 규칙들 때문에 잘 모르고 있었던, 그리고 수치스럽게 여겨 숨겨왔던 자원도 발견하게 한다. 예를 들어, 성장과정에서 자신은 신체적 매력이 없다고 생

각해왔거나, 감정을 드러내놓고 표현하면 안 된다는 규칙을 지키며 자라왔다면, 스타라는 사람은 자신의 신체와 감정 영역의 자원을 무시하거나, 존재 자체를 몰랐거나, 부인해왔을 것이다. 이 경우 치료사는 신체, 감정(여러 가지 감각들)의 배역을 맡은 역할자를 스타의 가까이에 앉게 한 다음 담요로 덮어씌운다. 그리고 스타가 이들 위에 앉게 한다. 이때 다른 역할자는 스타의 주위를 걸어 다니게 한다. 이 모습은 바로 스타가 외부세계와 소통하는 방법을 상징적으로 보여주는 것이다.

⑫ 감추어진 부분은 드러날 수 없어서 그 부분의 자원은 그대로 남아있게 된다. 치료사는 이 부분에게 위에 앉아있는 스타를 꼬집거나, 주위를 돌고 있는 다른 영역들을 잡으려 하면서, 상황을 나름대로 바꾸어보도록 지시한다.

⑬ 그러던 중 누구도 움직이지 못하고 스타가 고통 속에 빠져 엉망이 되면 그 상태에서 아무도 꼼짝하지 못하게 한다. 증상이 고통으로 나타난다. 이것은 억압된 영역이 스타를 아프게 하고, 나머지 부분도 부정적 영향을 받게 된다는 것을 의미한다.

⑭ 이때 스타로 하여금 모든 역할자에게 지금 어떤 생각이 드는지, 무엇을 원하는지, 그들이 바라는 대로 되기 위해서는 어떻게 해야 할지 물어볼 것을 요구한다.

⑮ 그 후 치료사는 스타가 책임을 지고, 각 영역이 편안하고 자유롭게 연결되며, '스타' 자신과 각 영역이 조화를 이룰 수 있게 역할자의 위치를 다시 조정하게 한다.

⑯ 작업이 진행되는 동안 충돌이 일어나기도 한다. 동작을 멈추었을 때 영역의 위치가 스타에게 친숙한지, 어떤 의미가 있는지 묻는다. 대개는 실생활에서도 내담자에게 이러한 경험이 있다. 이때 충돌 영역을 조화롭게 활용하는 대신, 특정한 한 영역만 선택적으로 사용해왔다는 사실을 자각하게 된다.

⑰ 스타와 영역들은 이제 새로운 관계를 맺는다. 숨을 한 번 깊게 쉬고 조용히 주위를 둘러보면서 새롭게 배치된 영역들을 내면에 각인시키고, 이 영역들의 주인이 되었음을 자각하게 한다. 만일 몸이 긴장을 느끼면 특정한 영역에 부조화가 발생한 것이므로, 잠깐 멈추고 적절하게 영역을 재배치 한다.

⑱ 이러한 과정은 내담자가 유독 좋아하던 영역뿐만 아니라 그렇지 않았던 영역에 대해서도 깨닫게 해주면서 모든 영역의 중요성을 깨닫게 해준다. 이제 내담자는 모든 부분으로부터 자유롭게 정보를 얻을 수 있고, 스타에 대한 책임을 지게 되고, 자기(중심-나)가 든든하게 스타를 버티어 줄 수 있게 된다. 이 기법은 진단, 개입하는 방법, 치료를 위해 다양하게 활용할 수 있다.

3) 자기만달라 조각 집단작업

(1) 준비과정

① 참여자는 자기만달라의 각 영역에 점수(0~5 사이 또는 0~10 사이)를 매긴다.

② 참여자 중 자원하는 내담자 한 명을 선정한다.

③ 내담자의 각 영역을 담당할 역할자를 선정한다. 각 영역의 이름과 점수를 적어 각 역할자의 가슴에 붙이게 한다.

④ 내담자의 자기만달라를 시각적으로 표현한다. 이때 밧줄을 사용하는 것이 효과적이며, 점수에 따라 차등을 두어 표현하게 한다. 예를 들면, 지나치게 높은 점수를 받은 영역은 의자 위에 올라가게 한다. 또는 각 영역이 자신의 모습을 연극처럼 표현하게 하는 것도 효과적이다.

⑤ 여덟 영역 외에도 내담자가 중요하게 여기는 다른 영역이 있다면, 그것까지 포함해서 조각할 수 있다. 예를 들어, 일을 가장 중요하게 여긴다면 일을 의자 위에 올라가게 할 수도 있다.

⑥ 영역별로 점수가 높은 것과, 낮은 것들로 나누어 묶은 다음, 엇갈려 움직이게 한다. 이때 긴장감이나 갈등은 내담자의 내면을 드러내는 것이다.

⑦ 내담자가 영역들 전체를 보면서 현재 자기만달라를 내면화시킨다. 눈을 감고 사진을 찍듯이 영상을 기억한다.

⑧ 자기와 영역들이 상호작용하게 한다. 각각의 영역들을 바라보면서 어떤 경험을 하고 있는지 묻는다. 먼저 점수가 지나치게 낮거나, 높은 영역들끼리 상호작용하게 한다.

⑨ 각각의 영역을 빙산으로 보고, 빙산 탐색을 통해 변화를 경험하게 한다.

⑩ 영역과 영역의 상호작용을 촉진하면서 변화를 경험하게 한다.

⑪ 위의 작업 후 내담자가 만족한다면, 내담자가 원하는 대로 조각하게 한다. 각 부분을 통합하게 한다. 역할자가 자신의 역할 종이를 내담자에게 전달하고 수용할 것인가를 묻고, 그렇다고 하면 종이를 건네주고 내담자의 어깨 위에 손을 얹는다.

⑫ 위의 작업이 모두 끝나면 다시 눈을 감고 내면화 작업을 한다.

⑬ 스타와 역할자들의 경험을 나누고 역할 벗기를 한다.

4) 자기만달라를 적용한 개인치료 사례 | 밴멘의 시연

지금 이렇게 여러 사람 앞에 나오셨는데, 기분이 어떠십니까? 조금 불안하기도 하고, 안개가 자욱하게 낀 것 같기도 합니다.	• 내담자가 준비되었는지 확인한다.
안개가 자욱하다는 것은 무엇을 의미합니까? 뭔지 모르게 불안한 것 같아요.	• 내담자의 말을 명료화한다.
어떻게 하면 불안한 마음이 조금 편안해질 수 있을까요? 처음이라서 그렇다고 생각합니다. 그냥 진행해도 괜찮습니다. 지금 자기만달라를 칠판에 그려놓았습니다. 자기만달라의 여덟 영역 중에서, 우선 신체적인 영역을 먼저 다루어도 괜찮을까요? 선생님께서는 신체적인 영역을 어떻게 충족시키고 계시나요? 제 신체에 대해서는 그다지 관심을 두지 않았던 것 같아요. 말씀을 해보라고 하셔서 생각해봤는데, 별로 할 말이 없네요.	• 내담자의 불안을 다룬다. 내담자가 작업할 준비가 되었는지 확인한다. • 신체적 영역 우선 낮은 점수의 신체적 영역을 탐색할 것을 제안한다.
그렇다면 제가 질문을 할게요. 평소에 잠은 잘 주무시나요? 네. 운동은 충분히 하시나요? 하루에 40분 정도 걷고, 수영을 일주일에 두 번 정도 합니다.	• 내담자가 신체 돌봄에 관심이 없다고 하자 구체적인 질문을 한다.
그 정도면 선생님의 신체를 돌보기에 충분합니까? 충분하다고 생각하지는 않지만, 시간이 없습니다. 아프신 데는 없나요? 조금 피곤하고, 기관지가 안 좋기는 했어요. 병원에 갈 만큼 아팠던 적이 있으십니까? 아니요.	• 내담자의 신체 돌봄 수준을 확인한 다음에 신체 상태에 대해 좀 더 자세하게 질문한다.

몸은 전체적으로 건강하신 편이군요. 네.	• 자기만달라 영역 중 내담자가 가진 긍정적인 자원을 지지한다.
기본적으로 몸이 튼튼하고 신체적으로 건강한 것에 대해, 누구에게 점수를 줄 수 있을까요? 아마 그전에는 아무한테도 점수를 준 적이 없었을 것입니다. 만약 오늘 '이것 때문에 내가 이렇게 건강할 수 있었구나'라고 생각해본다면, 누구에게 점수를 줄 수 있을까요? 남편과 아이들. 선생님이 신체적으로 건강을 유지하는 데 그분들이 어떤 도움을 주셨습니까? 남편은 저녁 때 같이 걸어줬어요. 그리고 아이들과는 주말에 함께 수영을 가요. 8살과 6살짜리 아이들과 함께 수영을 배우고 있어요.	• 신체 영역과 함께 주변 사람들과의 관계를 다룬다. 이를 통해 긍정적 관계는 더욱 견고해진다. • 각 영역이 균형을 이루었다고 내담자가 평가한 후에는 도움을 준 사람들이 어떤 도움을 주는지 구체적으로 질문한다.
부모님은 어떠신가요? 부모님께서는 선생님의 신체적 건강에 어떤 도움을 주셨습니까? 몇 달 전부터 아버지가 아프셨어요. 아버지가 암이신데 제가 어떻게 해야 할지 잘 모르겠더라고요. 머리가 복잡했어요. 자식들 4명이 너무 분주하게 움직이고 있는 상황에서 제가 지금 무엇을 할 수 있을까요? 그러셨군요. 신체적으로 건강을 유지하는 데 있어 아버님께서 도움을 주신 부분은 무엇인지 생각하면서 감사를 표현할 수 있을까요? 아버지는 특히 저에게 먹을 것을 많이 사주셨고, 제가 이렇게 세미나나 서울에 와있을 때는 손수 전화하셔서 꼭 밥을 챙겨 먹어라, 차 조심하라고 말씀하세요. 특히 여러 가지 건강에 좋은 것을 많이 챙겨주셨어요.	• 신체 영역을 다루면서도 관계를 다루면서 긍정적인 경험을 강화하고자 한다. • 아프신 아버지와의 관계를 긍정적으로 강화하는 질문을 한다.

오늘 이 자리에 아버님이 계신다면, 어떻게 고마움을 표하시겠습니까? '아버님의 이러이러한 점에서 제가 고마움을 느끼고 있습니다'라고 표현할 수 있겠습니까? 아버지, 저를 믿어주시고, 우리 가족에 대해 항상 신경 써주시고, 또 저의 큰아이와 둘째 아이를 잘 키워주셔서 감사합니다.	• 긍정적 경험을 강화한다. 아버지가 아프셔서 걱정만 하고 있으므로 긍정적인 측면을 떠올려 아버지와 열망 차원에서 만나게 하고자 한다. 아버지가 돌아가실 때 서로 고마운 마음을 품고 헤어질 수 있게 도우려 한다.
선생님 마음속에 있는 좋은 생각과 마음을 아버지께 표현하고 나니까 마음이 어떠신가요? 지금 내면으로 들어가시기 바랍니다. 아버님이 아프셔서 마음은 굉장히 슬프지만, 한편으로 아버님께 고마움을 느끼시는 걸 보니 좋아 보입니다. 매우 고맙고 감사드려요. 아버지를 절대 포기할 수가 없어요.	• 긍정적 경험을 한 다음에 아버지에게 느끼는 감정을 다룬다.
아버지를 위해 어떤 일을 할 수 있을지, 또 어떤 일은 할 수 없는지와 상관없이, 아버님에 대한 깊은 사랑을 간직하시고 표현해보도록 합시다. 아버님께 감사함을 느끼는 것 외에 또 어떤 다른 감정을 느끼십니까? 죄송스럽기도 해요. 그냥 죄송한 것입니까? 아니면 죄책감도 있습니까? 죄책감도 있는 것 같아요.	• 감정 영역 아버지와 정서적으로 연결할 수 있도록 감정 영역과 연결하여 작업한다.
선생님께서는 자기만달라 감정 영역에서 4점을 주셨어요. 비교적 감정을 잘 다루고 계신다는 얘기인데요. 자신의 감정들을 어떻게 다루어왔는지 얘기해주시겠어요? 그전에는 별로 표현하지 않고 제가 참았어요. 제 아이들에게나 남편이나 부모님에게도 별로 표현하지 않았는데, 요즘에는 스스로 내면 작업을 하면서, 저의 감정 상태를 좀 더 표현하게 되었어요. 그전에는 아버지에 대한 고마운 마음을 표현하지 않았는데, 지금은 손을 잡거나 포옹하면서 표현해요.	• 부정적 감정이 있는지 확인하고 열망 차원에서 만날 수 있도록 돕는다.

선생님이 그렇게 변화할 때, 아버님도 변화되셨나요? 아니면 아버님께 변화하는 방법을 가르쳐 드렸나요?	• 내담자와 부모가 상호작용을 통해 변화했음을 확인한다.
그전에 아버지께서 건강할 때는 조금 어색해하셨지만 제 아이들도 그렇게 표현을 하고 저도 표현하기 시작하니까 어머니, 아버지도 좋다는 표현을 시작하셨어요. 제가 가르쳐 드린 것은 없지만, 아버지가 그렇게 하셨던 것 같아요.	
선생님의 감정에 대해 좀 더 확인하고 싶습니다. 분노를 어떻게 다루십니까?	• 내담자의 내면에 어떤 감정들이 있는지 구체적으로 탐색하고, 내담자가 자신의 감정을 어떻게 다루는지 살펴본다.
특별히 화가 났던 경험도 없지만, 가끔 남편에게 말을 해요. 무엇 때문에 기분이 별로 안 좋았다고 말이에요. 외부의 다른 어떤 사람들보다 남편에게 더 감정을 표현하게 돼요. 제 감정을 다 하고 나면 기분이 조금 나아지는 것 같아요.	
남편과 이야기를 나누실 때 화나는 사건에 대해 말하나요? 아니면 그 사건 속에서 경험한 감정에 대해 말하나요?	
이야기와 감정을 다 나눕니다.	
다른 사람들이 화를 낼 때, 어떻게 생각하십니까?	
굳이 저런 것 때문에 저렇게까지 화를 내야 하나? 화낼 일은 아닌 것 같은데라는 생각을 해요.	
저 사람이 왜 화를 내는지 호기심을 가진다는 말씀인가요? 아니면 그 사람이 화내는 것 때문에 비판한다는 말입니까?	• 내담자가 가지고 있는 긍정적인 부분에 초점을 맞추면서, 내면에 있는 다양한 감정들을 탐색한다. 특히 분노와 두려움을 어떻게 다루는지 확인한다. 특히 아버지 생명이 위협을 느낄 때, 가장 강력하게 올라오는 부정적 감정을 좀 더 집중적으로 다루고 있다.
약간의 비판과 호기심도 있어요.	
그렇다면 두려움은 어떻게 다루십니까? 누군가와 나누십니까, 아니면 내면 깊이 숨기십니까? 두려움이란 감정을 어떻게 다루고 계십니까?	
제가 가지고 있는 일기장에 쓰기도 하고, 남편에게 전화하기도 하고, 그것도 안 되면 저 혼자 하루 정도 어떻게 할지 생각합니다.	

굉장히 겁나거나 두렵거나 무서웠던 적이 있습니까? 네, 그전에는 안 그랬는데 죽음에 대해 두려움을 느끼게 되었습니다.	• 아버지의 병환을 보며 느끼는 죽음에 대한 두려움을 다룬다.
아버님의 죽음이 두려우시다는 건가요? 아니면 일반적인 의미의 죽음에 대해 두려우시다는 건가요? 아버지의 죽음이 두렵습니다. **선생님 본인의 죽음에 대해서는 어떻게 생각하십니까?** 하나님을 믿고 있어서, 죽음에 대해서는 언제든지 준비가 되어있다고 생각을 했습니다. 그런데 아버지가 암에 걸렸다는 말을 듣는 순간, 세상이 무너지는 것 같고 앞이 캄캄했어요.	• 두려움이 자신의 죽음에 대한 것인지 아버지의 죽음에 대한 것인지 확인한다. 사람은 다른 사람의 죽음을 바라보면서 자기 죽음에 대한 두려움을 느끼기 때문이다.
아버님께서는 스스로 죽음에 대해 많은 두려움을 느끼고 계십니까? 아니면 아버님을 잃어버리는 것에 대해 선생님만 두려움을 느끼시는 겁니까? 아버지도 이런 큰 병이 처음이셔서 두려워하고 계신 것 같고요, 저도 그렇습니다.	• 내담자가 경험하는 두려움과 아버지의 두려움을 분리한다.
그러면 이제 긍정적인 감정을 얘기해보도록 하죠. 선생님께서는 긍정적인 감정을 어떻게 나누시나요? 친구들이나 남편, 아이들, 어머니, 아버지와 나눕니다. **어떤 긍정적인 감정을 느끼십니까? 친구나, 아이들, 남편, 또 다른 사람들과 함께 긍정적인 감정을 느끼시는 게 있으십니까? 그것을 어떻게 나누십니까?** 남편과 아이들이 함께 식사하면서 긍정적인 감정을 나눕니다. 나중에 음악을 듣고, 춤추기도 하고, 아이들과 이야기하면서도 즐겁다는 감정을 느껴요.	• 부정적인 감정 때문에 긍정적 감정까지 표현하지 못할 수 있다. 따라서 긍정적인 감정을 어떻게 표현하는지에 대한 탐색을 진행한다.
가장 어려운 질문이 될 것 같아서, 좀 더 시간을 두고 생각해봤으면 좋겠습니다. 어떤 사람은 다른 사람과 함께 행동	• 상호작용과 영성 영역을 다룬다. 다른 사람들과 감정을 나누면서 상호작용을 하는지 확인한다.

합니다. 어떤 경우에는 이야기를 같이 나누기도 합니다. 어떤 사람들과는 생각을, 어떤 사람들과는 감정을 나눕니다. 지금 그 부분에 대해 질문을 하려고 하는데, 주변 사람들과 어떤 감정을 나누십니까?

기분이 안 좋을 때보다는 기분이 좋을 때가 기억에 더 많이 남아 있는 것 같아요.

기분이 좋을 때 어떤 감정을 나누십니까? 기쁨이나 행복감 등 어떤 감정을 긍정적으로 나누십니까?

• 내담자가 다른 사람과 감정을 얼마나 깊이 나누는지를 확인한다.

기쁘고 즐거운 감정을 편안하게 나눕니다.

좋습니다. 이제는 그다음 단계인 영성 부분으로 들어갑시다. 영성 부분을 어떻게 충족시키고 계십니까?

• 위의 작업은 결국 영성과 연관되어 있어서 자연스럽게 영성 영역을 다루게 된다.

교회에 가서 목사님 설교 말씀을 듣습니다. 기도도 많이 합니다.

어떤 사람이 저에게 말하기를, 기도할 때도 여러 방식이 있다고 했습니다. 선생님께서는 어떤 방식의 기도를 하시는지 말씀해주실 수 있겠습니까?

요즘에는 아버지와 관련된 기도를 해요. 아버지의 병을 낫게 해 달라는 기도요. 그전에는 어머니가 교회를 다니시지 않으셨기 때문에 전도에 대한 기도를 많이 했어요. 저번 주에 드디어 어머니, 아버지가 교회에 나오셨어요.

부모님께서 교회에 나오신 것에 대해 어떻게 생각하십니까?

• 영성을 다룰 때 내담자가 종교를 갖고 있다면 그 종교를 지렛대로 사용하여 영성을 강화한다.

너무 기쁘고 눈물이 나오더라고요. 저뿐만 아니라 저희 식구들이 기도를 많이 했거든요.

선생님의 기도가 응답받았다고 생각하십니까?

네, 그래서 기쁩니다. 그런데 교회 나와서 기도하시는 모습을 보면서 부모님이 약해진 것 같아 많이 울었어요.

선생님께서는 아버님이 아프시면서 교회에 나와 기도하시는 모습을 볼 때, 마치 약해졌기 때문에 기도하시는 것이라 느껴져서 굉장히 슬펐다고 말씀하고 계시네요. 그러나 사실 아버님께서는 새로운 삶을 위한 결단을 하시면서 교회까지 나오신 것은 아니실까요? 그것은 굉장히 강한 모습이라고 생각되는데, 선생님께서는 어떻게 생각하십니까?

아버지가 계속 교회에 나오셨으면 하는 바람도 있고, 계속 저렇게 하나님을 믿으시면서 절대 포기하지 않으셨으면 좋겠다, 그리고 하나님을 온 마음으로 믿으시고 더 많이 의지하셨으면 좋겠다는 생각을 했습니다.

- 지성 영역
  내담자가 아버지의 모습을 보고 해석한 지각체계를 새로운 관점에서 바라보게 한다.

자기만달라 외에 또 다른 영역들을 다룬다면, 어떤 영역을 다루고 싶으십니까? 특히 선생님께서는 영양섭취 부분에서 점수가 낮거든요? 어떻게 해서 그렇게 낮은지 궁금하네요.

몇 달 전만 해도 그렇지 않은데, 아버지가 아프시면서 연쇄적으로 일어나는 반응 같아요. 제가 아버지의 암에 대한 정보를 찾아보고, 좋은 것을 구하기 위해 애쓰며 돌아다녔는데, 정작 제 식사를 챙기는 것부터 시작해서 제 건강에 신경을 거의 못 쓰고 있었던 것 같아요. 어머니께서 저를 보시며 잘 먹어가면서 하라고 이야기하시는데, 저는 그런 이야기가 잘 안 들렸고, 저보다 어머니, 아버지께서 좀 더 드셨으면 하는 바람이 있었습니다.

- 자기만달라 중 점수가 가장 낮은 영양 영역을 다룬다. 내담자가 중요하다고 여기는 영역을 다룬 다음에는 점수가 가장 낮은 영역을 다룬다.

오늘 그 영역이 변화될 수 있겠습니까?

네. 제가 자기만달라를 그리면서 너무 놀랐어요. 저한테 있는 영역들이 너무 불균형적이구나 싶었어요. 생각해보니 지난 석 달 동안, 저에 대해서는 정말 미안할 정도로 관심을 쏟지 못했다는 생각이 들어요. 나 자신에게도, 나의 부분들에도 정말 미안하더라고요.

- 내담자의 변화에 대한 의지를 끌어낸다.

그래서 새로운 결단을 내릴 수 있겠습니까? 긍정적인 방향으로 변화될 수 있겠습니까?

- 행동 영역에서의 변화에 대한 결단을 끌어내고 있다.

15장 자기만달라 : 균형과 통합의 삶으로의 변화

다른 영역보다도 지금 감각 영역과 영양 영역이 제일 점수가 낮은데, 오늘부터라도 영양에 대해 신경을 써야겠다 싶어요. 저뿐만 아니라 가족들의 영양 수준도 낮은 것 같아요.

그 변화를 오늘부터 시작하시겠습니까?

네, 그렇게 하고 싶어요.

식사를 잘하기로 하셨는데, 지금 마음이 어떠십니까?

조금 편안해진 것 같아요.

- 내담자가 변화를 위한 새로운 결정을 한 후 내면에 어떠한 변화가 일어났는지 확인한다.

마음으로 결정한 대로 하실 수 있겠습니까?

네.

- 변화를 뿌리내리게 한다.

선생님 자신이 그렇게 할 수 있으리라고 믿으십니까?

네. 그런데 친정에 가면 또 어떻게 바뀔지 모르겠다는 생각도 들어요. 하지만 제가 잘 먹으면서 버티고 있어야 어머니, 아버지께 신경도 더 써드리고, 우리 아이들과 남편에게 더 많은 힘이 될 수 있겠다는 생각이 들었어요.

그렇게 생각하는 게 좀 더 합리적인 것 같네요. 제가 그림을 하나 보여드리겠습니다. 이 사람은 숨도 쉬지 않고, 계속해서 먹지 못해 저렇게 쓰러져있습니다. 지금 말씀하신 것을 들으면서, 제가 그린 것입니다. 지금 아버님이 아프셔서, 모든 관심이 아버님께 가있습니다. 그러다 보니 자기는 이렇게 쓰러져있습니다. 조금 더 시간이 지나면 아이들도 저렇게 쓰러질 것 같습니다. 누가 누구를 도와주고 있습니까? 누구를 도와야 할까요? 누구를 어떻게 해야 할까요? 먼저 자신이 건강해지셔야 할 것 같습니다. 지난 3개월 동안 먹지 못했던 것들을 잡수시기 바랍니다. 자, 이 사람이 많은 것을 먹고, 이렇게 회복하여 일어날 수 있게 되었습니다. 저는 내담자께서 석 달 치를 한꺼번에 다 드시라고 하지는 않겠습니

- 조각을 통해 내담자 자신이 현재 처한 상황을 경험적으로 자각하도록 돕는다. 내담자의 변화를 위해 치료사가 밀어붙이거나 강요하지 않아도, 내담자 스스로 자각을 통해 새롭게 변화될 수 있다.

다. 지금 우리가 어떤 작업을 했는지 보여드리고자 하는 것일 뿐입니다. 모든 관심을 아버지께 집중하던 것에서 변화하여, 아버지를 조금 낮은 곳으로 내려오시게 하셨으면 좋겠습니다. 이제 아버님과 같은 위치에서 손을 잡고 도와드리면 어떨까 하는 생각이 듭니다. 아버지가 전부이고 내가 없어지게 되면, 진정한 도움을 줄 수 없습니다. 이제 이해가 되셨나요? 지금 마음이 어떠십니까?

편안해지고, 안개가 걷히는 것 같은 느낌을 받았어요. 서울에 올라올 때는 나흘 동안 강의 내용이 들어갈 자리가 내 머릿속에 있을까 싶었어요. 정말 배우고 싶어서 오게 되었는데 내가 잘 이해하고 돌아갈 수 있을지 불안했고 머리가 너무 복잡했어요. 그런데 지금은 정말 오기를 잘했구나 싶어요. 마음이 좀 더 편안해졌어요. 사실 저도 그런 생각은 했거든요. 제가 지쳐간다고 생각했고, 힘이 빠져서 간호하지 못하면 어떻게 될까 걱정이 돼서, 내가 잘 먹고 좀 더 힘이 있는 상태에서 절대 약해지는 모습을 아버지에게 보이지 않고 옆에 있어 드려야겠다고 다짐했어요. 그것이 아버지에게 도움이 되는 일이겠다고 생각했었는데, 이렇게 조각으로 보니까 제가 이렇게 있는 모습을 아버지도 좋아하시지 않을 것 같고, 저와 제 가족들을 위해 좀 더 노력해야겠다는 생각이 들어요.

무엇보다 이 자리에서 정직하게 내면을 얘기해주신 것에 대해 감사드립니다. 특히 지금 가지고 계신 걱정과 불안한 마음을 나누어주셔서 감사하고요. 지금 선생님께서는 아버지가 돌아가실 상황을 슬퍼하고 계시는데, 그에 앞서 아버지께 충분한 고마움을 표현하셨으면 하는 것이 제 바람입니다. 이 작업을 끝내기 전에, 아버님께 고마움을 더 표현하도록 하겠습니다. 아버님께서 생명을 갖도록 해주신 것에 대해 감사함을 표현할 수 있을 것 같습니다. 그 부분에 대해 표현할 수 있겠습니까?

아버지, 저에게 이렇게 생명을 주셔서 감사합니다.

• 영성
눈앞에 닥친 상황에 압도당하지 않고, 어려움을 극복해낼 수 있도록 내담자가 자신의 생명력과 연결될 수 있게 돕는다.

더 얘기하고 싶으신 것을 말씀해주시기 바랍니다. 아버지가 우리 둘째 준형이를 예쁘게 잘 키워주셔서 제가 많이 신경 안 쓰고 공부를 계속할 수 있었어요. 그 부분에도 감사합니다.	• 다루어야 할 것이 남아있는지 확인한다.
제가 마지막으로 내담자께 말씀드리고 싶은 것이 있습니다. 내담자께서는 아버님께 감사드리고 고마움을 표시하고 싶은 마음이 매우 큰 것 같습니다. 그런데 아버님이 아프다는 사실 때문에 마음이 너무 아프고 괴로운 상태에 빠져만 계시면, 어떻게 아버님께 고마움을 표시할 수 있을지 매우 걱정됩니다. 저는 아버님께서 여전히 살아계신다는 사실에 감사함을 느끼셨으면 좋겠습니다. 괜찮으시겠습니까? 네.	• 상담 종결을 위해 내담자의 경험을 정리한다.
그럼 이제 작업을 마치도록 하겠습니다. 내담자께서 느끼고 경험하신 것을 참여자들에게 말씀해주실 수 있겠습니까? 자기만달라를 그려보고 점수를 매겨보면서, 제 내면을 들여다보게 되었습니다. 제 내면이 어떤 상황인지 생각해보고 또 깊이 내면을 탐색하고 보니, 숫자를 매길 때보다 훨씬 더 빨리 제 부족한 점들에 대해 깨닫게 되었어요. 이 영역들과 점수를 좀 더 빨리 통합시켜줘야겠다는 생각을 했습니다. 제게 힘들었던 영역을 변화시키고자 하는 의지가 좀 더 생기는 것 같아요. 제가 자리에 앉아있을 때 같이 작업해주셨던 선생님께서 저에게 변화하겠냐고 물어보셨는데, 노력하겠다고는 말해도 구체적으로 정립이 잘 안 됐었거든요. 그리고 아버지에 대한 서러움이 많았어요. 하지만 서러움만 가지고는 저의 고마움을 표현할 수 없다는 말씀이 제게 다가왔어요. 저의 부분들을 통합시켜 아버지께 좀 더 힘 있는 모습을 보여드려야겠다는 생각이 들었어요.	• 내담자의 경험을 나누고 상담을 종결한다.

16장
그 외의 변화 기법:
명상, 은유, 내면 온도 읽기, 자존감 유지 도구함

The Use of Other Change Vehicles : Meditation, Metaphor, Temperature Reading, and Self-Esteem Maintenance Kit

사티어는 앞에서 설명한 기법들 외에도 다양한 기법들을 고안하였다. 특히 명상, 은유, 신체적 경험 등은 우뇌를 활성화해 좌뇌와 함께 전체적인 내면의 균형을 이루고자 하였다. 이러한 기법들은 무의식적·잠재적 영역의 에너지를 활성화한다.

1. 명상 meditation[1]

사티어는 치료 효과를 높이기 위해 우뇌를 자극하는 명상을 자주 사용하였다. 명상은 에너지 집중, 우뇌 활성화, 내적 대화 가라앉히기, 현재에 집중하기, 자기 자원과 만나기, 부분들을 통합하기, 치료 전 마음 준비하기 등 다양한 경우에 활용하였다. 즉, 명상은 사람들이 성장과 높은 자존감을 형성할 수 있도록 변화를 촉진하고, 변화에 대한 가능성을 개방하기 위해 뇌의 직관적인 부분의 활성화할 것을 중요하게 여기는 성장 방법이다.

- 호흡을 조절하고 긴장을 이완하는 명상
- 개체성과 자기가치감을 높이고 생명 에너지와 연결하는 명상
- 내적 자원과 에너지에 관한 명상
- 삶의 방식은 다양하므로 원하는 것을 선택할 수 있는 능력에 관한 명상

---

[1] Banmen, J. (2008). (Ed). 버지니아 사티어의 명상록. 김영애가족치료연구소: 서울.

- 적절한 것은 수용하지만 필요치 않은 것은 버릴 수 있는 선택에 관한 명상
- 인간의 영적 측면과 자존감 유지 방법에 관한 명상

명상에 관한 사티어의 단상

사람들은 나에게 명상을 사용하는 목적이 무엇이냐고 묻곤 한다. 그러면 나는 명상은 내가 하는 치료 작업의 전부라고 대답한다. 내가 가르치는 모든 내용이 명상에 포함되어 있기 때문이다. 명상의 내용은 모두 '성장 모델'의 기초이며, '성장 모델'에 대한 가르침과 연결되어 있다. 나에게 있어 명상은 뇌의 오른쪽 반구를 통해 성장이 뿌리내리도록 하는 것이다. 다시 말해 명상은 자신의 내면에 성장이 뿌리내리도록 돕는 것을 말한다.

명상은 긍정적이고, 직관적이며, 심리 내면을 통해서 이루어진다. 나는 명상을 통해서 사람들이 직관적인 감각 부분들과 만나고, 점차 신체 전체와 만나게 한다. 한 예로, 들이쉼과 내쉼의 호흡과정을 통해서 긴장과 이완을 하면서 내면의 힘을 느낄 수 있다. 이러한 의식적인 행동은 내면에 흩어져있는 생각들을 한군데로 집중시킬 수 있으며, 새로운 힘을 느끼게 할 수 있다.

사람들은 자신의 힘을 경험하면 긍정적으로 생각하게 되고, 자신을 사랑하는 마음이 생긴다. 호흡을 자각하는 명상에서부터 긴장을 이완시키는 명상은 자연스럽게 자기 자신을 긍정적으로 느끼게 해주기 때문이다.

나는 명상을 통해 사람들이 감각과 감정에 집중하고, 호흡과 긴장 완화 등을 통해 내면의 부분을 통합하게 한다. 내면에 흩어져있는 부분을 함께 모을 때 내면의 자원을 찾아내고 만나는 작업을 할 수 있다.

나는 사람들이 미지의 세계에 대해 알지 못하기 때문에 두려워한다고 생각한다. 사실 미지의 세계를 알 수는 없다. 그러나 사람들이 그곳을 향해 나아가려 하는 것은 자원이 있기 때문이다. 사람은 자신의 내적 자원과 만나면 새로운 것을 알고자 하는 희망과 힘을 갖게 된다. 그래서 나는 무엇보다 사람들이 자신의 내적 자원과 만날 수 있도록 돕고자 한다.

명상은 통합을 위한 준비이기도 하다. 내 명상은 다른 명상들과는 달리 그냥 단순한 내면으로의 여행이거나 심상 작업이 아니다. 명상에서 내가 하고자 했던 것은 사람들이 높은 자기 가치를 경험하게 하는 것이다. 자신이 가진 힘을 좀 더 신뢰하고, 자원들을 확실히 알며, 그러한 자원들을 뿌리내려 긍정적으로 사용할 수 있도록 확장하려 한다.

나는 일반적인 명상들에 더하여 사람들의 내적 힘을 키우기 위해 직관적인 우뇌를 사용하고, 호흡을 조절하여 몸의 긴장을 이완시키고, 내면의 자원들을 구체적인 이미지로 형상화하여 첨가하였다.

이 과정은 사람들이 이전에 가보지 않았던 자신의 내면을 탐색하는 데 도움을 준다. 내가 명상에 덧붙인 부분은 다음과 같다. 나는 사람들의 내면에 성스러운 장소가 있다고 믿기 때문에 이런 것들을 비유적으로 설명하려고 한다.

- 성소, 모든 것이 정확하게 내가 원하는 대로 되어 있는 장소

- 탐정 모자, 메달, 황금열쇠, 소망의 지팡이 혹은 요술봉, 지혜의 상자가 있는 자존감 도구 상자
- 성소에 보관된 '나만의 지혜의 책'

내가 이러한 구체적인 이미지를 사용하는 이유는 이러한 이미지를 포함한 명상이 사람들이 좀 더 쉽게 내면 깊은 곳에서 자신을 만나고, 부분들을 통합하고, 새로운 존재로 경험하게 도움을 줄 수 있다고 믿기 때문이다.

명상의 또 다른 목표는 필요하지 않은 것을 버리는 것이 아니라 놓아주라는 것이다. 과거에는 어떤 목적 때문에 우리에게 도움이 되었던 것들이지만, 지금은 우리에게 필요 없게 된 것들을 그냥 버리는 것이 아니라 고마운 마음을 가지고 보내라는 것이다. 이렇게 보낼 수 있을 때 그것들이 차지하고 있던 공간을 새로운 것으로 채울 수 있다. 나는 '놓아버리는 것', '내려놓는 것'이 '없애버리는 것', '버리는 것'과는 완전히 다른 태도라는 것을 발견하였다.

나는 사람들이 명상을 최면이라고 부르는 것을 항상 흥미롭게 생각한다. 명상이든 최면이든 직관은 사고과정을 통하지 않고 지혜의 빛이 흘러나오는 곳이라고 믿는다. 명상은 바로 직관으로 가는 통로를 마련해준다. 명상이 말을 듣고, 생각하고, 따라가는 과정이지만, 명상 자체가 사고과정은 아니다. 나는 최면이라는 단어는 전혀 사용하지 않는다. 최면이라는 말이 통제 상실의 두려움을 더 많이 느끼게 하지, 내면의 힘을 풍요롭게 해준다고 느끼게 하지 않기 때문이다.

내가 하는 명상들은 사랑의 상태에서 에너지가 흘러나온다. 명상은 사람들에 대해 보살핌, 그리고 인간의 성장에 대한 전적인 믿음에서 흘러나와야 한다. 사랑과 돌봄은 안전감을 느끼게 해주어야 한다. 그러므로 명상을 이끌기 전에 나 자신이 사랑과 보살핌의 상태를 맞이할 준비를 해야 한다. 그렇지 않으면 명상은 단지 단어들이나 이미지들, 그리고 안내하는 말에 불과하다. 그러므로 명상은 입으로 말하는 것만이 아니라, 자신이 그 상태에 머무는 것을 의미한다. 나는 명상을 이끌기 전에 편안하게 앉아서, 긴장을 이완하고, 직관의 상태로 들어가도록 자신을 준비한다. 대부분 나 자신에게 집중하고 나의 생명의 힘과 만나는 것만으로 충분하다.

나의 명상들은 미래지향적이다. 앞으로 나아간다는 것은 성장으로 향하는 것이다. 그러므로 나는 성장을 향한 미래지향적인 말, 색깔, 소리, 은유들을 사용한다.

때때로 아직 신뢰감이 형성되지 않은 새로운 사람을 만났을 때 나는 "명상으로 워크숍을 시작하고자 합니다"라는 말을 한 다음, 명상에 관해 그들과 이야기를 나눈다. 그들에게 명상은 충만한 상태를 경험할 기회라고 이야기하면서, "여러분 중 몇 분이 그런 경험을 해보셨나요?"라고 질문을 하고 그런 경험이 있는 사람은 손을 들어달라고 요청한다. 손을 든 사람이 많지 않으면, "많은 분께서 아직 처녀시군요"라고 농담하고는, 시험적으로 이 명상을 해보도록 초대한다.

다른 경우에는 인지적인 뇌와 직관적인 뇌 부분을 설명하면서 명상을 소개하기도 한다. 좌뇌의 인지적 부분은 새로운 것을 이해하고 판단하는 부분이고, 내가 명상을 통해 사용하는 직관적인 우뇌는 감각과 정서적 부분으로 지혜의 자원을 깨우치게 하는 것이라고 설명한다.

명상의 목표는 사람들이 자기 자신이 될 수 있도록 도우려는 데 있다. 내가 사람들에 대해 가지고 있는

그림은 다음과 같다. 사람들의 성장 가능성은 닫혀있거나 차단되어 있다. 그래서 사람들은 파괴적인 행동을 하거나 혹은 기껏해야 아주 미약한 정도의 가능성만 드러낸다. 나는 생명의 에너지가 있는 부분까지 도달해서 마치 그 문을 열도록 접촉을 하거나 초대하는 것과 같이 그 문을 조용히 열어주기를 원한다. 특히 명상 중에 나와 우주와의 연결은 중요하다. 나는 다른 사람들도 우주와 연결되는 것을 돕고 싶다.

사람들은 자주 내가 이끌어가는 명상 시간이 아주 힘이 있다고 말한다. 이는 그들 자신의 힘에 대한 감각, 변화하고자 하는 힘을 경험하였다고 말하는 것이라고 생각한다. 나는 즉시 그들의 자각을 나로부터 그들 자신으로 옮기게 하며, 그들 자신의 내적 자원과 힘을 확인시킨다. 항상 내가 무엇을 말하든 그 말이 사람들의 성장을 끌어내는 촉매제가 되기를 바란다.

내 명상들은 소리 내어 크게 읽을 수도 있으며, 조용히 읽을 수도 있고, 다른 사람에게 큰 소리로 읽어주어도 된다. 다른 사람에게 읽어달라고 해도 되고, 그들에게 녹음해서 달라고 해도 된다. 어떤 사람은 명상록을 들으면서 그림을 그리기도 한다. 사람들은 적절한 배경음악을 들으며 명상을 하는 것을 좋아한다. 명상하는 동안에 음악을 듣는 것은 에너지와 연결해준다. 음악 자체가 내면을 울린다. 당신이 긍정적인 울림을 느끼게 하는 음악을 사용하면 그 음악은 안녕감과 자존감을 향해 기꺼이 열린 마음으로 다가가게 해준다. 그것은 생명이 소리와 표현을 찾도록 돕는 또 다른 방법이기도 하다.

명상을 시작할 때 나는 자주 사람들에게 눈을 감으라고 한다. 그러나 눈을 감을 것을 강요하지는 않는다. 편안한 분위기에서 생각하기 위해 눈을 감는 것뿐이다. 이러한 생각과 신체적 반응 사이의 연결이 매우 중요하다. 당신이 어떤 생각을 할 때 그것은 바로 삶 또는 죽음과 관련된 것으로, 당신이 부정적인 기대를 따라가면 죽음을 향해 움직이는 것이며, 긍정적인 기대를 따라가면 바로 생명을 향해 움직이는 것이다. 나는 사람들이 생각과 신체적 반응 사이의 연결을 이해하고, 자신 안에 잠재된 성장 가능성을 표현할 수 있는 방향으로 나아가게 하는 데 많은 관심을 가져왔다. 한 자극에 대한 열망, 자신의 내면의 모든 부분을 인정하고 보살피고자 하는 열망. 이것을 욕구라고 표현하기보다는 열망을 충족시키지 못한 결핍이라고 표현하는 것이 더 적절하다고 생각한다. 필요는 음식이나 보금자리 그리고 의복과 같은 좀 더 생리적인 면과 관련된 것같이 보인다. 결핍의 기저에는 전체적으로 연결되고자 하는 열망이 있다.

상처는 아기가 세상에 태어나서 성장하는 초기 단계에서 경험하는 것이다. 아기는 자신을 표현하면서 성장하지 못하게 되면 상처를 입게 된다. 이러한 상처를 치유하기 위해서는 치료사는 사람들이 발로 서고, 자신의 중심을 찾아가도록 도와주어야 한다. 때때로 나는 모든 정신병 환자들은 사람들이 상처받고 열망을 충족시키지 못하고 굶주려온 방식에 이름 붙인 것으로 생각한다.

2. 은유 metaphores

사티어는 언어적 의사소통이 힘들 때 우뇌 언어인 은유를 자주 사용하였다. 은유는 의미를 전달하기 위해 감각기관을 활용한다. 은유는 지금까지 지각하고 있던 내용을 새로운 경험으로 인해 변화를 일으키는 의사소통 방식이다. 은유는 내담자의 상황에 적절하게 사용하면 내담자의 문제를 해결할 뿐만 아니라 새로운 경험을 통해서 보다 높은 2차 수준의 사고를 끌어내고, 내담자의 저항을 최소화한다.

> 나는 모든 치료단계에서 내담자가 직접 선택하게 하며, 또는 이미 알고 있어도 자신과 상황을 다루는 새로운 가능성을 보지 못하면 그러한 과정을 거칠 수 있도록 자주 은유를 사용한다. 또한 내담자가 자기의 생각이 위협적이라고 느낄 때 두려움을 완화하기 위해서 은유를 사용하기도 한다.[2]

3. 내면 온도 읽기 temperature reading[3]

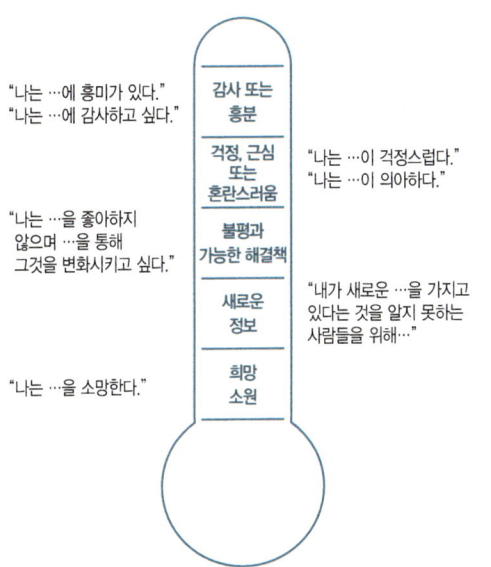

사티어는 집단 작업을 할 때 참가자가 지금 여기에 집중하지 못하는 것을 보고 내면 온도 읽기 기법을 활용하여 내면을 정리한 다음 작업을 진행하였다. 이 기법은 가족치료나 집단상담을 할 때도 각 구성원의 마음 준비를 하고 감정을 표현하는 데 도움을 줄 수 있다.

긍정적 표현은 서로의 열망을 충족해주지만 부정적 감정은 잘못하면 관계에 손상을 끼치기 때문에, 사티어는 먼저 감사의 마음을 표현하고 난 다음에 걱정거리, 염려, 궁금증들까지도 표현할 것을 촉구하였다. 가족구성원도 서로 비난하지 않으면서 감정을 표현하고 또 질문하는 것이 바람직하다고 생각했다. 불만을 표현하지 않으면 분노로 표출되므로, 분노가 축적되기 전에 불만을 표현하는 것이 관계를 유지하는 데 더 낫다고 여겼기 때문이다. 또 마음의 표현은 새로운 정보와 사적 정보도 나눌 수 있고, 친밀감도 높인다. 희망과 바람들을 나누게 되면 열망 차원에서 연결되기 쉬울 수 있다.

4. 자존감 유지 도구함 사용하기 Using Your Self-Esteem Maintenance Kit

자존감 유지 도구함 기법은 내적 자원을 사물에 비유하여 시각화한 방법으로, 상황에 대한 탐색을

---

2 사티어 모델: 가족치료의 지평을 넘어서 (역). p. 296.
3 Satir V., *Satir Model*, p. 315.

위해 탐정 모자, 내면에서 나오는 자신의 소리를 듣기 위한 목에 거는 메달, 두려움을 이기기 위해 앞의 문제들을 헤치면서 나갈 수 있는 지팡이, 문제해결을 위한 황금열쇠, 지혜를 듣기 위한 지혜 상자를 상상하게 하고, 각 상황에 맞는 자신의 자원을 활용하도록 도와준다.

이 기법은 은유, 이미지, 명상 기법이 혼합된 것으로서 자존감 향상과 풍성한 삶을 위해 내적 자원을 활용하는 데 도움을 주기 위해 고안한 것으로, 특히 청소년들에게 효과적이다. 그림을 그리거나 사물을 사용해도 효과적이다. 컴퓨터 사용에 익숙한 청소년등에게는 컴퓨터 관련 도구나 만화, 애니메이션의 주인공들을 사용해도 좋다.

사티어의 자존감 유지 시각화 작업

감사함을 느꼈던 마음의 장소, 여러분의 중심으로 들어가시기 바랍니다. 바로 이 중심에서 힘과 사랑이 흘러나옵니다. 이 힘은 다른 사람과 사랑을 주고받고, 경계선을 분명하게 그을 수 있고, 진실한 관계를 맺을 수 있게 해주는 힘입니다. 다른 사람이 당신을 비판한다면 아마도 그들은 자기를 알아주었으면 하는 간절한 바람을 가지고 있을 것입니다. 사실 그들은 자기의 자존감이 낮다는 것을 모르고 있을 것입니다. 다른 사람들이 나를 비난해도 그리 마음 쓰지 않습니다. 내가 그들의 말에 주의를 기울이고 그들의 가치를 인정해주면 그들은 나를 비난하지 않을 것이며, 나 자신도 그들의 비난에 귀 기울이지 않을 것입니다.

자, 이제 당신이 즐겁게 놀고 무언가를 창조하고 만들면서 즐거웠던 시간을 보냈던 장소를 기억해보시겠습니까? 원하는 시절로 한번 돌아가보십시오.

자, 다음의 이미지를 상상해보시기 바랍니다.

나에 관한 책이 보관되어 있는 마음의 성소로 가셔서 자신의 글을 읽으시기 바랍니다.
글을 읽고 나니 마음에서 경험하는 것이 무엇입니까? 그저 책에 적혀있는 이야기를 경험하면 됩니다. 당신이 나중에 나누고 싶은 경험이 적혀있습니까? 어떤 새로운 가능성이나 새로운 어려움에 대한 자각이 생기거나 혹은 예전의 것에 대해 어떤 새로운 면을 발견할 수 있습니까?
이제 책을 제 자리에 놓고 밖으로 나오시기 바랍니다.
그리고 자신의 자존감 유지 도구함이 있다는 것을 떠올리시기 바랍니다.
그 안에 있는 **탐정모자**와 **메달, 소망의 지팡이, 지혜의 상자** 그리고 **황금열쇠**를 기억하시기 바랍니다.

자, 이제 자원들을 보관하고 있는 장소로 더 깊이 내려가보시기 바랍니다.

당신에게는 미지의 세계로 데려가는 자원, 즉 보고 듣고 만지고 맛을 보고 냄새를 맡고 느끼고 생각하고 움직이고 말하고 선택하는 능력이 있습니다. 이러한 모든 자원 중 지금까지 가장 잘 맞는 것을 선택하시기 바랍니다. 과거 어느 시점에서 도움을 주었던 것이지만 지금은 필요하지 않은 것은 감사하는 마음을 표하고 내보내기 바랍니다. 그리고 당신이 필요한데도 갖지 못한 것을 더하시기 바랍니다. 당신은 많은 자원을 갖고 있으므로 필요한 것을 더하면 됩니다.

또한 당신은 우주의 창조물이므로 지구의 중심으로부터 흘러나오는 에너지와 항상 연결될 수 있습니다. 그 에너지는 멈추지 않고 흘러나옵니다. 나를 나답게 해주는 감정과 본질, 그리고 비전과 감각을 느끼게 해주는 이 에너지를 하늘로부터 받습니다.

이 경이로운 자원들은 상호작용합니다. 그들은 서로 반대 개념이 아닙니다. 그렇지만 오랜 세월 이 두 자원은 서로 반대편에서 맞서고 있다고 알고 있었습니다. 남자는 이성적이고, 여자는 직관적이라고 나눠서 생각하였습니다. 아니면 남자는 가슴이 없고, 여자는 머리가 없다는 식으로 분리된 눈으로 보았습니다. 그러나 우리 모두 그 둘을 다 가지고 있습니다. 전체적이라는 것은 두 가지 면을 우리 모두 가지고 있다는 사실을 말합니다.

이렇게 현재를 수용하면 자신이 확장되고, 능력이 점점 많아지는 것을 느끼며, 원하는 것을 성취하는 자로서 좀 더 현명하다는 확신을 하게 됩니다. 이러한 에너지를 결합하면 창조적인 삶을 사는 기쁨을 경험할 수 있습니다.

자, 이 순간, 당신과 다른 사람들 사이에서 무엇이 형성되는지 자각하시기 바랍니다.

이번에는 자존감 유지 도구함으로 관심의 초점을 돌리시기 바랍니다. 이 도구함과 마음으로 친해지고 싶다면 언제든지 그곳에 머무십시오. 아마도 검은 법복을 입고 판단하기 이전에 탐정모자를 가지고 사실을 알아보는 것이 더 중요하다는 사실을 이미 알고 있으실 수도 있습니다. 그리고 또한 자신이 느끼는 대로 '예'와 '아니요'를 편하게 표현하고 있다는 사실을 깨달았을 수도 있습니다.

지혜의 상자에는 우주에 존재했던 모든 지혜와 자각이 들어있습니다. 당신만의 감각의 저장소에서 이들과 점점 더 친숙해지기 바랍니다. 당신의 인지와 지각이 마치 장갑을 낀 손과 같다는 것을 마침내 알게 될 때까지 친숙해지기 바랍니다. 지각과 감각은 서로 잘 맞으며 싸우지 않습니다. 장갑은 손이 되지 않으며 그렇다고 손이 장갑이 되지도 않습니다. 각각 그 자체로서 독립적인 통합체로 존재하는 것입니다. 지각과 감각은 독립적이면서도 함께 통합체로 우리 안에 존재합니다.

두려움에 직면했을 때 당신이 원하는 곳으로 가기 위해 용기의 지팡이를 몇 번이나 사용했는지 자신에게 물어보시기 바랍니다. 아마도 당신이 용기를 가지고 움직일 때 두려움이 사라지며, 경이로운 황금열쇠가 무엇이든지 다 열어준다는 것을 발견하셨을 것입니다. 이제 문을 열고 들어가서 지혜의 상자나 용기의 지팡이 혹은 메달이나 탐정모자 등을 살펴보시며, 더 앞으로 나아갈 것인지 그 여부를 결정하기 바랍니다. 그 도구함은 항상 당신과 함께 있으므로 잃어버릴 수는 없습니다. 그것은 마치 당신의 자존감과 같은 것입니다. 그리고 그것이 바로 당신이 연결되어야 할 유일한 대상입니다.

17장
사티어 경험주의 집단상담 모델
Applying the Satir Experiential Model to Group Therapy

개인치료와 집단상담은 방법론적 측면에서 차이점이 있다. 개인치료는 내담자와 치료사와의 공감과 지지를 통해 치료적 효과를 얻고자 하는 데 반해 집단상담은 치료사와 집단원 또는 집단원사이의 공감과 지지를 통해 치료적 효과를 얻고자 한다.

   사티어 가족치료 모델을 적용한 사티어 집단상담은 개인치료 모델과 집단상담 모델의 장점을 공유하고 있다. 사티어 가족치료 모델은 다른 가족치료 모델과 달리 ① 각 구성원의 내면 작업을 통해 개인의 자존감을 높이는 개인치료의 효과를 이룬다. 동시에 ② 가족치료는 집단상담과 비슷한 기능을 한다. 따라서 사티어 가족치료 모델을 집단상담에 적용할 때는 개인치료의 효과, 집단상담의 효과를 얻을 수 있다. ③ 사티어의 다양한 가족치료 기법들을 집단상담에 응용할 수 있다. 이와 같은 장점 때문에 사티어 모델 집단상담은 다른 집단상담보다 치료적 효과가 크다. 사티어 모델 집단상담도 다른 모델과 같은 변화과정을 거친다.

1. 사티어 모델 집단상담

1) 사티어 집단상담 요인들

(1) 치료적 요소
① 희망: 치료사의 희망은 변화에 대한 동기를 제공하고, 치료 효과를 촉진한다.

② 보편성: 집단원의 이야기는 참여자의 공감, 관점의 확대, 자신의 문제에 대한 객관적 관점을 제공한다.
③ 정보: 집단원의 경험은 자각, 통찰, 치료적 효과를 높인다.
④ 공유: 한 집단원의 변화를 전체 집단원이 공유한다.
⑤ 경험: 집단원의 상호작용을 통해 변화를 공유한다.
⑥ 학습: 일치적 의사소통, 자기 노출, 긍정적 지지, 일치적 태도, 집단원의 변화, 집단원의 상호작용 등을 배울 수 있다.

(2) 집단상담의 원리
① 한 집단원의 빙산과 가족체계를 탐색하면서 집단원 모두 치료과정에 동참할 수 있다.
② 한 집단원의 치료는 나비효과로, 전체 집단원의 치료로 확대된다.
③ 한 집단원의 경험을 통해 집단원 모두가 긍정적 경험을 할 수 있다.

(3) 집단상담의 목표
① 각 집단원의 빙산 내면 탐색을 통해 변화와 새로운 상호작용을 경험한다.
② 각 집단원의 목표를 4대 목표와 통합하여 긍정적 방향으로 재설정한다.
③ 각 집단원의 긍정적 에너지를 활성화한다.

(4) 집단상담의 치료과정
① 집단원의 작업과제가 보편적인지 과제인지 확인한다.
② 자원 혹은 선택된 집단원이 마음의 준비가 되었는지 확인한다.
③ 집단원 문제의 긴박성에 따라 작업 순서를 결정한다.
④ 선택한 집단원의 과제를 다룰 수 있는 충분한 시간이 있는지 확인한다.

(5) 집단상담 치료사의 역할
① 집단의 규칙을 정한다.
② 비밀보장의 원칙을 준수한다.
③ 집단 운영 중 발생하는 위험성을 자각한다.
④ 집단상담 치료사는 집단의 역동에 책임을 진다.

⑤ 집단상담 치료사 개인의 문제를 다루고 해결한다.

2) 사티어 집단상담 치료과정

(1) 시작단계

① 집단에 대한 오리엔테이션

집단상담 치료사는 집단원이 효과적으로 작업할 수 있도록 꼭 알아야 할 규칙에 관해 설명한다. 또한 집단의 목적과 특징을 간략하게 소개하고 필요한 정보를 전달한다.

② 집단원의 자기소개

집단원은 각자 집단 안에서 사용할 별칭을 정하고 집단원에게 자신을 간략하게 소개한다. 이때 치료사는 집단원에게 자신을 표현할 수 있는 세 가지의 긍정적 형용사는 무엇인지, 만약 자신이 되고 싶은 사람의 모습을 이 자리에서 소개한다면 자신을 어떻게 소개할지, 만약 자신의 친구가 집단원에게 자신을 소개한다면 뭐라고 말할지 등 자기소개와 관련된 질문을 제시할 수 있다. 그리고 그들의 별칭을 긍정적 성장목표로 재정의한다.

③ 집단참여에 대한 의지 확인하기

집단상담 치료사는 집단원의 동기와 의지를 확인한다. 참여 동기가 무엇인지, 자발적 혹은 비자발적인지 확인한다. 그리고 자연스럽게 참여 의지를 높인다.

④ 집단 내에서 현재를 경험할 수 있도록 격려하기

집단상담 치료사는 집단원의 현재 경험에 관심과 초점을 기울여야 한다. 다른 집단원의 이야기를 들으면서 각 집단원의 내면에서 어떤 경험을 하는지 자각하도록 돕고, 표현할 수 있도록 돕는다.

(2) 준비단계

① 치료사는 특정 집단원의 내면을 다루는 동안 나머지 집단원도 자기 내면에 집중하도록 돕는다.
② 작업하던 집단원의 문제를 충분히 다루고 난 다음에는 다른 집단원이 작업하는 과정을 관찰하면서 느낀 각자의 경험을 표현하게 한다. 이때 '○○○가 이러한 작업을 하는 것을 보고, 나는 이런 경험을 하였다'라고 자신의 경험에 관한 이야기만 한다.
③ 치료사는 한 집단원의 문제를 다루는 동안 몇몇 집단원 또는 집단원 전체를 참여시켜, 앞 장에서 소개했던 가족조각 및 가족재구성 기법 등의 다양한 사티어 모델 기법을 활용하면서 치료과

정을 진행한다.
④ 치료사는 작업을 하는 집단원이 전체 집단원 가운데 자신과 자신의 가족구성원을 대신할 역할자를 선정하여 각 구성원과 상호작용하도록 하면서 역동적으로 치료과정을 경험할 수 있게 돕는다.

(3) 목표 설정하기
① 집단 전체의 목표를 설정한다. 집단의 목표를 설정하고 집단원을 모집했어도 집단의 응집력을 형성하기 위해서 목표를 다시 한번 토의하면서 집단원과 구체적 목표를 세우는 것이 바람직하다. 자기돌봄 방법 배우기, 분노표출 조절하기, 대인관계 증진 등이 집단 전체의 목표가 될 수 있다.
② 자신이 어떻게 변화되기를 원하는지, 그렇게 되는 데 걸림돌은 무엇인지, 그렇게 변화되어야 할 필요성은 무엇인지 등의 질문을 던지면서 각 집단원이 개인적 목표를 구체적으로 설정하게 한다.
③ 각 집단원의 목표를 통합해서 사티어의 4대 목표로 재정의한다.

치료사		이 집단에 참여하면서 각자 성취하고자 하는 것이 무엇인지 나누어봅시다.
진		저를 비난하는 사람 앞에서는 나 자신을 잃을 것 같아서 그런 사람 앞에서도 나 자신을 존중하면서 잘 대처하는 방법을 배우고 싶습니다. (울음을 터뜨림)
치료사		지금 눈물을 흘리시는데 그 눈물은 어떤 감정을 표현하는 것일까요?
진		슬픕니다.
치료사		지금 눈물을 흘리고 계신데, 그 눈물에 대해 조금 있다가 작업을 해도 괜찮겠습니까?
진		네.

치료사는 집단원이 슬픈 감정을 억압하고 있다는 사실을 알게 되었지만 지금은 각 집단원의 참여목표를 확인하고 4대 목표와 통합하여 목표를 재설정하는 시간이기 때문에 앞으로 그 부분을 다룰 것이라고 이야기한 다음에 계속 다른 참여자의 목표설정 작업을 진행한다.

마틴		이렇게 여러 사람이 모여있는 자리에서 마치 아무렇지도 않은 듯 앉아있는 것이 힘들기는 하지만 용기를 내어 왔습니다. 마음속에 불안과 긴장된 마음이 가득 있지만, 그러한 긴장감 속에 나 자신이 파묻히지 않고 좀 더 편안하게 나 자신을 경험하는 것을 배우고 싶습니다.
치료사		자신 안에 두려움이 있지만 성장하고 싶은 마음이 있으시군요. 지금, 이 순간 두려움을 느끼시지만 성장하고 싶은 마음도 또한 가득하신 것처럼 보이십니다. 어떤 마음이 더 크신가요? (목표에 대해 공감과 명료화)

마틴	예전에는 두려움에 더 많이 몰입하곤 했었는데, 지금, 이 순간에는 두려움을 선택하는 대신 다른 것을 선택할 수 있는 나 자신을 보고 있습니다.
치료사	마틴과 비슷한 경험을 하시는 분이 있나요? 때로는 두려움이 너무 커서 숨고 싶지만, 마틴은 이번에는 용기를 가지고 좀 더 성장하기 위해 나오셨습니다. 우리가 모두 마틴으로부터 이러한 면을 배웠으면 합니다. 조금 전, 진 또한 뭔가 다른 것을 배우고 경험하기 위해 이 자리에 나왔다고 말을 했었지요.

집단원이 다른 참여자 앞에서 자신의 내면을 드러냈을 때 치료사가 내담자를 충분히 지지해서 집단원의 용기가 다른 집단원에게 전달할 수 있게 한다.

로라	사티어 모델에 대해 배우고 있지만, 나 스스로에게는 100%가 아니라 85% 정도만 적용하며 사는 것 같습니다. 무엇이 어려운지 살펴보고 싶고, 이 모델을 나 자신에게 먼저 잘 적용하고 싶습니다.
치료사	로라는 뭔가 매우 큰 희망을 품고 오신 것 같네요. 사티어 모델을 자신에게 100% 적용하고 싶다는 말을 하셨는데, 그것이 무슨 의미인지 구체적으로 설명해주시겠어요? (명료화 ㅣ 구체적으로 목표를 재정의)
로라	저 자신이 좋은 치료사가 되기 위해서는 먼저 저 자신이 치유를 받아야 할 텐데, 과연 그것을 100% 이루는 것이 가능한지에 대해 의문이 생깁니다.
치료사	그것을 완벽하게 이루려면 아마 죽을 때까지 기다려야 할 것입니다. 그리고 그 목표를 이루도록 도와줄 수 있는 사람은 아무도 없을 것입니다. 여기에서 조금 다른 목표를 세워보면 어떨까요? 로라는 완벽해야 한다고 생각하는 것 같습니다. 타잔과 같이해보면 어떨까요? "내가 할 수 있는 최선을 다하겠다. 매 순간 내가 할 수 있는 최선을 선택하겠다"라고 말했는데, 완벽해지는 방법 대신 매 순간 최선을 다하는 자신을 인정해주는 법을 배우면 어떨까요? 다른 집단원은 어떤 것이 더 좋다고 느끼십니까? (치료사는 로라의 반응을 관찰하면서 집단원에게 돌아가며 이 질문을 던진다. 집단원은 최선을 다하는 것을 선택하는 대답을 한다.)
로라	문득 저 자신을 잘 믿지 못하고 있다는 생각이 들었습니다.
치료사	그러면 100%를 향해 가는 것 대신 나 자신을 부족하게 느끼고 있는 마이너스(-) 상태에서 중립적인 상태인 0점을 향해 변화하는 것을 목표로 삼으면 어떨까요?

자신에 대해 부족하다고 느끼면서 스스로 높은 평가의 잣대를 적용하고 있는 집단원의 목표를 긍정적이면서도 현실적인 목표로 전환시키는 작업이다. 이때 집단상담 치료사는 집단원의 목표를

일방적으로 수정하기보다 다른 집단원에게서 나온 긍정적인 부분을 빌려 집단원이 적절한 새로운 목표를 세울 수 있도록 시도하였다.

> 한나   저도 청소년을 대상으로 집단상담을 진행하고 있는데, 성취 지향적인 제 성격 때문인지 자꾸 잘하려는 마음이 앞서는 것 같습니다. 그리고 이것이 아이들에게 긴장감을 유발한다는 생각이 들 때가 많습니다. 일주일에 한 번씩, 15주 동안 아이들을 만나는데, 집단상담이 끝나고 나면 내가 지금 잘하고 있는지, 아이들을 너무 몰아치는 것은 아닌지 혼자서 생각해봅니다. 치료사님께서 이 집단을 이끌 때 모든 집단원이 안정감을 느끼도록 하는 것처럼 느껴지는데, 사실 저는 그렇게 하지 못하는 것 같습니다. 여기에서 제가 충분히 경험하면 치료사로서 좀 더 잘하지 않을까 하는 마음으로 이 자리에 나왔습니다.
>
> 치료사   제가 한나의 말을 제대로 잘 들었는지 확인해보겠습니다. 당신은 일 중심이고, 그것이 당신 성격의 일부라고 했고, 그러한 성격 때문에 때로는 아이들 자체보다 일의 목표와 결과에 더 치중하게 된다는 말을 하셨지요. (집중하지 않는 것처럼 보이는 타잔에게) 타잔은 한나의 말 중 어떤 부분을 기억하고 있나요? 한나로부터 무엇을 배웠나요?

다른 집단원이 말을 하는 동안 집중하지 않고 있는 집단원이 있다면 집단상담 치료사는 그 집단원을 다시 역동에 참여하게 이끈다. 여기에서 집단상담 치료사가 한나의 말을 요약하면서 타잔에게 질문을 던진 것은 다른 집단원의 말을 제대로 듣지 않고 있는 타잔을 끌어들이기 위한 하나의 방법이다. 집단상담 치료사는 한 사람과 이야기를 하는 동안에도 나머지 집단원의 반응을 항상 관찰해야 한다.

(4) 작업단계

① 집단 전체의 작업

사티어 집단상담에서는 가족치료 기법들을 그대로 혹은 응용해서 사용할 수 있다. 대처방식, 가족규칙, 가족조각, 가족재구성, 자기만달라 등을 적용하면 좋은 효과를 볼 수 있다. 대부분의 참여자는 작업 참여자의 경험에 많은 공감을 하면서 자신의 문제를 해결할 수 있다.

② 각 개인의 치료 작업

집단상담 치료사는 집단의 과정 중 적절한 순간에 특정 집단원을 대상으로 개인의 치료 작업을 진행한다. 사티어 집단상담은 앞에서 이야기했듯이 개인상담이기도 하다. 치료사가 한 집단원과 작업하고, 작업에 필요한 역할에 다른 집단원이 참여하기 때문에 가족치료적 집단상담이 진행되지만 결국은 치료사와 집단원과의 일대일 작업이 우선한다. 따라서 개인치료와 집단치료가 동시에 진행된다고 말할 수 있다.

③ 집단 전체의 상호작용을 촉진시키는 작업

집단치료사는 과정을 거치면서 집단원 전체가 자신을 새롭게 경험할 수 있도록 작업해야 한다.

치료사	우리는 다른 사람들과 의사소통을 하면서 함께 살아가고 있습니다. 어떤 사람과는 의사소통이 잘 되고, 어떤 사람과는 의사소통이 잘 안 된다고 느끼면서 심지어 어떤 때는 말을 하고 싶지 않다고 느낄 때도 있습니다. 자신을 가장 화나게 만드는 사람은 누구인가요?
제인	제 이야기를 듣지 않고 자신의 주장만 하는 사람이요.
치료사	그럴 때 당신은 어떻게 하나요?
제인	내 의견을 한 번, 두 번, 세 번까지 이야기합니다. 그래도 상대방이 듣지 않으면 포기하고 거리를 둡니다.
치료	제인의 말을 들으면서 우리는 제인이 특정한 대처방식을 취하고 있다는 것을 알 수 있습니다. 사티어는 이러한 대처방식에 대해 어떻게 설명했는지 알아보려고 합니다. 이 작업을 도와줄 두 사람이 필요한데 누가 자원을 해줄 것인가요? (마틴과 진, 두 사람이 자원하여 나왔다.) 지금부터 두 사람이 의사소통할 때 내면에서 일어나는 과정을 몸으로 표현해볼 것입니다. 첫 번째 조각은 두 사람이 문제없이 의사소통을 잘하는 상태일 때입니다. (두 사람이 서로를 마주 보고 손을 뻗는 자세를 취하도록 한다.) 마틴은 지금 상대방인 진에 대해 무엇을 느끼나요?
마틴	진이 내 말을 들을 준비가 되어 있구나!
치료사	마음이 열리는 것을 느끼나요?
마틴	전부는 아니더라도 70~80% 정도 열려있습니다.
치료사	진은 어떻습니까?
진	편안하고 괜찮습니다.
치료사	사티어는 이런 상황을 일치적이라고 표현했습니다. 나 자신이 편안하게 느끼는 동시에 상대와 편안하게 연결될 수 있는 상태를 말하지요. 이제는 일치적 상태가 아닌 다른 대처방식을 경험하면서 우리 내면에서 자신을 보호하기 위해 어떤 경험과 선택을 하게 되는지를 보여주려고 합니다. 아까 제인은 자신의 주장을 강하게 하는 사람 앞에서 세 번 정도까지는 목소리를 내어 자신을 표현하다가 이내 포기하고 만다고 말했는데, 이것을 조각하면서 제인의 내면에 어떤 일이 일어나고 있는지 보여줄 것입니다. (집단치료사는 제인의 사례뿐 아니라 비난형, 회유형, 초이성형, 부적절형의 대처방식을 다양하게 조합하여 집단원들에게 몸으로 표현하고 경험해보도록 한다.)

치료사　이번에는 진과 마틴 중 한 사람이 관찰자가 되고, 다른 집단원들은 두 명씩 짝을 만들기 바랍니다. 두 사람 중 한 명은 A, 다른 한 명은 B가 될 것입니다. 처음에는 서로 일치적인 상태에서 얼굴을 마주 보며 기분 좋은 연결을 경험해보십시오. 그다음 B가 A에게 회유적인 태도를 취합니다. 지금 내면에서 경험하는 것을 자각하십시오. A는 상대방이 나의 비위를 맞출 때 어떤 경험을 하는지 확인하기 바랍니다. B는 상대를 회유하는 동안 자신 안에서 경험하는 것이 무엇인지 살펴봅니다. 다시 처음처럼 마주 보고 서십시오. 잠시 그 상태로 있습니다. 몸의 경험을 확인하고 내면의 경험을 확인하십시오. 이번에는 B가 비난을 하고 A가 회유를 할 것입니다. 비난형과 회유형은 처음에 서로에게 매력을 느끼기 쉽습니다. 어떤 관계에서는 이 상태가 매우 오랫동안 안정적으로 유지되기도 하지요. 그러나 그것은 역기능적 안정이라고 할 수 있습니다. 부부는 무려 20년 동안 이러한 관계로 결혼생활을 유지해왔습니다. 그러다가 부인인 A가 갑자기 이혼을 요구하고 남편인 B는 갑작스러운 부인의 요구에 놀랍니다. (회유하던 사람이 일어나서 비난하기 시작, 두 사람은 서로를 비난하고 있는 모습) 이때 두 사람은 무엇을 원하고 있습니까? 이혼을 원하면서도 왜 떠나지 않고 있을까요? 이들은 한 손(오른손)으로 상대를 비난하고 있지만, 다른 한 손(왼손)으로는 상대를 사랑하기 원합니다. 서로 비난하고 있는 손을 보는 대신 숨겨져있는 손을 보시기 바랍니다. 비난하는 손을 한번 보고, 사랑을 원하는 손을 보십시오. 두 손을 교대로 보면서 손의 에너지를 느껴보기 바랍니다. 그다음 준비가 되면 나의 돌보는 손을 바라보고 그다음 상대의 돌보는 손을 바라보면서 어떤 변화가 일어나는지 몸으로 느끼시기 바랍니다. 다시 일치적인 상태로 서로를 마주합니다. 그다음 자리에 앉으십시오. 다양한 작업을 하면서 몸으로 경험한 것이 무엇인가요?

샐리　내가 평소에 잘 사용하는 회유적인 태도를 취할 때 편안했습니다. 그런데 일치적으로 할 때에도 편안함을 느꼈습니다. 진하고 작업을 하는 동안 상대가 나를 비난하고 있다는 것을 알았을 때 순간 내 자신이 없어졌으면 좋겠다고 느꼈습니다.

마틴　상대를 비난할 때는 내 팔이 무거워지는 것 같은 느낌이 들었고, 힘이 너무 많이 빠져서 상대방이 빨리 일어나주었으면 하는 생각을 했습니다. 회유할 때는 내가 '왜 이렇게 살아야 되나? 정말 싫다'고 느꼈습니다. 그러다 일어났을 때는 '그냥 네가 하고 싶은 대로 하라고!' 소리치면서 마음이 후련해졌습니다.

집단치료사는 집단 전체의 작업을 위해 의사소통과 대처방식에 대한 일반적인 이야기로 작업을 시작하였다. 그러다가 한 집단원의 사례를 바탕으로 비일치적인 의사소통의 유형들에 대해 설명하고 집단원에게 이러한 유형을 몸으로 조각하도록 하면서 각자 내면에서 일어나는 일들을 경험하고 자각하도록 시도하였다. 또한 조각하는 동안에도 매 순간 몸으로 경험하는 것을 질문하여 집단원과 나누도록 하였다.

치료사	(진에게) 잠깐 의자를 앞으로 당겨서 앉아주시겠어요? 진과 함께 좀 더 깊은 작업을 하려고 합니다. 진은 현재 무엇을 원하고 있나요?
진	존중, 관심, 이해를 받고 싶습니다.
치료사	누구로부터 말입니까? 과거에 누군가가 당신을 이해해준 사람이 있었나요? 또는 당신을 존중해주지 않았던 사람은 누구였나요?
진	아버지와 언니들이요.
치료사	그들이 당신을 어떻게 존중해주지 않았나요?
진	자신과 의견이 다를 때 아버지는 폭력을 사용하셨어요. 식구들은 그런 아버지를 많이 비난했습니다. 아버지는 자신을 비난하는 식구들이 못됐다고 또 비난하셨어요. 하지만 저는 아버지가 저를 못된 아이로 평가할까 봐 두려워 회유를 많이 했습니다. 아버지는 제가 착한 딸이라고 칭찬을 많이 하셨고 형제들은 그런 저를 또 비난했습니다.
치료사	칭찬을 받는 것이 좋았나요?
진	아니요. 너무 힘들었어요.
치료사	칭찬받는 게 힘들었나요? 아니면 비난받는 게 힘들었나요?
진	아버지는 저를 칭찬하시면서 다른 형제들을 비난하셨기 때문에 마음이 늘 불편하고 가슴이 많이 아팠습니다. 내가 회유하면 가족이 다 행복해질 줄 알았습니다.
치료사	가족을 위해 희생을 하셨네요. 겉으로는 칭찬을 받아서 좋았을지 모르지만 내면에서는 결코 좋지 않았네요. 아직도 똑같은 대처방식을 하고 있나요? 아직까지 그 영향이 남아있나요?
진	상담 공부를 시작하면서 나를 조금씩 표현하기 시작했습니다. 그랬더니 내가 점점 이상해지고 황폐하게 변하는 것 같다면서 동생이 저를 또 비난했습니다.
치료사	(진의 가족을 조각하기 위해 집단원들 중 4명을 불러낸 후) 일어나서 지금까지 들은 내용을 바탕으로 각 가족구성원이 하고 있는 것을 그대로 표현해주시겠습니까? (진의 아버지는 진의 형제들을 향해 손가락을 뻗쳐 비난하고 있고, 진의 형제들은 한 손은 아버지를, 다른 한 손은 진을 향해 뻗쳐 비난하고 있다. 진은 무릎을 꿇고 앉아 양쪽을 다 회유하고 있다.) 이 조각을 보면서 무엇을 느끼고 있나요?
진	외로워요.
치료사	예전에 경험했던 것을 지금도 비슷하게 경험하고 있나요?
진	네. 외롭고 가슴이 아픕니다.
치료사	자, 이제는 자신을 표현하기 시작했다고 하셨죠? 그것을 조각해볼까요? (진은 아버지와 형제들을 향해 비난의 손가락을 올려보지만 그들이 더욱 강하게 진을 비난하는 바람에 진은 다시 무릎을 꿇고 회유하

	게 된다.) 형제들을 향한 이 회유의 손은 무엇을 말하고 있나요?
진	제발, 우리 모두 서로 존중하고 사랑할 수는 없나요?
치료사	아버지를 향한 저 손은 무엇을 의미하고 있나요?
진	제발 이제 비난하는 것을 멈추세요!
치료사	자, 이제 이 그림을 조금 다르게 바꿔보도록 하겠습니다. 이 그림을 어떻게 다르게 바꾸고 싶나요?
진	모두가 서로를 수용하고 존중하는 그림으로 바꾸고 싶습니다.
치료사	(치료사는 4명의 집단원을 일치적인 상태로 바꾸어 조각한다. 그리고 가족들은 진을 향해 일치적인 상태로 진을 있는 그대로 수용한다는 무언의 메시지를 보낸다.) 가족들을 보면서 무엇이 느껴지나요?
진	(자리에서 일어나 회유하던 손을 내리고 일치적인 자세로 바꾸었다. 또한 슬픈 표정에서 편안하고 밝은 표정으로 바뀌었다.)
치료사	어떻게 느끼고 있나요?
진	자유롭고 편안합니다. 가족들 모두가 행복해 보여요.
치료사	이 그림이 당신 마음속에 들어갈 수 있을 것 같나요? 현실이 어떠한지와 상관없이 새롭게 달라진 이 그림을 내면에 간직할 수 있기를 바랍니다.
진	저 또한 가족들을 있는 그대로 수용하고 존중하지 못했던 것 같다는 생각이 듭니다. 그럴 수 있는 힘이 저에게 없었던 것 같습니다. 하지만 제가 그들을 있는 그대로 수용하고 존중하면 그들 또한 저와 같이 일치적으로 변화해갈 수 있을 것이라는 희망이 생깁니다.
치료사	(진을 제외한 나머지 집단원에게) 이 작업이 여러분 자신에게는 어떠했습니까? 어떤 경험을 했나요?
애플	이 작업에서 진을 비난하는 역할을 맡고 있었지만, 마음속으로는 진을 응원하면서 제가 가진 힘을 나누어주고 싶었습니다.
한나	비난하는 가족들 사이에서 진처럼 힘든 경험을 했었는데, 진을 보면서 나도 저렇게 변화하는 힘을 가지려면 어떻게 해야 하는지에 대해 궁금했습니다.

집단치료사가 집단 안에서 한 구성원과 개인 치료 작업을 진행하는 동안 다른 집단원은 마치 자신의 내면을 작업하는 것과 같은 비슷한 경험을 하게 된다. 개인 작업을 하고 있는 집단원의 변화를 관찰하면서 집단원 또한 자신의 내면을 자각하고 서로 에너지를 교환하며 긍정적이고 새로운 것을 배우게 된다. 집단치료사는 진의 개인 작업이 끝나고 난 후 반드시 전체 집단원들이 경험한 것을 확인하는 과정을 통해 집단원의 내면이 연결되고 변화를 위한 긍정적인 에너지가 공유될 수 있도록 한다.

(5) 저항에 도전하기

① 집단원의 저항과 비일치적 대처방식이 집단 운영에 끼치는 영향을 알아채야 한다.
② 저항하는 집단원의 걸림돌을 확인한다.
③ 저항하는 집단원의 참여의지를 다시 확인한다.
④ 집단원이 집단작업을 하고 싶은 의지가 있는지 확인한다.
⑤ 집단원이 상상하는 최악의 상황이 무엇인지 확인한다.
⑥ 집단원이 고통이나 어려움을 솔직하게 표현할 수 있는지 확인한다.
⑦ 집단원이 절실하게 변화를 원하는지 확인한다.
⑧ 집단원의 일상생활에서의 모습은 어떤지 확인한다.
⑨ 변화하지 않을 때 어떤 삶을 살건지 직면시킨다.
⑩ 현재 느끼고 있는 긴장감과 주저하는 마음을 다루어볼 의지가 있는지 확인한다.
⑪ 집단원 사이의 갈등이 불편하고 어렵게 느껴져도 포기하지 않고 더 잘 다루는 기회를 갖기를 원하는지 확인한다.

(6) 종결단계

① 집단 과정의 요약

각 회기의 종결단계에서는 그 회기의 작업 내용을 요약하고, 집단 전체의 종결단계에서는 전 과정을 간략하게 요약한다. 그리고 집단원 각자의 경험을 나눈다. 그리고 미래에 대해 약속을 한다. 즉, 이 과정에서 배운 것은 무엇인지, 배운 것을 어떻게 활용할 것인지, 어떻게 다르게 할 것인지, 어떤 결정을 내렸는지, 일 년 후에 집단원과 만나면 어떤 변화를 했다고 말할 수 있을지, 어떻게 변화를 위한 첫걸음을 떼었는지 등에 관한 것에 대해 나눈다.

② 목표달성의 점검

집단치료사와 집단원은 각자의 목표가 얼마나 달성되었는지 점검하고 나누도록 한다. 이 작업은 매 회기의 마지막 단계에서 이루어질 수도 있고, 집단의 전체 회기가 진행되는 과정에서 틈틈이 이루어질 수도 있다. 여전히 남아있는 미해결 과제에 대해서는, 개개인의 문제의 종류와 특성에 따라 한 번의 집단상담만으로는 문제를 충분히 다룰 시간이 부족할 수 있으니 개인치료를 받거나 또 다른 집단상담에 참여할 기회를 얻도록 권할 수 있다.

과제 부여하기는 집단원이 집단에서 새롭게 배우고 경험한 것을 각자의 삶에서도 지속해서 연습하며 뿌리내리기 위한 것이다. 집단원은 집단에서 경험한 작업과 관련하여 다음 회기까지 시도해볼 수 있는 치료적 과제를 구체적이고 실제적인 것으로 부여한다. 과제를 부여한 후 치료사는 집단원이 과제를 얼마나 잘 수행하였는지, 과제를 수행하는 데 어려운 점은 없었는지, 좀 더 적절한 다른 과제가 주어질 필요가 있는지에 대해 반드시 점검하도록 한다.

③ 긍정적 피드백

집단원은 자신의 문제를 다루기 위해 애써왔던 노력에 대해 각자 자신을 칭찬하고, 다른 집단원의 노력과 수고에 대해서도 칭찬할 수 있는 시간을 할애한다. 이때 작은 공을 사용하여 작업을 진행할 수도 있는데, 처음에는 치료사가 집단원 중 한 사람에게 공을 던져 감사의 말을 전한다. 그러면 그 사람은 또 다른 사람에게 공을 넘겨주면서 감사의 말을 전달하는 방식으로 서로 긍정적인 피드백을 주고받을 수 있다. 치료사는 집단원이 집단 내에서 경험한 모든 것들이 우연히 이루어진 것이 아니라 새로운 것을 만들어내고자 노력했던 집단원의 노력과 서로가 주고받았던 도움의 결과라는 것을 강조한다.

④ 종결 시의 감정 다루기

집단이 종결되기 1~2회기 전에는 집단의 종결에 대해 예고하여 집단원이 이별을 준비할 수 있게 한다. 특히 집단에 대해 의존적인 성향을 많이 드러내는 집단원이 있다면, 집단의 과정 동안 성장하고 변화해온 부분을 지지하면서 집단의 종결을 자연스럽게 받아들이도록 돕는다. 마지막에는 각자의 성장을 확인하고, 집단원이 서로에게 감사하는 시간을 갖고 종결한다.

부록

사티어 빙산 탐색 과정 질문 모음

접촉과 회기목표 질문

- 마음을 안정시키기 위해 무엇을 하면 좋을까요?
- 상황이 어떻게 달라지기를 바랍니까?
- 어떻게 하면 마음이 편안한 상태에서 상담을 시작할 수 있을까요?
- 오늘 회기를 시작하기 전에 이야기하고 싶은 것이 있나요?
- 지금 기분이 어떻습니까? 상담을 시작해도 되겠습니까?
- 지금 느껴지는 감정을 먼저 다룰까요?
- 지금 마음이 불편하다고 하셨는데, 마음을 안정시키기 위해 무엇을 하면 좋을까요?
- 지금 어떤 변화가 일어나기를 원합니까?
- 지금 불안하다고 하셨는데, 그 감정부터 먼저 다루겠습니까?
- 지난 회기 이후 어떻게 지냈나요?
- 지난 회기에 다른 내용 때문에 마음이 힘들지는 않았습니까?

신체 자각에 대한 질문

- 그 흥분이 몸의 어느 부분에서 느껴집니까? 어디 특별한 부분이 있습니까?
- 몸의 어느 부분에서 스트레스를 느낍니까?
- 상처를 이야기할 때 목소리가 어떻게 변하는지 알고 있습니까?
- 아주 힘든 경험을 말하면서도 얼굴은 웃고 있습니다. 지금 내면에서 어떤 감정이 느껴집니까?
- 어깨를 보니 긴장하고 계신 것 같은데, 지금 어떤 느낌이십니까?
- 어깨를 보니 긴장한 것 같습니다. 그 긴장이 전달하려는 메시지가 무엇입니까?
- 이 순간 감정이 어디까지 올라오고 있습니까?
- 자기 몸이 무엇을 경험하는지 그대로 느껴보세요.
- 자신의 몸을 사랑하겠습니까?
- 자신의 몸을 잘 돌보기 위해 무엇을 해야 할까요?
- 자신의 신체를 좀 더 소중히 다룰 수 있습니까?

- 지금 그 감정이 몸의 어느 부분에서 느껴집니까?
- 지금 그 슬픔이 어느 부분에서 가장 크게 느껴지십니까?
- 지금 마음의 목소리는 누구의 목소리입니까? 그 목소리를 들을 때 몸이 어떻게 반응합니까?
- 지금 목소리가 약간 긴장된 것 같은데, 만약 그 목소리(신체의 고통, 반응)가 말을 한다면 뭐라고 말할까요?
- 지금 몸이 느끼는 것이 무엇입니까?
- 지금 몸이 느끼는 것을 그대로 느끼기 바랍니다.
- 지금 몸의 반응을 느낄 때 내면(마음속)에서는 무엇을 느낍니까?
- 지금 몸이 반응하는 것을 느낄 수 있습니까?

행동에 대한 질문

- 그런 행동을 할 수 있다는 것은 무엇을 의미하는 것일까요?
- 그렇게 잔소리하는 행동에는 어떤 목적이나 의도가 있습니까?
- 그렇게 행동했을 때 자신이 어떻게 보일 것 같습니까?
- 그 문제를 해결하기 위해 구체적으로 어떤 행동을 하였습니까?
- 그 사람이 당신에게 잔소리하고 귀찮게 하는 행동 이면에는 무엇이 있을까요?
- 그 사람이 보고 싶을 때 어떤 행동을 합니까?
- 다른 사람을 대하는 당신의 행동을 바꿀 의향이 있습니까?
- 목표를 달성하기 위해 어떤 행동을 해야 할까요?
- 문제해결을 위해, 목표달성을 위해 어떤 행동을 하였습니까?
- 분노를 어떻게 해결하였습니까?
- 상대방이 …할 때, 과거와는 다른 행동을 할 수 있습니까?
- 상대방이 변하지 않아도 당신은 변할 수 있습니까?
- 스트레스를 느낄 때, 생각할 때, 감정을 느낄 때, 기대가 채워지지 않았을 때 어떤 행동을 합니까?
- 어렸을 때 그런 상황에서 어떻게 행동하였습니까?

- 어떻게 하면 다르게 행동할 수 있을까요?
- 예민한 아이에게는 어떻게 대하십니까? 화를 잘 내는 아이에게는 어떻게 대하십니까?
- 자기를 벌주고 있습니까? 그 행동이 도움이 되나요?
- 지금 다른 행동을 할 수 있다면, 어떤 다른 행동을 선택할 수 있습니까?
- 행동을 선택할 수 있는 권리를 가지고 있다면, 어떻게 행동하겠습니까?

대처방식 탐색 질문

행동에 대한 대처 질문

- 그 상황에서 어떤 행동을 하였습니까?
- 그런 힘든 상황에 어떻게 대처하셨습니까?
- 그럴 때 어떻게 행동하십니까? 두려워합니까? 그다음은 어떻게 하십니까?
- 다른 사람들은 당신이 어떻게 행동한다고 말합니까?
- 다른 사람의 비위를 맞추는 것이 당신의 삶에 도움이 되었군요. 그런데 그런 태도가 지금은 당신의 삶에 걸림돌이 되고 있다는 사실을 받아들일 수 있겠습니까?
- 당신은 상황에 대해 어떻게 생각하고, 판단하고, 행동합니까?
- 어렸을 때 그 사건을 어떻게 다루었습니까?
- 자신에게 벌주고 싶을 때 어떻게 하십니까?
- 자신이 가치 없는 존재라고 느껴질 때 어떤 행동을 하십니까?
- 자신의 몸을 잘 돌보기 위해 어떻게 해야 할까요?
- 지금은 어떻게 행동을 하십니까?

가족·원가족에 대한 대처 질문

- 가족구성원은 그 상황에 어떻게 대처했습니까?
- 가족구성원은 갈등을 어떻게 드러냈습니까?
- 가족구성원 사이에 갈등이 발생하면 책임지는 행동을 하는 사람은 누구입니까?

- 가족구성원 사이에 갈등이 생기면 어떻게 해결합니까?
- 가족구성원 사이에 의견이 다른 경우, 차이점을 어떻게 해결합니까?
- 갈등이 발생할 때 어떻게 행동합니까? 서로에게 책임을 떠넘깁니까? 아니면 누군가가 책임지고 해결합니까?
- 그런 감정을 가족들과 나눌 수 있습니까? (혹은 나눌 수 있었습니까?)
- 그 일에 대해 아버지는 어떤 반응을 보이셨습니까?
- 당신이 화가 났을 때 가족들도 당신이 화가 났다는 사실을 알았습니까?
- 배우자에게 실망했을 때 그 실망감을 어떻게 해결하였습니까?
- 부모님은 서로의 다른 점들을 어떻게 해결하였습니까?
- 부모님의 사이가 좋지 않을 때 어떤 행동을 행동하셨습니까?
- 집에서 부모가, 형제들이 당신을 비난할 때 어떻게 반응하였습니까?

감정에 대한 대처 질문

- 감정이 올라올 때 어떻게 해결합니까? 어렸을 때 이런 감정을 자주 느꼈습니까?
- 그 감정을 다른 식으로 표현한다면 어떻게 표현할 수 있을까요?
- 그 당시 자신의 감정을 어떻게 다루었습니까?
- 그때 그 감정으로부터 어떻게 벗어날 수 있었습니까?
- 기쁜 마음을 누구와 함께 나누고 싶습니까?
- 당신은 자신의 감정의 주인이십니까?
- 당신이 상처 입을 때 자신의 상처를 어떻게 다루시는지 궁금합니다.
- 마음이 아플 때 눈물을 흘리곤 하셨는데, 그런 아픔과 슬픔을 다른 사람과 함께 나누어본 적이 있습니까?
- 상처 때문에 마음이 아플 때 그 아픔을 어떻게 해결합니까? (혹시 아프지 않은 척합니까?)
- 어느 때 그런 감정을 느끼십니까? 그리고 어떻게 행동하십니까?
- 자신의 감정을 표현하는 편입니까? 표현하신다면 어떤 방식으로 표현하십니까?
- 자신의 상처를 어떻게 해결하였나요? 그 상처를 보지 않으려고 노력하였나요?

지각에 대한 대처 질문

- 갈등의 대가를 어떻게 받아들였습니까? 다른 대안은 무엇입니까?
- 겪고 있는 이런 문제가 발생하지 않았던 때가 있었습니까? 그때는 어떠했습니까?
- 과거에는 이런 상황을 어떻게 다루었습니까?
- 그러한 일을 어떻게 극복할 수 있었습니까?
- 그렇게 하는 것이 효과가 있었습니까?
- 다른 사람과의 차이점을 어떻게 다루겠습니까?
- 상황이 공평하지 않다고 느껴질 때 어떻게 행동합니까?
- '어떻게'와 '왜'를 따로 떼어서 생각할 수 있으시겠습니까?
- 어떻게 하면 그것을 내려놓을 수 있을까요?
- 우리는 그냥 무시하거나 회피하기보다 훨씬 더 의미 있는 행동을 할 수 있습니다. 다른 방식으로 행동해보실 의향이 있습니까?
- 자기에게 벌주고 싶을 때 어떻게 하십니까?

감정 탐색 질문

- 가족과 함께 살아오면서 어떤 감정을 느끼십니까?
- 결혼에 대한 기대가 무너졌을 때 마음이 어땠습니까?
- 결혼했을 때 어떤 일이 일어날지 몰라 두려웠던 경험이 있었습니까?
- 그(혹은 그녀)가 죽었다는 사실 때문에 화가 난 적이 있습니까?
- 그런 상상의 세계에 있다면 기분이 어떨 것 같습니까?
- 그 생각을 하면 아직도 마음이 아프십니까? 혹은 걱정이 되십니까?
- 그 시점으로 돌아가서 그 당시의 감정을 느껴볼 수 있겠습니까? 어떤 감정이 느껴집니까?
- 그 일이 발생했을 때 어떤 감정을 경험하였습니까?
- 그 외에 다른 감정으로는 어떤 것이 있을까요?
- 그때 무엇을 느꼈습니까?

- 남편(부인)을 하늘나라로 데려간 하느님에 대해 화가 납니까?
- 내면에 어떤 감정이 느껴지는지 말씀해주시겠습니까?
- 다른 형제가 당신을 비난할 때 마음이 어땠습니까?
- 당신이 지금 느끼는 감정은 무엇입니까? 두려움입니까?
- 딸이 함께 있기 싫어한다는 말에 마음이 아팠다고 했습니다. 그때 어떤 감정을 느꼈나요?
- 마음이 무엇이라고 말을 합니까?
- ~에 대해 어떻게 느껴집니까? ~에 관해 어떤 느낌이 드십니까?
- 만약 …한 사건이 발생하면 마음이 어떻게 느껴질 것 같습니까?
- 배우자와 좀 더 가까워진 것 같습니다. 이렇게 가까워질 때 어떤 감정을 느낍니까?
- 배우자의 목소리를 들을 때 어떤 감정이 느껴집니까?
- 부모님이 싸울 때 당신은 어떤 감정을 느꼈습니까?
- 부인(남편)과 딸이 다정하게 대화를 나누는 모습을 보면 어떤 기분이 듭니까?
- 실패한 것 때문에 상처를 입은 것 같은데, 지금 어떤 감정을 느낍니까?
- 부인의 목소리를 들을 때 어떤 감정이 느껴집니까?
- 부인과 딸이 다정하게 대화를 나누는 모습을 보니 기분이 어떠십니까?
- 아버지가 동정심 있는 분이라면 당신도 동정심 있는 사람이 아닐까요?
- 자, 이제 자신의 감정을 다스릴 수 있는 감정의 주인이 되셨습니까?
- 자신의 상처를 어떻게 해결하셨나요? 그 상처를 보지 않으려고 노력하셨나요?
- 지금 느끼는 감정이 자신의 감정이라는 것을 받아들일 수 있으십니까?
- 지금 눈물을 흘리시는데, 그 눈물의 의미는 무엇일까요?
- 지금 두려운 것 같은데, 항상 두려움을 느낍니까?
- 지금 무력감을 느끼시는군요. 무력감을 자주 경험하는 편인가요?
- 지금 ~의 얼굴을 떠올리면 어떤 감정이 느껴지십니까?
- 지금 힘든 경험을 말하면서도 얼굴은 웃고 있는데, 마음속에서는 어떤 감정을 느낍니까?
- 지금 화가 나신 것 같은데 내면에서 어떤 감정이 느껴지십니까?

감정에 대한 감정 탐색 질문

- 그 감정 외에 느껴지는 또 다른 감정이 있습니까?
- 그것에 대해 느낀 감정과 다른 감정을 느끼고 싶다면 어떤 감정을 느끼고 싶습니까?
- 그런 분노를 느끼는 것을 스스로 용납할 수 있습니까?
- 그리움 밑에 있는 감정은 무엇입니까?
- 그래서 희망이 없다고 느낍니까? 그것이 당신이 주로 느끼는 감정입니까? 혹은 다른 감정도 있습니까?
- 그 사람에게 받은 상처 때문에 화가 났는데, 화를 내면서 느끼는 다른 감정이 있습니까?
- 그밖에 느껴지는 다른 감정이 있으십니까?
- 두려움을 느끼는 자신의 모습을 보면서 어떤 감정을 느낍니까?
- 만약 배우자에게 (새롭게) 친밀감을 느낀다면 마음이 어떨 것 같습니까?
- 실패로 인해 상처를 경험하는 자신을 보면서 어떤 감정이 느껴집니까?
- 실패로 인해 실망감을 느끼신 것 같은데, 실망감 밑에 또 다른 감정이 있습니까?
- 아직도 충분히 표현하지 못한 감정이 있습니까?
- 안전감을 느낄 때 어떤 다른 감정을 느낍니까?
- 이러한 감정(분노, 상처, 슬픔 등)을 느끼는 자신을 볼 때 자신에 대한 감정은 어떤 감정입니까?
- 잃어버린 것 때문에 상처를 입었군요. 잃어버린 그 감정을 찾게 되면 또 다른 감정도 찾을 수 있습니다. 지금 어떤 감정이 느껴집니까?
- 조금 전에 느낀 감정이 지금은 어디에 있습니까? 감정이 사라졌습니까?
- 지금 그 감정의 뚜껑을 열어본다면 어떤 감정이 있을까요?
- 지금 누구를 원망하고 있습니까? 부모님을 원망하는 자신의 모습이 어떻게 느껴집니까?
- 지금 화가 나신 것 같은데, 내면에서 어떤 감정이 느껴집니까?
- 죄책감을 느끼는 자기를 바라보면서 어떤 감정을 느낍니까?
- 표현하지 못했던 감정을 표현하고 나니까 어떤 감정이 느껴집니까?
- 형제에 대해 화가 난 자신의 모습에 대해 어떤 감정을 느낍니까?
- 희망이 없다고 느껴질 때, 어떤 감정을 느낍니까?

감정을 구체화하는 질문

- 감정을 모르겠다는 것은 감정이 없다는 것입니까? 아니면 그 감정이 사라졌다는 것입니까?
- 결혼한 뒤 실제로 일어날까 봐 두려웠던 일이 있습니까?
- 그 감정을 다른 식으로 표현한다면 어떻게 표현할 수 있습니까?
- 그(혹은 그녀)에 대한 그리움과 그(혹은 그녀)에 대한 감사를 동시에 느낍니까?
- 그것이 어떻게 당신을 두렵게 만듭니까?
- 그 눈물은 슬픔의 눈물입니까? 아니면 억울함에 대한 눈물입니까?
- 그래서 희망이 없다고 느껴집니까? 그것이 당신이 주로 느끼는 감정입니까?
- 그러한 상황이 벌어지면 내면에서 어떤 감정들을 느끼는지 자세히 알려주십시오.
- 그렇게 말할 때(그런 생각이 날 때) 어떤 감정이 느껴집니까? 구체적으로 설명해주십시오.
- 그 생각을 하면 아직도 마음이 아프십니까? 혹은 걱정이 됩니까?
- 내면의 어떤 부분이 앞으로 나아가는 것을 가로막고 있는 것 같습니까?
- 당신이 느끼는 두려움에 대해 좀 더 자세히 설명해주실 수 있겠습니까?
- 당신은 그들을 바꾸고 싶고, 통제하고 싶어 하면서도 한편으로는 자랑스러워하기도 합니다. 이 셋 중 어떤 마음이 가장 강하게 작용하고 있습니까?
- 당신이 지금 느끼는 감정은 무엇입니까? 불안, 두려움이 당신을 삼켜버릴 것 같습니까?
- 두려운 감정을 어떻게 느끼고 있습니까? 두려움이 당신을 삼켜버릴 것 같습니까? 어떤 방식으로 당신을 두렵게 합니까?
- 두려운 것(슬픈 것, 희망이 없는 것)과 관련된 어떤 사건이 있었나요? 아니면 그저 막연한 두려움(슬픔, 희망 없음)을 느끼는 건가요?
- 부인에게 버림받았다고 느끼셨는데, 그 감정이 어린 시절 어머니가 돌아가셨을 때의 감정과 비슷합니까?
- 슬픔과 외로움 중 어느 것이 더 크게 느껴집니까?
- 지금 그 이야기를 하면서 어떤 감정이 느껴집니까? 세월이 지났음에도 같은 감정을 느끼십니까? (지금은 그 감정이 어떤 식으로 느껴집니까?)
- 지금 당신은 두려움을 이야기하고 있습니다. 자신의 두려움을 계속해서 이야기하는 것이 자기를 두려움 속에 가두게 하는 원인인 것은 아닐까요?

- 지금 마음속으로부터 그 사랑을 받아들일 수 있겠습니까?
- 지금 말한 감정은 우울한 감정입니까? 감정에 어떤 이름을 붙일 수 있습니까?
- 지금 무력감을 느끼는데, 무력감을 자주 경험하는 편이신가요?
- 지금 행복하다고 말하였는데, 무엇 때문에 그렇게 느끼셨습니까?
- 큰소리가 날 때 소리치는 사람이 두렵습니까? 아니면 부정적인 반응을 할 것 같은 자신이 두렵습니까?

현재의 감정에 머물게 하는 질문

- 가슴속에 무엇인가 있습니다. 그 속으로 들어갈 수 있을까요?
- 내면으로 들어가서, 마음속을 들여다보세요.
- 내면에서 무슨 일이 일어나고 있습니까? 내면에서 무엇이 느껴집니까?
- 당신은 내면의 소리를 듣고 싶지 않으신 것 같습니다. 정말 그러신가요?
- 마음이 말하는 것이 무엇인지 들어봅시다.
- 이 순간 느끼는 감정이 자신의 감정이라는 것을 받아들일 수 있습니까?
- 자신의 감정을 한번 들여다보겠습니까?
- 지금 감정이 어떻습니까? 감정을 그대로 느껴보시기 바랍니다.
- 좀 더 그 감정에 머물 수 있겠습니까?
- 지금 그 감정을 열어본다면 어떨까요?
- 지금 그 상처로 인한 감정을 그대로 느껴보시기 바랍니다.
- 지금까지 억눌러왔던 것을 경험할 수 있도록 그냥 놔두기 바랍니다.
- 지금 느끼는 감정을 인정하고, 그 감정을 계속 느끼기 바랍니다.

지각체계 탐색 질문

상황, 사건에 대한 지각 질문(과거, 현재, 미래)

- 가족규칙이 당신에게 끼친 영향을 알고 나니 어떤 생각이 듭니까?

- 걸림돌이 무엇이라고 생각하십니까?
- 과거의 일 중에 아직 해결되지 않았다고 여겨지는 일이 있습니까?
- 그것을 어떻게 이해하셨습니까?
- 그 이야기를 듣는 것(혹은 그 장면을 목격한 것)이 당신에게는 어떤 경험이었습니까? 그 일에 대해 어떤 대가를 치르셨나요?
- 그 일로 인해 자기를 보는 시각이 달라졌습니까?
- 그 일이 일어났을 때, 그 상황에 대해 어떻게 생각하였습니까?
- 당신도 그것을 알고 계시지요? 그 문제가 당신에게 던지는 메시지는 무엇일까요?
- 당신에게 이것은 어떤 의미를 지니고 있습니까?
- 당신의 가족에 대해 과거에는 어떤 생각을 했으며, 현재는 어떻게 생각하고 있습니까?
- 당신이 그것에 잘 어울리지 않는 사람이라고 생각하는 이유는 무엇입니까?
- 당신이 알지 못했던 부분이 있다는 것에 대해 어떤 생각이 듭니까?
- 당신이 통제할 수 없는 부분에 대해 어떻게 받아들입니까?
- 머리가 좋으신, 지적이신 ~께서는 이것을 어떻게 설명하시겠습니까?
- 부드러운 것과 약한 것은 다른 것입니다. 당신은 어느 쪽입니까?
- 잔소리가 어떤 도움이 되나요? 그렇게 잔소리를 할 때 어떤 목적이나 의도가 있습니까?
- 지금 이 순간 자신이 어떤 사람이라고 생각되십니까?

행동에 대한 지각 질문

- 그들이 원하는 것을 해주지 않으면 무슨 일이 일어나리라 생각합니까?
- 그런 행동을 할 수 있다는 것은 무엇을 의미하는 것일까요?
- 그렇게 행동했을 때 자신이 어떻게 보일 것 같습니까?
- 당신의 그런 행동이 자신에게 어떤 영향을 주었다고 생각합니까?
- 당신이 그 일에 대해 잘 대처했다고 생각하십니까?
- 당신이 …한 행동을 한 것에 대해 어떻게 생각합니까?

감정에 대한 지각 질문

- 그렇게 보는 것이 자신의 감정을 어떻게 바꾸어주었나요?
- 남편이 당신의 의견에 동의하지 않을 때, 남편이 당신을 사랑하지 않는다고 생각하시나요?
- 당신은 무엇 때문에 슬퍼합니까? 슬퍼하는 원인이 갈등이라면 그 갈등은 어디에서 발생한 것일까요?
- 당신의 감정에 대해 어떤 판단을 하십니까? (예를 들어, '나는 절대 화를 내면 안 돼', '나는 절대 슬퍼하지 않을 거야', '행복은 나한테 어울리지 않아' 등)
- 당신의 상처에 대해 말씀하시면서 목소리가 약간 떨리고 있음을 느끼셨나요?
- 당신이 실망하였다고 느끼면 그것이 실패했다는 것을 의미하는가요?
- 당신이 하는 일 중 당신을 가장 힘들게 하는 것은 무엇이라고 생각합니까?
- 두려움은 당신에게 어떤 생각을 하게 합니까?
- 용서하지 못하게 가로막는다고 생각하는 것이 있습니까?
- 자신의 감정을 표현하는 것에 대해 어떻게 생각합니까?
- 화를 너무 자주 내는 자신의 모습이 싫다고 했습니다. 혹시 그 분노가 자신에게 어떤 메시지를 전달하고 싶어 하는 것은 아닐까요? 혹시 그 메시지에 주목해보신 적 있습니까?

관계에 대한 지각 질문(자신, 타인, 세상, 원가족)

- 가족(세상, 친구 등)은 당신에게 어떤 존재라고 생각합니까?
- 그녀(혹은 그)가 …라고 말하는 것이 당신에게는 어떤 의미입니까?
- 그 말을 들은 ~는 어떨 것 같습니까?
- 다른 사람들은 당신을 어떤 사람이라고 생각할까요?
- 당신은 그 사람을 어떤 사람이라고 생각하십니까?
- 당신은 지금까지 어떤 삶을 살아왔다고 생각하십니까?
- 당신은 자기를 부족하다고 생각하지만 다른 사람들은 그렇게 생각하지 않습니다. 그렇다면 다른 사람들이 모두 거짓말을 하는 것일까요?
- 당신의 내면을 바라보면 어떤 그림이 그려지십니까?

- 당신이 다른 사람에게 그렇게 큰 영향력을 끼친다는 것을 알고 있었습니까?
- 딸이 말한 것에 대해 당신은 어떤 의미를 부여하고 있습니까?
- 배우자의 표정이 당신에게 어떤 영향을 미칩니까?
- 배우자에게 굳이 말을 하지 않아도 당신이 원하는 것을 알아서 해주어야 한다고 생각합니까?
- 부모님이 갈등을 해결하시는 방법을 보면서 어떤 생각을 하셨습니까?
- 부모님이 서로 사이가 좋지 않을 때 어떤 일이 일어날 것 같다고 생각하나요?
- 사람들이 당신의 의견에 동의하지 않을 때, 당신은 어떤 생각이 드십니까?
- 상대방이 말할 때 어떤 부분을 듣습니까?
- 식구들 사이의 갈등이 당신에게 그렇게 중요한 문제입니까?
- 아버님께서 가족들이 좀 더 가깝게 지냈으면 좋겠다고 하셨는데, 아버님의 생각에 대해 어떻게 생각하시나요?
- 아이들이 함께 놀고 있는 장면을 보면 어떤 생각이 듭니까?
- 어머니가 말씀할 때 당신이 어머니를 매우 자세히 관찰하는 것을 보았습니다. 당신이 본 것이 당신 자신에게 어떤 영향을 미칩니까?
- 자녀들이 관계 맺는 것을 보면 어떤 생각이 드십니까?
- 자신이 어떤 부모(딸, 아들, 며느리, 사위, 친구, 직장인)라고 생각하십니까?
- 지금 현재 자신이 어떻게 보이십니까?

신념, 규칙에 대한 지각 질문

- 가족은 서로 도와야 한다는 당신의 믿음이 남편(부인)을 이해하는 데 어떤 도움을 주었나요?
- 그 버릇을 어른이 된 현재까지 놓지 못하고 있는 이유는 무엇입니까?
- 당신은 모든 사람으로부터 인정을 받아야만 된다고 믿으십니까?
- 당신은 성인으로서 어떤 삶을 살아야 한다고 생각하십니까?
- 당신은 자신을 보는 관점 때문에 어떤 영향을 받고 있습니까?
- 당신이 가장 귀하게 생각하는 신념은 무엇입니까? 아직도 그 신념을 가지고 있습니까?
- 당신이 포기할 수 없는 신념은 무엇입니까?

- 배우자에 대해 모든 것을 알아야 한다는 것은 무슨 의미입니까?
- 성인이 된 이 시점에 그 생각은 당신에게 어떻게 자리 잡고 있습니까?
- 어떤 신념이 자신에게 고통을 줍니까?
- 원하는 것을 이루어서 당신의 기분이 바뀐다면, 당신의 생각도 바뀔 수 있을까요?
- 자기를 자랑하는 사람을 보면 어떤 생각이 드십니까?

뿌리내리기, 종결할 때의 지각 질문

- 과거의 그림이 어떻게 바뀌었습니까? 생각이나 느낌은 어떻게 달라졌습니까?
- 그렇게 보는 것이 자신의 감정을 어떻게 바꾸어주었나요?
- 당신에게는 생소할 수 있는데 한번 들어보시겠습니까?
- 불평하지 않고 행복해하는 자신을 보면 어떤 생각이 듭니까?
- 어떤 것이 도움이 되었다고 생각하십니까?
- 지금까지 말씀드린 것이 이해되십니까?
- 지금까지 믿어온 방식 외에 다른 방식이 있다는 것을 알고 나니까 어떤 생각이 듭니까?
- 지금까지 성장한 부분은 무엇입니까? 앞으로 성장하도록 더 노력해야 할 부분은 무엇이라고 생각합니까?

기대 탐색 질문

- 갈등의 대가를 어떻게 받아들이셨습니까? 다른 대안은 무엇이었습니까?
- 그것과 관련해 어떤 대안들이 있을까요?
- 그것이 어떤 식으로 이루어졌으면 좋겠습니까?
- 그것이 현실에서 어떻게 되기를 바랍니까?
- 계속 그 기대를 지니고 살아갈 수 있겠습니까?

가족·원가족에 대한 기대 질문

- ~가 어떻게 살아가면 좋겠습니까?
- 결혼 전에 어떤 남편(부인)을 기대하셨나요?
- 남자아이(여자아이)를 가지게 될 것이라는 이야기를 들었을 때, 그 아이가 어떻게 성장하길 기대하였나요?
- 남편(부인)이 집에 있을 때 그(그녀)에게 기대하는 것이 무엇입니까?
- 당신이 딸(아들 등)과의 관계에서 기대하는 것은 무엇입니까?
- 당신에 대한 부모님의 기대는 무엇이었을까요?
- 당신 딸과의 관계가 어떻게 변화되기를 기대하십니까?
- 부모님이 화해하면 가족에게 어떤 일이 일어나기를 기대하였나요?
- 부모에 대한 당신의 기대는 무엇이었을까요?
- 부인(남편)에게 청혼했을 때, 부인(남편)에 대해 가졌던 기대들에 대해 말해주십시오.
- 아버지에게서 기대하는 것은 구체적으로 무엇입니까?
- 이미 형성된 가족(시댁, 처가댁 등) 안으로 들어갈 때 당신은 무엇을 기대하셨습니까?

자신에게 대한 기대 질문

- 그것은 당신에게 어떤 도움이 되었을까요?
- 남편(부인)에게 기대했던 인정과 칭찬을 받지 못했을 때 실망하셨다고 말하였는데, 그런 기대를 어린 시절에도 가지고 있었습니까?
- 당신은 자신의 기대를 채우면서 살고 있습니까?
- 당신은 부인(남편)이 무엇을 원하는가를 말하고 있습니다. 그렇다면 당신 자신이 원하는 것은 무엇입니까?
- 당신이 행동하는 방식이 어떻게 달라지기를 기대합니까?
- 분노가 당신에게 무엇을 줄 수 있다고 생각하십니까?
- 스스로 어떤 능력과 힘을 갖기를 바랍니까?
- 이 문제가 자신을 위해 어떤 식으로 해결되기를 원합니까?

- 이 문제와 관련해서 자신에게 거는 기대는 무엇입니까?
- 자신에게 무슨 일이 일어날 것이라 예상하였습니까?
- 자신을 위해 어떤 일이 일어나기를 기대합니까?
- 자신이 어떤 사람이 되기를 기대합니까?
- 자신이 항상 완벽하기를 기대합니까?
- 지금부터 약 3년 후에 자신이 어떤 사람이 되어 있기를 원합니까?

타인, 세상에 대한 기대 질문

- 그가 당신에게서 받기를 원하는 것은 무엇일까요?
- 당신의 기대가 다른 사람을 힘들게 하지는 않습니까?
- 당신이 바라는 것은 현실적으로 가능한 것입니까? 그렇다면 그 기대를 어떻게 채울 수 있습니까?
- 당신의 행동을 통해 상대방이 어떻게 변화되기를 기대하였습니까?
- 무엇이 부인을 행복하게 하는지 잘 모르시는 것 같다는 생각이 듭니다. 부인께 직접 말해보고 싶진 않으십니까?
- 아버지(어머니, 언니, 형, 동생)에게 갖는 기대가 아직도 남아있습니까?
- 아직도 붙잡고 있는 과거의 충족되지 못한 기대가 있습니까?
- 얼마나 오랫동안 그 기대를 붙들고 있었습니까?

충족되지 못한 기대 다루기

- 그것에 대한 기대를 내려놓는 것에 대해 생각해본 적 있습니까? 혹은 그 기대를 계속 가지고 있겠습니까?
- 그것을 원하는 마음을 이제 놓아줄 수 있겠습니까?
- 그 기대를 붙잡고 산다면 5년 후에는 어떤 모습이 될 것 같습니까? 10년 후 혹은 20년 후에는 어떤 모습일까요?
- 그 기대로 인해 치러야만 하는 대가를 계속 치르겠습니까?
- 그 기대를 붙잡고 있는 것이 당신에게 어떤 도움을 줍니까?

- 그 기대 때문에 몇 년을 잃어버리셨습니까? 아직도 몇 년을 더 흘려보내야 할 것 같습니까?
- 기대가 채워지지 않았을 때 실망하였습니까?
- 당신이 가지고 있는 기대를 내려놓는다면 어떤 유익함이 있을까요?
- 당신이 다른 사람들에게 갖는 기대를 어떻게 하면 내려놓을 수 있을지 생각해보았습니까?
- 충족되지 못한 기대를 충족시키기 위해 당신은 무엇을 하였습니까?

열망 탐색 질문

- 그런 상상의 세계에 있다면 기분이 어떨 것 같습니까?
- 그 사람이 바랐지만 갖지 못한 것은 무엇입니까?
- 당신은 배우자로부터 더 많은 보살핌을 원하는 것 같습니다. 그렇습니까?
- 당신은 열망을 충족시키기 위해 무엇이 필요합니까?
- 당신의 내면을 바라보면 어떤 그림이 그려집니까?
- 당신의 내면에서 이야기하고 있는 것은 무엇입니까?
- 당신이 가지길 원했던 것이 있습니까?
- 당신이 진정으로 원한 것은 무엇이었습니까?
- 만약 아버지가 동정심이 많은 분이었다면, 당신도 동정심 있는 사람이 아닐까요?
- 만일에 희망할 수 있다면 어떤 희망을 하고 싶습니까?
- 무엇이 부인(남편)을 행복하게 하는지 잘 모르시는 것 같다는 생각이 듭니다. 무엇이 부인(남편)을 행복하게 하는지 부인(남편)께 직접 말해보고 싶진 않으십니까?
- 배우자로부터 좀 더 많은 지지를 원하는군요. 제 말이 맞습니까?
- (배우자에게) 청혼했을 당시에는 배우자가 당신의 열망을 채워줄 수 있으리라 생각했을 것입니다. 그때 어떤 열망과 희망이 채워지기를 바랐는지 말해주겠습니까?
- 세상이 당신을 어떻게 보면 당신의 마음이 편해질까요?
- 아버지께서 당신을 여러 번 실망하게 하셔서 화가 많이 나신 것 같습니다. 아버지에게 진심으로 바라는 것은 무엇입니까?
- 어머니가 당신을 인정하지 않은 것 때문에 많은 고통과 상처를 입은 것 같습니다. 아직도 마음

속 깊은 곳에서부터 어머니의 인정을 바랍니까?
- 어머니에게 기대했던 바를 지금도 간절히 바라고 계십니까?
- 어떻게 하면 앞으로도 계속 행복하게 살 수 있을까요?
- 인정과 관심을 받을 때 자신의 모습이 어떻게 느껴집니까?
- 있는 그대로의 자신을 받아들일 수 있겠습니까?
- 자기에게 감사할 수 있겠습니까? 함께 자신에게 감사를 표현해볼까요?
- 자신의 감정을 표현할 수 없을 때, 진정으로 원했던 것은 무엇입니까?
- 자신이 말하지 못하였지만 정말 원하였던 것은 무엇입니까?
- 자신이 사랑받을 만한 사람이라고 생각합니까?
- 자신이 완벽해지려고 노력했을 때 내면에서 어떤 일이 일어났습니까?

열망에 대한 질문

- 그들이 당신에게 사랑을 준다면 받아들이겠습니까?
- 당신은 그 사람이 얻지 못한 무엇을 원했습니까? 당신이 배우자(부모, 기타)로부터 얻고 싶었던 것은 무엇입니까?
- 당신은 어떤 일을 할 때 진정 자유로움을 느낍니까?
- 무엇을 통해(어떤 경우에) 삶의 의미를 느낍니까?
- 자신을 용서하고 나면 어떤 열망이 충족될 것 같습니까?
- 자신의 열망을 충족시키기 위해 어떤 노력을 하십니까? (자신의 열망을 어떻게 충족시킵니까?)

자기self에 대한 질문

- 그러한 반복적인 행동 패턴 속에서 진정한 자신의 모습은 무엇일까요?
- 그 사건으로 인해 자신이 어떤 사람임을 알게 되었습니까?
- 당신은 그렇게 힘들게 하는 것(당신에게 심한 상처를 주는 것)을 견디고 있는 자신에게 어떤 말을 해줄 수 있을까요?
- 당신은 누구의 말을 들으시겠습니까?

- 당신은 자신을 부적절한 사람으로 보고 있습니다. 이렇게 보이는 자신에게 어떤 말을 해주시겠습니까?
- 당신은 자신의 감정의 주인입니까?
- 당신은 지금까지 어떤 삶을 살아왔다고 생각하십니까?
- 당신은 지금 현재 자신을 있는 그대로 받아들이십니까?
- 당신 자신과 자신의 생명 에너지를 갖고 있다는 것에 대해 감사하다는 표현을 합니까?
- 무엇이 두려움을 느끼게 만듭니까?
- 불행했던 과거를 놓지 못함으로 인해 당신은 어떤 대가를 치르고 있습니까? 그 대가는 무엇이라고 생각하나요?
- 불평하지 않고 행복하게 느끼는 자신을 보면 어떤 생각이 듭니까?
- 새로운 여자친구(혹은 남자친구)와 함께 있는 자신의 모습에 대해 어떻게 생각합니까?
- 세월이 흐르면서 자신의 모습이 어떻게 변했다고 생각합니까?
- 어떤 신념이 자신에게 고통을 줍니까?
- 이 세상이 당신을 어떻게 보고 있다고 생각합니까?
- 이 순간 자신이 어떤 사람이라고 생각됩니까?
- 이제는 자신을 사랑할 수 있을 만큼 충분히 자기를 신뢰합니까?
- 자기 자신이 편안하게 느껴지실 때는 언제입니까?
- 자신에게 이런 면이 있다는 것을 예전에도 아셨습니까?
- 자신을 개방하는 편인가요? 아니면 보호하는 편인가요?
- 자신의 부족함을 용서하고 받아들이는 자기의 모습이 어떻게 느껴지십니까?
- 자, 이제 자신의 감정을 다스릴 수 있는 감정의 주인이 되셨습니까?
- 주위에서 일어나는 모든 일에 관여한다고 말씀하셨는데, 그런 자신이 어떤 모습인지 설명해주시겠습니까?
- 지금 현재 자신이 어떻게 보이십니까?

자기self(중심-나) 탐색 질문

- 그것과 관련해서 자신에게 감사할 수 있습니까?
- 그렇다면 당신은 내면의 소리를 들을 수 있습니까?
- 그 사람이 당신에게 어떤 태도를 보일 때 당신을 사랑(인정, 수용)한다고 느낍니까?
- 내면 깊숙한 곳에 있는 자기가 느껴집니까?
- 내면 깊은 곳에 있는 당신은 어떤 사람일 것 같습니까?
- 내면의 목소리를 듣기 위해 무엇을 하십니까?
- 내면에서 평화를 경험합니까?
- 다른 사람이 당신을 수용해준다고 생각합니까? 그렇다면 당신은 자신을 수용할 수 있습니까?
- 당신은 어느 정도의 가치를 지닌 사람입니까?
- 스스로 자기의 삶이 어떤 것 같습니까?
- 어머니가 당신을 수용해주지 않아도 본인은 자기 자신을 수용할 수 있겠습니까?
- 자기 자신에게 '나는 중요한 사람이야'라고 말해보는 것이 어떻겠습니까?
- 자기 자신을 사랑합니까?
- 자살하지 않으리라 믿습니다. 자신이 이 세상을 살아갈 가치 있는 존재임을 믿습니까?
- 자신을 수용할 필요가 있습니다. 자신을 수용할 수 있을 때 자신에게 '너는 괜찮은 사람이야'라고 말해줄 수 있게 됩니다.
- 자신이 살아야 하는 이유에 대해 생각해보기 바랍니다. 자신의 내면으로 들어가 자기 자신을 만날 때는 어떤 일이 일어납니까?
- 지금의 말은 자신을 사랑한다는 의미입니까? 그렇게 할 수 있겠습니까?
- 최선을 다했다는 사실을 알고 있습니다. 그런 자신에게 감사합니까?

긍정적 방향의 목표설정을 위한 질문

- 과거의 사건(일)들을 현재로 가지고 와서 '괜찮아'라고 말해줄 수 있겠습니까?
- 그것이 결과적으로 어떻게 되기를 바랍니까?

- 당신은 어떤 때는 일을 매우 빨리 처리하는 것 같습니다. 간혹 그 급함 때문에 불편할 수 있습니다. 그러면 그 능력을 다른 방식으로 활용하는 길을 찾겠습니까?
- 당신의 실수를 바로잡기 위해 무엇을 하고 싶으십니까?
- 당신이 반드시 해야 할 일은 무엇입니까?
- 당신이 어려운 상황에 대처하기 위해 사용했던 방법들을 자랑스럽게 생각할 수 있겠습니까?
- 당신이 왜 실망했는지 이해하겠습니다. 그렇지만 우리가 함께 대안을 찾을 수 있다고 믿습니다.
- (당신이 좀 더 편안해지기 위해) 오늘 어떤 문제를 다루고 싶은가요?
- 당신이 죽음 대신 삶을 선택한 지금 당신이 경험할 다양한 가능성에 대해 한번 생각해보겠습니까?
- 당신이 특별히 배우고 싶은 기술(방법)이 있습니까?
- 당신이 하고 싶은 것은 무엇입니까?
- 비난은 누구에게도 도움이 되지 않습니다. 이제부터 어떻게 다르게 행동하겠습니까?
- 어떤 문제를 해결하고 싶습니까?
- 어떻게 하면 자신이 좀 더 행복해질 수 있을까요?
- 어머니에게 관심이 있다는 것을 다른 방식으로 표현할 수 있을까요?
- 이 시점에서 자신에게 어떤 일이 일어나기를 바랍니까?
- 이제까지 걱정하고 있던 마음을 관심으로 바꿀 수 있겠습니까?
- 인간관계에서 의사소통은 숨을 쉬는 것과 같습니다. 자, 그러면 두 분의 의사소통을 위해 무엇을 할 수 있는지 살펴볼까요?
- 사람은 인생을 살아가면서 항상 선택합니다. 현재 상황에서 어떤 선택을 할 수 있을까요?.
- 자신을 위해 어떤 일을 하겠습니까?
- 자신의 결정을 신뢰할 수 있겠습니까?
- 자신의 목표에 도달하기 위해 무엇을 해야 할까요?
- 자신이 가지고 있는 치료목표를 말해주겠습니까?
- 자신이 살아야 하는 이유에 대해 생각해보기 바랍니다.

변화에 대한 질문

- 과거의 그림이 어떻게 바뀌었습니까? 생각이나 느낌은 어떻게 달라졌습니까?
- 그것을 받아들일 수 있겠습니까?
- 그것을 어떻게 처리할 것인지에 대한 결정을 내렸습니까?
- 그들이 당신에 대한 기대를 충족시키기 바란다면 당신은 어떤 행동을 하겠습니까?
- 그러한 결정을 하신 것에 대해 어떻게 생각합니까? 그렇게 기꺼이 바꿀 용의가 있습니까?
- 그렇게 하실 것이라는 약속을 하겠습니까?
- 그에게 긍정적으로 말해주신다면 어떻게 이야기하시겠습니까? 누가 먼저 시작하겠습니까? 누가 먼저 잔소리를 멈추겠습니까? 누가 먼저 이 문제의 해결을 위해 시도해보겠습니까?
- 다른 사람이 당신을 수용해준다고 생각합니까? 그렇다면 당신은 자신을 수용할 수 있습니까?
- 당신은 여전히 예전에 가지지 못했던 것을 그리워하고 있습니다. 그것을 내려놓으라는 제안을 받아들일 용의가 있습니까?
- 당신은 행동을 변화시키겠다고 했는데, 그 계획은 간단하고, 실행하기가 쉽고, 측정이 가능해야 합니다. 그리고 계획이 일관성이 있어야 하고, 당장 행동할 수 있어야 합니다. 어떻게 변화시키겠습니까?
- 당신을 실망시키는 것을 변화시키기 위해 당신은 무엇을 하고 싶은가요?
- 당신을 힘들게 하는 것을 무시하거나 피하지 않고 직시할 수 있겠습니까?
- 당신이 내려놓고 싶은 것은 무엇입니까?
- 당신이 어떻게 하면 아들(딸, 남편, 부모)이 변화될 것 같습니까?
- 당신이 원하는 것을 얻기 위해서는 어떤 변화가 필요하다고 생각합니까?
- 당신이 정말로 원하는 것을 얻기 위해서는 무엇이 바뀌어야 할까요?
- 당신이 지금까지 가지고 있던 것을 새로운 것을 위해 내버릴 준비가 되었나요?
- 당신이 진정으로 원하는 것을 얻기 위해 무엇이 변화되어야 할까요?
- 마음으로부터 그렇게 할 수 있겠습니까?
- 말한 대로 실천하기 위해서는 현재 무엇을 해야 될까요?
- 무슨 일이 있어도 자신을 사랑하겠습니까? 자신을 내치는 행동을 그만두겠습니까?

부록 : 사티어 빙산 탐색 과정 질문 모음

- 무엇을 변화시키고 싶으십니까?
- 무엇이 변했으면 좋겠습니까?
- 변화를 위해서는 과거의 것을 놓아버려야 하는데, 어떻게 하면 과거의 것을 놓아버릴 수 있을까요?
- 변화를 위해 특별히 배우고 싶은 방법이 있습니까?
- 상담 후에 어떤 변화가 일어나기를 바랍니까?
- 실망하지 않기 위해 무엇을 변화시키고 싶은가요?
- 어떻게 그것을 잘 수용하고, 자기 것으로 만들 수 있을까요?
- 어머니가 변화하도록 돕기 위해 우리가 무엇을 할 수 있을까요?
- 오늘 이후로 당신은 그 사람을 사랑하겠다고 결정했습니다. 그가 당신의 사랑을 받아들일지는 그에게 달려있지 당신의 책임은 아닙니다.
- 우리는 당신이 자신에게 한 약속을 알고 있습니다. 자신이 한 약속을 받아들이고, 감사할 수 있겠습니까?
- 원하는 것을 이뤄서 당신의 기분이 바뀐다면, 당신의 생각도 바뀔 수 있을까요?
- 이러한 새로운 면이 자신에게 있다는 것을 알고 나니 어떠십니까?
- 이를 위해 어떤 노력을 기울이겠습니까?
- 이번에 변화하고 싶은 목표는 무엇입니까?
- 이제 자신을 돌보겠다고 결정했습니다. 나를 돌보기 위해서 어떻게 해야 할까요?
- 자녀들이 책임지고 살고 있는데도 자녀들에게 계속 충고하기를 원합니까?
- 자신을 버리지 않을 것이라고 결단할 수 있겠습니까?
- 자신을 어떻게 돌보겠습니까?
- 자신을 위해 좀 더 시간을 투자해야 할 것 같습니다. 어떻게 생각합니까?
- 자신이 실패자(패배자, 희생자 등)가 되는 것을 그칠 의향이 있습니까?
- 자신이 원하는 것을 얻기 위해 어떤 변화가 필요할까요?
- 자신이 중요한 사람임을 자기에게 확인시키는 것은 어떨까요?
- 자, 이제 어떻게 변화되겠습니까?
- 전에 갖지 못했던 것을 당신에게 줄 적절한 시간이라고 생각합니까?

- 정말로 변화되고 싶다는 마음이 들 때, 내면에서는 어떤 일이 일어나고 있습니까? 그것을 가만히 느껴보기 바랍니다.
- 지금까지 성장한 부분은 무엇입니까? 앞으로 성장하도록 더 노력해야 할 부분은 무엇이라고 생각합니까?
- 지금부터 어떤 변화를 시도해보겠습니까?
- 지금 여기에서 어떤 변화를 경험하고 싶습니까?
- 진심으로 변할 용의가 있습니까? 정말 그렇게 하시겠습니까?
- 현실에서도 이 문제에 대해 함께 개선해나갈 수 있다고 생각하십니까?
- 현재는 희망이 없어 보이지만, 당신에게는 분명 변화의 가능성이 있다고 믿습니다. 도전해보겠습니까?
- 지금 기분이 어떻습니까? 지금 감정부터 먼저 다룰까요?
- 지금 행복하다고 했는데 무엇 때문에 그렇습니까?

참고문헌

Agin, D. (2009). *More Than Genes*. Oxford. England: Oxford University Press.

Allen, J. G. (2018). *Mentalizing in the Development and Treatment of Attachment Trauma (Psychology, Psychoanalysis & Psychotherapy)*, 1st ed. N.Y.: Routledge.

Alvarez, R. P., Biggs, A., Chen G., Pine, D. S., & Grillon, C. (2008). Contextual fear condition in humans: Cortical-hippocampal and amygdala contribution, *Journal Neuroscience, 28*(24), 6211-9.

Amen, D. G. (1998). *Change Your Brain Change Your Life*. N.Y.: Three Rivers Press.

Amen, D. G. (2008). *Healing the Hardware and the Soul: Enhance Your Brain to Improve Your Work, Love, and Spiritual Life*. N.Y.: Free Press.

Andolfi, M., Ellenwood, A. E., & Wendt, R. N. (1993). The creation of the fourth planet: Beginning therapist and supervisors inducing change in families. *The American Journal of Family Therapy, 21*(4), 301-12.

Assagioli, M. D. (1965). *Psychosynthesis: A Manual of Principles and Techniques*. N.Y.: Penguin Books.

Augusberg, D. W. (1986). *Pastoral Counseling Across Cultures*. Philadelphia: The Westminster Press.

Baldwin, M. (Ed.). (2000). *The Use of Self in Therapy*, 2nd ed. N.Y.: Haworth Press.

Banmen, J., & Satir, V. (1981). *Virginia Satir and the University of Utah*. Delta Psychological Associates, Inc., North Delta, British Columbia, Canada.

Banmen, J. (1986). Virginia Satir's family therapy model. *Individual Psychology: Journal of Adlerian Theory, Research & Practice, 42*(2), 480-92.

Banmen, A., & Banmen, J. (Eds.). (1991). *Meditations of Virginia Satir: Peace Within, Peace Between, Peace Among*. Palo Alto, CA: Science and Behavior Books.

Banmen, J. (1997). *Invitational Training: Satir's Systemic Brief Therapy*. Bellingham, WA: Unpublished paper.

Banmen, J. (1998). *Stages of Change*. Presented at the Advanced Intensive Resident Training Program. Federal Way, WA.

Banmen, J. (2000). *Suicide Prevention: A Treatment Alternative*. Suicide Intervention & Treatment Task Force: Satir Institute of the Pacific, Vancouver, B.C.: Unpublished paper.

Banmen, J. (Ed.). (2003). *Meditations of Virginia Satir*. Seattle, WA, Avanta, The Virginia Satir Network.

Banmen, J. (Ed.). (2006). *Applications of the Satir Growth Model*. Seattle, WA: The Virginia Satir Network.

Banmen, J. (Ed.). (2008). *Meditations of Virginia Satir: Peace Within, Peace Between, Peace Among*. Palo Alto, CA: Science and Behavior Books..

Banmen, J. (Ed.). (2008a). *Satir Transformational Systemic Therapy*. CA: Science & Behavior Books.

Banmen, J. (Ed.). (2008b). *In Her Own Words: Virginia Satir Selected Papers 1963-1983*. Phoenix Arizona: Zeig, Tucker, & Theisen, Inc.

Behary, W. T., LCSW. (2008). *Disarming the Narcissist: Surviving & Thriving with the Self-Absorbed.* Oakland, CA: New Harbinger.

Beesdo, K., Lau J., McClure-Tone E. B., Guyer A. E., Monk C. S., Nelson E. E., Fromm S. J., Goldwin M. A., Wittchen H-U., Leinbenluft E., Ernst M., & Pine D. S. (2009). Common and specific amygdala-function perturbations in depressed versus anxious adolescents. *Archives General Psychiatry.*

Bellah, R. N., et al., (2007). *Habits of the Heart: Individualism and Commitment in American Life.* CA: University of California Press.

Bentheim, S. (2008). Couple congruence and spirituality in the Satir model: Part II. *The SatirJournal: Transformational Systemic Therapy Volume 2,* No.1.

Berman, A L., & Jobes, D. A. (1997). *The Treatment of the Suicidal Adolescent.* Washington, D.C.: American Psychological Association.

Berman, A. L., & Jobes, D. A. (1991). *Adolescent Suicide: Assessment and Interven.* Washington, D.C.: American Psychological Association.

Berry, J. W. (1969). On cross-cultural comparability. *International Journal of Psychology, 4,* 119-128.

Bloomfield, H. (1983). *Making Peace with Your Parents.* Toronto, Canada: A Ballantine Book.

Bowlby, J. (1988). A Secure Base: Parent-Child Attachment and Healthy Human Development. N.Y.: Basic Books. Bowen, M. (1976). *Family Therapy in Clinical Practice.* N.Y.: Jason Aronson.

Bowlby, J. (1973). *Attachment and Loss. Vol. 2. Separation: Anxiety and Anger.* London: Basic Books. Perseus Books Group.

Bowlby, J. (1980). *Attachment and Loss. Vol. 3. Loss: Sadness and Depression.* London: Basic Books. Perseus Books Group.

Bowlby, J. (1998). *Attachment and Loss. Vol. 2. Separation: Anxiety and Anger.* London: Pimlico.

Breunlin, D. C, Schwartz, R C, & MacKune-Karrer, B. (1988). *Metaframe Transcending the Models of Family Therapy.* San Francisco: Jossey- Bass.

Briere, J., & Runtz, M. (1989). Symptomology associated with childhood sexual victimization in a non-clinical adult sample. *Child Abuse and Neglect,* 12, 51-59.

Briere, J. (1992). *Child Abuse Trauma.* Newbury Park, CA: Sage Publications.

Brisch, J. (2002). *Treating Attachment Disorders: From Theory to Therapy.* N.Y.: The Guilford Press.

Brothers, B. J. (Ed.). (1991). *Virginia Satir: Foundation Ideas.* N.Y.: Haworth Press.

Brothers, B. J. (Ed.). (1992). *Spirituality and Couples: Heart and Soul in the Therapy Process.* N.Y.: Haworth Press.

Brown, L. S., & Ballou, M. B. (Eds.). (1992). *Personality and Psychopathology.* N.Y.: Guilford Press.

Brown, N. W., Ed. D., LPC. (2008). *Children of the Self-Absorbed: A Grown-Up's Guide to Getting Over Narcissistic Parents,* 2nd ed. Oakland: Raincoast Books.

Bry, A. (1976). *How to Get Angry without Feeling Guilty.* N.Y.: New American Library.

Buber, M. (1958). *I-Thou.* N.Y.: Charles Scribner's Sons.

Byng-Hall, J. (1998). *Family Scripts: Improvisation and Systems Change.* N.Y.: The Guilford Press.

Campbell, J. D. (1990). Self-esteem and clarify of the self-concept. *Journal of Personality and Social Psychology, 59,* 538-549.

Carlock, C. Jesse. (1998). *Enhancing Self-Esteem,* 3rd ed. Ann Arbor, MI: Edward Brothers.

Chodorow, N. (1978). *The Reproduction of Mothering: Psychoanalysis and the Sociology of Gender.* CA: University of California Press.

Coleman, J. C. (1984). *Intimate Relationship, Marriage, and Family.* Indianapolis, IN: The Bobbs-Merrill.

Courtois, C., & Leehan, J. (1982). Group treatment for grown up abused child. *Personnel and Guidance Journal, 60,* 275-279.

Courtois, C. (1988). *Healing the Incest Wound.* N.Y.: Norton.

Csikszentmihalyi, M. (1990). *Flow: The Psychology of Optimal Experience.* N.Y.: Harper Collins Publisher.

Davis, B., McLendon, J., Freeman, M., Hill, N., Loberg, J., Lester, T., & Huber, C. (1996). Satir and congruence: A response. In B.J. Brothers (Ed.), *Couples and the Tao of Congruence* (pp. 143-48). N.Y.: Haworth Press.

Dawson., & W. J. Lonner. (Eds.), *Reading in Cross-Cultural Psychology* (pp. 240-51). Hong Kong: Hong Kong University Press.

de Shazer, S., & Kral, R. (1986). *Indirect Approaches in Therapy in the Family Therapy Collections.* MD.: Aspen Publication.

Diener, E., Emmons, R. A., Larsen, R. J., & Griffin, S. (1985). The satisfaction with life scale. *Journal of Personality Assessment, 49,* 71-75.

Doidge, N. (2007). *The Brain That Changes Itself.* N.Y.: Penguin Books.

Dolan, Y. (1989). Only once if I really mean it: Brief treatment of a previously dissociated incest case. *Journal of Strategic and Systemic Therapies, 8*(4), 3-8. Dolan, Y. (1991). *Resolving Sexual Abuse.* N.Y.: Norton.

Donaldson-Pressman S., Robert M. Pressman. (1997). *The Narcissistic Family: Diagnosis and Treatment.* CA: Jossey-Bass.

Draguns, J. G. (1996). *Humanly Universal and Culturally Distinctive: Charting the Course of Cultural Counseling.* In P. B. Pedersen, J. G.

Drews, J., & Bradley, R. (1989). Group treatment for adults abused as children: An educational and therapeutic approach. *Social Work With Groups, 12*(3), 57-75.

Duan, C., & Wang, L. (2000). Counseling in the Chinese cultural context: Accommodating both individualistic and collectivistic values. *Asian Journal of Counseling, 7,* 1-22.

Duhl, B. (1989). Virginia Satir: In memoriam. *Journal of Marital and Family Therapy, 15*(2), 109-110.

Dutton-Douglas, M. A., & Walker, L. E. (Eds.). (1988). *Feminist Psychotherapies: Integration of Therapeutic and Family Systems.* Norwood, NJ: Ablex.

Ellis, A. (1962). *Reason and Emotion in Psychotherapy.* N.Y.: Lyle Stuart.

Ellis, A., & Harper, R. A. (1962). *A New Guide to Rational Living.* N.J.: Prentice Hall.

Engles, F. (1972). *The Origins of the Family, Private Property, and the State.* N.Y.: International Publisher.

Engel, B. (2006). *Healing Your Emotional Self: A Powerful Program to Help You Raise Your Self-Esteem, Quiet Your Inner Critic, and Overcome Your Shame.* N.J.: John Wiley & Sons, Inc.

Englander-Golden, P., & Satir, V. (1990). *Say It Straight: From Compulsion to Choices.* Palo Alto: Science and Behavior Books.

Evans, P. (2010). *The Verbally Abusive Relationship: How to Recognize It and How to Respond.* M.A.: Adams Media.

Fairbairn, W. D. (1986). *Psychoanalytic Studies of the Personality.* London: Routledge & Kegan Paul.

Finkelhor, D. (2008). *Childhood Victimization: Violence, Crime, and Abuse in the Lives of Young People.* Oxford University Press.

Flett, G., Blankstein, K., & Obertinsky, M. (1996). Affect intensity, coping style, mood regulation expectancies, and depressive symptoms. in Baer, R. A. (2010). *Assessing Mindfulness & Acceptance Processes in Clients: Illuminating the Theory & Practice of Change* (Mindfulness & Acceptance Practica Series). Oakland: New Harbinger Publications.

Fosha, D. (2006). Quantum transformation in trauma and treatment traversing the crisis of healing change, *Journal of Clinical Psychology: In session, Vol. 62*(5), 569-583 (2006).

Fongagy, P., Gergely, G., Jurist, E., & Target, M. (2002). *Affect Regulation, Metalization, and the Development of the Self.* N.Y.: Other Press.

Forward, S. (1989). *Toxic Parents: Overcoming Their Hurtful Legacy and Reclaiming Your Life.* C.A.: Bantam Books.

Fowler, C., Bums, S. R., & Ruehl, J. E. (1983). The role of group therapy in incest counseling. *International Journal of Family Therapy, 5*(2), 127-35.

Frankl, V. E. (1984). *Man's Search for Meaning: An Introduction to Logotherapy.* N.Y.: Touchstone.

Freeman, W. J. (1995). *Societeis of Brains: A Study in the Neuroscience of Love and Hate.* N. J.: Hillsdale.

Fredrickson, B. L., & Branigan, C. (2005). Positive emotions broaden the scope of attention and thought-action repertoires. *Cognition and Emotion, 19,* 313-33.

Gallese, V. (2001). The shared manifold hypothesis: From mirror neurons to empathy. *The Journal of Consciousness Studies, 8*(5-7), 33-50.

Geertz, C. (1977). *The Interpretation of Cultures.* N.Y.: Basic.

Gendlin, E. T. (1978). *Focusing.* N.Y.: Bantam Books.

Gendlin, E. T. (1981). *Focusing.* N.Y.: Bantam Book.

Gendlin, E. T. (1996). *Focusing-Oriented Psychotherapy.* N.Y.: The Guilford Press.

Genner, C., Siegel, R., & Fulton, P. (Eds.). (2005). *Mindfulness and Psychotherapy.* N.Y.: Guilford Press.

Gill R. (Ed.). (2014). *Addictions from an Attachment Perspective: Do Broken Bonds and Early Trauma Lead to Addictive Behaviors?*. N.Y.: Routledge.

Gipple, D., Lee, S., & Puig, A. (2006). Coping and dissociation among female college student: Reporting childhood abuse experiences. *Journal of College Counseling, 9,* 33-46.

Glick, I. D., & Kessler, D. (1974). *Marital and Family Therapy.* N.Y.: Green And Stration.

Goldenberg, H., & Goldenberg, I. (2007). *Family Therapy: An Overview,* 7th ed. N.Y.: Brooks Cole.

Goldsmith, R., & Freyd, J. (2005). Awareness for emotional abuse. *Journal of Emotional Abuse, 5*(1), 95-123.

Goleman, D. (1991). In H. Benson., H. Gardner., D. Goleman., & R. Thunnan. (Eds.), *MindScience: An East-West Dialogue.* Somerville. MA: Wisdom Publica.

Gotlib, I., & Hammen, C. (1992). *Psychological Aspects of Depression: Toward a Cognitive Interpersonal Integration.* N.Y.: Wiley & Sons.

Gottman, J., Notarius, C., Gonso, J., & Markman, H. (1976). *A Couple's Guide to Communication. Champaign.* IL: Research Press.

Greenberg, L., & Rice, L. (1998). Humanistic approaches to psychotherapy. In P. L. Wachtel, & S. Messer. (Eds.), *Theories of Psychotherapy: Origins and Evolution,* (97-129). Washington D.C.: American Psychological Association.

Greenberg, L. S., & Johnson, S. M. (1988). *Emotionally Focused Therapy for Couples.* N.Y.: Guilford Press.

Greenberg, L. S., & Johnson. S. M. (1988). *Emotionally Focused Therapy for Couples.* N.Y.: Guilford Press.

Greenberg, J. R., & Mitchell, S. A. (1983). *Object Relation in Psychoanalytic Theory.* Cambridge, MA: Harvard University Press.

Greenberg, L. S., & Johnson. S. M. (1988). *Emotionally Focused Therapy for Couples.* N.Y.: Guilford Press.

Gravitz H. L., & Bowden J. D. (1985). *Recovery: A Guide for Adult Children of Alcoholics.* N.Y.: Simon & Schuster.

Gurnan, A.S., Kniskern, D. P., & Pinsof, W. M. (1986). Research on maritaland family therapies. In S. L. Garfield and A. E. Bergin (Eds.), *Handbook of Psychotherapy and Behavior Change* (pp. 565-624). N.Y.: Wiley and Sons.

Haber, Russ. (2002). Virginia Satir: An integrated, humanistic approach. *ContemFamily Therapy,* 23-34.

Halford, W. K., Sanders, M. R., & Behrens, B. C. (1993). A comparison of the generalization of behavioral marital therapy and enhanced behavioral marital therapy. *Journal of Consulting and Clinical Psychology.*

Harris, A., & Curtin, L. (2002). Parental perceptions, early maladaptive schemas, and deptressive symptoms in young adults. *Cognitive Therapy and Research, 26,* 405-416.

Hall, E. T. (1990). *The Hidden Dimension.* N.Y.: Doubleday.

Heath, R. G. (1972). Pleasure and pain activity in man. *Journal of Nervous and Mental Disease, 154*(1): 13-18.

Heinz K. B. (2002). *Treating Attachment Disorder: From Theory to Therapy.* Guilford London: Pimlico.

Hellinger, B., Weber, G., & Beaumont, H. (1998). *Love's Hidden Symmetry: What Makes Love Work in Relationships.* Phoenix, AZ: Zeig, Tucker & Co.

Herman, J. L. (1997). *Trauma and Recovery.* N.Y.: Basic Books.

Holmes, J. (2012). *John Bowlby and Attachment Theory.* N.Y.: Routledge.

Hotchkiss, S. (2003). *Why Is It Always about You?.* N.Y.: Free Press.

Hofstede, G. (2010). *Culture and Organizations: Software for the Mind.* London: Mcgraw-Hill.

Hubble, M. A., Duncan, B. L., & Miller, S. D. (1999). *The Heart and Soul of Change: What Works in Therapy.* N.Y.: American Psychological Association.

Hughes, J. M. (1990). *Reshaping the Psychoanalytic Domain.* Berkeley and L.A., CA: University of California Press.

Hung, W. K. (1995). *Understanding I Ching.* Tai-bei: Tan Suo Wen Hua Shi Yeh Gong Si.

Iacoboni, M. (2009). *Mirroring People: The Science of Empathy and How We Connect with Others.* N.Y.: Farrar, Straus and Giroux.

Innes, M. (2002). Satir's therapeutically oriented educational process: A critical appreciation. *Contemporary Family Therapy, 24,* 35-56.

Jackson, D. Family interaction, family homeostasis, and some implications for conjoint family psychotherapy. In J. Massennan (Ed.), (1959), *Individual and Family Dynamics* (pp. 122-41). N.Y.: Grune & Stratton.

Jeffrey, K. Zeig, Ph.D. (Ed). (1987). *The Evolution of Psychotherapy: The 1st Conference* (Dec. 11-15, 1985).

Jeremy Holmes. (1993). *John Bowlby and Attachment Theory.* N.Y.: Routledge.

John, M. Gottman, & Nan Silver. (1999). *The Seven Principles for Making Marriage Work.* N.Y.: Three Rivers Press.

Johnson, S. M. (2003). The revolution in couple therapy: A practitioner-scientist perspective. *Journal of Marital and Family Therapy, 29,* 365-384.

Jourard, S. M. (1971). *The Transparent Self: Self-Disclosure and Well-Being,* 2nd ed. N.Y.: Van Nostrand Reinhold.

Kandel, E. (2006). *In Search of Memory.* N.Y.: W. W. Norton & Co.

Kernberg, O. F. (1975). *Borderline Condition and Pathological Narcissism.* N.Y.: Jason Aronson.

Klein, D. R., & Wender, P. H. (1993). *Understanding Depression: A Complete Guide to Its Diagnosis and Treatment.* N.Y.: Oxford University.

Kim, Young Ae. (1991). *Han: From Brokenness to Wholeness-A Theoretical Analysis of Korean Women's Han and a Contextualized Healing Methodlogy.* Ph. D. dissertation. ClaremontTheological Seminary. CA.

King, L., & Emmons, R. (1990). Conflict over emotional expressions: Psychological and physical correlates. *Journal of Personality and Social Psychology, 58,* 864-877.

Kim P., & McKay M. (2001). *When Anger Hurts Your Relationship: 10 Simple Solutions for Couples Who Fight.* CA: New Harbinger Publications, Inc.

King, L., & Emmons, R. (1990). Conflict over emotional expressions: Psychological and physical correlates. *Journal of Personality and Social Psychology, 58,* 864-877.

King, L. (1989). *Virginia Satir. In Women of Power* (pp. 11-40). CA: Celestial Arts.

King, L. (1989). *Women of Power: 10 Visionaries Share Their Extraordinary Stories of Healing & Secrets of Success.* CA: Celestial Arts.

Klein, M. (2002). *Love, Guilt and Reparation: And Other Works 1921-1945* (The Writings of Melanie Klein, Volume 1). N.Y.: Free Press.

Klein, M. (2002). *Envy and Gratitude (1946-1963).* N.Y.: Free Press.

Kohut, H. (1971). *The Analysis of the Self: A Systematic Approach to the Psychoanalytic Treatment of Narcissistic Personality Disorders.* N.Y.: International University Press.

Kohut, H. (1980). *Self Psychology and the Humanities: Reflection on a New Psychoanalytic Approach Psychology of the Self.* N.Y.: W.W. Norton.

Kohut, H. (2014). *The Restoration of the Self. Chicago:* University of Chicago Press.

Krause, E., Mendelson, T., & Lynchg, T. (2003). Childhood emotional invalidation and adult psychological distress: The mediating role of emotional inhibition. *Child & Abuse Neglect, 27*(2), 199-213.

Kramer, S. (1995). *Transforming the Inner and Outer Family,* N.Y.: Haworth Press.

Kramer, C. (2000). Revealing our selves. In M. Baldwin (Ed.), *The Use of Self in Therapy.* 2nd ed (pp. 61-96). N.Y.: Haworth Press.

Kwang-il Kim. (1988). Kut and the Treatment of Mental Disorder. Shamanism: *The Spirit World of Korea,* Eds., Chai-Sin Yu and Richard Guisso, Berkely CA: Asian Humanities Press.

Lange, A. J., & Jakubowski, P. (1976). *Responsible Assertive Behavior.* Champaign. IL: Research Press.

Laurel, Parnell. (2008). *EMDR in the Treatment of Adults Abused as Children.* N.Y.: Munidang Publishing Co.

Lawrence, E. Abt, Ph.D., & Irving, R. Stuart, Ph.D. (Eds). (1982). Meditation Techniques in Clinical Practices by Patricia Carrington, Ph.D. in *The Newer Therapies: A Source Book.* N.Y.: Van Nostrand Reinhold Co.

Lee, R. E., & Everett, C. A. (2004). *The Integrative Family Therapy Supervisor.* N.Y.: Routledge.

Lee, B. (2001). Congruence in the Satir model: Its spiritual and religious significance. *Contemporary Family Therapy, 24*(1).

Lee, B. K. (2001). *The Religions Significance of the Satir Model: Philosophical, Ritual and Empirical Perspectives.* Doctoral dissertation. University of Ottawa. Canada.

Lee, B. K. (2002). Development of a congruence scale based on the Satir model. *ConFamily Therapy, 24,* 217-39.

Lerner, R. (2009). *The Object of My Affection Is in My Reflection Coping with Narcissists.* FL: Health Communications, Inc.

Lewi, L. M. (2008). *Freeing Yourself from the Narcissist in Your Life.* N.Y.: Penguin Books.

Lewis, H. B. (1971). *Shame and Guilt in Neurosis.* N.Y.: International University Press.

Lim, W. (Ed.). (2008). The Use of Self of the Therapist. in Banmen, J. (Ed.). (2008a). *Satir Transformational Systemic Therapy.* CA: Science & Behavior Books.

Linda, T. S., & Donovan M. E. (1985). *Women Self-Esteem: Understanding and Improving the Way We Think and Feel about Ourselves.* N.Y.: Anchor Press/Double day.

Lipton, B., & Fosha, D. (2011). Attachment as a transformative process in AEDP: Operationalizying the intersection of attachment theory and affective neuroscience, *Journal of Psychotherapy Integration, 2011, Vol. 21,* No. 3, 253-279.

Loeschen, S. (1991). *The Secrets of Satir: Collected Sayings of Virginia Satir. Palm Springs,* CA: Event Horizon Press.

Loeschen, S. (1998). *Systematic Training in the Skills of Virginia Satir.* Pacific Grove, CA: Brooks/Cole.

Loeschen, S. (2002). *The Satir Process.* Fountain Valley, CA: Halcyon Publish.

Lopez, F. G., Mauricio, A. M., & Gormerley B. (2001). Adult attachment orientation and college student distress: The mediating role of problem coping styles. *Journal of Counseling and Development.*

Lowen, A. (1997). *Narcissism: Denial of the True Self.* N.Y.: Touchstone Rockefeller Center.

Loeschen, S. (1997). *Systematic Training in the Skills of Virginia Satir.* CA: Brooks/Cole Publishing Co.

Loeschen, S. (1997). *Transforming the Inner and Outer Family.* N.Y.: The Haworth Press.

Lopez, F. G., Mauricio, A. M., & Gormerley B. (2001). Adult attachment orientation and college student distress: The mediating role of problem coping styles. *Journal of Counseling and Development.*

Lum, W. (2000). *The Lived Experience of the Personal Iceberg Metaphor of Therapists in Satir's Systemic Brief Therapy Training.* Unpublished masters thesis, University of British Columbia, Vancouver, British Columbia, Canada.

Lukas, E. (1986). *Meaningful Living: A Logotherapy Guide to Health.* N.Y.: Grove Press.

Luft, J. (1984). *Group Process: An Introduction to Group Dynamics.* Palo Alto, CA: National Press Books.

Luskin, F. (2003). *Forgive for Good.* N.Y.: HarperCollins Books.

McGoldrick, M. (1989). Remembering Virginia. *Family Therapy Networker, January/February, 13*(1), 33-34.

McWilliam, N. (2004). *Psychoanalytic Psychotherapy: A Practioner's Guide.* N.Y.: The Guilford Press.

Miller, W. R. (1999). Spirituality and health. In W. R. Miller. (Ed.), (1999). *Integrating Spirituality into Treatment: Resources for Practitioners.* Washington, D.C.: American Psychological Association.

Marrone, M. (1998). *Attachment and Interaction.* London, UK: Jessica Kingsley Publishers.

Masterson, J. (1990). *The Search for Real Self.* N.Y.: Free Press.

May, R. (1973). *Man's Search for Himself.* N.Y.: Northon.

Minuchin, S. (1988). Comment on cover of V. Satir, *The New Peoplemaking.* Palo Alto, CA: Science & Behavior Books.

Mitchell, J. (1986). *The Selected Melanie Klein.* N.Y.: The Free Press.

Mosak, H. H., & Kopp, R. (1973). The early recollections of Adler, Freud, and Jung. *Journal of Individual Psychology, 29,* 157-166.

Nichols, M., & Schwartz, R. (2006). *Family Therapy: Concepts and Methods,* 7th ed. N.Y.: Pearson Education, Inc.

Nichols, M., & Schwartz, R. (2014). *The Essentials of Family Therapy,* 6th ed. N.Y.: Pearson Education, Inc.

Nisbett, Peng, Choi, & Norenzayan. (2001). Culture and systems of thought: Holistic vs. analytic cognition. Psychological Review. Jane Parsons-Fein, CSW, Some Thoughts About Hypnotic Models and Working with Couples, THE FORUM, *The Journal of the New York State Society of Clinical Social Workers.*

Nolen-Hoeksema, S, Ph.D. (2003). *Women Who Think Too Much.* N.Y.: Owl Books.

Novaco, R. (1975). *Anger Control: The Development and Evaluation of Experimental Treatment.* MA: C. D. Health.

O' Farrell, T. J., & Fals-Stewart, W. (2003). The effectiveness of MFT: Alcohol abuse. *Journal of Marital and Family Therapy, 29,* 121-146.

Patterson, G. R. (1982). *Coercive Family Process.* Eugene, Or: Castalia.

Pau, G. Y. K. (2000). *Reconstructing Family Rules, from the Satir Model to the I Tao, a Trainer's Interpretive Account of a Journey with Participants of a Personal Growth Group in Hong Kong.* Unpublished doctoral dissertation. University of Hong Kong.

Payson, E. D., M.S.W. (2009). *The Wizard of Oz and Other Narcissists: Coping with the One-Way Relationship in Work, Love, and Family.* MI: Julian Day.

Phelan, T. (1996). *Self-Esteem Revolution in Children-Understanding and Managing the Critical Transitions in Your Child's Life.* N.Y.: Parentmagic, Inc.

Philip, J. Guerin, Jr. (Ed). (1976). *Family Therapy: Theory and Practice.* N.Y.: Gardner Press, Inc.

Raing, R. D. (1969). *The Divided Self.* N.Y.: Pantheon Books.

Rizzuto, Ana-Maria M.D. (1979). *The Birth of the Living God: A Psychoanalytic Study.* Chicago: The University of chicago Press.

Rogers, C. (1980). *A Way of Being.* N.Y.: Mariner Books.

Russell, D. (1986). *A Conversation with Virginia Satir, Virginia Satir Collection.* CA: Science & Behavior Books.

Satir, V. (1964/1967/1983). *Conjoint Family Therapy,* 3rd ed. Palo Alto, CA: Science and Behavior Books.

Satir, V. (1970). *Self-Esteem.* Berkeley. CA: Celestial Arts.

Satir, V. (1972). *Peoplemaking.* Mountain View, CA: Science and Behavior Books.

Satir, V. (1976). *Making Contact.* Berkeley, CA: Celestial Arts.

Satir, V. (1978). *Your Many Faces.* Berkeley, CA: Celestial Arts.

Satir, V., & Banmen, J. (1982). Avanta's process community 11, Virginia Satir's summer institute. Delta Psychological Associates, Inc., North Delta, British Columbia, Canada.

Satir, V., & Banmen, J. (1983). *Virginia Satir verbatim 1984.* North Delta, BC: Delta Psychological Associates.

Satir, V. (1983). *Blended Family with a Troubled Boy.* Kansas City, MO: Golden Triad Films.

Satir, V., & Baldwin, M. (1983). *Satir Step by Step: A Guide to Creating Change in Families.* Palo Alto, CA: Science and Behavior Books.

Satir, V. (1986). A partial portrait of a family therapist in process. In C. Fishman, & B. Rosman (Eds.), *Evolving Models for Family Change* (pp. 278-93). N.Y.: Guilford Press.

Satir, V. (1986). Foreword. In W. F. Nerin, *Family Reconstruction: Long Day's Journey into Light* (pp. v-xii). N.Y.: Norton.

Satir, V. (1987). The therapist story. In M. Baldwin, & V. Satir (Eds.), *The Use of Self in Therapy* (pp. 17-25). N.Y.: Haworth Press.

Satir, V. (1988). *The New Peopkmaking.* Palo Alto, CA: Science & Behavior Books.

Satir, V., Banmen, J., Gerber, J., & Gomori, M. (1991). *The Satir Model: Family Therapy and Beyond.* Palo Alto, CA: Science and Behavior Books.

Satir, V. (1991). *Say It Straight: From Compulsions to Choices*, CA: Science and Behavior Books.

Satir, V. (1996). *Couple and the Tao of Congruence*, Brorhers

Satir, V. (1998). *Satir Family Series* (Tapes 1-9). Burien, WA Avanta. Videocassettes with transcript and study guide.

Satir, V. (2001). *Self Esteem.* Berkeley, Calif: Celestial Arts. External audio.

Schaef, A. W. (1986). *Co-Dependence: Misunderstood-Mistreted.* N.Y.: Harper & Row.

Schaef, A. W. (1987). *When Society Becomes an Addict.* N.Y.: Harper & Row.

Scharff M. D., & Scharff J. S. (1991). *Object Relations Family Therapy.* N.Y.: Aronson.

Schore, A. N. (1994). *Affect Regulation and the Origin of the Self: The Neurobiology of Emotional Development.* Hillsdale, N.J.: Lawrence Erlbaum Associates.

Schore, A. N. (2003). *Affect Dysregulation and Disorders of the Self: The Neurobiology of Emotional Development* N.Y.: W. W. Norton & Co.

Schore, A. N. (2015). *Affect Regulation and the Origin of the Self: The Neurobiology of Emotional Development.* Psychology Press & Routledge Classic ed.

Schwam, R. (2000). Psychotherapy as a spiritual practice. In F. Walsh (Ed.), *Spiritual Resources in Family Therapy* (pp. 223-39). N.Y.: Guilford Press.

Schwartz, R. C. (1997). *Internal Family Systems Therapy.* N.Y.: The Guilford Press.

Segal, H. (1988). *Introduction to the Work of Melanie Klein* (Karnac Classics). N.Y.: Karnac Books.

Segal, H. (1988). *Introduction to the Work of Melanie Klein.* N.Y.: Karnac Books.

Segal, Z. V., Williams, M. G., & Teasdale, J. D. (2002). *Mindfulness-Based Cognitherapy for Depression: A New Approach to Preventing Relapse.* N.Y.: Guilford Press.

Segal, Z. V. (2005). *"Mind-life dialogues on clinical application of meditation."* Presented at the Mind and Life Conference 2005, Washington, D.C., Kov. 8-10.

Seligman, M. E. P. (1998). President's column: Building human strength: Psychology's forgotten mission. *APA Monitor,* 29(I), 2.

Seligman, M. E. P. (2002). *Authentic Happiness.* N.Y.: Simon and Schuster.

Seligman, M. E. P. (2003). The past and future of positive psychology, foreword in C. L. Keyes, & J. Haidt (Eds.), *Positive Psychology and the Life Well-Lived.* Washington D.C.: American Psychological Association.

Seligman, M. E. P. (2005). *The Science of Positive Psychology.* Address to the Evolution of Psychotherapy Conference, December 7-11, 2005, Anaheim, CA.

Shapiro, F. (2001). *Eye Movement Desensitization and Reprocessing: Basic Principles, Protocols, and Procedures,* 2nd ed. N.Y.: The Guilford Press.

Shadley, M. L. (2000). Are all therapists alike? Revisiting research about the use of self in therapy. In M. Baldwin (Ed.), *The Use of Self in Therapy,* 2nd ed (pp.191-211). N.Y.: Haworth Press.

Sherman, R. Ed.D., & Norman Fredman, Ph.D. (1986). *Handbook of Structured Techniques in Marriage and Family Therapy.* Levittown, PA. Brunner/Mazel.

Siegel, A. (2008). *Heinz Kohut and the Psychology of the Self* (Makers of Modern Psychotherapy), 1st ed. N.Y.: Routledge.

Siegel, A. M. (1996). *Heinz Kohut and the Psychology of the Self.* N.Y.: Routledge.

Siegel, D. (1999). *The Developing Mind: How Relationships and the Brain Interact to Shape Who We Are.* N.Y.: Guilford Press.

Siegel, D. J. (1999). *The Developing Mind.* N.Y.: Guilford Press.

Simon, R. (1989). Reaching out to life: An interview with Virginia Satir. *Family Therapy Networker, 13*(1), 36-43.

Slipp, Samuel, M.D. (1984). *Object Relations: A Dynamic Bridge Between Individual and Family Treatment.* London: Jason Aronson.

Smith, M. J. (1975). *When I Say No I Feel Guilty.* N.Y.: Dial Press.

St. Clair, M. (1996). *Object Relations and Self Psychology: An Introduction.* CA: Cole Publishing Company.

Stern, D. (1985). *The Interpersonal World of the Infant.* N.Y.: Basic Books.

Stern, D. N. (2000). *The Interpersonal World of the Infant: A View from Psychoanalysis and Developmental Psychology.* N.Y.: Basic Books.

Stone, D., Patton B,, & Heen S. (2010). *Difficult Conversations: How to Discuss What Matters Most.* N.Y.: Penguin Books.

Slipp, Samuel, M. D. (1984). *Object Relations: A Dynamic Bridge Between Individual and Family Treatment.* London: Jason Aronson.

Slipp, S. M. D. (1973). *Object Relations: A Dynamic Bridge Between Individual and Family Treatment.* N.Y.: Jason Aronson.

Suarez, M. (1999). *A Biography of Virginia Satir.* Burien, WA: Avanta, the Virginia Satir Network.

Sue, D. W., Ivey, A. E., & Pedersen, P. B. (1996). *Theory of Multicultural Counseling and Therapy.* Pacific Grove, CA: Brooks/Cole.

Suhd, M. M et al., (2000). *Virginia Satir: Her Life and Circle of Influence.* CA: Science & Behavior Books.

Sullivan, H. S. (1953). *The Interpersonal Theory of Psychiatry.* N.Y.: Norton.

Susan, A. C. (2010). *The Trauma Myth: Truth About the Sexual Abuse of Children and Its Aftermath.* N.Y.: Basic Books.

The Family Networker, January/February, (1989). The Legacy of Virginia Satir, Virginia Satir. *The Family Networker Journal.*

Thomte, R. (Ed). (1980). With collaboration with Anderson A. B. Kierkegaard Writings. VIII. *The Concept of Anxiety* (p. xiii). N.Y.: Princeton University Press.

Tillich, P. (1952). *The Courage to Be.* New Haven, CT: Yale University Press.

Tillich, P. (1948). You are accepted. In P. Tillich, *The Shaking of the Foundations* (pp. 153-63). N.Y.: Charles Scribner's Sons.

Tillich, P. (1955). *The New Being.* N.Y.: Charles Scribner's Sons.

Tillich, P. (1956). *The Eternal Now.* N.Y.: Charles Scribner's Sons.

Tillich, P. (1959). *Theology of Culture.* N.Y.: Oxford Free Press.

Tillich, P. (1961). Existentialism and psychotherapy. *Review of Existential Psycholand Psychiatry,* 1, 8-16.

Tillich, P. (1967). *On the Boundary.* London: Collins.

Travis, C. (1982). *Anger-The Misunderstood Emotion.* N.Y.: Simon & Schuster.

Triandis, H. C. (1995). *Individualism and Collectivism.* Boulder, CO: Westview Press.

Triandis, H., C., Choi, S. C., & Yoon, G. (1994). *Individualism and Collectivism: Theory, Method, and Applications.* CA: Sage.

Tu, Wei-Ming. (1996). *Confucian Tradition in East Asian Modernity.* Cambridge, MA: Harvard University Press.

Wallin, D. J. (2010). *Attachment in Psychotherapy.* N.Y.: Guilford Publisher.

Walsh, F. (Ed.). (1999). *Spirituality in Families and Family Therapy.* N.Y.: Guilford Press.

Walsh, F. (Ed.). (2000). *Spiritual Resources in Family Therapy.* N.Y.: Guilford Press.

Wegscheider-Cruse, S. (1994). *Family Reconstruction: The Living Theater Model.* Palo Alto, CA: Science and Behavior Books.

Wmter, J. E. (1992). *Satir Process Model: Theoretical Foundation.* In family research project: Outcome study of Bowen, Haley, and Satir. Unpublished manuscript. Richmond, VA: Family Research Project.

Wolpe, J. (1958). *Psychology By Reciprocal Inhibition.* CA: Stanford University Press.

Whitaker C. A., & Bemberry W. M. (1988). *Dancing with the Family.* Brunneer/Mazel: N.Y.

Wright, K., & Gudjonson, G. H. (2007). The development of a scale for meaning offence-related feelings of shame and guilt. *The Journal of Forensic Psychiatry & Psychology, 18*(3). p. 307-316.

Wright, M., Crawford E., & Del Castillow, C. (2009). Childhood emotional maltreatment and later psychological distress among college students: The mediating role of maladaptive schemas. *Child Abuse Neglect, 33.*

Whitehead, A. N. (1979). *Process and Reality* (Gifford Lectures Delivered in the University of Edinburgh During the Session 1927-28), 2nd ed. N.Y.: Free Press.

Wulff, D. (1997). *Psychology of Religion: Classic and Contemporary,* 2nd ed. N.Y.: Wiley and Sons.

Yang, K. S. (1995). "Chinese social orientation: An integrative analysis." In T. Y. Lin, W S. Tseng, & E. K., (Eds.), *Chinese Societies and Mental Health* (pp. 19-29). Hong Kong: Oxford University Press.

Yu Dan. (2009). *Confucious from the Heart: Ancient Wisdom for Today's World.* Atria Books.

Zinnabauer, B., Pargament, K., Cole, B., Rye, M., Butter, E., Belavich, T., Hipp, K., Scoot, A., & Kadar, J. (1997). Religion and Spirituality: Unfyzzying the fuzzy. *Journal for the Scientific Study of Religion, 36*(4), 549-64.

Zweig C., & Abrams J. (Eds.). (1991). *Meeting the Shadow: The Hidden Power of the Dark Side of Human Nature.* N.Y.: Penguin.

김인회 (1982). 한국무속에 대한 연구. 서울: 고려대학교출판사.

김인회 (1987). 풍물굿과 신명, 민족과 굿, 민족과 굿 사회. 서울: 학민사.

서광선 (1988). 한의 이야기, "민원과 천원". 서울: 보리출판사.

밴멘 (편). (2008). 버지니아 사티어의 명상록. (김영애 역). 서울: 김영애가족치료연구소.

김영애 (2019). 사티어 빙산의사소통 (3판). 서울: 김영애가족치료연구소.

김영애 (2016). 자기 성장을 위한 성격심리학: 성격심리학자들의 삶과 이론. 서울: 시그마프레스.

색 인

ㄱ

가드너Howard Gardner 다중지능 이론 55
가족연대기와 충격적 사건 탐색하기 234
가족구성원의 발달주기 68
가족구조family structure 67
가족규칙family rules 60
가족신화family myth 61
가족의 역기능적 응집력family enmeshment 300
가족재구성family reconstruction 261
가족조각family sculpting 251
가족지도Family Map 217
가족체계의 형태와 구조 251
가족치료Family Therapy 17
가족항상성family homeostasis 58
감각sensual 356
감정feelings과 감정에 대한 감정feelings about feeling 82
개방(열린)체계open systems 59
게슈탈트 심리학Gestalt psychology 53
경계선boundary 67
경직된 경계선rigid boundary 67
계급사회 38
과대기능 53, 156, 335, 336
과소기능 53, 156, 335, 336
과정process 63
균형balance 48
긍정심리학positive psychology 51
긍정적 방향positively directional 71
긍정적 피드백positive feedback 392
기능적 가족체계functional family system 42, 65
기대expectations 86

ㄴ

내면 온도 읽기temperature reading 377
내용content 63
내적시각화internal visualization 281

ㄷ

대처방식coping stances 81, 110
동질성homogeneity 33

ㅁ

매슬로Abraham Maslow 50
메타목표meta goal 74, 143, 157
명상meditation 373
명확한 경계선clear boundary 67
모레노Jacob Moreno의 심리극 53
문제를 지닌 내담자identified person, star 315
미해결과제unfinished business 224

ㅂ

밴멘John Banmen 19, 27, 337
버지니아 사티어 글로벌 네트워크The Virginia Satir Global Network 26
변화된 수준altered state 283
본질essence 52, 93
부분들의 잔치the internal parts party 335
부적절(산만·회피·철회)형irrelevant 81, 121
비난형blaming 81, 115
비일치적 대처방식incongruent coping stance 109
비일치적 의사소통incongruent communication 81
빙산 메타포iceberg metaphor 77
빙산 탐색exploration of iceberg 155

색 인

ㅅ

사티어Virginia Satir 18
사티어변형체계치료Satir Transformational Systemic Therapy 19
사티어의 일치성 과정congruence process 48
사회체계 26, 32, 38, 148
삼인군triad 64
상·하위체계subsystem 57
상호보완론complementary theory 53
상호작용interactional 356
생애 초기 경험 99, 101, 158
서구사회의 개인주의 29
세계관 29, 37, 301
셀리그만Martin Seligman 51
신체physical 355
신체와 감각body and senses 79
실재reality 94, 261
실존주의existentialism 52, 155
심층분석심리학 48

ㅇ

애착 이론 98
엉성한(산만한) 경계선 67
에너지의 전체성wholeness 48
역기능적 가족체계dysfunctional family system 43, 61
역할 이론role theory 61
열등자기 91, 98
열등콤플렉스inferiority complex 50
열망yearning 87
영성spirituality 37, 49, 55, 88
영양nutritional 356
영향력의 수레바퀴wheel of influence 235
우월자기 91, 98, 159

원가족family of origin 63, 132, 217
원시 무속적 세계관 31, 35
위계질서 33, 299
융의 개성화 과정individuation process 48
은유metaphores 376
의사소통 방식 34
의식적conscious인 존재 52
이차감정 85, 331
이차 수준의 변화 137
인본주의 39, 49
일차감정 85
일치성congruence 72, 76, 106
일치적 의사소통congruent communication 81, 107, 108

ㅈ

자기self 49, 53, 71, 73, 77, 81, 88
자기만달라self mandala 48, 82, 353, 355
자기심리학self psychology 91, 98
자존감self esteem 41, 51, 69, 74
재경험 79, 144
정서emotional 34, 82, 100, 356
정신분석학 47
존재existence 52
좀 더 나은 선택better choice 75
지각perception과 지각에 대한 지각perception about perception 85
지각체계perception, thinking 85
지성intellectual 356

ㅊ

체계론systems theory 56
체계적systemic 관점 70
초이성형superreasonal 81, 118
치료사의 일치성congruence 72, 148

ㅋ

코헛Heinz Kohut 91, 98
콤플렉스complex 48

ㅌ

통합적 모델integrative model 20
통합적 변화transformational 71
투사 동일시projective identification 104

ㅍ

펄스Fritz Perls 53
폐쇄(닫힌)체계closed systmems 59
포스트모더니즘post modernism 38
프로이트Sigmund Freud 17, 47

ㅎ

한국사회와 가족 집단주의 31
항상성homeostasis 129
행동behavior 81
현상학phenomenology 50
현재 경험experiential 71
지금 여기here and now 51
형태Gestalt 53
환경contextual/environmental 356
회유형placating 81, 110
후성학epigenetics 101
훗설Edmond Husserl 50

기타

NLPNeuro-Linguistic Programming 19